Thüringer Personalvertretungsgesetz
Basiskommentar

Michael Eberhard
Michael Felser
Lore Seidel
Gerhard Vohs

Thüringer Personalvertretungsgesetz

Basiskommentar
mit Wahlordnung

Bund-Verlag

Die Deutsche Bibliothek – CIP-Einheitsaufnahme

Thüringer Personalvertretungsgesetz:
Basiskommentar mit Wahlordnung/
Michael Eberhard . . . –
Köln: Bund-Verl., 1994
(Basiskommentare)
ISBN 3-7663-2544-2
NE: Eberhard, Michael

© 1994 by Bund-Verlag GmbH, Köln
Lektorat: Jürgen Schmidt
Herstellung: Heinz Biermann
Satz: Satzbetrieb Schäper GmbH, Bonn
Druck: Ebner Ulm
Printed in Germany 1994
ISBN 3-7663-2544-2

Alle Rechte vorbehalten,
insbesondere die des öffentlichen Vortrags,
der Rundfunksendung
und der Fernsehausstrahlung,
der fotomechanischen Wiedergabe,
auch einzelner Teile.

Vorwort

Die Verabschiedung des Thüringer Personalvertretungsgesetzes war für die Beschäftigten des öffentlichen Dienstes in den Verwaltungen, Gerichten, Schulen und Betrieben des Freistaates Thüringen, der Kommunen, Sparkassen, Sozialversicherungsträger und der sonstigen der Aufsicht des Freistaates unterstehenden Körperschaften, Anstalten und Stiftungen des öffentlichen Rechts ein sehr bedeutsamer Schritt. Zum ersten Mal gilt hier ein eigenständiges Landespersonalvertretungsgesetz.

Das Gesetz ist kein zeitgemäßer, eigenständiger Schritt in Richtung zu einer gleichberechtigten und partnerschaftlichen Mitbestimmung geworden; dazu blieb es zu stark am veralteten BPersVG von 1974 verhaftet. Dennoch bringt das Thüringer Personalvertretungsgesetz einige positive Veränderungen gegenüber dem Personalvertretungsgesetz-DDR und auch gegenüber dem Bundespersonalvertretungsgesetz.

Vor diesem Hintergrund wird es um so wichtiger sein, das Gesetz mit Leben zu erfüllen und die darin vorhandenen Möglichkeiten einer aktiven und gleichberechtigten Mitbestimmung der Beschäftigtenvertretung auszuschöpfen. Dies bleibt dem Engagement von Personalvertretungen und Dienststellenleitungen vorbehalten. Konflikte sind dabei mit dem ernsthaften Willen zur Einigung anzugehen. Letztlich kann das Gesetz nur sinnvoll verwirklicht werden, wenn beide Seiten die Rechte und Pflichten ernst nehmen. Im Falle der Nichteinigung allerdings muß die Einigungsstelle oder das Verwaltungsgericht nötigenfalls eine entsprechende Klärung herbeiführen.

Wir wollten eine Kommentierung erstellen, die sich an den praktischen Erfordernissen orientiert. Der Basiskommentar soll den Mitgliedern der Personalvertretungen und Jugend- und Auszubildendenvertretungen, den Dienststellenleitungen und den Richterinnen und Richtern der Verwaltungs- und Arbeitsgerichte die Arbeit mit dem Gesetz erleichtern. Er kann viele, aber sicher nicht alle Antworten geben. Wir empfehlen, bei konkreten Einzelfragen insbesondere die zitierten Entscheidungen, aber auch die genannten Werke und Aufsätze, heranzuziehen und sich mit diesen anhand der Kommentierung und des Gesetzestextes auseinanderzusetzen.

Wir danken der ÖTV Thüringen, die das Erscheinen dieses Basiskommentars ermöglicht hat. In diesem Zusammenhang bedanken sich die Autoren besonders bei der Kollegin Susann Fischer (ÖTV-Bezirksverwaltung Thüringen) und der Kollegin Doris Überschäer (ÖTV-Bezirksverwaltung Sachsen), die uns bei der Erarbeitung des Manuskripts hilfreich zur Seite standen. Die gute Zusammenarbeit und der ständige Austausch von Erfahrungen und Informationen mit dem Rechtsreferat der Bezirksverwaltung Sachsen ist diesem Kommentar zugute gekommen.

Wir hoffen, daß der von uns vorgelegte Kommentar zu einem unentbehrlichen Ratgeber für die Praxis wird. Mit diesem Wunsch möchten wir die Bitte an die Leser und Nutzer verbinden, dieses Anliegen durch kritische Anregungen und Hinweise zu unterstützen.

Die Verfasser   März 1994

Vorbemerkung

Am 29. Juli 1993 beschloß der Thüringer Landtag das Thüringer Personalvertretungsgesetz, das am 4. August 1993 in Kraft trat. Die dazugehörige Wahlordnung wurde am 27. Dezember 1993 im Thüringer Gesetz- und Verordnungsblatt verkündet und kam damit ab dem 28. Dezember 1993 zur Anwendung.

Im Vorfeld fanden zahlreiche persönliche Gespräche und Verhandlungen mit Vertreterinnen und Vertretern der im Landtag vertretenen Parteien statt; dabei wurden viele schriftliche Vorschläge vorgelegt. Diese Möglichkeiten wurden auch von den DGB-Gewerkschaften genutzt, um im Interesse ihrer Mitglieder liegende Veränderungen bei den Regelungen des Thüringer Personalvertretungsgesetzes und seiner Wahlordnung zu erreichen. Dies gelang dank der vielen Bemühungen von Personalvertretungen, Beschäftigten und Gewerkschaften zu einem beträchtlichen Teil.

Zum besseren Verständnis erscheint es notwendig, einen historischen Abriß zum Zustandekommen des Thüringer Personalvertretungsgesetzes zu geben. Mit der Verabschiedung des »Gesetzes zur sinngemäßen Anwendung des Bundespersonalvertretungsgesetzes – Personalvertretungsgesetz – (PersVG-DDR 1990)« durch die Volkskammer wurde erstmals für die ehemalige DDR eine betriebliche Interessenvertretung durch Arbeitnehmervertreter auf gesetzlicher Grundlage eingeführt. Dies geschah aufgrund des Staatsvertrages vom 18. Mai 1990 über die Schaffung einer Währungs-, Wirtschafts- und Sozialunion zwischen der Bundesrepublik Deutschland und der Deutschen Demokratischen Republik.

Der »Einigungsvertrag« veränderte die rechtlichen Rahmenbedingungen für die Interessenvertretung der Beschäftigten des öffentlichen Dienstes entscheidend. Die Geltung des Bundespersonalvertretungsgesetzes wurde auf das gesamte Gebiet der ehemaligen DDR erstreckt. Für nach dem PersVG-DDR 1990 gewählte Personalvertretungen enthielt der Einigungsvertrag die Übergangsbestimmung, daß sie das PersVG-DDR noch bis zum 31. 5. 93 sinngemäß anwenden. Damit war u. a. das Gruppenprinzip übergangsweise suspendiert. Zugleich erhielten die einzelnen neuen Bundesländer die Befugnis, eigene Landespersonalvertretungsgesetze zu schaffen, die das Bundespersonalvertretungsgesetz im Landesbereich ablösen sollten.

Die ersten wesentlichen Impulse für die Diskussion um die Verabschiedung von Personalvertretungsgesetzen in den neuen Bundesländern gingen von einer gemeinsam vom Deutschen Gewerkschaftsbund und von der Hans-Böckler-Stiftung veranstalteten Fachtagung in Dresden aus. Bei dieser Veranstaltung trafen sich Ende Januar 1991 Personalräte aus allen Verwaltungen und Betriebsbereichen des öffentlichen Dienstes der neuen Bundesländer, Gewerkschafterinnen und Gewerkschafter, Wissenschaftlerinnen und Wissenschaftler, Abgeordnete aus verschiedenen Landtagen der neuen Bundesländer sowie Vertreter und Vertreterinnen der Verwaltungen dieser Länder zu dem Thema »Die Zukunft des Personalvertretungsgesetzes in den fünf neuen Bundesländern«.

Aufgrund des dortigen Erfahrungsaustausches wurden Positionen zur Struktur der künftigen Landespersonalvertretungsgesetze aufgestellt. Diese Positionen wurden in den Antrag B 2 des außerordentlichen Gewerkschaftstages der ÖTV am 14./15. Februar 1991 in Stuttgart aufgenommen und verabschiedet.

Bereits am 19. Februar 1991 legte dann eine Autoren-Arbeitsgruppe im DGB den Entwurf eines »Muster-Personalvertretungsgesetzes« als Grundlage für eine Diskussion über die zu erstellenden Personalvertretungsgesetze in den neuen Bundesländern vor. In diesen Entwurf flossen die Erfahrungen in den alten Bundesländern, die neugewonnenen Erkenntnisse aus den neuen Bundesländern, der Dresdner Personalrätekonferenz und des außerordentlichen Gewerkschaftstages der ÖTV mit ein (zum Entwurf Peiseler, PersR 91, 161).

Die bereits seit 1990 vom Bundesministerium des Innern eingerichtete Arbeitsgruppe »Personalvertretungsrecht« verzichtete nach der Veröffentlichung des Diskussionsentwurfs der Autorengruppe darauf, einen einheitlichen Entwurf für die Landespersonalvertretungsgesetze in den neuen Bundesländern zu erstellen. In ihrer Sitzung am 13. und 14. Juni 1991 sprach diese Arbeitsgruppe lediglich eine Empfehlung aus. Nach dieser sollte »bei der Erarbeitung neuer Landespersonalvertretungsgesetze soweit wie möglich von den Strukturen des Bundespersonalvertretungsgesetzes ausgegangen werden ...« Diese Empfehlung hatte in Thüringen die Auswirkung, daß sich die Regierungskoalition von CDU und F.D.P. sehr eng an die Vorgaben des Bundespersonalvertretungsgesetzes hielt. Dies geschah bedauerlicherweise, obwohl auch die Formulierung der Arbeitsgruppe Spielraum für landesspezifische Regelungen ließ.

Auf der Grundlage des »Muster-Personalvertretungsgesetzes« erarbeitete eine Arbeitsgruppe im DGB Thüringen einen eigenen Vorschlag für ein Thüringer Personalvertretungsgesetz. Dieser Entwurf wurde seit Mai 1991 breit in den Personalvertretungen und den Dienststellen diskutiert. Im Januar 1992 wurde ein überarbeiteter Vorschlag der Öffentlichkeit und den Parteien vorgestellt. In zahlreichen Einzelgesprächen wurde vor allen darüber diskutiert, welche Vorteile für beide Seiten eine umfassende Einbeziehung der Beschäftigtenvertreter durch Ausweitung der Mitbestimmung bringt. Gerade in Zeiten der Umgestaltung in einem neuen

Bundesland sollten die Ideen, Vorschläge und Interessen der Beschäftigten konstruktiv einbezogen werden.

In einer Podiumsdiskussion im Februar 1992 formulierten Personalräte, Beschäftigte und Gewerkschaften ihre Anforderungen an ein Landespersonalvertretungsgesetz. Ein wichtiger Wunsch und Auftrag ging an die vertretenen Parteien, CDU, F.D.P. und SPD: auf der Grundlage des Gewerkschaftsentwurfs ein gemeinsames Gesetz zu erarbeiten und in den Landtag einzubringen. Die SPD hatte sich dazu ausdrücklich bereit erklärt.

Dazu kam es jedoch nicht, da die CDU auch nach mehrfachen Aufforderungen keinen Bedarf dafür sah. Noch vor der Sommerpause 1992 brachte die Fraktion der SPD daraufhin einen eigenen Gesetzentwurf, der dem Gewerkschaftsentwurf im wesentlichen entsprach, in den Thüringer Landtag ein. Wenige Monate später wurde von der Regierungskoalition CDU/F.D.P. ein Entwurf eingebracht, der an vielen Stellen noch schlechter als das ohnehin reformierungsbedürftige Bundespersonalvertretungsgesetz war.

In einer Personalrätekonferenz im November 1992 setzten sich viele interessierte Personalräte mit den vorgelegten Entwürfen auseinander. An der anschließenden Podiumsdiskussion nahm die CDU-Fraktion nicht teil – sie ließe sich nicht zu Veranstaltungen der Gewerkschaften zitieren, so die inoffizielle Fassung der Absage. Obwohl der Ministerpräsident des Landes Thüringen persönlich gegenüber dem Bezirksleiter der ÖTV die Teilnahme der CDU zusagte, entzog diese sich letztlich der offenen Diskussion.

In einer Anhörung vor dem Innenausschuß des Landtages Anfang 1993 wurden schließlich Personalvertretungen, Gewerkschaften, Arbeitgebervertreter und Sachverständige zu beiden Gesetzentwürfen gehört. Der von verschiedenen Seiten vorgebrachten massiven Kritik am Gesetzentwurf der CDU/F.D.P. war es wohl zu verdanken, daß zahlreiche Verbesserungen, aber leider auch Verschlechterungen in das Gesetz aufgenommen wurden.

Die Forderung nach umfassenden Mitbestimmungs- und Initiativrechten, die gewährleisten, daß einer Konfliktlösung Vorrang vor dem Beschreiten des Rechtsweges zukommt, fand nur in einem geringem Umfang im Thüringer Personalvertretungsgesetz ihren Niederschlag. Allerdings gibt es im Vergleich zum Bundespersonalvertretungsgesetz weitere Beteiligungstatbestände und eine Verbesserung der Beteiligungsqualität bei bestimmten Tatbeständen.

Die Forderung der Personalratsvertreter, Gewerkschaften und mehrerer Sachverständiger, den zeitgemäßeren Entwurf der SPD-Fraktion zur Grundlage der weiteren Beratung im Landtag zu machen, wurde ebenso nicht verwirklicht wie die Hoffnung, die großen Parteien könnten sich auf einen Kompromiß einigen. Mit der Mehrheit der CDU- und F.D.P.-Vertreter wurden alle Anträge der Fraktionen von SPD, PDS und Bündnis 90/Grüne niedergestimmt.

Anzuerkennen ist, daß trotzdem viele positive Ansätze und Veränderungen in das Gesetz eingebracht werden konnten. Die Fraktionen der CDU/F.D.P. haben ihren veralteten, am reformbedürftigen Bundespersonalvertretungsgesetz orientierten Entwurf an vielen Stellen wesentlich verbessert.

Verbesserungen wie:
– die Ausweitung der eingeschränkten Mitbestimmung, z. B. bei Kündigungen und organisatorischen Maßnahmen,
– der Wegfall des Versagungskataloges bei personellen Maßnahmen und
– die Verankerung des Unterlassungsanspruchs
sind Bestandteil des Thüringer Personalvertretungsgesetzes geworden.

Für die Freistellungen bei Stufenvertretungen wurde dem Entscheid der Einigungsstelle Vorrang vor dem Beschreiten des Rechtswegs eingeräumt.

Die Rahmenbedingungen für die Arbeit der Personalräte wurden durch erweiterte Freistellungs-, Schulungs- und Bildungsmöglichkeiten verbessert, ebenso auch die der Ersatzmitglieder. Hier wurden die Vorschläge der DGB-Gewerkschaften teilweise übernommen. Die Schutzvorschriften von Mitgliedern der Personalvertretungen wurden ergänzt. Es fehlen allerdings Vereinbarungsrechte für die Gewerkschaften.

Die Frauenförderung wurde nur in einem äußerst geringem Umfang Bestandteil der Thüringer Personalvertretungsgesetzes. Mit dem Urteil des Hessischen Staatsgerichtshofes vom 22. Dezember 1993 (Az.: P. St. 1141) dürfte dagegen inzwischen klargestellt sein, daß der verbindliche Geschlechterproporz in Personalvertretungen durch Personalvertretungsgesetze vorgegeben werden kann.

Der Schutz von Minderheiten wie bspw. Schwerbehinderten ist als allgemeine Aufgabe zu wenig berücksichtigt. Die Homosexuellen sind gar nicht erwähnt und sind nur unter »sonstige Schutzbedürftige« zu fassen.

Das vorliegende Gesetz ist in zwei Aspekten rahmenrechtlich und verfassungsrechtlich bedenklich. So werden Teilzeitbeschäftigte unterhalb der Hälfte der regelmäßigen Wochenarbeitsstunden von der Wählbarkeit ausgeschlossen und Personen, die mit einer Arbeitszeit unterhalb der Pflichtversicherungsgrenze beschäftigt sind, gar nicht vom Gesetz erfaßt. Diese Teilzeitbeschäftigten unter 15 Wochenarbeitsstunden sind nicht nur von der Wahlberechtigung und Wählbarkeit ausgeschlossen, sondern können nicht einmal die Sprechstunde des Personalrates oder die Personalversammlung besuchen. Sie haben kein Vertretungsorgan, daß ihre Interessen wahrnimmt. Diese Regelungen verstoßen zudem gegen Urteile des Europäischen Gerichtshofes, da sie Frauen erheblich benachteiligen.

Aus den soeben geschilderten Mängeln des bestehenden Thüringer Personalvertretungsgesetzes ergibt sich bereits die Notwendigkeit einer Novellierung des Gesetzes. Dabei sollte der Gesetzgeber von der Möglichkeit einer zeitgemäßeren Fassung Gebrauch machen.

Inhaltsverzeichnis

Vorwort 5
Vorbemerkung 7
Abkürzungsverzeichnis 15
Literaturverzeichnis 21

Thüringer Personalvertretungsgesetz Kommentar 29

ERSTER TEIL: Allgemeine Vorschriften 29

| § 1 | Geltungsbereich 29
| § 2 | Grundsätze der Zusammenarbeit 32
| § 3 | Unabdingbarkeit 35
| § 4 | Beschäftigte 35
| § 5 | Gruppen 39
| § 6 | Dienststellen 40
| § 7 | Dienststellenleiter 47
| § 8 | Behinderungs-, Benachteiligungs- und Begünstigungsverbot 52
| § 9 | Weiterbeschäftigung Auszubildender 54
| § 10 | Schweigepflicht 59
| § 11 | Unfallvorschriften 64

ZWEITER TEIL: Personalvertretungen 64

| § 12 | Bildung von Personalräten 64
| § 13 | Wahlberechtigung 66
| § 14 | Wählbarkeit 71
| § 15 | Wählbarkeit in besonderen Fällen 74
| § 16 | Zahl der Personalratsmitglieder 76
| § 17 | Vertretung der Gruppen 79
| § 18 | Abweichende Verteilung auf die Gruppen ... 84
| § 19 | Wahlverfahren 86
| § 20 | Bestellung des Wahlvorstandes durch den Personalrat .. 92
| § 21 | Wahl des Wahlvorstandes durch die Personalversammlung 94
| § 22 | Bestellung des Wahlvorstandes durch den Dienststellenleiter 95

§ 23	Aufgaben des Wahlvorstandes	96
§ 24	Verbot der Wahlbehinderung – Wahlkosten	98
§ 25	Anfechtung der Wahl	101
§ 26	Amtszeit	105
§ 27	Neuwahl vor dem Ende der Amtszeit	106
§ 28	Ausschluß und Auflösung	110
§ 29	Erlöschen der Mitgliedschaft	113
§ 30	Ruhen der Mitgliedschaft	116
§ 31	Ersatzmitglieder	117
§ 32	Neuwahl bei Umorganisation von Dienststellen und Körperschaften	120

DRITTER TEIL: Geschäftsführung 123

§ 33	Vorstand	123
§ 34	Sitzungen	128
§ 35	Durchführungen der Sitzungen	132
§ 36	Teilnahme von Gewerkschaftsbeauftragten und weiteren Personen	133
§ 37	Beschlußfassung – Beschlußfähigkeit	136
§ 38	Gemeinsame Beratung – Gruppenentscheidung	139
§ 39	Aussetzen von Beschlüssen	142
§ 40	Teilnahme sonstiger Personen	144
§ 41	Verhandlungsniederschrift	146
§ 42	Geschäftsordnung	150
§ 43	Sprechstunden	151
§ 44	Kosten	154

VIERTER TEIL: Rechtsstellung 161

§ 45	Freistellung vom Dienst	161
§ 46	Schulungs- und Bildungsveranstaltungen	170
§ 47	Sondervorschriften	176

FÜNFTER TEIL: Personalversammlung 182

§ 48	Zusammensetzung und Leitung	182
§ 49	Einberufung, Tätigkeitsbericht	184
§ 50	Zeitpunkt	186
§ 51	Gegenstand	189
§ 52	Teilnahmerecht	192

SECHSTER TEIL: Stufenvertretungen und Gesamtpersonalrat 194

§ 53	Stufenvertretungen	194
§ 54	Entsprechende Anwendungen	198
§ 55	Gesamtpersonalrat	199
§ 56	Wahl, Amtszeit und Geschäftsführung	200

SIEBENTER TEIL: Vertretung der jugendlichen Beschäftigten und Auszubildenden 201

§ 57	Jugend- und Auszubildendenvertretung	201
§ 58	Aktives und passives Wahlrecht	203
§ 59	Zusammensetzung	205
§ 60	Wahlvorstand – Amtszeit	206
§ 61	Aufgaben	210
§ 62	Entsprechende Anwendung von Vorschriften	213
§ 63	Jugend- und Auszubildendenversammlung	215
§ 64	Jugend- und Auszubildendenstufenvertretungen	217
§ 65	Gesamt-Jugend- und Auszubildendenvertretung	218

ACHTER TEIL: Beteiligung der Personalvertretungen 218

§ 66	Zusammenarbeit, Monatsgespräch	223
§ 67	Allgemeine Grundsätze	226
§ 68	Allgemeine Aufgaben der Personalvertretung	232
§ 69	Verfahren der Mitbestimmung	242
§ 70	Initiativrecht	262
§ 71	Einigungsstelle	267
§ 72	Dienstvereinbarungen	273
§ 73	Durchführung von Entscheidungen	275
§ 74	Fälle der vollen Mitbestimmung	276
§ 75	Fälle der eingeschränkten Mitbestimmung	310
§ 76	Einschränkung der Mitbestimmung	327
§ 77	Anhörungsrechte	330
§ 78	Mitbestimmung und Anhörungsrecht bei Kündigungen .	333
§ 79	Teilnahme an Prüfungen	340
§ 80	Datenschutz	342
§ 81	Unterstützung bei der Bekämpfung von Unfall- und Gesundheitsgefahren	343
§ 82	Beteiligung der Stufenvertretungen und des Gesamtpersonalrates	347

NEUNTER TEIL: Gerichtliche Entscheidungen 352

§ 83	Zuständigkeit der Verwaltungsgerichte	352
§ 84	Bildung von Fachkammern und Fachsenaten	359

ZEHNTER TEIL: Vorschriften für besondere Verwaltungszweige und die Behandlung von Verschlußsachen 360

§ 85	Abweichungen für das Landesamt für Verfassungsschutz	360
§ 86	Abweichungen für den Geschäftsbereich des Thüringer Ministers für Landwirtschaft und Forsten	362
§ 87	Abweichungen und Sonderregelungen im Geschäftsbereich des Thüringer Justizministers ...	363
§ 88	Abweichungen für Hochschulen	364

§ 89	Abweichungen für Öffentliche Theater und Orchester . . .	369
§ 90	Abweichungen und Sonderregelungen für die Beschäftigten im Polizeidienst	371
§ 91	Forschungseinrichtungen	378
§ 92	Abweichungen und Sonderregelungen im Geschäftsbereich des Thüringer Kultusministers . . .	379
§ 93	Ausschuß für geheime Verschlußsachen	384

ELFTER TEIL: Übergangs- und Schlußvorschriften 387

§ 94	Rechtsverordnung über Wahlvorschriften	387
§ 95	Übergangsbestimmungen	388
§ 96	Erste Personalratswahl	389
§ 97	Inkrafttreten	390

Anhang I: Wahlordnung zum Thüringer Personalvertretungsgesetz (– ThürPersVWO –) 391

Anhang II: Auszug aus der Thüringer Gemeinde- und Landkreisordnung (– Thüringer Kommunalordnung – ThürKO –) 413

Anhang III: Auszug aus der vorläufigen Kommunalordnung für das Land Thüringen (– VKO –) 416

Anhang IV: Auszug aus dem Gesetz über die kommunale Gemeinschaftsarbeit 420

Anhang V: Auszug aus dem Gesetz zur vorläufigen Regelung des Beamtenrechts (– Beamtenrechtliches Vorschaltgesetz – BeamtVorschaltG –) 421

Anhang VI: Auszug aus dem Gesetz zur Errichtung der Universität Erfurt und zur Aufhebung der Medizinischen Hochschule Erfurt 422

Anhang VII: Auszug aus dem Thüringer Verwaltungsverfahrensgesetz (– ThürVwVfG –) 423

Anhang VIII: Auszug aus dem Thüringer Gesetz über Maßnahmen zur kommunalen Gebietsreform (– Thüringer Maßnahmegesetz – ThürMaßnG –) 425

Stichwortregister 426

Abkürzungsverzeichnis

a. A.	anderer Auffassung
a. a. O.	am angegebenen Ort
AbfG	Abfallgesetz
ABM	Arbeitsbeschaffungsmaßnahme
Abs.	Absatz
AFG	Arbeitsförderungsgesetz
AG	Aktiengesellschaft
AiB	Arbeitsrecht im Betrieb
Amtsbl.	Amtsblatt
Anm.	Anmerkung
AP	Hueck/Nipperdey/Dietz, Nachschlagewerk des Bundesarbeitsgerichts, »Arbeitsrechtliche Praxis«
ArbG	Arbeitsgericht
ArbGG	Arbeitsgerichtsgesetz
ArbPlSchG	Arbeitsplatzschutzgesetz
ArbuR	Arbeit und Recht
Art.	Artikel
ASiG	Arbeitssicherheitsgesetz
AÜG	Arbeitnehmerüberlassungsgesetz
Aufl.	Auflage
AZO	Arbeitszeitordnung
BABl.	Bundesarbeitsblatt
BAG	Bundesarbeitsgericht
BAGE	Entscheidungssammlung des Bundesarbeitsgerichts
BAT-O	Tarifvertrag zur Anpassung des Tarifrechts – Manteltarifliche Vorschriften (BAT-O) Bund, Länder und Gemeinden
BayVGH	Bayerischer Verwaltungsgerichtshof
BB	Der Betriebsberater, Zeitschrift für Wirtschafts-, Steuer- und Sozialrecht
BBG	Bundesbeamtengesetz
BBesG	Bundesbesoldungsgesetz
BBiG	Berufsbildungsgesetz

BDSG	Bundesdatenschutzgesetz
BeamtVG	Beamtenversorgungsgesetz
BeamtVorschaltG	Beamtenvorschaltgesetz Thüringen
BErzGG	Bundeserziehungsgeldgesetz
BetrVG	Betriebsverfassungsgesetz
BGB	Bürgerliches Gesetzbuch
BGBl.	Bundesgesetzblatt
BImSchG	Bundesimmissionsschutzgesetz
BMA	Bundesministerium für Arbeit- und Sozialordnung
BPersVG	Bundespersonalvertretungsgesetz
BRAGO	Bundesrechtsanwaltsgebührenordnung
BRRG	Beamtenrechtsrahmengesetz
Bsp.	Beispiel
bspw.	beispielsweise
BT-Drucks.	Bundestagsdrucksache
BtG	Betreuungsgesetz
BUKG	Bundesumzugskostengesetz
BVerfG	Bundesverfassungsgericht
BVerfGE	Entscheidungssammlung des Bundesverfassungsgerichts
BVerwG	Bundesverwaltungsgericht
BVerwGE	Entscheidungssammlung des Bundesverwaltungsgerichts
BW	Baden-Württemberg
BWG	Bundeswahlgesetz
bzw.	beziehungsweise
DB	Der Betrieb (Zeitschrift)
DGB	Deutscher Gewerkschaftsbund
d.h.	das heißt
DÖD	Der Öffentliche Dienst
DÖV	Die Öffentliche Verwaltung
DRiG	Deutsches Richtergesetz
Drucks.	Drucksache
EDV	Elektronische Datenverarbeitung
EG	Europäische Gemeinschaft
Erl.	Erläuterung
EV	Einigungsvertrag
evtl.	eventuell
EWG	Europäische Währungs-Gemeinschaft
EzA	Entscheidungssammlung zum Arbeitsrecht
ff.	folgende
f.	folgender

FSU	Friedrich-Schiller-Universität Jena
GenTG	Gentechnikgesetz
GenTSV	Gentechniksicherheitsverordnung
gem.	gemäß
GemO	Gemeindeordnung
GewO	Gewerbeordnung
GG	Grundgesetz
ggf.	gegebenenfalls
GmbH	Gesellschaft mit beschränkter Haftung
GPR	Gesamtpersonalrat
GVBl.	Gesetzes- und Verordnungsblatt
Halbs.	Halbsatz
hess.	hessische(r)
Hess	Hessische(r)
Hess. StGH	Hessischer Staatsgerichtshof
HessVGH	Hessischer Verwaltungsgerichtshof
HGB	Handelsgesetzbuch
Hinw.	Hinweis
h. M.	herrschende Meinung
i. d. F.	in der Fassung
i. S. d.	im Sinne des
i. V. m.	in Verbindung mit
JArbSchG	Jugendarbeitsschutzgesetz
Kap.	Kapitel
KG	Kommanditgesellschaft
KrAZO	Verordnung über die Arbeitszeit in Krankenpflegeanstalten
krit.	kritisch
KSchG	Kündigungsschutzgesetz
LAG	Landesarbeitsgericht
LKrO	Landkreisordnung
LPVG	Landespersonalvertretungsgesetz
Ls.	Leitsatz
m.	mit
MDR	Mitteldeutscher Rundfunk
MLVUA	Medizinal-, Lebensmittel-, Veterinär-Untersuchungsamt
MTArb-O	Tarifvertrag zur Anpassung des Tarifrechts für Arbeiter an den MTB II und an den MTL II

MuSchG	Mutterschutzgesetz
m. w. Nw.	mit weiteren Nachweisen
Nds.	Niedersachsen
NJW	Neue juristische Wochenschrift
Nr.	Nummer
n. rk.	nicht rechtskräftig
Nrn.	Nummern
n. v.	nicht oder noch nicht veröffentlicht (Stand Ende 1993)
NVwZ	Neue Zeitschrift für Verwaltungsrecht
NW	Nordrhein-Westfalen
NWVBL	Nordrhein-Westfälische Verwaltungsblätter
NZA	Neue Zeitschrift für Arbeits- und Sozialrecht
o. a.	oben angegeben(e)(r)
ÖTV	Gewerkschaft Öffentliche Dienste, Transport und Verkehr
ÖTV-RS	Rechtsschutzsammlung der Gewerkschaft Öffentliche Dienste, Transport und Verkehr
OFD	Oberfinanzdirektion
o. g.	oben genannte(r)
OHG	Offene Handelsgesellschaft
OVG	Oberverwaltungsgericht
PersR	Der Personalrat, Zeitschrift für das Personalrecht im öffentlichen Dienst
PersV	Die Personalvertretung, Fachzeitschrift für Personalvertretungen und Dienststelle
POG	Polizeiorganisationsgesetz
REFA	Verband für Arbeitsstudien (früher Reichsausschuß für Arbeitsstudien)
RGBl.	Reichsgesetzblatt
RiA	Recht im Amt, Zeitschrift für den öffentlichen Dienst
Rn.	Randnummer
RP	Rheinland-Pfalz
RRG	Rentenreformgesetz
RVO	Reichsversicherungsordnung
s.	siehe
S.	Seite
SchwbG	Schwerbehindertengesetz
SGB	Sozialgesetzbuch
SH	Schleswig-Holstein

s. o.	siehe oben
sog.	sogenannte(r)
SPersVG	Personalvertretungsgesetz Saarland
StGB	Strafgesetzbuch
StGH	Staatsgerichtshof
str.	strittig
StrlSchVO	Strahlenschutzverordnung
ThürAGVwGO	Thüringer Ausführungsgesetz zur Verwaltungsgerichtsordnung
ThürHG	Thüringer Hochschulgesetz
ThürKO	Thüringer Gemeinde- und Landkreisordnung
ThürMaßnG	Thüringer Gesetz über Maßnahmen zur kommunalen Gebietsreform
ThürNGG	Gesetz zur Neugliederung der Landkreise und kreisfreien Städte in Thüringen
ThürPersVG	Thüringer Personalvertretungsgesetz
ThürPersVWO	Wahlordnung zum Thüringer Personalvertretungsgesetz
ThürSchAG	Thüringer Gesetz über die Schulaufsicht
ThürVwVfG	Thüringer Verwaltungsverfahrensgesetz
TVG	Tarifvertragsgesetz
u.	und
u. a.	unter anderen
u. ä.	und ähnliche(s)
umstr.	umstritten
Urt.	Urteil
usw.	und so weiter
UVV	Unfallverhütungsvorschriften
v.	vom/von
VG	Verwaltungsgericht
VGH	Verwaltungsgerichtshof
vgl.	vergleiche
VKO	Vorläufige Kommunalordnung für das Land Thüringen
VO	Verordnung
VorlThHSchG	Vorläufiges Thüringer Hochschulgesetz
VS	Verschlußsache
VwGO	Verwaltungsgerichtsordnung
VwVfG	Verwaltungsverfahrensgesetz
WHG	Wasserhaushaltsgesetz
WRV	Weimarer Reichsverfassung
WSI	Wirtschafts- und Sozialinstitut des DGB

z. B.	zum Beispiel
ZBR	Zeitschrift für Beamtenrecht
ZDG	Zivildienstgesetz
ZDVG	Gesetz über den Vertrauensmann der Zivildienstleistenden
ZSEG	Gesetz über die Entschädigung von Zeugen und Sachverständigen
ZTR	Zeitschrift für Tarifrecht

Literaturverzeichnis

I. Selbständige Publikationen

Altvater u. a.	Altvater/Bacher/Hörter/Sabottig/Schneider Bundespersonalvertretungsgesetz Kommentar für die Praxis, 3. Auflage Köln 1990
Aufhauser u. a.	Aufhauser/Brunhöber/Warga Saarländisches Personalvertretungsgesetz Kommentar, Saarbrücken 1991
Arndt u. a.	Arndt/Aufhauser/Brunhöber/Warga Landespersonalvertretungsgesetz Baden-Württemberg Kommentar für die Praxis, Köln 1990
Aufhauser u. a.	Aufhauser/Brunhöber/Warga Bayrisches Personalvertretungsgesetz Kommentar für die Praxis, Köln 1988
Benda	Notwendigkeit und Möglichkeit positiver Aktionen zugunsten von Frauen im öffentlichen Dienst Gutachten, Hamburg 1986
Bethmann	Behinderte in der Arbeitswelt Köln 1993
Bobke	Arbeitsrecht für Arbeitnehmer 5. Auflage Köln 1993
Brüggemann/Riehle	Ökologie und Mitbestimmung Hans-Böckler-Stiftung, HBS-Manuskripte Heft 17 Düsseldorf 1990
Cecior u. a.	Cecior/Dietz/Vallendar Das Personalvertretungsrecht in Nordrhein-Westfalen Loseblatt-Kommentar, München, Stand 1993
Däubler u. a.	Däubler/Kittner/Klebe/Schneider (Hrsg.) Betriebsverfassungsgesetz Kommentar für die Praxis, 3. Auflage Köln 1992
Däubler	Das Arbeitsrecht Band 2, 7. Auflage Reinbek 1990

Dietz/Richardi	Bundespersonalvertretungsgesetz Kommentar, 2 Bände, 2. Auflage München 1978
Dietz/Richardi	Betriebsverfassungsgesetz Kommentar, 2 Bände, 6. Auflage München 1981/82
Dörig	Thüringer Personalvertretungsgesetz mit Wahlordnung Leitfaden, München 1993
Eichhorn u. a.	Verwaltungslexikon Baden-Baden 1991
Fischer/Goeres	Gesamtkommentar Öffentliches Dienstrecht Band V: Personalvertretungsrecht des Bundes und der Länder Stand: November 1989
Fitting u. a.	Fitting/Auffarth/Kaiser/Heither Betriebsverfassungsgesetz Handkommentar, 16. Auflage München 1990
Gnade u. a.	Gnade/Kehrmann/Schneider/Blanke Betriebsverfassungsgesetz Kommentar für die Praxis 2. Auflage Köln 1983
Grabendorff u. a.	Grabendorff/Windscheid/Ilbertz/Widmaier Bundespersonalvertretungsgesetz mit Wahlordnung Kommentar, 7. Auflage Stuttgart 1991
Havers	Personalvertretungsgesetz für das Land Nordrhein-Westfalen Kommentar, 7. Auflage Siegburg 1987
Holzbrecher u. a.	Holzbrecher/Broszeit/Müller/Plogstedt Sexuelle Belästigung am Arbeitsplatz Bd. 260 der Schriftenreihe des Bundesministeriums für Jugend, Familie, Frauen und Gesundheit Bonn 1990
Kimminich	Handwörterbuch des Umweltrechts Band I, Berlin 1986
Kloepfer	Umweltrecht München 1989
Kopp	Verwaltungsgerichtsordnung Kommentar, 9. Auflage München 1992
Lorenzen u. a.	Lorenzen/Haas/Schmitt Bundespersonalvertretungsgesetz Kommentar, 4. Auflage Heidelberg, Stand Juli 1992

Meschkutat u. a.	Meschkutat/Holzbrecher/Richter Strategien gegen sexuelle Belästigung am Arbeitsplatz Köln 1993
Orth/Welkoborsky	Landespersonalvertretungsgesetz Nordrhein-Westfalen Kommentar für die Praxis mit kommentierter Wahlordnung 5. Auflage Köln 1993
Pünnel	Die Einigungsstelle des BetrVG 1972 3. Auflage Neuwied 1990
Schaub	Arbeitsrechtshandbuch 7. Auflage München 1992
Seidel	Was sie vom Arbeitsrecht wissen sollten 2. Auflage Stuttgart 1993

II. Aufsätze

Albers	Einstweiliger Rechtsschutz und objektives Beschlußverfahren PersV 1993, 487
Altvater	Zur Mitbestimmung bei der unbaren Zahlung der Arbeitsentgelte PersR 1987, 70
Altvater	Gesetz zur Einführung eines Dienstleistungsabends PersR 1989, 286
Altvater	Gesetz über den Vertrauensmann der Zivildienstleistenden PersR 1991, 262
Becker	Das Personalvertretungsrecht in den Jahren 1986 und 1987 – Die Entwicklung insbesondere im Spiegel der Rechtsprechung des Bundesverwaltungsgerichts ZBR 1988, 254
Benz	Sicherheitsmängel im Betrieb BB 1991, 1185
Bertelsmann	Sexuelle Beeinträchtigung im Betrieb AiB 1987, 123
Beseler	Kündigung im öffentlichen Dienst PersR 93, 537
Besgen	Mitbestimmung bei vorübergehender Übertragung einer anderen Tätigkeit PersR 1992, 296

Bischoff	Die Entwicklung der arbeitsgerichtlichen Rechtsprechung zu den Regelungen des Einigungsvertrages über den öffentlichen Dienst PersR 1993, 203
Bosch	Probleme des Sozialplans im Personalvertretungsrecht PersR 1993, 71
Buchholz	Arbeitsschutz im öffentlichen Dienst ZTR 1991, 455
Colneric	Vorlagepflicht nach EG-Recht bei Normenkontrolle über Frauenquote BB 1991, 1118
Colneric	Quotenregelung zur Frauenförderung PersR 1994, 45
Däubler	Grundrecht auf Mitbestimmung PersR 1988, 65
Däubler	EDV-Anwendung und Personalrat PersR 1993, 348
Degen/Zobeley	Die Durchsetzung von Frauenförderplänen im öffentlichen Dienst PersR 1987, 115
Degen	Frauendiskriminierung – Sexuelle Belästigung am Arbeitsplatz PersR 1988, 174
Degen	Das geplante Frauenförderungsgesetz NW PersR 1989, 146
Degen	Das geplante Gesetz zur Durchsetzung der Gleichberechtigung von Frauen und Männern PersR 1992, 489
Dehe	Mitbestimmung des Personalrats bei Personalfragebogen PersR 1986, 87
Dobler	Einflußmöglichkeiten der Personalvertretung auf Haushaltsentwurf und Personalanforderungen und Personalplanung PersR 1989, 149
Düwell	Probleme der Frauenförderung im öffentlichen Dienst PersR 1993, 251
Elsner	Arbeitssicherheitsgesetz und Betriebsärzte im öffentlichen Dienst PersR 1990, 59

Eberhard	Das neue Sächsische Personalvertretungsgesetz PersR 1993, 97
Feldhoff	Handlungsanforderungen und -möglichkeiten für Personalräte bei Teilzeitbeschäftigung PersR 1992, 433
Frisch/Haverkamp	Das neue Gentechnikrecht der Bundesrepublik Deutschland BB 1990, Beilage 31 zu Heft 25, 3
Fritsche u. a.	Frauenförderung durch Tarifvertrag PersR 1988, 143
Fuchsloch	Erforderliche Beseitigung des Gleichberechtigungsdefizits oder verfassungswidrige Männerdiskriminierung NVwZ 1991, 442
Gola	EDV für den Personalrat PersR 1990, 33
Hamm	Sozialpläne AiB 1993, 600
Hammer	Themen der Personalversammlung PersR 1987, 255
Hammer/Rzadkowski	Antidiskriminierungsgesetz für homosexuelle Frauen und Männer in Arbeit und Beruf ZTR 1991, 363
Hauck-Scholz	Amtszeit der nach dem PersVG-DDR gewählten Personalräte PersR 1993, 391
Hörter	Geschäftsordnung für Personalräte PersR 1991, 41
Kickuth	Befristete Arbeitsverhältnisse PersR 1992, 142
Kittner	Arbeiten bis ins hohe Alter Quelle 12/1993, 25
Klimpe-Auerbach	Vorbereitung einer Betriebsratswahl durch den Personalrat? PersR 1993, 482
Kloepfer/Veit	Grundstrukturen des technischen Arbeitsschutzrechts NZA 1990, 121
Kohte	Personalräte und Gesundheitsschutz PersR 1983, 3
Krane	Abmahnung PersR 1992, 498

Kruse	Das Informationsrecht der Personalvertretung PersR 1993, 64
Kruse	Die Anfechtung der Personalratswahl PersR 1993, 543
Landerer	Offensive Modernisierung statt Privatisierung öffentlicher Unternehmen und Betriebe PersR 1993, 340
Müller	Einige Bemerkungen zum Abbruch des Mitbestimmungsverfahrens PersR 1991, 455
Nitschki	Arbeitsschutz – ein wichtiges Arbeitsgebiet des Personalrates PersR 1992, 390
Obenauer	Zur aktuellen Haushaltssanierung in den Kommunen PersR 1993, 337
Peiseler	Perspektiven des Personalvertretungsrechts in den neuen Bundesländern PersR 1991, 161
Pfarr/Fuchsloch	Verfassungsrechtliche Beurteilung von Frauenquoten NJW 1988, 2201
Pieper	Vorläufige Regelungen PersR 1991, 211
Plander	Zum Initiativ- und Mitbestimmungsrecht des Personalrats bei Einstellungen und Vertragsverlängerungen ArbuR 84, 161
Plander	Gewerkschaftliche Betätigung von Personalratsmitgliedern PersR 1986, 25
Plander	Allzuständigkeit des Personalrats und parlamentarische Regierungsverantwortung PersR 1989, 238
Rautenberg	Vorbeugender Gesundheitsschutz in der Arbeitsumwelt PersR 1992, 395
Richardi	Zum Verhältnis zwischen Betriebsverfassungs- und Personalvertretungsrecht PersR 1993, 49

Richter	Auslegung gleichlautender und vergleichbarer Vorschriften des Betriebsverfassungs- und Personalvertretungsrechts PersR 1993, 54
Sabottig	Mitbestimmung und Verfassung PersR 1988, 93
Sabottig	Mitbestimmung bei Einstellung PersR 1989, 163
Salje	Betriebsvereinbarungen als Mittel zur Verbesserung des Umweltschutzes BB 1988, 73
Schleicher	Aufgaben und Befugnisse des Personalrats beim Arbeitsschutz und bei der Unfallverhütung ZTR 1991, 404
Schmidt	Eingruppierungskorrekturen als Gegenstand der Mitbestimmung von Personalräten ZBR 1992, 237
Schneider	Bundesarbeitsgericht: Grundschulung im Arbeitsrecht erforderlich PersR 1987, 159
Schneider	Rechtsprechung des Bundesverwaltungsgerichts »vom Kopf auf die Füße stellen« PersR 1992, 225
Schnupp	Pressemitteilungen durch den Personalrat DÖD 1976, 241
Seidel	Thüringer Personalvertretungsgesetz verabschiedet PersR 1993, 431
Streich	Arbeitsmedizinische Betreuung im öffentlichen Dienst PersR 1990, 57
Trittin	Neue Technologie im Betrieb – die Hinzuziehung eines Sachverständigen durch den Betriebsrat AiB 1985, 92
Trümner	Betriebsverfassung und Umweltschutz Mitbestimmung 1989, 356
Trümner	Merkpostenliste für Interessenvertreter Mitbestimmung 1993, 52
Trümner	Probleme beim Wechsel vom öffentlich-rechtlichen zum privatrechtlichen Arbeitgeber infolge von Privatisierungen öffentlicher Dienstleistungen PersR 1993, 473

Unterhinninghofen	Neuere Rechtsprechung zum Schwerbehindertenrecht PersR 1993, 240
Vallendar	Vorläufiger Rechtsschutz für Personalräte PersR 1993, 61
Venema	Der Anspruch des Betriebsrats auf Hinzuziehung eines Sachverständigen gemäß § 80 III BetrVG beim Einsatz von EDV-Anlagen NZA 1993, 256
Vohs	Umsetzung der tariflichen Arbeitszeitverkürzung durch Personalräte PersR 1988, 283
Vohs	Novellierung des Bundespersonalvertretungsgesetzes PersR 1989, 214
Vohs	Geschäftsführung, Sachaufwand und Büropersonal PersR 1991, 55
Vohs	Kündigungsschutz der Personalvertretung PersR 1991, 257
von Roettecken	Die einstweilige Verfügung – kein Thema für Personalräte? PersR 1993, 296
von Roettecken	Arbeitszeit und Mitbestimmung PersR 1994, 60
Walz	Frauenförderung als gesetzlicher Auftrag und Gestaltungsaufgabe für Personalräte PersR 1992, 494
Welkoborsky	Sachverständige PersR 1991, 210
Worzalla	Unwirksamkeit der Festlegung einer Altersgrenze durch Tarifvertrag DB 1993, 296
Wulf-Mathies	Betriebliche Mitbestimmung im öffentlichen Dienst – Entwicklungstendenzen und Perspektiven PersR 1993, 193
Zander	Mitbestimmung des Personalrats bei der Bestellung von Betriebsärzten PersR 1990, 63
Zander	Handlungsmöglichkeiten des Personalrats bei der Privatisierung öffentlicher Dienstleistungen PersR 1991, 322

§ 1

Gesetzestext und Kommentierung zum Thüringer Personalvertretungsgesetz

Erster Teil
Allgemeine Vorschriften

§ 1
Geltungsbereich

In den Verwaltungen und Betrieben des Landes, der Gemeinden, der Gemeindeverbände, der Landkreise und der sonstigen Körperschaften, Anstalten und Stiftungen des öffentlichen Rechts, die der Aufsicht des Landes unterstehen, sowie in den Gerichten des Landes werden Personalvertretungen gebildet.

Vergleichbare Vorschriften: §§ 1, 95 Abs. 1 BPersVG; §§ 1, 130 BetrVG

Die Vorschrift regelt den **räumlichen und sachlichen Geltungsbereich.** 1
Entsprechend der bundesgesetzlichen Rahmenvorschrift des § 95 Abs. 1 BPersVG werden die landesrechtlichen Voraussetzungen zur Bildung von Personalvertretungen geschaffen.

Räumlich erstreckt sich die Anwendung des Gesetzes auf das **Gebiet des** 2
Freistaates Thüringen.

Der **sachliche Geltungsbereich** des Personalvertretungsgesetzes erfaßt 3
alle Verwaltungen und Betriebe des Landes, der Gemeinden, der Gemeindeverbände, der Landkreise und der sonstigen Körperschaften, Anstalten und Stiftungen des öffentlichen Rechts, die der Aufsicht des Landes unterstehen, sowie die Gerichte.

Verwaltungen sind alle Behörden und Dienststellen des Landes und der 4
Kommunen (Gemeinden, Gemeindeverbände, Landkreise), die Aufgaben der öffentlichen Verwaltung wahrnehmen.

Betriebe sind die Eigen- und Regiebetriebe, die in Trägerschaft des 5
Landes oder der Kommunen geführt werden. Unter einem **Eigenbetrieb** versteht man ein wirtschaftliches Unternehmen ohne eigene Rechtspersönlichkeit. Ein Eigenbetriebsgesetz gibt es in Thüringen derzeit noch nicht. Für die Gemeinden und Landkreise trifft die Kommunalordnung Regelungen, die die Leitung des Betriebes durch Werksleitung und Werksausschuß vorsieht (vgl. § 58 Vorläufige Kommunalordnung für das

§ 1

Land Thüringen – VKO – vom 31. Juli 1992, GVBl. S. 383; § 76 Thüringer Gemeinde- und Landkreisordnung – Thüringer Kommunalordnung – ThürKO – vom 24. August 1993, GVBl. S. 501 – tritt nach § 131 ThürKO (s. Anhang II) am ersten Tag des Monats in Kraft, der auf die Kommunalwahl 1994 folgt, gleichzeitig tritt die VKO mit diesem Tag außer Kraft. Unter einem **Regiebetrieb** versteht man einen unselbständigen, in die Verwaltungshierachie eingegliederten Betrieb. Er wird als Abteilung der Verwaltung geführt (z. B. Gärtnereien, Entwässerungsämter, Stadtreinigungsämter). Die kommunalen Eigenbetriebe bilden keine eigene Dienststelle, können jedoch unter bestimmten Voraussetzungen einen Beschluß zur Verselbständigung fassen (vgl. § 6 Abs. 3 und 4).

6 Von den Eigen- und Regiebetrieben zu unterscheiden sind die **Eigengesellschaften** mit eigener Rechtspersönlichkeit. Sie werden in privater Rechtsform, meist als AG oder GmbH, geführt. Für diese Betriebe gilt das Betriebsverfassungsgesetz (BetrVG), auch wenn Allein- oder Mehrheitsgesellschafter die öffentliche Hand ist. Für die **Abgrenzung** der Anwendungsbereiche des BetrVG und des Personalvertretungsgesetzes kommt es nicht auf die Funktion, sondern ausschließlich auf die Rechtsform der Einrichtung an (vgl. BVerwG vom 9. 12. 80 – 6 P 23.79, PersV 81, 506). Ist Träger des Betriebes oder der Einrichtung eine **juristische Person des öffentlichen Rechts,** so findet das Personalvertretungsrecht (Bundespersonalvertretungs- oder Länderpersonalvertretungsgesetz) Anwendung. Ist hingegen Träger eine **Privatperson**, eine **Kapitalgesellschaft** (z. B. AG oder GmbH), eine **Personengesellschaft** (z. B. OHG oder KG) oder ein **Verein** (e. V.), so gilt das Betriebsverfassungsgesetz. Im Bereich der **Kirche** und ihrer Einrichtungen gilt das **Mitarbeitervertretungsrecht.** Personalvertretungsrechtliche Probleme ergeben sich bei der Umwandlung von einer Rechtsform in die andere (zur Umwandlung eines öffentlich-rechtlichen Betriebes in eine privatrechtlich betriebene Eigengesellschaft vgl. BVerwG vom 9. 12. 80 – 6 P 23.79, PersV 81, 506).

7 Die **Körperschaft des öffentlichen Rechts** ist ein Verband, der aus dem Zusammenschluß von Mitgliedern gebildet wird. **Zweckverbände** werden als öffentlich-rechtliche Körperschaften zur gemeinsamen Erfüllung öffentlicher Aufgaben im kommunalen Bereich gebildet (vgl. § 16 Gesetz über die kommunale Gemeinschaftsarbeit vom 11. Juni 1992, GVBl. S. 232 – s. Anhang IV). Zu den öffentlich-rechtlichen Körperschaften zählen die Innungen und Kammern, die Träger der Sozialversicherung (z. B. Ortskrankenkasse, Innungskrankenkassen, Landesversicherungsanstalt, Gemeindeunfallversicherungsverband). Die Betriebskrankenkassen, die rechtsfähige Körperschaften des öffentlichen Rechts sind (vgl. § 29 Abs. 1 SGB IV), gehören jedenfalls dann zum Geltungsbereich des Personalvertretungsrechts, wenn sie Kassen öffentlicher Verwaltungen sind (§ 156 SGB V). Das ThürPersVG findet nur auf öffentlich-rechtliche Körperschaften Anwendung, die der Aufsicht des Landes unterstehen, im Gegensatz zu den bundesunmittelbaren Körperschaften (z. B. Bundesanstalt für Arbeit, Bundesversicherungsanstalt für Angestellte wenden das BPersVG an). Auf den Sparkassenverband Hessen-Thüringen, die Landesbank und die öffentlichen Versicherungen findet das Hessische Personalvertretungsgesetz Anwendung (vgl. Art. 34 Staatsvertrag über die Bildung einer gemeinsamen Sparkassenorganisation vom 10. 3. 92, GVBl. S. 291). Hochschulen sind Körperschaften des öffentlichen Rechts und gleichzeitig staatliche Einrichtungen (vgl. § 3 Thüringer Hochschulgesetz – ThürHG – vom 7. 7. 92, GVBl. S. 315).

Anstalt des öffentlichen Rechts ist eine auf landes- oder bundesrechtlicher Grundlage errichtete Rechtsperson, die der Erfüllung öffentlicher Zwecke dienen soll. Auf der Grundlage eines Landesgesetzes bzw. in Thüringen zur Zeit noch nach dem Sparkassengesetz der DDR vom 29. Juni 1990 (vgl. GBl. Nr. 40 S. 567) werden die Sparkassen als kommunale Anstalten des öffentlichen Rechts gebildet. Öffentlich-rechtliche Anstalten, für die ein LPersVG gilt, sind auch die Rundfunkanstalten der Länder. Eine Ausnahme davon stellt der **MDR** dar. Kraft Staatsvertrag über den Mitteldeutschen Rundfunk (MDR) vom 30. 5. 91 gilt für den MDR das Bundespersonalvertretungsgesetz vom 15. 3. 74 in der bei Abschluß des Staatsvertrages geltenden Fassung (vgl. § 38 Abs. 1 Staatsvertrages über den MDR vom 30. 5. 91, GVBl. S. 119), und nicht das ThürPersVG. Das ThürPersVG findet nur auf öffentlich-rechtliche Anstalten Anwendung, die der Aufsicht des Landes unterstehen, im Gegensatz zu den bundesunmittelbaren Anstalten (z. B. Deutsche Bundesbank, Bundesanstalt für den Güterfernverkehr wenden BPersVG an). 8

Stiftung des öffentlichen Rechts ist eine eigene Rechtsperson, die eine Vermögensmasse oder Sacheinrichtungen verwaltet und verwertet (z. B. Stiftung Weimarer Klassik). Nach § 2 Abs. 4 StiftungsG sind im öffentlich-rechtlichen Bereich »Stiftungen, die ausschließlich öffentliche Zwecke verfolgen und zum Staat, einer Gemeinde, einem Gemeindeverband oder einer sonstigen Körperschaft des öffentlichen Rechts in einer solchen Beziehung stehen, daß die Stiftung als eine öffentliche Einrichtung erscheint.« Das ThürPersVG findet nur auf öffentlich-rechtliche Stiftungen Anwendung, die der Aufsicht des Landes unterstehen, im Gegensatz zu den bundesunmittelbaren Stiftungen (z. B. bundesunmittelbare Stiftung Preußischen Kulturbesitz wendet BPersVG an). 9

Gerichte üben die rechtsprechende Gewalt im Staat aus. Gerichte des Landes sind die Amtsgerichte, die Landgerichte, das Oberlandesgericht, die Verwaltungsgerichte, das Oberverwaltungsgericht, die Sozialgerichte, das Landessozialgericht, die Arbeitsgerichte, das Landesarbeitsgericht und das Finanzgericht. 10

Das Gesetz erhält die **Verpflichtung zur Bildung von Personalvertretungen,** ohne daß die Nichteinhaltung dieser Pflicht Sanktionen zur Folge hat. **Örtliche Personalräte** werden bei der Dienststelle gebildet (§ 6). Neben den örtlichen Personalräten werden unter bestimmten Voraussetzungen **Gesamtpersonalräte** gewählt (§ 55 i. V. m. § 6 Abs. 3). Im Ge- 11

§§ 1, 2

schäftsbereich der mehrstufigen Landesverwaltung werden auf der Mittelstufe **Bezirkspersonalräte** und bei den obersten Dienstbehörden **Hauptpersonalräte** gebildet (§ 53).

12 Die Personalvertretung repräsentiert alle Beschäftigten (§ 4) der Dienststelle. Die gesetzliche Regelung des Personalvertretungsrechts folgt aus dem Sozialstaatsprinzip (Art. 20 Abs. 3 GG) und den Grundrechtsverbürgungen des Grundgesetzes (BVerfG vom 26. 5. 70 – 2 BvR 311/67, BVerfGE 28, 314 und vom 18. 12. 85 – 1 BvR 143/83). Beschäftigte des öffentlichen Dienstes haben ihrerseits Grundrechte, wie der Schutz der Menschenwürde (Art. 1 GG), das Recht auf freie Entfaltung der Persönlichkeit (Art 2 Abs. 1 GG), auf freie Meinungsäußerung (Art. 5 Abs. 1 GG) und auf Berufsfreiheit (Art. 12 Abs. 1 GG). Der Personalrat hat die **Aufgabe,** die Interessen der Beschäftigten und die Verwirklichung ihrer Grundrechte gegenüber dem Dienstherrn in kollektiver Vertretung wahrzunehmen.

§ 2
Grundsätze der Zusammenarbeit

(1) Dienststelle und Personalvertretungen arbeiten unter Beachtung der Gesetze und Tarifverträge gleichberechtigt, vertrauensvoll und im Zusammenwirken mit den in der Dienststelle vertretenen Gewerkschaften und Arbeitgebervereinigungen zum Wohle der Beschäftigten und zur Erfüllung der der Dienststelle obliegenden Aufgaben zusammen.

(2) Zur Wahrnehmung der in diesem Gesetz genannten Aufgaben und Befugnisse der in der Dienststelle vertretenen Gewerkschaften ist deren Beauftragten nach Unterrichtung des Dienststellenleiters oder seines Vertreters Zugang zu der Dienststelle zu gewähren, soweit dem nicht unumgängliche Notwendigkeiten des Dienstablaufs, zwingende Sicherheitsvorschriften oder der Schutz von Dienstgeheimnissen entgegenstehen.

(3) Die Aufgaben der Gewerkschaften und der Vereinigungen der Arbeitgeber, insbesondere die Wahrnehmung der Interessen ihrer Mitglieder, werden durch dieses Gesetz nicht berührt.

Vergleichbare Vorschriften: §§ 2, 96 BPersVG; § 2 BetrVG

1 (Abs. 1) Das **Gebot der vertrauensvollen Zusammenarbeit** zwischen Dienststelle und Personalrat soll zwei gleichrangigen Zielen dienen: dem **Wohl der Beschäftigten** und der **Erfüllung der Aufgaben, die der Dienststelle** obliegen. Es ist kein leerer Programmsatz, sondern unmittelbar geltendes und zwingendes Recht (BVerwG vom 23. 5. 86 – 6 P 23.83, PersR 86, 233; BVerwG vom 26. 8. 88 – 6 P 11.86, BVerwGE 78, 72).

2 Personalrat und Dienststellenleitung stehen sich als **gleichberechtigte Partner** gegenüber. Im Gegensatz zu der vergleichbaren Vorschrift des

BPersVG ist die gleichberechtigte Zusammenarbeit ausdrücklich genannt. Die gesetzliche Festschreibung der Gleichberechtigung verbietet es der Dienststellenleitung, Maßnahmen einseitig und ohne die gesetzlich vorgeschriebene Beteiligung durchzuführen. Die Personalvertretung hat das Recht, von der Dienststellenleitung die **Unterlassung** von Maßnahmen zu verlangen, die ohne die gesetzlich vorgeschriebene Beteiligung oder unter einem Verstoß gegen wesentliche Verfahrensvorschriften getroffen wurden (vgl. § 69 Abs. 10).

Dienststellenleiter bzw. -leiterin und deren Beauftragte (vgl. § 7) müssen ebenso wie die Personalvertretungen bei der Verfolgung ihrer Interessen und Ziele mit dem ernsten Willen zur Einigung verhandeln. Das Gebot der gleichberechtigten und vertrauensvollen Zusammenarbeit verpflichtet die Dienststelle, den Personalrat auch außerhalb des formalen Beteiligungsverfahrens hinzuzuziehen und ihn z. B. über alle Vorgänge zu informieren oder ihn an Besprechungen zu beteiligen. Insbesondere ist die Dienststellenleitung verpflichtet, die Personalvertretung schon bei Vorentscheidungen für Maßnahmen, die später beteiligungspflichtig werden, zu unterrichten (BVerwG vom 5. 2. 71 – VII P 17.70, PersV 7, 271). Erhebt der Personalrat Einwendungen gegen mitbestimmungspflichtige Maßnahmen, so muß der Dienststellenleiter bzw. die -leiterin diese ernsthaft prüfen und ggf. mit dem Personalrat erörtern (BVerwG vom 20. 6. 86 – 6 P 4.83, PersR 86, 197). Dies gilt auch dann, wenn die Dienststelle die Einwendungen für nicht beachtlich hält (vgl. § 76 Abs. 3, § 78 Abs. 1) oder ein Letztentscheidungsrecht (§ 69 Abs. 4 Satz 4) hat.

Andererseits ist die Personalvertretung nach dem Gebot der vertrauensvollen Zusammenarbeit verpflichtet, den Dienststellenleiter innerhalb der Ausschlußfristen auf vermeintlich formelle Fehler bei der Einleitung des Beteiligungsverfahren hinzuweisen (BVerwG vom 26. 8. 87 – 6 P 11.86). Die gleiche Verpflichtung gilt für die Dienststellenleitung gegenüber der Personalvertretung. Der Personalrat darf kein Flugblatt herausgeben, in dem der Dienststellenleiter angegriffen und verdeckt zum Rücktritt aufgefordert wird (BVerwG vom 27. 11. 81 – 6 P 38.79, PersV 83, 408). Ein Personalrat verstößt nicht gegen die vertrauensvolle Zusammenarbeit, wenn er bei Gesetzesverstößen und gescheiterten Verhandlungen das Gericht zur Klärung anruft. Keine Verletzung der vertrauensvollen Zusammenarbeit ist die Information der Beschäftigten über allgemeine Angelegenheiten, die sie betreffen, z. B. Rationalisierungsmaßnahmen, Einführung neuer Arbeitsmethoden etc.

Die Zusammenarbeit muß unter Beachtung der **Gesetze und Tarifverträge** und im Zusammenwirken mit den in der Dienststelle vertretenen **Gewerkschaften** und **Arbeitgebervereinigungen** erfolgen. Gewerkschaften sind in der Regel nur solche Arbeitnehmervereinigungen, die tariffähig, unabhängig und überbetrieblich organisiert sind, und die aufgrund einer leistungsfähigen Organisation in der Lage sind, einen fühlbaren Druck auf den sozialen Gegenspieler auszuüben (BAG vom 25. 11. 86

§ 2

– 1 ABR 22/85, ArbuR 88, 222; Altvater u. a., § 2 BPersVG Rn. 8; Däubler u. a., § 2 BetrVG Rn. 17 m. w. Nw.). Da nach derzeit geltendem Recht des öffentlichen Dienstes nach h. M. der Abschluß von Tarifverträgen für **Beamte** nicht zulässig ist, sieht die Rechtsprechung auch reine Beamtenvereinigungen, die nicht tariffähig sind, als Gewerkschaften i. S. d. Personalvertretungsgesetzes an (BVerwG vom 5. 11. 57 – VII P 4.57).

6 Eine **Verletzung** des Gebots der gleichberechtigten und vertrauensvollen Zusammenarbeit kann für den Personalrat ein Auflösungs- oder Ausschlußverfahren (vgl. § 22), für die Dienststellenleiterin bzw. den -leiter ein Disziplinarverfahren zur Folge haben (BVerwG vom 23. 5. 86 – 6 P 23.83, PersV 87, 196)

7 (Abs. 2) Den in der Dienststelle vertretenen Gewerkschaften steht ein **Zugangsrecht** zur Wahrnehmung ihrer personalvertretungsrechtlichen Aufgaben zu. Dazu gehören die ausdrücklich im Gesetz aufgeführten Aufgaben, aber auch alle weiteren Angelegenheiten, die in irgendeinem **Zusammenhang mit dem Personalvertretungsgesetz** stehen (BAG vom 26. 6. 73 – 1 ABR 24/72, ArbuR 73, 279 = BAGE 25, 242; anders Grabendorff u. a., § 2 BPersVG Rn. 17 ff.). Beauftragten einer in der Dienststelle vertretenen Gewerkschaft ist der Zutritt zur Dienststelle zu gewähren, wenn dieser auf Ersuchen des Personalrats an einer Besichtigung des Arbeitsplatzes eines Angestellten durch den Personalrat zur Überprüfung der Eingruppierung teilnehmen soll (BAG vom 17. 1. 89 – 1 AZR 805/87, PersR 89, 138).

8 Das Zugangsrecht besteht nur, wenn die Gewerkschaft **in der Dienststelle vertreten** ist. Dies ist dann der Fall, wenn mindestens ein Beschäftigter der Gewerkschaft angehört. Den Beweis kann die Gewerkschaft durch mittelbare Beweisführung erbringen, so etwa durch notarielle Erklärung, ohne daß der Name des Beschäftigten genannt werden muß (BAG vom 25. 3. 92 – 7 ABR 65/90, NZA 93, 134).

9 Das Zugangsrecht besteht nach **Unterrichtung** der Dienststellenleitung. Diese kann den Zutritt jedoch nur dann verweigern, wenn **zwingende Sicherheitsvorschriften, unumgängliche Notwendigkeiten des Dienstablaufs** oder der **Schutz von Dienstgeheimnissen** entgegenstehen. Diese äußerst seltenen Ausnahmen dürften in der Praxis kaum eine Rolle spielen.

10 Die Aufgaben der Gewerkschaften und Arbeitgebervereinigungen, die sich unmittelbar aus der **Koalitionsfreiheit** des Art. 9 Abs. 3 GG ergeben, bleiben vom Personalvertretungsgesetz unberührt. Dazu gehören für die Gewerkschaften insbesondere die Betreuungstätigkeit und die Mitgliederwerbung in der Dienststelle oder im Betrieb. Unabhängig von Abs. 2 besteht hierzu ein generelles Zugangsrecht. Das BVerfG hat die Gewährleistung des Kernbereichs der gewerkschaftlichen Betätigung auch in der Personalvertretung anerkannt (BVerfG vom 18. 12. 85 – 1 BvR 143/83, AP Nr. 15 zu § 87 BetrVG 1972 Arbeitszeit). Danach ist insbesondere die

Plakatwerbung, die Verteilung von Informationsmaterial und Nutzung Schwarzer Bretter zulässig.

§ 3
Unabdingbarkeit

Durch Tarifvertrag kann das Personalvertretungsrecht nicht abweichend von diesem Gesetz geregelt werden.
Vergleichbare Vorschriften: §§ 3,97 BPersVG; § 3 BetrVG

Das Verbot, das Personalvertretungsrecht durch abweichende tarifvertragliche Regelungen zu verändern, soll ein **einheitliches Personalvertretungsrecht** für alle Dienststellen gewährleisten (Grabendorff u. a., § 3 BPersVG Rn. 3). Tarifvertragliche Regelungen, die gegen diese Vorschrift verstoßen, sind **unwirksam.** 1

Die Vorschrift schließt nicht jede tarifvertragliche Regelung aus. Durch Tarifvertrag können die Rechte zwischen Personalrat und Dienststelle, die insbesondere in den Beteiligungsrechten festgeschrieben sind, konkretisiert werden. Tarifvertragliche Regelungen müssen sich an die Grundsätze des Personalvertretungsrechts halten. Sie können weder neue Mitbestimmungsrechte schaffen noch diese erweitern (BAG vom 15. 7. 86 – 1 AZR 654/84 AP Nr. 1 zu Art. 3 LPVG Bayern). 2

Das Regelungsverbot erstreckt sich nicht, wie die Rahmenvorschrift des § 96 BPersVG, ausdrücklich auf **Dienstvereinbarungen.** Nach dem Sinn und Zweck der Vorschrift, die Einheitlichkeit des Personalvertretungsrecht in allen Dienststellen zu gewährleisten, sind neben den ausdrücklich erwähnten Tarifverträgen auch Dienstvereinbarungen, die vom Gesetz abweichende Regelungen enthalten, unwirksam. Dies ist jedoch ohnehin unproblematisch, da nur in den im Gesetz ausdrücklich geregelten Sachverhalten Dienstvereinbarungen zulässig sind. Die nähere Ausgestaltung von unbestimmten Rechtsbegriffen wie »erforderlich« oder »notwendig« soll durch Dienstvereinbarung zulässig sein (vgl. Orth/Welkoborsky, § 4 LPVG NW Rn. 3). 3

§ 4
Beschäftigte

(1) Beschäftigte im Sinne dieses Gesetzes sind die Beamten, Angestellten und Arbeiter einschließlich der zu ihrer Berufsausbildung Beschäftigten.
Für die Staatsanwälte gelten, soweit dieses Gesetz nichts anderes bestimmt, die Bestimmungen des Landesrichtergesetzes. Im übrigen sind Richter und Staatsanwälte Beschäftigte im Sinne dieses Gesetzes, wenn sie in einer der in § 1 genannten Einrichtungen ausschließlich zur Wahrnehmung einer nichtrichterlichen oder nichtstaatsanwaltlichen Tätigkeit beschäftigt sind.

§ 4

(2) Wer Beamter ist, bestimmen die Beamtengesetze. Dienstanfänger stehen den Beamten gleich.

(3) Angestellte im Sinne dieses Gesetzes sind Beschäftigte, die nach dem für die Dienststelle maßgebenden Tarifvertrag oder nach ihrem Arbeitsvertrag oder nach der Dienstordnung als Angestellte beschäftigt werden. Als Angestellte gelten auch Beschäftigte, die sich in der Ausbildung zu einem Angestelltenberuf befinden.

(4) Arbeiter im Sinne dieses Gesetzes sind Beschäftigte, die nach dem für die Dienststelle maßgeblichen Tarifvertrag oder nach ihrem Arbeitsvertrag oder nach der Dienstordnung als Arbeiter beschäftigt werden. Als Arbeiter gelten auch Beschäftigte, die sich in der Ausbildung zu einem Arbeiterberuf befinden.

(5) Als Beschäftigte im Sinne dieses Gesetzes gelten nicht

1. Ehrenbeamte
2. Personen, deren Beschäftigung überwiegend durch Beweggründe karitativer oder religiöser Art bestimmt ist,
3. Personen, die überwiegend zu ihrer Heilung, Wiedereingewöhnung, sittlichen Besserung oder Erziehung beschäftigt werden,
4. Personen, die im Rahmen einer Schul- oder Hochschulausbildung ein Praktikum ableisten,
5. Personen mit einer Arbeitszeit unterhalb der Versicherungspflichtgrenze des § 8 des Vierten Buches Sozialgesetzbuch,
6. Personen, die für weniger als zwei Monate beschäftigt sind.

Vergleichbare Vorschriften: § 4 BPersVG; §§ 5, 6 BetrVG

1 (Abs. 1) Diese Vorschrift regelt den **persönlichen Geltungsbereich** des Gesetzes. Nur wer **Beschäftigter** i. S. d. Gesetzes ist, wird vom Personalrat vertreten. Die Größe des Personalrates bestimmt sich nach der Zahl der Beschäftigten (§ 16 Abs. 1). Zum Kreis der Beschäftigten gehören alle organisatorisch in die Dienststelle eingegliederten Personen, und zwar die Beamtinnen und Beamten, die in einem öffentlich-rechtlichen Dienstverhältnis stehen und die Arbeiterinnen, Arbeiter und Angestellten, die in einem Arbeitsverhältnis stehen.

2 Zu den Beschäftigten zählen auch Personen, die zu ihrer **Ausbildung** in der Dienststelle tätig sind. Umschülerinnen und Umschüler sowie Teilnehmerinnen und Teilnehmer einer berufsvorbereitenden Maßnahme für jugendliche Arbeitslose gelten als zur Ausbildung Beschäftigte (BAG vom 10. 2. 81 – 6 ABR 86/78, AP Nr. 25 zu § 5 BetrVG).

3 **Richterinnen** und **Richter** sowie **Staatsanwältinnen** und **Staatsanwälte** bilden nach dem Landesrichtergesetz **Richter- und Staatsanwaltsräte**. Sie sind nur dann Beschäftigte i. S. d. ThürPersVG, wenn sie in einer Dienststelle, die in den räumlichen Geltungsbereich dieses Gesetzes fällt (vgl. § 1), ausschließlich zur Wahrnehmung einer nichtrichterlichen bzw. nichtstaatsanwaltschaftlichen Tätigkeit beschäftigt sind.

Arbeitnehmerähnliche Personen, die für eine unter Landesrecht fallende Behörde oder Einrichtung (vgl. § 1) aufgrund eines Dienst- oder Werkvertrages tätig sind, können Beschäftigte sein. Voraussetzung ist, daß sie wirtschaftlich abhängig und somit vergleichbar einem Arbeitnehmer sozial schutzbedürftig sind. Zu den Beschäftigten zählen ferner **Heim- und Fernarbeitnehmerinnen** und -arbeitnehmer (vgl. Altvater u. a., § 4 BPersVG Rn. 8 a m. w. Nw.). Auch **ABM-Kräfte** zählen zu den Beschäftigten. 4

Wehr- und Zivildienstleistende bleiben während des Ruhens des Arbeitsverhältnisses Beschäftigte ihrer Dienststelle. Sie zählen in der Dienststelle, in der sie ihren Zivildienst ableisten, jedoch nicht zu den Beschäftigten. 5

Der **Dienststellenleiter** ist grundsätzlich Beschäftigter, wobei Einschränkungen hinsichtlich der Wählbarkeit gelten (vgl. § 14 Abs. 3). 6

(Abs. 2) Beamtin und Beamter ist, wer eine Ernennungsurkunde nach dem Beamtenrecht bekommen hat. Dazu gehören auch Bundesbeamte, die zu einer Landesdienststelle abgeordnet sind, ebenso die Beamten im Vorbereitungsdienst sowie die Richterinnen, Richter, Staatsanwältinnen und Staatsanwälte, die eine nichtrichterliche bzw. nichtstaatsanwaltschaftliche Tätigkeit im Geltungsbereich des Gesetzes ausüben. 7

(Abs. 3 und 4) Angestellte, Arbeiterinnen und Arbeiter stehen in einem privatrechtlichen Arbeitsverhältnis. Die Abgrenzung zwischen den Gruppen richtet sich nach dem gültigen Tarifvertrag, dem Arbeitsvertrag oder der Dienstordnung. Wird ein Beschäftigter arbeitsvertraglich und tariflich als Angestellter beschäftigt, so ist er dieser Gruppe zuzurechnen, auch wenn er zu der Rentenversicherung der Arbeiter gehört. Dies gilt ebenso umgekehrt. **Dienstordnungs-Angestellte** (z. B. im Bereich der Sozialversicherung) gehören zur Gruppe der Angestellten. Ebenso **übertarifliche** (außertarifliche) Angestellte. Die zur Ausbildung Beschäftigten sind der Gruppe zuzuordnen, zu deren Beruf sie ausgebildet werden. So zählt ein für die Verwaltungstätigkeit Auszubildender in der Regel zur Gruppe der Angestellten, ein für die handwerkliche Tätigkeit Auszubildender dagegen zur Gruppe der Arbeiter. 8

(Abs. 5) Bestimmte Personen gelten nicht als Beschäftigte i. S. d. ThürPersVG. Dazu gehören die **Ehrenbeamten,** das sind die ehrenamtlichen Bürgermeister und ehrenamtlichen Beigeordneten in den Gemeinden und Landkreisen. 9

Personen, deren Beschäftigung überwiegend durch Beweggründe karitativer oder religiöser Art bestimmt ist, gelten nicht als Beschäftigte. Dies sind z. B. Mönche, Ordensschwestern oder Diakonissen in Krankenhäusern. Solche Beschäftigte, die ihren Lebensunterhalt zum größten Teil durch die Beschäftigung bestreiten, fallen allerdings unter den Beschäf- 10

§ 4

tigtenbegriff, da hier die karitativen oder religiösen Beweggründe nicht überwiegen. Ebenso ist bei den in Abs. 5 Nr. 3 genannten Personen auf den überwiegenden Zweck der Beschäftigung und – ihre wirtschaftliche Abhängigkeit abzustellen.

11 Nach Abs. 5 Nr. 4 gelten nur solche **Praktikanten** nicht als Beschäftigte, die im Rahmen eines Schul- oder Hochschulstudiums in der Dienststelle tätig sind. Besteht hingegen ein Vertrag mit der Dienststelle oder der Einrichtung und wird eine Vergütung gezahlt, so muß man von einer Eingliederung in die Dienststelle und somit von Beschäftigten im personalvertretungsrechtlichen Sinne ausgehen.

12 Nicht als Beschäftigte gelten Personen, deren wöchentliche Arbeitszeit unterhalb der **Pflichtversicherungsgrenze** des § 8 SGB IV liegen. Dies ist derzeit eine Arbeitszeit von unter 15 Wochenarbeitsstunden. Nach dem Gesetzestext ist die Arbeitszeit unabhängig vom Verdienst maßgeblich. Ausgeschlossen sind außerdem die **geringfügig Beschäftigten,** deren Arbeitsverhältnis auf weniger als zwei Monate befristet ist. Die Einschränkung des Beschäftigtenbegriffs in diesem Bereich verstößt gegen die rahmenrechtlichen Vorschriften des BPersVG. § 95 BPersVG schreibt den Ländern die Bildung von Personalvertretungen vor. Lediglich für die in § 95 Abs. 1 BPersVG ausdrücklich genannten Personengruppen kann der Landesgesetzgeber besondere Regelungen treffen. Er muß dabei allerdings § 104 BPersVG beachten, der die Beteiligung in innerdienstlichen, sozialen und personellen Angelegenheiten grundsätzlich vorschreibt. Damit lassen die Rahmenvorschriften des BPersVG dem Landesgesetzgeber zwar die Entscheidung darüber, welche Form der Beteiligung im einzelnen eingeräumt werden soll, und welche abweichenden Regelungen für den abschließend in § 95 Abs. 1 BPersVG aufgezählten Personenkreis getroffen werden sollen. Gleichzeitig ist damit jedoch auch klargestellt, daß für alle Beschäftigten eine Personalvertretung vorzusehen ist. Der Beschäftigtenbegriff kann nicht abweichend vom BPersVG geregelt werden. Darüber hinaus ist der Ausschluß dieser Beschäftigten vom Schutzbereich des Gesetzes auch verfassungs- und europarechtlich bedenklich, da eine mittelbare Diskriminierung von Frauen zu befürchten ist.

13 **Professorinnen, Professoren, Hochdozentinnen und -dozenten** werden nach § 88 Nr. 1 vom Geltungsbereich des ThürPersVG ausdrücklich ausgenommen. Bei Bestimmung der Zugehörigkeit zu dieser Gruppe sind die mitgliedschaftliche Stellung und die Übergangsregelungen des Thüringer Hochschulgesetzes zu beachten (vgl. § 88). Nicht ausgenommen vom Gesetz sind hingegen die Lehrkräfte mit besonderen Aufgaben (vgl. § 88 Nr. 3).

14 Ebenfalls ausgenommen vom Gesetz sind die **immatrikulierten Studentinnen und Studenten** der Hochschule, wenn sie an dieser Hochschule eine Beschäftigung (z. B. als wissenschaftliche Hilfskraft, Tutor, Aushilfskraft) ausüben. Weitere Voraussetzung ist jedoch, daß sie ein Studium

§§ 4, 5

noch nicht abgeschlossen haben. Immatrikulierte Studenten, die bereits ein Studium abgeschlossen haben, und an der Hochschule beschäftigt sind, gelten als Beschäftigte im personalvertretungsrechtlichen Sinne. Sie werden der Gruppe der Angestellten zugerechnet (vgl. § 88 Nr. 3 Satz 4).

§ 5
Gruppen

Die Beamten, Angestellten und Arbeiter bilden je eine Gruppe. Die in § 4 Abs. 1 Satz 3 bezeichneten Richter und Staatsanwälte treten zur Gruppe der Beamten.

Die **Gruppeneinteilung** ist zwingend vorgeschrieben. Die Zugehörigkeit zu der entsprechenden Beschäftigtengruppe ergibt sich aus § 4 Abs. 2 bis 4. Die in § 4 Abs. 1 genannten Richterinnen und Richter sowie Staatsanwältinnen und Staatsanwälte, die in einer Landesdienststelle eine nichtrichterliche oder nichtstaatsanwaltschaftliche Tätigkeit ausüben, werden der Gruppe der Beamten zugeordnet. 1

Eine zusätzliche Gruppe können nach § 88 Nr. 3 die akademischen Mitarbeiterinnen und Mitarbeiter bilden, wenn dies von mindestens 5 % dieser Beschäftigten beantragt wird. Ist dies der Fall, kann wiederum auf Antrag von 5 % dieser Beschäftigten nochmals nach beamteten und angestellten akademischen Mitarbeitern gespalten werden. Eine zusätzliche Gruppe bilden nach § 89 Nr. 1 die an öffentlichen Theatern tätigen künstlerischen Beschäftigten. Diese Vorschriften sind rahmenrechtlich bedenklich. Das Gruppenprinzip ist durch die Rahmenvorschrift des § 98 Abs. 2 BPersVG zwingend vorgeschrieben. Diese rahmenrechtliche Bestimmung regelt abschließend den Gruppenbegriff. Darunter fallen lediglich die Beschäftigtengruppen der Arbeiter, Angestellten und Beamten. Sie unterscheiden sich nach der Art ihres Dienst- bzw. Arbeitsverhältnisses. Die vom ThürPersVG zusätzlich eingeführten Gruppen sind jedoch status- bzw. berufsgruppenbezogen. Die Vorschrift ist rahmenrechtlich bedenklich, insbesondere im Bereich der akademischen Mitarbeiter, da hier die Trennung nach angestellten und verbeamteten akademischen Mitarbeitern nur auf Antrag erfolgt, und somit die zwingende Regelung des § 98 BPersVG mißachtet. Die nach § 95 Abs. 1 BPersVG zulässige Abweichung für wissenschaftliche und künstlerische Beschäftigte bezieht sich lediglich auf die Beteiligungsrechte. 2

Im Hauptpersonalrat beim Kultusministerium werden neben den drei ohnehin vorhandenen Gruppen noch je sechs schularten- bzw. berufsgruppenspezifische Gruppen sowohl der angestellten als auch der beamteten Beschäftigten der Schulen gebildet. Dadurch können bis zu 15 Gruppen geschaffen werden (vgl. § 17, § 92 Abs. 2). 3

§ 6
Dienststellen

(1) Dienststellen im Sinne dieses Gesetzes sind die einzelnen Behörden, Verwaltungsstellen und Betriebe der in § 1 genannten Verwaltungen sowie die Gerichte.

(2) Die einer Mittelbehörde unmittelbar nachgeordnete Behörde bildet mit den ihr nachgeordneten Stellen eine Dienststelle; dies gilt nicht, soweit auch die weiter nachgeordneten Stellen im Verwaltungsaufbau nach Aufgabenbereich und Organisation selbständig sind. Mittelbehörde im Sinne dieses Gesetzes ist die der obersten Dienstbehörde unmittelbar nachgeordnete Behörde, der andere Dienststellen nachgeordnet sind.

(3) Nebenstellen, Außenstellen und Teile einer Dienststelle, die räumlich weit von dieser entfernt liegen oder durch Aufgabenbereich und Organisation eigenständig sind, gelten als selbständige Dienststellen, wenn die Mehrheit ihrer wahlberechtigten Beschäftigten dies in geheimer Abstimmung beschließt. Der Beschluß ist für die folgende Wahl und die Amtszeit der aus ihr hervorgehenden Personalvertretung wirksam.

(4) Die Gemeinden, Gemeindeverbände, Landkreise und sonstigen Körperschaften, Anstalten und Stiftungen des öffentlichen Rechts bilden je eine Dienststelle im Sinne des Gesetzes. Absatz 3 gilt entsprechend, für Gemeinden jedoch mit der Maßgabe, daß nur durch Organisation und Aufgabenbereich eigenständige Nebenstellen und Teile der Dienststellen als selbständige Dienststellen gelten können.

Bei Gemeinden, Gemeindeverbänden und Landkreisen kann die Entscheidung nach Absatz 3 auch durch das in ihrer Verfassung vorgesehene oberste Organ getroffen werden; der Beschluß kann nur von der Seite aufgehoben werden, die ihn gefaßt hat.

(5) Bei gemeinsamen Dienststellen verschiedener Körperschaften, insbesondere den Landratsämtern, gelten die Beschäftigten jeder Körperschaft als Beschäftigte einer besonderen Dienststelle.

Dienststelle für Beschäftigte des Schulträgers an einer Schule ist die Beschäftigungsdienststelle.

Vergleichbare Vorschriften: § 6 BPersVG, §§ 5, 6 BetrVG

1 Das Gesetz nennt als Dienststellen ausdrücklich die Behörden, Verwaltungsstellen und Betriebe der in § 1 genannten Verwaltungen. Der Begriff der **Dienststelle** im personalvertretungsrechtlichen Sinne umfaßt die organisatorische Verwaltungseinheit, die sich grundsätzlich nach dem Aufbau der Verwaltung richtet. Die räumliche Entfernung einzelner Teile spielt dabei zunächst keine Rolle. Dienststellen sind nur solche Einheiten, die einen eigenständigen Aufgabenbereich haben und über eine selbstän-

dige Organisation verfügen. Dies ist nur dann der Fall, wenn der Leiter der Einheit in beteiligungspflichtigen Angelegenheiten über gewisse Entscheidungsbefugnisse verfügt, auch wenn er Weisungen übergeordneter Behörden unterliegt. Fehlt ein solcher Entscheidungs- und Handlungsspielraum, ist eine Einrichtung auch dann keine Dienststelle im personalvertretungsrechtlichen Sinne, wenn sie räumlich und hinsichtlich ihrer Aufgaben von anderen Einrichtungen des gleichen Verwaltungsträgers getrennt ist (BVerwG vom 13. 8. 86 – 6 P 7.85, PersR 87, 20).

Der Zweck, dem die Einrichtung dient, ist unerheblich. Selbst Einrichtungen, die arbeitstechnische Zwecke verfolgen, die üblicherweise von privaten Betrieben wahrgenommen werden, gelten als Dienststelle, sofern Träger die öffentliche Verwaltung ist. Für den kommunalen Bereich sowie die Körperschaften, Anstalten und Stiftungen des öffentlichen Rechts trifft Abs. 4 eine besondere Regelung. Sonderregelungen gelten für den Geschäftsbereich des Kultusministeriums (vgl. § 92 Abs. 1 Nr. 1) und für die Polizei (vgl. § 90 Abs. 1 Nr. 1). 2

(Abs. 2) Das Gesetz geht grundsätzlich von einem **dreistufigen Verwaltungsaufbau** in der Landesverwaltung aus. Dies ist für die Bildung von Stufenvertretungen von Bedeutung. Die **obersten Dienstbehörden** des Landes sind die Ministerien. **Mittelbehörden** in diesem Sinne sind nur solche, denen selbständige Dienststellen (untere Behörden) nachgeordnet sind. Dies sind in Thüringen z. B. das Landesverwaltungsamt, das Landesamt für Straßenbau, das Landesamt für Soziales und Familie, Polizeipräsidium Thüringen usw. Auf jeder Ebene werden zunächst örtliche (Haus-) Personalräte gebildet. Bei den Mittelbehörden werden Bezirkspersonalräte und bei den obersten Dienstbehörden Hauptpersonalräte gebildet (vgl. aber Sonderregelungen für das Thüringer Ministerium für Landwirtschaft und Forsten in § 86, das Thüringer Justizministerium in § 87, die Beschäftigten der Polizei im Thüringer Innenministerium in § 90, das Thüringer Kultusministerium in § 92). 3

Keine Mittelbehörden sind die **oberen Dienstbehörden** des Landes, wenn diese keine selbständigen nachgeordneten Dienststellen haben. Dies sind z. B. das MLVUA, das Landeskriminalamt, das Landesamt für Statistik. Diese Beschäftigten sind wahlberechtigt zu ihrem örtlichen Personalrat und zu dem Hauptpersonalrat ihres Ministeriumsbereiches. 4

Hat eine Verwaltung im Landesbereich mehr als drei Stufen, weil den der Mittelbehörde nachgeordneten Dienststellen wiederum weitere Stellen nachgeordnet sind, so gelten diese nicht als Dienststellen. Sie werden der Dienststelle personalvertretungsrechtlich zugeordnet, die der Mittelbehörde unmittelbar nachgeordnet ist. Ausnahmsweise gelten diese Stellen als eigenständige Dienststellen und wählen somit einen eigenen Personalrat, wenn sie nach Organisation und Aufgabenbereich selbständig sind (vgl. BVerwG vom 19. 4. 78 – 6 P 22.78, PersV 79, 191). 5

(Abs. 3) Ausnahmsweise kann von dem Grundsatz »eine Dienststelle – ein Personalrat« abgewichen werden. **Nebenstellen, Außenstellen** und 6

§ 6

Teile einer Dienststelle können als selbständige Dienststelle gelten und somit einen eigenen Personalrat wählen, wenn bestimmte Voraussetzungen vorliegen. Unter Nebenstelle versteht man dabei eine Verwaltungseinheit mit eigenen Aufgaben, die jedoch der Hauptdienststelle untersteht. Außenstellen dienen demgegenüber dem Zweck der Hauptdienststelle, sie sind lediglich räumlich getrennt. Für Teile einer Dienststelle kann grundsätzlich beides zutreffen. Für Dienststellen im Geschäftsbereich des Kultusministeriums ist Abs. 3 ausgeschlossen (vgl. § 92 Abs. 1 Nr. 1).

7 Erste Voraussetzung für die **Verselbständigung** und Wahl eines eigenen Personalrates ist, daß die Nebenstelle, Außenstelle oder der Dienststellenteil räumlich weit von dem Hauptsitz der Dienststelle entfernt ist. Es kommt dabei nicht allein auf die Entfernung nach Kilometern an. Die tatsächliche Erreichbarkeit ist entscheidend. Die Verkehrsverhältnisse müssen es gewährleisten, daß der Personalrat seine Aufgaben in der Nebenstelle oder dem Dienststellenteil erfüllen kann. Wegezeiten bis zu einer Stunde sind den Mitgliedern des Personalrates wie auch den Beschäftigten zumutbar (vgl. BVerwG vom 14. 7. 87 – 6 P 9.86, PersR 87, 195). Allerdings spricht nach späterer Rechtsprechung schon bei einer Entfernung ab 20 km eine Vermutung dafür, daß die Aufgabenerfüllung für den Personalrat schwierig ist, so daß eine Abtrennung möglich wird (vgl. BVerwG vom 29. 5. 91 – 6 P 12.89, PersR 91, 334). Nicht maßgeblich ist, ob der Leiter der Nebenstelle oder des Dienststellenteils Entscheidungbefugnisse hat. Die gemeinsame Verselbständigung mehrerer Nebenstellen, Außenstellen oder Dienststellenteile ist nicht zulässig. In Gemeinden ist eine Verselbständigung wegen räumlich weiter Entfernung ausgeschlossen (vgl. Abs. 4 Satz 2).

8 Alternativ zu der Voraussetzung der räumlich weiten Entfernung kann eine Verselbständigung auch erfolgen, wenn die Nebenstelle oder der Dienststellenteil nach **Aufgabenbereich und Organisation** eigenständig ist. Dies ist in aller Regel nur dann der Fall, wenn Aufgaben erledigt werden, die aus dem üblichen, gesetzlich vorgeschriebenen Aufgabenkatalog bzw. dem üblichen Verwaltungsablauf herausfallen. Es muß sich um einen abgrenzbaren Aufgabenbereich handeln. Dies sind Aufgaben, die z. B. in kommunalen Eigenbetrieben erfüllt werden. Gleichzeitig ist die Eigenständig in der Organisation gefordert. Diese ist nur dann gegeben, wenn der Dienststellenleitung des betreffenden Betriebes bzw. der Verwaltungseinheit eigene Entscheidungsbefugnisse in Angelegenheiten zukommt, bei denen der Personalrat Mitbestimmungsrechte hat (für den kommunalen Bereich vgl. Rn. 15).

9 **Sonderregelungen** gelten für die Polizei und die Schulen. Für Dienststellen im Bereich der Polizei ist eine Verselbständigung nur bei räumlich weiter Entfernung zulässig (vgl. § 90 Abs. 1 Nr. 2). Die in § 92 Abs. 1 Nr. 1 genannten Einrichtungen und Ämter (Schulen, Schulämter, Kolleg etc.) bilden eine eigene Dienststelle, § 6 Abs. 3 findet keine Anwendung.

10 Ist eine der genannten Grundvoraussetzungen (vgl. Rn. 7 oder 8) gege-

ben, so ist weitere Voraussetzung ein **Beschluß der Beschäftigten** der Nebenstelle, Außenstelle oder des Dienststellenteils. Es muß eine geheime Abstimmung über die Verselbständigung stattfinden, in der sich die Mehrheit der Wahlberechtigten dafür aussprechen müssen. Die Mehrheit derer, die an der Abstimmung teilgenommen haben, kann bei einer geringen Abstimmungsbeteiligung nicht ausreichen. Mindestens drei wahlberechtigte Beschäftigte können die Initiative ergreifen, einen Abstimmungsvorstand bilden und die Abstimmung durchführen. Die Abstimmung findet als gemeinsame statt. Es muß gewährleistet sein, daß das Wahlgeheimnis gewahrt bleibt. Der Abstimmungsvorstand muß dem für die Dienststelle gebildeten Wahlvorstand die ordnungsgemäße Durchführung der Abstimmung in der Frist des § 4 der Wahlordnung glaubhaft machen. Der Beschluß zur Verselbständigung kann jederzeit, d. h. auch außerhalb der regelmäßigen Personalratswahlen, gefaßt werden. Er gilt jeweils für die nächste Wahl und Amtsperiode. Das bedeutet, die personalvertretungsrechtliche Verselbständigung findet ihr Ende, wenn die Amtszeit des Personalrats der Hauptdienststelle beendet ist (Grabendorff u. a., § 6 BPersVG Rn. 28; Dietz/Richardi, Rn. 65). Dies gilt nicht nur für die regelmäßige, sondern auch für die vorzeitige Beendigung (vgl. § 27 Abs. 2 Nr. 1 bis 4). Endet die Amtszeit des Personalrats der Teildienststelle vorzeitig (vgl. § 27 Abs. 2 Nr. 1 bis 4), so trifft das Gesetz keine eindeutige Regelung. Denkbar wäre, daß der Personalrat der Teildienststelle für die Restamtszeit neu gewählt wird. Die Tatsache, daß es sich bei einer solchen Wahl um keine Ersatz-, sondern um eine Neuwahl handelt, spricht dafür, daß der Beschluß zur Verselbständigung hier auch mit der vorzeitigen Beendigung der Amtszeit endet. Nach letzterer Rechtsansicht könnte eine separate Neuwahl des Teildienststellen-Personalrats nicht stattfinden, so daß die Interessenvertretung für den Rest der Amtszeit von dem Personalrat der Hauptdienststelle wahrzunehmen wäre.

(Abs. 4) Gemeinden, Gemeindeverbände und **Landkreise** sind **Gebietskörperschaften** für die nach dem Grundgesetz und der Kommunalordnung das Selbstverwaltungsrecht gilt. Das Gesetz stellt klar, daß sie als je eine Dienststelle gelten. Die Verfassung und das Recht der Gebietskörperschaften sind in der Vorläufigen Kommunalordnung für das Land Thüringen (– VKO – vom 24. 7. 92; GVBl. S. 383; noch gültig bis 30. 6. 94) und der Thüringer Gemeinde- und Landkreisordnung (Thüringer Kommunalordnung – ThürKO – vom 16. 8. 93, GVBl. S. 501; gültig ab 1. 7. 94) geregelt. Der Oberbegriff Gemeinden umfaßt auch die kreisangehörigen und kreisfreien Städte. Gemeindeverbände sind die Verwaltungsgemeinschaften.

Das Gesetz zur Neugliederung der Landkreise und kreisfreien Städte in Thüringen (Thüringer Neugliederungsgesetz – ThürNGG – vom 16. 8. 93, GVBl. S. 545) bildet 17 Landkreise und fünf kreisfreie Städte. Die Neugliederung wird ab dem Monat, der nach der Kommunalwahl 1994 (12. Juni 1994) folgt, wirksam, d. h. ab 1. Juli 1994. Die Landkreise werden,

§ 6

außer dem Landkreis Nordhausen, aufgelöst und neugebildet. Der Landkreis Nordhausen und die kreisfreien Städte bleiben erhalten. In die kreisfreien Städte werden zahlreiche Gemeinden eingemeindet. Ab 1. 1. 1998 wird auch die Stadt Eisenach kreisfrei und Bad Salzungen erhält endgültig den Kreissitz. Die Auflösung der Landkreise (außer Nordhausen alle) hat auch zur Folge, daß der dort bestehende Personalrat am 1. 7. 94 aufgelöst ist. Nach der Vorschrift des Abs. 4 bildet der Landkreis als Gebietskörperschaft (nicht die Kreisverwaltung) die Dienststelle, bei der der Personalrat zu bilden ist. Eine Übergangsregelung für den Fortbestand der Personalräte ist in § 10 des Thüringer Gesetz über Maßnahmen zur kommunalen Gebietsreform (Thüringer Maßnahmegesetz – ThürMaßnG – vom 3. 1. 94 GVBl. S. 5) getroffen, damit keine personalratslose Zeit entsteht (vgl. Anhang VIII, § 10 Thüringer Maßnahmegesetz – ThürMaßnG –). Die Übergangsregelung bei Umbildung von Körperschaften (vgl. § 32) gilt ab 1. 11. 94 (vgl. § 97).

13 Gemeinden, die sich zu **Verwaltungsgemeinschaften** zusammenschließen, haben jeweils einen eigenen Personalrat, sofern sie noch über mindestens fünf eigene Beschäftigte verfügen (vgl. § 12 Abs. 1). Die Verwaltungsgemeinschaft (VerwG) gilt als eigene Dienststelle mit einem eigenständigen Personalrat. Die Personalräte der Gemeinden und der VerwG bestehen selbständig nebeneinander, ein Gesamtpersonalrat wird nicht gewählt (vgl. § 55 – Wahl eines Gesamtpersonalrats nur in den Fällen des § 6 Abs. 3). Ist die Gemeinde erfüllende Gemeinde gem. § 51 ThürKO, so erledigt sie Aufgaben der VerwG mit eigenem Personal. In diesem Falle ist nur ein Personalrat für die erfüllende Gemeinde und die VerwG bei der (erfüllenden) Gemeinde zu bilden. Die weiteren Gemeinden, die sich der VerwG angeschlossenen haben, wählen ggf. eigene Personalräte.

14 Sonstige **Körperschaften** (z. B. **Zweckverbände, AOK**), **Anstalten** (z. B. **Sparkassen**) und **Stiftungen** des öffentlichen Rechts bilden ebenfalls je eine Dienststelle (vgl. § 1).

15 Auch bei den **Gebietskörperschaften** sowie den **öffentlich-rechtlichen Körperschaften, Anstalten und Stiftungen** besteht die Möglichkeit der Verselbständigung nach Abs. 3 (vgl. Rn. 7 bis 9). Bei Gemeinden gilt eine Einschränkung insofern, als einzig mögliche Voraussetzung für einen Beschluß ist, daß der Dienststellenteil in Aufgabenbereich und Organisation eigenständig ist. Eine Verselbständigung wegen räumlich weiter Entfernung ist ausdrücklich im Gesetz ausgeschlossen (vgl. Abs. 4 Satz 2). Im kommunalen Bereich kann von einer Eigenständigkeit in Organisation und Aufgabenbereich nur dann gesprochen werden, wenn auch eine **eigene Haushaltsführung** vorliegt, wie dies bei Eigenbetrieben entsprechend der Vorschriften der Kommunalordnung und der Eigenbetriebsverordnung des Landes Thüringen von August 1993 (GVBl. S. 397) der Fall ist. Eigenbetriebe sind Unternehmen ohne eigene Rechtspersönlichkeit, die außerhalb des Haushaltsplanes der Gemeinde bzw. des

Landkreises nach kaufmännischen Grundsätzen als Sondervermögen verwaltet werden (§ 58 VKO, § 76 ThürKO). Der Leiter des Eigenbetriebes hat regelmäßig auch Befugnisse im personalvertretungsrechtlich relevanten Bereich, auch wenn er im gewissen Umfang Weisungen des Trägers unterliegt. Für kommunale Krankenhäuser trifft dies in der Regel zu. Kindereinrichtungen (Kindergärten, Kinderkrippen, Kindertagesstätten) sind hingegen in der Regel vollständig in das Jugendamt integriert. Da die Leiterin der Kindereinrichtung keine eigenen Befugnisse in Personalangelegenheiten besitzt, fehlt es an dem Erfordernis der Eigenständigkeit in Aufgabenbereich und Organisation. Diese Eigenständigkeit wäre nur dann zu bejahen, wenn die Kindereinrichtungen in einem Eigenbetrieb mit eigener Haushaltsführung und eigener Leitung entsprechend den Vorschriften des Eigenbetriebsrechts (§ 58 VKO, § 76 ThürKO) zusammengefaßt wären. Ist dies nicht der Fall, so kann weder eine einzelne Kindereinrichtung noch die Kindereinrichtungen einer Stadt als Gesamtheit eine Verselbständigung erreichen. Die gemeinsame Verselbständigung mehrerer Dienststellenteile wird ohnehin allgemein für unzulässig erachtet, insbesondere weil hier eine Leiterin bzw. ein Leiter als Gegenüber des Personalrats fehlt. Das bezüglich der Kindereinrichtungen Gesagte gilt entsprechend für andere kommunale Einrichtungen. **Dezernaten und Ämtern** in Landkreisen, Städten, Gemeinden fehlt es ebenfalls an der erforderlichen Selbständigkeit in Aufgabenbereich und Organisation. Die jeweiligen Leiter haben lediglich die fachliche Leitung, während Entscheidungskompetenzen in den mitbestimmungspflichtigen Maßnahmen fehlen. Die Kommunalordnung bestimmt eindeutig, daß der (Ober-) Bürgermeister bzw. Landrat Leiter der Verwaltung und Dienstvorgesetzter der Bediensteten ist (§ 27 Abs. 1 und 4, § 91 Abs. 1 und 5 VKO, §§ 29 und 107 ThürKO, s. Anhang II und III). Die Vertretung des (Ober-) Bürgermeisters oder Landrates erfolgt durch den ersten Beigeordneten (in kreisfreien Städten und großen kreisangehörigen Städten führt der erste Beigeordnete die Amtsbezeichnung Bürgermeister) nur im **Verhinderungsfall** (§§ 32, 110 ThürKO). Im Ergebnis ist in Gemeinden eine Verselbständigung nur bei Eigenbetrieben möglich. In Landkreisen sowie bei öffentlich-rechtlichen Körperschaften, Anstalten und Stiftungen kommt daneben auch eine Verselbständigung von Außen- oder Nebenstellen, die räumlich weit entfernt liegen, in Betracht.

Bei Gemeinden, Gemeindeverbänden und Landkreisen kann der Beschluß über die Verselbständigung außer von den Beschäftigten auch durch das in der Verfassung vorgesehene **oberste Organ** gefaßt werden. Dies ist bei den Gemeinden der Gemeinde- bzw. Stadtrat (Stadtverordnetenversammlung nach VKO), bei den Verwaltungsgemeinschaften die Gemeinschaftsversammlung und bei den Landkreisen der Kreistag (s. Anhang II und III). Die Vorschrift enthält für den Fall, daß die Beschäftigten und das oberste Organ unterschiedliche Beschlüsse fassen, eine Kollisionsregel. Ein einmal gefaßter Beschluß kann nur von der Seite aufgeho-

16

§ 6

ben werden, die ihn getroffen hat. Unter einem Beschluß ist stets nur die positive Entscheidung für eine Verselbständigung zu verstehen. Haben sich die Beschäftigten in einer geheimen Abstimmung mehrheitlich für die Verselbständigung ihres Dienststellenteils entschieden, so kann das oberste Organ keinen gegenteiligen Beschluß fassen oder die Entscheidung der Beschäftigten aufheben. Hat hingegen die Verselbständigung unter den Beschäftigten keine Mehrheit gefunden oder fand überhaupt keine Abstimmung statt, so kann das oberste Organ die Verselbständigung beschließen. Findet die Verselbständigung weder bei den Beschäftigten noch im obersten Organ eine Mehrheit oder findet keine Abstimmung statt, so kann kein eigenständiger Personalrat in der Nebenstelle, Außenstelle oder dem Dienststellenteil gewählt werden.

17 (**Abs. 5**) Die Vorschrift trägt dem Umstand Rechnung, daß verschiedene Körperschaften gemeinsame Dienststellen haben. Darunter fallen gemeinsame Dienststellen des Landes und der Kommunen. Beispielhaft werden hier die Landratsämter als gemeinsame Dienststelle des Landes (untere staatliche Verwaltungsbehörde) und des Landkreises (Kreisbehörde) genannt. In diesen gemeinsamen Dienststellen werden zwei Personalräte gebildet. Die Beschäftigten werden entsprechend ihrem Arbeitsverhältnis der jeweiligen Körperschaft zugeordnet. In den Landratsämtern vertritt ein Personalrat die Kreisbediensteten und ein weiterer die Landesbediensteten. Auch gemeinsame Dienststellen des Bundes oder bundesunmittelbarer juristischer Personen des öffentlichen Rechts einerseits und des Landes oder landesunmittelbarer juristischer Personen andererseits können betroffen sein (vgl. § 6 Abs. 4 BPersVG). Auch hier werden zwei Personalräte gebildet, von denen einer die im Landesdienst Beschäftigten vertritt. Für den Personalrat der Bundesbediensteten gilt das BPersVG.

18 Auch in den **Schulen,** die nach der Sonderregelung des § 92 als Dienststelle gelten, müßten nach dieser Regelung zwei Personalräte gebildet werden. Einen eigenen Personalrat des technischen und Verwaltungspersonals an jeder Schule zu bilden erscheint weder sinnvoll noch praktikabel. Beschäftigte des **Schulträgers** einer Schule sollen daher abweichend von Abs. 5 Satz 1 der Dienststelle zugeordnet werden, mit der ein Arbeitsverhältnis besteht. Dies ist vor allem für die Schulen, deren Träger ein Landkreis oder eine Stadt ist, von Bedeutung. Während das pädagogische Personal beim Land beschäftigt ist, stellt der Landkreis das technische und Verwaltungspersonal an. Die beim Landkreis Beschäftigten werden diesem personalvertretungsrechtlich zugeordnet. Sie sind daher zum Personalrat der Kreisbediensteten des Landratsamtes wahlberechtigt. Demgegenüber gilt für das beim Land beschäftigte pädagogische Personal die Sonderregelung des § 92 Abs. 1, nach der Dienststelle die Schule ist.

19 Die Regelung des § 88 Nr. 5 Satz 3 stellt klar, daß das **Klinikum der Friedrich-Schiller-Universität (FSU) Jena** als rechtlich unselbständige Anstalt eine eigene Dienststelle mit eigenem Personalrat bilden soll. Einer Verselbständigung nach § 6 Abs. 3 bedarf es nicht. Es wird demnach auch

§§ 6, 7

kein Gesamtpersonalrat bei der FSU Jena gebildet. Die Beschäftigten sind allerdings zum Hauptpersonalrat beim Thüringer Ministerium für Wissenschaft und Kunst wahlberechtigt.

Mit der getroffenen Sonderregelung des § 89 Nr. 3 hinsichtlich der Dienststellenleitung in **öffentlichen Theatern und Orchestern** ist gleichzeitig klargestellt, daß öffentliche Theater und Orchester eine **eigene Dienststelle** bilden, unabhängig davon, welche öffentlich-rechtliche Körperschaft Träger der Einrichtung ist. Das hat zur Folge, daß hier durch Gesetz die Bildung eines eigenen, unabhängigen Personalrats vorgeschrieben ist, ohne daß es einer Verselbständigung nach § 6 Abs. 3 bedarf. Es besteht demnach auch bei Einrichtungen, deren Träger eine Kommune ist, keine Wahlberechtigung zu einem evtl. zu bildenden Gesamtpersonalrat bei der Kommune. 20

In § 90 Abs. 1 Nr. 1 wird für die Beschäftigten im Polizeidienst abschließend festgelegt, welche Behörden Dienststelle im Sinne dieses Gesetzes sind. Danach bilden **das Polizeipräsidium Thüringen, die Polizeidirektionen mit den jeweils nachgeordneten Behörden, die Bereitschaftspolizeiabteilung Thüringen mit den nachgeordneten Behörden, das Landeskriminalamt Thüringen und das Thüringer Polizeiverwaltungsamt** je eine Dienststelle. Damit ist auch klargestellt, daß die jeweils nachgeordneten Behörden der Polizeidirektionen (Inspektionen, Reviere, Stationen, Posten) bzw. der Bereitschaftspolizeiabteilung (Polizeihundertschaften, Fortbildungseinrichtungen, Polizeimusikkorps) keine eigene Dienststelle sein können. Eine Verselbständigung nach Abs. 3 ist nur unter der Voraussetzung der räumlich weiten Entfernung möglich. 21

Im Geschäftsbereich des Thüringer Kultusministeriums gelten als Dienststelle im Sinne dieser Vorschrift **die allgemeinbildenden und berufsbildenden Schulen, die Fachschulen, die Studienseminare, das Kolleg, das Thüringer Institut für Lehrerfortbildung, Lehrplanentwicklung und Medien** und **die staatlichen Schulämter** (vgl. § 92 Abs. 1 Nr. 1). Dabei wird die Möglichkeit der **Verselbständigung** von Nebenstellen, Außenstellen und Teilen einer Dienststelle nach Abs. 3 ausgeschlossen. 22

§ 7
Dienststellenleiter

(1) Für die Dienststelle handelt ihr Leiter. Er kann sich im Falle seiner Verhinderung durch seinen ständigen Vertreter vertreten lassen. Bei obersten Landesbehörden kann er darüber hinaus den Leiter der Abteilung Personal- und Verwaltungsangelegenheiten zu seinem Vertreter bestimmen. Die Vertretung durch andere Beschäftigte ist nur im Einvernehmen mit der Personalvertretung möglich.

(2) Bei Gemeinden, Gemeindeverbänden, Landkreisen und sonstigen Körperschaften, Anstalten und Stiftungen des öffentlichen

§ 7

Rechts richtet sich die Vertretung nach den hierfür geltenden Vorschriften.

(3) In Zweifelsfällen bestimmt die oberste Dienstbehörde oder, falls eine oberste Dienstbehörde nicht vorhanden ist oder nicht entscheidet, die Aufsichtsbehörde den Leiter der Dienststelle und seinen Vertreter.

Vergleichbare Vorschriften: § 7 BPersVG, § 7 BetrVG

1 Der **Dienststellenleiter** bzw. die **Dienststellenleiterin** vertritt grundsätzlich den öffentlichen Arbeitgeber gegenüber dem Personalrat. Die Organisationsstruktur der Landesverwaltung oder der jeweiligen Person des öffentlichen Rechts regelt, wer Dienststellenleiter ist. Bei **Nebenstellen, Außenstellen oder Dienststellenteilen,** die durch Beschluß verselbständigt sind (Abs. 3), ist deren örtlicher Leiter Dienststellenleiter i. S. d. Gesetzes (BVerwG vom 29. 5. 91 – 6 P 12.89, PersR 91, 334). Dies ändert an den Befugnissen und Aufgaben des Dienststellenleiters der Hauptdienststelle nichts (Lorenzen u. a., § 7 BPersVG Rn. 7).

2 Im **Verhinderungsfall** kann sich der Dienststellenleiter bzw. die Dienststellenleiterin durch seinen bzw. ihren ständigen Vertreter vertreten lassen. Dies ist nur derjenige, der nach dem Organisationsplan ständig vertritt und in der Regel die Befugnis hat »in Vertretung« zu zeichnen. Gegenüber dem Personalrat darf der Vertreter nur handeln, wenn der Dienststellenleiter verhindert ist. Bei **obersten Landesbehörden** ist im Verhinderungsfall eine Vertretung nicht nur durch den ständigen Vertreter (z. B. Minister durch Staatssekretär), sondern auch durch den Leiter der Abteilung Personal- und Verwaltungsangelegenheiten möglich.

3 **Weitere Beschäftigte** der Dienststelle können die Dienststellenleitung nur vertreten, wenn die Personalvertretung damit einverstanden ist. Die Einverständniserklärung bedarf eines gemeinsamen Beschlusses des Personalrats. Das Einverständnis kann auf einen Einzelfall, bestimmte Angelegenheiten oder eine bestimmte Zeit begrenzt werden.

4 **(Abs. 2)** Auch für Gemeinden, Gemeindeverbände, Landkreise und sonstige Körperschaften, Anstalten und Stiftungen des öffentlichen Rechts gelten die Grundsätze des Abs. 1. Wer Dienststellenleiter und sein ständiger Vertreter ist, richtet sich nach den für den jeweiligen Bereich geltenden Vorschriften. Für **Gemeinden, Gemeindeverbände und Landkreise** ist dies in Thüringen die Vorläufige Kommunalordnung für das Land Thüringen (– VKO – vom 24. 7. 92 GVBl. S. 383; bis 30. 6. 94 gültig) bzw. die Thüringer Gemeinde- und Landkreisordnung (Thüringer Kommunalordnung – ThürKO – vom 24. 8. 93 GVBl. S. 501; ab 1. 7. 94 gültig). In Städten und Gemeinden ist der Bürgermeister bzw. Oberbürgermeister (§ 27 Abs. 1 und Abs. 4 VKO, § 29 Abs. 1 und Abs. 3 ThürKO, s. Anhang II und III) und in Landkreisen der Landrat (§ 91 Abs. 1 und Abs. 5 VKO, § 107 Abs. 1 und Abs. 2 ThürKO, s. Anhang II und III)

Leiter der Verwaltung und Dienstvorgesetzter und somit Dienststellenleiter. Bei Verhinderung ist der oder die erste Beigeordnete Vertreter bzw. Vertreterin des Bürgermeisters oder Landrats (§§ 28 Abs. 1, 92 Abs. 2 VKO und §§ 32 Abs. 1 und 110 Abs. 1 ThürKO). In kreisfreien Städten und großen kreisangehörigen Städten trägt der erste Beigeordnete die Amtsbezeichnung Bürgermeister. Die Hauptsatzung kann weiteres zur Vertretung regeln (§ 32 Abs. 1 ThürKO). In den **Verwaltungsgemeinschaften** ist der Gemeinschaftsvorsitzende Dienststellenleiter und sein erster ehrenamtlicher Vertreter Stellvertreter (§ 31c Abs. 4 VKO, s. Anhang III, und § 48 Abs. 1 ThürKO, s. Anhang II).

Bei **sonstigen Körperschaften, Anstalten und Stiftungen des öffentlichen Rechts** ist die Ermittlung der Dienststellenleitung schwierig, da oft mehrere Organe Leitungsaufgaben wahrnehmen. Welches Organ als Dienststellenleitung anzusehen ist, muß anhand der für die Entstehung und Organisation der Institution maßgeblichen Vorschriften ermittelt werden. In **Zweckverbänden** nach dem **Gesetz über die kommunale Gemeinschaftsarbeit** (s. Anhang IV) ist grundsätzlich der Verbandsvorsitzende Vorgesetzter und Dienstvorgesetzter. Er hat die Zuständigkeiten eines Bürgermeisters, das heißt er ist Dienststellenleitung (§ 33 Abs. 2 und Abs. 5 Gesetz über die kommunale Gemeinschaftsarbeit). Durch Beschluß der Verbandsversammlung können Zuständigkeiten des Verbandsvorsitzenden einem Geschäftsführer übertragen werden (§ 35 Abs. 2). Obliegt einem Geschäftsführer oder einer Geschäftsführerin die konkrete Führung der Geschäfte nach innen und nach außen sowie die Leitung des Dienstbetriebs, dann ist dieser bzw. diese Dienststellenleiter. **Kollegialorgane** (z. B. ein mehrköpfiger Vorstand) verwalten und vertreten die Sozialversicherungsträger und Sparkassen. Dienststellenleitung kann hier der **Vorstand** sein, der in seiner Geschäftsordnung zu regeln hat, welches Mitglied gegenüber dem Personalrat verbindlich handelt. Bei den Sozialversicherungsträgern (z. B. AOK) ist es Aufgabe des Vorstandes, einen Sozialversicherungsträger zu verwalten und nach außen zu vertreten. Darüber hinaus hat der Vorstand die der Geschäftsführung obliegende Führung der laufenden Verwaltungsgeschäfte durch Richtlinien zu lenken (§ 35 Abs. 2 SGB IV). Dabei handelt es sich jedoch um die globale Lenkung und Kontrolle und die Vertretung in einzelnen, besonders bedeutsamen Angelegenheiten (vgl. BVerwG vom 7. 3. 84, PersV 86, 158). Obliegen einem Geschäftsführer oder einer Geschäftsführerin die konkrete Führung der Geschäfte nach innen und nach außen sowie die Leitung des Dienstbetriebes, dann ist der Geschäftsführer bzw. die Geschäftsführerin Dienststellenleiter (OVG NRW vom 30. 1. 61 für den Bereich der Ortskrankenkassen und HessVGH vom 24. 10. 84 für Universitätsklinikum).

Eine dem § 88 BPersVG vergleichbare Regelung für Sozialversicherungsträger, wonach der Vorstand Dienststellenleitung ist, soweit ihm die Entscheidungsbefugnis vorbehalten ist, fehlt. In diesen Angelegenheiten

§ 7

hat der Geschäftsführer die Entscheidung gegenüber dem Personalrat zu vertreten.

7 Die Regelung des § 88 Nr. 5 trifft eine eindeutige Festlegung hinsichtlich des **Dienststellenleiters** und seines **ständigen Vertreters** in den **Hochschulen** und im **Klinikum der Friedrich-Schiller-Universität Jena.** Die Festlegung des Dienststellenleiters folgt der des Dienstvorgesetzten im Thüringer Hochschulgesetz. Dem Personalrat der Hochschule stehen danach zwei Dienststellenleiter gegenüber. Dienststellenleiter bzw. -leiterin ist für das **wissenschaftliche Personal** der **Rektor oder Präsident,** sein ständiger Vertreter der **Kanzler.** Für das übrige, nichtwissenschaftliche Personal ist der Kanzler Dienststellenleiter.

8 Klargestellt wird in § 88 Nr. 5 Satz 3, daß hinsichtlich der Dienststellenleitung beim Klinikum der FSU Jena der **ärztliche Direktor** an die Stelle des Rektors und der **Verwaltungsdirektor** an die Stelle des Kanzlers tritt. Mit dieser Regelung ist die Vertretung des Klinikumsvorstandes als Kollegialorgan gegenüber dem Personalrat eindeutig geregelt. Darüber hinaus können auch der **Rektor** und der **Kanzler** der FSU Maßnahmen direkt gegenüber dem Personalrat vertreten, sofern sie im Einzelfall Befugnisse als **Dienstvorgesetzte** ausüben.

9 In § 89 Nr. 3 wird eine Sonderregelung hinsichtlich des **Dienststellenleiters in öffentlichen Theatern und Orchestern** getroffen. Für das künstlerische Personal ist der künstlerische Leiter Dienststellenleiter und für das sonstige Personal der Leiter der Verwaltung.

10 (Abs. 3) Treten **Zweifelsfälle** darüber auf, wer Dienststellenleiter und Vertreter ist, so soll einseitig die oberste Dienstbehörde entscheiden. Nur für den Fall, daß es keine oberste Dienstbehörde gibt oder diese nicht entscheidet, ist es Sache der Aufsichtsbehörde, einseitig den Leiter der Dienststelle und seinen Vertreter zu bestimmen. Ein Zweifelsfall liegt nur dann vor, wenn sich aus dem Gesetz oder der Satzung keine eindeutige Regelung ergibt, z. B. wenn die Hauptsatzung keine Reihenfolge der Vertretung durch die Beigeordneten bzw. Bürgermeister festlegt. Die Entscheidung der obersten Dienstbehörde bzw. der Aufsichtsbehörde ist gerichtlich überprüfbar. Obwohl keine Vorschriften über das Verfahren vorliegen, kann die oberste Dienstbehörde bzw. die Aufsichtsbehörde nur entscheiden, wenn sie von einer Seite angerufen wird. Dies gebietet der Grundsatz der vertrauensvollen Zusammenarbeit. Wird die oberste Dienstbehörde oder die Aufsichtsbehörde ersucht, eine Entscheidung nach Abs. 3 zu treffen, so ist sie verpflichtet, dem unverzüglich, d. h. ohne schuldhafte Verzögerung, nachzukommen.

11 Das Gesetz verwendet an verschiedenen Stellen den Begriff **oberste Dienstbehörde.** Hierunter versteht man die oberste Behörde des Dienstherren, in deren Bereich der Beamte ein Amt im abstrakt-funktionalen Sinne bekleidet (§ 3 Abs. 1 BBG und entsprechende beamtenrechtliche Vorschriften der Länder). Sie nimmt die Funktion des obersten Dienstvorgesetzten wahr (vgl. auch Eichhorn u. a., S. 89). Der beamtenrechtliche

Begriff der obersten Dienstbehörde wird in das Personalvertretungsrecht übernommen (vgl. auch § 69 Abs. 7). Nach dem Grundsatz einer einheitlichen Begriffsauslegung ist unter der obersten Dienstbehörde i. S. d. ThürPersVG die oberste Behörde des Dienstherren zu verstehen, die die Funktion des obersten Dienstvorgesetzten der Beamten wahrnimmt. Die oberste Dienstbehörde ist nicht immer identisch mit dem **obersten Organ.** Unter dem obersten Organ versteht man das politische Entscheidungsorgan, das aber nur eingeschränkte personelle Befugnisse besitzt, insbesondere nicht Dienstvorgesetzter ist. In der Landesverwaltung ist das jeweilige Ministerium, in dessen Geschäftsbereich die Behörde oder das Amts gehört, oberste Dienstbehörde. In den kommunalen Gebietskörperschaften, also den Städten, Gemeinden, Verwaltungsgemeinschaften und Landkreisen, und den Zweckverbänden bestimmen die dafür geltenden gesetzlichen Vorschriften, wer oberster Dienstvorgesetzter und somit oberste Dienstbehörde ist (vgl. Seidel, PersR 93, 434). Dies sind die Vorläufige Kommunalordnung für das Land Thüringen (– VKO – vom 24. 7. 92 GVBl. S. 383), die bis zum 30. 6. 94 gilt, die Thüringer Gemeinde- und Landkreisordnung (Thüringer Kommunalordnung – ThürKO – vom 16. 8. 93 GVBl. S. 501) und das Gesetz über kommunale Gemeinschaftsarbeit vom 11. 6. 92 (GVBl. S. 232).

Nach der **bis zum 30. 6. 94 geltenden VKO (s. Anhang III)** ist in Städten und Gemeinden nach § 27 Abs. 1 und 4 VKO die Bürgermeisterin bzw. der Bürgermeister **Dienststellenleitung** und Dienstvorgesetzte bzw. Dienstvorgesetzter. Gleiches gilt nach § 91 Abs. 1 und 5 VKO für die Landrätin bzw. den Landrat in bezug auf den Landkreis. Bei Verwaltungsgemeinschaften ist nach § 31 c Abs. 4 VKO die oder der Gemeinschaftsvorsitzende Dienstvorgesetzte(r), also Dienststellenleitung und die Gemeinschaftsversammlung oberste Dienstbehörde. Die VKO enthält indes im Hinblick auf Gemeinden und Landkreise keine Regelung der Frage, wer oberste Dienstbehörde ist. Oberste Dienstbehörde ist daher gemäß § 2 Abs. 1 des Gesetzes zur vorläufigen Regelung des Beamtenrechts des Landes Thüringen (BeamtVorschaltG vom 17. 7. 91 GVBl. S. 217, s. Anhang V), das bis zur Verabschiedung eines Landesbeamtengesetzes fortgilt, die Gemeindevertretung, vertreten durch die bzw. den Gemeindevorsteher(in) bzw. die Stadtverordnetenversammlung, vertreten durch die bzw. den Stadtverordnetenvorsteher(in). In den Landkreisen ist oberste Dienstbehörde der Kreistag, vertreten durch die oder den Vorsitzenden des Kreistages. Ferner bestimmt § 2 Abs. 1 Nr. 3 BeamtVorschaltG bei anderen der Aufsicht des Landes unterstehenden juristischen Personen des öffentlichen Rechts das nach Gesetz oder Satzung zuständige Organ als oberste Dienstbehörde. **Ab dem 1. 7. 94** gilt für Gemeinden, Landkreise und Verwaltungsgemeinschaften die **ThürKO** vom 16. 8. 93 (GVBl. S. 501). Nach § 29 Abs. 1 und 3 ThürKO (s. Anhang II) leitet die Bürgermeisterin bzw. der Bürgermeister die Gemeindeverwaltung **(Dienststellenleitung)** und ist oberste Dienstbehörde der Beamtinnen und Beamten

§§ 7, 8

bzw. Dienstvorgesetze(r) der Gemeindebediensteten. Bei den Landkreisen ist gemäß § 107 Abs. 1 und 2 i. V. m. § 29 Abs. 3 ThürKO die Landrätin bzw. der Landrat oberste Dienstbehörde. Bei Verwaltungsgemeinschaften ist nach § 31c Abs. 4 VKO (s. Anhang III) bzw. § 48 Abs. 1 ThürKO (s. Anhang II) die oder der Gemeinschaftsvorsitzende Dienstvorgesetze(r), die Gemeinschaftsversammlung oberste Dienstbehörde.

29 Bei **anderen juristischen Personen des öffentlichen Rechts** ist die Stellung der Organe nach Gesetz und bspw. Satzung im Einzelfall zu ermitteln. Nach § 33 Abs. 2 und 5 des Gesetzes über die kommunale Gemeinschaftsarbeit hat die oder der Verbandsvorsitzende eines **Zweckverbandes** die Stellung einer Bürgermeisterin bzw. eines Bürgermeisters. Vor dem 1. 7. 94 ist daher die Verbandsversammlung entprechend der für das Gemeindeparlament geltenden Regelung (VKO) oberste Dienstbehörde, die oder der Vorsitzende **Dienststellenleitung.** Nach dem 1. 7. 94 ist entsprechend der Regelung der ThürKO (s. Anhang II) die oder der Gemeinschaftsvorsitzende oberste Dienstbehörde und Dienststellenleitung. Nach § 35 Abs. 2 können allerdings durch Beschluß der Verbandsversammlung Zuständigkeiten der oder des Verbandsvorsitzenden auf eine Geschäftsleitung übertragen werden. Sofern die Zuständigkeiten über die Führung der Geschäfte sowie die Leitung des Dienstbetriebs auf diese Art übertragen werden, ist die Geschäftsleitung Dienststellenleitung, während die oder der Verbandsvorsitzende oberste Dienstbehörde bleibt. Bei **Sparkassen** ist der Verwaltungsrat oberstes Organ, der Vorstand regelmäßig oberste Dienstbehörde und Dienststellenleitung. Bei den **Sozialversicherungsträgern** ist oberste Dienstbehörde der Vorstand, Dienststellenleitung entweder der Vorstand oder die Geschäftsführung. Dies richtet sich nach der organisationsrechtlichen Kompetenzverteilung. Obliegt einer Geschäftsführung die konkrete Führung der Geschäfte nach innen und außen sowie die Leitung des Dienstbetriebs, so ist sie Dienststellenleitung (OVG NW vom 30. 1. 61, (...), PersV 62, 221).

§ 8
Behinderungs-, Benachteiligungs- und Begünstigungsverbot

Personen, die Aufgaben oder Befugnisse nach diesem Gesetz wahrnehmen, dürfen darin nicht behindert und wegen ihrer Tätigkeit nicht benachteiligt oder begünstigt werden; dies gilt auch für ihre berufliche Fortbildung und Entwicklung.

Vergleichbare Vorschriften: §§ 8, 107 BPersVG; § 78 BetrVG

1 Die Vorschrift schützt alle Personen, die **Aufgaben oder Befugnisse** nach diesem Gesetz wahrnehmen, insbesondere Mitglieder der Personalvertretungen, der Jugend- und Auszubildendenvertretungen sowie der Einigungsstelle. Auch **Ersatzmitglieder** sind durch diese Vorschrift geschützt, soweit sie in einer Personalvertretung oder Jugend- und Auszubildendenvertretung tätig sind, gleiches gilt für Mitglieder von

Wahl- und Abstimmungsvorständen, für Wahlbewerberinnen, Wahlbewerber und Wahlhelfer. Ebenfalls in den Schutz einbezogen werden Sachverständige und Auskunftspersonen, die der Personalrat für seine Arbeit heranzieht, der Dienststellenleiter und sonstige Repräsentanten der Dienststelle, die personalvertretungsrechtliche Befugnisse wahrnehmen. Das gleiche gilt für die Teilnehmerinnen und Teilnehmer einer Personalversammlung. Auch wenn das Büropersonal des Personalrats nicht unmittelbar einbezogen ist, so ist es dennoch indirekt geschützt, da eine Benachteiligung oder Begünstigung gegen das Behinderungsverbot des Personalrats verstoßen würde.

Das Verbot richtet sich gegen **jeden,** und nicht nur gegen den öffentlichen Arbeitgeber und seine Repräsentanten. Es entfaltet über die Amtszeit der personalvertretungsrechtlichen Organe hinaus **Vor- oder Nachwirkung.** 2

Behinderung liegt dann vor, wenn die Wahrnehmung personalvertretungsrechtlicher Aufgaben oder Befugnisse durch rechtswidriges positives Tun oder Unterlassen beeinträchtigt wird. Auf ein Verschulden oder eine Absicht des Täters kommt es nicht an. So liegt eine rechtswidrige Behinderung beispielsweise bei der Verhinderung einer Personalversammlung, der Unterlassung von Mitteilungs- und Auskunftspflichten etc. vor. 3

Benachteiligung kann z.B. bei einer Umsetzung auf einen schlechteren Arbeitsplatz oder der Übertragung einer niedriger bewerteten Tätigkeit vorliegen. Ebenfalls unter das Benachteiligungsverbot fallen Kündigungen (wegen dem besonderen Kündigungsschutz für Personalratsmitglieder, Jugend- und Auszubildendenvertreter, Wahlvorstandsmitglieder und Wahlbewerber vgl. §§ 15, 16 KSchG und § 47). Eine **unzulässige Begünstigung** kann vorliegen, wenn z.B. eine ungerechtfertigte Beförderung versprochen oder überhöhte Entschädigungen für Auslagen oder Reisekosten gezahlt werden. Eine Absicht ist bei der Benachteiligung oder Begünstigung nicht erforderlich. Allerdings muß ein **Zusammenhang** zu der personalvertretungsrechtlichen Funktion bestehen. 4

Das Gesetz verbietet ausdrücklich die Benachteiligung oder Begünstigung hinsichtlich der **beruflichen Entwicklung.** Aus diesem Grund darf eine nach der Vorschrift geschützte Person wegen der Tätigkeit nach dem ThürPersVG nicht vom Bewährungsaufstieg ausgeschlossen werden. In das Gesetz neu aufgenommen wurde, daß die geschützten Personen ebenfalls nicht in ihrer **beruflichen Fortbildung** benachteiligt oder begünstigt werden dürfen. Dies bedeutet, daß Personalratsmitglieder sowie andere geschützte Personen nicht von der Teilnahme an Fortbildungsmaßnahmen innerhalb und außerhalb der Dienststelle ausgeschlossen werden dürfen (wegen dem besonderen Schutz freigestellter Personalratsmitglieder vgl. § 45 Abs. 6). 5

§ 9
Weiterbeschäftigung Auszubildender

(1) Beabsichtigt der Arbeitgeber, einen in einem Berufsausbildungsverhältnis nach dem Berufsbildungsgesetz, dem Krankenpflegegesetz oder dem Hebammengesetz stehenden Beschäftigten (Auszubildenden), der Mitglied einer Personalvertretung oder einer Jugend- und Auszubildendenvertretung ist, nach erfolgreicher Beendigung des Berufsausbildungsverhältnisses nicht in ein Arbeitsverhältnis auf unbestimmte Zeit zu übernehmen, so hat er dies drei Monate vor Beendigung des Berufsausbildungsverhältnisses dem Auszubildenden schriftlich mitzuteilen und zu begründen.

(2) Verlangt ein in Absatz 1 genannter Auszubildender innerhalb der letzten drei Monate vor Beendigung des Berufsausbildungsverhältnisses schriftlich vom Arbeitgeber seine Weiterbeschäftigung, so gilt zwischen dem Auszubildenden und dem Arbeitgeber im Anschluß an das erfolgreiche Berufsausbildungsverhältnis ein Arbeitsverhältnis auf unbestimmte Zeit als begründet.

(3) Die Absätze 1 und 2 gelten auch, wenn das Berufsausbildungsverhältnis vor Ablauf eines Jahres nach Beendigung der Amtszeit der Personalvertretung oder der Jugend- und Auszubildendenvertretung erfolgreich endet.

(4) Der Arbeitgeber kann spätestens bis zum Ablauf von zwei Wochen nach Beendigung des Berufsausbildungsverhältnisses beim Verwaltungsgericht beantragen,

1. festzustellen, daß ein Arbeitsverhältnis nach den Absätzen 2 oder 3 nicht begründet wird oder

2. das bereits nach den Absätzen 2 oder 3 begründete Arbeitsverhältnis zu lösen,

wenn Tatsachen vorliegen, aufgrund derer dem Arbeitgeber unter Berücksichtigung aller Umstände die Weiterbeschäftigung nicht zugemutet werden kann. In dem Verfahren vor dem Verwaltungsgericht ist die Personalvertretung, bei einem Mitglied der Jugend- und Auszubildendenvertretung auch diese beteiligt. Bis zum rechtskräftigen Abschluß des verwaltungsgerichtlichen Verfahrens ist der Arbeitnehmer weiter zu beschäftigen.

(5) Die Absätze 2 bis 4 sind unabhängig davon anzuwenden, ob der Arbeitgeber seiner Mitteilungspflicht nach Absatz 1 nachgekommen ist.

Vergleichbare Vorschriften: §§ 9, 108 BPersVG; § 78a BetrVG

1 (Abs. 1) Auch Auszubildende, die einem personalvertretungsrechtlichen Organ angehören, genießen den besonderen Kündigungsschutz nach § 15 KSchG bzw. § 48 Abs. 1 des Gesetzes. Ihre ordentliche Kündigung ist

grundsätzlich unzulässig. Die außerordentliche Kündigung bedarf der Zustimmung des Personalrats. Dieser Kündigungsschutz greift beim Auslaufen eines Ausbildungsvertrages nicht, da der Auszubildende regelmäßig in einem befristeten Ausbildungsverhältnis steht, das mit Ablauf der vereinbarten Zeit endet.

Damit den **auszubildenden Mitgliedern personalvertretungsrechtlicher Organe** die Ausübung ihres Amtes ohne Furcht vor Nachteilen für die künftige berufliche Entwicklung möglich ist, besteht ein **Anspruch auf Weiterbeschäftigung nach erfolgreicher Beendigung des Ausbildungsverhältnisses.** Der Weiterbeschäftigungsanspruch gilt für Mitglieder von Personalvertretungen, von Jugend- und Auszubildendenvertretungen, die im Berufsausbildungsverhältnis nach dem Berufsausbildungsgesetz, dem Krankenpflegegesetz oder dem Hebammengesetz stehen. Darunter fallen auch Beschäftigte, die für einen anerkannten Ausbildungsberuf umgeschult werden (vgl. BVerwG vom 31. 5. 90 – 6 P 16.88, PersR 90, 290). Ausbildung ist nicht allein die Erstausbildung, sondern auch die Umschulung zu einem anerkannten Ausbildungsberuf (vgl. BVerwG vom 24. 6. 88 – 6 PB 2.88, PersR 89, 28 Ls.), weshalb Umschülerinnen und -schüler grundsätzlich von der Vorschrift erfaßt werden. Auf das Alter des Auszubildenden kommt es ebensowenig an, wie auf die Dauer des Ausbildungsverhältnisses. Auch Auszubildende, die erst innerhalb der letzten drei Monate des Ausbildungsverhältnisses personalvertretungsrechtliche Aufgaben wahrgenommen haben, sind geschützt. Der Weiterbeschäftigungsanspruch gilt allerdings nicht für Beamte. 2

Das Recht auf Übernahme besteht für Auszubildende, die Mitglied eines Personalrats, einer Stufenvertretung, eines Gesamtpersonalrats, einer Jugend- und Auszubildendenvertretung sind. Unbestritten steht das Recht auf Übernahme auch Ersatzmitgliedern zu, die in eines der vorstehend benannten Organe kommen, weil das frühere Mitglied endgültig ausgeschieden ist. Mitglieder von Wahlvorständen sowie Wahlbewerberinnen und Wahlbewerber fallen nicht unter den Schutz der Vorschrift. 3

Voraussetzung für die Anwendung der Vorschrift ist die **erfolgreiche Beendigung des Berufsausbildungsverhältnisses.** Für Beschäftigte, die in einer Berufsausbildung stehen, ist die Abschlußprüfung bestanden, wenn das Prüfungsverfahren abgeschlossen und das Ergebnis der Prüfung mitgeteilt worden ist (BAG vom 15. 12. 83 – 6 AZR 60/83, AP Nr. 12 zu § 78a BetrVG 1972). Das Berufsausbildungsverhältnis endet automatisch mit der bestandenen Abschlußprüfung, wenn die oder der Auszubildende vor Ablauf der Ausbildungszeit die Abschlußprüfung besteht (§ 14 Abs. 2 BBiG).

Der Arbeitgeber muß den geschützten Personen eine auf Dauer angelegte Vollzeitbeschäftigung ermöglichen, die der Ausbildung entspricht und sie hinsichtlich der Ausgestaltung des Beschäftigungsverhältnisses, der Bezahlung sowie der beruflichen Entwicklungsmöglichkeiten den Beschäf- 4

§ 9

tigten gleichstellt, die der Arbeitgeber für vergleichbare Tätigkeiten ausgewählt und eingestellt hat (BVerwG vom 15. 10. 85 – 6 P 13.84, PersR 86, 173). Der Arbeitgeber darf auch nicht für die Weiterbeschäftigung besondere Qualifikationsanforderungen festsetzen (BVerwG vom 24. 4. 91 – 6 PB 18.90, PersR 91, 409).

5 **Will der Arbeitgeber** einen geschützten Auszubildenden nach erfolgreicher Beendigung des Berufsausbildungsverhältnisses **nicht in ein unbefristetes Arbeitsverhältnis übernehmen, muß der Arbeitgeber** dieses dem Auszubildenden **spätestens drei Monate vor Beendigung des Ausbildungsverhältnisses schriftlich mitteilen.** Diese Verpflichtung besteht, da den Auszubildenden ihrerseits das Recht zusteht, innerhalb von drei Monaten vor Beendigung des Berufsausbildungsverhältnisses schriftlich vom Arbeitgeber die Weiterbeschäftigung zu verlangen. Dieses Recht steht dem Auszubildenden jedoch auch zu, wenn der Arbeitgeber seiner Mitteilungspflicht nicht nachkommt.

6 Ein **Verstoß des Arbeitgebers gegen die Mitteilungspflicht kann Schadensersatzansprüche des Auszubildenden auslösen.** Unterbleibt die Mitteilung des Arbeitgebers und sieht ein Auszubildender deswegen davon ab, seine Weiterbeschäftigung zu verlangen, muß nach in der Rechtsprechung umstrittener Auffassung ein Weiterbeschäftigungsverlangen gleichwohl als fristgerecht erklärt gelten. Wegen der sich widersprechenden Rechtsprechung (vgl. OVG Lüneburg vom 14. 5. 86 – 19 OVG L 6/85, PersR 88, 56; VGH Kassel vom 25. 5. 83 – HPV TL 59. 80, ZBR 83, 364; BAG vom 25. 1. 80 – 6 AZR 621/78, AP Nr. 7 zu § 78 a BetrVG 1972) empfiehlt es sich, daß Auszubildende ihre Weiterbeschäftigung in jedem Fall verlangen.

7 **(Abs. 2)** Auszubildende, die Mitglied einer Personalvertretung oder einer Jugend- und Auszubildendenvertretung sind, können **innerhalb der letzten drei Monate vor Beendigung des Berufsausbildungsverhältnisses schriftlich vom Arbeitgeber ihre Weiterbeschäftigung verlangen.** Ein bereits früher erklärtes Weiterbeschäftigungsverlangen ist unwirksam (BAG vom 10. 2. 88 – 7 AZR 607/86, PersR 88, 161), kann aber innerhalb der 3-Monats-Frist wiederholt werden (vgl. BVerwG vom 22. 4. 87 – 6 P 15.86, PersR 87, 189). Bei der Berechnung der 3-Monats-Frist ist auf den Zeitpunkt des Bestehens der Abschlußprüfung abzustellen; ab dem Zeitpunkt des Bestehens der Abschlußprüfung ist zurückzurechnen und zu überprüfen, ob das Weiterbeschäftigungsverlangen innerhalb der letzten drei Monate zugestellt wurde.

8 Nach Auffassung des BVerwG (BVerwG vom 15. 10. 85 – 6 P 13.84, PersR 86, 173) soll sich der Weiterbeschäftigungsanspruch auf die Dienststelle oder Einrichtung des Arbeitgebers beschränken, bei der das ehemalige Mitglied der Jugend- und Auszubildendenvertretung oder des Personalrats seine Berufsausbildung erhalten hat. Dies kann dann nicht gelten, wenn die Ausbildung in einer eigens dafür vorgesehenen Ausbildungsdienststelle für andere Dienststellen desselben Arbeitgebers durch-

geführt wurde oder wenn aus anderen Gründen in der Ausbildungsdienststelle keine Weiterbeschäftigungsmöglichkeit besteht. Deswegen ist die Vorschrift so auszulegen, daß sich das Verlangen auf die Weiterbeschäftigung bei dem Arbeitgeber lediglich vorrangig auf die Dienststelle erstreckt, welcher der Auszubildende angehört. Weiterhin bezieht sich dieses Verlangen auch auf die anderen Dienststellen desselben Arbeitgebers.

(Abs. 3) Die Abs. 1 und 2 gelten nach Abs. 3 auch für **ehemalige Mitglieder** einer Personalvertretung oder einer Jugend- und Auszubildendenvertretung, die somit einen Übernahmeanspruch haben. Voraussetzung ist, daß ihr **Berufsausbildungsverhältnis vor Ablauf eines Jahres nach Beendigung der zurückliegenden Amtszeit erfolgreich endet.** Maßgebend für die Berechnung des einjährigen nachwirkenden Schutzes ist die Beendigung der persönlichen Mitgliedschaft im jeweiligen Organ. Dieser Schutz muß auch jedem **Ersatzmitglied** zustehen, das im letzten Ausbildungsjahr ein ordentliches Mitglied einer Personalvertretung oder einer Jugend- und Auszubildendenvertretung zumindest einmal in einer Sitzung dieses personalvertretungsrechtlichen Organs vertreten hat (BAG vom 13. 3. 86 – 6 AZR 381/85, PersR 86, 216 f.; Altvater u. a., § 9 BPersVG Rn. 4). Wenn es um schwierige Angelegenheiten geht, kann bereits diese kurze Vertretung zu Repressalien und damit zu Nachteilen für das Ersatzmitglied führen. Das BVerwG geht trotzdem davon aus, daß Ersatzmitgliedern lediglich während der Dauer ihrer Vertretung die Rechte der ordentlichen Mitglieder und nicht zusätzlich das Recht auf Übernahme zusteht, wenn sie nur einige wenige Male in zeitlichem Abstand als Verhindertenvertretung an Sitzungen des personalvertretungsrechtlichen Organs teilgenommen haben (BVerwG vom 25. 6. 86 – 6 P 27.84, PersR 86, 218). Dagegen bejaht das BVerwG einen Anspruch auf Übernahme bei einem Ersatzmitglied, wenn zeitlich getrennte Vertretungsfälle in so großer Zahl vorliegen, daß sie in ihrer Gesamtheit einer über einen längeren in sich geschlossenen Zeitraum bestehenden Ersatzmitgliedschaft in einem personalvertretungsrechtlichen Organ entsprechen (BVerwG vom 28. 2. 90 – 6 P 21.87, PersR 90, 133). Daraus folgt wiederum, daß ein Ersatzmitglied einen Weiterbeschäftigungsanspruch auf jeden Fall hat, wenn es ein ordentliches Mitglied längere Zeit ohne Unterbrechung vertreten hat.

(Abs. 4) Hat ein Auszubildender das Weiterbeschäftigungsverlangen nach Abs. 2 oder 3 gestellt, kann der Arbeitgeber die Weiterbeschäftigung nur durch Anrufung des Verwaltungsgerichts und durch erfolgreichen Ausgang dieses Gerichtsverfahrens verhindern. **Dem Arbeitgeber stehen, soweit er die Weiterbeschäftigung verhindern will, zwei Antragsmöglichkeiten** offen. Der Antrag auf Feststellung, daß ein Arbeitsverhältnis nicht begründet wird, soll das Zustandekommen eines Beschäftigungsverhältnisses verhindern. Der Antrag, ein bereits begründetes Arbeitsverhältnis aufzulösen, ist auf einen Eingriff des Verwal-

§ 9

tungsgerichts in das bestehende Arbeitsverhältnis gerichtet (BVerwG vom 30. 10. 87 – 6 P 25.85, PersR 88, 47).

11 Der **Feststellungsantrag** kommt nur vor Beendigung des Ausbildungsverhältnisses in Betracht. Voraussetzung ist, daß vom Auszubildenden ein Weiterbeschäftigungsverlangen gestellt wurde. Unzulässig ist ein Feststellungsantrag des Arbeitgebers vor Verlangen des Auszubildenden auf Weiterbeschäftigung. Das arbeitgeberseitig zulässigerweise und rechtzeitig eingeleitete Feststellungsverfahren verhindert nicht den Eintritt der gesetzlichen Funktion, daß ein Beschäftigungsverhältnis begründet wird. Ebenso wie der Auflösungsantrag nach Nr. 2 zielt der Feststellungsantrag nach Nr. 1 auf eine rechtsgestaltende Entscheidung des Gerichts, die Wirkung erst mit Rechtskraft für die Zukunft entfaltet (BAG vom 29. 11. 89 – 7 ABR 67/88, PersR 91, 104).

12 Nach Beendigung der Ausbildungszeit und dem erfolgten Übergang in ein unbefristetes Arbeitsverhältnis kommt grundsätzlich nur der **Auflösungsantrag** in Betracht (BVerwG vom 26. 6. 81 – 6 P 71.78, PersR 83, 14). Endet das Ausbildungsverhältnis während des Laufes eines Gerichtsverfahrens und hat der Arbeitgeber vor Beendigung des Ausbildungsverhältnisses einen Feststellungsantrag gestellt, wandelt sich der Feststellungsantrag in einen Auflösungsantrag um, ohne daß es einer förmlichen Antragsänderung bedarf (BVerwG vom 31. 5. 90 – 6 P 16.88, PersR 90, 256). Es wird also bei Vorliegen der Voraussetzungen der Abs. 2 oder 3 im Anschluß an das Ausbildungsverhältnis ein Arbeitsverhältnis zwischen dem Auszubildenden und Arbeitgeber begründet, wenn zum Zeitpunkt der Beendigung des Ausbildungsverhältnisses über den Feststellungsantrag des Arbeitgebers noch nicht rechtskräftig entschieden wurde (BAG vom 29. 11. 89 – 7 ABR 67/88, a. a. O.). Der arbeitgeberseitige Auflösungsvertrag kann nur bis zum Ablauf von zwei Wochen nach Beendigung des Ausbildungsverhältnisses gestellt werden. Das Gericht hat bei der Prüfung, ob eine Beschäftigungsmöglichkeit besteht, auch beim Auflösungsantrag auf den Zeitpunkt abzustellen, zu dem das Ausbildungsverhältnis geendet hat (BVerwG vom 30. 10. 87 – 6 P 25.85, PersR 88, 47). Ist der Arbeitgeber mit seinem Auflösungsantrag erfolgreich, endet das Beschäftigungsverhältnis mit Rechtskraft des entsprechenden Beschlusses des Verwaltungsgerichtes.

13 Dem Feststellungs- oder Auflösungsantrag des Arbeitgebers kann vom Verwaltungsgericht nur stattgegeben werden, wenn Tatsachen vorliegen, aufgrund derer diesem **unter Berücksichtigung aller Umstände** eine Weiterbeschäftigung **nicht zugemutet** werden kann. Grundsätzlich kommen nur schwerwiegende Gründe persönlicher Art in Betracht. Betriebliche Gründe allein können einem Weiterbeschäftigungsanspruch nur ausnahmsweise entgegenstehen. Jedoch ist der Arbeitgeber nicht verpflichtet, einen Arbeitsplatz einzurichten, nur um seiner Weiterbeschäftigungspflicht nachkommen zu können (BVerwG vom 15. 10. 85 – 6 P 13.84, PersR 86, 173). Im Streitfall hat der Arbeitgeber zu beweisen,

§§ 9, 10

daß ihm die Weiterbeschäftigung unzumutbar ist, wobei er die Gründe genau benennen muß (BVerwG vom 24. 4. 91 – 6 PB 18.90, PersR 91, 409). Hat der Haushaltsgesetzgeber eine Wiederbesetzungssperre für freiwerdende Stellen festgelegt, macht dies dem Arbeitgeber die Weiterbeschäftigung unzumutbar (BVerwG vom 30. 10. 87 – 6 P 25.85, a. a. O.). Anders ist die von einem Arbeitgeber selbst erlassene Einstellungssperre zu sehen. Dieses von ihm selbst geschaffene Einstellungshindernis steht anders als eine vom Haushaltsgesetzgeber festgelegte Wiederbesetzungssperre einer Weiterbeschäftigung nicht im Wege (BVerwG vom 13. 3. 89 – 6 P 22.85, PersR 89, 132).

Die Personalvertretung und, soweit das Verfahren das Mitglied einer Jugend- und Auszubildendenvertretung betrifft, auch jeweils diese Interessenvertretung sind **Beteiligte im verwaltungsgerichtlichen Verfahren,** in dem über den Feststellungs- oder Auflösungsantrag des Arbeitgebers entschieden wird (BVerwG vom 22. 4. 87 – 6 P 15.83, PersR 87, 189). 14

§ 10
Schweigepflicht

(1) Personen, die Aufgaben oder Befugnisse nach diesem Gesetz wahrgenommen haben oder wahrnehmen, haben über die ihnen dabei bekanntgewordenen Angelegenheiten und Tatsachen Stillschweigen zu bewahren. Abgesehen von den Fällen des § 68 Abs. 2 Satz 4 und des § 93 gilt die Schweigepflicht nicht für

1. die Mitglieder der Personalvertretung und der Jugend- und Auszubildendenvertretung gegenüber den übrigen Mitgliedern der Vertretung,

2. die in Satz 1 bezeichneten Personen gegenüber der zuständigen Personalvertretung sowie der zuständigen Jugend- und Auszubildendenvertretung,

3. die Mitglieder der Personalvertretung gegenüber der vorgesetzten Dienststelle, gegenüber der bei ihr gebildeten Stufenvertretung und gegenüber dem Gesamtpersonalrat, wenn der Personalrat sie im Rahmen ihrer Befugnisse anruft,

4. die Stufenvertretung und den Gesamtpersonalrat gegenüber dem Personalrat, dem nach § 82 Abs. 2 oder Abs. 3 Gelegenheit zur Äußerung gegeben wird,

5. für die Anrufung der Einigungsstelle.

(2) Die Schweigepflicht besteht nicht für Angelegenheiten oder Tatsachen, die offenkundig sind oder ihrer Bedeutung nach keiner Geheimhaltung bedürfen.

Vergleichbare Vorschriften: § 10 BPersVG; § 79 BetrVG, daneben § 82 Abs. 2 Satz 3, § 83 Abs. 1 Satz 3, § 99 Abs. 1 Satz 3, § 102 Abs. 2 Satz 5 BetrVG

§ 10

1 **(Abs. 1)** Die **personalvertretungsrechtliche Schweigepflicht** gilt für alle Personen, die Aufgaben nach diesem Gesetz wahrnehmen. Erfaßt werden u. a. Mitglieder von Personalräten, Stufenvertretungen, Gesamtpersonalräte, Jugend- und Auszubildendenvertretungen, Gesamtjugend- und Auszubildendenvertretungen, Bezirks- und Hauptjugend- und Auszubildendenvertretungen, nachgerückte Ersatzmitglieder, Mitglieder von Einigungsstellen, Mitglieder und Ersatzmitglieder von Wahlvorständen und Wahlhelfer, Beauftragte von Gewerkschaften und Arbeitgeberverbänden, Sachverständige, Auskunftspersonen, Mitglieder der Schwerbehindertenvertretungen (vgl. §§ 24 f. SchwbG), Vertrauensmann der Zivildienstleistenden (vgl. § 3 Satz 1 Zivildienstvertrauensmanngesetz – ZDVG), Personen, welche die Protokolle der Personalratssitzungen schreiben sowie die Dienststellenleitung und ihre Vertretungen.

2 Die Schweigepflicht besteht nur im Hinblick auf Kenntnisse, die **in Ausübung personalvertretungsrechtlicher Aufgaben** und Befugnisse bekanntgeworden sind. Sie besteht nicht gegenüber außerhalb dieser Tätigkeit bekanntgewordenen Angelegenheiten und Tatsachen.

3 Es gilt der Grundsatz, daß die **Schweigepflicht gegenüber jedermann** besteht. Im Gesetz sind in Nr. 1 bis 5 jedoch **Ausnahmen** vorgesehen. Allerdings gibt es hiervon wiederum zwei Ausnahmen. Einerseits sieht das Gesetz eine Ausnahme für die Einsichtnahme in Personalakten (§ 68 Abs. 2 Satz 4) und damit auch für die Verwertung vor. Eine Verwertung des Inhaltes von Personalakten bei der Beratung und Beschlußfassung einer Personalvertretung kann daher nur geschehen, wenn der betroffene Beschäftigte alle Personalratsmitglieder dazu ermächtigt hat (Altvater u. a., § 10 BPersVG Rn. 7). Weiterhin hat auch die Schweigepflicht Gültigkeit gegenüber den anderen Mitgliedern des Personalvertretungsorgans, von dem das Mitglied des Ausschusses für geheime Verschlußsachen nach § 90 benannt wurde, wenn es sich um eine solche Angelegenheit handelt.

4 Zwischen den **einzelnen Mitgliedern von Personalvertretungen, Jugend- und Auszubildendenvertretungen** hat die Schweigepflicht bis auf die obengenannten Ausnahmen grundsätzlich keine Gültigkeit. Diese Personen haben auch keine Schweigepflicht gegenüber der **zuständigen Personalvertretung oder Jugend- und Auszubildendenvertretung.** Keine Schweigepflicht besteht grundsätzlich gegenüber der **vorgesetzten Dienststelle,** der gegenüber ihr gebildeten **Stufenvertretung** und gegenüber dem **Gesamtpersonalrat,** wenn der Personalrat ihn im Rahmen seiner Befugnisse anruft. Die Schweigepflicht besteht nicht für die **Stufenvertretung** und dem **Gesamtpersonalrat** gegenüber dem Personalrat, dem nach § 82 Abs. 2 und 3 Gelegenheit zur Äußerung gegeben wird. Auch gegenüber der **Einigungsstelle** ist die Schweigepflicht grundsätzlich aufgehoben.

5 Gegenüber der »**eigenen**« **Dienststellenleitung** besteht hingegen die Schweigepflicht (Lorenzen u. a., § 10 BPersVG Rn. 6 b; a. A. OVG NW

§ 10

vom 8. 5. 61 – CB 3/61, PersV 63, 111). Für die andere Ansicht spricht, daß die eigene Dienststellenleitung nicht anders behandelt werden kann als die vorgesetzte Dienststelle. Interne Vorgänge innerhalb einer Personalvertretung unterliegen in jedem Fall der Schweigepflicht, auch gegenüber der Dienststellenleitung. Insbesondere der Ablauf der **Willensbildung in einer Personalratssitzung unterliegt der Schweigepflicht.** Das ergibt sich aus § 36 Satz 1, in dem geregelt ist, daß die Sitzungen des Personalrats nicht öffentlich sind. Demgegenüber unterliegen die Ergebnisse von Beratungen und die Beschlüsse des Personalrats nicht der Schweigepflicht, da diese regelmäßig Außenwirkung haben (Altvater u. a., § 10 BPersVG Rn. 13). Eine Schweigepflicht gegenüber der »eigenen« Dienststellenleitung ist auch zu bejahen, wenn es sich um Angelegenheiten von einzelnen Beschäftigten handelt und sich aus der Sache selbst die Vertraulichkeit ergibt oder dem Beschäftigten gegenüber die Vertraulichkeit zugesichert worden ist.

Die Weitergabe von vertraulichen Informationen durch ein Personalratsmitglied an die Dienststellenleitung läßt in der Regel dieses Personalratsmitglied für sein Amt als ungeeignet erscheinen (Grabendorff u. a., § 10 BPersVG Rn. 14). 6

Gegenüber **Beauftragten einer in der Dienststelle vertretenen Gewerkschaft** haben Mitglieder einer Personalvertretung keine Schweigepflicht, wenn diese Beauftragten Aufgaben und Befugnisse nach dem ThürPersVG wahrnehmen. Dies ergibt sich bereits aus dem nach § 2 Abs. 1 vorgesehenen Zusammenwirken zwischen Personalvertretung und Gewerkschaften. Außerdem nehmen Gewerkschaften Befugnisse nach diesem Gesetz wahr. 7

In **Personalversammlungen** dürfen auch gem. § 10 nach außen geheimhaltungsbedürftige Angelegenheiten behandelt werden (Altvater u. a., § 10 BPersVG Rn. 12 m. w. Nw.). Dies ist insbesondere wegen der arbeitsvertraglich bestehenden Schweigepflicht der an der Personalversammlung teilnehmenden Beschäftigten zulässig. Teilnehmer an der Personalversammlung (§ 49) nehmen aber auch Befugnisse im Sinne von § 10 wahr, so daß auch hieraus eine Verschwiegenheitspflicht gegeben ist (Orth/Welkoborsky, § 9 LPVG NW Rn. 6). 8

Für die Schweigepflicht gibt es keine **zeitliche Einschränkung.** Sie existiert sowohl über die Amtszeit als auch über die Wahrnehmung von Aufgaben aus dem Personalvertretungsgesetz hinaus. Auch mit Ausscheiden aus der Dienststelle endet die Schweigepflicht nicht. 9

Die Pflicht zur Verschwiegenheit gem. § 10 besteht unabhängig von anderen Schweigepflichten. Andere Schweigepflichten, die jedoch nur dienstliche Angelegenheiten erfassen, ergeben sich für Beamtinnen und Beamte aus den Beamtengesetzen, für Angestellte aus § 9 BAT-O und für Arbeiterinnen und Arbeiter im Landesdienst aus § 11 MTArb-O. 10

Der Personalrat muß außer der Schweigepflicht nach § 10 auch die **Ver-** 11

§ 10

schwiegenheitspflicht nach § 5 Abs. 1 BDSG beachten. Danach ist es den bei der Datenverarbeitung beschäftigten Personen untersagt, geschützte personenbezogene Daten unbefugt zu einem anderen als dem zur jeweiligen rechtmäßigen Aufgabenerfüllung gehörenden Zweck zu verarbeiten, bekanntzugeben, zugänglich zu machen oder sonst zu nutzen. Wenn der Personalrat personenbedingte Daten im Rahmen seiner vom ThürPersVG vorgesehen Tätigkeit übermittelt bekommt, dann ist er in jedem Fall »befugt«, diese einzusehen, zu nutzen oder darüber zu verfügen. Die Weitergabe solcher Daten durch die Dienststellenleitung unterliegt keinerlei Beschränkungen. Eine Einschränkung durch § 16 BDSG findet nicht statt, da der Personalrat im Verhältnis zur Dienststellenleitung nicht Dritter im Sinne von § 3 Abs. 9 BDSG ist (Altvater u. a., § 10 BPersVG Rn. 17). Es handelt sich vielmehr um einen ausschließlich innerdienstlichen Vorgang. Der Personalrat kann im Rahmen seiner Aufgaben unter Beachtung datenschutzrechtlicher Vorschriften Daten von Beschäftigten im personalratseigenen Computer speichern (ebenso Altvater u. a., § 10 BPersVG Rn. 16; a. A. BayVGH vom 1. 7. 87 – 18 C 87.0947, PersR 87, 272). Allerdings dürfen die von der Dienststelle erhaltenen personenbezogenen Daten nicht für andere Zwecke als für die nach dem Gesetz vorgesehene Personalratsarbeit eingesetzt werden.

12 Eine **Verletzung der Schweigepflicht** ist insbesondere **in folgenden Fällen zu bejahen**: Weitergabe von Gehaltslisten an außerbetriebliche Stellen (BAG vom 17. 5. 83 – 1 ABR 21/80, AP Nr. 3 zu § 23 BetrVG), Weitergabe von privaten Angelegenheiten eines Mitarbeiters durch den Personalrat an die Dienststellenleitung (OVG NW vom 8. 5. 61 – CB 3/61, PersV 63, 111), Weitergabe von Äußerungen im Personalrat, über namentliche Abstimmungen, Anträge und Diskussionsbeiträge einzelner Teilnehmer (BVerwG vom 6. 2. 79 – 6 P 14.78, PersV 80, 196), Weitergabe von Informationen der Dienststellenleitung über die Schwangerschaft einer Beschäftigten ohne deren Zustimmung (OVG NW vom 8. 5. 61 – CB 3/61, PersV 63, 111).

13 Die Verletzung der Schweigepflicht kann in schwerwiegenden Fällen eine **grobe Verletzung der gesetzlichen Pflichten** bedeuten und daher nach § 28 Abs. 1 den Ausschluß des davon betroffenen Mitgliedes des Personalrats aus diesem Gremium nach sich ziehen. Bei Beamten gibt es weiterhin die Möglichkeit, ein Disziplinarverfahren einzuleiten, wenn gleichzeitig die beamtenrechtliche Pflicht zur Amtsverschwiegenheit verletzt wurde. Eine außerordentliche Kündigung gegenüber Arbeitern und Angestellten eines personalvertretungsrechtlichen Gremiums kommt nur dann in Betracht, wenn durch die Verletzung der Schweigepflicht gleichzeitig gegen Pflichten aus dem Arbeitsvertrag verstoßen worden ist und eine Fortsetzung des Arbeitsverhältnisses daher unzumutbar ist (s. auch § 626 BGB). Weiterhin kann derjenige, dessen Belange durch die Verletzung der Schweigepflicht berührt wurden, Schadensersatzansprüche gegenüber demjenigen, der sich der Verletzung der Schweigepflicht schuldig gemacht hat, geltend machen. Strafrechtliche Folgen kann die Verletzung der Schweigepflicht zusätzlich haben (näher Altvater u. a., BPersVG Anhang 3 zum StGB). Dabei sind die Voraussetzungen der §§ 203–205 StGB und § 353 b StGB zu prüfen.

Das **Bestehen der Schweigepflicht** ist nicht von der Bezeichnung oder Überzeugung der Beteiligten abhängig, sondern **objektiv zu bestimmen.** Eine Schweigepflicht kann daher nicht dadurch herbeigeführt werden, daß die Dienststellenleitung diese dem Personalrat gegenüber als vertraulich oder unter die Schweigepflicht fallend bezeichnet. Der Zweck der Vorschrift ist, die Verbreitung dienststelleninterner Vorgänge nach außen zu verhindern. Dieser Zweck wird durch Informationen an die Beschäftigten der Dienststelle nicht gefährdet. Dies gilt besonders für Tatsachen oder Angelegenheiten, die für die Beschäftigten von allgemeiner Bedeutung sind (vgl. VGH Kassel vom 12. 8. 81 – BPV TK 2/81), wie z. B. bei Rationalisierungsmaßnahmen, Verlegung von Dienststellen oder Einführung neuer Arbeitsmethoden. Demgegenüber sind Tatsachen, die die Persönlichkeitssphäre eines Beschäftigten betreffen, in der Regel geheimhaltungsbedürftig. **14**

(Abs. 2) Die Pflicht entfällt, wenn die Angelegenheit oder Tatsache **offenkundig** ist. Offenkundig sind solche Angelegenheiten oder Tatsachen, die jedermann kennt oder die für jedermann erkennbar sind. Wird die Tatsache oder Angelegenheit in der Dienststelle verbreitet, genügt für die Offenkundigkeit die potentielle Erkennbarkeit für Personen innerhalb der Dienststelle. Wird die Angelegenheit oder Tatsache aber außerhalb der Dienststelle verbreitet, so muß Erkennbarkeit für jedermann außerhalb der Dienststelle vorliegen, damit die Schweigepflicht wegen Offenkundigkeit entfällt. Eine Tatsache kann auch dadurch offenkundig werden, daß sie unter Verstoß gegen die Verschwiegenheitspflicht bekanntgeworden ist (Altvater u. a., § 10 BPersVG Rn. 4). Ab diesem Zeitpunkt unterfällt sie nicht mehr § 10. **15**

Die Verschwiegenheitspflicht besteht nicht gegenüber Tatsachen oder Angelegenheiten, die **ihrer Bedeutung nach keiner Geheimhaltung bedürfen.** Tatsachen von geringem Gewicht, an deren Geheimhaltung weder die Dienststelle noch die Beschäftigten ein Interessen haben, unterfallen nicht der Verschwiegenheitspflicht. Zu berücksichtigen ist generell, daß bei Mitteilungen innerhalb der Dienststelle ein Nach-außen-Dringen der Tatsachen wegen der **arbeits- oder dienstvertraglichen Schweigepflicht der Beschäftigten** praktisch ausgeschlossen ist (Altvater u. a., § 10 BPersVG Rn. 5). **16**

§ 11
Unfallvorschriften

Erleidet ein Beamter anläßlich der Wahrnehmung von Rechten oder Erfüllung von Pflichten nach diesem Gesetz einen Unfall, der im Sinne der beamtenrechtlichen Unfallfürsorgevorschriften ein Dienstunfall wäre, sind diese Vorschriften entsprechend anzuwenden. Für die übrigen Beschäftigten gelten das Sozialgesetzbuch und die entsprechenden Vorschriften der Reichsversicherungsordnung.

Vergleichbare Vorschriften: §§ 11, 109 BPersVG

1 Beamtinnen und Beamte, die in Wahrnehmung oder Erfüllung von Pflichten nach dem ThürPersVG handeln, unterliegen den beamtenrechtlichen **Unfallfürsorgepflichten.** Die in § 4 Abs. 1 genannten Richterinnen und Richter, Staatsanwältinnen und Staatsanwälte sind in Fragen der Unfallfürsorge nach dieser Vorschrift den Beamtinnen und Beamten gleichgestellt. Bei Angestellten sowie Arbeiterinnen und Arbeitern handelt es sich um einen **Arbeitsunfall** i. S. d. Sozialversicherungsrechtes, wenn dieser Personenkreis bei der Wahrnehmung von Rechten oder der Erfüllung von Pflichten nach dem ThürPersVG einen Unfall erleidet.

2 Beamtinnen und Beamte erhalten die Unfallfürsorge, die ihnen bei einem **Dienstunfall** zustünde, wenn sie bei der Wahrnehmung von Rechten oder der Erfüllung von Pflichten nach dem ThürPersVG einen Unfall erleiden. Zwischen dem Unfall und der Wahrnehmung von Rechten oder der Erfüllung von Pflichten nach dem Gesetz muß ein innerer, jedoch nicht zwangsläufig unmittelbarer Zusammenhang bestehen. Aus diesem Grund fällt auch die Teilnahme an Schulungs- und Bildungsveranstaltungen nach § 46 unter diese Vorschrift.

3 § 11 gilt nicht für Sachschäden, die im Zusammenhang mit der Personalvertretungstätigkeit anfallen können. Sachschäden werden lediglich im Rahmen des § 44 Abs. 1 Satz 1 als durch die Tätigkeit des Personalrats entstandene Kosten von der Dienststelle zu ersetzen sein. Dieser Ersatzanspruch besteht unabhängig davon, welcher Personengruppe das Personalratsmitglied angehört.

Zweiter Teil
Personalvertretungen

§ 12
Bildung von Personalräten

(1) In allen Dienststellen, die in der Regel mindestens fünf Wahlberechtigte beschäftigen, von denen drei wählbar sind, werden Personalräte gebildet.

§ 12

(2) Dienststellen, bei denen die Voraussetzungen des Absatzes 1 nicht gegeben sind, werden von der übergeordneten Dienststelle im Einvernehmen mit der Stufenvertretung einer benachbarten Dienststelle zugeteilt.

Vergleichbare Vorschriften: § 12 BPersVG; §§ 1, 4 BetrVG

(Abs. 1) Das Gesetz schreibt die **Errichtung von Personalvertretungen** in allen Dienststellen (§ 6) der in § 1 angesprochenen Bereiche vor. Für den Fall, daß es nicht zur Bildung einer Personalvertretung kommt, ist jedoch keine Sanktion vorgesehen. Voraussetzung für die Bildung eines Personalrats ist, daß in der betreffenden Dienststelle regelmäßig fünf Wahlberechtigte tätig sind, von denen drei wählbar sein müssen (vgl. § 14). Für den Geschäftsbereich mehrstufiger Verwaltungen werden bei der Mittelstufe **Bezirkspersonalräte,** bei den obersten Dienstbehörden **Hauptpersonalräte** gebildet (§ 53). Von diesem Grundsatz kennt das Gesetz nur eine Ausnahme: Für den Lehrerbereich ist nach § 93 Abs. 2 Nr. 1 als einzige Stufenvertretung der Hauptpersonalrat zu wählen. Unter bestimmten Voraussetzungen kommt es zur Bildung eines **Gesamtpersonalrats,** der neben den einzelnen Personalräten besteht (§ 55 i. V. m. § 6 Abs. 3 und 4 Sätze 2 und 3).

Die Zahl der **in der Regel Beschäftigten** bezeichnet die Anzahl der in einer Dienststelle üblicherweise oder durchschnittlich besetzten Arbeitsplätze. Dabei kommt es weder auf die Rechtsverhältnisse der Beschäftigten noch auf die Tatsache an, ob diese an einem bestimmten Stichtag tatsächlich Arbeit leisten. Zu den in der Regel Beschäftigten zählen auch solche, die wegen Urlaub, Krankheit, Ausbildung, Abordnung oder sonstiger Gründe abwesend sind. Kurzfristig zur Vertretung eingestellte Hilfskräfte sind nicht zu berücksichtigen (BVerwG vom 5. 5. 78 – 6 P 58.78, PersV 79, 288). Werden in einer Dienststelle regelmäßig **Aushilfen** beschäftigt, so zählen diese Beschäftigten zu den in der Regel Beschäftigten (vgl. BAG vom 12. 10. 79 – 1 ABR 1/76, AP Nr. 1 zu § 8 BetrVG 1972). Bei der Feststellung der Zahl der in Regel Beschäftigten kommt dem **Stellenplan** eine große Bedeutung zu. Er legt fest, wieviel Beschäftigte eine Dienststelle haben kann und gibt somit das wichtigste Indiz für die Feststellung der Zahl der in der Regel Beschäftigten. Abweichungen vom Stellenplan wird dadurch Rechnung getragen, daß der tatsächliche Beschäftigtenstand zugrunde gelegt wird, wie er während des überwiegenden Teils der Amtszeit des zu wählenden Personalrats voraussichtlich bestehen und somit diese Amtszeit prägen wird (BVerwG vom 3. 7. 91 – 6 P 1.89, PersR 91, 369).

(Abs. 2) Mit der Vorschrift wird sichergestellt, daß – zumindest im Bereich der Landesverwaltung – auch **kleinste Dienststellen** nicht ohne betriebliche Interessenvertretung bleiben. Liegt in einer Dienststelle eine der beiden in Abs. 1 genannten Voraussetzungen nicht vor, so wird sie von der nächsthöheren Dienststelle, bei der eine Stufenvertretung besteht, im

§§ 12, 13

Einvernehmen mit dieser Personalvertretung einer benachbarten Dienststelle zugeteilt. Die Zuteilung endet, sobald bei der zugeteilten Dienststelle die Voraussetzungen des Abs. 1 zur Wahl eines eigenen Personalrats erfüllt sind.

4 Mit der **Zuteilung** werden die Beschäftigten in der aufnehmenden Dienststelle wahlberechtigt und wählbar. Zum gleichen Zeitpunkt wird der Personalrat bei der aufnehmenden Dienststelle für die Vertretung der Beschäftigten der zugeteilten Dienststelle zuständig. Er ist von der Leiterin oder dem Leiter der jeweils betroffenen Dienststelle zu beteiligen.

5 Der Personalrat soll sich aus Vertreterinnen und Vertretern der verschiedenen **Beschäftigungsarten** zusammensetzen; **Frauen und Männer** sollen entsprechend ihrem Zahlenverhältnis in der Dienststelle im Personalrat vertreten sein. Insoweit gelten § 17 Abs. 6 und 7 unmittelbar für die Zusammensetzung einer Personalvertretung, nicht allein für die Vertretung in den Gruppen.

§ 13
Wahlberechtigung

(1) Wahlberechtigt sind alle Beschäftigten, die am Wahltag das 18. Lebensjahr vollendet haben, es sei denn, daß sie infolge Richterspruchs das Recht, in öffentlichen Angelegenheiten zu wählen oder zu stimmen, nicht besitzen.

(2) Wer zu einer Dienststelle abgeordnet ist, wird in ihr wahlberechtigt, sobald die Abordnung am Wahltag länger als drei Monate gedauert hat; im gleichen Zeitpunkt verliert er das Wahlrecht bei der alten Dienststelle. Das gilt nicht für Beschäftigte, die als Mitglieder einer Stufenvertretung oder des GesamtPersonalrats freigestellt sind. Satz 1 gilt ferner nicht, wenn feststeht, daß der Beschäftigte binnen weiterer sechs Monate in die alte Dienststelle zurückkehren wird und für Beschäftigte, die an Lehrgängen teilnehmen. Hinsichtlich des Verlustes des Wahlrechts bei der alten Dienststelle gelten die Sätze 1 und 3 entsprechend in Fällen einer Zuweisung nach § 123 a des Beamtenrechtsrahmengesetzes oder aufgrund entsprechender arbeitsvertraglicher Vereinbarungen.

(3) Beschäftigte, die am Wahltag noch länger als sechs Monate unter Wegfall der Bezüge beurlaubt sind, sind nicht wahlberechtigt.

(4) Beschäftigte, die für die Erfüllung einer bestimmten Aufgabe für eine Dauer von höchstens sechs Monaten eingestellt sind, sind nicht wahlberechtigt, es sei denn, daß sie regelmäßig wiederkehrend beschäftigt werden.

§ 13

(5) Beamte im Vorbereitungsdienst, Beschäftigte in entsprechender Berufsausbildung sowie Beschäftigte, die bei mehreren Dienststellen verwendet werden, sind unbeschadet der Regelungen in § 92 Abs. 3 und § 87 Nr. 3 bis 5 nur bei ihrer Stammbehörde wahlberechtigt.

Vergleichbare Vorschriften: § 13 BPersVG; § 7 BetrVG

(Abs. 1) Wahlberechtigt sind grundsätzlich alle Beschäftigten (§ 4) einer Dienststelle (§ 6), die am Wahltag das 18. Lebensjahr vollendet haben. Da nur jemand wählen kann, der am Tage der Wahl auch wahlberechtigt ist, hat die Überprüfung der **Wahlberechtigung** der Beschäftigten stets für den Wahltag zu erfolgen. Wird eine Wahl an mehreren Tagen durchgeführt, genügt es, wenn die Wahlberechtigung der oder des Beschäftigten nur an einem Tag besteht. 1

Die Wahlberechtigung besteht weiter, wenn ein Beschäftigter aufgrund des Wehrpflichtgesetzes zum **Grundwehrdienst** oder zu einer **Wehrübung** oder aufgrund des Zivildienstgesetzes zum **Zivildienst** einberufen ist. Dies gilt nicht nur für Angestellte und Arbeiter, deren Arbeitsverhältnis nach dem Arbeitsplatzschutzgesetz lediglich ruht, sondern auch für Beamte, die zwar ohne Bezüge beurlaubt sind, deren Beurlaubung jedoch die zwangsläufige Folge der Einberufung ist (ebenso Grabendorff u. a., § 13 BPersVG Rn. 15; a. A. BVerwG vom 20. 11. 79 – 6 P 12.79, ZBR 80, 322, wonach die am Wahltag einen sechs Monate übersteigenden Grundwehrdienst oder Zivildienst ableistenden Beschäftigten nicht wahlberechtigt sein sollen). 2

Mitglieder der **Dienststellenleitung,** soweit sie Beschäftigte nach § 4 sind, und die anderen der in § 7 und § 14 Abs. 2 Nr. 3 genannten Personen, die zur Vertretung der Dienststellenleitung oder zu selbständigen Entscheidungen in Personalangelegenheiten der Dienststelle befugt sind, sind wahlberechtigt. 3

Ein schwebendes **Disziplinarverfahren** hat auf die Wahlberechtigung keinen Einfluß, solange das Verfahren nicht rechtskräftig abgeschlossen ist. Dies gilt selbst dann, wenn die Beamtin oder der Beamte während des Disziplinarverfahrens vorläufig des Dienstes enthoben ist. Unter der Voraussetzung, daß eine **Kündigung** gerichtlich angegriffen wurde, haben gekündigte Arbeitnehmerinnen und Arbeitnehmer auch über den Ablauf der Kündigungsfrist hinaus die Berechtigung, an der Wahl teilzunehmen. Entsprechendes gilt bei der Entlassung von Beamtinnen und Beamten oder ihrer Versetzung in den Ruhestand, wenn sie gegen die Maßnahme **Rechtsmittel** eingelegt haben. 4

Beschäftigte sind nicht wahlberechtigt, wenn ihnen durch rechtskräftigen Richterspruch das **Recht aberkannt ist, in öffentlichen Angelegenheiten zu wählen** oder zu stimmen (vgl. dazu § 45 Abs. 5 StGB). Entsprechend § 13 Nr. 2 Bundeswahlgesetz sind Beschäftigte nicht wahlberechtigt, die **entmündigt** sind oder wegen geistigen Gebrechens unter 5

§ 13

Pflegschaft stehen. Dieser Ausschluß von der Wahlberechtigung gilt nach dem Gesetz zur Reform des Rechts der Vormundschaft und Pflegschaft für Volljährige (Betreuungsgesetz – BtG –) vom 12. 9. 90 grundsätzlich für diejenigen, für die zur Besorgung aller ihrer Angelegenheiten eine Betreuerin oder ein Betreuer nicht nur durch einstweilige Anordnung bestellt ist.

6 **Ausländische Beschäftigte** sind wahlberechtigt, da die Wahlberechtigung nicht an die deutsche Staatsangehörigkeit gebunden ist. Ebenso wie Deutschen kann ausländischen Mitbürgerinnen und Mitbürgern in ihrem Heimatland das Recht entzogen werden, in öffentlichen Angelegenheiten zu wählen oder zu stimmen. Diese mögliche Aberkennung des Wahlrechts im Heimatland des ausländischen Beschäftigten führt nicht zum Verlust der Wahlberechtigung zum Personalrat. Unter »**Richterspruch**« im Sinne der Vorschrift kann nur eine Entscheidung verstanden werden, die von einem deutschen Gericht ergangen ist.

7 **(Abs. 2) Abordnung** ist die nur vorübergehend zugewiesene Tätigkeit oder tatsächliche Beschäftigung bei einer anderen Dienststelle (BVerwG vom 2. 9. 83 – 6 P 29.82, ZBR 84, 80). Die Abordnung ist mitbestimmungspflichtig (vgl. § 75 Abs. 1 Nr. 5 und § 76 Abs. 1 Nr. 5). Abgeordnete Beschäftige gehören weiter zu ihrer ursprünglichen Dienststelle, verlieren dort aber das Recht, Personalvertretungen zu wählen, im Regelfall nach Ablauf von drei Monaten. Statt dessen erwerben sie das Wahlrecht bei der Dienststelle, in die sie eingegliedert sind. Endet die Abordnung, so besteht das Wahlrecht wieder bei der ursprünglichen Dienststelle.

8 Steht vor dem ersten Wahltag fest, daß die oder der Beschäftigte binnen weiterer sechs Monate **in die alte Dienststelle zurückkehren** wird, so tritt ein Verlust der Wahlberechtigung in der ehemaligen Beschäftigungsdienststelle nicht ein. Einhergehend damit wird zur Wahl des Personalrats der Dienststelle, in der die oder der Beschäftigte eingegliedert ist, keine Wahlberechtigung erworben. Die Abordnung zu einer anderen Dienststelle kann somit bis zu neun Monate dauern, ohne daß die Wahlberechtigung zur alten Dienststelle von dieser Personalmaßnahme berührt ist. Die Feststellung, ob eine Abordnung länger als neun Monate dauern wird, kann nur die Dienststelle treffen, die abgeordnet hat. Sie ist verpflichtet, diese Feststellung der oder dem Beschäftigten und dem Wahlvorstand so rechtzeitig bekanntzugeben, daß keine Unklarheiten über die Wahlberechtigung aufkommen können.

9 Die ebenfalls mitbestimmungspflichtige **Zuweisung** entsprechend § 123 a BRRG (vgl. § 76 Abs. 1 Nr. 5) oder entsprechender arbeitsvertraglicher Vereinbarung (vgl. § 75 Abs. 1 Nr. 5) ist in ihren Auswirkungen auf die Wahlberechtigung der Abordnung gleichgestellt.

10 Die Vorschriften über den Erwerb und Verlust der Wahlberechtigung im Falle der Abordnung oder Zuweisung gelten nicht für Beschäftigte, die als Mitglied einer Stufenvertretung oder des Gesamtpersonalrats freigestellt sind. Diese Beschäftigten bleiben unabhängig von der Dauer ihrer **Frei-**

§ 13

stellung Beschäftigte ihrer alten Dienststelle und bei ihr wahlberechtigt. Andererseits besitzt das so abgeordnete Personalvertretungsmitglied keine Wahlberechtigung zur örtlichen Personalvertretung der Dienststelle, bei der die Stufenvertretung oder der Gesamtpersonalrat besteht. Gleiches gilt grundsätzlich für Beschäftigte, die im Rahmen einer **Aus- und Fortbildung** Lehrgängen, besonderen Ausbildungs- und Schulungsstätten oder anderen Dienststellen zugewiesen sind. Die Wahlberechtigung dieser Beschäftigten in Aus- oder Fortbildung kann bei der Heimatdienststelle bleibt bestehen, gleichgültig wie lange die **Teilnahme an den Lehrgängen** dauert und ob sie an wechselnden Lehrgangsstätten stattfindet. Eine Wahlberechtigung zum Personalrat der Ausbildungsstätte wird nicht erworben. Zu Beamtinnen und Beamten im Vorbereitungsdienst sowie Angestellten in entsprechender Berufsausbildung vgl. Abs. 5.

(**Abs. 3**) Grundsätzlich sind auch Beschäftigte, die unter Wegfall der Bezüge beurlaubt sind, wahlberechtigt. Selbst wenn zum Wahltag noch eine **Beurlaubung** vorliegt, schließt dies eine Teilnahme an der Wahl nicht stets aus. Die Wahlberechtigung beurlaubter Beschäftigter ist erst dann ausgeschlossen, wenn am Wahltag konkrete Erkenntnisse vorliegen, daß eine Beurlaubung noch weitere sechs Monate überschreiten wird. Die Prüfung der Wahlberechtigung zum **Stichtag** hat der Wahlvorstand vorzunehmen. 11

(**Abs. 4**) Die Vorschrift stellt nicht auf abgeordnete oder zugewiesene Beschäftigte ab, sondern auf solche, die befristet für höchstens sechs Monate eingestellt sind. Die **Befristung** des konkreten vertraglichen Arbeitsverhältnisses muß damit begründet sein, daß eine bestimmte vorübergehende Aufgabe der Dienststelle so und nicht anders erfüllt werden kann. Bei der vorübergehend zu erfüllenden Aufgabe kann es sich nicht um eine Pflichtaufgabe der Dienststelle handeln, da für derartige Aufgaben das notwendige Personal vorzuhalten ist. Die Rechtsprechung der Arbeitsgerichte zur Befristung von Arbeitsverhältnissen (vgl. Besgen/Jüngst, Rn. 12 ff.) ist von der Dienststelle zu beachten. Zulässigerweise für höchstens sechs Monate befristet eingestellte Beschäftigte sind nicht zur Wahl des Personalrats berechtigt. Verzögert sich die Erfüllung der Aufgabe und führt die Verzögerung zu einer längeren Beschäftigungsdauer, erwerben so befristet eingestellte Beschäftigte die Wahlberechtigung. 12

Nur in Ausnahmefällen wird es geschehen, daß befristet Beschäftigte aus dem gleichen Befristungsgrund **wiederholt beschäftigt** werden (erster Halbsatz). Bei der wiederholten Befristung des Arbeitsverhältnisses wird es sich wiederum um die Erfüllung anderweitig nicht erfüllbarer Aufgaben der Dienststelle handeln müssen. Dabei kommt nur die Erfüllung gänzlich anderer Aufgaben für höchstens sechs Monate in Betracht, da ansonsten die zeitliche Beschränkung der ersten Befristung auf höchstens sechs Monate unzulässig gewesen sein dürfte. Zulässigerweise wiederholt befristet Beschäftigte sind wahlberechtigt, selbst wenn aufeinanderfolgende Befristungen insgesamt sechs Monate nicht überschreiten. Bereits 13

§ 13

bei der Einstellung hat die Dienststelle den Personalrat über Aufgaben zu informieren, die von einer oder einem befristet Eingestellten im Anschluß an eine erste Befristung übernommen werden können, damit über die Wahlberechtigung derart eingestellter Beschäftigter keine Unklarheiten entstehen.

14 (Abs. 5) Ebenso wie Beschäftigte auf Lehrgängen (vgl. Abs. 2) sind **Beschäftigte, die bei mehreren Dienststellen verwendet werden,** nur bei ihrer Stammdienststelle wahlberechtigt. Stammdienststelle ist die Dienststelle, bei der betroffene Beschäftigte organisatorisch eingegliedert sind oder für die sie überwiegend tätig sind. Zum betroffenen Personenkreis zählen Beschäftigte, die von der Dienststelle zeitweilig an andere Dienststellen »entliehen« werden. Es müssen aber auch diejenigen Beschäftigten zu diesem Personenkreis gezählt werden, die über eine längere Zeit in verschiedene Dienststellen abgeordnet werden, deren jeweilige Einzelabordnung jedoch kürzer als drei Monate währt.

15 **Vorbereitungsdienst** ist die Ausbildung der Beamtinnen und Beamten nach den beamtenrechtlichen Vorschriften (vgl. §§ 11 und 14 BRRG). Die Probezeit (vgl. § 15 BRRG), während der die Eignung und Bewährung festgestellt werden soll, zählt nicht zum Vorbereitungsdienst. Gleiches gilt für die Vorbereitung zu einer Zusatzprüfung sowie für die Einführungszeit für Aufstiegsbeamtinnen und -beamten (vgl. § 12 Abs. 3 BRRG). Beamtinnen und Beamte im Vorbereitungsdienst bleiben stets in ihrer Stammdienststelle wahlberechtigt, unabhängig davon, wie lange sie zum Zwecke der Ausbildung zu einer anderen Dienststelle (Ausbildungsdienststelle) abgeordnet oder versetzt sind. Dies gilt selbst dann, wenn sie außerhalb des Geschäftsbereichs ihrer obersten Dienstbehörde, etwa in Verwaltungsfachhochschulen anderer Bundesländer, ausgebildet werden. Die Wahlberechtigung bei der Stammdienststelle schließt ein, Gesamtpersonalrat und Stufenvertretungen mitwählen zu können.

16 Werden Angestellte oder Arbeiterinnen und Arbeiter **entsprechend den beamtenrechtlichen Vorschriften ausgebildet,** sind sie hinsichtlich ihrer Wahlberechtigung wie Beamtinnen und Beamte im Vorbereitungsdienst zu behandeln. Auszubildende nach dem Berufsbildungsgesetz, dem Hebammengesetz und dem Krankenpflegegesetz sind nicht Beschäftigte in entsprechender Berufsausbildung.

17 In § 92 Abs. 3 finden sich Regelungen über die Beteiligung für **Lehramtsanwärterinnen und -anwärter**; korrespondierend regelt § 87 Nr. 3 bis 5 die Beteiligung der **Rechtsreferendarinnen und -referendare.** Die Ausbildungsinteressen beider Personenkreise werden von Vertrauensleuten wahrgenommen, die eng mit dem Personalrat der Stammdienststelle zusammenzuarbeiten haben und deren Stellung der einer Jugend- und Auszubildendenvertretung entspricht. Ansonsten werden die Interessen dieser in Ausbildung stehenden Beamtinnen und Beamten vom Personalrat der Stammdienststelle wahrgenommen. An der Wahl zu dieser Personalvertretung sind Lehramtsanwärterinnen und -anwärter sowie Rechts-

referendarinnen und -referendare jedoch nicht berechtigt teilzunehmen, da ausdrücklich eine Wahlberechtigung zu dieser Personalvertretung nach den angeführten Vorschriften verneint ist. Bei Lehramtsanwärterinnen und -anwärtern erstreckt sich der Ausschluß der Wahlberechtigung auch auf die Wahl zu Gesamtpersonalrat und Stufenvertretungen, während Rechtsreferendarinnen und -referendare berechtigt sind, an Wahlen zu Gesamtpersonalrat und Stufenvertretungen teilzunehmen. Im Unterschied zu § 92 Abs 3 Nr. 1, der einschränkend von »Personalvertretungen« spricht, benutzt § 87 Nr. 4 das Wort »Personalrat«.

§ 14
Wählbarkeit

(1) Wählbar sind alle Wahlberechtigten, die am Wahltag

1. seit sechs Monaten dem Geschäftsbereich ihrer obersten Dienstbehörde angehören und

2. seit einem Jahr in öffentlichen Verwaltungen oder von diesen geführten Betrieben beschäftigt sind.

(2) Nicht wählbar sind

1. Beschäftigte, die infolge Richterspruchs die Fähigkeit, Rechte aus öffentlichen Wahlen zu erlangen, nicht besitzen,

2. Beschäftigte, die wöchentlich regelmäßig weniger als die Hälfte der regelmäßigen wöchentlichen Arbeitszeit beschäftigt sind,

3. die in § 7 genannten Personen sowie Beschäftigte, die zu Einstellungen, Entlassungen oder sonstigen Entscheidungen, die den Status des Beschäftigten verändern, befugt sind.

(3) Beamte im Vorbereitungsdienst und Beschäftigte in entsprechender Berufsausbildung sind nicht in den Gesamtpersonalrat und in eine Stufenvertretung wählbar.

(4) Nicht wählbar sind für die Personalvertretungen der Dienststellen von Gemeinden, Gemeindeverbänden und Landkreisen Beschäftigte, die dem in ihrer Verfassung vorgesehenen obersten Organ angehören.

Vergleichbare Vorschriften: § 14 BPersVG; § 8 Abs. 1 BetrVG

(Abs. 1) Voraussetzung für die **Wählbarkeit** in eine Personalvertretung ist die Wahlberechtigung. Gleichwohl sind nicht alle wahlberechtigten Beschäftigten in die Personalvertretung wählbar.

(Nr. 1 und 2) Anders als bei der Wahlberechtigung spielt bei der Wählbarkeit in die Personalvertretung die Dauer der **Zugehörigkeit zur Dienststelle bzw. zum öffentlichen Dienst** sehr wohl eine Rolle. Beschäftigte, die in den Personalrat gewählt werden wollen, müssen mindestens seit sechs Monaten dem Geschäftsbereich der obersten Dienstbehörde ange-

§ 14

hören und seit einem Jahr in öffentlichen Verwaltungen oder von diesen geführten Betrieben beschäftigt sein. Alle Voraussetzungen müssen erfüllt sein, es sei denn, daß die Ausnahmevorschriften des § 15 anzuwenden sind. Wird eine Dienststelle oder ein selbständiger Teil einer Dienststelle einer anderen obersten Dienstbehörde angegliedert, so genügt es, daß der oder die Wahlberechtigte am letzten Wahltag seit sechs Monaten der Dienststelle oder dem Geschäftsbereich der bisherigen obersten Dienstbehörde angehört hat (vgl. Dietz/Richardi, Rn. 26; a. A. Fischer/Goeres, Rn. 10, die der Auffassung sind, daß ein der neuen obersten Dienstbehörde zugeordneter Beschäftigter erst nach Ablauf von sechs Monaten die Wählbarkeit erwirbt).

3 **(Abs. 2) Weitere Einschränkungen** der Wählbarkeit ergeben sich aus Abs. 2. Diese Einschränkungen beziehen sich auf den Verlust der Fähigkeit, Rechte aus öffentlichen Wahlen zu erlangen, sowie auf die Arbeitszeit und Entscheidungsbefugnisse in Personalangelegenheiten.

4 **(Nr. 1)** Durch Richterspruch kann deutschen wie ausländischen Staatsbürgerinnen und -bürgern nicht nur das Recht entzogen werden, in öffentlichen Angelegenheiten zu wählen oder zu stimmen. Auch die **Fähigkeit, Rechte aus öffentlichen Wahlen zu erlangen,** kann durch (deutschen) Richterspruch beschnitten werden. Es handelt sich dabei stets um eine Entscheidung nach § 45 Abs. 5 StGB. Bei ausländischen Beschäftigten ist entsprechend § 13 Abs. 1 zu verfahren.

5 **(Nr. 2)** Beschäftigte mit einer regelmäßigen wöchentlichen **Arbeitszeit** von weniger als der Hälfte der für die Dienststelle geltenden tariflichen Arbeitszeit (z. Zt. durchweg 40 Wochenstunden) sind in ihrer Dienststelle nicht wählbar. Hiervon unberührt bleibt die Wählbarkeit dieser Beschäftigten für eine Stufenvertretung, wenn durch eine weitere Tätigkeit innerhalb des Zuständigkeitsbereichs der Stufenvertretung eine Beschäftigungszeit erreicht wird, die der Hälfte der dienststellenüblichen Arbeitszeit entspricht oder diese überschreitet. Beschäftigte, die nur gelegentlich weniger als die Hälfte der dienststellenüblichen Arbeitszeit arbeiten, können gewählt werden, wenn die anderen Wählbarkeitsvoraussetzungen erfüllt sind. Werden Beschäftigte für einen längeren Zeitraum in einzelnen Wochen weniger als zur Hälfte der dienststellenüblichen Arbeitszeit beschäftigt, bestimmt sich die Wählbarkeit nach der durchschnittlichen Wochenarbeitszeit.

6 **(Nr. 3)** Mitglieder der **Dienststellenleitung** sowie ihr nicht angehörende Beschäftigte, die selbständig einstellen oder entlassen oder anderweitige Entscheidungen treffen können, die den Status von Beschäftigten verändern – also zu selbständigen Entscheidungen in mitbestimmungspflichtigen **Personalangelegenheiten** der Dienststelle befugt sind –, sind grundsätzlich wahlberechtigt. Die Vorschrift nennt wegen möglicher Interessenkollisionen jedoch Ausnahmen von der Wählbarkeit. Mitglieder der Dienststellenleitung (§ 7) sowie Beschäftigte, die zu selbständigen Entscheidungen im vorgenannten Sinn befugt sind und nicht der Dienststellenleitung angehören, sind nicht in den Personalrat ihrer Dienststelle wählbar.

Der Begriff der Personalangelegenheiten umfaßt vorwiegend die in den §§ 75 Abs. 1, 76 Abs. 1 und 78 des Gesetzes aufgeführten Angelegenheiten. Alleinbefugnisse zur Abgabe dienstlicher Beurteilungen, Gewährung von Urlaub, Verhängung von Disziplinarmaßnahmen zählen nicht zu den Personalangelegenheiten. Die **vertretungsweise Wahrnehmung** selbständiger Entscheidungsbefugnisse in Personalangelegenheiten schließt die Wählbarkeit nicht aus (OVG NW vom 20. 8. 62 – CB 8. 62, ZBR 62, 391). Sachbearbeiterinnen und -bearbeitern für Personalangelegenheiten steht in der Regel keine selbständige Entscheidungsbefugnis zu, da Entscheidungen lediglich vorbereitet werden. Entsprechende **Sachbearbeitung** führt durchweg nicht zum Ausschluß von der Wählbarkeit zum Personalrat.

Vertreterinnen oder Vertreter der Dienststellenleitung müssen, auch wenn sie nicht der engeren Dienststellenleitung angehören, nach § 7 Abs. 1 über die sachlich notwendigen Vollmachten verfügen. Umfaßt diese **Vollmacht** auch Personalangelegenheiten, führt allein die Benennung als Vertreterin oder als Vertreter dazu, daß die Wählbarkeit zur Personalvertretung der Dienststelle nicht mehr gegeben ist. Gleiches gilt für sonstige Beauftragte, sofern sich die Personalvertretung mit der Beauftragung einverstanden erklärt.

Dienststellenleitung und Beschäftigte, die zu selbständigen Entscheidungen in mitbestimmungspflichtigen Personalangelegenheiten der Dienststelle befugt sind, sind von der **Wählbarkeit zu Stufenvertretungen** nicht ausgeschlossen.

(Abs. 3) Für **Beamtinnen und Beamte im Vorbereitungsdienst** sowie Beschäftigte in entsprechender Berufsausbildung gelten einschränkende Voraussetzungen für die Wählbarkeit. Dieser Personenkreis ist nur zu örtlichen Personalräten, nicht jedoch zum Gesamtpersonalrat und zu den Stufenvertretungen wählbar (vgl. aber die weiteren Einschränkungen für den Vorbereitungsdienst zum Lehramt – § 92 Abs. 3 – und den richterlichen Vorbereitungsdienst – § 87 Nr. 3 bis 5). Vorbereitungsdienst ist die Ausbildung der Beamtinnen und Beamten auf Widerruf nach dem BRRG. Zum Vorbereitungsdienst zählt nicht die Probezeit, während der die Eignung und Bewährung einer Beamtin oder eines Beamten festgestellt werden sollen. Auch die Zeiten der Vorbereitung zu weiteren Prüfungen sowie die Einführungszeit für Aufstiegsbeamten zählen nicht zum Vorbereitungsdienst.

Werden Angestellte sowie Arbeiterinnen und Arbeiter **entsprechend beamtenrechtlichen Vorschriften** ausgebildet, so sind sie hinsichtlich ihrer Wählbarkeitsvoraussetzungen den Beamtinnen und Beamten im Vorbereitungsdienst gleichgestellt. Angestellte sowie Arbeiterinnen und Arbeiter, die nicht beamtenähnlich ausgebildet werden (etwa nach dem Berufsbildungsgesetz, dem Krankenpflegegesetz oder dem Hebammengesetz),

§§ 14, 15

sind nicht Beschäftigte in entsprechender Berufsausbildung. Für diesen Personenkreis gelten weiterhin die allgemeinen Wählbarkeitsvoraussetzungen des Abs. 1.

12 (Abs. 4) Bereits nach § 23 Abs. 4 ThürKO (s. Anhang II), der nach § 131 Abs. 1 ThürKO am ersten Tag des Monats, der auf die Kommunalwahl 1994 folgt, in Kraft tritt, ist durch eine Beschäftigung im öffentlichen Dienst einer Gemeinde oder einer gemeindlichen Verwaltungsgemeinschaft die allgemeine **Wählbarkeit in die Parlamente einer Gemeinde oder eines Gemeindeverbandes** für Beamte und Beamtinnen sowie Angestellte eingeschränkt. Zu Gemeinderatsmitgliedern gewählte Personen können ihr Amt nicht antreten oder verlieren es, wenn sie gleichzeitig als Beamtinnen und Beamte oder als Angestellte hauptberuflich für die Gemeinde oder die gemeindliche Verwaltungsgemeinschaft tätig sind. Auf Arbeiterinnen und Arbeiter findet § 23 Abs. 4 ThürKO zwar keine Anwendung. Wegen Abs. 4 ist jedoch auch dieser Personenkreis nur eingeschränkt in gemeindliche Parlamente wählbar. Ein in ein Kommunalparlament gewähltes Personalratsmitglied steht vor der Alternative, die Wahl anzunehmen und das Personalratsmandat aufzugeben oder das Personalratsmandat beizubehalten und die Wahl in das Kommunalparlament auszuschlagen.

13 Da in den kommunalen Parlamenten von Gemeinden, Gemeindeverbänden und Landkreisen Entscheidungen für die Dienststelle getroffen werden, besteht bei gleichzeitiger Mitgliedschaft im Kommunalparlament und im Personalrat einer Dienststelle der jeweiligen Gebietskörperschaft eine **Interessenkollision,** und zwar unabhängig von der Gruppenzugehörigkeit. Aus diesem Grund führt die Mitgliedschaft in einem in der Kommunalverfassung vorgesehenen obersten Organ zum Verlust der Wählbarkeit im Personalrat, ggf. im Gesamtpersonalrat der betreffenden Gebietskörperschaft. Allein die Kandidatur zu einem Kommunalparlament berührt die Wählbarkeit zum Personalrat nicht. Während einer laufenden Amtszeit des Personalrats führen die erfolgreiche Kandidatur zu einem Kommunalparlament und die nachfolgende Annahme der Wahl zum nachträglichen Verlust der Wählbarkeit und folgerichtig nach § 29 Abs. 1 Nr. 5 zum **Erlöschen der Mitgliedschaft im Personalrat.** Durch eine Mitgliedschaft im Thüringischen Landtag wird die Mitgliedschaft in einer Personalvertretung, auch einer des Landesdienstes, grundsätzlich nicht ausgeschlossen. Der Thüringische Landtag ist kein für Dienststellen verfassungsmäßig vorgesehenes oberstes Organ.

§ 15
Wählbarkeit in besonderen Fällen

(1) Besteht die oberste Dienstbehörde oder Dienststelle weniger als ein Jahr, so bedarf es für die Wählbarkeit nicht der Voraussetzung des § 14 Abs. 1 Nr. 1. Das gleiche gilt, wenn der Beschäftigte infolge

§ 15

der Auflösung oder Umbildung seiner Dienststelle oder infolge anderer Organisationsmaßnahmen in den Geschäftsbereich einer anderen obersten Dienstbehörde übergetreten ist.

(2) Die Voraussetzung des § 14 Abs. 1 Nr. 2 entfällt, wenn nicht mindestens fünfmal soviel wählbare Beschäftigte jeder Gruppe vorhanden wären, als nach den §§ 16 und 17 zu wählen sind.

Vergleichbare Vorschriften: § 15 BPersVG; § 8 Abs. 2 BetrVG

(Abs. 1) Besteht die oberste Dienstbehörde noch kein Jahr, so müssen die Beschäftigten im Bereich dieser obersten Dienstbehörde die Wählbarkeitsvoraussetzung, seit sechs Monaten dem Geschäftsbereich ihrer obersten Dienstbehörde anzugehören, nicht erfüllen. Ist im Geschäftsbereich einer obersten Dienstbehörde eine **Dienststelle neu gebildet** worden, die noch kein Jahr besteht, so brauchen die in ihr Beschäftigten ebenfalls nicht die Voraussetzungen des § 14 Abs. 1 Nr. 1 zu erfüllen. Dies gilt selbst dann, wenn die oberste Dienstbehörde bereits ein Jahr oder länger existiert. Die Ausnahmeregelung ist auch dann anzuwenden, wenn ein Beschäftigter infolge der Auflösung oder Umbildung einer Dienststelle oder aufgrund anderer organisatorischer Maßnahmen in den Geschäftsbereich einer anderen obersten Dienstbehörde eingegliedert wird.

Eine Neubildung liegt vor, wenn eine Dienststelle neu eingerichtet wird oder mehrere bereits bestehende Dienststellen zu einer neuen Dienststelle zusammengefaßt werden. Dies gilt unabhängig davon, ob sich die **Zusammenlegung mehrerer Dienststellen** innerhalb des Geschäftsbereichs einer obersten Dienstbehörde abspielt.

(Abs. 2) Unter bestimmten Voraussetzungen entfällt für Wahlbewerberinnen und Wahlbewerber die Wählbarkeitsvoraussetzung, daß sie seit einem Jahr in öffentlichen Verwaltungen oder in von diesen geführten Betrieben beschäftigt sein müssen (§ 14 Abs. 1 Nr. 2). Diese **Wählbarkeitsvoraussetzung entfällt** bereits, wenn nur in einer der Gruppen weniger Wahlberechtigte vorhanden sind, als das Fünffache der nach den §§ 16 und 17 maßgeblichen Personalratsmitglieder und Gruppenvertreterinnen und -vertreter ausmacht. (Beispiel: In einer Dienststelle mit 60 Wahlberechtigten ist ein fünfköpfiger Personalrat zu wählen. Der Beamtengruppe gehören vier Wahlberechtigte an. Dieser Gruppe steht nach § 17 Abs. 3 i. V. m. Abs. 5 ein Sitz zu, obwohl ihr keine fünf Wahlberechtigten angehören. Da die vorhandenen vier Wahlberechtigten dieser Gruppe weniger als das Fünffache der maßgeblichen Gruppenvertreterinnen und -vertreter ausmachen, findet die Ausnahmevorschrift Anwendung.) Auch wenn nur in einer Gruppe die Voraussetzungen des Abs. 2 gegeben sind, führt dies dazu, daß die Bewerberinnen und Bewerber der anderen Gruppen ebenfalls nicht seit einem Jahr in öffentlichen Verwaltungen oder von diesen geführten Betrieben beschäftigt sein müssen.

§ 16
Zahl der Personalratsmitglieder

(1) Der Personalrat besteht in Dienststellen mit in der Regel

   5 bis   20 Beschäftigten aus einer Person,
 21 bis   50 Beschäftigten aus drei Mitgliedern,
 51 bis 150 Beschäftigten aus fünf Mitgliedern,
151 bis 300 Beschäftigten aus sieben Mitgliedern,
301 bis 600 Beschäftigten aus neun Mitgliedern,
601 bis 1 000 Beschäftigten aus elf Mitgliedern.

Die Zahl der Mitglieder erhöht sich in Dienststellen mit 1 001 bis 5 000 Beschäftigten um je zwei für je weitere angefangene 1 000, mit 5 001 und mehr Beschäftigten um je zwei für je weitere angefangene 2 000.

(2) Die Höchstzahl der Mitglieder beträgt 25.

Vergleichbare Vorschriften: § 16 BPersVG; §§ 9, 11 BetrVG

1 (Abs. 1) Bei der Feststellung der **Zahl der Personalratsmitglieder** ist von der Zahl der in der Regel Beschäftigten auszugehen (vgl. § 4). Auch die engere Dienststellenleitung zählt zu diesem Personenkreis, obwohl deren Mitglieder nach § 14 Abs. 2 Nr. 3 nicht zum Personalrat wählbar sind. Die Zahl der zu wählenden Personalratsmitglieder ergibt sich bis zu einer Größenordnung von 1 000 Beschäftigten aus den vom Gesetz vorgegebenen Zuteilungen. Für Dienststellen mit mehr als 1 000 Beschäftigten ergeben sich folgende Personalratsmitgliederzahlen:

1 001 bis 2 000 Beschäftigte = 13 Mitglieder,
2 001 bis 3 000 Beschäftigte = 15 Mitglieder,
3 001 bis 4 000 Beschäftigte = 17 Mitglieder,
4 001 bis 5 000 Beschäftigte = 19 Mitglieder,
5 001 bis 7 000 Beschäftigte = 21 Mitglieder,
7 001 bis 9 000 Beschäftigte = 23 Mitglieder,
9 001 und mehr Beschäftigte = 25 Mitglieder.

2 Wird eine **Wahl** nach einer erfolgreichen Wahlanfechtung **wiederholt,** ist von der Zahl der ursprünglich zu wählenden Personalratsmitglieder auszugehen, auch wenn sich die Zahl der Beschäftigten oder ihre Verteilung auf die einzelnen Gruppen zwischenzeitlich geändert hat. Nach dem Wortlaut von § 28 Abs. 2 handelt es sich bei der Wiederholungswahl zwar um eine »Neuwahl«, gleichwohl hat die Rechtsprechung zur Wiederholungswahl (BVerwG vom 13. 6. 69 – VII P 10.68, PersV 70, 14) Anwendung zu finden.

3 (Abs. 2) Die **Höchstzahl der Personalratsmitglieder** beträgt grundsätzlich 25, weshalb selbst bei einer Dienststellengröße von mehr als 11 000 Beschäftigten ein Anwachsen des Personalrats über die festgeschriebene Zahl von Mitgliedern hinaus ausgeschlossen ist. Nur im Schul- und Hochschulbereich sowie im Bereich der öffentlichen Theater und Orchester kann ausnahmsweise von der Höchstzahl von 25 Personalratsmitgliedern abgewichen werden.

Insoweit bestimmen § 88 Nr. 3 für den Bereich der **Hochschulen des Landes** und § 89 Nr. 1 für den Bereich der **öffentlichen Theater und Orchester,** daß im Sonderfall eine Erhöhung der Personalratssitze stattfindet, soweit dies zur Aufrechterhaltung der Mindestvertretung der Gruppen nach § 17 Abs. 3 und 4 erforderlich ist (s. Beispiele unter § 17). Ein solcher Sonderfall liegt vor, wenn neben den drei Gruppen nach § 5 die weiteren Gruppen der beamteten akademischen und die der angestellten akademischen Mitarbeiterinnen und -mitarbeiter (bzw. die der künstlerisch Beschäftigten) im Personalrat vertreten sind. Anders als nach der Sonderregelung für den **Geschäftsbereich des Thüringer Kultusministers** (vgl. unten Rn. 5 und 6) ist eine »Höchst-Höchstzahl« an Personalratsmitgliedern nicht festgeschrieben. Aufgrund der §§ 88 Nr. 3, 89 Nr. 1 findet eine Gleichstellung der neugeschaffenen Gruppen des akademischen Mittelbaus bzw. der Künstlerinnen und Künstler mit denen nach § 5 (Angestellte, Beamtinnen und Beamte, Arbeiterinnen und Arbeiter) statt. Diese Gleichstellung kann insbesondere zu einer Benachteiligung der Arbeiterinnen und Arbeiter führen, die im Personalrat keine weitere Gruppe haben, die die Mindestvertretung der Gruppen nach § 17 Abs. 3 und 4 ausschöpfen könnte. Insofern stellt sich die Regelung rahmenrechtlich problematisch dar (vgl. §§ 95, 98 BPersVG).

4

Eine weitere Ausnahmeregelung findet sich in § 92 Abs. 2 Nr. 3. Danach beträgt die Höchstzahl der Mitglieder des Hauptpersonalrats beim Thüringer Kultusminister 31 Personalvertretungsmitglieder. Auch diese **Aufstockung der Höchstzahl** von Personalvertretungsmitgliedern liegt in einer Erweiterung des Gruppenbegriffs begründet. Nach § 92 Abs. 2 Nr. 2 können im Hauptpersonalrat beim Thüringer Kultusminister neben den Gruppen nach § 5 im Extremfall weitere zwölf Gruppen vertreten sein, für die nach § 92 Abs. 2 Nr. 3 in Abweichung von § 17 Abs. 3 (der gesetzgeberische Hinweis auf eine Abweichung von § 53 Abs. 2 ist irreführend, da die Mindestvertretung der Gruppen in Stufenvertretungen durch § 53 Abs. 6 geregelt ist, s. Rn. 7) erweiterte Regelungen für die Mindestvertretung der Gruppen gelten. Neben § 92 Abs. 2 Nr. 3 ist ab einer Größe dieser Stufenvertretung von mehr als neun Mitgliedern § 53 Abs. 6 zu beachten. Wegen Festschreibung auf eine Höchstzahl von 31 Hauptpersonalratsmitgliedern kann es theoretisch zu dem Problem kommen, daß in jeder der 15 möglichen Gruppen neben der Mindestvertretung nach § 53 Abs. 6 die Mindestvertretung nach § 92 Abs. 2 Nr. 3 zu beachten ist. Dies würde z. B. bereits bei einer Mindestvertretung von 13 Beschäftigtengruppen mit je zwei Hauptpersonalratsmitgliedern (vgl. § 53 Abs. 6) und einer Mindestvertretung der weiteren zwei Gruppen mit je drei Hauptpersonalratsmitgliedern (vgl. § 92 Abs. 2 Nr. 3) zu einer Größe dieses Gremiums von 32 Personalratsmitgliedern führen. Die Höchstzahl wäre überschritten. In dieser Situation müßten die Gerichte darüber entscheiden, ob

5

entgegen dem Gesetzeswortlaut die Höchstzahl der Personalvertretungsmitglieder heraufzusetzen ist oder ob von der Mindestvertretung der Gruppen nach unten abgewichen werden kann.

6 In der Praxis stellen sich die zuvor unter Rn. 5 angemeldeten Bedenken gegen § 92 Abs. 2 höchstwahrscheinlich nicht. Wenn die Annahme zutreffend ist, daß die Erzieherinnen und Erzieher in Grundschulhorten nur im Angestelltenverhältnis beschäftigt sind, sind nur 14 Gruppen zu bilden. Nach den in einer **Modellrechnung** verwendeten Zahlen (vgl. Dörig, S. 187) sind nach § 53 Abs. 6 alle 14 Gruppen mit zwei Mitgliedern im Hauptpersonalrat beim Thüringer Kultusminister vertreten, was 28 Personalvertretungsmitglieder ausmacht. In drei der 14 Gruppen wird eine Beschäftigtenzahl von 4 000 überschritten, was diesen Gruppen nach § 92 Abs. 2 Nr. 3 einen weiteren Sitz gewährt, so daß der Hauptpersonalrat aus 31 Mitgliedern, der hier zulässigen Höchstzahl an Mitgliedern, besteht.

7 Die Regelung des § 92 Abs. 2 wurde im Landtag aufgrund einer Modellrechnung (Zuschrift 1/1420 zu Drs. 1/1594) beraten, die von 14 Gruppen mit Gruppenstärken zwischen 244 und 7 570 Beschäftigten ausging (vgl. Dörig, S. 187). Bei dieser Modellrechnung wurde der **Gruppenschutz nach § 53 Abs. 6** außer acht gelassen. Gleichwohl folgte der Landtag dem so indirekt gemachten Vorschlag nicht, ein Abweichen von § 53 Abs. 6 vorzusehen. § 92 Abs. 2 Nr. 3 in seiner vom Landtag beschlossenen Fassung sieht nur ein Abweichen von § 17 Abs. 3 (obwohl der Hauptpersonalrat beim Thüringer Kultusminister kein örtlicher Personalrat ist) und von § 53 Abs. 2 vor. Letztere Vorschrift stellt (gemeinsam mit § 53 Abs. 1) die Grundsätze für die Wahl von Bezirks- und Hauptpersonalräten auf, von denen in der Tat mit § 92 Abs. 2 abgewichen wird. Keinesfalls kann durch ein Abweichen von den grundsätzlichen Regelungen für Stufenvertretungen auf ein gesetzgeberisch gewolltes Abweichen von allen (für Stufenvertretungen geltende) Vorschriften geschlossen werden. § 53 Abs. 3 bis 6 und die nachfolgenden Vorschriften für Stufenvertretungen und Gesamtpersonalräte sind Spezialregelungen für diese Personalvertretungen. Eine gesetzgeberische Absicht, entsprechend der Modellrechnung von § 53 Abs. 6 abweichen zu wollen, hätte im Gesetz durch ausdrückliche Erwähnung dieser Vorschrift zum Ausdruck kommen müssen.

8 Gegenüber der Regelung des § 92 Abs. 2 sind weitaus gravierendere Vorbehalte anzumelden als gegenüber der Hochschulregelung nach § 88 Nr. 3. Für die Arbeiterinnen und Arbeiter im Geschäftsbereich des Kultusministers gilt das zu § 88 Nr. 3 Gesagte, hier verstärkt durch das Vorhandensein von sechs Gruppen beamteter und sieben Gruppen angestellter Beschäftigter gegenüber insgesamt nur einer Arbeiterinnen-/Arbeitergruppe. Auch der allgemeine **Grundsatz der gleichen Wahl** – zwar in § 19 Abs. 1 nicht gesondert erwähnt, aber gleichwohl geltend (vgl. Hess. StGH vom 22. 12. 93 – P. St. 1141, PersR 94, 67) – dürfte tangiert sein. Durch die gewählte Regelung zur Mindestvertretung der Gruppen ist nicht gewährleistet, daß jede Stimme für diesen Hauptpersonalrat annä-

hernd gleiches Gewicht hat. Eine Zusammensetzung des Hauptpersonalrats beim Thüringer Kultusminister allein auf Grundlage der §§ 53 Abs. 6 und 92 Abs. 2 Nr. 3 ist wahrscheinlich; dies wird zu Sitzverhältnissen führen, die mit den tatsächlichen Verhältnissen innerhalb des Geschäftsbereichs in keiner Weise mehr übereinstimmen und somit vielen Stimmen ihren Wert nehmen. Der in § 19 Abs. 2 festgelegte Grundsatz der Verhältniswahl dürfte absorbiert sein.

§ 17
Vertretung der Gruppen

(1) Sind in der Dienststelle Angehörige verschiedener Gruppen beschäftigt, so muß jede Gruppe entsprechend ihrer Stärke im Personalrat vertreten sein, wenn dieser aus mindestens drei Mitgliedern besteht. Bei gleicher Stärke der Gruppen entscheidet das Los. Macht eine Gruppe von ihrem Recht, im Personalrat vertreten zu sein, keinen Gebrauch, so verliert sie ihren Anspruch auf Vertretung.

(2) Der Wahlvorstand errechnet die Verteilung der Sitze auf die Gruppen nach den Grundsätzen der Verhältniswahl nach dem Verfahren Hare/Niemeyer.

(3) Eine Gruppe erhält mindestens

bei weniger als 51 Gruppenangehörigen einen Vertreter,
bei 51 bis 200 Gruppenangehörigen zwei Vertreter,
bei 201 bis 600 Gruppenangehörigen drei Vertreter,
bei 601 bis 1 000 Gruppenangehörigen vier Vertreter,
bei 1 001 bis 3 000 Gruppenangehörigen fünf Vertreter,
bei 3 001 und mehr Gruppenangehörigen sechs Vertreter.

(4) Ein Personalrat, für den in § 16 Abs. 1 drei Mitglieder vorgesehen sind, besteht aus vier Mitgliedern, wenn eine Gruppe mindestens ebensoviel Beschäftigte zählt, wie die beiden anderen Gruppen zusammen. Das vierte Mitglied steht der stärksten Gruppe zu.

(5) Eine Gruppe, der in der Regel nicht mehr als fünf Beschäftigte angehören, erhält nur dann eine Vertretung, wenn sie mindestens ein Zwanzigstel der Beschäftigten der Dienststelle umfaßt. Erhält sie keine Vertretung und findet Gruppenwahl statt, so kann sich jeder Angehörige dieser Gruppe durch Erklärung gegenüber dem Wahlvorstand einer anderen Gruppe anschließen.

(6) Der Personalrat soll sich aus Vertretern der verschiedenen Beschäftigungsarten zusammensetzen.

(7) Die Geschlechter sollen im Personalrat entsprechend dem Zahlenverhältnis vertreten sein.

Vergleichbare Vorschriften: § 17 BPersVG; §§ 10, 15 BetrVG

(**Abs. 1**) Jede Gruppe nach § 5 hat Anspruch darauf, daß sie in der Per- **1**

§ 17

sonalvertretung entsprechend ihrer zahlenmäßigen Stärke vertreten ist. Voraussetzung ist, daß der Personalrat aus mindestens drei Mitgliedern besteht. Die **Aufteilung der Personalvertretung auf die Gruppen** erfolgt unabhängig davon, ob der Personalrat in gemeinsamer Wahl oder in Gruppenwahl (vgl. § 19 Abs. 2) gewählt wird. Ebenso wie bei der Feststellung der Größe des Personalrats ist bei der Feststellung der Größe der verschiedenen Gruppen von der Zahl der in der Regel wahlberechtigten Gruppenangehörigen auszugehen. Der Wahlvorstand hat die Aufteilung der Personalratssitze auf die Gruppen vorzunehmen und im Wahlausschreiben bekanntzugeben.

2   Die in § 17 Abs. 1 bis 4 vorgesehene **Verteilung der Personalratssitze auf die Gruppen ist grundsätzlich zwingend.** Von ihr kann nur abgewichen werden, wenn einer Gruppe nicht genügend Beschäftigte angehören (Abs. 5), die Gruppen vor der Wahl eine anderweitige Sitzverteilung beschlossen (§ 18 Abs. 1) oder die Angehörigen einer Gruppe vor der Wahl durch ausdrückliche Erklärung auf die Wahl von Gruppenvertreterinnen oder Gruppenvertretern verzichtet haben. Ein **Sonderfall** ist an öffentlichen Theatern und Orchestern gegeben. Nach § 89 Nr. 1 bilden die dort beschäftigten Künstlerinnen und Künstler eine weitere, vierte Gruppe. Ebenfalls als Sonderfall stellt sich die Wahlmöglichkeit der beamteten und angestellten akademischen Mitarbeiterinnen und Mitarbeiter an Universitäten dar, die nach § 88 Nr. 3 beantragen können, je eine gesonderte Gruppe neben den Gruppen nach § 5 bilden zu können. Für die Wahl zum Hauptpersonalrat beim Thüringer Kultusministerium sind die Personalvertretungsmitglieder von theoretisch 15 Gruppen, in der Praxis eher 14 Gruppen (vgl. § 16) zu wählen. Neben die drei Gruppen (nach § 5) der Beschäftigten, die nicht pädagogisch tätig sind, treten die Gruppen der pädagogisch tätigen Beschäftigten, unterteilt nach Schularten und Status (§ 92 Abs. 2 Nr. 2).

3   Eine **Änderung der Sitzverteilung** auf die Gruppen kann auch nach der Bekanntgabe im Wahlausschreiben eintreten, wenn eine Gruppe keinen oder keinen gültigen Wahlvorschlag einreicht oder nicht genügend Wahlbewerberinnen oder Wahlbewerber aufgestellt wurden. In diesen Fällen werden die der Gruppe zustehenden Sitze, die sie nicht beansprucht, nach den Grundsätzen der Verhältniswahl auf die anderen Gruppen verteilt (BVerwG vom 23. 10. 70 – VII P 3.70, PersV 71, 135). Zur Auslosung bei gleich starken Gruppen s. Kommentierung zu Abs. 2.

4   (**Abs. 2**) Auf die Berechnung der Sitzverteilung, die der Wahlvorstand vorzunehmen hat, finden die Grundsätze der Verhältniswahl nach dem System **Hare-Niemeyer** Anwendung. Die Regelzahl der Beschäftigten jeder im Personalrat vertretenen Gruppe wird durch die Gesamtzahl aller in der Dienststelle in der Regel Beschäftigten geteilt. Die so ermittelten Ergebnisse werden mit der Gesamtzahl der zu vergebenden Sitze multipliziert. Die Ergebnisse dieses Rechenvorgangs sind Grundlage für die Verteilung der Sitze auf die Gruppen. Auf jede ganze Zahl entfällt ein

§ 17

Personalratssitz. Sind sodann noch Personalratssitze zu vergeben, richtet sich die weitere Verteilung der Personalratssitze nach den höchsten Zahlenbruchteilen hinter dem Komma (vgl. § 5 Abs. 2 ThürPersVWO). Werden für mehrere Gruppen gleiche Ergebnisse ermittelt und ist nur noch ein Sitz zu vergeben, entscheidet ggf. das Los. Der Losentscheid ist immer dann erforderlich, wenn bei gleichstarken Gruppen eine Entscheidung darüber herbeigeführt werden muß, welche Gruppe einen Sitz mehr erhält.

Für den **Losentscheid** ist keine besondere Form vorgeschrieben. Es ist 5 Aufgabe des Wahlvorstandes festzulegen, wie der Losentscheid durchgeführt wird. Dabei ist jede Methode zulässig, die zu einem Zufallsergebnis führt und eine Beeinflussung des Ergebnisses ausschließt (BVerwG vom 1. 8. 58 – VII P 21.57, PersV 59, 114). Es ist zulässig, Streichhölzer oder Lose zu ziehen; auch der Wurf einer Münze ist bei korrekter und neutraler Durchführung ein unbeeinflußbares Losverfahren (OVG Lüneburg vom 9. 5. 80 – P OVG 23/79, n. v.; anders aber BVerwG vom 15. 5. 91 – 6 P 15.89, PersR 91, 411).

Beispiele: 6

1. Berechnung für eine Dienststelle der allgemeinen Landesverwaltung:

In einer Dienststelle mit 800 Beschäftigten sind 500 Angestellte, 200 Arbeiterinnen und Arbeiter sowie 100 Beamtinnen und Beamte tätig. Es sind 11 Personalratsmitglieder zu wählen.

Angestellte	Arbeiterinnen/Arbeiter	Beamtinnen/Beamte
(1) 500 : 800 = **0,625**	200 : 800 = **0,250**	100 : 800 = **0,125**
(2) 0,62 x 11 = **6**,87	0,25 x 11 = **2**,75	0,12 x 11 = **1**,37
(3) 6 PR-Mitglieder	*2 PR-Mitglieder*	*1 PR-Mitglied*

Nach dem dritten Schritt sind neun der elf Personalratssitze auf die Gruppen verteilt. Es verbleiben zwei zu verteilende Sitze. Die weitere Verteilung richtet sich nach den höchsten Zahlenbruchteilen hinter dem Komma des nach **(2)** *ermittelten Ergebnisses:*

(4) 0,87	0,75	0,37
+1 PR-Mitglied	*+1 PR-Mitglied*	*+0 PR-Mitglied*

Danach bekommt die Gruppe der Angestellten (6 + 1 =) 7 Sitze, die der Arbeiterinnen/Arbeiter (2 + 1 =) 3 Sitze sowie die der Beamtinnen/ Beamten (1 + 0 =) 1 Sitz.

Unter Berücksichtigung des § 17 Abs. 3 verschiebt sich dieses Ergebnis zugunsten der Gruppe der Beamtinnen/Beamten und zu Lasten der Gruppe der Arbeiterinnen/Arbeiter. Bei einer Gruppengröße von 51 bis 200 Gruppenangehörigen stehen beiden Gruppen mindestens zwei Sitze zu. Aufgrund der Stellen nach dem Komma bei der Berechnung nach **(4)** *fällt der zuletzt vergebene Sitz in der Gruppe der Arbeiterinnen/Arbeiter an die der Beamtinnen/Beamten, obwohl diese nur halb so groß ist.*

§ 17

7 2. Berechnung für einen Orchesterpersonalrat:

Ein Orchester hat 580 Beschäftigte. Die Höchstzahl der Sitze nach § 16 Abs. 2 beträgt 9 Personalratsmitglieder. In dem Orchester sind 80 Angestellte, 250 Arbeiterinnen/Arbeiter, 53 Beamtinnen/Beamte sowie 197 (beamtete und angestellte) Künstlerinnen/Künstler tätig.

(1) Angestellte   *Arbeiterinnen/Arbeiter*   *Beamtinnen/Beamte*
    80 : 580 = **0,137**   240 : 580 = **0,413**   53 : 580 = **0,091**

*Künstlerinnen/
Künstler*
207 : 580 = **0,356**

(2) Angestellte   *Arbeiterinnen/Arbeiter*   *Beamtinnen/Beamte*
    0,13 x 9 = *1,23*   0,41 x 9 = *3,71*   0,09 x 9 = *0,81*

*Künstlerinnen/
Künstler*
0,35 x 9 = *3,20*

(3) Angestellte   *Arbeiterinnen/Arbeiter*   *Beamtinnen/Beamte*
    1 PR-Mitglieder   *3 PR-Mitglieder*   *0 PR-Mitglied*

*Künstlerinnen/
Künstler*
3 PR-Mitglieder

Nach dem dritten Schritt sind 7 der 9 Personalratssitze auf die Gruppen verteilt. Es verbleiben zwei zu verteilende Sitze, deren Zuweisung sich nach den Zahlenbruchteilen hinter dem Komma der nach (2) ermittelten Ergebnisse richtet.

(4) Angestellte   *Arbeiterinnen/Arbeiter*   *Beamtinnen/Beamte*
    0,23 =   0,71 =   0,81 =
    +0 PR-Mitglied   *+1 PR-Mitglied*   *+1 PR-Mitglied*
    1 PR-Mitglied   *4 (3+1) PR-Mitglieder*   *1 (0+1)PR-Mitglied*

*Künstlerinnen/
Künstler*
0,20 =
+0 PR-Mitglied
3 PR-Mitglieder

Minderheitenschutz:

Nach § 17 Abs. 3 erhält eine Gruppe mit einer Größe von 51 bis 200 Gruppenangehörigen mindestens zwei Vertreterinnen oder Vertreter, weshalb für die Gruppen »Angestellte« und »Beamtinnen/Beamte« um je einen Sitz aufzustocken ist. Bei einer Gruppengröße von 201 bis 600 Gruppenangehörigen erhält eine Gruppe mindestens drei Sitze, was bei der Gruppe »Künstlerinnen/Künstler« dazu führt, daß dieser Gruppe kein Sitz abgezogen werden darf. Der Gruppe »Arbeiterinnen/Arbeiter«, die den zuletzt zugeteilten Sitz erhielt (der der Gruppe »Beamtinnen/Beamte« zugefallene Sitz zählt insofern nicht), kann lediglich ein Sitz abgezogen

§ 17

werden, da diese Gruppe ebenfalls Anspruch auf mindestens drei Sitze hat. In dieser Situation greift die Sonderregelung des § 89 Nr. 1; die nach § 16 Abs. 1 zugeordnete Höchstzahl von 9 Personalratsmitgliedern wird um ein Mitglied überschritten. Der Orchesterpersonalrat hat 10 Mitglieder:

Angestellte	*Arbeiterinnen/ Arbeiter*	*Beamtinnen/ Beamte*	*Künstlerinnen/ Künstler*
2 PR-Mitglieder	3 PR-Mitglieder	2 PR-Mitglieder	3 PR-Mitglieder

(Abs. 3) Die Regelung des Abs. 3 begünstigt kleinere Gruppen. Fallen der kleineren Gruppe nach dem System Hare-Niemeyer, das ohnehin kleinere Gruppen bevorzugt, weniger Sitze zu als in Abs. 3 vorgesehen, so erhält sie die dort vorgeschriebene **Mindestzahl** zu Lasten der Gruppe oder der Gruppen, die nach der Berechnung den letzten Sitz bzw. die letzten Sitze erhalten müßten. Die Berücksichtigung einer Mindestzahl von Sitzen für eine Gruppe hat somit nicht zur Folge, daß sich die Gesamtzahl der Personalratssitze erhöht. Die Vorschrift gilt nur für Personalräte. Auf Stufenvertretungen findet § 53 Abs. 6 Anwendung; für den Gesamtpersonalrat fehlt ein entsprechender Gruppenschutz (vgl. § 56). Einen **Sonderfall** stellt der Hauptpersonalrat beim Thüringer Kultusminister dar, der für alle Gruppen neben dem Gruppenschutz nach § 53 Abs. 6 den Mindestvertretungsanspruch nach § 92 Abs. 2 Nr. 3 kennt. 8

(Abs. 4) Die Vorschrift ist **Sonderregelung für Personalräte mit drei Mitgliedern.** Sie kann nur angewandt werden, wenn in einer Dienststelle alle drei Gruppen vertreten sind. In einem dreiköpfigen Personalrat soll die stärkste Gruppe durch die Minderheitenregelung nach Abs. 3 nicht übermäßig benachteiligt werden. Deshalb erhöht sich in diesem Ausnahmefall die Gesamtzahl der Personalratssitze von drei auf vier, wenn in der stärksten Gruppe mindestens soviel Beschäftigte vorhanden sind, wie in den anderen beiden Gruppen zusammen. Den zusätzlichen Platz erhält die stärkste Gruppe. 9

(Abs. 5) Die Anwendung des Minderheitenschutzes nach Abs. 3 findet bei sehr kleinen Gruppen mit in der Regel nicht mehr als fünf Beschäftigten nur Anwendung, wenn diese Gruppe mindestens ein Zwanzigstel aller Beschäftigen der Dienststelle umfaßt. Wird getrennt nach Gruppen gewählt und erhält eine Gruppe wegen der geringen Zahl von Gruppenangehörigen nach dieser Vorschrift keine Vertretung, so kann sich jeder Gruppenangehörige durch Erklärung gegenüber dem Wahlvorstand **einer anderen Gruppe anschließen.** Durch diesen Anschluß erhöht sich die Zahl der wahlberechtigten Beschäftigten dieser Gruppe, ohne daß dies zu einer Änderung der Sitzverteilung führt (BVerwG vom 10. 5. 82 – 6 P 40.80, PersV 83, 155). Die Möglichkeit des Anschlusses an eine andere Gruppe besteht nicht für Angehörige einer Gruppe, die von ihrem Recht, im Personalrat vertreten zu sein, keinen Gebrauch gemacht hat. 10

(Abs. 6) Die Sollvorschrift des Abs. 6 richtet sich an die Vorschlagsberechtigten und an die Wählerinnen und Wähler, die darauf achten sollen, 11

§§ 17, 18

daß sich der Personalrat soweit wie möglich aus **Vertreterinnen und Vertretern der verschiedenen Beschäftigungsarten** (Berufsgruppen und Dienstzweige wie z. B. Botendienst, Reinigungskräfte, Werkstättendienst, Fahrpersonal usw.), die in der Dienststelle vorhanden sind, zusammensetzt.

12 (Abs. 7) Durch diese Sollvorschrift werden die Vorschlagsberechtigten sowie die Wählerinnen und Wähler darauf hingewiesen, die Geschlechter bei Wahl des Personalrats entsprechend ihrem zahlenmäßigen Anteil an den Wahlberechtigten zu berücksichtigen. Die Vorschrift trägt dem **Gleichheitsgrundsatz** des Art. 3 Abs. 2 GG Rechnung. Sie beschränkt sich nicht auf die **Repräsentanz der Geschlechter** innerhalb des Personalrats. Die Vorschlagsberechtigten haben bereits bei der Aufstellung ihrer Wahlvorschläge darauf zu achten, daß eine den Anteilen entsprechende Anzahl von Kandidatinnen und Kandidaten in den Wahlvorschlägen enthalten ist. Auch Frauen und Männer sollen in den Gruppen entsprechend ihren Anteilen an den wahlberechtigten Gruppenangehörigen, vertreten sein. Aus diesem Grund hat der Wahlvorstand darauf zu achten, daß die eingereichten Wahlvorschläge einen entsprechenden Anteil von Frauen und Männern aufweisen. Nur außergewöhnliche Umstände (etwa das Fehlen einer ausreichenden Zahl von Kandidatinnen oder Kandidaten) können zum Abweichen von der Sollvorschrift führen. Ein Abweichen sollte gegenüber dem Wahlvorstand begründet werden.

§ 18
Abweichende Verteilung auf die Gruppen

(1) Die Verteilung der Mitglieder des Personalrates auf die Gruppen kann abweichend von § 17 geordnet werden, wenn jede Gruppe dies vor der Neuwahl in getrennter geheimer Abstimmung beschließt.

(2) Für jede Gruppe können auch Angehörige anderer Gruppen vorgeschlagen werden. Die Gewählten gelten als Vertreter derjenigen Gruppe, für die sie vorgeschlagen worden sind. Satz 2 gilt auch für Ersatzmitglieder.

Vergleichbare Vorschriften: § 18 BPersVG; § 12 BetrVG

1 (Abs. 1) Alle in der Dienststelle vorhandenen Gruppen nach § 5 können beschließen, von der in § 17 festgelegten Verteilung der Sitze abzuweichen. Die sich aus § 16 und § 17 Abs. 4 ergebende Gesamtzahl der Personalratsmitglieder kann dabei nicht verändert werden. Die **abweichende Sitzverteilung** ist unabhängig davon zulässig, ob der Personalrat in Gruppenwahl oder in gemeinsamer Wahl (§ 19 Abs. 2) gewählt wird.

2 Voraussetzung für eine abweichende Verteilung der Gruppensitze ist eine **Abstimmung in allen Gruppen** vor der Neuwahl des Personalrats. Diese Abstimmung ist nach den Grundsätzen der geheimen Wahl getrennt nach

§ 18

Gruppen durchzuführen. Für das konkrete Vorabstimmungsverfahren enthält das Gesetz keine Regelung. Es ist sinnvoll auf die für die Wahl des Personalrats geltenden Verfahrensvorschriften zurückzugreifen, wenn dies zweckmäßig erscheint und eine zeitgerechte Durchführung damit sichergestellt ist (BVerwG vom 21. 7. 80 – 6 P 13.80, PersV 81, 501). Die Vorabstimmung kann von jedem Beschäftigten der Dienststelle veranlaßt werden. Der Wahlvorstand für die Vorabstimmung setzt sich sinnvollerweise aus den Initiatoren der Vorabstimmung zusammen. Dieser Wahlvorstand hat die konkrete Vorstellung, wie die Gruppensitze abweichend von § 17 aufgeteilt werden sollen, zur Abstimmung zu stellen. Eine abweichende Sitzverteilung ist beschlossen, wenn jede in der Dienststelle vertretene Gruppe dieser abweichenden Sitzverteilung zustimmt. Eine Gruppe hat der abweichenden Sitzverteilung zugestimmt, wenn die Mehrheit der abstimmenden Wahlberechtigten sich für den zur Abstimmung gestellten Vorschlag ausgesprochen hat. Eine **Vorabstimmung** zur abweichenden Sitzverteilung kann jederzeit initiiert werden. Sie **entfaltet Wirkung für die bevorstehende Wahl.** Der Wahlvorstand ist bei der Durchführung der Wahl an das Ergebnis der Vorabstimmung gebunden.

(**Abs. 2**) Angestellte, Arbeiterinnen und Arbeiter sowie Beamtinnen und Beamte können bei der Wahl des Personalrats **in einer anderen Gruppe kandidieren.** So kann z. B. eine Angestellte für die Gruppe der Arbeiterinnen und Arbeiter oder die der Beamtinnen und Beamten aufgestellt werden. Da diese wählbare Beschäftigte nur auf einem Wahlvorschlag benannt werden kann (§ 19 Abs. 9), schließt die Kandidatur in der fremden Gruppe die Aufnahme in einen Wahlvorschlag der eigenen Gruppe aus. 3

Die gruppenfremde Kandidatur ist sowohl bei Gruppenwahl als auch bei gemeinsamer Wahl (§ 19 Abs. 2) zulässig. Durch **Aufnahme in den Wahlvorschlag der fremden Gruppe** wird die/der gruppenfremde Beschäftigte für die Gruppe wählbar, bleibt jedoch in der eigenen Gruppe wahlberechtigt. Gruppenfremde Bewerberinnen und Bewerber können daher bei Gruppenwahl weder den Wahlvorschlag der anderen Gruppe unterzeichnen noch ihn bei der Stimmabgabe durch ihre Stimme unterstützen. 4

Gruppenfremd gewählte Bewerberinnen und Bewerber sind im Personalrat Vertreterinnen und Vertreter derjenigen Gruppe, für die sie gewählt sind. Beispielsweise ist eine für die Gruppe der Arbeiterinnen und Arbeiter gewählte Angestellte im Personalrat Gruppenvertreterin dieser Gruppe. Als solche kann sie auch nach § 33 in den Vorstand gewählt werden. **Wechselt** ein Personalrats- oder Ersatzmitglied **die Gruppenangehörigkeit,** so ändert sich dadurch die Gruppenzugehörigkeit im Personalrat nicht (§ 29 Abs. 2). 5

§ 19
Wahlverfahren

(1) Der Personalrat wird in geheimer und unmittelbarer Wahl gewählt.

(2) Besteht der Personalrat aus mehr als einer Person, so wählen die Beamten, Angestellten und Arbeiter ihre Vertreter je in getrennten Wahlgängen, es sei denn, daß die wahlberechtigten Angehörigen jeder Gruppe vor der Neuwahl in getrennten geheimen Abstimmungen die gemeinsame Wahl beschließen. Der Beschluß bedarf der Mehrheit der Stimmen aller Wahlberechtigten jeder Gruppe.

(3) Die Wahl wird nach den Grundsätzen der Verhältniswahl (Listenwahl) durchgeführt. Die Sitzzuteilung erfolgt nach dem Verfahren Hare/Niemeyer. Wird nur ein Wahlvorschlag eingereicht, so findet eine Mehrheitswahl (Personenwahl) statt. In Dienststellen, deren Personalrat aus einer Person besteht, wird dieser mit einfacher Stimmenmehrheit gewählt. Das gleiche gilt für Gruppen, denen nur ein Vertreter im Personalrat zusteht.

(4) Zur Wahl des Personalrats können die wahlberechtigten Beschäftigten und die in der Dienststelle vertretenen Gewerkschaften Wahlvorschläge machen. Jeder Wahlvorschlag der Beschäftigten muß von mindestens einem Zwanzigstel der wahlberechtigten Gruppenangehörigen unterzeichnet sein. In jedem Fall genügt die Unterzeichnung durch 50 wahlberechtigte Gruppenangehörige. Die nach § 14 Abs. 2 Nr. 3 nicht wählbaren Beschäftigten dürfen keine Wahlvorschläge machen oder unterzeichnen.

(5) Ist gemeinsame Wahl beschlossen worden, so muß jeder Wahlvorschlag der Wahlberechtigten von mindestens einem Zwanzigstel der Wahlberechtigten unterzeichnet sein; Absatz 4 Satz 2 bis 4 gilt entsprechend.

(6) Werden bei gemeinsamer Wahl für eine Gruppe gruppenfremde Bewerber vorgeschlagen, muß der Wahlvorschlag von mindestens einem Zehntel der Wahlberechtigten der Gruppe unterzeichnet sein, für die sie vorgeschlagen sind. Absatz 4 Satz 3 und 4 gilt entsprechend.

(7) Besteht in einer Dienststelle kein Personalrat, so können die in der Dienststelle vertretenen Gewerkschaften zur Wahl des Personalrats Wahlvorschläge machen. Auf diese Wahlvorschläge sind die Absätze 4 bis 6 nicht anzuwenden.

(8) Jeder Wahlvorschlag einer Gewerkschaft muß von zwei Beauftragten unterzeichnet sein; die Beauftragten müssen Beschäftigte der Dienststelle sein und einer in der Dienststelle vertretenen Gewerkschaft angehören. Bei Zweifeln an der Beauftragung kann der Wahlvorstand verlangen, daß die Gewerkschaft die Beauftragung bestätigt.

§ 19

(9) Jeder Beschäftigte kann nur auf einem Wahlvorschlag benannt werden.

Vergleichbare Vorschriften: § 19 BPersVG; § 14 BetrVG

(Abs. 1) Für Personalratswahlen gelten die bei demokratischen Wahlen zu beachtenden allgemeinen **Wahlgrundsätze**: Die Wahl ist geheim durchzuführen, der Personalrat ist unmittelbar, frei und gleich zu wählen. All diese Grundsätze gelten auch für das ThürPersVG, obwohl in Abs. 1 nur die allgemeinen Grundsätze der geheimen und unmittelbaren Wahl angesprochen sind (vgl. Hess. StGH vom 22. 12. 93 – P. St. 1141, PersR 94, 67).

Geheimhaltung bedeutet, daß die Stimmabgabe so zu erfolgen hat, daß nicht festgestellt werden kann, wie einzelne Wählerinnen und Wähler gestimmt haben. Deshalb ist eine Wahl durch Zuruf oder offene Abstimmung in einer Personalversammlung unzulässig. Die Wahl muß mittels vorgedruckter Stimmzettel erfolgen, die von den Wählerinnen und Wählern unbeobachtet gekennzeichnet werden können. Näheres regelt die Wahlordnung.

Unmittelbare Wahl beinhaltet, daß jede Wählerin und jeder Wähler ihre bzw. seine Stimme persönlich abzugeben hat. Eine Wahl durch Wahlfrauen und -männer oder eine andere Vertretung von Wahlberechtigten ist damit ausgeschlossen. Der Grundsatz der Unmittelbarkeit schließt eine Briefwahl nicht aus. Der Grundsatz der persönlichen Stimmabgabe gilt nicht für Beschäftigte, die wegen körperlicher Behinderung schreibunfähig sind und ihre Stimmen nur mit Hilfe einer Person ihres Vertrauens abgeben können (z. B. blinde Beschäftigte).

Der **Grundsatz der freien Wahl** beinhaltet, daß niemand gezwungen werden kann, an der Wahl teilzunehmen. Auch im öffentlichen Dienst besteht keine Pflicht, den Personalrat wählen zu müssen. Das Recht, seine betriebliche Interessenvertretung wählen zu dürfen, sollte jedoch auch ohne Zwang von jedem Beschäftigten wahrgenommen werden. Der **Grundsatz der gleichen Wahl** bedeutet, daß möglichst jeder Beschäftigte gleichen Zugang zu Ämtern haben soll und seine Stimme das gleiche Gewicht haben soll wie die jedes anderen Beschäftigten. Die Anwendung der Grundsätze der Verhältniswahl (§ 17 Abs. 2 und § 19 Abs. 2) soll diesem Grundsatz Rechnung tragen. Aus Gründen des Minderheitenschutzes wird dieser Grundsatz jedoch mehrfach durchbrochen (z. B. beim Losentscheid nach § 17 Abs. 1 oder bei Anwendung der zwingenden Regelungen über die Gruppenvertretung bei dreiköpfigen Personalräten). Dennoch sind beide bei der Verhältniswahl zur Anwendung kommenden möglichen Verfahren – d'Hondt und Hare-Niemeyer – geeignet, die Gleichheit der Wahl sicherzustellen (vgl. Hess. StGH vom 22. 12. 93 – P. St. 1141, PersR 94, 67).

(Abs. 2) Setzt sich der Personalrat nach § 16 Abs. 1 aus drei oder mehr Mitgliedern zusammen und sind in der Dienststelle mehrere Gruppen

§ 19

(§§ 5, 88 Nr. 3, § 89 Nr. 1, 92 Abs. 2 Nr. 2) vorhanden, und müssen diese nach § 17 Abs. 2 im Personalrat vertreten sein, ist der Personalrat grundsätzlich in **Gruppenwahl** zu wählen. Bei der Gruppenwahl wählen die wahlberechtigten Beschäftigten der Gruppen ihre Vertreterinnen und Vertreter in getrennten Wahlgängen.

6 Von der Gruppenwahl kann nur abgewichen werden, wenn vor der Neuwahl die **gemeinsame Wahl** beschlossen wurde. Bei gemeinsamer Wahl wählen Angestellte, Arbeiterinnen und Arbeiter sowie Beamtinnen und Beamte die Vertreterinnen und Vertreter aller Gruppen in einem gemeinsamen Wahlgang. Die durch § 17 (und §§ 53 Abs. 6, 92 Abs. 2 Nr. 3) festgelegte Verteilung der Personalratssitze auf die Gruppen ändert sich auch bei gemeinsamer Wahl nicht. Jedoch können alle Beschäftigten gemeinsam über die Vertreterinnen und Vertreter aller Gruppen im Personalrat entscheiden.

7 Jeder Beschäftigte kann eine **Vorabstimmung über die gemeinsame Wahl** einleiten. Diese Wahl wird von einem Abstimmungsvorstand geleitet. Sie muß getrennt nach Gruppen und geheim erfolgen. Unzulässig ist es, im gleichen Wahlgang über die abweichende Sitzverteilung und die gemeinsame Wahl zu entscheiden. Abstimmungsberechtigt sind nur die wahlberechtigten Angehörigen der an der Abstimmung beteiligten Gruppen. Die Voraussetzungen für die Durchführung der Wahl als gemeinsame Wahl liegen höher als bei abweichender Sitzverteilung nach § 18 Abs. 1. Innerhalb der Gruppen bedarf es nicht lediglich der Mehrheit der Stimmen der abstimmenden Wahlberechtigten jeder Gruppe. Vielmehr muß die Mehrheit aller wahlberechtigten Gruppenangehörigen für die gemeinsame Wahl gestimmt haben. Der Beschluß kann jederzeit gefaßt werden, gilt aber nur für die nächste Personalratswahl.

8 **(Abs. 3)** Eine Wahl kann nach Grundsätzen der Verhältniswahl oder nach denen der Mehrheitswahl durchgeführt werden. Dies gilt unabhängig davon, ob der Personalrat in Gruppenwahl oder gemeinsamer Wahl zu wählen ist. Im Fall der Gruppenwahl muß die Frage, ob die Wahl als Verhältniswahl oder Mehrheitswahl durchgeführt wird, für jede Gruppe gesondert beurteilt werden.

9 **Verhältniswahl** findet statt, wenn bei Gruppenwahl für die Wahl mehrerer Gruppenvertreterinnen und -vertreter mehr als ein gültiger Wahlvorschlag eingereicht wird **(Listenwahl).** Bei gemeinsamer Wahl finden die Grundsätze der Verhältniswahl Anwendung, wenn mehrere Personalratsmitglieder zu wählen sind und mehr als ein gültiger Wahlvorschlag (Liste) eingereicht wurde. Bei Wahlen nach den Grundsätzen der Verhältniswahl haben die Wählerinnen und Wähler nur eine Stimme, die jeweils nur für einen Wahlvorschlag (Liste) abgegeben werden kann. Bei der Ermittlung des Wahlergebnisses findet das Verfahren Hare-Niemeyer Anwendung (vgl. Erläuterung und Beispiele unter § 17). **Bei Gruppenwahl** ist im ersten Rechenschritt die Zahl der je Liste erreichten Stimmen mit der Zahl der für die Gruppe zu vergebenden Sitze zu multiplizieren und sodann

durch die Zahl der auf alle Vorschlagslisten der Gruppe entfallenden Stimmen zu dividieren (vgl. § 26 ThürPersVWO). Jede Liste erhält zunächst so viele Sitze, wie sich für sie ganze Zahlen ergeben. Sind danach noch Sitze zu vergeben, geschieht dies in der Reihenfolge der höchsten Zahlenbruchteile. **Bei gemeinsamer Wahl** ist im ersten Rechenschritt je Wahlvorschlagsliste ein **gemeinsamer Quotient** für alle Gruppen zu ermitteln (vgl. § 27 ThürPersVWO). Dies geschieht mittels Division der auf die jeweilige Wahlvorschlagsliste entfallenden Stimmen durch die Zahl der für alle Wahlvorschlagslisten abgegebenen gültigen Stimmen. Der so ermittelte Quotient wird je Wahlvorschlagsliste mit der Zahl der in der jeweiligen Gruppe zu vergebenden Sitze multipliziert. Ansonsten gilt gleiches wie bei der Gruppenwahl.

Beispiel:

Gemeinsame Wahl in einer Dienststelle der allgemeinen Landesverwaltung:

Eine Landesdienststelle hat 800 Beschäftigte (500 Angestellte, 200 Arbeiterinnen und Arbeiter sowie 100 Beamtinnen und Beamte). Der Personalrat besteht aus elf Mitgliedern (7 für die Gruppe der Angestellten, 2 für die der der Arbeiterinnen und Arbeiter sowie 2 für die der Beamtinnen und Beamten). Liste »A« erreichte 390 Stimmen, für die Liste »B« wurden 250 Stimmen und für die Liste »C« 150 Stimmen abgegeben. Insgesamt wurden 790 gültige Stimmen abgegeben.

Ermittlung des Quotienten:

»A«	»B«	»C«
390 : 790 = **0,49**	250 : 790 = **0,31**	150 : 790 = **0,18**

Da auch bei gemeinsamer Wahl die Repräsentanz der Gruppen im Personalrat gewahrt bleiben muß, sind in einem weiteren Schritt die den Gruppen zustehenden Sitze auf die Vorschlagslisten aufzuteilen:

Gruppe der Angestellten:

»A«	»B«	»C«
(1) 0,49 x 7 = **3,45**	0,31 x 7 = **2,21**	0,18 x 7 = **1,32**
(2) **3** Gruppenvertreter (innen)	**2** Gruppenvertreter (innen)	**1** Gruppenvertreter (in)
(3) 0,**49** = + **1**	0,18 = +/– 0	0,30 = +/– 0
4 Gruppenvertreter (innen)	**2** Gruppenvertreter (innen)	**1** Gruppenvertreter (in)

Gruppe der Arbeiterinnen/Arbeiter:

»A«	»B«	»C«
(1) 0,49 x 2 = 0,98	0,31 x 2 = **0,63**	0,18 x 2 = **0,37**
(2) **0** Gruppenvertreter (in)	**0** Gruppenvertreter (in)	**0** Gruppenvertreter (in)
(3) 0,**98** = + **1**	0,**63** = + **1**	0,37 = +/– 0
1 Gruppenvertreter (in)	**1** Gruppenvertreter (in)	**0** Gruppenvertreter (in)

§ 19

Gruppe der Beamtinnen/Beamten:

Die Aufteilung der Sitze dieser Gruppe auf die Vorschlagslisten ist mit der für die Gruppe der Arbeiterinnen/Arbeiter identisch, da in beiden Gruppen zwei Sitze auf die Vorschlagslisten zu verteilen sind:

»A«	»B«	»C«
1 Gruppenvertreter (in)	*1 Gruppenvertreter (in)*	*0 Gruppenvertreter (in)*

Sitzverteilung auf die Vorschlagslisten:

	»A«	»B«	»C«
Ang.:	*4 Gruppenvertreter (innen)*	*2 Gruppenvertreter (innen)*	*1 Gruppenvertreter (in)*
Arb.:	*1 Gruppenvertreter (in)*	*1 Gruppenvertreter (in)*	*0 Gruppenvertreter (in)*
Bea.:	*1 Gruppenvertreter (in)*	*1 Gruppenvertreter (in)*	*0 (Gruppenvertreter (in)*
insg.:	*6 PR-Mitglieder*	*4 PR-Mitglieder*	*1 PR-Mitglieder*

Innerhalb der Vorschlagslisten erlangen die jeweils zuerst gereihten Kandidatinnen und Kandidaten jeder der drei Gruppen einen Sitz im Personalrat. In der Reihenfolge der jeweiligen Liste dazwischen aufgeführte Kandidatinnen und Kandidaten einer anderen Gruppe werden übersprungen. Sind z. B. auf der Liste »A« auf den ersten sechs Plätzen Angestellte aufgeführt und kommt erst an siebter Stelle eine Kandidatin der Gruppe der Arbeiterinnen/Arbeiter, so werden die Angestellten auf den Listenplätzen fünf und sechs zugunsten dieser Kandidatin übergangen. Die Angestellten auf den Listenplätzen fünf und sechs sind jedoch Ersatzmitglieder des Personalrats, falls ein Mitglied der Angestelltengruppe der Wahlvorschlagsliste »A« verhindert ist oder aus dem Personalrat ausscheidet (vgl. § 31 Abs. 2).

11 **Mehrheitswahl** findet statt, wenn
- für den Personalrat nur ein Mitglied zu wählen ist,
- bei Gruppenwahl für eine Gruppe nur eine Vertreterin bzw. ein Vertreter zu wählen ist,
- bei Gruppenwahl für eine Gruppe mehrere Vertreterinnen und Vertreter zu wählen sind, aber nur ein gültiger Wahlvorschlag eingereicht wurde;
- bei gemeinsamer Wahl nur ein gültiger Wahlvorschlag eingereicht wurde.

Bei der Mehrheitswahl, auch **Personenwahl** genannt, kann jede Wählerin und jeder Wähler höchstens so viele Wahlbewerberinnen und Wahlbewerber auf dem Stimmzettel ankreuzen, wie Personalratsmitglieder oder Gruppenvertreterinnen und -vertreter zu wählen sind.

12 (Abs. 4) Sowohl wahlberechtigte Beschäftigte wie auch die in der Dienststelle vertretenen Gewerkschaften können **Wahlvorschläge einreichen.** Wahlvorschläge der Beschäftigten müssen bei Gruppenwahl mindestens

§ 19

von einem Zwanzigstel der wahlberechtigten Gruppenangehörigen, jedoch mindestens von drei wahlberechtigten Gruppenangehörigen unterzeichnet sein. In jedem Fall genügen die Unterschriften von 50 wahlberechtigten Gruppenangehörigen. Grundsätzlich kann jeder Wahlberechtigte mit seiner Unterschrift nur einen Wahlvorschlag unterstützen. Mitglieder der engeren **Dienststellenleitung** und Beschäftigte, die zu selbständigen Entscheidungen in mitbestimmungspflichtigen Personalangelegenheiten der Dienststelle befugt sind (§ 14 Abs. 2 Nr. 3), dürfen weder Wahlvorschläge initiieren noch unterzeichnen. Zu den Wahlvorschlägen bei gemeinsamer Wahl s. Kommentierung zu den Abs. 5 und 6.

Gewerkschaften sind bei der Ausübung ihres Wahlvorschlagsrechts an die allgemeinen Voraussetzungen für die Aufstellung und Einreichung von Wahlvorschlägen gebunden. Sie brauchen aber für ihre Wahlvorschläge keine Unterschriften der wahlberechtigten Beschäftigten oder Gruppenangehörigen beizubringen (vgl. Abs. 8). Nur eine in der Dienststelle vertretene Gewerkschaft hat ein Wahlvorschlagsrecht. Eine Gewerkschaft ist in der Dienststelle vertreten, wenn bei ihr mindestens ein Beschäftigter der Dienststelle als Mitglied organisiert ist. 13

(Abs. 5 und 6) Bei gemeinsamer Wahl muß der Wahlvorschlag von einem Zwanzigstel der Wahlberechtigten, jedoch mindestens von drei Wahlberechtigten unterzeichnet sein. In jedem Fall genügen die Unterschriften von 50 Wahlberechtigten. Auch bei gemeinsamer Wahl sind gewerkschaftliche Wahlvorschläge zulässig. Mitglieder der engeren **Dienststellenleitung** und Beschäftigte, die zu selbständigen Entscheidungen in Personalangelegenheiten der Dienststelle befugt sind (§ 14 Abs. 2 Nr. 3), dürfen auch bei gemeinsamer Wahl keine Wahlvorschläge aufstellen oder unterzeichnen. 14

Abs. 6 enthält ein zusätzliches Erfordernis für die Gültigkeit eines Wahlvorschlags der Beschäftigten, wenn bei gemeinsamer Wahl **gruppenfremde Wahlbewerberinnen und Wahlbewerber** vorgeschlagen werden. Für einen derartigen Wahlvorschlag reichen die in Abs. 5 geforderten Unterschriften nicht aus. Von den Angehörigen jeder Gruppe, für die gruppenfremde Bewerberinnen und Bewerber vorgeschlagen werden, müssen ein Zehntel, mindestens aber drei wahlberechtigte Gruppenangehörige den Wahlvorschlag unterzeichnen; in jedem Fall genügen jedoch 50 Unterschriften der wahlberechtigten Gruppenangehörigen. Die in Abs. 6 zusätzlich verlangten Unterschriften müssen nicht neben den nach Abs. 5 geforderten Unterschriften geleistet werden. Es genügt, wenn die erforderliche Zahl von Unterschriften der wahlberechtigten Gruppenangehörigen in der Gesamtzahl der geleisteten Unterschriften der wahlberechtigten Beschäftigten enthalten ist. Für gewerkschaftliche Wahlvorschläge gilt dieses gesonderte Erfordernis nicht. 15

(Abs. 7 und 8) Neben den wahlberechtigten Beschäftigten haben die in der Dienststelle vertretenen Gewerkschaften ein eigenständiges Wahlvor- 16 schlagsrecht. Dieses besteht generell nicht nur im Fall einer personalratslosen Dienststelle. **Gewerkschaftliche Wahlvorschläge** müssen lediglich von zwei Beauftragten unterzeichnet sein. Die Gewerkschaft ist grundsätzlich frei darin, wer den gewerkschaftlichen Vorschlag einreicht. Sie hat sich aber bei der Einreichung von Wahlvorschlägen Beschäftigter der Dienststelle zu bedienen. Diese müssen nicht Angehörige der Gruppe sein, für die bei Gruppenwahl ein Wahlvorschlag eingereicht wird. Ein gewerkschaftlicher Wahlvorschlag kann nicht durch gewerkschaftliche Vertreterinnen und Vertreter eingereicht werden, die nicht in der Dienststelle beschäftigt werden. Es ist vom Wahlvorstand darauf zu achten, daß die Vertretung der Gewerkschaft durch Beschäftigte der Dienststelle von deren Satzung abgesichert ist.

17 Hat der Wahlvorstand **Zweifel an der Beauftragung,** dann kann diese nur durch eine Bestätigung der Gewerkschaft nachgewiesen werden. Wer diese Bestätigung abzugeben hat, bestimmt sich danach, wer nach der Satzung der Gewerkschaft zu ihrer Vertretung befugt ist. Hat der Wahlvorstand Zweifel, ob einer der Beauftragten Mitglied der Gewerkschaft ist – etwa weil der Beauftragte nie als Gewerkschaftsmitglied in Erscheinung getreten ist – kann er verlangen, daß die Gewerkschaft die Mitgliedschaft bestätigt.

18 Mit Abs. 7, der besonders auf das gewerkschaftliche **Vorschlagsrecht in personalratslosen Dienststellen** abstellt, wird lediglich die unterstützende Funktion der Gewerkschaften bei der Errichtung einer betrieblichen Interessenvertretung deutlich gemacht. Das Erfordernis von zwei Beschäftigtenunterschriften nach Abs. 8 gilt auch für gewerkschaftliche Wahlvorschläge in personalratslosen Dienststellen, da der Einleitungssatz von Abs. 8 für »jeden« gewerkschaftlichen Wahlvorschlag gilt.

19 (Abs. 9) Eine Bewerberin oder ein Bewerber darf **nicht auf mehreren Wahlvorschlägen** für die Wahl derselben Personalvertretung benannt werden. Bewerberinnen oder Bewerber dürfen aber gleichzeitig für den örtlichen Personalrat, den Gesamtpersonalrat, den Bezirkspersonalrat oder den Hauptpersonalrat vorgeschlagen werden.

§ 20
Bestellung des Wahlvorstandes durch den Personalrat

(1) Spätestens acht Wochen vor Ablauf der Amtszeit bestellt der Personalrat mindestens drei Wahlberechtigte als Wahlvorstand und einen von ihnen als Vorsitzenden. Zugleich bestimmt er deren Vertretung.

(2) Sind in der Dienststelle Angehörige verschiedener Gruppen beschäftigt, so muß jede Gruppe im Wahlvorstand vertreten sein.

§ 20

(3) Je ein Beauftragter der in der Dienststelle vertretenen Gewerkschaften ist berechtigt, an den Sitzungen des Wahlvorstandes mit beratender Stimme teilzunehmen.

Vergleichbare Vorschriften: § 20 BPersVG; §§ 16, 17 BetrVG

(Abs. 1) Die **Einleitung der Wahl** hat rechtzeitig vor der Neuwahl zu erfolgen. Spätestens acht Wochen vor Ablauf seiner Amtszeit (§ 26) hat der Personalrat den Wahlvorstand zu bestellen. Zur ordnungsgemäßen Durchführung der Wahl benötigt der Wahlvorstand ein Arbeitsklima ohne Zeitdruck. Deshalb empfiehlt es sich, den Wahlvorstand bereits früher zu bestellen. Der Personalrat entscheidet über die Bestellung durch Beschluß. Es muß gemeinsam beraten und beschlossen werden, da es sich um eine gemeinsame Angelegenheit von Beamtinnen und Beamten, Arbeiterinnen und Arbeitern sowie Angestellten handelt (BVerwG vom 5. 2. 65 – VII 10. 64, PersV 65, 109).

Der **Wahlvorstand** besteht aus mindestens drei Mitgliedern. Diese werden vom Personalrat bestimmt. Es steht im **Ermessen des Personalrats,** die Größe des Wahlvorstands zu bestimmen. Dieser wird sich bei seiner Entscheidung davon leiten lassen müssen, in welchem Umfang (Struktur der Dienststelle, Größe der Dienststelle, Notwendigkeit mehrerer Wahllokale) Arbeit auf die Mitglieder des Wahlvorstands zukommen wird. Der Personalrat benennt auch eines der Mitglieder des Wahlvorstands zum Vorsitzenden und regelt dessen Vertretung. Dem Wahlvorstand können nur wahlberechtigte Beschäftigte der Dienststelle angehören, die jedoch nicht wählbar zu sein brauchen. Sinnvoll ist es, daß der Personalrat für den Fall der Verhinderung von Wahlvorstandsmitgliedern zugleich Ersatzmitglieder bestellt.

(Abs. 2) Sind in einer Dienststelle wahlberechtigte Angehörige verschiedener Gruppen beschäftigt, muß jede **Gruppe im Wahlvorstand** vertreten sein. Unerheblich ist in diesem Zusammenhang, ob eine Gruppe im Personalrat vertreten sein wird. Sind in einer Dienststelle nur Wahlberechtigte zweier Gruppen vorhanden, so steht es im Ermessen des Personalrats, welche Gruppe er stärker bei der Bestellung des Wahlvorstands berücksichtigt. Dieses Ermessen hat der Wahlvorstand auch, wenn er es für notwendig erachtet, mehr als drei Beschäftigte in den Wahlvorstand zu berufen. Er sollte darauf achten, daß die Gruppen zumindest entsprechend ihren Beschäftigtenzahlen im Wahlvorstand vertreten sind. Vom Grundsatz, daß jede Gruppe im Wahlvorstand vertreten sein muß, kann nur abgewichen werden, wenn die jeweilige Gruppe dies ausdrücklich gegenüber dem Personalrat erklärt. Es fehlt eine zwingende Vorschrift, die ähnlich § 17 Abs. 7 eine entsprechende **Vertretung der Geschlechter** im Wahlvorstand vorsieht. Dennoch hat der Personalrat darauf zu achten, daß weibliche und männliche Beschäftigte gleichermaßen an der Vorbereitung und Durchführung der Wahl beteiligt sind. Es sollte angestrebt werden, daß speziell die Belange weiblicher Beschäftigter (z. B. bei der Festlegung des konkreten Wahltermins) berücksichtigt werden können.

§§ 20, 21

4 (Abs. 3) **Beauftragte der in der Dienststelle vertretenen Gewerkschaften** können an den Sitzungen des Wahlvorstands teilnehmen. Jede Gewerkschaft kann nur eine Beauftrage bzw. einen Beauftragten entsenden. Die Gewerkschaft ist in der Auswahl ihrer Vertretung frei. Sie kann einen bei ihr hauptamtlich Tätigen entsenden, kann sich aber auch für ein in der gleichen oder einer anderen Dienststelle beschäftigtes Gewerkschaftsmitglied entscheiden. Die Teilnahme der Gewerkschaftsbeauftragten dient nur der Beratung des Wahlvorstands. Diese haben daher kein Antrags- oder Stimmrecht bei den vom Wahlvorstand zu fassenden Beschlüssen.

§ 21
Wahl des Wahlvorstandes durch die Personalversammlung

(1) Besteht sechs Wochen vor Ablauf der Amtszeit des Personalrates kein Wahlvorstand, so beruft der Leiter der Dienststelle auf Antrag von mindestens drei Wahlberechtigten oder einer in der Dienststelle vertretenen Gewerkschaft unverzüglich eine Personalversammlung zur Wahl des Wahlvorstandes ein. § 20 gilt entsprechend. Die Personalversammlung wählt sich einen Versammlungsleiter.

(2) Besteht in einer Dienststelle, die die Voraussetzungen des § 12 erfüllt, kein Personalrat, so beruft der Leiter der Dienststelle eine Personalversammlung zur Wahl des Wahlvorstandes ein. § 20 gilt entsprechend.

Vergleichbare Vorschriften: § 21 BPersVG; § 16 BetrVG

1 (Abs. 1) Hat der Personalrat seine **Pflicht zur Bestellung eines Wahlvorstandes** sechs Wochen vor Ablauf seiner Amtszeit noch nicht erfüllt, sieht das Gesetz die Möglichkeit zur Wahl des Wahlvorstands durch eine Personalversammlung vor. Diese Versammlung ist von der Dienststellenleitung einzuberufen, die allerdings nicht von Amts wegen tätig werden darf. Sie ruft die Personalversammlung zur Bestellung des Wahlvorstands nur auf Antrag von mindestens drei Wahlberechtigten oder einer in der Dienststelle vertretenen Gewerkschaft ein.

2 Die von der Dienststellenleitung **auf Antrag einberufene Personalversammlung** ist unabhängig von der Zahl der teilnehmenden Beschäftigten beschlußfähig. Mitglieder der Dienststellenleitung haben die Personalversammlung lediglich einzuberufen und zu eröffnen. Danach wählen die Beschäftigten formlos aus ihrer Mitte eine Versammlungsleiterin oder einen Versammlungsleiter. Die **Versammlungsleitung** hat die Wahl des Wahlvorstands und ggf. der Ersatzmitglieder durchzuführen. Auf der Personalversammlung ist auch zu regeln, wie groß der Wahlvorstand zu sein hat, welches von den Wahlvorstandsmitgliedern den Vorsitz führt und wer die Vertretung der oder des Vorsitzenden wahrnimmt. Auch bei der Bestellung des Wahlvorstands durch eine Personalversammlung

§§ 21, 22

ist darauf zu achten, daß Gruppen und Geschlechter im Wahlvorstand vertreten sind. Ein bestimmtes Wahlverfahren ist nicht vorgeschrieben. Es ist sinnvoll, daß die Versammlungsleitung die Wahl jedes einzelnen Wahlvorstandsmitglieds gesondert durchführt. In einem gesonderten Abstimmungsgang sollte bestimmt werden, wer Vorsitz und Stellvertretung wahrnimmt. Gewählt ist, wer die meisten Stimmen erhält.

(Abs. 2) Abs. 1 gilt nicht nur, wenn sechs Wochen vor Ablauf der Amtszeit noch kein Wahlvorstand bestellt ist. Falls in einer personalratsfähigen Dienststelle (vgl. § 12 Abs. 1) kein Personalrat besteht, der einen Wahlvorstand benennen könnte, hat die Dienststellenleitung der **personalratslosen Dienststelle** unverzüglich – jedoch ebenfalls nur auf Antrag von drei Wahlberechtigten oder einer in der Dienststelle vertretenen Gewerkschaft- eine Personalversammlung zur Wahl des Wahlvorstands einzuberufen. 3

§ 22
Bestellung des Wahlvorstandes durch den Dienststellenleiter

Findet eine Personalversammlung nicht statt oder wählt die Personalversammlung keinen Wahlvorstand, so bestellt ihn der Leiter der Dienststelle auf Antrag von mindestens drei Wahlberechtigten oder einer in der Dienststelle vertretenen Gewerkschaft. § 20 gilt entsprechend.

Vergleichbare Vorschriften: § 21 BPersVG; § 17 BetrVG

Kommt eine Personalversammlung zur Wahl des Wahlvorstandes nicht zustande, oder scheitert sie, wird der **Wahlvorstand von der Dienststellenleitung bestimmt.** Die Dienststellenleitung wird nicht von Amts wegen tätig. Mindestens drei Wahlberechtigte oder eine in der Dienststelle vertretene Gewerkschaft müssen beantragen, daß ein Wahlvorstand durch die Dienststellenleitung eingesetzt wird. Auch die Dienststellenleitung hat bei der Bestellung des Wahlvorstands darauf zu achten, daß Gruppen und Geschlechter entsprechend § 20 Abs. 2 (bzw. § 17 Abs. 7) berücksichtigt werden. Die Dienststellenleitung ist nicht an die Vorschläge der Antragsteller gebunden, auch nicht im Hinblick auf eine die Mindestzahl an Mitgliedern überschreitende Größe des Wahlvorstands. Auch sie ist allerdings zu pflichtgemäßem Ermessen verpflichtet. Ein Vorschlag der Antragsteller zur Größe und zur personellen Zusammensetzung des Wahlvorstands ist deshalb sinnvoll, insbesondere wenn Dienststellenstruktur und/oder eventuelle Probleme in der Dienststelle die Einsetzung eines Wahlvorstands bislang verhindert haben. 1

Die Dienststellenleitung hat unverzüglich zu reagieren, soweit ihr ein entsprechender **Antrag von Beschäftigten oder einer in der Dienststelle vertretenen Gewerkschaft** vorliegt. Nach § 20 Abs. 1 soll der Wahlvorstand spätestens acht Wochen vor Ablauf der Amtszeit des Personal- 2

§§ 22, 23

rats bestellt sein. Nach § 21 Abs. 1 Satz 1 ist bereits dann eine Personalversammlung einzuberufen, wenn sechs Wochen vor Ablauf der Amtszeit des Personalrats noch kein Wahlvorstand besteht. Nach § 23 Abs. 1 soll die Wahl spätestens sechs Wochen nach deren Einleitung stattfinden. Bei diesen sechs Wochen handelt es sich um den Zeitraum, der üblicherweise benötigt wird, um wegen Ablaufs der Amtszeit des alten Personalrats personalratslose Zeiten zu verhindern. Entsprechend zeitig hat die Dienststellenleitung zu reagieren, wenn ihr mangels Bestellung durch den Personalrat oder wegen gescheiterter Personalversammlung ein entsprechender Antrag zugeht.

§ 23
Aufgaben des Wahlvorstandes

(1) Der Wahlvorstand hat die Wahl unverzüglich einzuleiten; sie soll spätestens nach sechs Wochen stattfinden. Kommt der Wahlvorstand dieser Verpflichtung nicht nach, so bestellt der Leiter der Dienststelle einen neuen Wahlvorstand.

(2) Unverzüglich nach Abschluß der Wahl nimmt der Wahlvorstand öffentlich die Auszählung der Stimmen vor, stellt deren Ergebnis in einer Niederschrift fest und gibt es den Angehörigen der Dienststelle durch Aushang bekannt. Dem Dienststellenleiter und den in der Dienststelle vertretenen Gewerkschaften ist eine Abschrift der Niederschrift zu übersenden.

Vergleichbare Vorschriften: § 23 BPersVG; §§ 18, 18a BetrVG

1 **(Abs. 1)** Der Wahlvorstand hat die Aufgabe, die Namen seiner Mitglieder durch Aushang bekanntzugeben. Mit diesem **Aushang** beginnt das Wahlverfahren, die Wahl selbst ist aber noch nicht eingeleitet. Die Bekanntgabe der Namen der Mitglieder des Wahlvorstands hat lediglich die Bedeutung, daß die Frist für die Vorlage der **Ergebnisse eventueller Vorabstimmungen** (§ 6 Abs. 3 und 4, § 18 Abs. 1, § 19 Abs. 2) zu laufen beginnt. Die Wahl selbst wird mit Erlaß des Wahlausschreibens eingeleitet. Es kann erlassen werden, wenn die Frist für die Durchführung von Vorabstimmungen abgelaufen ist. Das **Wahlausschreiben** ist innerhalb der dem Wahlvorstand zur Verfügung stehenden Zeit von durchweg zwei Monaten so rechtzeitig zu erlassen, daß der Wahlvorstand die Wahl in Ruhe durchführen kann. Der späteste **Termin für die Einleitung der Wahl** liegt sechs Wochen vor Ablauf der Amtszeit des alten Personalrats. Das Gesetz geht davon aus, daß mindestens sechs Wochen zur ordnungsgemäßen Durchführung einer Wahl benötigt werden, damit keine personalratslose Zeit eintritt. Die Aufgaben, die dem Wahlvorstand bei der Einleitung und Durchführung der Wahl im einzelnen obliegen, sind im Gesetz selbst nicht geregelt, sondern in der nach § 94 erlassenen **Wahlordnung** festgelegt. Bei der Erfüllung seiner Aufgaben ist der Wahlvor-

§ 23

stand unabhängig, also nicht an Weisungen der Dienststelle oder des Personalrats gebunden.

Für den Fall, daß sechs Wochen vor Ablauf der Amtszeit des alten Personalrats die **Wahl noch nicht eingeleitet** ist, sieht Satz 2 vor, daß die Dienststellenleitung einen neuen Wahlvorstand einsetzt. Die **Dienststellenleitung** hat von Amts wegen tätig zu werden. Ein Antrag wahlberechtigter Beschäftigter oder einer in der Dienststelle vertretenen Gewerkschaft auf Ersetzung des alten Wahlvorstands ist jedoch zulässig. Genau wie die Entscheidung der Dienststellenleitung hat sich dieser Antrag darauf zu stützen, daß der Wahlvorstand die Wahl nicht rechtzeitig durch Erlaß des Wahlausschreibens eingeleitet hat oder nach förmlicher Einleitung den Fortgang des Wahlverfahrens schuldhaft verzögert hat. 2

Der von der Dienststellenleitung bestellte Wahlvorstand hat die Wahl unverzüglich einzuleiten oder fortzuführen, wenn der alte Wahlvorstand nach Einleitung der Wahl den Fortgang des Wahlverfahrens schuldhaft verzögert hat. Dieser neue Wahlvorstand muß seinerseits **ohne schuldhaftes Zögern** tätig werden, damit eine personalratslose Zeit verhindert oder möglichst gering gehalten wird. 3

Der Wahlvorstand kann sich – obwohl nicht ausdrücklich im Gesetz erwähnt – bei seiner Arbeit durch **Wahlhelferinnen und Wahlhelfer** unterstützen lassen. Die Bestellung von Wahlhelferinnen und -helfern dürfte sich jedoch erübrigen, wenn der Wahlvorstand wegen der Dienststellenstruktur aus mehr als drei Mitgliedern besteht (vgl. § 20 Abs. 1). Bei der Bestellung von Wahlhelferinnen und Wahlhelfern ist ein Einvernehmen mit der Dienststelle herzustellen. Grundsatz muß sein, daß eine derartige Bestellung eine zügige Durchführung der Wahl und der abschließenden Stimmabgabe erleichtert. Wahlhelferinnen und -helfer genießen zwar nicht den Kündigungs- und Versetzungsschutz wie Wahlvorstandsmitglieder, doch haben sie Anspruch auf Reisekostenerstattung und Freizeitausgleich, wenn sie ausnahmsweise zur Erfüllung ihrer Aufgaben Reisen durchführen mußten oder zur Erfüllung ihrer Aufgaben über die regelmäßige Arbeitszeit hinaus in der Freizeit tätig wurden. Trotz fehlenden Kündigungs- und Versetzungsschutzes kann eine Kündigung, Versetzung, Abordnung oder Zuweisung von Wahlhelferinnen und -helfern als Behinderung oder sittenwidrige Beeinflussung der Wahl gewertet werden. 4

(Abs. 2) Die **Auszählung der Stimmen** ist unverzüglich nach Abschluß der Stimmabgabe vorzunehmen. Sie hat öffentlich stattzufinden. Dies bedeutet, daß die Beschäftigten der Dienststelle bei der Auszählung anwesend sein können. Zur öffentlichen Auszählung der Stimmen können auch die in der Dienststelle vertretenen Gewerkschaften Vertreterinnen oder Vertreter entsenden. Das festgestellte Wahlergebnis ist vom Wahlvorstand schriftlich in einer **Niederschrift** festzuhalten. Diese ist den Beschäftigten, der Dienststellenleitung und den in der Dienststelle vertretenen Gewerkschaften zur Kenntnis zu bringen. Bei den Beschäftigten 5

§§ 23, 24

geschieht dies durch **Aushang,** bei Dienststellenleitung und Gewerkschaften durch Übersendung einer **Abschrift.**

§ 24
Verbot der Wahlbehinderung – Wahlkosten

(1) Niemand darf die Wahl des Personalrates behindern oder in einer gegen die guten Sitten verstoßenden Weise beeinflussen. Insbesondere darf kein Wahlberechtigter in der Ausübung des aktiven und passiven Wahlrechts beschränkt werden. § 47 Abs. 1, 2 Satz 1 und 2 gilt für Mitglieder des Wahlvorstandes und Wahlbewerber entsprechend.

(2) Die Kosten der Wahl trägt die Dienststelle. Notwendige Versäumnisse von Arbeitszeit infolge der Ausübung des Wahlrechts, der Teilnahme an der in § 21 genannten Personalversammlung oder der Betätigung im Wahlvorstand haben keine Minderung der Dienstbezüge oder des Arbeitsentgeltes zur Folge. Für die Mitglieder des Wahlvorstandes gelten § 44 Abs. 1 Satz 2, § 45 Abs. 2 Satz 2 und § 46 Abs. 1 Satz 1 entsprechend.

Vergleichbare Vorschriften: § 24 BPersVG; §§ 20, 103 BetrVG

1 (Abs. 1) Die in Abs. 1 niedergeschriebenen **Verbote richten sich gegen jedermann** und sie wenden sich nicht nur an die Mitglieder der Dienststellenleitung und die Gewerkschaften, sondern auch an Personalratsmitglieder, Mitglieder des Wahlvorstandes oder Wahlbewerberinnen und -bewerber (vgl. BVerwG vom 7. 11. 69 – VII P 2.69, PersV 70, 155). Die Verbote beziehen sich auf alle Teile der Wahl und damit auch auf alle mit der Wahl zusammenhängenden oder ihr dienenden Handlungen und Betätigungen.

2 Beschäftigte dürfen in der Ausübung ihres aktiven oder passiven Wahlrechts nicht beeinträchtigt werden. Eine **Behinderung** liegt z. B. vor, wenn die Dienststelle die Diensteinteilung so vornimmt, daß dadurch Beschäftigten die Möglichkeit genommen wird, sich an der Wahl zu beteiligen. Eine Behinderung ist auch gegeben, wenn die Dienststellenleitung dem Wahlvorstand die notwendige Unterstützung nicht gewährt oder ihm die erforderliche Dienstbefreiung verweigert.

3 Eine gegen die guten Sitten verstoßende **Wahlbeeinflussung** liegt vor, wenn eine Maßnahme sich nach dem Zusammenhang von Inhalt, Beweggrund und Zweck als sittenwidrig darstellt, also gegen das Gefühl »aller billig und gerecht Denkenden« verstößt (vgl. Dietz/Richardi, § 24 Rn. 14). Ein solcher Verstoß ist z. B. zu bejahen, wenn die Dienststellenleitung einem Beschäftigten einen besseren Arbeitsplatz verspricht, damit dieser einem bestimmten oder keinem Wahlvorschlag seine Stimme gibt. Eine gegen die guten Sitten verstoßende Wahlbeeinflussung ist auch gegeben, wenn die Dienststellenleitung einer Bewerberin oder einem

§ 24

Bewerber eröffnet, im Falle der Wahl in den Personalrat werde eine Beschäftigung auf dem bisherigen Arbeitsplatz nicht mehr möglich sein.

Der **Wahlkampf für Personalratswahlen** kann nicht außerhalb der Dienststelle oder außerhalb der dienststellenüblichen Arbeitszeit in der Privatsphäre der Wahlberechtigten geführt werden. Gewerkschaftliche Werbung in der Dienststelle vor Personalratswahlen ist deshalb zulässig und auch während der Dienstzeit verfassungsrechtlich geschützt (vgl. BVerfG vom 30. 11. 65 – 2 BvR 54/62, AP Nr. 7 zu Art. 9 GG). Zum Wahlkampf gehört es auch, daß die Dienststellenleitung den Bewerberinnen und -bewerbern ermöglicht, in den letzten Wochen vor der Wahl einzelne Arbeitsplätze aufzusuchen (vgl. VG Sigmaringen vom 5. 9. 77 – Pers 1773/77, ZBR 79, 346).

Nach § 47 Abs. 1 sind die Mitglieder des Personalrats, die in einem Arbeitsverhältnis stehen, vor einer arbeitgeberseitigen außerordentlichen Kündigung geschützt. Nach § 47 Abs. 2 haben die Mitglieder des Personalrats Schutz vor Versetzung, Umsetzung, Abordnung oder Zuweisung. Diesen **Schutz haben auch die Mitglieder des Wahlvorstands sowie die Wahlbewerberinnen und -bewerber.** Daneben steht den Wahlvorstandsmitgliedern sowie den Wahlbewerberinnen und -bewerbern, die im Arbeitsverhältnis stehen, der Schutz des § 15 Abs. 3 KSchG zu. Nach dieser Vorschrift ist die ordentliche Kündigung eines Wahlvorstandsmitglieds vom Zeitpunkt der Beschlußfassung des Personalrats über dessen Bestellung bis sechs Monate nach Bekanntgabe des Wahlergebnisses grundsätzlich unzulässig. Nach der gleichen Vorschrift richtet sich der Schutz von Wahlbewerberinnen und -bewerbern vor einer ordentlichen Kündigung. Der Kündigungsschutz beginnt mit Aufstellung des Wahlvorschlags. Ein Wahlvorschlag ist aufgestellt, wenn ein Wahlvorstand besteht und für die Wahlbewerberin oder den Wahlbewerber ein Wahlvorschlag vorliegt, der die erforderliche Mindestzahl von Stützunterschriften aufweist. Ein Wahlvorschlag einer Gewerkschaft ist mit seiner Unterzeichnung aufgestellt. Es kommt für den Beginn des Kündigungsschutzes nicht auf den Zeitpunkt der Einreichung des Vorschlags beim Wahlvorstand an. Bei Wahlbewerberinnen und Wahlbewerbern endet der Schutz gegen die ordentliche Kündigung ebenfalls sechs Monate nach Bekanntgabe des Wahlergebnisses.

Die Schutzvorschriften des § 15 Abs. 3 KSchG und des § 47 Abs. 1 und 2 gelten auch für **Ersatzmitglieder des Wahlvorstands,** die für ein verhindertes Mitglied eintreten. Für Wahlhelferinnen und -helfer sind diese Schutzvorschriften nicht anwendbar. Ihre Kündigung, Versetzung, Umsetzung, Zuweisung oder Abordnung kann jedoch als Behinderung oder sittenwidrige Beeinflussung der Wahl unzulässig sein.

(Abs. 2) Kosten der Wahl sind alle Kosten, die durch die Arbeit des Wahlvorstands anfallen und solche Aufwendungen, die Beschäftigten dadurch entstehen, daß sie Aufgaben aufgrund wahlrechtlicher Vorschriften wahrnehmen. Dazu gehören alle Kosten, die durch die Vorbereitung

§ 24

und Durchführung der Wahl bedingt sind, einschließlich der Kosten für Vorabstimmungen. Darin enthalten sind z. B. der Geschäftsbedarf des Wahlvorstands einschließlich der Druckkosten für die Wahlunterlagen und der Kosten für notwendige Literatur. Dem Wahlvorstand hat die Dienststelle Büroräume zu überlassen, für die Wahl selbst sind Wahlräume zur Verfügung zu stellen.

8 Die Dienststellenleitung hat sicherzustellen, daß alle Beschäftigten ihr Wahlrecht grundsätzlich während der **Arbeitszeit** ausüben können. Dies gilt auch für die Teilnahme von Beschäftigten an einer Personalversammlung zur Bestellung des Wahlvorstands. Versäumnisse von Arbeitszeit in Ausübung des Wahlrechts dürfen nicht zur Minderung der Bezüge führen. Versäumnis von Arbeitszeit ist z. B. gegeben beim Tätigwerden in einem Abstimmungsvorstand, als Listenvertreterin oder -vertreter, beim Sammeln von Stützunterschriften oder bei der Stimmabgabe. Es gilt das Lohnausfallprinzip (s. § 45 Abs. 2).

9 Die Mitglieder des Wahlvorstands sind zur Wahrnehmung ihrer Aufgaben vom Dienst befreit. Der Wahlvorstand entscheidet selbst, in welchem Umfang eine **Dienstbefreiung** seiner Mitglieder notwendig ist, und teilt dies der Dienststelle mit. Wahlvorstandsmitglieder, die zur Erfüllung ihrer Aufgaben notwendige Reisen durchführen müssen, haben nach § 44 Abs. 1 Satz 2 Anspruch auf Reisekostenerstattung. Versäumt ein Wahlvorstandsmitglied wegen der Vorbereitung und Durchführung der Personalratswahlen Arbeitszeit, steht ihm **Freizeitausgleich** in entsprechendem Umfang zu (§ 45 Abs. 2 Satz 2). Dieser Anspruch auf Freizeitausgleich entsteht, wenn das Wahlvorstandsmitglied durch Aufgabenerfüllung über die regelmäßige Arbeitszeit hinaus beansprucht wird. Regelmäßige Arbeitszeit ist die persönliche Arbeitszeit des betreffenden Wahlvorstandsmitglieds. Jede Beanspruchung des Wahlvorstands, die über die persönliche Arbeitszeit hinausgeht, ist ausgleichspflichtig. Dies gilt auch für solche Tätigkeiten, die für sich genommen keine Erfüllung von Wahlvorstandsaufgaben darstellen, jedoch in einem unmittelbar notwendigen und sachlichen Zusammenhang mit der Wahlvorbereitung und -durchführung stehen.

10 Zu den Kosten der Wahl zählen auch **Schulungskosten.** Jedes Wahlvorstandsmitglied hat Anspruch auf Teilnahme an Schulungs- und Bildungsveranstaltungen, die für die Arbeit des Wahlvorstands erforderliche Kenntnisse vermitteln. Sie müssen in einem Zusammenhang mit den gesetzlichen Aufgaben des Wahlvorstands stehen (Erforderlichkeit).

11 Über die **Entsendung** eines oder mehrerer seiner Mitglieder entscheidet der Wahlvorstand mit Beschluß. Entsandte Mitglieder des Wahlvorstands haben unter Berücksichtigung des Lohnausfallprinzips Anspruch auf Weiterzahlung der Dienstbezüge oder des Arbeitsentgelts. Die Dienststelle hat dieselben Kosten zu tragen, wie sie bei Schulungs- und Bildungsveranstaltungen für Personalratsmitglieder anfallen (§ 44 Abs. 1). Dies sind Teilnehmergebühren, Unterbringungs-, Verpflegungs- und Reisekosten. Die Dienststelle hat regelmäßig vor Personalratswahlen Mittel für diese Schulungen im Haushalt einzustellen. Finden in einer Dienststelle unvorhergesehen zwischenzeitliche Personalratswahlen statt (vgl. § 27 Abs. 2) statt, hat die Dienststelle für die damit verbundenen Schulungs- und Bildungsveranstaltungen im Rahmen der Möglichkeiten des Haushaltsrechts ebenfalls die **Mittel zur Verfügung zu stellen** (Umschichtung von Haushaltsmitteln, Nachtragshaushalt). Soweit möglich hat der Wahlvorstand mit der Dienststellenleitung die zeitliche Lage und Dauer der Schulungs- und Bildungsveranstaltung für ein zu entsendendes Wahlvorstandsmitglied abzusprechen. Diese Absprache dient dazu, die dienstliche Notwendigkeit und die Zeitplanung mit einfließen zu lassen. Einer Teilnahme von Wahlvorstandsmitgliedern stehen jedoch nicht sämtliche dienstlichen Notwendigkeiten entgegen. Zwingende dienstliche Gründe können nur im Ausnahmefall vorliegen, beispielsweise wenn bestimmte wichtige Arbeiten nur durch das zu entsendende Wahlvorstandsmitglied wahrgenommen werden können und diese Arbeiten unaufschiebbar sind. In diesen Ausnahmefällen hat die Dienststellenleitung dem betroffenen Wahlvorstandsmitglied die Teilnahme an einer anderen, sachgleichen Veranstaltung zu ermöglichen.

In § 46 Abs. 1 Satz 1, der entsprechend anzuwenden ist, sind Ersatzmitglieder des Personalrats nicht erwähnt. Sie haben einen Schulungs- und Bildungsanspruch nach Satz 2 dieser Vorschrift. Dementsprechend haben **Ersatzmitglieder des Wahlvorstands** ausdrücklich **keinen Schulungsanspruch,** selbst wenn sie damit rechnen müssen, häufig zu Wahlvorstandssitzungen hinzugezogen zu werden. Um so wichtiger ist es, daß der Personalrat oder die Personalversammlung – wenn damit zu rechnen ist, daß Wahlvorstandsmitglieder verhindert sein werden – den Wahlvorstand von vornherein mit so vielen Mitgliedern versehen, daß im Regelfall mindestens drei kompetente und geschulte Mitglieder anwesend sind.

12

§ 25
Anfechtung der Wahl

(1) Mindestens drei Wahlberechtigte, jede in der Dienststelle vertretene Gewerkschaft oder der Leiter der Dienststelle können binnen einer Frist von zwölf Arbeitstagen, vom Tage der Bekanntgabe des Wahlergebnisses an gerechnet, die Wahl beim Verwaltungsgericht anfechten, wenn gegen wesentliche Vorschriften über das Wahlrecht, die Wählbarkeit oder das Wahlverfahren verstoßen wurde und eine Berichtigung nicht erfolgt ist, es sei denn, daß durch den Verstoß das Wahlergebnis nicht geändert oder beeinflußt werden konnte.

(2) Bis zur rechtskräftigen Entscheidung des Verwaltungsgerichts führt der Personalrat die Geschäfte weiter. Wird die Wahl für ungültig erklärt, so bleiben die vorher gefaßten Beschlüsse des Personalrates in Kraft.

§ 25

(3) Erklärt das Verwaltungsgericht die Wahl für ungültig, hat der Leiter der Dienststelle unverzüglich nach Rechtskraft der Entscheidung eine Personalversammlung zur Wahl des Wahlvorstandes einzuberufen. § 21 gilt entsprechend.

(4) Der Wahlvorstand hat unverzüglich eine neue Wahl einzuleiten. Bis zur Neuwahl nimmt er die dem Personalrat nach diesem Gesetz zustehenden Rechte und Pflichten wahr.

(5) Wird die Wahl einer Gruppe mit Erfolg angefochten, hat der Wahlvorstand unverzüglich eine Neuwahl innerhalb der Gruppe einzuleiten. Bis zur Neuwahl nimmt der Personalrat die der Gruppe nach diesem Gesetz zustehenden Rechte und Pflichten wahr.

Vergleichbare Vorschriften: § 25 BPersVG; § 19 BetrVG

1 (Abs. 1) Eine **Wahlanfechtung** ist möglich, wenn gegen wesentliche Vorschriften über das Wahlrecht, die Wählbarkeit oder das Wahlverfahren verstoßen wurde. Die Wahlanfechtung erfolgt durch Antrag beim Verwaltungsgericht und kann sich gegen die Wahl des Personalrats insgesamt oder die Wahl einer Gruppe richten. Das Gesetz zählt den zur Anfechtung berechtigten Personenkreis abschließend auf. Drei Wahlberechtigte, jede in der Dienststelle vertretene Gewerkschaft oder die Dienststellenleitung können binnen einer Frist von 12 Arbeitstagen ab dem Tag der Bekanntgabe des Wahlergebnisses die Wahl anfechten. Bei der **Fristberechnung** wird der Tag der Bekanntgabe des Wahlergebnisses nicht mitgezählt (vgl. § 187 Abs. 1 BGB).

2 Der **Verstoß gegen wesentliche Vorschriften über das Wahlrecht** muß geeignet gewesen sein, das Wahlergebnis zu beeinflussen. Es kommt nicht darauf an, ob der Verstoß das Wahlergebnis tatsächlich geändert oder beeinflußt hat. Hat der Wahlvorstand den Mangel rechtzeitig und zulässigerweise berichtigt, so ist die Wahlanfechtung unbegründet. Eine Berichtigung ist jedoch nur bei solchen Fehlern möglich, die ohne weiteres behoben werden können, ohne daß zu diesem Zweck eine Wiederholung der Wahl erforderlich ist (Altvater u. a., § 25 BPersVG Rn 5).

3 (Abs. 2) Der **Personalrat**, dessen Wahl angefochten wird, **bleibt im Amt** und nimmt seine Aufgaben und Befugnisse weiter wahr. Erst wenn das Verwaltungsgericht die Wahl für ungültig erklärt hat und diese Entscheidung rechtskräftig wird, endet das Amt des Personalrats. Eingelegte Rechtsmittel gegen die erstinstanzliche Entscheidung des Verwaltungsgerichts haben aufschiebende Wirkung. Die erfolgreiche Wahlanfechtung wirkt nur für die Zukunft. Vor **Rechtskraft der Entscheidung** gefaßte Beschlüsse und Handlungen des Personalrats bleiben wirksam, auch die Bestellung eines Wahlvorstands. Tritt ein Personalrat während des Wahlanfechtungsverfahrens nach § 27 Abs. 2 Nr. 3 zurück, so kann er nur dann den Auswirkungen der erfolgreichen Wahlanfechtung entgehen, wenn die durch den Rücktritt ausgelöste neue Wahl vor Rechtskraft der Entscheidung über die Wahlanfechtung abgeschlossen wird.

§ 25

Es ist denkbar, daß in so hohem Maße gegen allgemeine Grundsätze jeder ordnungsgemäßen Wahl verstoßen wird, daß selbst der Anschein einer Wahl nicht mehr vorliegt. Derart grobe Verstöße führen zur **Nichtigkeit der Wahl** (BVerwG vom 13. 5. 87 – 6 P 20.85, PersR 87, 193). Die Nichtigkeit kann ohne Einhaltung der Frist von 12 Arbeitstagen von jedermann und in jeder Form jederzeit geltend gemacht werden. Auch bei einem Antrag beim Verwaltungsgericht wegen Nichtigkeit der Wahl führt der Personalrat bis zur rechtskräftigen Entscheidung des Verwaltungsgerichts die Geschäfte weiter. Seine vorher gefaßten Beschlüsse bleiben in Kraft.

(Abs. 3) Ist eine die Wahl des Personalrats für ungültig erklärende verwaltungsgerichtliche Entscheidung rechtskräftig geworden, **endet die Amtszeit** des Personalrats und die seiner Mitglieder. Es besteht eine personalratslose Dienststelle, es sei denn, aus anderen Gründen als der bevorstehenden Rechtskraft der gerichtlichen Entscheidung über die Anfechtung der Wahl wurde zwischenzeitlich neu gewählt (vgl. § 27 Abs. 2). Insofern entspricht die Situation dieser Dienststelle der von § 21 Abs. 2 erfaßten Situation. Zur **Einberufung einer Personalversammlung** zur Wahl des Wahlvorstands bedarf es jedoch nicht des Antrags dreier Wahlberechtigter oder einer in der Dienststelle vertretenen Gewerkschaft. Dieser Antrag wird ersetzt durch die Rechtskraft der Entscheidung des Verwaltungsgerichts, die die Dienststellenleitung verpflichtet, umgehend tätig zu werden.

Ein **Handeln der Dienststelle** wird nur dann notwendig werden, wenn der Personalrat, dessen Wahl erfolgreich und rechtskräftig angefochten worden ist, es versäumt hat, vor Ablauf seiner Amtszeit, d. h. vor Rechtskraft der Entscheidung des Verwaltungsgerichts, einen Wahlvorstand zu bestellen. Nach Abs. 2 bleiben vor Rechtskraft dieser Entscheidung gefaßte Beschlüsse des Personalrats nämlich in Kraft.

(Abs. 4) Der auf der Personalversammlung gewählte Wahlvorstand hat unverzüglich, d. h. ohne schuldhaftes Zögern, eine neue Wahl einzuleiten. Bei dieser neuen Wahl handelt es sich um die **Wiederholung einer für ungültig erklärten Wahl.** Dies führt dazu, daß der Wahlvorstand vom alten Wählerverzeichnis auszugehen hat. Dieses muß er jedoch fortschreiben (vgl. Altvater u. a., § 25 BPersVG Rn. 17). Die personalratslose Zeit, die durch Ungültigkeit der vorausgegangenen Wahl herbeigeführt wurde, soll so kurz wie möglich währen. Zwar nimmt der Wahlvorstand die Rechte und Pflichten des Personalrats war, doch kann dies nur eine Notlösung darstellen. Diese Notlösung endet mit Konstituierung des Personalrats, dessen Wahl der Wahlvorstand ebenfalls durchzuführen hat. Dieser Doppelbelastung der Wahlvorstandsmitglieder muß Rechnung getragen werden. Bei der Festlegung der Zahl der Wahlvorstandsmitglieder sollte eine Orientierung an § 16 (Größe des Personalrats) und § 17 (Vertretung der Gruppen) erfolgen. Auch an die Bestellung von ausreichenden Ersatzmitgliedern für diesen Wahlvorstand und »Ersatzpersonalrat« ist zu

§ 25

denken. Bei zu wenig Mitgliedern des Wahlvorstands ist ohne ausreichende Zahl von Ersatzmitgliedern schnell die Grenze der Beschlußfähigkeit als »Ersatzpersonalrat« erreicht (§ 37 Abs. 2). Für den **Ersatzpersonalrat** gelten nämlich ansonsten die für Geschäftsführung und Beschlußfassung des Personalrats anzuwendenden Vorschriften. Die Gruppenvertreterinnen und Vertreter des Wahlvorstands nach § 20 Abs. 2 gelten als Gruppenmitglieder nach § 17 Abs. 1, so daß auch § 38 Abs. 2 (Gruppenbeschlüsse) Anwendung findet.

8 An den Sitzungen des Wahlvorstands, die der Vorbereitung und Durchführung der Wahl dienen, können **Beauftragte der Gewerkschaften** nach § 20 Abs. 3 teilnehmen. Die Teilnahme von Gewerkschaftsbeauftragten an Personalratssitzungen dieses Gremiums ist ausgeschlossen, es sei denn, die Mehrheit des »Ersatzpersonalrats« oder die Mehrheit einer »Gruppe« dieses Gremiums beschließt dies nach § 36 Abs. 1.

9 (Abs. 5) Wird vom Verwaltungsgericht nur die **Wahl einer Gruppe** für ungültig erklärt, so ist nur für die Wiederholungswahl in dieser Gruppe eine Personalversammlung zur Wahl des Wahlvorstands durchzuführen. Nach Abs. 3 ist § 21 entsprechend anzuwenden, d. h. abgestellt auf die von der Personalversammlung zu erledigende Aufgabe. Daher sind Teilnehmerinnen und Teilnehmer dieser Personalversammlung nur die Angehörigen der von der erfolgreichen Anfechtung betroffenen Gruppe und die ansonsten bei jeder Personalversammlung teilnahmeberechtigten Personen, also der Restpersonalrat und der Personenkreis nach § 52. Auch diese Personalversammlung ist von der Dienststellenleitung einzuberufen, da die Vorschrift nur von **dem** Wahlvorstand spricht und die Bestellung **des** Wahlvorstand im Fall der Ungültigkeit der Wahl auf der Grundlage des Abs. 3 erfolgt. Eine Versammlungsleitung muß jedoch nicht gewählt werden, da diese Aufgabe von der oder dem Vorsitzenden des weiter bestehenden Restpersonalrats übernommen wird. Insofern ist diese Personalversammlung als Teilversammlung i. S. d. § 48 Abs. 2 anzusehen.

10 Der **Wahlvorstand für die Wiederholungswahl in einer Gruppe** besteht ebenfalls aus mindestens drei Mitgliedern. Diesem müssen, obwohl es nur um die Wahl einer Gruppe geht, Angehörige aller in der Dienststelle vertretenen Gruppen angehören. Das Gesetz kennt nur den Wahlvorstand nach § 20 Abs. 1, dessen Zusammensetzung sich zwingend aus § 20 Abs. 2 ergibt (vgl. § 20 Abs. 2, Altvater u. a., § 27 BPersVG Rn. 24, Fischer/Goeres, § 27 Rn. 40; a. A. Dietz/Richardi, § 27 Rn. 70). Der Wahlvorstand zur Wiederholungswahl in einer Gruppe ist nicht gleichzeitig »Ersatzgruppenvertretung«. Diese Aufgabe nimmt der Restpersonalrat mit wahr. Bei Personalangelegenheiten einer nicht im Personalrat vertretenen Gruppe handelt es sich dann um eine gemeinsame Angelegenheit der beiden verbliebenen Gruppen.

§ 26
Amtszeit

Die regelmäßige Amtszeit des Personalrates beträgt vier Jahre. Die Amtszeit beginnt mit dem Tag der Wahl oder, wenn zu diesem Zeitpunkt noch ein Personalrat besteht, mit dem Ablauf seiner Amtszeit. Sie endet spätestens am 31. Mai des Jahres, in dem nach § 27 Abs. 1 die regelmäßigen Personalratswahlen stattfinden.

Vergleichbare Vorschriften: § 26 BPersVG; § 21 BetrVG

Auch das Thüringer Personalvertretungsgesetz hat sich dem bundesweiten Trend angeschlossen und eine **vierjährige Amtszeit** festgeschrieben. In der Regel beginnt die Amtszeit des Personalrats mit **Ablauf der Amtszeit** des bisherigen Personalrats. Zur Vermeidung personalratsloser Zeiten wird üblicherweise der neue Personalrat noch während der Amtszeit des bisherigen Personalrats gewählt. Lediglich in Ausnahmefällen beginnt die Amtszeit des neuen Personalrats mit dem Tag der Wahl. Dies ist vor allem dann der Fall, wenn in einer Dienststelle erstmals ein Personalrat gewählt worden ist. Ein derart unmittelbarer **Beginn der Amtszeit** kann aber auch eintreten, wenn die regelmäßige Amtszeit des bisherigen Personalrats ausnahmsweise vorher abgelaufen ist (etwa weil eine Personalversammlung zur Bestellung des Wahlvorstandes nicht zustande gekommen – § 21 – oder weil der Wahlvorstand seiner Pflicht zur rechtzeitigen Einleitung der Wahl nicht nachgekommen ist – § 23 Abs. 1), wenn der Personalrat wegen erforderlich gewordener Wahl nach § 27 Abs. 2 zwischenzeitlich neu gewählt worden ist oder aufgrund einer Wahlanfechtung (vgl. § 25) eine Wiederholungswahl durchgeführt werden mußte. 1

Die Amtszeit endet regelmäßig mit Ablauf von vier Jahren von Amtsbeginn an gerechnet, jedoch spätestens am 31. Mai des Jahres, in dem die regelmäßigen Personalratswahlen stattfinden (vgl. § 27 Abs. 1). Vor allem unter den Voraussetzungen des § 27 Abs. 2 oder 5 kann die tatsächliche Amtszeit eines Personalrats von der regelmäßigen vierjährigen Amtszeit abweichen. Auch die nach § 27 Abs. 5 **verlängerte oder verkürzte Amtszeit** endet spätestens am 31. Mai (bzw. im Jahre 1994 am 31. Oktober) des Jahres, in dem die nächsten oder übernächsten regelmäßigen Personalratswahlen stattfinden. Für diese Personalräte gilt dieses späte Ende der Amtszeit jedoch nur, wenn nicht zuvor ein neuer Personalrat gewählt worden ist. In diesem Fall endet die Amtszeit des bisherigen Personalrats mit Ablauf des Tages, an dem die Wahl stattfand. 2

Es entsteht eine **personalvertretungslose Zeit,** wenn die Amtszeit des alten Personalrats abgelaufen ist, ein neuer Personalrat aber noch nicht gewählt ist. Auch in diesem Falle verlängert sich die Amtszeit des alten Personalrats nicht. Selbst eine Absprache zwischen dem Dienststellenleiter und dem alten Personalrat ändert an dieser Rechtsfolge des Ablaufs der Amtszeit nichts. Beschlüsse, die auf dieser Grundlage gefaßt wurden, 3

§§ 26, 27

sind unwirksam. Jeder kann sich jederzeit auf das Nichtbestehen eines Personalrats berufen (BAG vom 15. 1. 74 – 1 AZR 234/73, PersV 75, 36).

§ 27
Neuwahl vor Ende der Amtszeit

(1) Die regelmäßigen Personalratswahlen finden alle vier Jahre in der Zeit vom 1. Mai bis 31. Mai statt.

(2) Außerhalb dieser Frist ist der Personalrat zu wählen, wenn

1. mit Ablauf von zwei Jahren, vom Tage der Wahl gerechnet, die Zahl der regelmäßig Beschäftigten um die Hälfte, mindestens aber um 50 gestiegen oder gesunken ist oder

2. die Gesamtzahl der Mitglieder des Personalrates auch nach Eintreten sämtlicher Ersatzmitglieder um mehr als ein Viertel unter die vorgeschriebene Zahl gesunken ist oder

3. der Personalrat mit der Mehrheit seiner Mitglieder seinen Rücktritt beschlossen hat oder

4. der Personalrat durch gerichtliche Entscheidung aufgelöst ist oder

5. in der Dienststelle kein Personalrat besteht.

(3) In den Fällen des Absatzes 2 Nr. 1 bis 3 führt der Personalrat die Geschäfte weiter, bis der neue Personalrat gewählt ist.

(4) Ist eine in der Dienststelle vorhandene Gruppe, die bisher im Personalrat vertreten war, durch kein Mitglied des Personalrats mehr vertreten, so wählt diese Gruppe für den Rest der Amtszeit des Personalrats neue Vertreter. Die §§ 20, 22 bis 25 sind entsprechend anzuwenden.

(5) Hat außerhalb des für die regelmäßigen Personalratswahlen festgelegten Zeitraumes eine Personalratswahl stattgefunden, gilt sie nur bis zum nächsten gesetzlichen Wahltermin, es sei denn, daß die Amtszeit des Personalrates zu Beginn des gesetzlichen Wahltermins noch nicht ein Jahr betragen hat. In diesem Fall ist der Personalrat erst zum übernächsten gesetzlichen Wahltermin zu wählen.

Vergleichbare Vorschriften: § 27 BPersVG; § 13 Abs. 1 BetrVG

1 **(Abs. 1)** Für Personalratswahlen gilt ein **regelmäßiger Turnus.** Beginnend mit den ersten regelmäßigen Personalratswahlen im Oktober 1994 (vgl. § 96 Abs. 1), die abweichend von der in Abs. 1 genannten Frist stattfinden, werden alle vier Jahre Personalratswahlen stattfinden, also zum letzten Mal in diesem Jahrtausend im Jahre 1998, zum ersten Mal im neuen Jahrtausend im Jahre 2002. Wahlzeitraum in diesen und den folgenden Jahren ist die Zeit vom 1. März bis zum 31. Mai. Dieser **Zeitraum** gilt grundsätzlich auch, wenn nach § 27 Abs. 2 in einer Dienststelle zwischenzeitliche Neuwahlen stattgefunden haben und entsprechend

§ 27

Abs. 5 der Anschluß an den gesetzlichen Wahlzeitraum wiederhergestellt wird. Wird eine Wahl – außer in den Fällen des § 27 Abs. 2 und § 96 Abs. 1 – außerhalb des regelmäßigen Wahlzeitraums durchgeführt, so ist sie nichtig (vgl. Altvater u. a., § 27 BPersVG Rn. 2, m. w. Nw.). Wahlvorbereitungen können jedoch bereits vor dem 1. März (bzw. 31. Oktober 1994) beginnen.

(Abs. 2) Die Vorschrift regelt die Fälle, in denen **außerhalb des Zeitraums** der regelmäßigen Personalratswahlen zu **wählen** ist. Nicht erwähnt ist die erfolgreiche Wahlanfechtung, die nicht zur Neuwahl, aber zur Wiederholung der angefochtenen Wahl führt. Die Amtszeit der nach Abs. 2 neugewählten Personalvertretungen beginnt mit dem Tage der Wahl (vgl. § 26) und endet spätestens am Ende des regelmäßigen Wahlzeitraums der nächsten oder übernächsten Wahl (vgl. Abs. 5). 2

(Nr. 1) Ein **Grund für zwischenzeitliche Neuwahlen** liegt vor, wenn sich die Zahl der in der Regel Beschäftigten nach Ablauf einer Frist von zwei Jahren erheblich verändert hat. Stichtag für die Fristberechnung ist der Tag, der zwei Jahre nach dem letzten Wahltag liegt, wobei dieser Tag mitzurechnen ist (vgl. Altvater u. a., § 27 BPersVG Rn. 7; a. A. Dietz/ Richardi, § 27 Rn. 12). Am Stichtag muß die Zahl der vorhandenen, in der Regel Beschäftigten mit der Zahl der Beschäftigten am letzten Wahltag verglichen werden. Zu diesem Zeitpunkt muß die Zahl der regelmäßig Beschäftigten der Dienststelle seit der Wahl um die Hälfte gestiegen oder gesunken sein. Diese **Veränderung der Beschäftigtenzahl** muß mindestens 50 Beschäftigte ausmachen. Die Veränderung der Beschäftigtenzahl hat die Personalvertretung am Stichtag festzustellen. 3

(Nr. 2) Das Gesetz hält einen Personalrat noch für arbeitsfähig, dessen Größe auch nach Eintreten der vorhandenen Ersatzmitglieder (vgl. § 31) um weniger als ein Viertel gesunken ist. Ist die Zahl der Personalratsmitglieder auch nach Eintreten der vorhandenen Ersatzmitglieder **um mehr als ein Viertel** unter die nach § 16 Abs. 1 vorgeschriebene Zahl **gesunken,** geht das Gesetz davon aus, daß der Personalrat nicht mehr arbeitsfähig ist. Aus diesem Grund sieht das Gesetz auch für diesen Fall vorzeitige Neuwahlen vor. 4

(Nr. 3) Ein neuer Personalrat ist zu wählen, wenn er mit der Mehrheit seiner Mitglieder den **Rücktritt** beschlossen hat. Dem Rücktrittsbeschluß muß die Mehrheit aller Personalratsmitglieder zustimmen. Allein die Mehrheit der anwesenden Mitglieder reicht für diesen Beschluß nicht aus. Der Rücktrittsbeschluß gilt auch für Personalratsmitglieder, die dem Rücktritt nicht zugestimmt haben. Er wirkt sich ebenfalls auf die Ersatzmitglieder aus. Es ist unerheblich, aus welchen Gründen der Personalrat zurücktritt. 5

(Nr. 4) Eine **Auflösung des Personalrats durch gerichtliche Entscheidung** ist nur nach § 28 möglich. Wird der Auflösungsbeschluß rechtskräftig, so endet damit die Amtszeit des Personalrats. Bis zur Neuwahl nimmt der vom Verwaltungsgericht einzusetzende Wahlvorstand die dem 6

§ 27

Personalrat zustehenden Befugnisse und Pflichten wahr (vgl. § 28 Abs. 2). Dagegen löst eine erfolgreiche Wahlanfechtung den Personalrat nicht auf. In diesem Fall ist der Personalrat nicht neu zu wählen, seine Wahl ist vielmehr zu wiederholen (vgl. BVerwG vom 13. 6. 69 – VII P 10.68, PersV 70, 14). Zwischen Rechtskraft der Entscheidung über die Anfechtung der Wahl und der Wiederholungswahl nimmt der von einer Personalversammlung einzusetzende Wahlvorstand die Personalratsaufgaben wahr (§ 25 Abs. 3).

7 **(Nr. 5)** § 12 Abs. 1 regelt, in welchen Dienststellen Personalräte zu bilden sind. Damit die Bildung von Personalräten tatsächlich zustande kommt, regelt die Vorschrift, daß die Beschäftigten in einer personalratspflichtigen Dienststelle stets einen Personalrat zu wählen haben, wenn ein **Personalrat nicht vorhanden** ist.

8 Eine Besonderheit wird sich im Hinblick auf die **Errichtung der Universität Erfurt** und der gleichzeitig erfolgenden Aufhebung der Medizinischen Hochschule Erfurt ergeben. Die Beschlußempfehlung des Landtagsausschusses für Wissenschaft und Kunst sieht für Art. 1 des Gesetzentwurfs der Landesregierung (Gesetz zur Errichtung der Universität Erfurt und zur Aufhebung der Medizinischen Hochschule Erfurt, Drucks. 1/2788 – s. Anhang VI) die Einfügung eines Abs. 8 vor (Drucks. 1/2945). Danach soll bis zur erstmaligen regelmäßigen Wahl eines Personalrats für das gesamte Klinikum der Friedrich-Schiller-Universität Jena, längstens jedoch bis zum 31. 10. 94, die Vorschrift des § 27 Abs. 2 Nr. 1 (Neuwahl mit Ablauf von zwei Jahren), Nr. 2 (Absinken der Gesamtzahl der Personalratsmitglieder) und Nr. 3 (Rücktrittsbeschluß) nicht anwendbar sein. § 27 Abs. 2 Nr. 4 und 5 bleiben anwendbar, wobei die Nr. 5 für die Praxis kaum Bedeutung haben wird, da die Personalräte des Teils der Medizinischen Hochschule Erfurt, der in das Klinikum der Universität Jena eingegliedert wird, und der dortige Klinikumspersonalrat bis zum gesetzlichen Wahltermin Oktober 1994 im Amt bleiben; diese Personalräte sollen für ihren angestammten örtlichen Bereich zuständig bleiben und in gemeinsamen Angelegenheiten gemeinsam beraten und beschließen.

9 **(Abs. 3)** Bei Auflösung des Personalrats durch rechtskräftige gerichtliche Entscheidung werden personalvertretungslose Zeiten dadurch verhindert, daß der vom Verwaltungsgericht bestellte Wahlvorstand übergangsweise die Befugnisse und Pflichten eines Personalrats wahrnimmt (vgl. § 28 Abs. 2). In den anderen Fällen der nach Abs. 2 vorgeschriebenen Neuwahl von Personalvertretungen regelt die Vorschrift, daß – soweit Personalvertretungen bestehen – diese **Personalvertretungen die Geschäfte weiterführen,** bis ein neuer Personalrat gewählt ist. Vorrangige Pflicht der Personalvertretungen, die die Geschäfte nach dieser Vorschrift weiterführen, ist die unverzügliche Bestellung eines Wahlvorstands. Ist der neue Personalrat gewählt, endet die Amtszeit der Personalvertretung, die die Geschäfte weiterführt.

§ 27

(Abs. 4) § 98 Abs. 2 BPersVG schreibt als Rahmenvorschrift für die Gesetzgebung der Länder die Wahl von Gruppenvertreterinnen und -vertretern in den Personalvertretungen vor. Das Gesetz sieht zur Wahrung dieses Grundsatzes vor, daß immer dann neue Mitglieder der Gruppenvertretung zu wählen sind, wenn die Gruppe auch nach Eintreten aller Ersatzmitglieder nicht mehr (d. h. durch kein Mitglied) im Personalrat vertreten ist. Die Neuwahl dieser Gruppe ist unabhängig von einer Personalratswahl durchzuführen, es sei denn, daß nach Abs. 2 der gesamte Personalrat neu zu wählen ist. Machen die Mitglieder der Gruppe, die kein Mitglied mehr im Personalrat hat, mehr als ein Viertel der vorgeschriebenen Zahl der Personalratsmitglieder aus (vgl. § 27 Abs. 2 Nr. 2), hat dies nicht die **Neuwahl der Gruppenvertreterinnen und -vertreter,** sondern die des gesamten Personalrats zur Folge (vgl. BVerwG vom 18. 3. 82 – 6 P 30.80, PersV 83, 71). Der Wahlvorstand zur Neuwahl der Vertreterinnen und -vertreter einer Gruppe ist vom Restpersonalrat zu bestimmen. Auch in diesem Fall muß sich der Wahlvorstand aus Vertreterinnen und Vertretern aller in der Dienststelle vorhandenen Gruppen zusammensetzen (vgl. § 20 Abs. 2, Altvater u. a., § 27 BPersVG Rn. 24; a. A. Dietz/Richardi, § 27 Rn. 70). In der Regel wird dieser Wahlvorstand vom Restpersonalrat eingesetzt. Die §§ 20 sowie 22 bis 25 gelten entsprechend; die Bestellung des Wahlvorstands durch den Personalrat (§ 20) hat Vorrang vor der Bestellung des Wahlvorstands durch die Dienststellenleitung. Kommt der Personalrat seiner **Pflicht zur Bestellung eines Wahlvorstands** nicht nach, ist dies Pflicht der Dienststellenleitung, falls ein entsprechender Antrag gestellt ist (§ 22). Da § 21 nicht in bezug genommen ist, findet keine vorherige Personalversammlung statt. Eine solche ist unter entsprechender Anwendung des § 25 nur einzuberufen, falls das Fehlen der Gruppenvertretung darauf zurückzuführen ist, daß die Wahl einer Gruppe erfolgreich angefochten ist (§ 25 Abs. 5).

10

(Abs. 5) Das Gesetz strebt an, daß Personalvertretungen alle vier Jahre innerhalb eines für alle Dienststellen geltenden Wahlzeitraums gewählt werden. Deshalb paßt es die Amtszeit zwischenzeitlich neugewählter Personalvertretungen dem von § 27 Abs. 1 vorgegebenen Wahlzeitraum an. Grundsätzlich sind die nach Abs. 2 zwischenzeitlich gewählten Personalräte **im nächsten Zeitraum der regelmäßigen Personalratswahlen neu zu wählen.** Ihre Amtszeit endet in der Regel spätestens am 31. Mai (bzw. am 31. 10. 94 bei den erstmaligen Wahlen) des Jahres, in dem die nächsten regelmäßigen Personalratswahlen stattfinden. Ausnahmsweise nehmen neugewählte Personalvertretungen an dieser folgenden regelmäßigen Wahl nicht teil, wenn sie zum gesetzlichen Wahltermin des Jahres, in dem die nächsten regelmäßigen Personalratswahlen durchgeführt werden, noch nicht ein Jahr im Amt sind. Stichtag ist der Beginn des gesetzlichen Wahltermins. Dies ist generell der 1. Mai des Jahres der gesetzlichen Personalratswahlen, wegen § 96 Abs. 1 ausnahmsweise im Jahre 1994 der 1. Oktober. Die Vorschrift kann nur für Personalvertretun-

11

§§ 27, 28

gen gelten, die bereits nach dem ThürPersVG gewählt wurden. Für ein Überspringen der ersten regelmäßigen Wahlen im Oktober 1994 muß die Amtszeit betroffener Personalvertretungen nach dem 1. Oktober 1993 begonnen haben. Für diesen Fall nehmen sie erst am **übernächsten Zeitraum der regelmäßigen Personalratswahlen** teil, haben also eine mehr als vierjährige Amtszeit. Vor Inkrafttreten des ThürPersVG auf Grundlage des BPersVG gewählte Personalvertretungen bleiben zwar im Amt (§ 95 Abs. 1), nehmen aber zwingend an den ersten regelmäßigen Wahlen teil (§ 96 Abs. 1). Lediglich ein Rücktritt oder die Auflösung der Personalvertretung und nachfolgende Wahlen aufgrund des Gesetzes können zur Anwendbarkeit des Abs. 5 führen.

§ 28
Ausschluß und Auflösung

(1) Auf Antrag eines Viertels der Wahlberechtigten oder einer in der Dienststelle vertretenen Gewerkschaft kann das Verwaltungsgericht den Ausschluß eines Mitgliedes aus dem Personalrat oder Auflösung des Personalrates wegen grober Vernachlässigung seiner gesetzlichen Befugnisse oder wegen grober Verletzung seiner gesetzlichen Pflichten beschließen. Der Personalrat kann aus den gleichen Gründen den Ausschluß eines Mitgliedes beantragen. Der Leiter der Dienststelle kann den Ausschluß eines Mitgliedes aus dem Personalrat oder die Auflösung des Personalrates wegen grober Verletzung seiner gesetzlichen Pflichten beantragen.

(2) Ist der Personalrat aufgelöst, so setzt der Vorsitzende der Fachkammer des Verwaltungsgerichtes einen Wahlvorstand ein. Dieser hat unverzüglich eine Neuwahl einzuleiten. Bis zur Neuwahl nimmt der Wahlvorstand die dem Personalrat nach diesem Gesetz zustehenden Befugnisse und Pflichten wahr.

Vergleichbare Vorschriften: § 28 BPersVG; § 23 Abs. 1, 2 BetrVG

1 (Abs. 1) Der **Ausschluß** eines Mitglieds des Personalrats oder die **Auflösung** des Personalrats ist nur wegen grober Pflichtverletzung oder grober Vernachlässigung gesetzlicher Befugnisse möglich. Ein Viertel der wahlberechtigten Beschäftigten kann den Ausschluß eines Mitglieds aus dem Personalrat oder die Auflösung des Personalrats unter diesen Voraussetzungen beim Verwaltungsgericht beantragen. Maßgebend für die Berechnung der Zahl der Wahlberechtigten ist der Tag der Antragseinreichung. Eine in der Dienststelle vertretene Gewerkschaft kann unter den gleichen Voraussetzungen wie ein Viertel der Wahlberechtigten einen Ausschluß- oder Auflösungsantrag beim Verwaltungsgericht einreichen. Auch die Dienststellenleitung hat ein Antragsrecht auf Ausschluß eines Mitglieds aus dem Personalrat oder die Auflösung des Personalrats. Anders als die wahlberechtigten Beschäftigten und jede in der Dienststelle vertretene Gewerkschaft kann die Dienststellenleitung ihren Antrag nicht auf grobe

§ 28

Vernachlässigung der gesetzlichen Befugnisse stützen. Ihr steht lediglich ein Antragsrecht wegen grober Pflichtverletzungen des Personalrats oder eines seiner Mitglieder zu.

Der **Personalrat** selbst kann lediglich den Ausschluß eines seiner Mitglieder wegen grober **Vernachlässigung der gesetzlichen Befugnisse oder wegen grober Pflichtverletzung** beantragen. Ein Antrag des Personalrats erfordert einen Beschluß des Gesamtgremiums. Die im Personalrat vertretenen Gruppen können keine Ausschlußanträge stellen, selbst wenn sich Ausschlußanträge gegen die Vertreter einzig dieser Gruppe richten sollten. Für das Personalratsmitglied, dessen Ausschluß beantragt werden soll, besteht eine unmittelbare Betroffenheit bei der Beschlußfassung (vgl. § 20 ThürVwVfG. s. Anhang VII), weshalb es weder an der Beratung noch an der Abstimmung über den Antrag teilnehmen kann. Es liegt ein Verhinderungsgrund vor, der zum Eintritt eines Ersatzmitglieds für die Dauer der Beratung und Abstimmung über den Ausschlußantrag führt (vgl. § 31 Abs. 1).

2

Die **Dienststellenleitung hat ein eingeschränktes Antragsrecht** beim Verwaltungsgericht. Sie kann ihren Antrag nicht auf jegliche Vernachlässigung gesetzlicher Befugnisse stützen, lediglich auf eine grobe Pflichtverletzung. Damit die Dienststelle nicht übergroßen Einfluß auf die Arbeit des Personalrats nehmen kann, muß der Begriff der Verletzung der gesetzlichen Pflichten eng ausgelegt werden, so daß nicht jeder Verstoß einen Antrag auf Ausschluß oder Auflösung rechtfertigt. Lediglich bei schwerwiegenden Verfehlungen ist ein Antragsrecht gegeben. Der geltend gemachte **Pflichtverstoß** muß sich daneben auf die Belange der Dienststelle beziehen. Ein Antragsrecht der Dienststellenleitung ist insofern nicht gegeben, wenn nur das Verhältnis der Beschäftigten zum Personalrat betroffen ist, z. B. bei der Nichtwahrnehmung von Beteiligungsrechten. Insbesondere kann die Dienststelle von Verstößen gegen die Regeln der Zusammenarbeit tangiert sein (s. § 66). Auch ein Verstoß gegen § 36 Abs. 1 (Behandlung schutzwürdiger Daten und von Anordnungen über die innere Sicherheit im Beisein von Gewerkschaftsbeauftragten) kommt in Betracht. Hierbei ist jedoch zu beachten, daß die Dienststelle den Personalrat soweit als möglich bei der oft schwierigen Abgrenzung zu unterstützen hat (vgl. § 36 Abs. 1). Der Ausschluß- oder Auflösungsantrag der Dienststellenleitung muß sich auf eine grobe, schwerwiegende Verfehlung im Bereich der Zusammenarbeit stützen. Beim Antrag auf Auflösung des gesamten Personalrats reicht es aus, wenn die schwerwiegende Verfehlung objektiv vorliegt; auf ein Verschulden einzelner Mitglieder des Personalrats kommt es insoweit nicht mehr an. Für den Ausschluß eines Personalratsmitglieds ist neben dem objektiven Verstoß zusätzlich erforderlich, daß dieser auch **schuldhaft** begangen worden ist (vgl. BVerwG vom 14. 2. 69 – VII P 11.67, PersV 70, 60). Schuld setzt Willens- und Entscheidungsfreiheit auf seiten des Personalratsmitglieds voraus.

3

§ 28

4 Entsprechendes gilt für die **Antragsbefugnis der in der Dienststelle vertretenen Gewerkschaften.** Die Verletzung oder Vernachlässigung von Befugnissen, mit der der Antrag begründet wird, muß sich auf das Verhältnis des Personalrats oder des Personalratsmitglieds zur Gewerkschaft, ihren Mitgliedern oder auf die gesetzlichen Befugnisse der Gewerkschaft und ihrer Mitglieder beziehen. Personen, die nach § 36 Abs. 2 die Stellung einer »Quasi-Gewerkschaft« erlangen, steht die Antragsbefugnis nicht zu. Die Gleichstellung im Hinblick auf die Beratung von Personalratsmitgliedern gibt Einzelpersonen, die die Stellung von Sachverständigen haben, nicht die Stellung einer Gewerkschaft, die in der Dienststelle vertreten ist.

5 Nur das **Verwaltungsgericht** kann Auflösung oder Ausschluß aussprechen. Weder durch Mehrheitsbeschluß des Personalrats noch durch Beschluß einer Personalversammlung oder Anordnung der Dienststellenleitung kann ein Personalratsmitglied ausgeschlossen oder ein Personalrat aufgelöst werden. Im Verfahren vor dem Verwaltungsgericht haben die in der Dienststelle vertretenen Gewerkschaften die Stellung von Beteiligten (§ 10 ArbGG). Ihnen ist bei jeglichem Ausschluß- oder Auflösungsantrag Gelegenheit zur Anhörung zu geben. Soweit der Gesetzeswortlaut es nahelegt, die Beteiligtenfähigkeit der Gewerkschaften lediglich auf die in Satz 1 genannten Fälle zu beschränken, entspricht dieses weder der grundsätzlichen **Beteiligtenfähigkeit von Gewerkschaften** in arbeitsgerichtlichen Verfahren noch der Interessenlage von in der Dienststelle vertretenen Gewerkschaften, die bei entsprechenden Anträgen aus dem Personalrat selbst oder durch die Dienststellenleitung ebenso tangiert sind als ob der Antrag durch einen Vertreter der wahlberechtigten Beschäftigten oder eine in der Dienststelle vertretene Konkurrenzgewerkschaft gestellt wird.

6 Einen Antrag beim Verwaltungsgericht auf **Auflösung einer Gruppenvertretung** sieht das Gesetz nicht vor. Insofern kann die Auflösung einer Gruppenvertretung nur dadurch eintreten, daß gegen alle Mitglieder der Gruppenvertretung erfolgreiche Ausschlußanträge gestellt werden.

7 **(Abs. 2)** Das Personalratsamt endet mit der **Rechtskraft** des entsprechenden verwaltungsgerichtlichen Beschlusses (vgl. § 29 Abs. 1 Nr. 6). Für das ausgeschlossene Personalratsmitglied rückt ein Ersatzmitglied nach (vgl. § 31 Abs. 1). Die Amtszeit des Personalrats endet mit rechtskräftigem Auflösungsbeschluß. Gleichzeitig erlischt die Mitgliedschaft all seiner Mitglieder (vgl. § 29 Abs. 1 Nr. 6). Ein **Nachrücken von Ersatzmitgliedern** findet nicht statt (vgl. § 31 Abs. 4). Außerhalb der Zeit der regelmäßigen Personalratswahlen ist der Personalrat neu zu wählen, wenn ein rechtskräftiger verwaltungsgerichtlicher Auflösungsbeschluß vorliegt. In diesem Fall setzt der Vorsitzende der Fachkammer des Verwaltungsgerichts unverzüglich einen Wahlvorstand für die Wahl des neuen Personalrats ein. Dieser Wahlvorstand hat **Neuwahlen unverzüglich ein-**

zuleiten und durchzuführen. Gleichzeitig nimmt er bis zur Neuwahl auch die dem Personalrat zustehenden Aufgaben und Befugnisse wahr.

§ 29
Erlöschen der Mitgliedschaft

(1) Die Mitgliedschaft im Personalrat erlischt durch
1. **Ablauf der Amtszeit,**
2. **Niederlegung des Amtes,**
3. **Beendigung des Dienst- oder Arbeitsverhältnisses,**
4. **Ausscheiden aus der Dienststelle,**
5. **Verlust der Wählbarkeit,**
6. **gerichtliche Entscheidung nach § 28,**
7. **Feststellung nach Ablauf der in § 25 bezeichneten Frist, daß der Gewählte nicht wählbar war.**

(2) Die Mitgliedschaft im Personalrat wird durch einen Wechsel der Gruppenzugehörigkeit eines Mitgliedes nicht berührt; dieses bleibt Vertreter der Gruppe, die es gewählt hat.

Vergleichbare Vorschriften: § 29 BPersVG; § 24 BetrVG

(**Abs. 1**) Die Vorschrift zählt abschließend Tatbestände auf, die zum **Erlöschen der Mitgliedschaft** im Personalrat oder der Jugend- und Auszubildendenvertretung führen. Bei einer Mitgliedschaft in mehreren Personalvertretungen oder Jugend- und Auszubildendenvertretungen zieht das Erlöschen der Mitgliedschaft in einer Personalvertretung oder einer Jugend- und Auszubildendenvertretung nicht notwendig das Erlöschen der Mitgliedschaft in anderen Vertretungen nach sich (vgl. Altvater u. a., § 29 BPersVG Rn. 1).

(**Nr. 1**) Grundsätzlich endet die regelmäßige Amtszeit eines Personalrats nach Ablauf von vier Jahren. Davon abweichend kann die Amtszeit nach § 27 Abs. 2 i. V. m. Abs. 5 früher oder später enden. Neben diesen Fällen ist ein Ende der Amtszeit des Personalrats denkbar bei Verlust der Personalratsfähigkeit der Dienststelle (§ 12 Abs. 1), bei Auflösung der Dienststelle oder bei erfolgreicher Wahlanfechtung (§ 25). Mit dem **Ende der Amtszeit** des Personalrats erlischt die Mitgliedschaft aller Personalratsmitglieder, Ersatzmitglieder rücken nicht nach. Bei der Umorganisation von Dienststellen ist § 32 zu beachten, der für vier bzw. sechs Monate davon betroffenen Personalräten ein übergangsweises Mandat für neugebildete Dienststellen einräumt. Für den Bereich der Medizinischen Hochschulen Erfurt und Jena sind **Sonderregelungen** im »Gesetzentwurf zur Errichtung der Universität Erfurt und zur Aufhebung der Medizinischen Hochschule Erfurt« (Landtags-Drucks. 1/2945) vorgesehen, die ebenfalls ein Übergangsmandat gewähren (vgl. § 27 Abs. 2). Gleiches gilt

§ 29

für die Personalvertretungen bei von der kommunalen Gebietsreform betroffenen Gebietskörperschaften. Nach der Beschlußempfehlung des Landtagsinnenausschusses (Drucks. 1/2933) zum Gesetzentwurf der Landesregierung für ein »Thüringer Gesetz über Maßnahmen zur kommunalen Gebietsreform« (Drucks. 1/2705) ist vorgesehen, daß das Mandat für Übergangspersonalräte bei Umorganisation von Dienststellen im Zuge der Gebietsreform längstens bis zur erstmaligen regelmäßigen Wahl nach dem ThürPersVG im Oktober 1994 ausgedehnt wird.

3 (Nr. 2) Ein Personalratsmitglied kann sein Amt jederzeit niederlegen, auch ohne Begründung (vgl. BVerwG vom 16. 7. 63 – VII P 10.62, PersV 63, 233). Die **Amtsniederlegung** ist gegenüber dem Personalrat oder dessen Vorsitzenden zu erklären. Es empfiehlt sich Schriftform. Mit Eingang der Erklärung erlischt das Amt. Nur ausnahmsweise, z. B. wenn das Personalratsmitglied einen besonderen Zeitpunkt bestimmt hat, erlischt das Amt nicht mit Eingang der Erklärung. Die Amtsniederlegung ist endgültig, unwiderruflich und unanfechtbar. Eine vorübergehende Amtsniederlegung ist nicht möglich. Nicht gewählte Wahlbewerberinnen und Wahlbewerber (Ersatzmitglieder) können auf ihre Anwartschaft, in den Personalrat nachzurücken, verzichten. Die Erklärung, die Wahl nicht anzunehmen, ist als Amtsniederlegung anzusehen (vgl. BVerwG vom 9. 10. 59 – VII P 1.59, PersV 60, 19).

4 (Nr. 3) Das **Ende des vertraglichen Arbeitsverhältnisses** (Angestellte sowie Arbeiterinnen und Arbeiter) kann durch Tod, Ablauf der Befristung, Ausscheiden wegen Erreichen der Altersgrenze, Auflösungsantrag, Kündigung eintreten. Die ordentliche Kündigung eines Personalratsmitglieds ist grundsätzlich ausgeschlossen (vgl. § 15 Abs. 2 KSchG); der außerordentlichen Kündigung eines Personalratsmitglieds steht § 47 Abs. 1 entgegen. Diese Form der Kündigung eines Personalratsmitglieds bedarf der Zustimmung der Personalvertretung oder der Ersetzung dieser Zustimmung durch das Verwaltungsgericht. Während der Dauer des verwaltungsgerichtlichen Rechtsstreits ist das Personalratsmitglied als verhindert anzusehen, so daß ein Ersatzmitglied eintritt (vgl. § 31 Abs. 1). Das **Ende des gesetzlichen Dienstverhältnisses von Beamtinnen und Beamten** kann entsprechend durch Tod, Entlassung, Entfernung aus dem Dienst oder Eintritt in den Ruhestand eintreten. Die Einleitung eines Disziplinarverfahrens beendet das Beamtenverhältnis nicht und kann deshalb nicht die Mitgliedschaft im Personalrat beeinflussen (vgl. aber § 30). Erst mit Rechtskraft eines Urteils, das die Entfernung aus dem Dienst ausspricht, endet die Mitgliedschaft eines beamteten Personalratsmitglieds. Das Beschäftigungsverhältnis endet nicht, wenn ein Personalratsmitglied zum Grundwehrdienst, Zivildienst oder zu einer Wehrübung einberufen wird. Ebensowenig endet das Beschäftigungsverhältnis, wenn ein Personalratsmitglied ohne Dienstbezüge länger als sechs Monate beurlaubt worden ist (vgl. BVerwG vom 28. 3. 79 – 6 P 86.78, PersV 80, 428) oder sich im Erziehungsurlaub befindet. In diesen Fällen ist das

§ 29

Personalratsmitglied jedoch verhindert, was ebenfalls für die Zeit der Beurlaubung zum Eintritt eines Ersatzmitglieds führt.

(Nr. 4) Die **Versetzung eines Personalratsmitglieds** führt zum Ausscheiden aus der Dienststelle, da die Versetzung im Gegensatz zur Abordnung auf Dauer angelegt ist. Vielfach wird die länger als drei Monate währende **Abordnung** mit dem Ausscheiden aus der Dienststelle gleichgesetzt (vgl. Lorenzen u. a., § 29 BPersVG Rn. 18). Da die Abordnung – auch die länger währende – nur vorübergehend ist, kann damit ein Ausscheiden aus der Dienststelle nicht verbunden sein (so wie hier: Altvater u. a., § 29 BPersVG Rn. 10). Eine länger als drei Monate währende Abordnung führt allenfalls zum Verlust der Wählbarkeit und damit zum Erlöschen der Mitgliedschaft im Personalrat (vgl. Abs. 1 Nr. 5). Die **Umsetzung** innerhalb einer Dienststelle führt nur in Ausnahmefällen zum Ausscheiden aus der Dienststelle. Dieser Ausnahmefall liegt dann vor, wenn sich Teile einer Dienststelle oder eine Nebenstelle verselbständigt haben (§ 6 Abs. 3) und das Personalratsmitglied in den Zuständigkeitsbereich eines anderen örtlichen Personalrats bei der gleichen Dienststelle umgesetzt wird. Eine eventuelle Mitgliedschaft im Gesamtpersonalrat wird durch eine derartige Umsetzung nicht berührt.

(Nr. 5) Der **Verlust der Wählbarkeit** führt zum Erlöschen der Mitgliedschaft im Personalrat. Die Wählbarkeit geht bei Verlust der Fähigkeit, Rechte aus öffentlichen Wahlen zu erlangen, verloren (vgl. § 14 Abs. 2). Voraussetzung für die Wählbarkeit ist die Wahlberechtigung eines Beschäftigten. Deshalb tritt ein Verlust der Wählbarkeit auch ein, wenn eine Abordnung länger als drei Monate währt (vgl. § 13 Abs. 2). Auch Änderungen des Arbeitsvertrages oder die Übernahme von Leitungsfunktionen können zum Verlust der Wählbarkeit führen. Nach § 14 Abs. 2 Nr. 2 sind Beschäftigte, die wöchentlich weniger als die Hälfte der für die Dienststelle geltenden Arbeitszeit beschäftigt sind, nicht wählbar. Gleiches gilt für Beschäftigte einer Dienststelle, die zu selbständigen Entscheidungen in mitbestimmungspflichtigen Personalangelegenheiten der Dienststelle befugt sind (§ 14 Abs. 2 Nr. 3). Eine nach der Wahl ausgesprochene Beurlaubung ohne Bezüge für mehr als sechs Monate führt nicht zum Verlust der Mitgliedschaft im Personalrat (BVerwG vom 28. 3. 79 – 6 P 86.78, PersV 80, 428).

(Nr. 6) Die Mitgliedschaft aller Mitglieder des Personalrats erlischt mit rechtskräftiger **Auflösung des Personalrats.** Mit rechtskräftiger Entscheidung über den **Ausschluß** endet die Mitgliedschaft eines betroffenen Personalratsmitglieds.

(Nr. 7) Obwohl die Frist für eine Wahlanfechtung (vgl. § 25 Abs. 1) abgelaufen ist, kann jederzeit während der laufenden Amtszeit des Personalrats beim Verwaltungsgericht beantragt werden, festzustellen, daß ein Personalratsmitglied am Wahltag nicht wählbar war (BVerwG vom 7. 11. 75 – VII P 11.74, PersV 77, 22). Die gerichtliche Entscheidung, die von den im Wahlanfechtungsverfahren Antragsberechtigten erwirkt wer-

§§ 29, 30

den kann (vgl. § 25 Abs. 1), führt mit Rechtskraft der Entscheidung zum Verlust der Mitgliedschaft im Personalrat. Eine solche nachträgliche **Feststellung der Nichtwählbarkeit** ist dann nicht mehr zulässig, wenn der Mangel bei Antragstellung zwar bestanden hat, zwischenzeitlich aber geheilt wurde. Eine Heilung ist beispielsweise denkbar für den Fall, daß ein Personalratsmitglied zwar am Wahltag das 18. Lebensjahr noch nicht vollendet hatte, diese Voraussetzung aber bis zum Ende der Verhandlung in der letzten Tatsacheninstanz erfüllt wurde.

9 (**Abs. 2**) Das Personalratsmitglied, das für eine der Gruppen des Personalrats gewählt ist, bleibt Mitglied dieser Gruppe, selbst wenn während der Amtszeit ein **Wechsel der Gruppenzugehörigkeit** stattfindet.

§ 30
Ruhen der Mitgliedschaft

Die Mitgliedschaft eines Beamten im Personalrat ruht, solange ihm die Führung der Dienstgeschäfte verboten oder er wegen eines gegen ihn schwebenden Disziplinarverfahrens vorläufig des Dienstes enthoben ist.

Vergleichbare Vorschriften: § 30 BPersVG

1 Die Vorschrift hat für Angestellte sowie Arbeiterinnen und Arbeiter keinerlei Bedeutung. Bei Beamtinnen und Beamten führt das Verbot der Führung der Dienstgeschäfte zum **Ruhen der Mitgliedschaft** im Personalrat. Ein solches Verbot nach der BDO kann von der obersten Dienstbehörde oder der von ihr bestimmten Behörde ausgesprochen werden, wenn zwingende dienstliche Gründe dies im Hinblick auf Verfehlungen, die dem Personalratsmitglied in seiner Beamteneigenschaft vorgeworfen werden, erfordern. Das Verbot stellt einen Verwaltungsakt dar, der anfechtbar ist. Die Anfechtung hat aufschiebende Wirkung mit der Folge, daß die Mitgliedschaft im Personalrat nicht ruht. Die aufschiebende Wirkung kann durch Anordnung der sofortigen Vollziehung aufgehoben werden (vgl. § 80 Abs. 2 Nr. 4 VwGO). Ein ähnliches Rechtsmittel ist gegen die vorläufige Dienstenthebung nach dem Landesdisziplinarrecht nicht möglich. Die vorläufige Dienstenthebung ist frühestens bei Einleitung eines förmlichen Disziplinarverfahrens möglich.

2 Das **Verbot des Führens der Dienstgeschäfte** und die **vorläufige Dienstenthebung** führen nicht zum Verlust der Mitgliedschaft im Personalrat. Das Personalratsmitglied ist jedoch daran gehindert, sein Amt auszuüben, so daß ein Ersatzmitglied an die Stelle des verhinderten Personalratsmitglieds tritt. Das Ruhen der Mitgliedschaft im Personalrat berührt weder Wahlberechtigung noch Wählbarkeit zum Personalrat. Da der Beamte oder die Beamtin Mitglied des Personalrats bleibt, ist sie bzw. er weiterhin gegen Abordnung und Umsetzung geschützt.

3 Ebenso wie die außerordentliche Kündigung eines Personalratsmitglieds

§§ 30, 31

im Arbeitsverhältnis bedarf das Ruhen der Mitgliedschaft im Personalrat der **Zustimmung des Personalrats**. Dabei handelt es sich nicht um ein Mitbestimmungsverfahren, so daß eine Ersetzung der verweigerten Zustimmung durch eine Stufenvertretung nicht möglich ist. Dem Arbeitgeber bleibt nur die Möglichkeit, beim Verwaltungsgericht zu beantragen, die verweigerte Zustimmung zu ersetzen. Zuständig für die Zustimmung zu einer derartigen Maßnahme ist die Personalvertretung, zu der die personalvertretungsrechtliche Beziehung des betroffenen Beschäftigten besteht. In der Regel ist das jede Personalvertretung, der der betroffene Beschäftigte angehört. Bei der Erteilung oder Verweigerung der Zustimmung handelt es sich nicht um eine Gruppenangelegenheit, so daß über die Angelegenheit im Plenum nicht nur zu beraten, sondern auch abzustimmen ist. Das Mitglied, daß von der Entscheidung betroffen ist, ist bei der Beratung und Abstimmung verhindert, weshalb rechtzeitig ein Ersatzmitglied einzuladen ist. Zu den weiteren **Einzelheiten des Zustimmungsersetzungsverfahrens** vgl. die Kommentierung zu § 47 Abs. 1.

§ 31
Ersatzmitglieder

(1) Scheidet ein Mitglied aus dem Personalrat aus, so tritt ein Ersatzmitglied ein. Das gleiche gilt, wenn ein Mitglied des Personalrates zeitweilig verhindert ist oder seine Mitgliedschaft ruht.

(2) Die Ersatzmitglieder werden der Reihe nach aus den nicht gewählten Beschäftigen derjenigen Vorschlagslisten entnommen, denen die zu ersetzenden Mitglieder angehören. Ist das ausgeschiedene oder verhinderte Mitglied mit einfacher Stimmenmehrheit (Personenwahl) gewählt, so tritt der nichtgewählte Beschäftigte mit der nächsthöheren Stimmenzahl als Ersatzmitglied ein. Bei gleicher Stimmenzahl entscheidet das Los.

(3) § 29 Abs. 2 gilt entsprechend bei einem Wechsel der Gruppenzugehörigkeit vor dem Eintritt des Ersatzmitgliedes in den Personalrat.

(4) Ist der Personalrat durch gerichtliche Entscheidung aufgelöst, treten Ersatzmitglieder nicht ein.

Vergleichbare Vorschriften: § 31 BPersVG; § 25 BetrVG

(Abs. 1) **Ersatzmitglieder** des Personalrats sind diejenigen Wahlbewerberinnen und -bewerber, die bei Verhältniswahl für eine Vorschlagsliste kandidierten, die mindestens eine Stimme erhielt, oder die bei Personenwahl mindestens eine Stimme erhielten, jedoch kein Mandat im Personalrat errungen haben. Sie ersetzen gewählte Personalratsmitglieder nach deren Ausscheiden oder bei deren Verhinderung.

Das Erlöschen der Mitgliedschaft im Personalrat und damit das **Ausscheiden aus dem Personalrat** ist in § 29 Abs. 1 geregelt. Von zeitweiliger **Verhinderung** wird gesprochen, wenn ein Personalratsmitglied aus

§ 31

rechtlichen oder tatsächlichen Gründen sein Amt vorübergehend nicht ausüben kann. **Rechtliche Gründe** für eine zeitweilige Verhinderung liegen u. a. vor, wenn ein Personalratsmitglied vorübergehend die Befugnis zu selbständigen Entscheidungen in Personalangelegenheiten erhält (vgl. § 14 Abs. 2 Nr. 3). Rechtliche Verhinderung liegt auch vor, wenn in einer Personalratssitzung Angelegenheiten behandelt werden, die die persönlichen Interessen eines Personalratsmitglieds betreffen (vgl. § 20 ThürVwVfG, s. Anhang VII). Die Ableistung des Grundwehrdienstes, des Zivildienstes oder die Einberufung zu einer Wehrübung stellen ebenfalls rechtliche Gründe für eine zeitweilige Verhinderung dar. Gleiches gilt, wenn die **Mitgliedschaft einer Beamtin oder eines Beamten ruht** (vgl. § 30). **Tatsächliche Gründe** für eine zeitweilige Verhinderung können bei Krankheit oder Urlaub vorliegen. In diesen Fällen ist das Personalratsmitglied für die gesamte Dauer des Bestehens des Hinderungsgrundes nicht berechtigt, personalvertretungsrechtliche Aufgaben und Befugnisse wahrzunehmen (vgl. Altvater u. a., § 31 BPersVG Rn. 6 m. w. Nw.). Dagegen liegt eine zeitweilige Verhinderung nicht vor, wenn das Personalratsmitglied in der Dienststelle tätig ist, aber etwa wegen Arbeitsbelastung oder aus persönlichen Gründen nicht an der Sitzung teilnehmen will. Ein solches Mitglied des Personalrats verhält sich pflichtwidrig, indem es so die Funktionsfähigkeit der Personalvertretung gefährdet. Ein derartiges Verhalten kann bei Schuldhaftigkeit zum Ausschluß aus dem Personalrat führen (vgl. § 28 Abs. 1).

3 Scheidet ein Mitglied aus dem Personalrat aus, so tritt ein **Ersatzmitglied als ständiges Mitglied** mit allen Rechten und Pflichten anstelle des ausgeschiedenen Mitglieds in den Personalrat ein. Ein zeitweilig verhindertes Personalratsmitglied muß seine Verhinderung der bzw. dem Vorsitzenden des Personalrats mitteilen. Dies gilt selbst dann, wenn die zeitweilige Verhinderung von kurzer Dauer ist und lediglich für die Zeit zwischen den Sitzungen gilt. Der bzw. dem Personalratsvorsitzenden obliegt es dann, zu prüfen, ob tatsächlich eine Verhinderung vorliegt. Liegt eine solche vor, hat sie oder er unverzüglich das Ersatzmitglied vom **zeitweiligen Nachrücken** zu verständigen und ihm Sitzungstermin und Beratungsgegenstände im Fall einer Personalratssitzung mitzuteilen. Wie jedes andere Personalratsmitglied kann auch das Ersatzmitglied zwischen Sitzungen herangezogen werden, um personalvertretungsrechtliche Aufgaben, z. B. Sprechstunden, wahrzunehmen. Das Ersatzmitglied, das ein zeitweilig verhindertes Personalratsmitglied vertritt, erwirbt keine eigene Mitgliedschaft, sondern übernimmt lediglich stellvertretend Rechte und Pflichten aus der Mitgliedschaft des verhinderten Personalratsmitglieds (BVerwG vom 27. 4. 79 – 6 P 4.78, PersV 80, 237). Ein Ersatzmitglied, das ständig oder zeitweilig in den Personalrat nachrückt, übernimmt nicht automatisch besondere **Funktionen** des ausgeschiedenen oder vertretenen Mitglieds. Beim Ausscheiden eines Personalratsmitglieds muß der Personalrat ggf. über Mitgliedschaft im Vorstand oder Freistellung neu

§ 31

entscheiden. Entsprechendes gilt für die vorübergehende Wahrnehmung von Vorstands- oder Freistellungsaufgaben anstelle eines zeitweilig verhinderten Personalratsmitglieds.

Nach dem Gesetzentwurf der Landesregierung zu einem »**Gesetz zur Errichtung der Universität Erfurt und zur Aufhebung der Medizinischen Hochschule Erfurt**« (s. Drucks. 1/2788 und Beschlußempfehlung dazu, Drucks. 1/2946, abgedruckt unter Anhang VI) ist bei den Übergangspersonalräten des Erfurter Teils des Klinikums der Jenaer Friedrich-Schiller-Universität und des Jenaer Teils dieses Klinikums ein gesetzliches Eintreten von Ersatzmitgliedern zur Auffüllung dieser Personalräte auf die dort gesetzlich festgelegte Größe von sieben bzw. 15 Mitgliedern vorgesehen.

(**Abs. 2**) Ist der Personalrat in **Listenwahl** gewählt worden, rückt ein Ersatzmitglied aus der Liste nach, der das ausgeschiedene oder zeitweilig verhinderte Personalratsmitglied angehört. Dasjenige Ersatzmitglied tritt in den Personalrat ein, das auf der Vorschlagsliste als nächstes hinter den Personalratsmitgliedern und evtl. bereits berücksichtigten Ersatzmitgliedern steht. Das nächstfolgende Ersatzmitglied tritt in den Personalrat ein, wenn das nach der Reihenfolge heranzuziehende Ersatzmitglied ebenfalls verhindert ist. Dies gilt so lange, wie die Verhinderung des Personalratsmitglieds und die Verhinderung des vorausgehenden Ersatzmitglieds andauert. Der bzw. die Vorsitzende kann im Fall des Ausscheidens oder der Verhinderung nicht auf andere Vorschlagslisten zurückgreifen, wenn die Vorschlagsliste, der das betroffene Personalratsmitglied angehört, erschöpft ist. Die Heranziehung von Ersatzmitgliedern aus einer anderen Gruppe ist bei Erschöpfung der Vorschlagsliste der Gruppenersatzmitglieder ebenfalls nicht möglich (BVerwG vom 16. 7. 63 – VII P 10.62, PersV 63, 233).

Alle Kandidatinnen und Kandidaten, die bei **Personenwahl** zur Abstimmung gestanden und mindestens eine Stimme erhalten haben, gehören zum Kreis der möglichen Ersatzmitglieder. Ist der Personalrat oder die betroffene Gruppe in Personenwahl gewählt worden, tritt für das verhinderte oder ausgeschiedene Personalratsmitglied das Ersatzmitglied mit der nächsthöheren Stimmenzahl ein. Ist dieses Ersatzmitglied ebenfalls verhindert, rückt das nächstfolgende Ersatzmitglied in den Personalrat nach, und zwar so lange, wie die Verhinderung des Personalratsmitglieds oder die des vorausgehenden Ersatzmitglieds dauert. Liegen gleiche Stimmenzahlen vor, findet ein **Losentscheid** statt (vgl. § 17 Abs. 2).

(**Abs. 3 und 4**) Da ein Personalratsmitglied, das für eine bestimmte Gruppe gewählt ist, auch bei **Wechsel der Gruppenzugehörigkeit** Vertreterin oder Vertreter dieser Gruppe bleibt (§ 29 Abs. 2), gehört auch ein Ersatzmitglied beim Wechsel der Gruppenzugehörigkeit weiter zu der Gruppe, für die es kandidiert hat. Im Fall der gerichtlichen **Auflösung des Personalrats** (§ 28 Abs. 1) und der erfolgreichen **Anfechtung** einer Personalratswahl (§ 25 Abs. 1) rücken Ersatzmitglieder nicht nach.

§ 32
Neuwahl bei Umorganisation von Dienststellen und Körperschaften

(1) Werden Dienststellen im Sinne dieses Gesetzes ganz oder teilweise in eine andere Dienststelle eingegliedert oder zu einer neuen Dienststelle zusammengeschlossen oder bilden sie durch Ausgliederung eine neue Dienststelle, so sind die Personalräte neu zu wählen. Die bis zum Zeitpunkt des Wirksamwerdens der Eingliederung oder der Neubildung bestehenden Personalräte bestellen gemeinsam unverzüglich einen Wahlvorstand für die Neuwahl. Die bisherigen Personalräte führen die Geschäfte gemeinsam weiter, bis sich die neuen Personalräte konstituiert haben, längstens jedoch für die Dauer von vier Monaten. Die Aufgaben des Vorsitzenden werden von Sitzung zu Sitzung abwechselnd von den Vorsitzenden der bisherigen Personalräte wahrgenommen.

(2) Werden Körperschaften, Anstalten oder Stiftungen des öffentlichen Rechts in eine andere juristische Person des öffentlichen Rechts eingegliedert oder werden sie zu einer neuen juristischen Person des öffentlichen Rechts zusammengeschlossen, gilt Absatz 1 entsprechend.

(3) In den Fällen der Absätze 1 und 2 findet keine Neuwahl statt, wenn sich die Zahl der Beschäftigten der Dienststelle oder der juristischen Person um weniger als ein Fünftel geändert hat oder eine Neuwahl innerhalb von sechs Monaten vor der nächsten Personalratswahl liegen würde.

Keine vergleichbaren Vorschriften

1 (Abs. 1) Die Vorschrift dient der **Verhinderung personalvertretungsloser Zeiten** bei der Umorganisation von Dienststellen. Sie tritt nach § 97 erst nach den ersten regelmäßigen Wahlen nach diesem Gesetz, nämlich am **1. 10. 94** in Kraft. Umorganisationen erfolgen z. B. im Hochschulbereich durch das »Gesetz zur Errichtung der Universität Erfurt und Aufhebung der Medizinischen Hochschule Erfurt« (s. Anhang VI) und im Rahmen der kommunalen Gebietsreform durch das ThürMaßnG (s. Anhang VIII).

2 Der Gesetzgeber konnte nur den Teil der Umorganisation von Dienststellen regeln, der sich ausschließlich innerhalb des Rechts des öffentlichen Dienstes bewegt, da seine Gesetzgebungsbefugnis nur so weit reicht. Insofern bleibt der wichtigste Teil der Umorganisation von Dienststellen, die **Privatisierung**, im Interesse der Verhinderung von Zeiten ohne betriebliche Interessenvertretung ungeregelt. Es wird Aufgabe des Bundesgesetzgebers bleiben, bei Privatisierungen für schnellstmögliche Betriebsratswahlen und ein übergangsweises Weiterbestehen der Personalvertretungen als Betriebsräte zu sorgen.

§ 32

Voraussetzung für die Anwendung der Vorschrift ist die Umorganisation von Dienststellen, auch solcher von Körperschaften, Anstalten oder Stiftungen des öffentlichen Rechts. Die Umorganisation kann folgendermaßen vonstatten gehen: 3

– eine gesamte Dienststelle wird in eine andere Dienststelle eingegliedert,
– ein Teil einer Dienststelle wird in eine andere Dienststelle eingegliedert,
– mehrere Dienststellen werden zu einer neuen Dienststelle zusammengeschlossen,
– mehrere Teile verschiedener Dienststellen werden zu einer neuen Dienststelle zusammengeschlossen,
– Teile einer Dienststelle werden ausgegliedert und bilden eine neue Dienststelle.

Die Vorschrift ist unabhängig davon anzuwenden, ob sich die Umorganisation im Bereich derselben obersten Dienstbehörde oder mehrerer oberster Dienstbehörden oder verschiedener Körperschaften vollzieht. Die oben beschriebenen Schritte zur Umorganisation von Dienststellen unterliegen der (eingeschränkten) **Mitbestimmung des Personalrats** nach § 75 Abs. 2 Nr. 11.

In allen oben beschriebenen Fällen der Umorganisation sind unverzüglich die Personalräte neu zu wählen. Die unverzügliche Bestellung des Wahlvorstands zur Durchführung der Neuwahl erfolgt gemeinsam durch die bis zum Zeitpunkt des Wirksamwerdens der Eingliederung oder der Neubildung bestehenden Personalräte. Diese führen auch die Geschäfte gemeinsam weiter, bis sich der neue Personalrat konstituiert hat. Die **gemeinsame Geschäftsführung** der bisherigen Personalräte dauert jedoch längstens vier Monate ab dem Zeitpunkt des Wirksamwerdens der Eingliederung oder der Neubildung. Zur Verhinderung personalratsloser Zeiten ist innerhalb dieses viermonatigen Zeitraums ein neuer Personalrat zu wählen. 4

Wird eine Dienststelle **komplett** in eine andere Dienststelle **eingegliedert,** sind bisherige Personalräte im Sinne der Vorschrift der Personalrat der eingegliederten Dienststelle und der Personalrat der aufnehmenden Dienststelle. Gleiches gilt, wenn mehrere ehemalige Dienststellen zu einer neuen Dienststelle zusammengeschlossen werden. Werden **Teile einer Dienststelle** in eine andere Dienststelle eingegliedert, sind bisherige Personalräte im Sinne der Vorschrift ebenfalls Personalrat der eingegliederten Dienststelle und der Personalrat der aufnehmenden Dienststelle. Entsprechendes gilt wenn Teile mehrerer Dienststellen zu einer neuen Dienststelle zusammengeschlossen werden: Die **Personalräte der abgebenden Dienststellen** sind bisherige Personalräte im Sinne von Abs. 1. Werden Teile ein und derselben Dienststelle ausgegliedert und bilden diese eine neue Dienststelle, so ist der bisherige Personalrat der »Alt- 5

§ 32

dienststelle« weiterhin zuständig bis zur Neuwahl eines Personalrats in der neugeschaffenen Dienststelle.

6   Aufgabe der oder des Vorsitzenden eines Personalrats sind die Vertretung dieses Gremiums im Rahmen der von diesem gefaßten Beschlüsse und ggf. die **Führung der laufenden Geschäfte.** Durchweg wird die Einladung zu Personalratssitzungen von der bzw. dem Vorsitzenden vorgenommen. Damit bei Umorganisation von Dienststellen die die Geschäfte weiterführenden Personalräte arbeitsfähig werden, sieht die Vorschrift vor, daß die Aufgaben der bzw. des Vorsitzenden von Sitzung zu Sitzung alternierend von den Vorsitzenden der bisherigen Personalräte wahrgenommen werden. Betroffene Personalvertretungen sollten sich noch vor dem Zeitpunkt des Wirksamwerdens der Eingliederung oder der Neubildung auf die Reihenfolge des wechselnden Vorsitzes verständigen, damit sofort nach Wirksamwerden der Eingliederung oder der Neubildung Arbeitsfähigkeit besteht. Können sich die betroffenen Personalräte nicht einigen, in welcher Reihenfolge der Vorsitz übernommen wird, empfiehlt sich ein Losverfahren (vgl. § 17 Abs. 2), das die **Reihenfolge der Sitzungsleitung** festlegt.

7   **(Abs. 2)** Nach § 1 des Gesetzes sind bei den kommunalen Trägern der Selbstverwaltung (Gebietskörperschaften) und den sonstigen Körperschaften, Anstalten und Stiftungen des öffentlichen Rechts Personalvertretungen zu bilden (vgl. zu den Einzelheiten § 1). **Gebietskörperschaften, sonstige Körperschaften, Anstalten und Stiftungen des öffentlichen Rechts** sind juristische Personen des öffentlichen Rechts. Werden bestehende Körperschaften, Anstalten oder Stiftungen des öffentlichen Rechts in eine andere juristische Person des öffentlichen Rechts eingegliedert oder werden sie zu einer neuen juristischen Person des öffentlichen Rechst zusammengeschlossen, werden die Grundsätze für die Umorganisation von Dienststellen (Abs. 1) angewandt. In den Dienststellen werden nur Personalräte gebildet. Bei Körperschaften, Anstalten oder Stiftungen des öffentlichen Rechts können jedoch Gesamtpersonalräte oder Stufenvertretungen bestehen. **Entsprechende Anwendung** der Regelungen des Abs. 1 bedeutet bei der Umorganisation juristischer Personen des öffentlichen Rechts die gemeinsame Geschäftsführung und gemeinsame Bestellung eines Wahlvorstands der jeweilig bei der obersten Dienstbehörde gebildeten Personalvertretungen.

8   **(Abs. 3) In Ausnahmefällen** findet die nach Abs. 1 vorgeschriebene Neuwahl nicht innerhalb der Frist des Abs. 1 statt, sondern erst bei den nächsten regelmäßigen Wahlen. Tatsächlicher Grund für eine Ausnahme ist z. B. gegeben, wenn bei der Umorganisation von Dienststellen oder juristischen Personen des öffentlichen Rechts der Neuwahltermin sechs Monate vor der nächsten regelmäßigen Personalratswahl liegen würde. Ein weiterer Grund für die **Anwendung der Ausnahmevorschrift** ist gegeben, wenn sich die Zahl der Wahlberechtigten der Dienststelle um weniger als ein Fünftel geändert hat. Dieser Fall tritt durchweg nur ein,

wenn eine Dienststelle oder ein Teil einer Dienststelle in eine andere Dienststelle eingegliedert wird und die eingegliederte Einheit derart klein ist, daß sie innerhalb der aufnehmenden Dienststelle nur gering ins Gewicht fällt (Veränderung um weniger als ein Fünftel). In den Ausnahmefällen haben die bisherigen Personalvertretungen nicht unverzüglich einen Wahlvorstand zu bestellen. Dies hat erst zu den nächsten regelmäßigen Wahlen zu erfolgen. Die Konstituierung der dann gewählten Personalvertretung beendet die gemeinsame Geschäftsführung der einzelnen Personalvertretungen.

Dritter Teil
Geschäftsführung

§ 33
Vorstand

(1) Der Personalrat bildet aus seiner Mitte den Vorstand. Diesem gehört ein Mitglied jeder im Personalrat vertretenen Gruppe an. Die Vertreter jeder Gruppe wählen das auf sie entfallende Vorstandsmitglied und ein stellvertretendes Vorstandsmitglied. Bei Stimmengleichheit entscheidet das Los. Der Vorstand führt die laufenden Geschäfte.

(2) Der Personalrat wählt mit einfacher Stimmenmehrheit in geheimer Wahl aus den Mitgliedern des Vorstandes einen Vorsitzenden. Er bestimmt zugleich die Vertretung des Vorsitzenden durch die Stellvertreter. Bei der Wahl der Stellvertreter sind die Gruppen zu berücksichtigten, denen der Vorsitzende nicht angehört, es sei denn, daß die Vertreter dieser Gruppe darauf verzichten.

(3) Der Vorsitzende vertritt den Personalrat im Rahmen der von diesem gefaßten Beschlüsse. In Angelegenheiten, die nur eine Gruppe betreffen, vertritt der Vorsitzende, wenn er nicht selbst dieser Gruppe angehört, gemeinsam mit einem der Gruppe angehörenden Vorstandsmitglied den Personalrat.

(4) Hat der Personalrat elf oder mehr Mitglieder, so wählt er aus seiner Mitte mit einfacher Stimmenmehrheit zwei weitere Mitglieder in den Vorstand. Sind Mitglieder des Personalrates aus Wahlvorschlagslisten mit verschiedenen Bezeichnungen gewählt worden und sind im Vorstand Mitglieder aus derjenigen Liste nicht vertreten, die die zweitgrößte Anzahl, mindestens jedoch ein Drittel aller von den Angehörigen der Dienststelle abgegebenen Stimmen erhalten hat, so ist eines der weiteren Vorstandsmitglieder aus dieser Liste zu wählen.

Vergleichbare Vorschriften: §§ 32, 33 BPersVG; § 27 Abs. 1, 2 BetrVG

(**Abs. 1**) Der Personalrat hat einen Vorstand, eine bzw. einen Vorsitzenden   **1**

§ 33

und Stellvertreterinnen und -vertreter zu wählen. Personalräte mit elf und mehr Mitgliedern wählen außerdem weitere Vorstandsmitglieder. Diese Wahlen dienen der **Arbeitsfähigkeit** und finden unmittelbar nach der Neuwahl des Personalrats in der konstituierenden Sitzung (§ 34 Abs. 1) statt. Während der konstituierenden Sitzung können auch Ersatzvorstandsmitglieder gewählt werden. Soweit Neuwahlen zur Aufrechterhaltung der Arbeitsfähigkeit während der Amtszeit erforderlich sind, sind sie in einer regelmäßigen oder eigens einberufenen Personalratssitzung durchzuführen.

2 Die Vorschrift setzt voraus, daß der Personalrat aus Vertreterinnen und Vertretern mehrerer Gruppen besteht. Jede im Personalrat vertretene Gruppe erhält ein Vorstandsmitglied. Ist nur eine Gruppe vertreten, so findet die Vorschrift keine Anwendung. Die bzw. der Vorsitzende und dessen Stellvertreterin bzw. -vertreter werden dann nach Abs. 2 aus der Mitte des Personalrats gewählt. Zum **Gruppenvorstandsmitglied** kann jede Vertreterin bzw. jeder Vertreter einer Gruppe gewählt werden. Gleichzeitig ist für den Fall der Verhinderung dieses Vorstandsmitglieds eine **Stellvertreterin oder ein Stellvertreter** zu wählen. Hat die Gruppe nur ein Mitglied, wird dieses automatisch Vorstandsmitglied; die Wahl eines stellvertretenden Gruppenvorstandsmitglieds erübrigt sich. Gleiches gilt beim einköpfigen Personalrat; das einzige Mitglied bildet den Vorstand und führt die laufenden Geschäfte. Ergibt sich bei der Wahl eines Vorstandsmitglieds in einer Gruppe zwischen mehreren Kandidatinnen und Kandidaten Stimmengleichheit, so hat das Los zu entscheiden (BVerwG vom 1. 8. 58 – VII P 21.57, PersV 58/59, 114). Das Amt eines Vorstandsmitglieds kann durch Mehrheitsbeschluß der betreffenden Gruppe entzogen werden. Die Abberufung ist an keine Gründe gebunden. Ist eine im Personalrat vertretene Gruppe im Vorstand nicht mehr vertreten, so hat eine Neuwahl des Gruppenvorstandsmitglieds zu erfolgen.

3 Die **Führung der laufenden Geschäfte** obliegt dem Vorstand. Zur Führung der laufenden Geschäfte gehört vor allem die Vorbereitung der Personalratssitzungen und der Beschlüsse des Personalrats. Der Vorstand hat die vorbereitenden Verhandlungen zu führen, Informationen einzuholen, Unterlagen zu beschaffen, Ermittlungen durchzuführen, Berichte zu fertigen, Entwürfe vorzubereiten sowie Anträge und Beschwerden der Beschäftigten entgegenzunehmen (VGH Kassel von 22. 5. 74 – BPV TK 3. 74, PersV 74, 64). Weder der Personalrat noch eine Gruppe können durch Mehrheitsbeschluß die Entscheidung über bestimmte Angelegenheiten an den Vorstand delegieren (BVerwG vom 5. 2. 71 – VII P 17.70, PersV 71, 271).

4 Der Vorstand und nicht etwa einzelne Vorstandsmitglieder führt die Geschäfte des Personalrats. Gewollt ist eine **ständige Abstimmung und die Herstellung von Gemeinsamkeit** im Vorstand. Daher kann der Vorstand regelmäßig Sitzungen abhalten. Diese Sitzungen finden ebenso wie Personalratssitzungen während der Arbeitszeit statt. Soweit es sachdienlich

§ 33

ist, kann der Vorstand Gewerkschaftsbeauftragte, Vertreterinnen und Vertreter der Jugend- und Auszubildendenvertretung oder die Schwerbehindertenvertretung zu seinen Sitzungen hinzuziehen. Die vom Gesetz gewollte Gemeinsamkeit im Vorstand wird nicht dadurch berührt, daß der Personalrat mit einem Arbeitsverteilungsplan eine Aufgabenverteilung zwischen den Vorstandsmitgliedern beschließen kann (BVerwG vom 20. 3. 64 – VII P 3.63, PersV 64, 110). In einem derartigen Arbeitsverteilungsplan kann bestimmt werden, welche Aufgaben die einzelnen Vorstandsmitglieder zu erledigen haben, inwieweit sie selbständig mit der Dienststelle verhandeln und Schriftverkehr führen können.

(**Abs. 2**) Der Personalrat hat eine **Vorsitzende** bzw. einen Vorsitzenden und dessen Stellvertreterin bzw. Stellvertreter zu **wählen.** Im einköpfigen Personalrat übernimmt das einzige Vorstandsmitglied gleichzeitig die Funktion der oder des Vorsitzenden. Er kann bei Gruppenwahl nur ein Vorstandsmitglied nach Abs. 1 in den Vorsitz wählen (BVerwG vom 13. 5. 66 – VII P 4.66, PersV 66, 181). Keinem der Vorstandsmitglieder steht dabei ein Vorrang zu. In die Stellvertretung der oder des Vorsitzenden können grundsätzlich nur die weiteren Gruppenvorstandsmitglieder gewählt werden. Ist in einem Personalrat nur noch ein weiteres Vorstandsmitglied vorhanden, so ist es nach der Wahl der bzw. des Vorsitzenden automatisch dessen Vertreterin bzw. Vertreter. Sind nach der Wahl der oder des Vorsitzenden noch zwei weitere Gruppenvorstandsmitglieder vorhanden, so hat der Personalrat zu bestimmen, welches dieser Vorstandsmitglieder an erster Stelle und welches an zweiter Stelle die Stellvertretung übernimmt. 5

Auf nach Abs. 4 hinzugewählte, **weitere Vorstandsmitglieder** kann der Personalrat bei der Wahl der Stellvertreter/-innen im Vorsitz erst dann zurückgreifen, wenn Gruppenvorstandsmitglieder auf die Wahl verzichten (BVerwG vom 16. 9. 77 – VII P 1.75, PersV 78, 353). Allerdings darf ein so gewähltes Vorstandsmitglied nur dann in die Stellvertretung gewählt werden, wenn es derselben Gruppe angehört wie das verzichtende Gruppenvorstandsmitglied. Lehnt auch dieses zugewählte Vorstandsmitglied die Wahl in die Stellvertretung ab oder hat der Personalrat weniger als elf Mitglieder, so kann jeder andere Gruppenvertreter in die Stellvertretung des Vorsitzenden gewählt werden (BVerwG vom 7. 6. 84 – 6 P 29.83, ArbuR 85, 31 Ls., wobei dort jedoch verkannt wird, daß im Hinblick auf den eindeutigen Wortlaut des Abs. 2 Satz 1 nur ein Vorstandsmitglied zum Vorsitzenden gewählt werden kann). 6

Der oder die Vorsitzende kann das Amt ohne Begründung jederzeit niederlegen. Ebenso kann der Personalrat durch Mehrheitsbeschluß der oder dem Vorsitzenden das Amt entziehen. Der **Rücktritt** oder die **Amtsenthebung** führt nur zum Verlust des Amts im Vorsitz; das Personalratsmitglied bleibt Vorstandsmitglied, es sei denn, die Gruppe, der es angehört, hat ihm gleichzeitig auch das Amt als Vorstandsmitglied entzogen. Mit dem Erlöschen des Personalratsamts in den Fällen des § 29 Abs. 1 endet 7

§ 33

auch das Amt der oder des Vorsitzenden. Das gleiche gilt für die Personalratsmitglieder in der Stellvertretung des Vorsitzes. Anstelle des zurückgetretenen, abberufenen oder ausgeschiedenen Vorsitzenden oder des Personalratsmitglieds in Stellvertretung hat der Personalrat unverzüglich in einer ordnungsgemäß einzuberufenden Sitzung über den Vorsitz und die Stellvertretung neu zu entscheiden.

8 Ist ein **Vorstandsmitglied zeitweilig verhindert,** rückt ein Ersatzmitglied für die Dauer der Verhinderung in den Personalrat nach, übernimmt aber nicht die Funktion als Vorstandsmitglied. In diese Funktion tritt vielmehr die persönliche Stellvertreterin bzw. Stellvertreter.

9 **(Abs. 3)** Liegt kein Arbeitsverteilungsplan vor, obliegt es der bzw. dem Vorsitzenden des Personalrats, alle **Aufgaben und Befugnisse** selbständig wahrzunehmen, die für einen ordnungsgemäßen internen Arbeitsablauf des Personalrats erforderlich sind. Dazu gehört die Festsetzung der Sitzungstermine des Personalrats, des Vorstands sowie eventuell gebildeter Ausschüsse. Auch die Aufstellung der Tagesordnung, die Einladung der Sitzungsteilnehmerinnen und -teilnehmer sowie die Leitung der Personalratssitzungen obliegt der bzw. dem Vorsitzenden ebenso wie die Unterzeichnung von Niederschriften sowie die Leitung von Personalversammlungen.

10 Die bzw. der **Vorsitzende ist das Gegenüber der Dienststelle,** wenn es darum geht, Entscheidungen des Personalrats wirksam werden zu lassen. Dieses Vertretungsrecht schließt die Befugnis ein, Erklärungen oder Entscheidungen der Dienststelle für den Personalrat entgegenzunehmen und Dienstvereinbarungen zu unterzeichnen. Die bzw. der Vorsitzende vertritt den Personalrat bei der Einleitung und Durchführung von Gerichtsverfahren. Das vorsitzende Mitglied des Personalrats muß sich bei seinen Erklärungen jedoch **im Rahmen der vom Personalrat gefaßten Beschlüsse** halten. Ohne Beschluß des Personalrats kann es beispielsweise in Beteiligungsangelegenheiten keine endgültige Stellungnahme gegenüber der Dienststelle abgeben. Die bzw. der Vorsitzende ist auch nicht befugt, Handlungen durchzuführen oder Erklärungen abzugeben, die ausschließlich eine Gruppe betreffen, wenn sie oder er nicht dieser Gruppe angehört. In diesem Fall muß ein Vorstandsmitglied der betroffenen Gruppe beteiligt werden, was sich aus der Rahmenregelung des § 98 BPersVG ergeben soll (BVerwG vom 16. 9. 77 – VII P 1.75, PersV 78, 353). Erklärungen in **Gruppenangelegenheiten,** die nicht von der bzw. dem Vorsitzenden und einem der entsprechenden Gruppe angehörenden Vorstandsmitglied abgegeben werden, gelten als unwirksam (BAG vom 13. 10. 82 – VII AZR 617/80, AP Nr. 1 zu § 40 LPVG Niedersachsen). Dies soll selbst dann gelten, wenn der Personalrat seinen Beschluß einstimmig gefaßt hat (BVerwG vom 14. 7. 86 – 6 P 12.84, PersR 86, 233).

12 **(Abs. 4)** Gehören dem Personalrat mindestens elf Mitglieder an, sind zwei weitere Mitglieder in den Vorstand zu wählen. Die Wahl erfolgt durch Mehrheitsbeschluß aller Personalratsmitglieder in der konstituie-

§ 33

renden Sitzung. Die **weiteren Vorstandsmitglieder** können aus der Mitte des Personalrats ohne Rücksicht auf ihre Gruppenzugehörigkeit vorgeschlagen werden. Die Auswahlmöglichkeit des Personalrats ist jedoch zugunsten von **Minderheitslisten** eingeschränkt. Sind Mitglieder des Personalrats

– aus Wahlvorschlagslisten mit verschiedenen Bezeichnungen gewählt und

– hat die Liste mit der zweitgrößten Stimmenzahl mindestens ein Drittel aller in der Dienststelle abgegebenen Stimmen (einschließlich ungültiger Stimmen) erhalten und

– sind Personalratsmitglieder dieser Liste nach Abs. 1 im Vorstand nicht vertreten,

so muß der Personalrat ein Personalratsmitglied aus dieser Liste bei den weiteren Vorstandsmitgliedern berücksichtigen (Abs. 2). Für die weiteren Mitglieder des Vorstands sieht das Gesetz die Wahl von Stellvertreterinnen oder Stellvertretern nicht vor. Bei **Verhinderung** weiterer Vorstandsmitglieder wird der Personalrat stets neu darüber zu befinden haben, welches seiner Mitglieder die Aufgaben im (erweiterten) Vorstand wahrnimmt.

Von den Beschäftigten eingereichte Wahlvorschläge, die dieselbe Bezeichnung tragen und damit eine **einheitliche Interessenausrichtung** erkennen lassen, sind über die Gruppengrenzen hinweg als eine Liste zu behandeln (BVerwG vom 23. 2. 79 – 6 P 39.78, PersV 81, 241). Dabei können nur Wahlvorschlagslisten, die das gleiche **Kennwort** haben, zusammengefaßt werden. Sind im Vorstand nach Abs. 1 bereits Mitglieder aus einer Liste oder Listeneinheit vertreten, so findet Abs. 4 Satz 2 keine Anwendung. Dies gilt auch, wenn eines der Gruppenvorstandsmitglieder zwar in Personenwahl gewählt worden ist, jedoch auf einem Wahlvorschlag benannt wurde, der der Listeneinheit zuzuordnen ist, weil dieser Wahlvorschlag mit demselben Kennwort versehen war.

13

Verabreden die aus einer nach Satz 2 zu berücksichtigenden Liste oder Listeneinheit gewählten Personalratsmitglieder, daß nur eines von ihnen für das Amt eines weiteren Vorstandsmitglieds zur Verfügung steht, so führt dies dazu, daß dieses Personalratsmitglied in den Vorstand gelangt, ohne daß es einer Wahl bedarf (BVerwG vom 28. 2. 79 – 6 P 81.78, PersV 80, 427; a. A. BayVGH vom 10. 9. 86 – 17 C 86.02134, PersR 87, 176 Ls.). Der Übertritt eines gewählten weiteren Vorstandsmitglieds zu einer anderen Gewerkschaft oder einem Verband, der eine andere Wahlvorschlagsliste getragen hat, führt nicht zur nachträglichen Ungültigkeit dessen Wahl in den erweiterten Vorstand (vgl. BVerwG vom 12. 6. 84 – 6 P 13.83, PersV 86, 162).

14

§ 34
Sitzungen

(1) Spätestens sechs Arbeitstage nach dem Wahltage hat der Wahlvorstand die Mitglieder des Personalrates zur Vornahme der vorgeschriebenen Wahlen einzuberufen und die Sitzung zu leiten, bis der Personalrat aus seiner Mitte einen Wahlleiter bestellt hat.

(2) Die weiteren Sitzungen beraumt der Vorsitzende des Personalrates an. Er setzt die Tagesordnung fest, lädt die Mitglieder des Personalrates zu den Sitzungen rechtzeitig unter Mitteilung der Tagesordnung ein und leitet die Verhandlung. Satz 2 gilt auch für die Ladung der Schwerbehindertenvertretung und der Mitglieder der Jugend- und Auszubildendenvertretung, soweit sie ein Teilnahmerecht an der Sitzung haben.

(3) Auf Antrag

1. eines Viertels der Mitglieder des Personalrates oder

2. der Mehrheit einer Gruppenvertretung oder

3. der Mehrheit der Mitglieder der Jugend- und Auszubildendenvertretung in Angelegenheiten, die besonders die jugendlichen Beschäftigten betreffen, oder

4. der Schwerbehindertenvertretung in Angelegenheiten, die besonders schwerbehinderte Beschäftigte betreffen, oder

5. der Vertrauensperson in Angelegenheiten, die besonders die jeweiligen Vertretenen betreffen, oder

6. des Dienststellenleiters

hat der Vorsitzende innerhalb von zehn Arbeitstagen nach Eingang des Antrags eine Sitzung anzuberaumen und den Gegenstand, dessen Beratung beantragt ist, auf die Tagesordnung zu setzen.

(4) Der Leiter der Dienststelle nimmt an den Sitzungen, die auf sein Verlangen anberaumt sind, und an den Sitzungen, zu denen er ausdrücklich eingeladen ist, teil. § 7 gilt entsprechend.

Vergleichbare Vorschriften: § 34 BPersVG; § 29 Abs. 1 bis 3, § 67 Abs. 1 BetrVG

1 (**Abs. 1**) Spätestens sechs Arbeitstage nach dem letzten Wahltag hat die erste Sitzung nach der Personalratswahl (**konstituierende Sitzung**) stattzufinden. Sie dient ausschließlich zur Durchführung der Wahlen nach § 33. Diese Sitzung ist selbst dann durchzuführen, wenn die Personalratswahl angefochten ist. Die Einladung zu dieser Sitzung erfolgt durch den Wahlvorstand. Sie ist an die neugewählten Personalratsmitglieder (ggf. an deren Stelle tretende Ersatzmitglieder), an die Schwerbehindertenvertretung sowie an die von der Jugend- und Auszubildendenvertretung benannten Vertreterinnen und Vertreter zu richten. Auch in der

Dienststelle vertretene Gewerkschaften sind über Ort und Zeit der konstituierenden Sitzung des Personalrats zu unterrichten. Die **Leitung** der konstituierenden Sitzung gehört zu den Aufgaben des Wahlvorstands und muß als dessen letzte Sitzung angesehen werden, weshalb Gewerkschaftsbeauftragte berechtigt sind, auch an dieser Sitzung des Wahlvorstands teilzunehmen (vgl. § 20 Abs. 3). Der Wahlvorstand hat eine **Tagesordnung** aufzustellen, die sich ausschließlich auf die nach § 33 vorgeschriebenen Wahlen beschränkt. Einem Mitglied des Wahlvorstandes, durchweg der bzw. dem Vorsitzenden, obliegt die Eröffnung und Leitung der konstituierenden Sitzung. Dieses Mitglied des Wahlvorstands hat den Wahlgang zur Bestellung der Wahlleiterin bzw. des Wahlleiters – sie oder er kann aus der Mitte des Personalrats vorgeschlagen werden – zu leiten. Nach Abschluß dieser Wahl ist die Tätigkeit des Wahlvorstands beendet. Er ist nicht berechtigt, an der weiteren Sitzung teilzunehmen (vgl. BVerwG vom 18. 4. 78 – 6 P 34.78, PersV 79, 194). Die in der Tagesordnung vorgesehenen Wahlen führt die Wahlleiterin bzw. der Wahlleiter durch.

Grundsätzlich ist mit den Wahlen gem. § 33 die konstituierende Sitzung 2
des Personalrats abgeschlossen. Eine Befassung des Personalrats mit Angelegenheiten, die in der vom Wahlvorstand vorgelegten Tagesordnung nicht aufgeführt sind, ist in der konstituierenden Sitzung nur unter eingeschränkten Voraussetzungen möglich. Alle Personalratsmitglieder (ggf. vertreten durch Ersatzmitglieder) müssen anwesend und mit der **Erweiterung der Tagesordnung** einverstanden sein (Dietz/Richardi, § 34 BPersVG Rn. 12). Eine Befassung mit Angelegenheiten die auf der Tagesordnung nicht aufgeführt sind, ist selbst bei Vorliegen der vorgenannten Voraussetzungen unzulässig, wenn die Amtszeit des bisherigen Personalrats noch nicht abgelaufen ist. Der neugewählte Personalrat darf nicht in die Amtsgeschäfte des noch amtierenden Personalrats eingreifen (BVerwG vom 9. 10. 59 – VII P 1.59, PersV 60, 19). Bei Vorliegen der zuvor genannten Voraussetzungen kann der neugewählte Personalrat in der konstituierenden Sitzung über die vorgelegte Tagesordnung hinaus nur über interne Angelegenheiten (Freistellung, Geschäftsordnung oder Arbeitsverteilungsplan) beschließen.

(Abs. 2) Alle auf die erste Sitzung des Personalrats folgenden Sitzungen 3
beruft die bzw. der Vorsitzende des Personalrats ein. Das vorsitzende Mitglied des Personalrats entscheidet über den **Zeitpunkt der Sitzungen** nach pflichtgemäßem Ermessen. Immer wenn an Fristen gebundene Angelegenheiten eine Sitzung erforderlich machen, ist eine Personalratssitzung einzuberufen. Dies geschieht unabhängig davon, ob eine verabschiedete Geschäftsordnung (§ 42) regelmäßige Sitzungstermine vorsieht, zu denen die bzw. der Vorsitzende ebenfalls einzuladen hat.

Aufgabe des vorsitzenden Mitglieds des Personalrats ist auch die **Festle-** 4
gung der Tagesordnung für die jeweilige Sitzung. Diese muß sämtliche Punkte enthalten, die behandelt werden sollen. Die Angaben in der Tages-

§ 34

ordnung müssen es den Personalratsmitgliedern ermöglichen, sich ein genaues Bild über die zu behandelnden Angelegenheiten zu machen. Aus diesem Grund ist es nicht ausreichend, wenn die Tagesordnung lediglich global die Beratungsgegenstände angibt (BVerwG vom 29. 8. 75 – VII P 13.73, PersV 76, 305). Eine Befassung des Personalrats mit Tagesordnungspunkten, die dessen Mitgliedern nicht gemeinsam mit der Einladung bekanntgemacht wurden, ist nur unter einschränkenden Voraussetzungen zulässig (s. unten Rn. 6).

5 Die **ordnungsgemäße Einberufung** der Personalratssitzungen schließt die **rechtzeitige Einladung** der Mitglieder des Personalrats und die Mitteilung der Tagesordnung ein. Selbst wenn eine Angelegenheit nur eine Gruppe betrifft, sind alle Personalratsmitglieder zur Sitzung zu laden, da diese ein Beratungsrecht haben. Für verhinderte Personalratsmitglieder sind Ersatzmitglieder einzuladen (§ 31). Daneben sind zu den Personalratssitzungen unter Übersendung der Tagesordnung weitere Teilnehmerinnen und Teilnehmer hinzuzuziehen:

– den oder die Beauftragte einer im Personalrat vertretenen Gewerkschaft, wenn dies nach § 36 Abs. 1 beantragt ist,
– die Person, die nicht einer Gewerkschaft angehört und den Personalrat unterstützen soll, wenn dies nach § 36 Abs. 2 beantragt ist;
– die Schwerbehindertenvertretung,
– den Vertrauensmann der Zivildienstleistenden, wenn ein Grund nach § 40 Abs. 2 vorliegt,
– das Mitglied der Jugend- und Auszubildendenvertretung, das an allen Sitzungen des Personalrats teilnehmen kann (§ 40 Abs. 1 Satz 1) sowie
– sämtliche Mitglieder der Jugend- und Auszubildendenvertretung, wenn die Voraussetzungen des § 40 Abs. 1 Satz 2 vorliegen.

6 Die **Ergänzung der Tagesordnung,** also die Befassung mit Angelegenheiten, die den Mitgliedern des Personalrats nicht rechtzeitig vor der Sitzung als Tagesordnungspunkte bekanntgemacht worden sind, ist nur unter einschränkenden Voraussetzungen zulässig. Für den Beschluß, den betreffenden Punkt nachträglich auf die Tagesordnung zu setzen, ist Einstimmigkeit erforderlich. Kann sich nur ein Mitglied des Personalrats mit der vorgeschlagenen Ergänzung nicht einverstanden erklären, hat die oder der Vorsitzende den Punkt auf die Tagesordnung der nächsten (regelmäßigen) Sitzung zu nehmen. Droht **Fristablauf,** ist umgehend, auch außerhalb des normalen Sitzungsrhythmus, eine Sitzung anzuberaumen. Eine Änderung der Reihenfolge der Tagesordnungspunkte oder die Absetzung eines Tagesordnungspunktes kann der Personalrat jederzeit mit Mehrheit beschließen.

7 (**Abs. 3**) Die oder der Vorsitzende hat sämtliche Angelegenheiten auf die Tagesordnung zu setzen, deren Behandlung Aufgabe der Personalvertretung ist. Dies sind insbesondere Angelegenheiten, die seiner Beteiligung

§ 34

unterliegen und von Fristablauf bedroht sind (vgl. § 69 Abs. 2, § 82 Abs. 2). Unabhängig von dieser Pflicht hat die oder der Vorsitzende einen Tagesordnungspunkt auf die Tagesordnung zu setzen, wenn dies beantragen:

– ein Viertel der Mitglieder des Personalrats (Nr. 1),
– die Mehrheit der Vertreterinnen und Vertreter einer Gruppe (Nr. 2),
– die Mehrheit der Mitglieder der Jugend- und Auszubildendenvertretung, wenn eine Angelegenheit jugendliche Beschäftigte (§ 57) besonders betrifft (Nr. 3),
– die Schwerbehindertenvertretung, wenn eine Angelegenheit schwerbehinderte Beschäftigte besonders betrifft (Nr. 4),
– eine Vertrauensperson in Angelegenheiten des von ihr vertretenen Personenkreises (Nr. 5) oder
– die Dienststellenleiterin bzw. der Dienststellenleiter (Nr. 6).

An **Vertrauenspersonen** kennt das Gesetz den Vertrauensmann der Zivildienstleistenden (§ 40 Abs. 2), die Vertrauensperson der Rechtsreferendare (§ 87 Nr. 4), die Vertrauensperson der Polizeivollzugsbeamten (§ 90 Abs. 2) und die Vertrauensperson der Lehramtsanwärter (§ 92 Abs. 3).

Der **Antrag auf Aufnahme eines Beratungsgegenstandes** in die Tagesordnung und auf anschließende Behandlung in der Personalratssitzung muß so rechtzeitig der bzw. dem Vorsitzenden des Personalrats zugehen, daß eine ordnungsgemäße Einladung des Personalrats erfolgen kann. Grundsätzlich muß man hierbei von einer Wochenfrist ausgehen. Wird der Antrag erst so kurz vor einer Personalratssitzung gestellt, daß der zu beratende Gegenstand den Personalratsmitgliedern zusammen mit der Einladung nicht mehr mitgeteilt werden kann, ist eine Befassung des Personalrats mit dem Beratungsgegenstand nur nach einstimmigem Beschluß des Personalrats möglich. Verweigern die Personalratsmitglieder die Befassung mit einem nicht rechtzeitig mitgeteilten, beantragten Tagesordnungspunkt und legt die Geschäftsordnung keine regelmäßige Sitzungsfolge in überschaubarer Zeit (etwa wöchentlich) fest, wird die bzw. der Vorsitzende bei einem Antrag nach Abs. 3 eine **gesonderte Personalratssitzung** einberufen müssen.

(Abs. 4) Wegen des Gebots der Nichtöffentlichkeit (§ 35) kann die **Dienststellenleitung** grundsätzlich nicht an den Personalratssitzungen teilnehmen. Hat sie die Behandlung eines Tagesordnungspunkts nach Abs. 3 beantragt, oder ist sie zur Sitzung ausdrücklich eingeladen, hat eine Vertreterin oder ein Vertreter der Dienststellenleitung an der Personalratssitzung teilzunehmen. Ein grundloses und beharrliches Fernbleiben stellt sich als Behinderung der Personalratstätigkeit dar. Gleichzeitig liegt ein Verstoß gegen den Grundsatz der vertrauensvollen Zusammenarbeit nach § 2 Abs. 1 vor. Die Vertreterin oder der Vertreter der Dienststellenleitung darf weder an der Beratung noch an der Beschlußfassung des

§§ 34, 35

Personalrats teilnehmen. Der Personalrat kann die Teilnahme eines Mitglieds der Dienststellenleitung an den Personalratssitzungen auf die Tagesordnungspunkte beschränken, deren Behandlung von der Dienststellenleitung beantragt wurde oder zu denen sie die Dienststellenleitung ausdrücklich eingeladen hat.

10 Nimmt ein Mitglied der Dienststellenleitung an Personalratssitzungen teil, verbleibt die **Verhandlungsleitung** bei der bzw. dem Vorsitzenden des Personalrats. Das Mitglied der Dienststellenleitung hat als Verhandlungspartner des Personalrats Beteiligungsvorgänge zu begründen, erforderliche Auskünfte zu erteilen und mit dem ernsten Willen zur Einigung mit dem Personalrat zu verhandeln (vgl. § 66 Abs. 1). Der Dienststellenleitung ist eine Niederschrift über die Sitzung, soweit sie ganz teilgenommen hat, oder über den Teil der Sitzung, an der ein Mitglied der Dienststellenleitung teilgenommen hat, zuzuleiten (§ 41 Abs. 2).

§ 35
Durchführungen der Sitzungen

Die Sitzungen des Personalrates sind nicht öffentlich; sie finden in der Regel während der Arbeitszeit statt. Der Personalrat hat bei der Anberaumung seiner Sitzungen auf die dienstlichen Erfordernisse Rücksicht zu nehmen. Der Leiter der Dienststelle ist vom Zeitpunkt der Sitzung vorher zu verständigen.

Vergleichbare Vorschriften: § 35 BPersVG; § 30 BetrVG

1 Generell dürfen nur Personalratsmitglieder an den Personalratssitzungen teilnehmen. Ersatzmitglieder haben nur im Verhinderungsfall eines Personalratsmitglieds ein **Teilnahmerecht.** Ausnahmen von diesem Grundsatz gelten lediglich für diejenigen Personen, denen das Gesetz ein ausdrückliches Teilnahmerecht einräumt (vgl. § 34 Abs. 2 und 4, § 40).

2 Personalratssitzungen finden grundsätzlich während der dienststellenüblichen Arbeitszeit statt. Bei der **Anberaumung von Personalratssitzungen** hat die bzw. der Vorsitzende auf die dienstlichen Erfordernisse Rücksicht zu nehmen. Damit der Personalrat auch unter Berücksichtigung der dienstlichen Aufgaben der Mitglieder möglichst vollzählig zusammentreten kann, ist vor der Einladung zu prüfen, wann der günstigste Zeitpunkt für eine Sitzung ist. Ggf. muß die Dienststelle besondere Personaldispositionen vornehmen. Auf jeden Fall kann die Dienststellenleitung eine einmal anberaumte Sitzung auch dann nicht verbieten, wenn es zu kurzfristigen Arbeitsausfällen wegen der Personalratssitzung kommt. Die Dienststellenleitung kann allenfalls anregen, die Sitzung zu einem ihrer Auffassung nach günstigeren Zeitpunkt durchzuführen. Dabei hat sie aber dienstliche Erfordernisse und personalvertretungsrechtliche Erfordernisse, etwa zu beachtende Fristen, in Einklang zu bringen. Zu den Aufgaben der bzw. des Vorsitzenden zählt es, die Dienststellenleitung vor Personalratssitzungen von deren Zeitpunkt zu unterrichten. Die Durchführung der Sitzung ist nicht von einer nachfolgenden Genehmigung der Dienststellenleitung abhängig. Die Dienststellenleitung soll durch die **Unterrichtung** lediglich in die Lage versetzt werden, rechtzeitig die Vorkehrungen zu treffen, die notwendig sind, damit Personalratsmitglieder an der Sitzung teilnehmen können.

Die Vorschrift geht davon aus, daß die **Niederschrift** von einem Mitglied des Personalrats gefertigt wird. Diese Regelung führt deshalb oft zu Schwierigkeiten, weil das die Niederschrift anfertigende Mitglied des Personalrats wegen der Konzentration auf die Protokollführung durchweg gehindert ist, mit voller Aufmerksamkeit der Personalratssitzung zu folgen. Damit wird dieses Mitglied des Personalrats in seiner gesetzlichen Aufgabe, die Interessen der Beschäftigten wahrzunehmen, beschnitten. Besonders gravierend wird dieser Umstand, wenn das die Niederschrift fertigende Personalratsmitglied besondere Sachkunde zu speziellen Fragen aufweist und diese Sachkunde nicht in die Personalratssitzung einbringen kann. Gleichwohl wird der Personalrat die ihm zur Verfügung gestellte **Bürokraft** (§ 44 Abs. 2) nicht zur Anfertigung der Niederschrift hinzuziehen können. Ein Hinzuziehen würde gegen das Gebot der Nichtöffentlichkeit verstoßen (vgl. BVerwG vom 27. 11. 87 – 6 P 38.79, PersV 83, 408). Dabei übersieht das Bundesverwaltungsgericht, daß Schreibkräfte des Personalrats der Schweigepflicht unterliegen und ohnehin Einzelheiten der Sitzung erfahren, wenn sie nach der Sitzung die Niederschrift anfertigen. 3

§ 36
Teilnahme von Gewerkschaftsbeauftragten und weiteren Personen

(1) Auf Antrag von einem Viertel der Mitglieder oder der Mehrheit einer Gruppe des Personalrates kann je ein Beauftragter einer im Personalrat vertretenen Gewerkschaft an den Sitzungen beratend teilnehmen; in diesem Falle sind der Zeitpunkt der Sitzung und die Tagesordnung der Gewerkschaft rechtzeitig mitzuteilen.

Dies gilt nicht, soweit Gegenstände behandelt werden, die die Mitteilung oder Erörterung schutzwürdiger personenbezogener Daten einschließen, es sei denn, der Betroffene stimmt zu. Als schutzwürdig gelten Angaben über die Gesundheit, die Eignung, Leistung oder das Verhalten der Beschäftigten oder Bewerber. Dies gilt auch nicht, soweit Anordnungen behandelt werden, welche die Belange der inneren Sicherheit, insbesondere den Einsatz der Polizei und die Sicherheit der Behörde betreffen.

(2) Absatz 1 gilt für weitere Personen, die keiner im Personalrat vertretenen Gewerkschaft angehören, entsprechend. Die Person wird von den Antragstellern bestimmt.

Vergleichbare Vorschriften: § 36 BPersVG; § 31 BetrVG

§ 36

1 Nur Gewerkschaften, die im Personalrat vertreten sind, haben ein Recht zur Teilnahme an Personalratssitzungen. Mindestens ein Personalratsmitglied muß der Gewerkschaft angehören. Gehört einer Gewerkschaft lediglich ein Ersatzmitglied des Personalrats an, ist die Teilnahme eines Beauftragten dieser Gewerkschaft nur dann zulässig, wenn das Ersatzmitglied an der Sitzung teilnimmt. Voraussetzung für die **Teilnahme von Gewerkschaftsbeauftragten** ist der Antrag einer qualifizierten Minderheit, nämlich eines Viertels der Personalratsmitglieder oder der Hälfte der Mitglieder einer im Personalrat vertretenen Gruppe. Maßgebend für die Berechnung der Zahl der Personalratsmitglieder, die einen Antrag unterstützen müssen, ist die tatsächliche Mitglieder- bzw. Gruppenstärke, nicht die gesetzlich vorgeschriebene Zahl. Zu jeder Sitzung, an der Gewerkschaftsbeauftragte teilnehmen sollen, ist ein **erneuter Antrag** erforderlich. Die Antragstellerinnen und Antragsteller entscheiden darüber, welche Gewerkschaft sie zur Beratung in die Sitzung einladen wollen. Der oder die Vorsitzende des Personalrats ist daraufhin verpflichtet, über den Zeitpunkt der Sitzung zu informieren, also einzuladen, und rechtzeitig die Tagesordnung mitzuteilen. Der Antrag auf Teilnahme von Gewerkschaftsbeauftragten kann jederzeit, also auch in der Sitzung, noch mündlich oder schriftlich gestellt werden.

2 Ausschließlich die Gewerkschaften können bestimmen, wer als ihr Beauftragter auftritt. Die oder der Beauftragte muß nicht zum Kreis der Beschäftigten der Gewerkschaft zählen. Die eingeladene Gewerkschaft kann z. B. einen Beschäftigten der Dienststelle, ein Mitglied einer Stufenvertretung oder einen Beschäftigten einer anderen Dienststelle mit ihrer Vertretung beauftragen. Die Gewerkschaftsmitgliedschaft der oder des Beauftragten ist nicht zwingende Voraussetzung für die **Entsendung durch die Gewerkschaft.** Eine Gewerkschaft kann nur eine bzw. einen Beauftragten entsenden. Während der Personalratssitzung sind Gewerkschaftsbeauftragte der Sitzungsleitung der oder des Vorsitzenden unterworfen. Das vorsitzende Mitglied des Personalrats kann Gewerkschaftsbeauftragten, wenn sie nicht zur Sache sprechen, das Wort entziehen. Kritik von Gewerkschaftsbeauftragten am Personalrat oder an einem seiner Mitglieder hat das vorsitzende Mitglied des Personalrats jedoch hinzunehmen. Wegen Kritik ist ein Ausschluß von der weiteren Teilnahme an der Sitzung nicht zulässig, weil das Teilnahmerecht von Gewerkschaftsbeauftragten nicht zur Disposition der bzw. des Vorsitzenden steht. Das Teilnahmerecht von Gewerkschaftsbeauftragten besteht unabhängig von § 2 Abs. 2, so daß es den dort vorgesehenen Beschränkungen nicht unterliegt. Das Zugangsrecht zur Dienststelle bezieht sich bei der Sitzungsteilnahme lediglich auf den Weg zum Sitzungsraum und den Sitzungsraum selbst.

3 Das Teilnahmerecht von Gewerkschaftsbeauftragten bezieht sich grundsätzlich auf die gesamte Personalratssitzung. Obwohl Gewerkschaftsbeauftragte ebenso wie Personalratsmitglieder der Schweigepflicht unter-

liegen, wird ihr Teilnahmerecht dadurch eingeschränkt, daß **schutzwürdige personenbezogene Daten** von Beschäftigten im Beisein eines Gewerkschaftsbeauftragten nicht erörtert werden dürfen (vgl. Hess. StGH vom 30. 4. 86 – P. St. 1023, PersR 86, 148). Als schutzwürdige Daten gelten solche über die Gesundheit, die Eignung, die Leistung oder das Verhalten von Beschäftigten. Entsprechendes gilt für Daten von Bewerberinnen und Bewerber. Im Einzelfall wird die Abgrenzung von schutzwürdigen Daten und solchen, die mit den Gewerkschaftsbeauftragten beraten werden dürfen, äußerst schwierig sein, weshalb nach einem geeigneten Verfahren zur Vermeidung unnötiger Streitigkeiten gesucht werden sollte (s. Rn. 4).

Derartige Daten dürfen offen im Beisein von Gewerkschaftsbeauftragten 4 behandelt und angesprochen werden, wenn der betroffene Beschäftigte zugestimmt hat. Beschäftigte können diese **Zustimmung** – jederzeit widerruflich – generell oder für den Einzelfall geben. Es empfiehlt sich, daß der Personalrat auf diese Möglichkeiten, insbesondere die der generellen Zustimmung etwa im Rahmen einer Personalversammlung oder eines Informationsblatts, hinweist, um nicht anläßlich der Teilnahme von Gewerkschaftsbeauftragten bei jedem einschlägigen Tagesordnungspunkt über eine kurzfristige Aufhebung der Teilnahme der oder des Gewerkschaftsbeauftragten oder eine **Anonymisierung der Daten** beschließen zu müssen. Liegt keine generelle Zustimmung vor und benötigt der Personalrat die Beratung zu einem einschlägigen Tagesordnungspunkt durch Gewerkschaftsbeauftragte, muß er sich vor der Sitzung um eine Zustimmung betroffener Beschäftigter für den Einzelfall bemühen. Wegen schutzwürdiger Daten von Bewerberinnen und Bewerbern empfiehlt es sich, mit der Dienststelle eine Vereinbarung derart anzustreben, daß bereits in der Ausschreibung auf eine im Rahmen des Beteiligungsverfahrens möglicherweise erfolgende Beratung mit Gewerkschaftsbeauftragten hingewiesen wird und so vorab eine Zustimmung eingeholt wird. Liegt keine Zustimmung vor und benötigt der Personalrat dringend fachliche Beratung, wird er die schutzwürdigen Daten der Beschäftigten derart anonymisieren müssen, daß keinerlei Rückschlüsse auf die betreffende Person gezogen werden können.

Auch Anordnungen, die die **innere Sicherheit,** insbesondere die Sicher- 5 heit der Behörde betreffen, können nicht im Beisein von Gewerkschaftsbeauftragten behandelt werden. Gleiches gilt für Anordnungen über den Einsatz der Polizei. Ob eine Anordnung, über die der Personalrat zu informieren ist, diesen Einschränkungen unterliegt, ist kaum vom Personalrat zu klären. Aus diesem Grunde empfiehlt sich eine Vereinbarung mit der Dienststelle des Inhalts, daß diese von vornherein bei jeder dem Personalrat vorgelegten Maßnahme einen entsprechenden Vermerk vornimmt. Auf diese Art wird dem Personalrat signalisiert, ob Gewerkschaftsbeauftragte kurzfristig die Sitzung verlassen müssen. Er entgeht der Gefahr, bei Fehlbeurteilung einer Anordnung oder eines Einsatzplans

§§ 36, 37

mit einem Auflösungsantrag nach § 28 konfrontiert zu werden. Anordnungen über die innere Sicherheit und über Einsätze der Polizei lassen sich kaum anonymisieren.

6 Da sich das Teilnehmerrecht von Gewerkschaftsbeauftragten auf die gesamte Sitzung bezieht, sind eingeladene Beauftragte berechtigt, an der gesamten Sitzung, einschließlich etwaiger Abstimmungen teilzunehmen. An der Beschlußfassung über beteiligungspflichtige Maßnahmen oder vom Personalrat vorzunehmende Handlungen dürfen Gewerkschaftsbeauftragte jedoch nicht teilnehmen.

7 (Abs. 2) Wenn dies zur sachgemäßen Behandlung von Tagesordnungspunkten notwendig wird, hat der Personalrat das Recht, auch **Personen, die keiner im Personalrat vertretenen Gewerkschaft angehören,** zu seinen Sitzungen einzuladen, auch wenn sie nicht Beschäftigte der Dienststelle sind (vgl. BVerwG vom 24. 10. 75 – VII P 11.73, PersV 76, 442). Diese Personen haben die Funktion beratender Sachverständiger. Für Anträge auf Teilnahme von Sachverständigen gelten die gleichen Antragsvoraussetzungen wie für die Teilnahme von Gewerkschaftsbeauftragten (Abs. 1). Die Teilnahme von Sachverständigen beschränkt sich auf den Teil der Sitzung, für den die Sachkunde benötigt wird. Im Hinblick auf die Erörterung schutzwürdiger Daten gelten für Sachverständige höhere Anforderungen als für Gewerkschaftsbeauftragte nach Abs. 1. Anders als letztere, die Organ der Personalvertretung sind, unterliegen Sachverständige nicht generell der Schweigepflicht nach § 10.

§ 37
Beschlußfassung – Beschlußfähigkeit

(1) Der Personalrat beschließt mit einfacher Stimmenmehrheit der anwesenden Mitglieder. Stimmenthaltung gilt als Ablehnung. Bei Stimmengleichheit ist ein Antrag abgelehnt.

(2) Der Personalrat ist nur beschlußfähig, wenn mindestens die Hälfte seiner Mitglieder anwesend ist; Stellvertretung durch Ersatzmitglieder ist zulässig.

(3) Auf die Mitglieder des Personalrates und diejenigen Personen, die berechtigt sind, an den Sitzungen teilzunehmen, findet § 20 des Thüringer Verwaltungsverfahrensgesetzes sinngemäß Anwendung.

(4) In personellen Angelegenheiten kann der Personalrat beschließen, daß betroffene Beschäftigte mit ihrem Einverständnis vom Personalrat gehört werden.

Vergleichbare Vorschriften: § 37 BPersVG; § 33 BetrVG

1 (Abs. 1) Entscheidungen des Personalrats können nur in einer Personalratssitzung gefaßt werden, und zwar durch **Beschluß**. Die Vorschrift verbietet jede andere Form der Willensbildung, etwa im Wege der fern-

mündlichen oder schriftlichen Umfrage. Ein Beschluß darf nur gefaßt werden, wenn die Angelegenheit in die Tagesordnung aufgenommen ist. Stimmt der Personalrat der Ergänzung einer Tagesordnung zu, ist ein Tagesordnungspunkt wirksam in die Tagesordnung aufgenommen.

Ein Beschluß des Personalrats bedarf grundsätzlich der **Stimmenmehrheit der anwesenden Mitglieder**. Deshalb wirken bei Abstimmungen **Stimmenthaltungen** wie Nein-Stimmen; sie gelten als Ablehnung. Ergibt sich Stimmengleichheit (einschl. Stimmenthaltungen), ist ein Antrag abgelehnt. Die einfache Stimmenmehrheit der anwesenden Mitglieder reicht nicht, wenn sich aus dem Gesetz selbst, (z. B. beim Rücktrittsbeschluß nach § 27 Abs. 2 Nr. 3 oder bei der Beschlußfassung über die Geschäftsordnung nach § 42) oder nach der Rechtsprechung etwas anderes ergibt (so bei Ergänzung der Tagesordnung, was einen einstimmigen Beschluß voraussetzt). Das Gesetz enthält über die Form der Beschlußfassung keine Vorschriften. Grundsätzlich ist **offene oder geheime Abstimmung** möglich. Eine offene Abstimmung wird durch Handaufheben durchgeführt. Widerspricht nur eines der Personalratsmitglieder der offenen Abstimmung, ist geheime Abstimmung durchzuführen. In der Verhandlungsniederschrift (§ 41) ist festzuhalten, wie gewählt wurde und wie das Ergebnis der Abstimmung aussah. Die Dienststellenleiterin oder der Dienststellenleiter kann vom Personalrat keine Auskunft darüber verlangen, auf welche Weise und mit welchem Stimmenverhältnis ein Beschluß des Personalrats zustande kam (Altvater u. a., § 37 BPersVG Rn. 4). 2

(Abs. 2) Mindestens die Hälfte der Personalratsmitglieder muß anwesend sein, damit der Personalrat beschlußfähig ist. Diese Voraussetzung zur **Beschlußfähigkeit** des Personalrats bezieht sich auf den Zeitpunkt der Beschlußfassung. Mit einer Personalratssitzung oder der Beratung eines Tagesordnungspunktes kann also bereits begonnen werden, wenn noch nicht die Hälfte der Mitglieder anwesend ist (vgl. Fischer/Goeres, § 37 BPersVG Rn. 25). Verhinderte Personalratsmitglieder werden durch **Ersatzmitglieder** vertreten (§ 31 Abs. 1). Vor der Beschlußfassung hat die bzw. der Vorsitzende des Personalrats die Beschlußfähigkeit festzustellen. Entscheidend dafür ist nicht die gesetzlich vorgeschriebene, sondern die tatsächliche Zahl der Mitglieder des Personalrats. Dies gilt insbesondere für die Fälle, in denen wegen fehlender Bewerberinnen oder Bewerber weniger Personalratsmitglieder gewählt wurden, oder für die Personalräte, in denen für ausgeschiedene Personalratsmitglieder keine nachrückenden Ersatzmitglieder vorhanden sind. 3

Stellt ein Personalratsmitglied fest, daß es an der Sitzungsteilnahme gehindert ist, hat es diesen Umstand der bzw. dem Vorsitzenden umgehend mitzuteilen. Aufgabe der bzw. des Vorsitzenden ist es, sicherzustellen, daß das nach § 31 Abs. 2 eintretende Ersatzmitglied eingeladen wird. Geht die Mitteilung über die **Verhinderung eines Personalratsmitglieds** der oder dem Vorsitzenden erst kurz vor der Sitzung zu und ist eine schriftliche Einladung des Ersatzmitglieds nicht mehr möglich, hat die 4

§ 37

oder der Vorsitzende alles zu unternehmen, um durch mündliche Einladung eines Ersatzmitglieds die ordnungsgemäße Zusammensetzung des Personalrats zu gewährleisten. Unumgänglich wird die Einladung von Ersatzmitgliedern, wenn fristgebundene Beschlüsse anstehen und ansonsten die Beschlußfähigkeit des Personalrats nicht mehr gegeben ist.

5 (Abs. 3) In der Vorschrift ist ein allgemeiner Grundsatz des Verwaltungsverfahrensrechts konkretisiert, wonach Beschäftigte sich aller Amtshandlungen zu enthalten haben, die sie in eine persönliche Konfliktsituation bringen könnten. Konkretisiert wird dieser Grundsatz durch Verweis auf § 20 ThürVwVfG (s. Anhang VII). Ein Personalratsmitglied darf nicht an der Beratung und Beschlußfassung teilnehmen, dessen persönliche Interessen durch die zu beratende oder zur Beschlußfassung anstehende Angelegenheit berührt werden (BVerwG vom 28. 4. 67 – VII P 11.66, PersV 68, 109). Eine persönliche Konfliktsituation kann nicht nur bei direkter persönlicher **Betroffenheit des Personalratsmitglieds** eintreten, etwa weil das Personalratsmitglied gekündigt werden soll oder sich eine Personalmaßnahme direkt auf das Mitglied bezieht (§ 20 Abs. 1 Nr. 1 ThürVwVfG). Auch mögliche Vor- oder Nachteile für nahe Verwandte wie Ehegatten, frühere Ehegatten oder Kinder können zu persönlicher Betroffenheit führen (§ 20 Abs. 1 Nr. 2 i. V. m. Abs. 5 ThürVwVfG). Eine persönliche Betroffenheit ist durchweg ausgeschlossen, wenn die anstehende Entscheidung des Personalrats in erster Linie die gemeinsamen Interessen einer Berufs- oder Beschäftigtengruppe berührt, erst in zweiter Linie nahe Verwandte des Personalratsmitglieds oder das Personalratsmitglied selbst (§ 20 Abs. 1 Satz 3 ThürVwVfG). Bei Wahlen aus der Mitte des Personalrats, zu denen das jeweilige Personalratsmitglied sich bewirbt, ist eine die Teilnahme an der Abstimmung ausschließende Befangenheit nicht gegeben (§ 20 Abs. 2 ThürVwVfG).

6 **Befangenheit** liegt grundsätzlich vor, wenn das Personalratsmitglied auf seiten der Dienststelle an der Entscheidungsfindung mitgewirkt hat (§ 20 Abs. 1 Nr. 6 ThürVwVfG). Eine solche Mitwirkung ist z. B. möglich, wenn Beschäftigte (ohne Mitglied der Dienststellenleitung zu sein) aufgrund ihrer Fachkenntnisse **Entscheidungsprozesse der Dienststelle** entscheidend mitgestalten, etwa in Technik- oder Arbeitsablauffragen. Werden innerhalb der Dienststelle derartige Entscheidungen von speziell dazu gebildeten Ausschüssen vorbereitet, liegt ein Befangenheitsgrund nur dann vor, wenn es sich um ausschließlich von der Dienststelle besetzte Ausschüsse handelt, an denen das Personalratsmitglied aufgrund seiner dienstlichen Kenntnisse und nicht aufgrund einer Entsendung durch den Personalrat teilnimmt.

7 Ist ein Personalratsmitglied, aus welchem Grund auch immer, wegen Befangenheit an der Sitzungsteilnahme oder der Teilnahme an der Beratung des betreffenden Tagesordnungspunktes verhindert, tritt für die Verhinderungszeit ein **Ersatzmitglied** ein. Gleiches gilt für weitere Personen, die berechtigt sind, an den Sitzungen des Personalrats teilzunehmen.

Auch bei Mitgliedern der Jugend- und Auszubildendenvertretung, des Ausbildungsbeirats und der Schwerbehindertenvertretung kann Befangenheit vorliegen. In den Fällen der Befangenheit ist von den jeweiligen Gremien sicherzustellen, daß Ersatzmitglieder bzw. die Stellvertreterin oder der Stellvertreter anstelle der befangenen Person an der Personalratssitzung teilnehmen. Hat ein Personalratsmitglied **Zweifel**, ob es von der Sitzungsteilnahme ausgeschlossen ist, hat es dies der oder dem Personalratsvorsitzenden mitzuteilen. Das Gremium entscheidet durch gemeinsamen Beschluß, an dem das betroffene Personalratsmitglied nicht teilhaben kann, ob ein Ausschlußgrund vorliegt (§ 20 Abs. 4 ThürVwVfG (s. Anhang VII).

(**Abs. 4**) Um nicht allein auf die Informationen der Dienststelle angewiesen zu sein, kann der Personalrat beschließen, Sachverständige (vgl. § 36 Abs. 2) und einzelne Beschäftigte zu den Personalratssitzungen hinzuzuziehen. Dies hat insbesondere dann zu geschehen, wenn Beschäftigte von einer Maßnahme besonders betroffen sind, z. B. bei Personalmaßnahmen. Die **Teilnahme einzelner Beschäftigter** an der Personalratssitzung nach dieser Vorschrift beschränkt sich auf den Tagesordnungspunkt, zu dem der oder die Beschäftigte gehört werden soll. Eine Teilnahme einzelner Beschäftigter an der Beratung und Beschlußfassung des Personalrats ist unzulässig. Hält der Personalrat es für erforderlich, von einer Personalmaßnahme betroffene Beschäftigte zu hören, hat er sich des Einverständnisses des betroffenen Beschäftigten zu versichern. Sinnvollerweise holt die oder der Personalratsvorsitzende dieses Einverständnis bereits vor dem Versenden der Einladungen zur Sitzung ein. Eine Einladung eines Beschäftigten ist der Dienststelle anzuzeigen. Letztere hat Dienststellenbelange und personalvertretungsrechtliche Belange so in Übereinstimmung zu bringen, daß den Betroffenen die Sitzungsteilnahme ermöglicht wird.

8

§ 38
Gemeinsame Beratung – Gruppenentscheidung

(1) Über die gemeinsamen Angelegenheiten der Beamten, Angestellten und Arbeiter wird vom Personalrat gemeinsam beraten und beschlossen.

(2) In Angelegenheiten, die lediglich die Angehörigen einer Gruppe betreffen, sind nach gemeinsamer Beratung im Personalrat nur die Vertreter dieser Gruppe zur Beschlußfassung berufen. Es kann gemeinsam beschlossen werden, wenn die Mehrheit der Mitglieder der Gruppe dies in einer konkreten Angelegenheit beschließt. Auf Antrag der Mehrheit der Mitglieder dieser Gruppe muß auch die Beratung getrennt erfolgen. Dies gilt nicht für eine Gruppe, die im Personalrat nicht vertreten ist.

§ 38

(3) Absatz 2 gilt entsprechend für Angelegenheiten, die lediglich die Angehörigen zweier Gruppen betreffen.

Vergleichbare Vorschriften: § 38 BPersVG

1 **(Abs. 1)** In Angelegenheiten, die die Beschäftigten aller in der Dienststelle vorhandenen Gruppen betreffen, beschließt der Personalrat nach gemeinsamer Beratung. Dazu gehört überwiegend die Ausübung der Mitbestimmung in sozialen und organisatorischen Angelegenheiten, etwa die Aufstellung eines Dienstplans oder Einführung, Anwendung einer technischen Kontrolleinrichtung. **Gemeinsame Angelegenheit** ist auch die Beschlußfassung über die Geschäftsordnung, der Entsendungsbeschluß zu einer Schulungsveranstaltung, die Bestellung des Wahlvorstands oder die Beschlußfassung über den Zeitpunkt einer Personalversammlung, den Inhalt des Tätigkeitsberichts oder die Freistellung eines Personalratsmitglieds (vgl. VGH Kassel vom 19. 11. 84 – HBV TL 4/83, ZBR 85, 258). Auch über den Antrag auf Vertagung der Beratung in einer Gruppenangelegenheit, die grundsätzlich gemeinsam erfolgt, hat der gesamte Personalrat und nicht die Gruppenmehrheit zu entscheiden.

2 **(Abs. 2)** Der **Grundsatz der gemeinsamen Beratung** gilt auch dann, wenn eine Angelegenheit lediglich die Angehörigen einer Gruppe betrifft. Der Begriff »lediglich« macht deutlich, daß es sich bei Gruppenangelegenheiten allein um die unmittelbar betroffenen Interessen der Angehörigen einer Gruppe oder ggf. zweier Gruppen handeln muß. Ein Abweichen von diesem Grundsatz ist im Einzelfall möglich.

3 Personalangelegenheiten erfordern in der Regel **Gruppenbeschlüsse.** Bei der Übernahme eines Beschäftigten in eine andere Gruppe sind in der Regel nur die Vertreterinnen und Vertreter der aufnehmenden Gruppe zur Beschlußfassung berufen. Nicht das zwangsläufig mit der Eingliederung in die neue Gruppe verbundene Ausscheiden aus der bisherigen Gruppe ist Gegenstand der Beschlußfassung, sondern konkret der Eintritt in die andere Gruppe. Nach Auffassung des Bundesverwaltungsgerichts (Beschluß vom 5. 2. 71 – VII P 11.70, PersV 71, 300) werden die Interessen der Angehörigen der abgebenden Gruppe durch das Ausscheiden eines Gruppenangehörigen nicht unmittelbar berührt. Gleichwohl ist eine Betroffenheit der Angehörigen der abgebenden Gruppe festzustellen, weshalb das Gesetz auch in Gruppenangelegenheiten der gemeinsamen Beratung den Vorrang einräumt.

4 Behandelt der Personalrat Angelegenheiten, die die Angehörigen einer **Gruppe** betreffen, ist auch nach gemeinsamer Beratung grundsätzlich nur die **Beschlußfassung der Vertreterinnen und Vertreter dieser Gruppe** möglich. Von diesem Grundsatz gibt es zum einen die Ausnahme, daß die Mehrheit der einzig zur Beschlußfassung berufenen Gruppe **im Einzelfall** der gemeinsamen Beschlußfassung den Vorrang einräumt. Innerhalb dieser Gruppe muß – ggf. nach Beratung ausschließlich innerhalb dieser Gruppe – ein mehrheitlicher Beschluß für die **gemeinsame Beschlußfas-**

sung der konkreten Angelegenheit gefaßt werden. Daneben gibt es die Ausnahme, daß gemeinsame Beratung und gemeinsame Beschlußfassung in Gruppenangelegenheiten stattzufinden hat, wenn die betreffende Gruppe – gleich aus welchem Grunde – nicht im Personalrat vertreten ist. Diese Regelung kann nicht entsprechend angewandt werden, wenn eine Gruppe im Personalrat vertreten ist, jedoch keine Personalratsmitglieder dieser Gruppe an der Sitzung teilnehmen. Das Fernbleiben eines Gruppenvertreters von der Personalratssitzung führt dazu, daß die betreffende Personalangelegenheit nicht behandelt werden kann, im Extremfall sogar dazu, daß wegen Fristversäumnis die Zustimmung als erteilt gilt (BVerwG vom 23. 3. 92 – 6 P 30.90, PersR 92, 302).

Einer **gemeinsamen Beratung** kann die Mehrheit der Vertreterinnen und Vertreter einer Gruppe nur im Ausnahmefall, nicht generell **widersprechen.** Die vom Gesetzgeber vorgenommene Anfügung des Satzes 3 an den vorausgehenden Satz 2, der die Entscheidung innerhalb einer Gruppe für eine von Satz 1 abweichende gemeinsame Beschlußfassung regelt, läßt nur den Schluß zu, daß ein Bezug zu dieser Ausnahme vom Regelfall hergestellt werden sollte. Bei einem anderen gesetzgeberischen Wollen hätte Satz 3 an die grundsätzliche Regelung des Satzes 1 angefügt werden müssen. Eine andere Interpretation würde im übrigen dazu führen, daß es in Personalvertretungen mit mehr als drei Gruppen, z. B. im Hauptpersonalrat beim Thüringer Kultusminister (§ 92 Abs. 2), kaum noch zur gemeinsamen Beratung kommen würde. Zweier- und Dreiergruppen würden in Personalangelegenheiten getrennt beraten und beschließen. Das Gremium wäre faktisch arbeitslos. 5

Ein solcher Ausnahmefall liegt vor, wenn über einen **Antrag** aus der Gruppe oder aus der Mitte des Personalrats **zur gemeinsamen Beschlußfassung** in einem konkreten Einzelfall beschlossen werden muß. Vor Beschlußfassung über diesen Antrag kann die Mehrheit einer Gruppe beschließen, daß eine **Beratung unter Ausschluß der Personalratsmitglieder anderer Gruppen** erfolgt. Erst danach erfolgt innerhalb der Gruppe die Abstimmung über eine gemeinsame Beschlußfassung, diesmal in Anwesenheit aller Sitzungsteilnehmerinnen und -teilnehmer. Liegt dieser Widerspruch gegen die gemeinsame Beratung nicht vor, wird ein Antrag auf gemeinsame Beschlußfassung auch gemeinsam beraten. 6

(Abs. 3) Die Regelung des Abs. 2 ist auch anzuwenden, wenn die Angelegenheit lediglich die **Angehörigen zweier Gruppen** betrifft. Unter Gruppen i. S. d. Vorschrift werden nur solche nach § 5 verstanden. Gesetzgeberisch hätte die Absicht, die zusätzlichen Gruppen nach § 88 Nr. 3, § 89 Nr. 1 und § 92 Abs. 2 zu erfassen, darin zum Ausdruck kommen müssen, von den Angehörigen »zweier oder mehrerer Gruppen« zu sprechen. Auch bei Angelegenheiten zweier Gruppen hat grundsätzlich gemeinsame Beratung des Personalrats Vorrang. Sofern die Mehrheit der Vertreterinnen und Vertreter beider Gruppen Widerspruch gegen die gemeinsame Beratung über einen Antrag zur gemeinsamen Beschlußfas- 7 sung einlegen, beraten lediglich die Vertreterinnen und Vertreter dieser beiden Gruppen. Im Regelfall beschließen die Vertreterinnen und Vertreter dieser beiden Gruppen ausschließlich über die gemeinsame Angelegenheit der beiden betroffenen Gruppen, es sei denn, in beiden Gruppen findet sich eine Mehrheit für die gemeinsame Beschlußfassung. Ist eine der beiden betroffenen Gruppen nicht im Personalrat vertreten, so nimmt die verbleibende Gruppe die Funktion beider Gruppen wahr. Lediglich das Nichtvertretensein beider Gruppen führt im Regelfall zur gemeinsamen Beschlußfassung des Personalrats.

8 Die **Jugend- und Auszubildendenvertretung** hat in Angelegenheiten, die überwiegend den von ihr vertretenen Personenkreis betreffen, auch bei Gruppenbeschlüssen des Personalrats Stimmrecht (vgl. BVerwG vom 8. 7. 77 – VII P 22.75, PersV 78, 309). Jedoch dürfte dieser Fall des Stimmrechts der Jugend- und Auszubildendenvertretung im Hauptanwendungsfall von Gruppenbeschlüssen, bei personellen Einzelmaßnahmen, höchst selten sein, da in der Regel die im Zusammenhang mit Personalratsaufgaben stehenden dienstrechtlichen Fragen nicht jugendtypisch sind (vgl. OVG Schleswig-Holstein vom 18. 7. 91 – 11 L 7/91, PersR 91, 60).

§ 39
Aussetzen von Beschlüssen

(1) Erachtet die Mehrheit der Vertreter einer Gruppe, die Jugend- und Auszubildendenvertretung oder die Schwerbehindertenvertretung einen Beschluß des Personalrates als eine erhebliche Beeinträchtigung wichtiger Interessen der durch sie vertretenen Beschäftigten, so ist auf ihren Antrag der Beschluß auf die Dauer von sechs Arbeitstagen vom Zeitpunkt der Beschlußfassung an auszusetzen. In dieser Frist soll, gegebenenfalls mit Hilfe der unter den Mitgliedern des Personalrates oder der Jugend- und Auszubildendenvertretung oder der Schwerbehindertenvertretung vertretenen Gewerkschaften, eine Verständigung versucht werden. Die Aussetzung eines Beschlusses nach Satz 1 hat keine Verlängerung einer Frist zur Folge.

(2) Nach Ablauf der Frist ist über die Angelegenheit neu zu beschließen. Wird der erste Beschluß bestätigt, so kann der Antrag auf Aussetzung nicht wiederholt werden.

Vergleichbare Vorschriften: § 39 BPersVG; §§ 35, 36 BetrVG

1 (Abs. 1) Zum **Antrag auf Aussetzung eines Beschlusses** sind die Mehrheit der Vertreterinnen und Vertreter einer Gruppe im Personalrat, die Mehrheit der Jugend- und Auszubildendenvertretung sowie die Schwerbehindertenvertretung berechtigt. Ein Aussetzungsantrag ist nicht nur bei einem gemeinsamen Beschluß des Personalrats zulässig, sondern auch bei einem Gruppenbeschluß.

2 Der entsprechende Antrag muß von der **Mehrheit einer Gruppe** – also

§ 39

von der absoluten Mehrheit der Gruppenvertreterinnen und -vertreter – gestützt werden. Auch eine Aussetzung auf Antrag der **Jugend- und Auszubildendenvertretung** setzt voraus, daß die absolute Mehrheit ihrer Mitglieder den Antrag stellt. Dabei ist es unerheblich, ob diese Interessenvertretung an der Sitzung des Personalrats teilgenommen hat oder teilnehmen durfte. Insbesondere kommt es nicht darauf an, ob die Vertreterinnen oder Vertreter dieser Interessenvertretung stimmberechtigt waren, dem Beschluß zugestimmt oder bei nur beratender Teilnahme Bedenken geltend gemacht haben.

Der Antrag muß mit einer **Beeinträchtigung wichtiger Interessen** des 3 vertretenen Personenkreises begründet werden. Diese Beeinträchtigung muß **erheblich** sein. Es genügt jedoch eine tatsächliche Betroffenheit. Eine erhebliche Beeinträchtigung wichtiger Interessen braucht nicht objektiv vorzuliegen. Es reicht aus, wenn nach übereinstimmender Auffassung der Mehrheit der Vertreterinnen und Vertreter einer Gruppe, der Mehrheit der Jugend- und Auszubildendenvertretung, des Ausbildungsbeirats oder der Schwerbehindertenvertretung eine solche Beeinträchtigung vorliegt.

Ein Aussetzungsantrag kann nur gegenüber dem Personalrat oder der oder 4 dem Vorsitzenden des Personalrats gestellt werden. Er ist an keine Form gebunden, muß aber umgehend, d. h. **ohne schuldhaftes Zögern,** gestellt werden. In der Regel hat demnach der Antrag auf Aussetzung noch in der Sitzung zu erfolgen. Gleiches muß für die Jugend- und Auszubildendenvertretung gelten, wenn sie komplett an der Sitzung teilnimmt (§ 40 Abs. 1). Nimmt nur eine Vertreterin oder ein Vertreter der **Jugend- und Auszubildendenvertretung** an der Sitzung teil, wird sie oder er ohne schuldhaftes Zögern zu einer Sitzung dieser Vertretung einladen müssen, wenn zu befürchten ist, daß wichtige Interessen von Jugendlichen oder Auszubildenden erheblich betroffen sein können. Auf jeden Fall hat auch ein Aussetzungsantrag der Jugend- und Auszubildendenvertretung so rechtzeitig zu erfolgen, daß innerhalb der Frist von sechs Tagen ab Beschlußfassung eine Verständigung erfolgen kann. Die oder der Vorsitzende hat zu prüfen, ob die gesetzlichen **Voraussetzungen für eine Aussetzung** vorliegen. Ist ein Beschluß bereits vollzogen oder sind mehr als sechs Arbeitstage seit der Beschlußfassung verstrichen, kann ein Aussetzungsantrag nicht mehr wirksam gestellt werden.

Ein Aussetzungsantrag führt dazu, daß sechs Arbeitstage ab dem Zeit- 5 punkt der Beschlußfassung verbleiben, um zu einer einvernehmlichen Lösung zu kommen. Der Verständigungsversuch muß nicht innerhalb der Sitzung des Personalrats erfolgen. Die am **Verständigungsverfahren** Beteiligten können die Hilfe ihrer Gewerkschaft in Anspruch nehmen, um eine einvernehmliche Lösung zu finden. Zu beachten ist, daß ein Aussetzungsantrag **keine Verlängerung von Äußerungsfristen** im Beteiligungsverfahren (§ 69 Abs. 2, § 82 Abs. 2) zur Folge hat.

(Abs. 2) Erzielen Personalrat und betroffene Interessenvertretung inner- 6

§§ 39, 40

halb einer Frist von sechs Arbeitstagen eine Verständigung und weicht diese vom vorgefaßten Beschluß ab, so ist anschließend eine erneute Beschlußfassung des Personalrats unter Teilnahme der betroffenen Gruppe, der Jugend- und Auszubildendenvertretung oder der Schwerbehindertenvertretung notwendig. Diese **erneute Beschlußfassung** sollte vor Ablauf der Äußerungsfrist des Personalrats erfolgen. Ggf. – so wenn Fristablauf droht – ist der oder die Vorsitzende des Personalrats verpflichtet, eine **gesonderte Sitzung** einzuberufen, damit eine Beschlußfassung über das Verständigungsergebnis erfolgen kann. Das Gesetz sieht eine erneute Beschlußfassung des Personalrats für den Fall, daß es zu keiner Verständigung kommt, nicht vor. Nach Ablauf der sechs Arbeitstage und gescheiterter Einigung in der geforderten Erörterung besitzt der zuvor gefaßte Personalratsbeschluß wieder Gültigkeit: Die Aussetzungszeit ist beendet. Ein erneuter Aussetzungsantrag in gleicher Sache ist unzulässig.

§ 40
Teilnahme sonstiger Personen

(1) Ein Vertreter der Jugend- und Auszubildendenvertretung, der von dieser benannt wird, und die Schwerbehindertenvertretung können an allen Sitzungen des Personalrates beratend teilnehmen. An der Behandlung der Angelegenheiten, die besonders die in § 57 genannten Beschäftigten betreffen, kann die gesamte Jugend- und Auszubildendenvertretung beratend teilnehmen. Bei Beschlüssen des Personalrates, die überwiegend die in § 57 genannten Beschäftigten betreffen, haben die Jugend- und Auszubildendenvertreter Stimmrecht.

(2) Der Vertrauensmann der Zivildienstleistenden kann an Sitzungen des Personalrates beratend teilnehmen, wenn Angelegenheiten behandelt werden, die auch die Zivildienstleistenden betreffen.

Vergleichbare Vorschriften: § 40 BPersVG; §§ 32, 67 BetrVG

1 **(Abs. 1)** Ein von der Jugend- und Auszubildendenvertretung benanntes Mitglied sowie die Schwerbehindertenvertretung haben ein **Teilnahmerecht an allen Sitzungen des Personalrats** einschließlich der konstituierenden Sitzung (§ 34 Abs. 1). Die Einladung des Mitglieds der **Jugend- und Auszubildendenvertretung** und der **Schwerbehindertenvertretung** ist nicht davon abhängig, ob in der Sitzung Angelegenheiten behandelt werden, die in § 57 genannte Beschäftigte oder Schwerbehinderte berühren. Eine aus mehreren Mitgliedern bestehende Jugend- und Auszubildendenvertretung muß mittels Beschluß festlegen, welches ihrer Mitglieder das Teilnahmerecht wahrnimmt und diesen Beschluß der bzw. dem Vorsitzenden des Personalrats mitteilen. Der oder die Vertreterin der Jugend- und Auszubildendenvertretung kann während der Beschlußfassung des Personalrats anwesend sein (vgl. OVG Lüneburg vom 29. 1. 82 – P OVG L 3/81 (Nds.). Gleiches gilt für die Schwerbehindertenvertretung.

§ 40

Das Teilnahmerecht gilt auch für die **Vertrauenspersonen** der Rechtsreferendarinnen und -referendare, der Polizeivollzugsbeamtinnen und -beamten sowie der Lehramtsanwärterinnen und -anwärter. Für diese Beschäftigtenvertretungen ist jeweils § 40 Abs. 1 entsprechend anzuwenden (vgl. § 87 Nr. 4, § 90 Abs. 2 Nr. 3 Buchstabe a, § 92 Abs. 3 Nr. 2). Insofern kommt den Vertrauenspersonen die Stellung einer Jugend- und Auszubildendenvertretung, auch hinsichtlich des Stimmrechts bei überwiegendem Interesse des jeweils vertretenen Personenkreises, zu.

Die oder der Vorsitzende des Personalrats hat **alle Mitglieder der Jugend- und Auszubildendenvertretung** einzuladen, wenn ein Tagesordnungspunkt behandelt wird, der besonders die in § 57 genannten Beschäftigten betrifft. Die von der Vorschrift geforderte **besondere Betroffenheit** ist grundsätzlich dann anzunehmen, wenn eine Angelegenheit schützenswerte Interessen der Jugendlichen und/oder Auszubildenden berührt (BVerwG vom 8. 7. 77 – VII P 22.75, PersV 78, 309). Alle Mitglieder der Jugend- und Auszubildendenvertretung sind bei der Behandlung entsprechender Tagesordnungspunkte und an den Beratungen des Personalrats zu beteiligen.

Alle Mitglieder der Jugend- und Auszubildendenvertretung haben **Stimmrecht,** wenn der Personalrat Beschlüsse faßt, die überwiegend in § 57 genannte Beschäftigte betreffen. Ein **Überwiegen schützenswerter Interessen** von jugendlichen und auszubildenden Beschäftigten, das zum Stimmrecht der gesamten Jugend- und Auszubildendenvertretung führt, ist insbesondere bei Fragen des Jugendarbeitsschutzes und der Berufsausbildung gegeben. Im Zusammenhang mit personellen Einzelmaßnahmen wird es entscheidend darauf ankommen, ob mit der Maßnahme Auswirkungen besonders auf die jugendlichen Beschäftigten verbunden sind (vgl. OVG Schleswig-Holstein vom 18. 7. 91 – 11 L 7/91, PersR 92, 60). Grundsätzlich ist es möglich, daß die Mitglieder der Jugend- und Auszubildendenvertretung bei einem Gruppenbeschluß wegen größerer Anzahl an Vertreterinnen und Vertretern die im Personalrat vertretene **Gruppe überstimmen.** Auch Gruppenbeschlüsse sind Personalratsbeschlüsse; das Gesetz sieht weder hier noch an anderer Stelle eine Einschränkung des Stimmrechts der Jugend- und Auszubildendenvertretung bei Vorliegen der überwiegenden Betroffenheit vor. In Personalangelegenheiten wird diese Betroffenheit höchst selten vorliegen, da der Eingliederung in die Gruppen nach § 5 durchweg höheres Gewicht beigemessen wird als der Eingliederung in den Kreis der Jugendlichen und Auszubildenden. Ein Beschluß des Personalrats in einer Angelegenheit, die überwiegend in § 57 genannte Beschäftigte betrifft, ist unwirksam, wenn den Vertreterinnen und Vertretern der Jugend- und Auszubildendenvertretung die Ausübung ihres Stimmrechts nicht ermöglicht worden ist (BVerwG vom 8. 7. 77 – VII P 22.75, PersV 78, 309).

(Abs. 2) Am 16. 1. 91 ist das Gesetz über den Vertrauensmann der Zivildienstleistenden (ZDVG) vom Deutschen Bundestag beschlossen wor-

§§ 40, 41

den. Das Gesetz ersetzt den § 37 ZDG, der bislang die Interessenvertretung dieses Personenkreises regelte. Bereits im alten § 37 Abs. 5 ZDG war geregelt, daß der Vertrauensmann der Zivildienstleistenden an den Sitzungen des Personalrats beratend teilnehmen konnte, wenn Angelegenheiten behandelt wurden, die auch die Zivildienstleistenden betrafen. Nunmehr findet sich diese Vorschrift in § 3 Abs. 1 ZDVG. Im Hinblick auf die Nichtöffentlichkeit der Sitzung bezieht sich das Teilnahmerecht des Vertrauensmannes nur auf den Teil der Sitzung, in dem die auch die Dienstleistenden betreffenden Angelegenheiten behandelt werden. Damit der Vertrauensmann in die Lage versetzt wird, sein Teilnahmerecht wahrzunehmen, ist er entsprechend § 35 Abs. 2 von der bzw. dem Personalratsvorsitzenden rechtzeitig und unter Mitteilung des einschlägigen Teils der Tagesordnung zur Sitzung einzuladen (zu den Einzelheiten des ZDVG vgl. Altvater, PersR 91, 262).

6 **Weitere Teilnehmerinnen und Teilnehmer** der Personalratssitzung können unter Umständen Mitglieder der Dienststellenleitung (vgl. § 34 Abs. 4), Gewerkschaftsbeauftragte (vgl. § 36 Abs. 1) und Sachverständige sein (vgl. § 36 Abs. 2).

§ 41
Verhandlungsniederschrift

(1) Über jede Verhandlung des Personalrates ist eine Niederschrift aufzunehmen, die mindestens den Wortlaut der Beschlüsse und die Stimmenmehrheit, mit der sie gefaßt sind, enthält. Die Niederschrift ist vom Vorsitzenden und einem weiteren Mitglied zu unterzeichnen. Der Niederschrift ist eine Anwesenheitsliste beizufügen, in die sich jeder Teilnehmer eigenhändig einzutragen hat. Niederschriften über Beratungen von Personalangelegenheiten von Beschäftigten oder Bewerbern sind für Dritte unzugänglich aufzubewahren.

(2) Die Mitglieder des Personalrates erhalten einen Abdruck der Niederschrift, sofern sie darauf nicht verzichten. Haben der Leiter der Dienststelle, Mitglieder der Jugend- und Auszubildendenvertretung, die Schwerbehindertenvertretung oder Beauftragte von Gewerkschaften an der Sitzung teilgenommen, so ist ihnen der entsprechende Teil der Niederschrift abschriftlich zuzuleiten. Einwendungen gegen die Niederschrift sind unverzüglich schriftlich zu erheben und der Niederschrift beizufügen. Niederschriften über Beratungen von Personalangelegenheiten von Beschäftigten oder Bewerbern sind für Dritte unzugänglich aufzubewahren.

Vergleichbare Vorschriften: § 41 BPersVG; § 34 Abs. 1, 2 BetrVG

1 **(Abs. 1)** Die Vorschrift verpflichtet den Personalrat, über jede Verhandlung eine **Niederschrift** zu fertigen. Obwohl das Gesetz von »Verhandlung« spricht, sind damit nur die Sitzungen des Personalrats nach § 34

§ 41

gemeint. Dies ergibt sich daraus, daß in Abs. 2 ausdrücklich der Begriff der Sitzung verwendet wird.

Eine Niederschrift ist unabhängig davon erforderlich, ob förmliche Beschlüsse gefaßt worden sind oder ob nur Beratungen und Verhandlungen stattgefunden haben. Die Niederschrift dient dazu, daß sich die **Mitglieder des Personalrats** auch zu einem späteren Zeitpunkt über Meinungsbildungen, Verhandlungsergebnisse und Beschlüsse **informieren** können. Die Nichtfertigung einer Niederschrift berührt die Wirksamkeit der vom Personalrat gefaßten Beschlüsse allerdings nicht (vgl. Altvater u. a., § 41 BPersVG Rn. 2).

Für den **Inhalt** der Niederschrift sind lediglich Mindestvorschriften gegeben. Bei Sitzungen des Personalrats sind der **Wortlaut der Beschlüsse** und das **Stimmergebnis,** mit dem sie gefaßt worden sind, aufzunehmen. Außerdem sind Ort und Tag (möglichst Beginn und Ende) der Sitzung anzugeben. Der Wortlaut der in der Sitzung gestellten Anträge und die Beratungs- und Verhandlungsergebnisse sollten in der Niederschrift enthalten sein. In den Fällen des § 78 (Kündigung) sollten die Gründe, auf die der Personalrat seine Einwendungen stützt, in die Niederschrift aufgenommen werden. Anzugeben ist auch, ob es sich um einen Gruppenbeschluß gehandelt hat. Über die Aufnahme weiterer Angaben in die Niederschrift kann der Personalrat beschließen.

Auch über **Vorstandssitzungen** müssen Niederschriften gefertigt werden, weil in ihnen Beschlüsse in Angelegenheiten der Führung der laufenden Geschäfte gefaßt werden können (vgl. Lorenzen u. a., § 41 BPersVG Rn. 4; Fischer/Goeres, § 41 Rn. 5). Es empfiehlt sich, auch von Ausschußsitzungen oder gemeinsamen Gesprächen mit der Dienststellenleitung nach § 66 Abs. 1 Niederschriften anzufertigen. Zumindest sollte das **Ergebnis der Verhandlungen** in der Niederschrift festgehalten werden.

Die an einer Sitzung oder Verhandlung des Personalrats teilnehmenden Mitglieder haben sich durch eigenhändige Unterschrift in die **Anwesenheitsliste** einzutragen. Dies gilt auch für Mitglieder der Jugend- und Auszubildendenvertretung, die Schwerbehindertenvertretung, den Vertrauensmann der Zivildienstleistenden, Gewerkschaftsbeauftragte und Mitglieder der Dienststellenleitung, soweit sie an der Personalratssitzung teilgenommen haben. Unerheblich ist, ob sich die Teilnahme auf die gesamte Sitzung erstreckt hat oder nur auf einen Teil. Bei zeitweiser Teilnahme an der Sitzung muß die Anwesenheitsliste einen Hinweis darauf enthalten, von wann bis wann Personalratsmitglieder und weitere Teilnehmerinnen und Teilnehmer an der Personalratssitzung teilgenommen haben. Die Anwesenheitsliste ist der Niederschrift beizufügen.

Die Vorschrift regelt nicht, wer die Niederschrift zu fertigen hat. Üblicherweise bestellt der Personalrat eines seiner Mitglieder zum **Schriftführerin** bzw. zum **Schriftführer.** Trifft der Personalrat keine Regelung über die Fertigung der Niederschrift ist die bzw. der Personalratsvorsitzende verpflichtet, die Niederschrift zu erstellen. Die bzw. der Vorsitzende des

§ 41

Personalrats und ein weiteres Mitglied des Personalrats haben die Niederschrift zu unterzeichnen. Das weitere Mitglied muß kein Vorstandsmitglied sein, denn die **Unterzeichnung** von Niederschriften gehört nicht zur Führung der laufenden Geschäfte. Über die Niederschrift befindet der Personalrat in der folgenden Sitzung (zu den Einzelheiten vgl. Abs. 2).

6 (**Abs. 2**) Personalratsmitgliedern steht ein unbeschränktes **Einsichtsrecht** in die dem Personalrat zur Verfügung gestellten Sitzungsunterlagen und die Niederschriften zu. Darüber hinaus haben sie einen Anspruch auf **Überlassung eines Abdrucks** oder einer Abschrift, es sei denn, daß das einzelne Mitglied auf dieses Recht verzichtet. Der Verzicht auf einen Abdruck der Niederschrift kann nicht für alle Personalratsmitglieder mittels einer Geschäftsordnung erklärt werden. **Ersatzmitglieder** haben nur dann ein Einsichts- und Überlassungsrecht, wenn sie an der entsprechenden Sitzung teilgenommen haben. Darüber hinaus steht ihnen ein Einsichtsrecht in Niederschriften und Sitzungsunterlagen vorangegangener Sitzungen zu, wenn dies zur Vorbereitung auf die Sitzung, an der sie teilnehmen sollen, erforderlich ist (vgl. Altvater u. a., § 41 BPersVG Rn. 11 m. w. Nw.).

7 **Andere Teilnehmerinnen und Teilnehmer** an der Personalratssitzung haben kein Einsichtsrecht. Lediglich den in Abs. 2 aufgeführten Personen ist unter Umständen die gesamte Niederschrift oder ein Teil der Niederschrift in Form einer Abschrift oder Ablichtung zur Verfügung zu stellen. Zum Personenkreis, der Anspruch auf Abschrift oder Ablichtung hat, zählen Mitglieder der Dienststellenleitung, die Mitglieder der Jugend- und Auszubildendenvertretung, der Schwerbehindertenvertretung und Beauftragte von Gewerkschaften, die an einer Personalratssitzung teilgenommen haben. Haben sie an der gesamten Sitzung teilgenommen, haben sie Anspruch auf Überlassung einer Abschrift oder Ablichtung der gesamten Niederschrift der Sitzung. Haben sie lediglich an einem Teil der Sitzung teilgenommen, reduziert sich der Anspruch nach Abs. 2 auf diesen Teil der Niederschrift.

8 In Abs. 2 sind die **Personen,** die Anspruch auf Aushändigung einer Niederschrift oder eines Teils der Niederschrift haben, **abschließend aufgeführt.** Aus diesem Grund haben weitere Sitzungsteilnehmerinnen und -teilnehmer (etwa Vertrauenspersonen, der Vertrauensmann der Zivildienstleistenden oder Sachverständige) keinen Anspruch auf Aushändigung einer Niederschrift oder eines Teils der Niederschrift.

9 Ein **Genehmigung der Niederschrift** durch Beschluß des Personalrats ist nicht vorgeschrieben, aber empfehlenswert. Die Geschäftsordnung kann dies vorsehen (VGH Kassel vom 15. 3. 78 – BPV TK 2/78, PersV 80, 468). Eine solche Genehmigung kann üblicherweise erst in der Sitzung erfolgen, die auf die Sitzung folgt, für die die Niederschrift gefertigt ist. Genehmigt der Personalrat eine Niederschrift nicht, ist eine neue Niederschrift abzufassen. Auch bei genehmigten Niederschriften kann es vorkommen, daß einzelne Personalratsmitglieder **Einwände** gegen die Nie-

§ 41

derschrift haben. Dies ist denkbar, wenn nach Auffassung des Personalratsmitglieds ein Sachverhalt unrichtig dargestellt ist oder das Personalratsmitglied sich falsch zitiert wiederfindet. Einwendungen gegen die Niederschrift sind unverzüglich schriftlich einzureichen; die bzw. der Vorsitzende muß Einwendungen einzelner Personalratsmitglieder der genehmigten Niederschrift beifügen. Niederschrift und Einwendungen müssen eine **urkundliche Einheit** darstellen. Das Einwendungsrecht steht neben den Personalratsmitgliedern allen Sitzungsteilnehmerinnen und -teilnehmern zu, die an der Sitzung bzw. einem Teil der Sitzung teilgenommen und ein Einsichtsrecht haben oder denen die Niederschrift oder Teile der Niederschrift zugeleitet worden sind. Der oder die Vorsitzende des Personalrats hat bei Einwendungen der Dienststellenleitung, von Mitgliedern der Jugend- und Auszubildendenvertretung, der Schwerbehindertenvertretung oder von Beauftragten der Gewerkschaften wie bei Einwendungen von Personalratsmitgliedern zu verfahren.

Eine Niederschrift kann berichtigt werden, wenn die oder der Vorsitzende und das Mitglied des Personalrats, das die Niederschrift mit unterzeichnet hat, mit der Berichtigung einverstanden sind. Hat der Personalrat die Niederschrift genehmigt, bedarf die **Berichtigung** seiner Zustimmung. Teilnehmerinnen und Teilnehmer an der Personalratssitzung, denen die Niederschrift oder ein Teil der Niederschrift wegen Sitzungsteilnahme zugeleitet worden ist, haben einen Anspruch, über die Berichtigung informiert zu werden. **9**

Einzelne **Beschäftigte,** über deren Angelegenheiten beschlossen wurde oder die an der Sitzung teilnahmen (§ 37 Abs. 4), haben keinen Anspruch auf Erteilung einer Abschrift der Niederschrift oder auf Einsichtnahme in die Personalratsunterlagen. Sie können jedoch beim Personalrat beantragen, über sie betreffende Beschlüsse in personellen Maßnahmen informiert zu werden. Die Information durch den Personalrat hat mündlich zu erfolgen. Grenzen für die Information von Beschäftigten können sich – allerdings nur in Ausnahmefällen – aus § 10 ergeben. **10**

Generell hat der Personalrat alle **Unterlagen** so sicher aufzubewahren, daß ein **Zugriff Unbefugter** ausgeschlossen ist. Für Niederschriften und Notizen, in denen Personalangelegenheiten von Beschäftigten oder Bewerberinnen und Bewerbern angesprochen sind, gilt dieses Gebot in besonderer Weise. Die Dienststelle hat sicherzustellen, daß das Personalratsbüro sich in einem abgeschlossenen Raum befindet, der mit einem abschließbaren Schrank versehen ist (§ 44 Abs. 2). Die Personalratsmitglieder haben darauf zu achten, daß Niederschriften, die ihnen ausgehändigt wurden, so aufbewahrt werden, daß keine außerhalb der Personalvertretung stehende Person Einsicht nehmen kann. Dies gilt für Privaträume und den Arbeitsplatz. Ggf. muß die Dienststelle am Arbeitsplatz sichere Aufbewahrungsorte für die persönlichen Personalratsunterlagen schaffen. Ist dies nicht möglich, werden im Personalratsbüro abschließbare Fächer für jedes Personalratsmitglied angeschafft werden **11**

§§ 41, 42

müssen. Ein Personalratsmitglied kann nicht darauf verwiesen werden, seine Personalratsunterlagen in den Privaträumen aufzubewahren, wenn keine abschließbare Aufbewahrungsmöglichkeit besteht und deshalb befürchtet werden muß, daß Gäste oder Kinder Einsicht nehmen könnten.

§ 42
Geschäftsordnung

Sonstige Bestimmungen über die Geschäftsführung können in einer Geschäftsordnung getroffen werden, die der Personalrat mit der Mehrheit der Stimmen der Mitglieder beschließt.

Vergleichbare Vorschriften: § 42 BPersVG; § 36 BetrVG

1 Eine Geschäftsordnung enthält Richtlinien und **Verfahrensvorschriften für den internen Geschäftsbetrieb** des Personalrats. Denkbar sind Bestimmungen über die Art der Anberaumung von Sitzungen, Form und Zeitpunkt der Einladung, Form und Einbringung von Anträgen, Behandlung von Dringlichkeitsanträgen, Durchführung von Abstimmungen, Wortmeldung, Worterteilung und -entziehung, die Bildung von Ausschüssen, die Regelung der Protokollführung, Inhalt und Form der Sitzungsniederschrift und deren Aufbewahrung, Durchführung von Personalversammlungen oder Teilversammlungen (vgl. Hörter, PersR 91, 41). Die Geschäftsordnung kann einzelnen Personalratsmitgliedern abgegrenzte Arbeitsbereiche zuweisen (vgl. BAG vom 19. 9. 85 – 6 AZR 476/83, PersR 86, 159). Eine vom Gesetz abweichende Regelung kann jedoch in der Geschäftsordnung nicht getroffen werden (BVerwG vom 5. 2. 71 – VII P 17. 70, PersV 71, 271).

2 Der Personalrat ist nicht verpflichtet, sich eine Geschäftsordnung zu geben. Gibt er sich jedoch eine Geschäftsordnung, muß er deren **Inhalt schriftlich festlegen.** Über den Inhalt der Geschäftsordnung muß mit der **Mehrheit der Stimmen aller Personalratsmitglieder** entschieden werden. Dabei kommt es auf die Soll-Stärke des Personalrats nach § 16 Abs. 1 an, nicht auf die Mehrheit der anwesenden Mitglieder. Hat sich der Personalrat eine Geschäftsordnung gegeben, so ist er an diese gebunden. Will er davon abweichen, so muß er zunächst die Geschäftsordnung ändern (vgl. BayVGH vom 13. 4. 88 – 18 P 88.00852). Die Geschäftsordnung gilt nur für die Dauer der Amtszeit des Personalrats. Der nachfolgende Personalrat kann sie durch entsprechenden Beschluß jedoch unverändert übernehmen. Auch diese Übernahme erfolgt mit der Mehrheit aller Mitglieder des Personalrats.

§ 43
Sprechstunden

(1) Der Personalrat und die Jugend- und Auszubildendenvertretung können gemeinsame oder getrennte Sprechstunden während der Arbeitszeit einrichten. Ort und Zeit bestimmen sie im Einvernehmen mit der Dienststelle.

(2) An getrennten Sprechstunden des Personalrates kann ein Mitglied der Jugend- und Auszubildendenvertretung, an getrennten Sprechstunden der Jugend- und Auszubildendenvertretung kann ein Mitglied des Personalrates beratend teilnehmen.

(3) Der Besuch der Sprechstunden oder die sonstige Inanspruchnahme des Personalrates oder der Jugend- und Auszubildendenvertretung haben keine Minderung der Bezüge oder des Arbeitsentgeltes der Beschäftigten zur Folge.

Vergleichbare Vorschriften: § 43 BPersVG; § 39 Abs. 1 BetrVG

(**Abs. 1**) Sowohl der Personalrat als auch die Jugend- und Auszubildendenvertretung können **Sprechstunden einrichten.** Dadurch soll es allen Beschäftigten der Dienststelle ermöglicht werden, Auskünfte und Ratschläge beim Personalrat oder der Jugend- und Auszubildendenvertretung einzuholen oder Anregungen, Anträge oder Beschwerden vorzubringen. Personalrat und Jugend- und Auszubildendenvertretung entscheiden nach pflichtgemäßem Ermessen durch Beschluß, ob und wann sie Sprechstunden einrichten. Die Entscheidungen bedürfen nicht der Zustimmung der Dienststellenleitung. Dies gilt auch für kleinere Dienststellen. Der Personalrat und die Jugend- und Auszubildendenvertretung können an mehreren Stellen Sprechstunden vorsehen, wenn weitverzweigte Räumlichkeiten es erfordern. Die Sprechstunden finden grundsätzlich **während der Arbeitszeit** statt. Über Zeit und Ort der Sprechstunden müssen Personalrat und Jugend- und Auszubildendenvertretung mit der Dienststellenleitung ein Einvernehmen herbeiführen. 1

Die Dienststelle hat Personalrat und Jugend- und Auszubildendenvertretung unabhängig davon, ob die Sprechstunden innerhalb oder außerhalb der Arbeitszeit stattfinden, im erforderlichen Umfang **Räume und Geschäftsbedarf** zur Verfügung zu stellen. Daneben hat sie weitere Kosten, die im Zusammenhang mit der Befugnis, Sprechstunden abzuhalten, entstehen können, zu tragen. So kann der Personalrat einen Beschäftigten, der wegen Krankheit die Sprechstunde nicht aufsuchen kann, selber aufsuchen. Entstehen dabei **Reisekosten,** hat die Dienststelle auch diese Kosten zu tragen (vgl. BVerwG vom 24. 10. 69 – VII P 12.68, PersV 70, 131). 2

Die Abhaltung von Sprechstunden ist Aufgabe des Personalrats oder der Jugend- und Auszubildendenvertretung; Sprechstunden müssen von Mitgliedern der jeweiligen betrieblichen Interessenvertretung wahrgenom- 3

§ 43

men werden. Mitglieder der betrieblichen Interessenvertretung, die Sprechstunden abhalten, nehmen Aufgaben und Befugnisse des Personalrats wahr. Sie haben somit für diese Zeit Anspruch auf **Fortzahlung der Bezüge.** Halten andere als freigestellte Personalratsmitglieder die Sprechstunden ab, so hat die Dienststelle das vom Personalrat oder der Jugend- und Auszubildendenvertretung bestimmte Mitglied für die Abhaltung der Sprechstunden nach § 46 Abs. 2 freizustellen (vgl. BVerwG vom 16. 5. 80 – 6 P 82.78, PersV 81, 367). Im Zusammenhang mit der Abhaltung von Sprechstunden kann **Freizeitausgleich** notwendig werden.

4 Das Gesetz überläßt es dem Personalrat und der Jugend- und Auszubildendenvertretung, zu entscheiden, ob gemeinsame oder getrennte Sprechstunden abgehalten werden. Finden gemeinsame Sprechstunden beider betrieblicher Interessenvertretungen statt, müssen sowohl Mitglieder des Personalrats wie auch Mitglieder der Jugend- und Auszubildendenvertretung die Sprechstunden durchführen. Es empfiehlt sich eine gesonderte Bekanntmachung an die Beschäftigten, daß es sich um gemeinsame Sprechstunden beider betrieblicher Interessenvertretungen handelt. Personalrat und Jugend- und Auszubildendenvertretung brauchen gemeinsame Sprechstunden nicht zur ständigen Einrichtung zu machen. Je nach Sachdienlichkeit kann zwischen gemeinsamen und getrennten Sprechstunden gewechselt werden. Kommt es zu keiner Einigung zwischen Personalrat und Jugend- und Auszubildendenvertretung, haben getrennte Sprechstunden Vorrang; jedes Gremium kann selbst über die Abhaltung der getrennten Sprechstunden entscheiden und Ort und Zeit im Einvernehmen mit der Dienststellenleitung bestimmen.

5 **(Abs. 2)** An allen getrennten Sprechstunden des Personalrats kann ein Mitglied der Jugend- und Auszubildendenvertretung teilnehmen. Umgekehrt gilt gleiches. Die Teilnahme an den Sprechstunden des jeweils anderen Gremiums erfolgt lediglich beratend. Schwerpunktmäßig handelt es sich nämlich um eine Sprechstunde für unterschiedliche Personenkreise, die sich teilweise überlappen. Bei den Sprechstunden des Personalrats handelt es sich um solche für den Wählerkreis des Personalrats, nämlich alle Beschäftigten. Bei den Sprechstunden der Jugend- und Auszubildendenvertretung handelt es sich um Sprechstunden durchweg für den Personenkreis nach § 57, die insbesondere der Beratung in Ausbildungsangelegenheiten dienen. Generell steht das Recht, Sprechstunden abzuhalten, auch der Schwerbehindertenvertretung, Vertrauenspersonen oder dem Vertrauensmann der Zivildienstleistenden zu. Führen diese betrieblichen Interessenvertreterinnen bzw. -vertreter keine eigenen Sprechstunden durch, können Beauftragte an den Sprechstunden des Personalrats teilnehmen (vgl. Altvater u. a., § 43 BPersVG Rn. 8). Entsprechendes muß bei getrennten Sprechstunden der Jugend- und Auszubildendenvertretung gelten.

6 **(Abs. 3)** Aus der Berechtigung von Personalrat und Jugend- und Auszubildendenvertretung, Sprechstunden während der Arbeitszeit einzurich-

ten, ergibt sich, daß auch die Beschäftigten der Dienststelle während ihrer Arbeitszeit ohne Minderung ihrer Dienstbezüge oder ihres Arbeitsentgelts diese **Sprechstunden aufsuchen** können. Ein Antrag auf Dienstbefreiung muß von den Beschäftigten nicht gestellt werden. Es genügt eine Verständigung mit der bzw. dem Vorgesetzten. Selbst wenn Sprechstunden des Personalrats in der Dienststelle eingerichtet sind, ist damit nicht ausgeschlossen, daß Beschäftigte auch außerhalb der Sprechstunden den Personalrat aufsuchen (Däubler u. a., § 39 BetrVG Rn. 29).

Dienstliche Gründe, etwa **unaufschiebbare dienstliche Aufgaben** des Beschäftigten, können einem Besuch der Sprechstunde entgegenstehen. In diesem Fall wird der Personalrat betroffene Beschäftigte an ihrem Arbeitsplatz aufsuchen. Sowohl der Besuch der Sprechstunden als auch der Besuch von Personalratsmitgliedern am Arbeitsplatz führt bei Beschäftigten zu Arbeitsausfall. Dieser **Arbeitsausfall** darf keine Minderung der Dienstbezüge oder des Arbeitsentgelts zur Folge haben. Entstehen Reisekosten, etwa weil die Sprechstundenräume bei größeren Dienststellen in anderen Örtlichkeiten untergebracht sind, sind auch diese Kosten den Beschäftigten zu erstatten. Die Inanspruchnahme des Personalrats durch Beschäftigte ist deren ureigenstes Recht. Deshalb dürfen Beschäftigten wegen stattgefundener oder bevorstehender Inanspruchnahme des Personalrats oder der Jugend- und Auszubildendenvertretung keinerlei Nachteile entstehen. Sie dürfen weder objektiv besser noch schlechter als vergleichbare Beschäftigte gestellt werden. Ihnen dürfen weder von der Dienststellenleitung noch von der bzw. dem Vorgesetzten Vorhaltungen wegen der Inanspruchnahme des Personalrats gemacht werden.

Der Personalrat oder Beauftragte des Personalrats können mit betroffenen Beschäftigten an deren Arbeitsplatz sprechen. Die Einrichtung von Sprechstunden schließt **Arbeitsplatzbesuche** nicht aus. Personalräte können sich am Arbeitsplatz über die Auffassung von Beschäftigten informieren; auf Wunsch eines Beschäftigten haben sie dessen Arbeitsplatz aufzusuchen. Begehungen der Dienststelle zur Arbeitsplatzbesichtigung, die dem Personalrat zur Selbstinformation dienen, sind ebenso notwendig. Über die Notwendigkeit von Arbeitsplatzbesuchen und ihre Durchführung entscheidet der Personalrat in eigener Zuständigkeit. Bei seiner Entscheidung hat er dienstliche Notwendigkeiten zu berücksichtigen. Ein **Einvernehmen mit der Dienststellenleitung** muß hergestellt werden. Der Dienststellenleitung ist zuzugestehen, daß sie bei Vorliegen triftiger Gründe gegen die zeitliche Festlegung der Arbeitsplatzbesuche Einwendungen erheben kann, mit denen sich der Personalrat auseinandersetzen muß. Für die Dienststellenleitung können nur triftige Gründe ausschlaggebend sein; sie hat neben den Besonderheiten der Dienststelle stets personalvertretungsrechtliche Erwägungen zu berücksichtigen (vgl. Beschluß des BVerwG vom 9. 3. 90 – 6 P 15.88, PersR 90, 177).

§ 44
Kosten

(1) Die durch die Tätigkeiten des Personalrates entstehenden Kosten trägt die Dienststelle. Mitglieder des Personalrates erhalten bei Reisen, die zur Erfüllung ihrer Aufgaben notwendig sind, Reisekostenvergütungen nach den für Beamten der Besoldungsgruppe A 15 geltenden Bestimmungen.

(2) Für die Sitzungen, die Sprechstunden und die laufende Geschäftsführung hat die Dienststelle in erforderlichem Umfang Räume, den Geschäftsbedarf und Büropersonal zur Verfügung zu stellen.

(3) Dem Personal werden in allen Dienststellen geeignete Plätze für Bekanntmachungen und Anschläge zur Verfügung gestellt. Der Personalrat kann schriftliche Mitteilungen an die Beschäftigten herausgegeben.

(4) Der Personalrat darf für seine Zwecke von den Beschäftigten keine Beiträge erheben und annehmen.

Vergleichbare Vorschriften: § 44 BPersVG; § 40 BetrVG

1 (Abs. 1) Die Dienststelle hat die durch Wahrnehmung der Aufgaben und Befugnisse des Personalrats entstehenden Kosten zu tragen. Ob es sich um Kosten handelt, die aus der Tätigkeit des Personalrats entstanden sind, ist allein nach objektiven Maßstäben zu entscheiden (BVerwG vom 29. 8. 75 – VII P 13. 73, PersV 76, 305). Der Gesetzgeber hat nicht den Weg gewählt, den Personalrat aus Beiträgen der Beschäftigten zu finanzieren (vgl. Abs. 4), weshalb der Personalrat die Dienststelle bindet, wenn er Verpflichtungen eingeht. Das Gesetz sieht den Personalrat als Teil der Dienststelle. Insofern sind Kosten, die die Personalratstätigkeit verursacht, **Kosten der Dienststelle.** Da die Dienststelle nur in dem Umfang Ausgaben tätigen oder Verpflichtungen eingehen darf, in welchem dafür Mittel im Haushalt bereitgestellt sind, müssen auch die für die Personalratstätigkeit notwendigen **Mittel im Haushalt** enthalten sein. Diese muß die Dienststellenleitung bei ihren Anforderungen zum Haushaltsvoranschlag von sich aus anmelden. Grundsätzlich wird sie sich auf die Zahlen früherer Jahre stützen und diese fortschreiben. Erkennt die Dienststellenleitung zusätzlichen Bedarf, z. B. bei Beginn einer Amtszeit wegen zahlreicher Schulungen für neugewählte Personalratsmitglieder, so hat sie dies zu berücksichtigen. Der Personalrat seinerseits ist verpflichtet, die Dienststellenleitung darauf hinzuweisen, daß er einen zusätzlichen Mittelbedarf sieht. Der Personalrat wird dies dort tun müssen, wo dieser Bedarf zwar für ihn, nicht aber für die Dienststellenleitung erkennbar ist (vgl. BVerwG vom 24. 11. 86 – 6 P 3.85, PersR 87, 84 m. Anm. Sabottig).

2 Kostenwirksame Maßnahmen, die der Personalrat beschließen will, hat er der Dienststellenleitung mitzuteilen, damit diese den Haushalt auf vorhandene Mittel überprüfen kann. Die Dienststellenleitung wiederum ist

verpflichtet, den Personalrat zu benachrichtigen, wenn Gefahr besteht, daß die für die Personalratstätigkeiten zur Verfügung stehenden Mittel vor **Ablauf des Haushaltsjahres** erschöpft sein werden. Entstehen dem Personalrat während des laufenden Haushaltsjahres unvorhersehbare Aufwendungen, die bei der Haushaltsanforderung der Dienststellenleitung nicht berücksichtigt werden konnten und die mit den im Haushalt bereitgestellten Mitteln nicht gedeckt werden können, so hat die Dienststellenleitung einen Antrag auf **Nachbewilligung von Haushaltsmitteln** zum Ausgleich der über- oder außerplanmäßigen Ausgaben zu stellen (Altvater u. a., § 44 BPersVG Rn. 6). Versäumt die Dienststellenleitung es, die Kosten der Personalratstätigkeit zu berücksichtigen oder setzt sie den Mittelbedarf zu niedrig an, so stellt dies eine Behinderung der Personalratstätigkeit dar (BVerwG vom 24. 11. 86, a. a. O.), die ggf. eine Behinderung nach § 8 darstellt.

In Abs. 1 ist die Kostentragung der Dienststelle für **Reisekosten** geregelt, in den Absätzen 2 und 3 ist die Kostentragung der Dienststelle für **Sachaufwand und Büropersonal,** für Informationsschriften und Anschlagsflächen geregelt. Daneben hat die Dienststelle Wahlkosten, Kosten bei gerichtlichen Verfahren, Einigungsstellenkosten und Kosten für Sachverständige zu tragen. Die Kostentragungspflicht für **Wahlkosten** ergibt sich bereits aus § 24. Zu den Wahlkosten gehören neben den dort erwähnten Kosten auch die Kosten, die im Zusammenhang mit einer Vorabstimmung entstehen. Die Kostentragungspflicht erstreckt sich auch auf den Geschäftsbedarf des Wahlvorstands einschließlich der Druckkosten für die Wahlunterlagen sowie die der notwendigen Literatur sowie die Kosten für die Büro- und Wahlräume. Auch die Personalkosten für erforderliches Büropersonal des Wahlvorstandes sind Kosten der Wahl.

Zu den zu erstattenden Kosten im Zusammenhang mit gerichtlichen Verfahren zählen, da das **verwaltungsgerichtliche Beschlußverfahren** kostenfrei ist, lediglich die außergerichtlichen Kosten des Personalrats oder eines seiner Mitglieder. Vertritt eine Gewerkschaftssekretärin bzw. ein Gewerkschaftssekretär den Personalrat oder einzelne Personalratsmitglieder im Beschlußverfahren, so hat die Dienststelle auch die Kosten, die der Gewerkschaft aus der Beauftragung entstehen, zu tragen. Nach Auffassung des Bundesverwaltungsgerichts (Beschl. vom 27. 4. 79 – 6 P 9.78, PersV 89, 429) kann jedoch eine Gewerkschaft, die die Vertretung des Personalrats in einem Beschlußverfahren übernommen hat, dann nicht die Erstattung ihrer Auslagen verlangen, wenn sie in ihrer Satzung ihre Mitglieder vom Ersatz der baren Auslagen freistellt. Erstattungspflichtige Kosten sind auch die **Gebühren eines Rechtsanwalts,** den der Personalrat mit der Vertretung in einem verwaltungsgerichtlichen Beschlußverfahren beauftragt hat. Voraussetzung für die Übernahme derartiger Kosten ist, daß der Rechtsstreit zur ordnungsgemäßen Durchführung der Personalratsaufgaben erforderlich war. Auf das Ergebnis des Rechtsstreits kommt es für die Kostentragung grundsätzlich nicht an. Die Pflicht zur

§ 44

Übernahme der Kosten ist auch nicht davon abhängig, daß die Dienststelle der Durchführung des Verfahrens oder der Beauftragung eines Rechtsanwaltes zustimmt (OVG NW vom 22. 8. 60 – CB 4/60, ZBR 62, 26). Andererseits soll die Erstattungspflicht von Anwaltskosten dann nicht bestehen, wenn das Gerichtsverfahren von vornherein völlig aussichtslos war oder mutwillig eingeleitet worden ist (vgl. OVG Lüneburg vom 2. 3. 88 – 17 OVG B 17/87, PersR 89, 342).

5 Nach § 36 Abs. 2 ist die **Hinzuziehung von Sachverständigen** zu den Personalratssitzungen zulässig. Die Dienststelle hat die Kosten dieser sachkundigen Person zu erstatten, wenn der Personalrat ohne den sachkundigen Rat die ihm durch Gesetz zugewiesenen Aufgaben nicht ordnungsgemäß wahrnehmen kann. Bei der Beurteilung, ob die Hinzuziehung eines Sachverständigen notwendig war, wird auf die **Sicht eines »objektiven Dritten«** abzustellen sein. Da der Personalrat die Möglichkeit hat, sich anhand der Literatur, dienststelleneigenen Sachverstandes oder Sachverstandes der Gewerkschaften kundig zu machen, wird die Hinzuziehung von Sachverständigen der zweite Schritt zur Lösung personalvertretungsrechtlicher Probleme bleiben müssen.

6 Zu den **Kosten der Einigungsstelle** zählen die Kosten des unparteiischen Mitglieds der Einigungsstelle nach § 71 Abs. 6, dessen Reisekosten sowie die den Vertreterinnen oder Vertretern des Personalrats, die nicht der Dienststelle angehören, entstandenen Kosten. Dienststellenfremde Vertreterinnen oder Vertreter haben einen Anspruch auf Vergütung, selbst wenn das Gesetz einen derartigen Anspruch nicht erwähnt. Insoweit sind die von den Arbeitsgerichten entwickelten Grundsätze anzuwenden. Dies bedeutet, daß dienststellenfremde Vertreterinnen bzw. Vertreter einen Anspruch in Höhe von sieben Zehntel des an das unparteiische Mitglied der Einigungsstelle gezahlten Betrags haben, sofern eine entsprechende Zusage der Personalvertretung vorliegt (vgl. Altvater u. a., § 71 BPersVG Rn. 7 m. w. Nw.). Diese Honorarzusage abzugeben, ist der Personalrat grundsätzlich befugt. Eine Übernahme dieser Kosten kann die Dienststellen allenfalls ablehnen, wenn die Teilnahme einer Vertreterin oder eines Vertreters für die Behandlung der Angelegenheit völlig überflüssig wäre (VG Berlin vom 20. 1. 89 – VG FK (Bund) – C 179/88, PersR 89, 278). An sonstigen Kosten im Zusammenhang mit der Einigungsstelle können Reisekosten und Recherchekosten anfallen.

7 Im Gegensatz zur Kostentragungspflicht bei den zuvor erwähnten kostenträchtigen Angelegenheiten ist die **Tragung der Reisekosten** ausdrücklich in Abs. 1 geregelt. Kosten für Reisen hat die Dienststelle zu erstatten, wenn das Personalratsmitglied mit der Reise Personalratstätigkeit ausübt und der Personalrat die Durchführung der Reise nach pflichtgemäßem Ermessen für erforderlich halten durfte (BVerwG vom 27. 4. 79 – 6 P 24.78, PersV 81, 25). Personalratstätigkeit liegt vor, wenn Aufgaben und Befugnisse nach dem ThürPersVG wahrgenommen werden. Insoweit hat das Personalratsmitglied kein Ermessen. Ein Ermessen steht dem

§ 44

Personalrat jedoch hinsichtlich der Notwendigkeit der Reise zu. Einer Genehmigung der Reise durch die Dienststellenleitung bedarf es jedoch nicht. Der Dienststellenleitung ist die Reise lediglich vorher anzuzeigen (BVerwG vom 22. 6. 62 – VII P 8.61, PersV 62, 180). Notwendige Reisetätigkeit liegt z. B. vor, wenn ein Personalratsmitglied einen erkrankten Beschäftigten aufsucht und eine persönliche Rücksprache mit dem erkrankten Beschäftigten erforderlich ist (BVerwG vom 24. 10. 69 – VII P 14.68, PersV 70, 131). Daneben ist die Wahrnehmung von Gerichtsterminen in personalvertretungsrechtlichen Angelegenheiten **notwendige Personalratsarbeit** (BVerwG vom 21. 7. 82 – 6 P 14.79, PersV 83, 316). Grundsätzlich ist die **Abhaltung auswärtiger Sitzungen,** insbesondere für Gesamtpersonalräte oder Stufenvertretungen, zulässig. Der Sitzungsort ist immer davon abhängig, über welche Sachverhalte der Personalrat sich im Zusammenhang mit seinen gesetzlichen Aufgaben unterrichten muß. Es kann deshalb bei Gesamtdienststellen mit mehreren Personalräten sinnvoll sein, Sitzungen reihum bei diesen Dienststellen durchzuführen. Gleiches gilt für örtliche Personalräte, wenn die räumliche Ausdehnung der Dienststelle es erfordert.

Die Erstattung der **Reisekosten** richtet sich nach den Vorschriften über die Reisekosten für Beamtinnen und Beamte der **Besoldungsgruppe A 15.** Neben den entsprechenden Tages- und Übernachtungsgeldern sind Kosten der ersten Klasse bei Fahrten mit der Deutschen Bundesbahn zu erstatten. Bei Vorliegen entsprechender Voraussetzungen kann den Mitgliedern des Personalrats für Reisen auch anstelle der Regelsätze eine Aufwandsvergütung gewährt werden (BVerwG vom 20. 10. 77 – VII P 13.75, PersV 79, 73). Der Personalrat entscheidet nach pflichtgemäßem Ermessen über die Art und Weise der Durchführung einer Reise. Der Dienststellenleitung ist es verwehrt, die Benutzung eines bestimmten Beförderungsmittels anzuordnen. Selbst unter dem Gesichtspunkt der sparsamen Verwendung öffentlicher Mittel kann ein Personalratsmitglied nicht verpflichtet werden, bei Reisen ausnahmslos das bei der Dienststelle vorhandene Großkundenabonnement der Deutschen Bahn AG zu benutzen (OVG Koblenz vom 16. 5. 84 – 4 A 6/83, PersR 85, 109). 8

(**Abs. 2**) Die Vorschrift legt fest, daß die Dienststelle dem Personalrat für **Sitzungen, Sprechstunden und laufende Geschäftsführung** in erforderlichem Umfang Räume, Büropersonal und Geschäftsbedarf zur Verfügung zu stellen hat. Büro- und Sitzungsräume hat die Dienststelle mit entsprechender Ausstattung (zumindest verschließbarer Aktenschrank, Schreibtisch und Bestuhlung) zu versehen. Die Büroräume müssen abschließbar sein; ggf. müssen sie mit verschließbaren Ablagefächern für die einzelnen Personalratsmitglieder ausgestattet werden (vgl. § 41 Abs. 2). Die **Räumlichkeiten** müssen ausreichend zu beheizen und zu belüften sein sowie hinsichtlich Größe, Lage und Ausstattung den Erfordernissen der Personalratsarbeit genügen. Ist dies mit eigenen Mitteln der Dienststelle nicht zu bewerkstelligen, hat sie bei anderen Dienststellen 9

§ 44

oder privaten Vermietern geeignete Räumlichkeiten anzumieten und die Mietkosten zu tragen. Dienststelle und Personalrat sollen bei der Auswahl der Räume **Einvernehmen herstellen.** Dies hindert die Dienststelle jedoch nicht, andere Räume zuzuweisen, wenn diese Räume so beschaffen sind, daß der Personalrat in ihnen seinen Aufgaben nachkommen kann. Die Zuweisung anderer Räume für die Personalratstätigkeit und der damit verbundene Umzug behindern allein wegen des Zeitaufwands Personalratstätigkeit, weshalb die Zuweisung anderer Räume vor dem Hintergrund von § 8 so lange ausgeschlossen ist, wie nicht zwingende Gründe in der Interessensphäre der Dienststelle die Zuweisung anderer Räume erforderlich machen.

10 Eine **Bürokraft für den Personalrat** ist erforderlich, wenn im Zusammenhang mit der Personalratsarbeit Schreib- und Büroarbeiten anfallen. Der Bürokraft ist grundsätzlich ein eigenes Büro zur Verfügung zu stellen. Die gemeinsame Nutzung eines Büroraumes durch Personalratsmitglieder und Bürokraft ist unzumutbar. Die Bürokraft ist dem Personalrat entsprechend dem Arbeitsanfall dauerhaft oder zeitweilig zur Verfügung zu stellen. Wieviel Bürokräfte dem Personalrat zur Verfügung zu stellen sind, richtet sich ausschließlich nach dem Umfang der anfallenden Arbeiten. Als Richtschnur mag gelten, daß ein Personalrat mit drei Freistellungen Anspruch auf eine vollbeschäftigte Schreibkraft hat. Der Verpflichtung zum Abstellen einer Schreibkraft kann sich eine Dienststelle auch nicht mit dem Hinweis entziehen, ihr fehle dann für den eigentlichen Dienstbetrieb eine erforderliche Schreibkraft. Selbst ein Personalratsmitglied, das beruflich Schreibarbeiten ausführt, kann nicht darauf verwiesen werden, die im Personalrat anfallenden Schreibarbeiten zu erledigen. Ebensowenig kommt die Überweisung der Schreibarbeiten an ein zentrales Schreibbüro in Betracht. Der Personalrat hat **bei der Auswahl** des Büropersonals ein **Mitentscheidungsrecht.** Für die Eignung einer Bürokraft ist neben deren fachlichen Kenntnissen die Persönlichkeit und das zwischen ihr und dem Personalrat bestehende Vertrauensverhältnis entscheidend. Ein Alleinentscheidungsrecht der Dienststellenleitung wäre nicht damit zu vereinbaren, daß die Bürokraft des Personalrats zwangsläufig mit Interna der Personalratsarbeit vertraut wird.

11 **Bürokräfte** leisten dem Personalrat bei der Wahrnehmung seiner Aufgaben unselbständig Hilfe. Sie bleiben Angehörige der Dienststelle; ihre **Eingruppierung** richtet sich nach ihren eigentlichen Aufgaben, nicht nach den Aufgaben, die im Zusammenhang mit der Arbeit für den Personalrat anfallen. Gleichwohl unterliegen sie den Weisungen des Personalrats. Für sie gilt die Schweigepflicht.

12 Ein verschließbarer Schrank oder Aktenschrank zählt zur Ausstattung des Personalratsbüros. Dagegen fallen Schreibmaterialien, ein Fernsprecher sowie Fachliteratur unter **Geschäftsbedarf.** Zu den Schreibmaterialien zählen Schreib- und Briefpapier, wobei der Personalrat berechtigt ist, im Briefkopf den Zusatz »Der Personalrat« zu verwenden. Aktenordner in

ausreichender Menge sowie Briefmarken oder Freistempler sind dem Personalrat zur Verfügung zu stellen. Zur **Mindestausstattung** für Bürokraft und Personalratsbüro zählt eine Schreibmaschine. Ist in der Dienststelle eine EDV-Anlage vorhanden und bearbeitet die Dienststelle ihre personalvertretungsrechtlich relevanten Angelegenheiten mittels dieser Anlage, muß schon aus Gründen der Waffengleichheit bejaht werden, daß dem Personalrat ebenfalls eine EDV-Anlage zur Bearbeitung zugestanden wird. In diesem Zusammenhang hat der Personalrat darauf zu achten, daß diese **EDV-Anlage** ein in sich geschlossenes System darstellt und der Zugriff von außen ausgeschlossen ist. Zur Herstellung von Vervielfältigungen muß der Personalrat das verwaltungseigene Vervielfältigungsgerät benutzen können. In größeren Dienststellen hat er einen Anspruch auf ein eigenes Vervielfältigungsgerät.

Zum Geschäftsbedarf zählt auch die **Nutzung des Fernsprechers** der Dienststelle. Verfügt die Dienststelle über Nebenanschlüsse, so ist auch dem Personalrat ein eigener Nebenanschluß zur Verfügung zu stellen. In größeren Dienststellen hat der Personalrat Anspruch auf eine eigene **Amtsleitung.** Eine Aufzeichnung von Telefondaten des Personalrats darf nur zur Erfassung der Telefonkosten erfolgen. Diese Erfassung darf nicht zur Kontrolle der Personalratsarbeit führen. Ein Abhören der Gespräche von Personalratsmitgliedern ist sowohl aus persönlichkeitsrechtlichen wie aus personalvertretungsrechtlichen Gründen unzulässig. 13

Ein **Kommentar zum Landespersonalvertretungsgesetz** gehört zum unentbehrlichen Rüstzeug des Personalrats. Dieser Kommentar muß jederzeit verfügbar sein. Die Auswahl des Kommentars trifft der Personalrat. Neben dem Kommentar ist dem Personalrat weitere Literatur zur Verfügung zu stellen. Dazu gehören insbesondere Gesetzestexte zum Arbeits-, Sozial- und Beamtenrecht. In mittleren und größeren Dienststellen wird auf eine kommentierte Ausgabe der am häufigsten benutzten Vorschriften nicht verzichtet werden können. Je nach Aufgabenanfall und Schwerpunkten der Personalratsarbeit gehört ferner **Spezialliteratur** zu bestimmten Sachbereichen – etwa Personalplanung, Unfallverhütung, Arbeitsplatzgestaltung, Haushaltsrecht – zur unverzichtbaren Ausstattung des Personalrats. Erst die Ergänzung des personalvertretungsrechtlichen Kommentars durch eine Fachzeitschrift sichert die aktuelle und umfassende Information, die der Personalrat zur Erfüllung seiner Aufgaben benötigt. Mindestens eine einschlägige Fachzeitschrift gehört zum erforderlichen Geschäftsbedarf. Weder die räumliche Ausdehnung noch die Zahl der Beschäftigten ist entscheidend für den Anspruch des Personalrats auf eine eigene **Fachzeitschrift.** Es bleibt dem Personalrat überlassen, für welche der einschlägigen Fachzeitschriften er sich entscheidet. Der **Auswahl** einer bestimmten Fachzeitschrift kann nicht entgegengehalten werden, daß diese Zeitschrift eher zu einer Betonung der Beschäftigteninteressen neigt. Vom Grundsatz, daß jedem Personalrat eine Fachzeitschrift zur Verfügung zu stellen ist, kann nur für Personalräte mehrerer 14

§ 44

kleinerer Dienststellen des gleichen Arbeitgebers an einem Ort abgewichen werden. In diesem Fall muß die Dienststelle ein Umlaufverfahren organisieren, das eine zeitgerechte Information der beteiligten Personalräte über den Inhalt der Zeitschrift und einen späteren, jederzeitigen Zugriff auf die bereits umlaufenden Hefte gewährleistet (vgl. Vohs, PersR 91, 55).

15 (Abs. 3) Die Dienststelle ist verpflichtet, dem Personalrat **Anschlagflächen** in der Dienststelle zur Verfügung zu stellen. Je nach räumlicher Größe der Dienststelle kann dies an mehreren Stellen erforderlich sein. Zahl und Ort der Anschlagsflächen sollen in jedem Fall sicherstellen, daß sich alle Beschäftigten der Dienststelle über Bekanntmachungen des Personalrats informieren können. Was der Personalrat an diesen Anschlagflächen bekanntgibt, entscheidet er auf Grundlage seiner gesetzlichen Befugnisse und Aufgaben. Ein einzelnes Personalratsmitglied darf jedoch die Anschlagflächen nicht dazu nutzen, eigene Mitteilungen über die Personalratstätigkeit ohne Genehmigung des Personalrats herauszugeben (vgl. BayVGH vom 29. 7. 87 – 17 C 87.01687, PersR 88, 139 Ls.).

16 Zu den Aufgaben des Personalrats gehört es, die Beschäftigten umfassend über seine Tätigkeit zu unterrichten. Zu diesem Zweck kann er **Flugblätter** oder **Rundschreiben** herausgeben. Die Dienststelle ist verpflichtet, auch die dadurch entstehenden Kosten zu tragen. Jedoch kann der Personalrat darauf verwiesen werden, daß er seine Informationen in einer in der Dienststelle vorhandenen Druckerei vervielfältigen läßt (VG Mainz vom 27. 11. 85 – 6 L 1/85, PersR 86, 80 Ls.). Eine Zustimmung der Dienststellenleitung zur Herausgabe eines Informationsblattes ist nicht erforderlich. Ebenso darf keine Zensur ausgeübt werden.

17 (Abs. 4) Personalratsmitglieder dürfen für ihre Tätigkeit weder Entgelte noch **Beiträge** fordern oder annehmen. Dies gilt sowohl in bezug auf Beschäftigte als auch auf andere Personen oder Organisationen. Damit soll verhindert werden, daß Personalratsmitglieder in **Abhängigkeiten** geraten. Auch ohne ausdrückliche Erwähnung gilt dies für Zuwendungen durch die Dienststelle. Die Verpflichtung zur Kostentragung beruht auf § 44 Abs. 1 und läßt damit pauschale Zuwendungen nicht zu. Das Verbot der Erhebung von Beiträgen erstreckt sich nicht nur auf unmittelbare, sondern auch auf mittelbare Zuwendungen. So ist es einem Personalratsgremium untersagt, als sogenannter **Sammelbesteller** Waren für Beschäftigte zu beziehen und die erhaltenen Provisionen zu behalten. Dies gilt selbst dann, wenn die Provision einem karitativen Zweck zugeführt werden soll (OVG Lüneburg vom 29. 2. 72 – P OVG B 1/72, PersV 73, 50).

18 Andererseits ist nichts dagegen einzuwenden, wenn Personalratsmitglieder die **Sammlung** für eine Kranzspende oder ein Geburtstagsgeschenk für einen Beschäftigten durchführen. Die **Organisation** einer Feier oder **eines Betriebsfestes** wird der Personalrat dann übernehmen, wenn ihm daraus keine finanziellen oder materiellen Mittel zufließen.

§ 45

Vierter Teil
Rechtsstellung

§ 45
Freistellung vom Dienst

(1) Die Mitglieder des Personalrates führen ihr Amt unentgeltlich als Ehrenamt.

(2) Versäumnis von Arbeitszeit, die zur ordnungsgemäßen Durchführung der Aufgaben des Personalrates erforderlich ist, hat keine Minderung der Dienstbezüge oder des Arbeitsentgeltes zur Folge. Werden Personalratsmitglieder durch die Erfüllung ihrer Aufgaben über die regelmäßige Arbeitszeit hinaus beansprucht, ist ihnen Dienstbefreiung in entsprechendem Umfang zu gewähren.

(3) Mitglieder des Personalrates sind von ihrer dienstlichen Tätigkeit ganz oder teilweise freizustellen, wenn und soweit es nach Umfang und Art der Dienststelle zur ordnungsgemäßen Durchführung ihrer Aufgaben erforderlich ist. Bei der Auswahl der freizustellenden Mitglieder hat der Personalrat zunächst die nach § 33 Abs. 1 gewählten Vorstandsmitglieder, sodann die nach § 33 Abs. 4 gewählten Ergänzungsmitglieder und schließlich weitere Mitglieder zu berücksichtigen. Bei weiteren Freistellungen sind die auf die einzelnen Wahlvorschlagslisten entfallenden Stimmen nach dem Verfahren Hare/Niemeyer zu berücksichtigen, wenn die Wahl des Personalrates nach den Grundsätzen der Verhältniswahl durchgeführt wurde (§ 19 Abs. 3 Satz 1); dabei sind die nach Satz 2 freigestellten Vorstandsmitglieder von den auf jede Wahlvorschlagsliste entfallenden Freistellungen abzuziehen. Im Falle der Personenwahl (§ 19 Abs. 3 Satz 3) bestimmt sich die Rangfolge der weiteren freizustellenden Mitglieder nach der Zahl der für sie bei der Wahl des Personalrates abgegebenen Stimmen. Sind die Mitglieder der im Personalrat vertretenen Gruppen teils nach den Grundsätzen der Verhältniswahl, teils im Wege der Personenwahl gewählt worden, sind bei weiteren Freistellungen die Gruppen entsprechend der Zahl ihrer Mitglieder nach dem Höchstzahlverfahren zu berücksichtigen, innerhalb der Gruppen bestimmen sich die weiteren Freistellungen in diesem Fall je nach Wahlverfahren in entsprechender Anwendung des Satzes 3 und nach Satz 4.

(4) Von ihrer dienstlichen Tätigkeit sind nach Absatz 3 ganz freizustellen in Dienststellen mit in der Regel

   300 bis   600 Beschäftigten ein Mitglied,
   601 bis 1 000 Beschäftigten zwei Mitglieder,
1 001 bis 2 000 Beschäftigten drei Mitglieder,
2 001 bis 3 000 Beschäftigten vier Mitglieder,
3 001 bis 4 000 Beschäftigten fünf Mitglieder,

§ 45

4 001 bis   5 000 Beschäftigten sechs Mitglieder,
5 001 bis   6 000 Beschäftigten sieben Mitglieder,
6 001 bis   7 000 Beschäftigten acht Mitglieder,
7 001 bis   8 000 Beschäftigten neun Mitglieder,
8 001 bis   9 000 Beschäftigten zehn Mitglieder,
9 001 bis 10 000 Beschäftigten elf Mitglieder.

In Dienststellen mit mehr als 10 000 Beschäftigten ist für je angefangene weitere 2 000 Beschäftigte ein weiteres Mitglied freizustellen. Von den Sätzen 1 und 2 kann im Einvernehmen zwischen Personalrat und Dienststellenleiter abgewichen werden. Kommt eine Einigung im Sinne von Abs. 3 Satz 1 zwischen Personalrat und Dienststellenleiter in Dienststellen mit weniger als 300 Beschäftigten nicht zustande, gilt § 69 entsprechend. Die Einigungsstelle entscheidet endgültig.

(5) Die Freistellung darf nicht zur Beeinträchtigung des beruflichen Werdegangs führen. Zeiten einer Freistellung gelten als Bewährungszeit im Sinne der beamtenrechtlichen oder tarifvertraglichen Bestimmungen. Für freigestellte Mitglieder des Personalrates entfallen dienstliche Beurteilungen.

(6) Von ihrer dienstlichen Tätigkeit freigestellte Mitglieder des Personalrates dürfen von Maßnahmen der Berufsbildung innerhalb und außerhalb der Verwaltung nicht ausgeschlossen werden.

Vergleichbare Vorschriften: § 46 BPersVG; § 37 BetrVG

1 (Abs. 1) Grundsätzlich stellt die Tätigkeit als Personalratsmitglied ein **Ehrenamt** dar. Aus der Mitgliedschaft und durch die Amtstätigkeit soll dem Mitglied weder ein Vorteil noch ein Nachteil erwachsen. Die Unentgeltlichkeit der Amtsausübung und das darin liegende Verbot der Vorteilsgewährung, aber auch die Verhinderung eines Nachteils, prägen den Charakter des Personalratsamts. Personalratstätigkeit ist weder Dienst i. S. d. Beamtenrechts noch Erfüllung arbeitsvertraglicher Pflichten (vgl. BAG vom 22. 5. 86 – 6 AZR 557/85, PersR 87, 107).

2 Personalratsmitglieder sollen ihr Amt ohne Einflußnahme von außerhalb der Personalvertretung stehenden Personen ausüben können. Da die meisten Personalratsmitglieder gleichzeitig noch beamtenrechtlichen oder arbeitsvertraglichen Pflichten nachzugehen haben, ist eine Einflußnahme der Dienststellenleitung auf das Personalratsmitglied am ehesten zu erwarten. Zur **Sicherung der** für die Amtsführung notwendigen inneren **Unabhängigkeit** muß die Erfüllung der Aufgaben eines Personalratsmitglieds frei von Weisungen durch die Dienststellenleitung oder andere Beschäftigte der Dienststelle bleiben (vgl. Dietz/Richardi, § 46 BPersVG Rn. 1).

3 (Abs. 2) Das Gesetz geht davon aus, daß Personalratstätigkeit mit **Arbeitsversäumnis** verbunden ist. Personalratsmitglieder sind berechtigt, Arbeitszeit zu versäumen, soweit dies zur ordnungsgemäßen Durchführung der Personalratsaufgaben oder zur ordnungsgemäßen **Wahrnehmung ihrer Befugnisse** von ihnen als erforderlich angesehen wird. Dieser Grundsatz gilt auch für Lehrerinnen und Lehrer, deren Arbeitszeit sich in Unterrichtszeit und unterrichtsfreie Zeit unterteilen läßt. Er erfährt für diesen Personenkreis lediglich dadurch eine Einschränkung, daß nach § 92 Abs. 1 Nr. 2 die **Schulpersonalräte** (Ausnahme: der Hauptpersonalrat beim Thüringer Kultusminister) ihre Sitzungen außerhalb der Unterrichtszeit abzuhalten haben. Anderweitige notwendige Personalratstätigkeit kann unter Umständen auch zur Versäumnis von Unterrichtszeit führen. Generell kann Arbeitszeitversäumnis notwendig werden für die Teilnahme an Personalratssitzungen, die Vorbereitung und Durchführung von Personalversammlungen, das Abhalten von Sprechstunden, Besprechungen mit Gewerkschaftsbeauftragten, die Einholung von Auskünften bei Gewerkschaften sowie für Arbeitsplatzbesichtigungen, etwa zur Überprüfung der Einhaltung von Unfallverhütungsvorschriften. Was im Einzelfall als erforderlich anzusehen ist, läßt sich nur anhand der konkreten Umstände beurteilen. Ist das Personalratsmitglied bei Würdigung aller Begleitumstände zur Auffassung gekommen, daß ohne Versäumnis von Arbeitszeit die Erfüllung von Personalratsaufgaben nicht nur unzureichend möglich wäre, kann es der Arbeit fernbleiben (vgl. BAG vom 8. 3. 1957 – 1 AZR 113/55, AP Nr. 4 zu § 37 BetrVG und vom 6. 7. 62 – 1 AZR 488/60, AP Nr. 7 zu § 37 BetrVG). Hat das Personalratsmitglied nach entsprechender Prüfung eine Arbeitsversäumnis als erforderlich angesehen und stellt sich nachträglich heraus, daß keinerlei Notwendigkeit zum Arbeitsversäumnis bestand, ist dies unschädlich. Aus der **Sicht eines »vernünftigen Dritten«** ist zu beurteilen, ob das Personalratsmitglied zum Zeitpunkt der Entscheidungsfindung die Arbeitsversäumnis als erforderlich ansehen mußte.

Damit die Dienststelle sich auf die Personalratstätigkeit, die zu Arbeitsversäumnis führt, einstellen kann, ist eine **Unterrichtung der oder des direkten Vorgesetzten** des Personalratsmitglieds erforderlich. Die Unterrichtung hat unverzüglich zu erfolgen, sobald das Personalratsmitglied zur Überzeugung gelangt, ohne Arbeitszeitversäumnis ließe sich die Personalratstätigkeit nicht mehr ordnungsgemäß wahrnehmen. Der oder die Vorgesetzte soll die Möglichkeit erhalten, für den entsprechenden Ersatz zu sorgen. Auch wenn – etwa wegen der Dringlichkeit einer vom Personalratsmitglied zu erledigenden Aufgabe – kein Ersatz für das so von der beruflichen Tätigkeit befreite Mitglied des Personalrats gestellt werden kann, darf der oder die Vorgesetzte das Personalratsmitglied nicht daran hindern, den Arbeitsplatz zur Ausübung der Personalratstätigkeit zu verlassen. Gleiches gilt für die Dienststellenleitung, die nicht die Befugnis hat, dem Personalratsmitglied Weisungen zu erteilen (vgl. Abs. 1). 4

Das Personalratsmitglied soll durch Versäumnis von Arbeitszeit infolge personalratlicher Tätigkeit keine Nachteile erleiden. Aus diesem Grund hat die Versäumnis von Arbeitszeit wegen Personalratstätigkeit keine 5

§ 45

Minderung der Dienstbezüge oder des Arbeitsentgelts zur Folge. Damit dem Personalratsmitglied keine wirtschaftlichen Nachteile entstehen, muß das Lohnausfallprinzip zur Anwendung kommen. Das **Lohnausfallprinzip** geht davon aus, daß das Personalratsmitglied Anspruch auf Fortzahlung der jeweiligen Vergütung hat, die es erlangt hätte, wenn es keine Personalratsaufgaben während der Arbeitszeit wahrgenommen hätte (vgl. Däubler u. a., § 37 BetrVG Rn. 33 ff.). Zur Vergütung zählen:

- die Grundbezüge, also Monats-, Wochen-, Tages-, Stundenvergütung (eventuell Akkordlohn);
- die Zuschläge, die wegen der Dauer der geleisteten Arbeit oder wegen ihrer besonderen Bedingungen gezahlt werden (Überstunden- und Erschwernis-, Gefahren-, Schicht- und Nachtdienstzuschläge);
- Sozialzuschläge wie Kinder-, Familien-, Orts- und Wohnungszulagen;
- Leistungszulagen und Prämien, die wegen quantitativ oder qualitativ guter Arbeitsleistung gezahlt werden.

6 Das Lohnausfallprinzip führt bei Beamtinnen und Beamten sowie Angestellten mit Monatsgehalt zu keinen Schwierigkeiten, da die vollen Bezüge weiter zu zahlen sind. Bei Arbeitnehmerinnen und Arbeitnehmern mit Stundenlohn wird die Zeit des Versäumnisses wie Arbeitszeit gerechnet. Bei Arbeiten, die im **Leistungslohn,** insbesondere in Akkordarbeit verrichtet werden, kann es zu Schwierigkeiten hinsichtlich der Berechnung kommen. Es ist der Leistungslohn zu zahlen, den das Personalratsmitglied erhalten würde, wenn es gearbeitet hätte. Das kann z. B. der Durchschnittslohn für einen festgelegten Zeitraum der Vergangenheit sein. Das Arbeitsentgelt darf jedoch nicht geringer als das vergleichbarer Beschäftigter sein (vgl. Däubler u. a., § 37 BetrVG Rn. 34).

7 Treten Arbeitsversäumnisse auf, etwa weil das Personalratsmitglied eine Dienstschicht vor, während oder nach Personalratstätigkeit nicht antreten konnte, ist es so zu behandeln, als wenn es die entsprechende Schicht geleistet hätte (vgl. Däubler u. a., § 37 BetrVG Rn. 29). Der Grundsatz, daß nicht mehr erfüllbare dienstplanmäßige Arbeitszeit als erfüllt gilt, ist Ergebnis des Benachteiligungsverbotes. Wegen des Benachteiligungsverbotes darf Personalratstätigkeit nicht Anlaß für eine **Änderung der Diensteinteilung** sein, um die für die Dienststelle negativen Folgen der Personalratstätigkeit abzuwenden.

8 Personalratsmitglieder, die durch die Aufgabenerfüllung über die regelmäßige Arbeitszeit hinaus beansprucht werden, haben Anspruch auf **Dienstbefreiung** in entsprechendem Umfang, also auf **Freizeitausgleich** ohne Überstundenzuschläge (BAG vom 22. 5. 86 -6 AZR 557/85, PersR 87, 107). Grundlage für den Freizeitausgleich ist die persönliche, regelmäßige Arbeitszeit des betreffenden Personalratsmitglieds. Jede Beanspruchung durch die Erfüllung von Personalratsaufgaben, die über die persönliche Arbeitszeit hinausgeht, ist ausgleichspflichtig. Dies gilt auch für Tätigkeiten, die allein keine Erfüllung von Personalratsaufgaben darstellen, jedoch in einem notwendigen und sachlichen Zusammenhang mit solchen stehen.

Ein Personalratsmitglied, das aus Anlaß einer Personalratssitzung oder aus Anlaß von Personalratstätigkeit **Wege- und Reisezeiten** außerhalb der regelmäßigen Arbeitszeit verbringt, hat grundsätzlich Anspruch auf Dienstbefreiung (LAG Hannover vom 10. 8. 83 – 5 Sa 101/83, PersR 84, 45). Unwesentlich ist in diesem Zusammenhang, ob die Dienstreise tariflich oder beamtenrechtlich als Arbeitszeit einzustufen ist. Entscheidend ist allein der Zusammenhang mit der personalvertretungsrechtlichen Aufgabenerfüllung. Bei Reisezeiten außerhalb der regelmäßigen Arbeitszeit besteht der Anspruch auf Dienstbefreiung jedoch nicht in vollem Umfang. Lediglich die Zeiten, die über die regelmäßige oder dienstplanmäßige Arbeitszeit hinausgehen, sind ausgleichspflichtig. 9

Die **Gewährung von Dienstbefreiung** durch die Dienststellenleitung hat unter angemessener Berücksichtigung der Wünsche des Personalratsmitglieds zu erfolgen. Die Dienststellenleitung hat den Anspruch vor Ablauf eines Monats zu erfüllen, was eine entsprechende Mitteilung des Personalratsmitglieds an die Dienststellenleitung voraussetzt. Lediglich für den Fall, daß zwischen Personalrat und Dienststellenleitung längere Zeiträume zur Erfüllung des Anspruchs auf Freizeitausgleich festgelegt sind, besteht der Anspruch auf in zeitlicher Nähe zur Personalratstätigkeit gelegenen Freizeitausgleich nicht. Kommt die Dienststellenleitung der Verpflichtung, Freizeitausgleich zu gewähren, nicht nach, verfällt der Anspruch auf Freizeitausgleich nicht. Da das Personalratsmitglied den Freizeitausgleich nicht eigenmächtig vornehmen kann, muß der Anspruch ordnungsgemäß geltend gemacht werden. Die Geltendmachung hat zwingend **innerhalb der tariflichen Ausschlußfristen** zu geschehen (vgl. BAG vom 26. 2. 92 – 7 AZR 201/91, PersR 92, 468). 10

(**Abs. 3**) Während Abs. 2 die Arbeitsversäumnisse aus konkretem Anlaß, also die Freistellung von »Fall zu Fall« regelt, bestimmt Abs. 3, daß **Personalratsmitglieder generell freizustellen** sind, wenn und soweit es nach Umfang und Art der Dienststelle zur ordnungsgemäßen Wahrnehmung ihrer Aufgaben erforderlich ist. Eine Konkretisierung dieses Grundsatzes findet sich insofern in Abs. 4, als sich die Mindestzahl von freizustellenden Personalratsmitgliedern unmittelbar aus letzterem ergibt. Die Freistellungsstaffel nach Abs. 4 gilt nur für örtliche Personalvertretungen, nicht für Gesamtpersonalräte und Stufenvertretungen (vgl. aber die ausdrücklich **nur** für Stufenvertretungen geltende Regelung nach § 53 Abs. 5). 11

Satz 1 der Vorschrift geht von einem regelmäßig anfallenden Umfang der Personalratsarbeit aus, der es erforderlich macht, Personalratsmitglieder generell von ihrer dienstlichen Tätigkeit freizustellen. Voraussetzung ist, daß die **Freistellung zur Durchführung von Personalratsaufgaben erforderlich** ist. Dabei sind Umfang und Art der Dienststelle zu berücksichtigen. Anhand der Verhältnisse der einzelnen Dienststelle (z. B. räum- 12

§ 45

liche Ausdehnung der Dienststelle, Anzahl der Nebenstellen und Dienststellenteile, Arbeit im Schichtbetrieb) muß geprüft werden, in welchem Umfang regelmäßige Personalratsaufgaben anfallen, die eine Freistellung erforderlich machen (BVerwG vom 16. 5. 80 – 6 P 82.78, PersV 81, 366). Dazu gehören z. B. die Vorbereitungen für die Personalratssitzungen, Verhandlungen mit der Dienststelle, das Abhalten von Sprechstunden, das Erledigen von Schriftverkehr, nicht aber die Teilnahme an den Sitzungen des Personalrats oder seines Vorstands (BVerwG vom 22. 4. 87 – 6 P 29.84, PersR 87, 191 m. Anm. Küssner).

13 Über die **Auswahl der freizustellenden Personalratsmitglieder** entscheidet der Personalrat. Der Beschluß wird vom gesamten Personalrat mit einfacher Stimmenmehrheit gefaßt, da die Freistellung keine Gruppenangelegenheit ist. Der oder die Freizustellende kann sich an dieser Abstimmung beteiligen, da es sich um einen organisatorischen Akt des Personalrats handelt. Die Freistellung erfolgt für die laufende Amtsperiode des Personalrats. Die Dienststelle darf die Freistellung des vom Personalrat ausgewählten Mitglieds nur ablehnen, wenn die Voraussetzungen des Abs. 3 Satz 1 oder des Abs. 4 nicht gegeben sind, unabweisbare dienstliche Belange entgegenstehen oder die eigene personalvertretungsrechtliche Stellung des Dienststellenleiters durch die Freistellung beeinträchtigt würde (BVerwG vom 10. 5. 84 – 6 P 33.83, PersR 86, 15). Das Personalratsmitglied, dessen Freistellung der Personalrat beschlossen hat, darf seiner dienstlichen Tätigkeit aber nicht einfach fernbleiben. Es bedarf auch noch der **Freistellung durch die Dienststelle,** die mit dieser hinzutretenden dienstrechtlichen Maßnahme den Freistellungsbeschluß in die Tat umsetzt.

14 Obwohl es allein im Ermessen des Personalrats liegen sollte, welches seiner Mitglieder freizustellen ist, ist der Personalrat nicht frei in der Entscheidung über die Auswahl freizustellender Mitglieder. Bei der Freistellung hat der Personalrat zunächst die oder den **Vorsitzenden** und die übrigen nach § 33 Abs. 1 gewählten **Gruppenvorstandsmitglieder** zu berücksichtigen. Sodann sind die nach § 33 Abs. 4 hinzugewählten Vorstandsmitglieder, die die Vorschrift als **Ergänzungsmitglieder** bezeichnet, zu berücksichtigen. Kommt es im Rahmen des zur Verfügung stehenden Kontingents (vgl. Abs. 4) zur Freistellung weiterer Personalratsmitglieder, sind die auf die einzelnen Wahlvorschlagslisten oder Gruppen entfallenden Stimmen nach dem Grundsatz der Verhältniswahl (System Hare-Niemeyer, vgl. §§ 17 Abs. 2, 19 Abs. 3) zu berücksichtigen. Dabei ist dann, wenn ein Teil der Mitglieder nach den Grundsätzen der Verhältniswahl und der andere Teil in Personenwahl gewählt worden ist, wiederum die Anzahl der Sitze der Gruppen entscheidend. Diese Regelung kommt bei Personalräten, die nach § 33 Abs. 1 Vertreter von drei Gruppen in den Vorstand entsandt und nach § 33 Abs. 4 Ergänzungsmitglieder gewählt haben, in der Regel erst ab der sechsten

Freistellung zur Anwendung, d. h. in einer Dienststelle mit mehr als 4 000 wahlberechtigten Beschäftigten.

Hat **Verhältniswahl** (§ 19 Abs. 3 Satz 1) stattgefunden, geben die auf die einzelnen Wahlvorschlagslisten entfallenden Stimmen den Ausschlag. Das sind nach dem Wortlaut der Vorschrift sämtliche auf eine mit derselben Bezeichnung bzw. demselben Kennwort versehene Wahlvorschlagsliste entfallenden Stimmen. Dies gilt auch dann, wenn eine solche einheitliche Wahlvorschlagsliste bei Gruppenwahl in mehreren Gruppen vertreten war, aber z. B. nur in einer Gruppe Sitze errungen hat. Die auf die einzelnen Wahlvorschlagslisten entfallenden weiteren Freistellungen sind im Wege des **Proportionalverfahrens nach Hare-Niemeyer** zu ermitteln (vgl. § 17 Abs. 2). Ist eine Wahlvorschlagsliste nach den Grundsätzen der Verhältniswahl bei den weiteren Freistellungen zu berücksichtigen, erhält sie gleichwohl keine weitere Freistellung, wenn auf ihr gewählte Bewerberinnen und Bewerber bereits als Vorstandsmitglieder (§ 33 Abs. 1 und 4) bei der Freistellung berücksichtigt worden sind. Die weitere Freistellung geht dann auf die Wahlvorschlagsliste über, auf die nach den Grundsätzen der Verhältniswahl eine weitere Freistellung entfallen würde, sofern diese Liste nicht ebenfalls gewählte Bewerberinnen und Bewerber enthält, die bereits als Vorstandsmitglieder freigestellt sind. Der Personalrat in seiner Gesamtheit entscheidet, welches Mitglied derjenigen Liste, auf die die weitere Freistellung entfällt, freigestellt wird. Verabreden die Mitglieder der betroffenen Liste, daß nur eines von ihnen für die Freistellung zur Verfügung steht und die anderen ausdrücklich auf die Freistellung verzichten, ist zweifelhaft, ob der Personalrat dadurch in seiner Entscheidung gebunden wird.

Ist in den einzelnen Gruppen nach den Grundsätzen der **Personenwahl** (auch Mehrheitswahl genannt, § 19 Abs. 3 Satz 3) gewählt worden oder hat gemeinsame Wahl als Personenwahl stattgefunden, bestimmt sich die Rangfolge weiterer freizustellender Personalratsmitglieder ausschließlich nach der Zahl der Stimmen, die sie bei der Personalratswahl erhalten haben. Verzichtet ein Personalratsmitglied auf eine Freistellung, geht der Freistellungsauftrag auf das Personalratsmitglied über, das die nächsthöhere Stimmenzahl erhalten hat.

Sind die Vertreterinnen und Vertreter der Gruppen **teils nach den Grundsätzen der Verhältniswahl, teils im Wege der Personenwahl** gewählt worden, ist zunächst festzustellen, wie viele Freistellungen auf die einzelnen Gruppen bei der Anwendung des Systems Hare-Niemeyer entfallen. Danach ist zu prüfen, wieviel Freistellungen die Gruppen bereits durch die freigestellten Vorstandsmitglieder erhalten haben. Diese auf die Vorstandsmitglieder entfallenden Freistellungen werden von den Freistellungen abgezogen, die den Gruppen nach den Grundsätzen der Verhältniswahl jeweils zustehen. Steht danach fest, ob und wieviel weitere Freistellungen eine Gruppe erhält, ist zu prüfen, ob ihre Mitglieder nach den Grundsätzen der Verhältniswahl oder der Mehrheitswahl gewählt

§ 45

worden sind. Bei Personenwahl ist ausschließlich auf die Stimmenzahl abzustellen (Rn 16). Bei Verhältniswahl hat der Personalrat bei der Auswahl der weiteren freizustellenden Personalratsmitglieder die Zugehörigkeit zu einer bestimmten Wahlvorschlagsliste für die jeweilige Gruppe zu berücksichtigen (Rn. 15).

18 (Abs. 4) Für örtliche Personalräte ist die **Mindestzahl von Freistellungen** zwingend vorgeschrieben. Dabei geht die Vorschrift von einem regelmäßig anfallenden Umfang der Personalratsarbeit aus, der es erforderlich macht, Personalratsmitglieder generell von ihrer dienstlichen Tätigkeit freizustellen. Anhand der Verhältnisse der einzelnen Dienststelle ist zu prüfen, in welchem weiteren Umfang regelmäßig Personalratsaufgaben anfallen, die eine zusätzliche Freistellung erforderlich machen können (BVerwG vom 16. 5. 80 – 6 P 82.78, PersV 81, 366). Die Vorschrift enthält Mindestzahlen für die Freistellung. Der Anspruch auf zusätzliche Freistellungen bleibt davon unbenommen. Grundsätzlich gilt: Personalratsmitglieder sind freizustellen, wenn und soweit es nach Umfang und Art der Dienststelle zur ordnungsgemäßen Durchführung der Personalratsaufgaben erforderlich ist.

19 Entsprechend der in die Vorschrift aufgenommenen **Auflistung** sind in Dienststellen mit 300 bis 600 Wahlberechtigten mindestens ein Mitglied des Personalrats, in Dienststellen mit 601 bis 1 000 Wahlberechtigten mindestens zwei Mitglieder des Personalrats, in Dienststellen mit 1 001 bis 2 000 Wahlberechtigten mindestens drei Mitglieder des Personalrats freizustellen. Die weitere Auflistung dürfte in der Praxis ohne Belang sein. Sie kann nur als **Orientierungsgröße** für Gesamtpersonalräte und Stufenvertretungen gelten, wenn sie Freistellungen nach Abs. 3 beantragen.

20 Liegen die Voraussetzungen für eine oder mehrere generelle Freistellungen vor, hat die Dienststelle einem entsprechenden Beschluß des Personalrats grundsätzlich nachzukommen. Gleiches gilt für den Beschluß des Personalrats, statt ganzer Freistellungen entsprechende Teilfreistellungen zu beantragen, wenn sich für den Personalrat diese Notwendigkeit ergibt. Sie kann sich ergeben, wenn nicht genügend Personalratsmitglieder zu einer Vollfreistellung bereit sind, der Arbeitsanfall im Personalrat (ggf. neben einer oder mehrerer Vollfreistellungen) lediglich eine **Teilfreistellung** verlangt oder unabweisliche dienstliche Belange ein Absehen von der Vollfreistellung erfordern (vgl. BVerwG vom 22. 4. 87 – 6 P 29.84, PersV 87, 191). Vor allem in Dienststellen mit weniger als 300 Beschäftigten werden im Regelfall Teilfreistellungen beantragt werden. Durchweg dürften Teilfreistellungen im Verhältnis der tatsächlichen Beschäftigtenzahl zur Zahl von 300 Beschäftigten (bei der mindestens eine Vollfreistellung zu gewähren ist) zulässig sein. So kommt bei einer Dienststellengröße mit 100 wahlberechtigten Beschäftigten die Teilfreistellung eines Personalratsmitglieds zu einem Drittel der dienststellenüblichen Arbeitszeit in Betracht. Entsprechend ist bei einer Dienststellengröße von etwa 150 wahlberechtigten Beschäftigten ein Mitglied des

§ 45

Personalrats etwa zur Hälfte der dienststellenüblichen Arbeitszeit freizustellen.

Im Einvernehmen können Personalrat und Dienststellenleitung von der gesetzlich vorgeschriebenen Zahl der Mindestfreistellungen nach oben wie nach unten abweichen. Ausdrücklich erwähnt ist das **Abweichen von der Mindeststaffel** für den Fall, daß wegen zu geringer Beschäftigtenzahl eine Freistellung nach der Staffel ausgeschlossen ist. Damit hat der Gesetzgeber anerkannt, daß auch in Dienststellen mit weniger als 300 Beschäftigten so viel Personalratsarbeit anfallen kann, daß auf eine (Teil-)Freistellung nicht verzichtet werden kann. Einvernehmen bedeutet, daß weder der Personalrat noch die Dienststellenleitung eine von der Mindeststaffel abweichende Größenordnung der Freistellungen durchsetzen kann. Kommen Dienststelle und Personalvertretung in einer Freistellungsfrage zu keinem Einvernehmen, so ist das **Stufenverfahren** nach § 69 (s. dort) durchzuführen. Gelingt auch in diesem Verfahren keine Einigung, entscheidet die **Einigungsstelle** verbindlich für beide Seiten (vgl. § 71 Abs. 3). Ein Antrag der Dienststellenleitung auf ein Abweichen von der Mindeststaffel nach unten oder ein Antrag der Personalvertretung auf ein Abweichen nach oben dürfen vor Entscheidung der Einigungsstelle nicht zu einem gesetzwidrigen Zustand führen. Die Arbeitsfähigkeit der Personalvertretung wird in dieser Zeit bis zur endgültigen Entscheidung durch Einhaltung der Mindeststaffel der Sätze 1 und 2 gewährleistet.

21

(**Abs. 5**) Personalratstätigkeit und Tätigkeit in der Freistellung dürfen nicht zur **Beeinträchtigung des beruflichen Werdegangs** des Personalratsmitglieds führen. Der berufliche Werdegang kann insbesondere durch Versäumnis von Arbeitszeit wegen der Ausübung der Freistellung beeinträchtigt werden. In diesem Fall hat die Dienststelle für entsprechende Kompensation zu sorgen. Diese kann u. a. in erweiterten Fortbildungsmöglichkeiten für freigestellte Personalratsmitglieder bestehen. Auf jeden Fall ist sicherzustellen, daß freigestellte Personalratsmitglieder bei Vorliegen gleicher Voraussetzungen die gleiche berufliche Entwicklung nehmen, wie vergleichbare Beschäftigte. Die Regelung stellt eine Schutzvorschrift dar, deren schuldhafte Verletzung zu Schadenersatzansprüchen nach § 823 Abs. 2 BGB führen kann (BAG vom 31. 7. 85 – 6 AZR 129/83, AP Nr. 5 zu § 46 BPersVG).

22

Freigestellte Personalratsmitglieder sind lediglich von ihrer dienstlichen Tätigkeit befreit. Daher sind auch Beginn und Ende der täglichen Arbeitszeit für das freigestellte Personalratsmitglied grundsätzlich verbindlich. Nimmt ein freigestelltes Personalratsmitglied in seiner Freizeit Personalratsaufgaben wahr, ist **Freizeitausgleich** nach Abs. 2 zu gewähren. Da das freigestellte Personalratsmitglied nicht in den üblichen Arbeitsablauf eingegliedert ist, kann es selbst festlegen, wann es den Freizeitausgleich nimmt (Dietz/Richardi, § 46 BPersVG Rn. 62). Freigestellten Personalratsmitgliedern dürfen keine wirtschaftlichen Nachteile entstehen. Des-

23

§§ 45, 46

halb dürfen Dienstbezüge oder das Arbeitsentgelt nicht gemindert werden.

24 Dem Benachteiligungsverbot freigestellter Personalratsmitglieder trägt die Vorschrift Rechnung, indem sie Zeiten der Freistellung als Bewährungszeiten im Sinne der beamtenrechtlichen und tarifvertraglichen Bestimmungen einordnet. Ein Personalratsmitglied oder eine andere nach dem Gesetz geschützte Person darf wegen einer Tätigkeit nach dem ThürPersVG nicht vom **Bewährungsaufstieg** ausgeschlossen werden. Für voll freigestellte Personalratsmitglieder entfallen dienstliche Beurteilungen. Bei teilfreigestellten Personalratsmitgliedern kann sich eine **dienstliche Beurteilung** nur auf den neben der Freistellung verbleibenden Teil der Arbeitszeit erstrecken. Durch Personalratstätigkeit entstandene und entstehende Belastungen sind zu berücksichtigen. Nur im Einvernehmen mit einem Personalratsmitglied darf eine Tätigkeit im Rahmen der Personalvertretung in der Beurteilung auftauchen, da die ehrenamtliche Tätigkeit nicht der dienstlichen Beurteilung unterliegt (vgl. BAG vom 19. 8. 92 – 7 AZR 262/91, PersR 93, 85).

25 (Abs. 6) Da Personalratsmitglieder, die über längere Zeit freigestellt waren, die **Wiedereingliederung in den Arbeitsablauf** besonders schwerfallen kann, ergibt sich bereits aus § 8, daß freigestellte Personalratsmitglieder nach Beendigung der Freistellung in besonderem Umfang Gelegenheit erhalten müssen, eine wegen der Freistellung unterbliebene dienststellenübliche berufliche Entwicklung nachzuholen. Um die Wiedereingliederung nach einer Freistellung so reibungs- und belastungslos wie möglich zu bewerkstelligen, strebt das Gesetz an, bereits während der Zeit der Freistellung allen Freigestellten in besonderer Weise zu ermöglichen, an inner- und außerbetrieblichen **Maßnahmen der Berufsbildung** teilzunehmen. Erst die kontinuierliche Aus- und Fortbildung ermöglicht freigestellten Personalratsmitgliedern den notwendigen Kontakt zu ihrem ehemaligen Arbeitsumfeld und gewährleistet, daß Personalratsarbeit nicht zu einer Beeinträchtigung des beruflichen Werdegangs führt.

§ 46
Schulungs- und Bildungsveranstaltungen

(1) Die Mitglieder des Personalrates sind unter Fortzahlung der Dienstbezüge oder des Arbeitsentgeltes für die Teilnahme an Schulungs- und Bildungsveranstaltungen vom Dienst freizustellen, soweit diese Kenntnisse vermitteln, die für die Tätigkeit im Personalrat erforderlich sind. Ersatzmitglieder jeder Vorschlagsliste können bis zur Anzahl der auf die Liste entfallenden Personalratsmitglieder in der Reihenfolge des Wahlergebnisses unter den gleichen Voraussetzungen freigestellt werden. Hat eine Mehrheitswahl stattgefunden, gilt Satz 2 mit der Maßgabe, daß die Ersatzmitglieder bis zur Anzahl

§ 46

der Personalratsmitglieder in der Reihenfolge des Wahlergebnisses berücksichtigt werden können.

(2) Unbeschadet des Absatzes 1 hat jedes Mitglied des Personalrates während seiner regelmäßigen Amtszeit Anspruch auf Freistellung vom Dienst unter Fortzahlung der Dienstbezüge oder des Arbeitsentgeltes für insgesamt drei Wochen zur Teilnahme an Schulungs- und Bildungsveranstaltungen, die von der Bundes- oder Landeszentrale für politische Bildung, vom Thüringer Innenministerium oder einer von diesem bestimmten Stelle als geeignet anerkannt sind. Beschäftigte, die erstmals das Amt eines Personalratsmitgliedes übernehmen und nicht zuvor Jugend- und Auszubildendenvertreter gewesen sind, haben einen Anspruch nach Satz 1 für insgesamt vier Wochen.

Vergleichbare Vorschriften: § 46 Abs. 6, 7 BPersVG; § 37 Abs. 6,7 BetrVG

(**Abs. 1**) § 46 enthält zwei Anspruchsgrundlagen für die Teilnahme von Personalratsmitgliedern an Schulungs- und Bildungsveranstaltungen. Bei den Veranstaltungen nach Abs. 1 handelt es sich um solche, die für die Personalratsarbeit **erforderliche Kenntnisse** vermitteln. Demgegenüber stellt die Regelung des Abs. 2 auf lediglich **geeignete Veranstaltungen** ab. Daraus ergeben sich wesentliche Unterschiede bei der Beantwortung der Frage, welche Themen in Schulungs- und Bildungsveranstaltungen behandelt werden dürfen. 1

Nach Abs. 1 besteht Anspruch auf Freistellung unter Fortzahlung der Bezüge für **Schulungs- und Bildungsveranstaltungen,** die Kenntnisse vermitteln, die der Personalrat für seine Arbeit **erforderlich** halten durfte. Entscheidend kommt es darauf an, ob der Personalrat zum Zeitpunkt der Beschlußfassung aus der Sicht des »objektiven Dritten« die Teilnahme eines seiner Mitglieder für erforderlich halten konnte. Nicht entscheidend ist, ob sich nachträglich herausstellt, daß Kenntnisse vermittelt wurden, die den Erwartungen des Personalrats nicht entsprachen. 2

Der **Begriff der Erforderlichkeit** ist sowohl sach- als auch personenbezogen. Die **Sachbezogenheit** stellt auf die objektive Erforderlichkeit der Schulung ab, die **Personenbezogenheit** dagegen auf das Schulungsbedürfnis des einzelnen Personalratsmitglieds (BVerwG vom 18. 8. 86 – 6 P 18.84, PersR 87, 83). Der Personalrat darf eine Schulungsmaßnahme für erforderlich halten, wenn die Beschreibung von der Thematik her Sachgebiete betrifft, die zur Tätigkeit des Personalrats gehören und das vom Personalrat zu entsendende Mitglied der Schulung in diesen Themenbereichen bedarf (vgl. BVerwG vom 16. 11. 87 – 6 PB 14.87, PersR 88, 55 Ls.). Es gilt der Grundsatz, daß ein Schulungsbedürfnis vom Personalrat angenommen werden darf, wenn der Personalrat ohne die Schulung des zu entsendenden Mitglieds seine personalvertretungsrechtlichen Befugnisse nicht sachgerecht wahrnehmen kann. 3

Regelmäßig ist die **Vermittlung von Grundkenntnissen** erforderlich. 4

§ 46

Die Vermittlung von Grundkenntnissen gilt zunächst für Personalratsmitglieder, die erstmals in eine Personalvertretung gewählt wurden oder dem Personalrat noch nicht allzu lange Zeit angehören. Die Vermittlung von Grundkenntnissen beschränkt sich nicht auf Einführungslehrgänge in das Personalvertretungsrecht, sondern umfaßt auch spezielle abgeschlossene Teilgebiete eines Gesetzes (vgl. LAG Düsseldorf vom 15. 4. 80 – 8 TaBV 3/80, DB 181, 119). So kann es notwendig werden, ein Personalratsmitglied, das bereits mit den Grundzügen des Personalvertretungsrechts vertraut ist, zu einer Schulung zu entsenden, die bestimmte Teilgebiete des Gesetzes vertiefend behandelt oder sich mit Änderungen bzw. der Fortentwicklung der Rechtsprechung befaßt. Nach diesen Grundsätzen besteht wegen der grundsätzlich anderen Strukturen des ThürPersVG gegenüber dem BPersVG genereller Schulungsbedarf.

5 Die Vermittlung von Grundkenntnissen bezieht sich nicht einzig auf das Personalvertretungsrecht. So sind **Grundkenntnisse des allgemeinen Arbeitsrechts** notwendig, damit der Personalrat seine Beteiligungsrechte sachgerecht wahrnehmen kann (strittig; bejahend BAG vom 15. 5. 86 – 6 ABR 74/83, AP Nr. 54 zu § 37 BetrVG 1972 und VGH Mannheim vom 13. 11. 79 – XIII 3415/78, PersV 82, 22; zum Meinungsstand vgl. Schneider, PersR 87, 159).

6 Im Rahmen des Abs. 1 kann sowohl die Vermittlung von Grundkenntnissen als auch die von Spezialkenntnissen erforderlich sein. **Spezialschulungen** müssen von der Thematik her Sachgebiete betreffen, die zur Tätigkeit des Personalrats gehören. Daneben müssen sie dienststellenbezogen sein. Sie dürfen nicht Angelegenheiten betreffen, mit denen sich der Personalrat nicht oder nur am Rande zu befassen hat. Die Vermittlung von Spezialkenntnissen wird erforderlich sein, wenn der Personalrat unter Berücksichtigung der konkreten Situation der Dienststelle, des Wissensstandes der Personalratsmitglieder und tatsächlich vorhandener oder künftig zu erwartender Aufgaben dieses Wissen benötigt (vgl. BAG vom 17. 9. 74 – 1 AZR 574/73, AP Nr. 18 zu § 37 BetrVG 1972). Auch bei der Entscheidung über die Entsendung eines Personalratsmitglieds zu einer Spezialschulung gilt der Grundsatz, daß eine Freistellung zu erfolgen hat, wenn der Personalrat die Entsendung eines seiner Mitglieder für erforderlich halten darf. Themenstellungen zu Spezialschulungen können sich mit verschiedenen Schwerpunkten befassen. Dazu zählt der Bereich der **Arbeitssicherheit** (BVerwG vom 27. 4. 79 – 6 P 3.78, PersV 81, 242), das **Tarifrecht** (BVerwG vom 27. 4. 1979 a. a. O.), die **Datenverarbeitung** (OVG Koblenz vom 29. 6. 82 – 4 A 4/82) und das **Beamtenrecht,** wenn der Personalrat sich des öfteren mit Beamtenangelegenheiten zu befassen hat. Auch die Auseinandersetzung mit Suchtproblemen kann als **Vorbeugemaßnahme** inhaltlicher Gegenstand einer Schulungsveranstaltung sein (vgl. OVG Bremen vom 1. 2. 91 – OVG PV B 1/91, PersR 91, 176).

7 Die Erforderlichkeit einer Schulungsmaßnahme wird nicht in Frage gestellt, wenn der **Schulungsinhalt** nebenbei auch Sachgebiete betrifft, deren Kenntnis aufgrund der Situation in der Dienststelle für die Personalratsarbeit nicht erforderlich ist (vgl. BAG vom 27. 9. 74 – 1 ABR 71/73, AP Nr. 18 zu § 37 BetrVG 1972). Entscheidend kommt es darauf an, daß der Personalrat zum Zeitpunkt der Beschlußfassung aufgrund des Schulungsprogramms davon ausgehen mußte, daß überwiegend benötigtes Wissen vermittelt wird.

Neben den Personalratsmitgliedern haben **Ersatzmitglieder** Anspruch auf die Vermittlung erforderlichen Wissens, damit sie jederzeit verantwortlich für ein ausgeschiedenes oder verhindertes Personalratsmitglied personalvertretungsrechtliche Aufgaben übernehmen können. Jedoch gilt dieser Anspruch nicht für sämtliche Ersatzmitglieder. Im Fall der **Verhältniswahl** (Listenwahl) können so viele Ersatzmitglieder zu erforderlichen Schulungsveranstaltungen freigestellt werden, wie Personalratsmitglieder vorhanden sind. Dabei gilt der Grundsatz, daß je Vorschlagsliste (vgl. § 19 Abs. 3 Satz 1) so viele Ersatzmitglieder für eine erforderliche Schulungsveranstaltung freigestellt werden können, wie die Vorschlagsliste Sitze errungen hat. Hat zum Beispiel die Vorschlagsliste »X« für die Gruppe der Angestellten zwei Sitze erreicht und sind insgesamt auf der Wahlvorschlagsliste sechs Bewerberinnen und Bewerber enthalten, so gilt der Schulungsanspruch für Ersatzmitglieder nur für die an Stelle 3 und 4 der Vorschlagsliste aufgeführten Ersatzmitglieder. Hat **Mehrheitswahl** (vgl. § 19 Abs. 3 Satz 3) stattgefunden, so können bei gemeinsamer Wahl so viele Ersatzmitglieder in der Reihenfolge des Wahlergebnisses zu Schulungsveranstaltungen freigestellt werden, wie Personalratsmitglieder vorhanden sind. Hat ein Personalrat beispielsweise sieben Mitglieder, so haben lediglich die Ersatzmitglieder, die an 8. bis 14. Stelle aufgeführt sind, einen Schulungsanspruch. Für Gruppenwahl gilt entsprechendes.

Neben dem **Entsendebeschluß,** der Grundlage für die Teilnahmepflicht des betreffenden Personalratsmitglieds oder Ersatzmitglieds ist, bedarf es der **Freistellung durch die Dienststelle.** Ist die Dienststellenleitung mit einer Entsendung des Personalrats zu einer Schulungs- und Bildungsveranstaltung nicht einverstanden, muß sie die Freistellung ausdrücklich verweigern. Grundsätzlich kommt eine derartige Verweigerung bei einem Schulungsprogramm, das sach- und personenbezogen erforderlich für die Personalratsarbeit ist, nur in Betracht, wenn zwingende dienstliche Erfordernisse entgegenstehen. Denkbar ist, daß ohne die dienstliche Tätigkeit des zu entsendenden Personalratsmitglieds wichtige Dienststellenaufgaben nicht erfüllt werden können. Die Dienststellenleitung kann auch wegen zwingender dienstlicher Erfordernisse die Teilnahme eines Personalratsmitglieds an einer Schulung nicht kategorisch verweigern. Sie muß vielmehr nach Möglichkeiten suchen, dem Personalrat die Teilnahme an der Schulung zu ermöglichen.

(Abs. 2) Über die nach Abs. 1 vorgesehene Freistellung hinaus ist festgelegt, daß jedes Personalratsmitglied und jedes Ersatzmitglied entspre-

§ 46

chend Abs. 1 während der regelmäßigen Amtszeit für insgesamt **drei Wochen** Anspruch auf Teilnahme an Schulungs- und Bildungsveranstaltungen hat, die von der **Bundes- oder Landeszentrale für politische Bildung,** vom **Thüringer Innenministerium** oder einer von diesem bestimmten Stelle als geeignet anerkannt sind. Die in derartigen Schulungs- und Bildungsveranstaltungen vermittelten Kenntnisse müssen für die Personalratsarbeit lediglich nützlich sein. Es kommt nicht darauf an, ob die Kenntnisse für die konkrete Personalratsarbeit benötigt werden (vgl. BAG vom 18. 12. 83 – 1 ABR 35/73, AP Nr. 7 zu § 37 BetrVG 1971). Bei Veranstaltungen nach dieser Vorschrift steht der **Individualanspruch** des einzelnen Personalratsmitglieds im Vordergrund. Dieser »Bildungsurlaub« liegt im individuellen Interesse des einzelnen Personalratsmitglieds, sich selbst für die Wahrnehmung seiner Aufgaben als Mitglied der Personalvertretung weiterzubilden (BVerwG vom 4. 2. 88 – 6 P 23.85, PersR 88, 128). Im Gegensatz zu Schulungsveranstaltungen nach Abs. 1 beschließt über die Teilnahme an geeigneten Schulungs- und Bildungsveranstaltungen nicht der Personalrat, sondern das einzelne Mitglied. Ansonsten könnte der Umstand eintreten, daß durch Personalratsbeschlüsse in den Freistellungsanspruch dieses Mitglieds in seiner Eigenschaft als Beschäftigter nach dem Bildungsurlaubsgesetz oder dem Tarifvertrag eingegriffen wird. Das Personalratsmitglied hat abzuwägen, in welchem Umfang und welcher Abstufung es von den verschiedenen Bildungsurlaubsmöglichkeiten Gebrauch macht. Verbrauchter »Bildungsurlaub« nach Abs. 2 wird nämlich auf den Bildungsurlaub nach anderen Rechtsvorschriften oder nach tarifvertraglichen Regelungen angerechnet. Umgekehrt gilt gleiches.

11 Personalratsmitglieder, die erstmals das Amt übernommen haben und nicht zuvor Mitglied der Jugend- und Auszubildendenvertretung waren, haben einen um eine Woche erhöhten **Anspruch von insgesamt vier Wochen** zur Teilnahme an geeigneten Schulungs- und Bildungsveranstaltungen. Vom verlängerten Anspruch sind Ersatzmitglieder ausgenommen, da Satz 2 der Vorschrift davon ausgeht, daß ein Personalratsamt übernommen ist. Dies ist bei Ersatzmitgliedern nicht der Fall. Ersatzmitglieder, die für ein ausgeschiedenes Personalratsmitglied in den Personalrat eintreten, treten aus ihrer Eigenschaft als Ersatzmitglied heraus und werden Personalratsmitglied. Zu diesem Zeitpunkt kann der Anspruch von vier Wochen für geeignete Schulungs- und Bildungsveranstaltungen aufleben, wenn dieses neue Personalratsmitglied erstmals in den Personalrat gewählt wurde und nicht zuvor Jugend- und Auszubildendenvertreterin oder -vertreter war.

12 Personalratsmitglieder, die an einer erforderlichen oder geeigneten Schulungs- und Bildungsveranstaltung teilnehmen, dürfen keine Nachteile erleiden. Deshalb gilt das **Lohnausgleichsprinzip**; das Personalratsmitglied ist so zu stellen, als wenn es gearbeitet hätte (vgl. § 45 Abs. 2). Freizeitausgleich für die über die Arbeitszeit hinausgehende Schulungs-

§ 46

zeit steht Personalratsmitgliedern nach der Rechtsprechung jedoch nicht zu (vgl. BVerwG vom 23. 7. 80 – 2 C 43.78, PersV 82, 63). **Teilzeitbeschäftigte Personalratsmitglieder** haben Anspruch auf Schulung in gleichem Umfang wie vollzeitbeschäftigte Personalratsmitglieder. Daraus ergibt sich, daß die Dienststelle bei ganztägigen Schulungen die ansonsten arbeitsfreie Zeit bis zur Höhe der Arbeitszeit eines vollbeschäftigten Personalratsmitglieds zu vergüten hat, weil sonst das teilzeitbeschäftigte Personalratsmitglied benachteiligt würde (vgl. EuGH vom 4. 6. 92 – C 360/90, ArbuR 92, 382; Däubler u. a., § 37 BetrVG Rn. 106 m. w. Nw.).

Die Dienststelle hat auch die **Kosten** zu tragen, die einem Personalratsmitglied durch die **Teilnahme an einer notwendigen Schulungs- und Bildungsveranstaltung** entstehen. Grundlage für den Kostenerstattungsanspruch des Personalratsmitglieds ist § 44 Abs. 1. Personalratsmitglieder und Ersatzmitglieder, die an erforderlichen Schulungsveranstaltungen nach Abs. 1 teilnehmen, haben Anspruch auf Ersatz der Teilnehmergebühren, der Unterbringungskosten, der Verpflegungskosten und der Reisekosten. Teilnehmergebühren, Unterbringungs- und Verpflegungskosten werden dem Personalratsmitglied üblicherweise vom Schulungsträger in Rechnung gestellt. Das Personalratsmitglied kann vom Schulungsträger nicht den Nachweis verlangen, wie sich die mit der Teilnehmergebühr in Rechnung gestellten Kosten nach der Kalkulation des Veranstalters im einzelnen zusammensetzen (vgl. Däubler u. a., § 40 BetrVG Rn. 39 m. w. Nw.). Soweit das BAG (Urteil vom 4. 3. 79 – 6 ABR 70/76, AP Nr. 17 zu § 40 BetrVG 1972) bei der Erstattungspflicht für Generalunkosten enthaltende Teilnehmergebühren danach unterscheidet, ob Referentinnen bzw. Referenten arbeitsvertraglich zur Schulungstätigkeit verpflichtet sind, kommt dem insofern keine praktische Bedeutung zu. Die Erstattung von Reisekosten zu Schulungs- und Bildungsveranstaltungen bemißt sich nach den Grundsätzen des § 44 Abs. 1. Eine Beschränkung der im Zusammenhang mit Schulungs- und Bildungsveranstaltungen entstehenden Kosten über das **Reisekostenrecht** ist unzulässig. Zwar läßt der BayVGH (Beschluß vom 25. 4. 90 – 18 P 90.00597, PersR 91, 192) eine **Anwendung der Pauschalierungsmöglichkeiten** des Reisekostenrechts zu, doch ist diese Auffassung in den jüngeren Entscheidungen der Verwaltungsgerichte nicht mehr festzustellen. Diese gehen davon aus, daß das Gesetz keine Verordnungsermächtigung enthält, um auf dem Wege der Anwendung einer Verordnung die Höhe der neben den Reisekosten im Zusammenhang mit Schulungs- und Bildungsveranstaltungen entstehenden Kosten zu beschränken (VG Düsseldorf vom 3. 5. 89 – PVL 47/88, n. rk.; VG Stuttgart vom 27. 11. 91 – PVS -L 28/91, n. rk.; wohl auch VGH BW vom 29. 6. 93 – PL 15 S 494/92, n. rk.).

Bei der Teilnahme an erforderlichen Schulungs- und Bildungsveranstaltungen nach Abs. 1 handelt es ich um erforderliche Personalratstätigkeit, was eine Kostentragung nach § 44 Abs. 1 nach sich zieht. Dagegen handelt es sich bei den geeigneten **Schulungs- und Bildungsveranstaltun-**

§§ 46, 47

gen nach Abs. 2 nicht um erforderliche Personalratstätigkeit, weshalb lediglich ein Anspruch auf **Freistellung** vom Dienst unter **Fortzahlung der Dienstbezüge** oder des Arbeitsentgelts und auf Erstattung der Fahrtkosten besteht. Teilnehmergebühren, Unterbringungs- und Verpflegungskosten haben Personalratsmitglieder und Ersatzmitglieder selber zu tragen.

§ 47
Sondervorschriften

(1) Die außerordentliche Kündigung von Mitgliedern des Personalrates, die in einem Arbeitsverhältnis stehen, bedarf der Zustimmung des Personalrates. Verweigert der Personalrat seine Zustimmung oder äußert er sich nicht innerhalb von drei Arbeitstagen nach Eingang des Antrages, so kann das Verwaltungsgericht sie auf Antrag des Dienststellenleiters ersetzen, wenn die außerordentliche Kündigung unter Berücksichtigung aller Umstände gerechtfertigt ist. In dem Verfahren vor dem Verwaltungsgericht ist der betroffene Arbeitnehmer Beteiligter.

(2) Mitglieder des Personalrates dürfen gegen ihren Willen nur versetzt, umgesetzt, abgeordnet oder zugewiesen werden, wenn dies auch unter Berücksichtigung der Mitgliedschaft im Personalrat aus wichtigen dienstlichen Gründen unvermeidbar ist. Die Versetzung, Umsetzung, Abordnung oder Zuweisung von Mitgliedern des Personalrates bedarf der Zustimmung des Personalrates.

(3) Für Beamte im Vorbereitungsdienst und Beschäftigte in entsprechender Berufsausbildung gelten die Absätze 1, 2 und §§ 15, 16 des Kündigungsschutzgesetzes nicht. Die Absätze 1 und 2 gelten ferner nicht bei der Versetzung oder Abordnung dieser Beschäftigten zu einer anderen Dienststelle im Anschluß an das Ausbildungsverhältnis. Die Mitgliedschaft der in Satz 1 bezeichneten Beschäftigten im Personalrat ruht unbeschadet des § 29, solange sie entsprechend den Erfordernissen ihrer Ausbildung zu einer anderen Dienststelle versetzt oder abgeordnet sind.

Vergleichbare Vorschriften: § 47 BPersVG; § 103 BetrVG

1 (Abs. 1) Die Vorschrift enthält Regelungen zum Schutz von Beschäftigten, die im Rahmen des PersVG tätig sind, gegen **außerordentliche Kündigung, Versetzung, Umsetzung, Abordnung und Zuweisung.** Zur ordentlichen Kündigung sagt sie nichts. Regelungen zum Schutz von Personalratsmitgliedern gegen ordentliche Kündigungen finden sich in den §§ 15 und 16 Kündigungsschutzgesetz, so daß sich der Gesetzgeber darauf beschränken konnte, die im Kündigungsschutzgesetz (KSchG) grundsätzlich für zulässig erklärt außerordentliche Kündigung von der Zustimmung des Personalrats abhängig zu machen. Durch die Verweisungen in § 54

§ 47

(Stufenvertretungen), § 56 (Gesamtpersonalrat), § 62 (Jugend- und Auszubildendenvertretung), § 64 (Jugend- und Auszubildendenvertretung als Gesamt-JAV und Stufen-JAV) gelten die Regelungen auch für die Mitglieder von Stufenvertretungen, Gesamtpersonalräten und Mitgliedern von Jugend- und Auszubildendenvertretungen. Einschränkende Regelungen gelten für Beamtinnen und Beamte im Vorbereitungsdienst und Beschäftigte in entsprechender Berufsausbildung (vgl. Abs. 3). Die Vertrauenspersonen der Rechtsreferendarinnen und -referendare (§ 87 Nr. 4) sowie die der Lehramtsanwärterinnen und -anwärter (§ 92 Abs. 3 Nr. 2) genießen gleichermaßen nur eingeschränkten Schutz. Den Vertrauenspersonen der Polizeivollzugsbeamtinnen und -beamten in Ausbildung wird desgleichen der Schutz des § 47 abgesprochen (vgl. § 90 Abs. 2 Nr. 3 Buchstabe a).

Die Vorschriften des Kündigungsschutzgesetzes gelten nicht für **Beamtinnen und Beamte.** Das Beamtenrecht kennt Möglichkeiten, das Beamtenverhältnis zu beenden (etwa Dienstentfernung oder Rücknahme der Ernennung), die mit der Kündigung von Arbeiterinnen und Arbeitern oder Angestellten nicht vergleichbar sind. So ist die Einleitung eines Disziplinarverfahrens mit dem Ziel der **Dienstentfernung** auch dann möglich, wenn es sich um ein Personalratsmitglied handelt. Der Personalrat ist in diesem Fall auf sein eingeschränktes Mitbestimmungsrecht nach § 75 Abs. 1 Nr. 9 angewiesen. Bei der Entlassung von Beamtinnen und Beamten auf Probe oder Widerruf kommt, soweit kein Disziplinarverfahren eingeleitet wird, die eingeschränkte Mitbestimmung nach § 75 Abs. 1 Nr. 10 zum Zuge. 2

Nach § 15 Abs. 2 Kündigungsschutzgesetz ist die **ordentliche Kündigung** eines Personalratsmitglieds **grundsätzlich unzulässig** (vgl. aber § 15 Abs. 4 und 5 KSchG). Die Vorschrift gilt für Mitglieder von Personalvertretungen und Jugend- und Auszubildendenvertretungen aller Stufen. Da die ordentliche Kündigung auch nicht bei Zustimmung des Personalrats wirksam werden kann, bedarf es auch insoweit eines Ersetzungsverfahrens nicht. 3

Der **Schutz** gegen ordentliche Kündigung **geht über die Amtszeit hinaus** und endet erst ein Jahr nach Beendigung der Amtszeit des einzelnen Mitglieds. Er tritt jedoch nicht ein, wenn die Mitgliedschaft durch gerichtliche Entscheidung erlischt (erfolgreiche Wahlanfechtung nach § 25; erfolgreicher Ausschluß- oder Auflösungsantrag nach § 28). In diesen Fällen endet der Kündigungsschutz mit der Rechtskraft der Gerichtsentscheidung. 4

Wahlvorstandsmitglieder sowie **Wahlbewerberinnen und -bewerber** sind nach § 15 Abs. 3 Kündigungsschutzgesetz ebenfalls gegen eine ordentliche Kündigung geschützt. Im Gegensatz zu Personalratsmitgliedern ist für diesen Personenkreis der Zeitraum der Nachwirkung auf sechs Monate ab Bekanntgabe des Wahlergebnisses oder ab dem Zeitpunkt der Amtsausübung beschränkt. Wird eine Bewerberin oder ein Bewerber in 5

§ 47

den Personalrat gewählt, löst der Schutz des § 15 Abs. 2 KSchG den nach § 15 Abs. 3 KSchG lückenlos ab.

6   Das Kündigungsschutzgesetz erwähnt **Ersatzmitglieder des Personalrats** nicht. Diese erhalten Schutz gegen ordentliche Kündigung, wenn sie für ein verhindertes Mitglied eingetreten sind. Der Schutz erstreckt sich auf den gesamten Zeitraum des Vertretungsfalls, nicht nur auf die Tage, an denen Personalratsaufgaben wahrgenommen werden. Dieser nachwirkende Kündigungsschutz auf Dauer eines Jahres setzt bei Ersatzmitgliedern ein, wenn die Vertretung endet, und zwar unabhängig davon, wie lange sie gedauert hat (vgl. BVerwG vom 8. 12. 86 – 6 P 20.84, PersR 87, 110). Vertritt ein Ersatzmitglied also mehrmals im Laufe einer Amtsperiode, und zwar im Abstand von weniger als einem Jahr, dann bleibt der Kündigungsschutz wegen der jeweils einsetzenden **Nachwirkung** für die ganze Amtszeit erhalten. Voraussetzung ist, daß das Ersatzmitglied während der Vertretungszeit tatsächlich Personalratsaufgaben wahrgenommen hat (BAG vom 6. 9. 79 – 2 AZR 548/77, AP Nr. 7 zu § 15 KSchG 1969).

7   Der Schutz des § 15 Kündigungsschutzgesetz gilt auch für **Änderungskündigungen,** wenn sie als ordentliche Kündigungen ausgesprochen werden sollen. Er gilt ebenfalls für Gruppen- oder Massenänderungskündigungen (vgl. BAG vom 29. 1. 81 – 2 AZR 778/78, AP Nr. 10 zu § 15 KSchG 1969). Wegen des besonderen Schutzauftrags des Personalrats liegt darin keine unzulässige Bevorzugung des von § 15 Kündigungsschutzgesetz geschützten Personenkreises.

8   Die Zustimmung des Personalrats ist Voraussetzung für die **außerordentliche Kündigung** eines Personalratsmitglieds oder Mitglieds der Jugend- und Auszubildendenvertretung. Die Regelung gilt nur für Beschäftigte in einem privatrechtlichen Arbeitsverhältnis und nicht für andere Formen der Beendigung des Arbeitsverhältnisses (Ablauf eines befristeten Beschäftigungsverhältnisses oder Abschluß eines Auflösungsvertrages). Der Schutz gegen außerordentliche Kündigungen endet mit der Bekanntgabe des Wahlergebnisses (bei Wahlbewerberinnen und Wahlbewerbern, Wahlvorstandsmitgliedern) oder mit dem Ende des Personalratsamts (vgl. § 29). Die **fristlose Entlassung von Beamtinnen und Beamten** ist nicht an die Zustimmung des Personalrats geknüpft. Bei derartigen personellen Maßnahmen für diesen Personenkreis findet eine Beteiligung des Personalrats nur nach § 78 Abs. 3 statt.

9   Die außerordentliche Kündigung eines Personalratsmitglieds bedarf der ausdrücklichen **Zustimmung des Personalrats.** Eine Ersetzung der verweigerten Zustimmung durch eine Stufenvertretung ist nicht möglich, da es sich nicht um ein Mitbestimmungsverfahren handelt. Der Arbeitgeber kann jedoch die verweigerte Zustimmung auf Antrag vom Verwaltungsgericht ersetzen lassen.

10 Vom Arbeitgeber ist diejenige **Personalvertretung** zu **beteiligen,** zu der die personalvertretungsrechtliche Beziehung des betroffenen Beschäftigten besteht (BVerwG vom 9. 7. 80 – 6 P 43.79, PersV 81, 370). In der

§ 47

Regel ist dies jede Personalvertretung, der der betroffene Beschäftigte angehört. Bei Mitgliedern einer Jugend- und Auszubildendenvertretung ist diejenige Personalvertretung zuständig, bei der die Jugend- und Auszubildendenvertretung besteht. Bei Wahlvorstandsmitgliedern sowie Wahlbewerberinnen und -bewerbern ist ebenfalls die Personalvertretung zu beteiligen, für die die Wahl durchgeführt wird. Gehören betroffene Beschäftigte mehreren Personalvertretungen an, so ist die Zustimmung jedes der Gremien erforderlich (vgl. BVerwG vom 8. 12. 86 – 6 P 20.84, PersR 87, 110).

Stellt der Arbeitgeber einen Antrag auf Erteilung der Zustimmung, so wird über die Angelegenheit **im Plenum beraten und gemeinsam abgestimmt.** Es handelt sich nicht um eine Gruppenangelegenheit. Die Jugend- und Auszubildendenvertretung hat Stimmrecht, wenn ein Mitglied dieses Gremiums betroffen ist. Für das betroffene Mitglied ist ein Ersatzmitglied einzuladen, da ein Fall persönlicher Betroffenheit und somit von Verhinderung vorliegt (vgl. BAG vom 26. 8. 81 – 7 AZR 550/79, AP Nr. 13 zu § 103 BetrVG 1972). 11

Die **Zustimmung des Personalrats** muß dem Arbeitgeber vor Ausspruch der außerordentlichen Kündigung vorliegen. § 626 Abs. 2 BGB ist zu beachten. Danach ist eine außerordentliche Kündigung unwirksam, wenn sie nicht innerhalb von zwei Wochen nach Kenntnis der Tatsachen, auf die sie gestützt wird, dem zu Kündigenden zugeht. Die Dienststellenleitung muß innerhalb dieser Frist nicht nur die Zustimmung des Personalrats einholen, sondern auch die Kündigung so aussprechen, daß sie vor Ablauf dieser Frist zugeht. Der Ablauf der Frist wird durch den an den Personalrat gerichteten Antrag auf Zustimmung nicht gehemmt. Auch der **Antrag auf Ersetzung** der Zustimmung beim Verwaltungsgericht muß innerhalb dieser Frist gestellt werden, wenn der Personalrat dem Antrag nicht zugestimmt hat (BayVGH vom 13. 5. 82 – 17 C 82 A. 908). Der rechtzeitig gestellte Antrag bewirkt, daß auch nach Ablauf der 2-Wochen-Frist des § 626 Abs. 2 BGB gekündigt werden kann, wenn nach rechtskräftiger **Ersetzung der Zustimmung durch das Verwaltungsgericht** unverzüglich die Kündigung erklärt wird (vgl. BAG vom 18. 8. 77, a. a. O.). 12

Das Gericht entscheidet im Beschlußverfahren, wenn die Dienststellenleitung die verweigerte Zustimmung ersetzen lassen will. Dabei hat das Verwaltungsgericht zu prüfen, ob dem Arbeitgeber die Fortsetzung des Arbeitsverhältnisses unter Berücksichtigung aller Umstände insbesondere der **Funktionsfähigkeit des Personalrats,** zuzumuten ist. Eine Kündigung darf erst dann ausgesprochen werden, wenn der Personalrat die Zustimmung erteilt hat oder durch rechtskräftige Entscheidung des Verwaltungsgerichts diese Zustimmungsverweigerung ersetzt ist. Vorher ausgesprochene Kündigungen sind unwirksam. Das betroffene Personalratsmitglied hat die Möglichkeit, die arbeitsrechtliche Wirksamkeit der außerordentlichen Kündigung vom Arbeitsgericht überprüfen zu lassen. 13

§ 47

Dies gilt selbst dann, wenn der Personalrat zugestimmt oder das Verwaltungsgericht die fehlende Zustimmung ersetzt hat.

14 Anders als bei der Beteiligung nach § 78 Abs. 1 ist der Personalrat bei der Verweigerung seiner Zustimmung nicht auf bestimmte Gründe verwiesen. Er ist auch nicht verpflichtet, seine **ablehnende Entscheidung** zu **begründen,** obwohl dies im Hinblick auf das verwaltungsgerichtliche Ersetzungsverfahren zweckmäßig sein wird. Gibt der Personalrat innerhalb der Frist von drei Arbeitstagen keine Erklärung ab, so bedeutet dies eine Verweigerung der Zustimmung (vgl. BAG vom 18. 8. 77 – 2 ABR 19/77, AP Nr. 10 zu § 103 BetrVG 1972).

15 (**Abs. 2**) Der Schutz gegen Versetzung, Umsetzung, Abordnung oder Zuweisung gilt nicht nur für Beschäftigte, die in einem Arbeitsverhältnis stehen, sondern auch für Beamtinnen und Beamte, wobei der Sonderfall des Abs. 3 zu berücksichtigen ist (vgl. BVerwG vom 19. 2. 87 – 6 P 11.85, PersR 87, 167). Zu den Begriffen **Versetzung, Umsetzung, Abordnung und Zuweisung** vgl. die Kommentierungen zu § 74 Abs. 1 Nr. 4 und 5 sowie § 75 Abs. 1 Nr. 4 und 5. Gegen den Willen des jeweiligen Personalratsmitglieds sind derartige personelle Maßnahmen nur möglich, wenn sie aus wichtigen dienstlichen Gründen unvermeidbar sind und der Personalrat zustimmt. Auf jeden Fall hat die Dienststelle die Arbeitsfähigkeit des Personalrats zu berücksichtigen und zu prüfen, ob die wichtigen dienstlichen Gründe absoluten Vorrang vor der Berücksichtigung der Mitgliedschaft im Personalrat haben müssen. In jedem Fall, in dem ein Einverständnis des Personalratsmitglieds mit der personellen Maßnahme nicht vorliegt, ist der Personalrat von der Dienststelle um Zustimmung anzugehen.

16 Eine **fehlende Zustimmung des Personalrats** kann ebenso wie bei der außerordentlichen Kündigung nicht durch die Stufenvertretung ersetzt werden, wenn der Personalrat, dem der oder die Betroffene angehört, sie verweigert hat. Anders als bei der außerordentlichen Kündigung kann das Verwaltungsgericht eine verweigerte Zustimmung nicht ersetzen. Ein entsprechender Verweis auf die Regelung in Abs. 1 fehlt im Gesetz.

17 Unabhängig davon, welche Dienststelle die Maßnahme anzuordnen hat, ist diejenige Personalvertretung zuständig, der die oder der Betroffene angehört. Es handelt sich nicht um eine Gruppenentscheidung, da die gesamte Personalvertretung darüber befinden muß, ob ihre **Arbeitsfähigkeit** durch eine derartige Maßnahme beeinträchtigt wird. Die Vorschrift sichert nicht nur die **Unabhängigkeit** des einzelnen Personalratsmitglieds, sondern auch die Arbeitsfähigkeit des Personalrats.

18 **Zustimmungsverfahren** nach § 47 Abs. 2 **und Mitbestimmungsverfahren** in den Fällen des § 74 Abs. 1 Nr. 4 und 5 sowie des § 75 Abs. 1 Nr. 4 und 5 **laufen parallel.** Die weitere Durchführung des Mitbestim-

§ 47

mungsverfahrens nach § 69 erübrigt sich jedoch, wenn die Zustimmung nach § 47 Abs. 2 verweigert wird.

Auch **Ersatzmitglieder** genießen den Schutz des Abs. 2 für die Dauer ihrer Zugehörigkeit zum Personalrat. Dies gilt selbst dann, wenn sie nicht auf Dauer in den Personalrat nachgerückt sind. Gleiches gilt für Mitglieder des Wahlvorstands oder Wahlbewerberinnen und Wahlbewerber. Allerdings endet der Schutz dieses Personenkreises vor Versetzung, Umsetzung, Abordnung und Zuweisung mit Beendigung des Amtes als Wahlvorstand oder der Feststellung des Wahlergebnisses. **19**

Der Schutz der Vorschrift greift selbst dann, wenn die von der Verwaltung beabsichtigte Maßnahme nicht zu einem Ausscheiden von Mitgliedern aus dem Personalrat führen würde (vgl. BVerwG vom 29. 4. 81 – 6 P 37.79, PersV 82, 404). Auch die **Umsetzung bei Wechsel des Dienstorts** ist in die Regelung einbezogen, obwohl sie in der Regel nicht zu einem Verlust des Amtes führen kann, weil die Dienststelle unverändert bleibt. Die Vorschrift will die Unabhängigkeit des einzelnen Personalratsmitglieds sichern. **20**

(Abs. 3) Beamtinnen und Beamte im Vorbereitungsdienst und Beschäftigte in entsprechender Berufsausbildung unterliegen nicht den Schutzbestimmungen des Kündigungsschutzgesetzes. Auch Abs. 1 mit dem Schutz vor außerordentlicher Kündigung und Abs. 2 mit seinem Schutz gegen Versetzung, Umsetzung, Abordnung oder Zuweisung finden grundsätzlich während des Ausbildungsverhältnisses und ausdrücklich im direkten Anschluß an das beamtliche Ausbildungsverhältnis, also nach Bestehen der einschlägigen Prüfung, keine Anwendung. Ist das Ausbildungsverhältnis beendet und die anschließende Eingliederung in eine »Beschäftigungsdienststelle« vollzogen, ändert sich der Status dieses Personenkreises, so daß die Schutzvorschriften der Abs. 1 und 2 anschließend wieder Anwendung finden. **21**

Während des Ausbildungsverhältnisses können Beamtinnen und Beamte im Vorbereitungsdienst und Beschäftigte in entsprechender Berufsausbildung ohne Rücksicht auf ihre Mitgliedschaft im Personalrat **versetzt oder abgeordnet, umgesetzt oder zugewiesen** werden. Dieses darf jedoch **nur zu Ausbildungszwecken** geschehen. Solange diese Beschäftigten sich bei einer anderen Dienststelle in der Ausbildung befinden, ruht ihre Mitgliedschaft im Personalrat. Die Mitgliedschaft im Personalrat erlischt jedoch nicht. Bei außerordentlichen Kündigungen oder fristlosen Entlassungen findet § **78 Abs. 3** Anwendung. Zu beteiligen ist der Personalrat der Stammdienststelle. Die Mitgliedschaft in Personalrat oder Jugend- und Auszubildendenvertretung muß in der danach vorgeschriebenen Begründung der Dienststelle ausreichend gewürdigt und gegenüber dem Interesse der Dienststelle an einer Beendigung des Beschäftigungsverhältnisses gewichtet werden. **22**

§ 48

Fünfter Teil

Personalversammlung

§ 48
Zusammensetzung und Leitung

(1) Die Personalversammlung besteht aus den Beschäftigten der Dienststelle. Sie wird vom Vorsitzenden des Personalrates geleitet. Sie ist nicht öffentlich.

(2) Kann nach den dienstlichen Verhältnissen eine gemeinsame Versammlung aller Beschäftigten nicht stattfinden, so sind Teilversammlungen abzuhalten.

Vergleichbare Vorschriften: § 48 BPersVG, § 42 BetrVG

1 (Abs. 1) Die **ordentliche** (Halbjahresversammlung, § 49 Abs. 1) und die **außerordentliche** (§ 49 Abs. 2) **Personalversammlung** besteht aus allen Beschäftigten der Dienststelle. Bei einer **Verselbständigung** nach § 6 Abs. 3 und 4 besteht sie aus den Beschäftigten der verselbständigten Nebenstellen, Außenstellen oder Dienststellenteilen. Es handelt sich dabei um eine echte Personalversammlung und nicht um eine Teilpersonalversammlung der Gesamtdienststelle (BVerwG vom 5. 5. 73 – VII P 7.72 –, PersV 74, 85). Die Personalversammlung ist ein **Organ der Personalvertretung** (vgl. Grabendorff u. a., § 48 BPersVG Rn. 2). **Teilnahmeberechtigt** sind alle Beschäftigte, die in die Dienststelle tatsächlich eingegliedert sind, ohne daß es auf die Art ihrer Rechtsbeziehungen oder die Wahlberechtigung ankommt. Teilnahmeberechtigt sind auch die jugendlichen Beschäftigten sowie diejenigen, die zur Zeit der Personalversammlung Urlaub haben oder zu einer anderen Dienststelle abgeordnet sind. Der Dienststellenleiter hat sicherzustellen, daß möglichst alle Beschäftigten an der Versammlung teilnehmen können.

2 Die Personalversammlung ist **kein dem Personalrat übergeordnetes Dienststellenparlament,** sondern ein **Aussprachforum.** Die Einflußmöglichkeiten sind gering, insbesondere binden die Beschlüsse und Anträge den Personalrat und die Dienststellenleitung nicht. Sie können nur Anregungen für die Arbeit sein. Ein **Mißtrauensvotum** gegen den Personalrat ist rechtlich ohne Belang (vgl. BVerwG vom 27. 3. 79 – BvR 1011/78, PersV 80, 323).

3 Zuständig für die **Einberufung der Personalversammlung** ist stets der Personalrat. Das gilt auch dann, wenn die Versammlung auf Verlangen des Dienststellenleiters erfolgt (BVerwG vom 23. 5. 86 – 6 P 23.83, PersR 86, 233). Die Dienststellenleitung verstößt gegen das Gebot der vertrauensvollen Zusammenarbeit, wenn sie eine zur Information der Beschäftigten einberufenen Versammlung als »Personalversammlung« oder »Personal-Versammlung« bezeichnet (BVerwG vom 23. 5. 86, a. a. O.). Er

§ 48

kann aber eine Mitarbeiterversammlung einberufen, um über dienstliche Belange zu informieren, auch wenn personalvertretungsrechtliche Belange berührt werden (vgl. Grabendorff u. a., § 48 BPersVG Rn. 5). Die Einberufung erfordert einen Beschluß des Personalrats. Lediglich die Personalversammlung zur Wahl eines Wahlvorstandes wird von der Dienststellenleitung einberufen (vgl. § 21).

Der **Vorsitzende** bzw. die **Vorsitzende** des Personalrats, im Verhinderungsfall sein bzw. ihr Stellvertreter, leitet die Personalversammlung, auch dann wenn der Dienststellenleiter teilnimmt (vgl. Grabendorff u. a., § 48 BPersVG Rn. 10; Dietz/Richardi, § 47 Rn. 23; Fischer/Goeres, § 48 Rn. 18). Ihm bzw. ihr steht das **Hausrecht** zu. Das Hausrecht der Dienststellenleitung ist hinsichtlich des Versammlungsraumes und für die Dauer der Versammlung ausgeschlossen und in bezug auf die Nebenräume und Zugangswege eingeschränkt. Die Leitung vollzieht sich nach den üblichen demokratischen Gepflogenheiten. Aufgabe des Leiters bzw. der Leiter ist es insbesondere, die Sitzung zu eröffnen und zu schließen, das Wort zu erteilen und ggf. zu entziehen sowie für die gesetzesentsprechende Durchführung einschließlich der Niederschrift (vgl. § 41) zu sorgen. 4

Die Personalversammlung ist **nicht öffentlich**. Ein Teilnahmerecht haben die in § 52 genannten Personen. Die **Teilnahme weiterer Personen** wird in begrenztem Maße für zulässig gehalten, soweit ein sachlicher Grund besteht (vgl. § 52). Das Gebot der Nichtöffentlichkeit verbietet die Anwesenheit von Pressevertretern. Läßt der Versammlungsleiter eine Verletzung des Gebots der Nichtöffentlichkeit zu, so stellt dies eine Pflichtverletzung dar. Der Ausschluß aus dem Personalrat durch gerichtliche Entscheidung (vgl. § 28) ist nur dann möglich, wenn das Verwaltungsgericht den Pflichtverstoß als grob wertet. 5

Tonbandaufzeichnungen oder Bildaufzeichnungen sind nur dann zulässig, wenn alle Teilnehmerinnen und Teilnehmer der Personalversammlung zustimmen (Grabendorff u. a., § 48 BPersVG Rn. 17; im Ergebnis auch Dietz/Richardi, § 48 Rn. 32; a. A. Fischer/Goeres, § 48 Rn. 21). 6

Die **Kosten,** die durch die Personalversammlung entstehen, sind Kosten i. S. d. § 44 Abs. 1 Satz 1 und daher von der Dienststelle zu tragen. 7

(**Abs. 2**) Grundsätzlich findet die Versammlung als **Vollversammlung** aller Beschäftigten statt. Ausnahmsweise können **Teilversammlungen** abgehalten werden, wenn nach den dienstlichen Verhältnissen eine gemeinsame Versammlung aller Beschäftigten nicht stattfinden kann. Sie sind so festzulegen, daß alle Beschäftigten an einer dieser Versammlungen teilnehmen können. Teilnahmeberechtigt sind die Beschäftigten, für die die Teilversammlung einberufen wurde, sowie der Vorsitzende des Personalrats und die weiteren Vorstandsmitglieder. Weitere Personalratsmitglieder nehmen dort an den Teilversammlungen teil, an deren Ort sie beschäftigt sind. Darüber hinaus haben Mitglieder des Personalrats kein Teilnahmerecht (BVerwG vom 5. 5. 73 – VII P 7.72 –, PersV 74, 85), es sei denn, daß ein wichtiger sachlicher Grund besteht (str.). 8

§§ 48, 49

9 Ob die Voraussetzungen für Teilpersonalversammlungen vorliegen, **entscheidet der Personalrat** aufgrund der objektiven dienstlichen Verhältnisse in der Dienststelle. Keine Teilversammlungen sind **Versammlungen einzelner Gruppen** (VGH BW vom 15. 9. 87 – 15 S 3397/86, PersR 88, 111). Die Versammlung eines nach § 6 Abs. 3 verselbständigten Dienststellenteils ist eine echte Personalversammlung und nicht eine Teilpersonalversammlung der Gesamtdienststelle (BVerwG vom 5. 5. 73, VII P 72 – PersV 74, 85).

10 **Stufenvertretungen** und **Gesamtpersonalräte** können keine Personalversammlungen einberufen, da in den §§ 54, 56 keine Verweisung auf die §§ 48 bis 52 erfolgt.

§ 49
Einberufung, Tätigkeitsbericht

(1) Der Personalrat hat einmal in jedem Kalenderhalbjahr in einer Personalversammlung einen Tätigkeitsbericht zu erstatten. Der Dienststellenleiter erhält Gelegenheit zur Stellungnahme.

(2) Der Personalrat ist berechtigt und auf Wunsch des Leiters der Dienststelle oder eines Viertels der wahlberechtigten Beschäftigten verpflichtet, eine Personalversammlung einzuberufen und den Gegenstand, dessen Beratung beantragt ist, auf die Tagesordnung zu setzen.

(3) Auf Antrag einer in der Dienststelle vertretenen Gewerkschaft muß der Personalrat vor Ablauf von fünfzehn Arbeitstagen nach Eingang des Antrages eine Personalversammlung nach Absatz 1 einberufen, wenn im vorhergegangenen Kalenderhalbjahr keine Personalversammlung und keine Teilversammlung durchgeführt worden ist.

Vergleichbare Vorschriften: § 49 BPersVG, § 43 BetrVG

1 (Abs. 1) Der Personalrat ist **verpflichtet,** einmal in jedem Kalenderhalbjahr eine Personalversammlung einzuberufen. Die Unterlassung der Einberufung ist eine grobe Pflichtverletzung (Grabendorff u. a., § 49 BPersVG Rn. 3 und 6). Der Personalrat hat selbst auf die Einhaltung des Termins zu achten. Nur zwingende, äußere Umstände, die nicht im Einflußbereich des Personalrats liegen, können in der Regel eine Verschiebung der Personalversammlung in das nächste Kalenderhalbjahr rechtfertigen (VG Berlin vom 5. 2. 72, PersV 74, 209).

2 Hauptzweck ist die Erstattung des **Tätigkeitsberichtes** des Personalrats, der der **Unterrichtung der Beschäftigten** über die Tätigkeit des Personalrats dienen soll (HessVGH vom 17. 5. 72, ZBR 73, 123). Er darf alle Angelegenheiten ansprechen, die die **Dienststelle und ihre Beschäftigten unmittelbar betreffen,** insbesondere Tarif-, Besoldungs- und Sozialangelegenheiten. Der Tätigkeitsbericht muß die Arbeit des Personalrats vollständig wiedergeben. Insbesondere müssen Beteiligungsangelegenheiten, mit denen der Personalrat im Berichtszeitraum befaßt war, so ausführlich wiedergegeben werden, daß die Beschäftigten ein zutreffende Bild von der Tätigkeit erhalten. Darüber hinaus muß der Personalrat über die Behandlung von Anregungen und Anträgen vorangegangener Personalversammlung berichten. Angelegenheiten, in denen die **Stufenvertretung** oder der **Gesamtpersonalrat** dem Personalrat nach § 82 Abs. 2 Gelegenheit zur Äußerung gegeben hat, können im Bericht erwähnt werden. Der Tätigkeitsbericht darf keine Auskünfte enthalten, die die Schweigepflicht verletzen.

Darüber hinaus kann der Bericht das **Verhältnis zur Dienststellenleitung** und ggf. **Meinungsverschiedenheiten** und **Kritik** aufzeigen. Bestandteil des Berichtes ist ferner das Verhältnis zu den in der Dienststelle vertretenen **Gewerkschaften** und die Zusammenarbeit mit ihnen, wobei der Personalrat bei mehreren Gewerkschaften das Neutralitätsgebot beachten muß (vgl. § 67 Abs. 1). Ebenfalls berichten sollte der Personalrat über die Zusammenarbeit mit **Stufenvertretungen** oder **Gesamtpersonalrat**. 3

Form und Inhalt des Tätigkeitsberichtes müssen zumindest in den Grundzügen vom Personalrat beschlossen werden (BVerwG vom 8. 10. 75 – VII P 16.75 –, PersV 76, 420). Der Bericht muß nicht schriftlich abgefaßt werden, zum Beweis seiner formgerechten Erstattung kann dies jedoch sinnvoll sein. In der Regel trägt der Personalratsvorsitzende den Bericht vor, wobei jedoch auch ein anderes Mitglied des Personalrats damit ganz oder teilweise beauftragt werden kann, z. B. bei Spezialgebieten durch den Vortrag des Bearbeiters. 4

Der **Dienststellenleiter** erhält Gelegenheit, zum Tätigkeitsbericht des Personalrats Stellung zu nehmen. Er ist berechtigt, jedoch nicht verpflichtet, zu Meinungsverschiedenheiten, Kritik oder sonstigen Punkten des Tätigkeitsberichtes Stellung zu nehmen. 5

Außerdem können die **Teilnehmerinnen und Teilnehmer** der Personalversammlung zum Tätigkeitsbericht Stellung nehmen, Kritik üben sowie Erläuterungen und Ergänzungen verlangen (vgl. § 51). Es besteht Anspruch auf Beantwortung (Grabendorff u. a., § 49 BPersVG Rn. 12 m. w. Nw.). Die Personalversammlung kann den Personalrat nicht **entlasten** oder ihn **abwählen.** Auch ein **Mißtrauensvotum** ist rechtlich ohne Belang. 6

Zusätzlich zu den regelmäßigen (ordentlichen) Halbjahresversammlungen kann der Personalrat weitere **außerordentliche Personalversammlungen** einberufen, wenn er dies aus aktuellem Anlaß für erforderlich hält. Der Personalrat beschließt nach eigenem pflichtgemäßem Ermessen über die Einberufung und den Gegenstand, der auf die Tagesordnung gesetzt wird. 7

Außerdem ist der Personalrat **verpflichtet,** eine außerordentliche Personalversammlung einzuberufen, wenn die **Dienststellenleitung** oder **ein** 8

§§ 49, 50

Viertel der Wahlberechtigten dies verlangt. Dabei muß der **Gegenstand,** der auf die Tagesordnung gesetzt werden soll, genau benannt werden. Der Personalrat beschließt auch hier über die Einberufung, er hat jedoch wenig Entscheidungsspielraum. Er kann lediglich prüfen, ob der beantragte Gegenstand ein zulässiges Thema für eine Personalversammlung ist.

9   Bei einem Antrag der Beschäftigten muß bei Antragstellung **ein Viertel der Wahlberechtigten »voll«** sein. Dies sind z. B. bei 121 Wahlberechtigten der Dienststelle mindestens 31, denn 30 sind noch nicht ein Viertel von 121.

10 **(Abs. 3)** Eine in der Dienststelle vertretene **Gewerkschaft** kann die Einberufung einer ordentlichen Personalversammlung verlangen, wenn der Personalrat seiner Verpflichtung zur Durchführung einer ordentlichen Personalversammlung im vorhergehenden Kalenderhalbjahr nicht nachgekommen ist. Vor einem **gerichtlichen Auflösungsantrag wegen groben Pflichtverstoßes** soll dem Personalrat Gelegenheit gegeben werden, seiner Verpflichtung zur Abhaltung einer Versammlung und Abgabe eines Tätigkeitsberichtes nachzukommen. Eine Gewerkschaft ist in der Dienststelle vertreten, wenn sie mindestens ein Mitglied hat (vgl. § 2 Rn. 7).

11 Gewerkschaften können nur **ordentliche Personalversammlungen** nach Abs. 1, nicht jedoch **außerordentliche** nach Abs. 2 beantragen. Der Personalrat hat allerdings einen Antrag auf eine außerordentliche Versammlung einer antragsberechtigten Gewerkschaft dahingehenden zu prüfen, ob ein **sachlicher Grund** für eine Versammlung vorliegt. Dies ist dann der Fall, wenn tatsächlich im vorangegangen Kalenderhalbjahr keine Personal- oder Teilpersonalversammlung stattgefunden, der Personalrat also keinen Tätigkeitsbericht abgegeben hat.

12 Der Antrag richtet sich an den Personalrat. Dieser hat innerhalb einer Frist von **15 Arbeitstagen** nach Eingang eine ordentliche Personalversammlung einzuberufen. Sofern die weiteren Voraussetzungen vorliegen, faßt der Personalrat einen Beschluß. Bei der Berechnung der Frist zählt der Tag, an dem der Antrag eingegangen ist, nicht mit (vgl. § 187 BGB). Der Personalrat muß in dieser Frist die Versammlung **einberufen, nicht durchführen**. Die Durchführung muß **ohne schuldhaftes Verzögern** erfolgen. Für die inhaltliche und technische Vorbereitung muß dem Personalrat jedoch ausreichend Zeit verbleiben.

§ 50
Zeitpunkt

(1) Die in § 49 Abs. 1 bezeichneten und die auf Wunsch des Leiters der Dienststelle einberufenen Personalversammlungen finden während der Arbeitszeit statt, soweit nicht die dienstlichen Verhältnisse eine andere Regelung erfordern. Die Teilnahme an der Personalversammlung hat keine Minderung der Dienstbezüge oder des Ar-

§ 50

beitsentgeltes zur Folge. Soweit in den Fällen des Satzes 1 Personalversammlungen aus dienstlichen Gründen außerhalb der Arbeitszeit stattfinden müssen, ist als Ausgleich für die Teilnahme Dienstbefreiung in entsprechendem Umfang zu gewähren; gleiches gilt für Wege- und Fahrzeiten.

(2) Den Beschäftigten werden die notwendigen Fahrkosten für die Reise von der Beschäftigungsstelle zum Versammlungsort und zurück nach entsprechender Anwendung der Vorschriften über Reisekostenvergütung der Beamten erstattet.

Dies gilt nicht für Beamte im Vorbereitungsdienst und Auszubildende, die an zentralen Ausbildungslehrgängen teilnehmen.

(3) Andere als die in Abs. 1 genannten Personalversammlungen finden außerhalb der Arbeitszeit statt. Hiervon kann im Einvernehmen mit dem Leiter der Dienststelle abgewichen werden.

Vergleichbare Vorschriften: § 50, § 44 BetrVG

(Abs. 1) Die regelmäßigen Halbjahresversammlungen und die auf Wunsch des Dienststellenleitern einberufenen außerordentlichen Personalversammlungen finden **während der Arbeitszeit** statt. Nur wenn die dienstlichen Verhältnisse **zwingend** eine andere Regelung erfordern, kann davon abgewichen werden. Dies ist dann der Fall, wenn eine Personalversammlung während der Dienstzeit betriebsstörend in die technische Organisation der Dienststelle eingreift. Allerdings muß die Betriebsstörung objektiv und unausweichlich sein. Eine gewisse Beeinträchtigung des Dienststellenbetriebes muß notwendigerweise hingenommen werden und wird im Gesetz vorausgesetzt (BVerwG vom 25. 6. 84 – 6 P 2.83, PersV 84, 500). 1

Besteht die Möglichkeit der **Änderung des Dienstplanes,** so darf die Versammlung nicht in die arbeitsfreie Zeit gelegt werden. Stehen der Durchführung einer Vollversammlung dienstliche Notwendigkeiten entgegen, so hat der Personalrat zunächst zu prüfen, ob Teilversammlungen während der Arbeitszeit erfolgen können. Nur wenn auch dies nicht möglich ist, können Personalversammlung oder Teilversammlungen außerhalb der Arbeitszeit stattfinden. Es soll möglichst allen Beschäftigten die Teilnahme ermöglicht werden, daher wird der Personalrat in Betrieben mit **Schichtdienst** und täglich sich überschneidenden Dienstplänen in der Regel Teilversammlungen abhalten. Möglich ist auch die Versammlung so zu legen, daß sowohl die erste als auch die zweite Schicht teilweise während der Arbeitszeit daran teilnehmen kann. 2

Zeit und Ort der Personalversammlung bzw. Teilversammlungen bestimmt der Personalrat (OVG Bremen vom 5. 3. 74, PersV 80, 62). Er darf dabei nicht mehr Zeit ansetzen, als voraussichtlich benötigt wird, wobei dem Personalrat hier ein Beurteilungsspielraum zusteht. Der Dienststellenleiter ist über Ort und Zeit der Versammlung zu informieren. Er muß 3

§ 50

die Personalversammlung bzw. die Teilversammlungen nicht genehmigen. Es empfiehlt sich jedoch eine Verständigung mit dem Dienststellenleiter herbeizuführen, damit rechtzeitig die entsprechenden Vorbereitungen seitens der Dienststelle getroffen werden können (vgl. auch BVerwG vom 25. 6. 84 – 6 P 2.83).

4 Beschäftigte, die an einer Personalversammlung während der Arbeitszeit teilnehmen, erhalten als Beamte ihre **Dienstbezüge,** als Arbeiterinnen, Arbeiter und Angestellte ihr **Arbeitsentgelt** einschließlich aller **Zulagen** weiter. Die Beschäftigten werden also so behandelt, als hätten sie gearbeitet. Die Entgeltfortzahlung gilt auch für die Wegezeiten, die während der Arbeitszeit vom Dienstort zur Personalversammlung und zurück bewältigt werden müssen. Nehmen Beschäftigte, die sich im **Urlaub** befinden an der Versammlung teil, so erhalten diese neben ihrem Urlaubsentgelt keine zusätzliche Vergütung (vgl. Grabendorff u. a., § 50 BPersVG Rn. 7 m. w. Nw.). Geht die Versammlung zeitlich über die Arbeitszeit hinaus, so ist Dienstbefreiung in entsprechenden Umfang zu erteilen.

5 Beschäftigte, die an einer aus dienstlichen Notwendigkeiten außerhalb der Arbeitszeit stattfindenden Personalversammlung teilnehmen, erhalten **Dienstbefreiung** in entsprechendem Umfang, wobei hier Wegezeiten nicht entsprechend ausgeglichen werden (BVerwG vom 28. 10. 82, PersV 85, 162). Der Zeitpunkt der Dienstbefreiung ist nicht konkret geregelt und daher mit dem Dienststellenleiter abzustimmen. Die tariflichen Regelungen sind dabei zu beachten.

6 Die Teilnahme an der Personalversammlung ist ein **Recht,** aber keine **Pflicht** für die Beschäftigten. Auch für die Mitglieder des Personalrats besteht keine Rechtspflicht auf Teilnahme.

7 (Abs. 2) Beschäftigte erhalten die notwendigen **Fahrtkosten von der Dienststelle zum Ort der Personalversammlung** erstattet. Dabei sind die Vorschriften über Reisekostenvergütung der Beamten entsprechend anzuwenden. Die **Erstattungspflicht** für Fahrtkosten, die in einem eigenen Abs. geregelt wurde, ist nicht auf die in Abs. 1 bezeichneten Personalversammlungen beschränkt, da ein ausdrücklicher Verweis auf Abs. 1 (vgl. § 50 Abs. 1 Satz 4 BPersVG) fehlt. Sie bezieht sich auf alle ordentlichen und außerordentlichen Personalversammlungen bzw. Teilversammlungen.

8 **Beamtinnen und Beamte im Vorbereitungsdienst** sowie **Auszubildende,** die an zentralen Ausbildungslehrgängen teilnehmen, werden keine Fahrtkosten von der zentralen Ausbildungsstelle zum Versammlungsort erstattet. Diese Ausnahmeregelung bezieht sich nur auf die sonst in erheblicher Höhe anfallenden Reisekosten von zentralen Ausbildungsstätten zum Versammlungsort. Sie erfolgt aus Gründen der Kostenersparnis. Nimmt dieser Personenkreis jedoch außerhalb der Zeit der Abordnung zu zentralen Ausbildungsstätten an Personalversammlungen teil, so besteht der volle Erstattungsanspruch. Ein weitergehender Ausschluß dieses Personenkreises würde eine erhebliche Benachteiligung darstellen, die schon gegen das unmittelbar für die Länder geltende Benachteiligungsverbot des § 107 BPersVG verstoßen würde.

Außerordentliche Personalversammlungen, die vom Personalrat nach eigenem Ermessen oder auf Wunsch eines Viertels der Wahlberechtigten einberufen werden, finden grundsätzlich **außerhalb der Arbeitszeit** statt. Es besteht kein Anspruch auf Bezüge, Lohn oder Gehalt und auch kein Anrecht auf spätere Dienstbefreiung. Es besteht jedoch Anspruch auf Zahlung der Fahrtkosten soweit diese sich auf die Fahrt von der Dienststelle zum Versammlungsort oder umgekehrt beziehen (vgl. Rn 7).

9

Außerordentliche Versammlungen, die nicht vom Dienststellenleiter beantragt wurden, können **während der Arbeitszeit** stattfinden, wenn sich Dienststellenleiter und Personalrat darauf einigen. Kommt keine Einigung über die Verlegung in die Arbeitszeit zustande, so darf der Personalrat nicht einseitig die Versammlung in die Arbeitszeit legen. Besteht hingegen **Einvernehmen** zwischen Dienststellenleiter und Personalrat, so kann davon ausgegangen werden, daß der Dienststellenleiter die Zustimmung der zuständigen Stelle eingeholt hat. Er hat mit der Einverständniserklärung die **Zusicherung der Entgeltfortzahlung** stillschweigend erteilt (vgl. Grabendorff u. a., § 50 BPersVG Rn. 15; Dietz/ Richardi, Rn. 22).

10

Nehmen Beschäftigte an **nicht ordnungsgemäßen** Personalversammlungen teil, können **Maßregelungen** irgendwelcher Art nur erfolgen, wenn diese Beschäftigten den Umstand der Gesetzwidrigkeit kannten oder hätten kennen müssen. Wird die Unzulässigkeit erst während der Versammlung bekannt, so können daraus keine finanziellen oder sonstigen Nachteile entstehen. Streiten sich Personalrat und Dienststelle darüber, ob ein bestimmtes Thema zulässig oder unzulässig ist, so besteht die Pflicht zur Gehalts- bzw. Lohnfortzahlung selbst dann, wenn das Thema unzulässig war. Der Dienststellenleiter muß seine Bedenken an geeigneter Stelle (z. B. Schwarzes Brett) bekanntmachen. Darüber hinaus hat er die Möglichkeit durch **vorläufigen Rechtsschutz** z. B. die Erörterung eines seiner Meinung nach unzulässigen Themas oder die Durchführung einer außerordentlichen Versammlung während der Arbeitszeit untersagen zu lassen (vgl. für das BetrVG, LAG Bremen vom 5. 3. 82 BB 82, 1573).

11

§ 51
Gegenstand

Die Personalversammlung darf alle Angelegenheiten behandeln, die zur Zuständigkeit des Personalrates gehören. Die Vorschriften über die Schweigepflicht der Mitglieder der Personalvertretung (§§ 10 und 41 Absatz 2 Satz 4) bleiben unberührt. Sie kann dem Personalrat im Rahmen seiner Aufgaben und Befugnisse Anträge unterbreiten und zu seinen Beschlüssen Stellung nehmen. Der Personalrat hat die Beschäftigten in geeigneter Weise umgehend über die Behandlung der

§ 51

Anträge und die Durchführung entsprechender Maßnahmen zu unterrichten. § 66 Abs. 2 und § 67 Abs. 1 Satz 3 gelten für die Personalversammlung entsprechend.

Vergleichbare Vorschriften: § 51 BPersVG, § 45 BetrVG

1 Die Vorschrift regelt den **Themenbereich,** mit dem sich die Personalversammlung befassen kann. Dies sind zunächst alle Angelegenheiten, die sich aus den **allgemeinen Aufgaben und den Mitbestimmungstatbeständen** der §§ 66 – 81 ergeben, also sich mit den Arbeitsbedingungen in der Dienststelle, den Tarif- und Besoldungsfragen, Arbeits- und Unfallschutz, Fragen der Beförderungs- und Aufstiegsentwicklung, Fortbildungsfragen, Arbeitszeit, Personalentwicklung, technische Ausstattung der Arbeitsplätze, Rationalisierungs- und Privatisierungsabsichten, Aufgabenerweiterungen etc. befassen. Diese Angelegenheit können auch behandelt werden, wenn die Dienststelle nicht unmittelbar zur Entscheidung befugt ist, aber die Entscheidung der übergeordneten Dienststelle Einfluß auf die Dienststelle hat (Lorenzen u. a., § 51 BPersVG Rn. 8; Grabendorff u. a., § 51 Rn. 3). Der Personalrat hat die Schweigepflicht (§§ 10 und 41 Abs. 2 Satz 4) zu beachten.

2 **Fragen allgemeiner Art** kann die Personalversammlung behandeln, wenn der angesprochene Bereich die Dienststelle berührt. In diesem Rahmen können **Tarif-, Besoldungs- und Sozialangelegenheiten** behandelt werden. Ihre Grenze finden die Möglichkeiten der Personalversammlung bei der Behandlung von Themen, die nur einen allgemein-, partei- oder gewerkschaftspolitischen, konfessionellen oder allgemeinen wirtschaftspolitischen Inhalt haben (BVerwG vom 6. 9. 84 – 6 P 17.82, PersR 85, 44). Zulässig ist die **Vorstellung von Kandidatinnen und Kandidaten** für die bevorstehende Personalratswahl, da dies eine Angelegenheit ist, die die Dienststelle und die Beschäftigten unmittelbar betrifft.

3 Unzulässig ist die **Werbung für Gewerkschaften und politische Parteien.** Die Personalversammlung ist hier zur Objektivität und Neutralität verpflichtet (§ 67 Abs. 1 Satz 2). Allerdings ist es zulässig, über **gewerkschaftliche Angelegenheiten** und die **Zusammenarbeit mit Gewerkschaften** im Rahmen der personalvertretungsrechtlich vorgesehenen Zusammenarbeit zu berichten. Die Personalversammlung ist an die Friedenspflicht in der Dienststelle gebunden und darf daher als Organ nicht zum Arbeitskampf aufrufen (§ 66 Abs. 2). Davon unberührt bleibt jedoch das Recht jedes einzelnen Beschäftigten und Personalratsmitglieds, sich an Arbeitskämpfen tariffähiger Parteien zu beteiligen.

4 Nach Zweck und rechtlicher Ausgestaltung hat die Personalversammlung den Charakter eines dienststelleninternen **Aussprachforums** (BVerwG vom 6. 9. 84, a.a.O.). Sie ist ein unselbständiges personalvertretungsrechtliches Organ, das dazu dient, die Beschäftigten der Dienststelle über die Arbeit ihres Personalrats zu informieren. Darüber hinaus soll sie den

§ 51

Beschäftigten, dem Personalrat und der Dienststellenleitung Gelegenheit zur Aussprache, Kritik und Erfahrungsaustausch geben.

Aus der **Unselbständigkeit** der Personalversammlung folgt, daß sie sich nicht selbst konstituieren und auch ihre Beratungsgegenstände nicht selbst bestimmen kann. Einberufung und Festlegung der Tagesordnung sind Aufgabe des Personalrats (vgl. § 49). Dieser hat die technischen Vorbereitungen zu leisten und dafür Sorge zu tragen, daß die Versammlung ihrer Aufgabe, den Teilnehmerinnen und Teilnehmern Informationen zu verschaffen und ein Forum zur Aussprache und des Erfahrungsaustausches zu bieten, gerecht wird. 5

Die Personalversammlung hat keine selbständigen **Entscheidungsbefugnisse.** Sie ist weder ein dem Personalrat übergeordnetes »Dienststellenparlament«, noch hat sie die Möglichkeit dem Personalrat Weisungen zu erteilen und an seiner Stelle zu handeln. Auf die Meinungsbildung des Personalrats als dem eigentlichen und allein entscheidungsbefugten Organ können die Beschäftigten nur indirekt durch Anregungen Einfluß nehmen (BVerwG vom 6. 9. 84, a. a. O.). 6

Die Beschäftigten haben das Recht in der Personalversammlung ihre **Meinung frei zu äußern.** Sie sind berechtigt, Kritik zu äußern und Mißstände aufzuzeigen. Dabei können sie auch die Personen kritisieren, die für die Mißstände verantwortlich sind. Die Meinungsäußerungen können sich auf die Arbeit des Personalrats oder Handlungen der Dienststellenleitung beziehen. Für die Personalversammlung gilt das Behinderungs-, Benachteiligungs- und Begünstigungsverbot (vgl. § 8). Seine Grenze findet die Meinungsfreiheit in der Friedens- und Neutralitätspflicht und dem Verbot der parteipolitischen Betätigung (vgl. Rn. 3). Eine unzulässige parteipolitische Betätigung liegt vor, wenn zu Zeiten des Wahlkampfes ein Referat von einem Spitzenpolitiker in seinem Wahlkreis im Rahmen seiner Wahlkampfstrategie gehalten wird (BAG vom 13. 9. 77 – 1 ABR 67/75, AP Nr. 1 zu § 42 BetrVG). 7

Die Personalversammlung kann zu den **Beschlüssen des Personalrats** Stellung nehmen. Dabei ist es unerheblich, woher die Teilnehmerinnen und Teilnehmer die Beschlüsse kennen. Ferner kann die Personalversammlung dem Personalrat **Anträge** unterbreiten. Beides muß von der Versammlung beschlossen werden. Die beschlossenen Anträge bzw. Stellungnahmen sind für den Personalrat nicht bindend. 8

Im Unterschied zur Regelung des BPersVG hat der Personalrat nun jedoch die Pflicht, die Beschäftigten in geeigneter Weise umgehend über die Behandlung der Anträge und die Durchführung entsprechender Maßnahmen zu unterrichten. Der Personalrat ist also verpflichtet, unverzüglich nach der Personalversammlung die **Anträge zu behandeln** und eine Entscheidung herbeizuführen. Soweit erforderlich muß er die notwendigen Maßnahmen oder Verhandlungen mit dem Dienststellenleiter einleiten. Das Ergebnis der Behandlung muß der Personalrat in **geeigneter Weise,** z. B. durch Aushang, Informationsblatt, außerordentliche Per- 9

§§ 51, 52

sonalversammlung, persönliche Gespräche mit den Betroffenen etc., bekanntgeben. Dies muß **umgehend,** also ohne verschuldete Verzögerung, geschehen. Der Personalrat kann also in der Regel nicht bis zur nächsten ordentlichen Personalversammlung warten. Hat die Behandlung des Antrages die Durchführung von Maßnahmen zur Folge, so erstreckt sich die unverzügliche Information der Beschäftigten auch darauf.

10 Wegen der Unverbindlichkeit der Beschlüsse der Personalversammlung wird allgemein angenommen, daß auch keine Pflicht zur Anfertigung einer Niederschrift bestehen soll (Niedersächsisches OVG vom 18. 3. 92 – 17 L 31/90, PersR 93, 127). Aus der Pflicht zur Behandlung der Anträge ergibt sich jedoch, daß der Personalrat auch verpflichtet sein muß, eine **Niederschrift** darüber anzufertigen

11 Stellungnahmen zu Beschlüssen und Anträge können von jedem Beschäftigten gestellt werden. Über die Annahme entscheidet die Personalversammlung mit **Stimmenmehrheit der anwesenden Beschäftigten.** Die Personalversammlung ist auch dann beschlußfähig, wenn weniger als die Hälfte der Beschäftigten anwesend ist. Umstritten ist, ob der Dienststellenleiter stimmberechtigt ist. Die Stimmberechtigung wird weitgehend abgelehnt (vgl. Grabendorff u. a., § 51 BPersVG Rn. 13 m. w. Nw.). Nach differenzierter Ansicht soll der Dienststellenleiter nur in solchen Angelegenheiten von der Stimmberechtigung ausgeschlossen sein, in denen er als Repräsentant des Diensthernn in Interessenkollision gerät (VG Hamburg vom 17. 11. 58, ZBR 59, 132). § 52 Abs. 1 Satz 1 deutet darauf hin, daß der Dienststellenleiter nur ein Teilnahmerecht, jedoch kein Stimmrecht haben soll.

§ 52
Teilnahmerecht

(1) Beauftragte aller in der Dienststelle vertretenen Gewerkschaften und ein Beauftragter der Arbeitgebervereinigung, der die Dienststelle angehört, sind berechtigt, mit beratender Stimme an der Personalversammlung teilzunehmen. Der Personalrat hat die Einberufung der Personalversammlung den in Satz 1 genannten Gewerkschaften und der Arbeitgebervereinigung rechtzeitig unter Übersendung der Tagesordnung und Angabe des Ortes mitzuteilen. Ein beauftragtes Mitglied der Stufenvertretung oder des Gesamtpersonalrates sowie ein Beauftragter der Dienststelle, bei der die Stufenvertretung besteht, können an der Personalversammlung mit beratender Stimme teilnehmen.

(2) Der Leiter der Dienststelle kann an der Personalversammlung teilnehmen. An Versammlungen, die auf seinen Wunsch einberufen sind oder zu denen er ausdrücklich eingeladen ist, hat er teilzunehmen. § 7 gilt entsprechend.

1 (Abs. 1) Die Vorschrift regelt das über § 48 hinausgehende Teilnahmerecht an der Personalversammlung. Danach haben ein beratendes Teilnahmerecht Beauftragte von **Gewerkschaften** und **Arbeitgeberverbänden,** soweit die Gewerkschaft in der Dienststelle vertreten bzw. die Dienststelle Mitglied des Arbeitgeberverbandes ist. Der Personalrat hat sicherzustellen, daß Beauftragte aller in der Dienststelle vertretenen Gewerkschaften und der Arbeitgebervereinigung an der Personalversammlung teilnehmen können. Er hat ihnen die Einladung unter Angabe der Tagesordnung und des Ortes rechtzeitig zu übersenden.

Den Beauftragten der Gewerkschaften und Arbeitgeberverbände steht ein **eigenes Recht** auf Teilnahme zu. Es bedarf also keines Beschlusses des Personalrats oder der Personalversammlung. Die Gewerkschaft bestimmt selbst, wen sie als Beauftragten entsendet, wobei ihr auch das Recht zusteht, mehrere Vertreter zu schicken. Anders als nach § 2 Abs. 2 ist der Dienststellenleiter nicht von der Teilnahme zu unterrichten. Weder der Dienststellenleiter noch der Personalrat darf grundsätzlich den Beauftragten den Zutritt zur Personalversammlung verweigern. Den Arbeitgebervereinigungen steht das gleiche Recht zu, mit der Einschränkung, daß diese nur einen Beauftragten entsenden können. Arbeitgebervereinigungen sind z. B. die Tarifgemeinschaft Deutscher Länder (TdL) und der Kommunale Arbeitgeberverband (KAV).

Die Beauftragten der Gewerkschaft und Arbeitgeberverbände nehmen **beratend** an der Personalversammlung teil. Sie können zu allen Themen der Versammlung sprechen, haben jedoch keine Antragsbefugnis und kein Stimmrecht im Zusammenhang mit Beschlüssen der Personalversammlung. Das Beratungsrecht zielt nicht nur auf einzelne Tagesordnungspunkte, sondern bezieht den gesamten Ablauf der Versammlung ein.

Ebenso ist die Anwesenheit eines beauftragten Mitgliedes der **nächsthöheren Stufenvertreter** bzw. des **Gesamtpersonalrates** sowie ein **Beauftragter der Dienststelle,** bei der die Stufenvertretung besteht, mit beratender Stimme möglich. Auch hier ist es Sache des Personalrats, die Einladung rechtzeitig zu versenden. Stufenvertretungen sind die Bezirks- und Hauptpersonalräte, die bei mehrstufigen Verwaltungen in der Landesverwaltung gebildet werden (§ 53). Ein Teilnahmerecht haben nicht alle Stufenvertretungen, sondern nur die nächsthöhere. Gesamtpersonalräte werden in den Fällen einer Verselbständigung von Nebenstellen, Außenstellen oder Dienststellenteilen nach § 6 Abs. 3 und 4 gebildet (vgl. § 55). Dies kann bei allen Dienststellen mit einstufigem Verwaltungsaufbau (Kommunen, Körperschaften, Anstalten und Stiftungen), aber auch bei Dienststellen des Landes mit mehrstufigem Aufbau der Fall sein. Beauftragte des Gesamtpersonalrats und der Stufenvertretung haben ein nebeneinanderstehendes Teilnahmerecht.

Vertreter der **Presse** haben kein Teilnahmerecht, was sich schon aus der Nichtöffentlichkeit ergibt (vgl. 48 Abs. 1). Auch **Sachverständige** können nicht zu einer Personalversammlung eingeladen werden. Diese haben

§§ 52, 53

die Aufgabe, Entscheidungen eines befugten Gremiums vorzubereiten. Da die Personalversammlung keine verbindlichen Entscheidungen fällen kann, ist auch für die Tätigkeit von Sachverständigen kein Raum (BVerwG vom 6. 9. 84 – 6 P 17.82, PersV 85, 205). Hingegen können jedoch **Auskunftspersonen** oder **dienststellenfremde Referenten,** deren Anwesenheit im Rahmen der Zuständigkeit der Personalversammlung sachdienlich und notwendig ist, teilnehmen, wenn der innerdienstliche Charakter der Personalversammlung dadurch nicht in Frage gestellt wird (BVerwG vom 6. 9. 84 a. a. O.).

6 (**Abs. 2**) Der **Dienststellenleiter** bzw. die **Dienststellenleiterin** kann an der Personalversammlung teilnehmen. Ihm bzw. ihr hat der Personalrat Gelegenheit zur Stellungnahme zu seinem Tätigkeitsbericht zu geben (vgl. § 49 Abs. 1). Ist die Personalversammlung auf Wunsch der Dienststellenleitung einberufen worden oder ist sie vom Personalrat ausdrücklich eingeladen, so ist sie zur Teilnahme verpflichtet. Eine Vertretung im Verhinderungsfall ist grundsätzlich möglich, wobei die Vertretungsregelung des § 7 gilt. Die Einladung zu einer Personalversammlung erfolgt aufgrund eines Beschlusses des Personalrats. Zu den ordentlichen Halbjahresversammlungen, auf denen der Personalrat einen Tätigkeitsbericht gibt, muß er die Dienststellenleitung einladen, damit diese Gelegenheit zur Stellungnahme hat (vgl. § 49 Abs. 1).

Sechster Teil
Stufenvertretungen und Gesamtpersonalrat

§ 53
Stufenvertretungen

(1) Für den Geschäftsbereich mehrstufiger Verwaltungen des Landes werden bei den Behörden der Mittelstufe Bezirkspersonalräte, bei den obersten Dienstbehörden Hauptpersonalräte gebildet.

(2) Die Mitglieder des Bezirkspersonalrates werden von den zum Geschäftsbereich der Behörde der Mittelstufe, die Mitglieder des Hauptpersonalrates von den zum Geschäftsbereich der obersten Dienstbehörde gehörenden Beschäftigten gewählt. Soweit bei Mittelbehörden die Personalangelegenheiten der Beschäftigten zum Geschäftsbereich verschiedener oberster Landesbehörden gehören, sind diese Beschäftigten für den Hauptpersonalrat bei der jeweils zuständigen obersten Landesbehörde wahlberechtigt.

(3) Die §§ 12 bis 16, § 17 Abs. 1, 2, 6 und 7, § 18 Abs. 2, §§ 19, 20 und §§ 23 bis 25 gelten entsprechend. § 14 Abs. 2 Nr. 3 gilt nur für die Beschäftigten der Dienststelle, bei der die Stufenvertretung zu errichten ist. Eine Personalversammlung zur Bestellung des Bezirks-

§ 53

oder Hauptwahlvorstandes findet nicht statt. An ihrer Stelle bestellt der Leiter der Dienststelle, bei der die Stufenvertretung zu errichten ist, den Wahlvorstand.

(4) Werden in einer Verwaltung die Personalräte und Stufenvertretungen gleichzeitig gewählt, so führen die bei den Dienststellen bestehenden Wahlvorstände die Wahlen der Stufenvertretungen im Auftrag des Bezirks- oder Hauptwahlvorstandes durch; andernfalls bestellen auf sein Ersuchen die Personalräte oder, wenn solche nicht bestehen, die Leiter der Dienststellen die örtlichen Wahlvorstände für die Wahl der Stufenvertretungen.

(5) Kommt eine Einigung im Sinne von § 45 Abs. 3 Satz 1 zwischen Personalrat und Dienststellenleiter nicht zustande, gilt § 69 entsprechend. Die Einigungsstelle entscheidet endgültig.

(6) In den Stufenvertretungen erhält jede Gruppe mindestens einen Vertreter. Besteht die Stufenvertretung aus mehr als neun Mitgliedern, erhält jede Gruppe mindestens zwei Vertreter. § 17 Abs. 5 gilt entsprechend.

Vergleichbare Vorschriften: § 53 BPersVG

(Abs. 1) Die Vorschrift zur **Bildung von Stufenvertretungen** findet nur auf die **mehrstufigen Verwaltungen des Landes** Anwendung. Die Kommunalverwaltungen sowie die landesunmittelbaren Körperschaften, Anstalten und Stiftungen des öffentlichen Rechts sind einstufig und haben daher keine Stufenvertretungen. Ist eine Verwaltung nur **einstufig,** weil sie nur aus einer Dienststelle (einschließlich aller Außenstellen und Nebenstellen – vgl. § 6) besteht, so ist nur ein örtlicher Personalrat (bzw. bei Verselbständigung von Außenstellen und Nebenstellen örtliche Personalräte und Gesamtpersonalrat – vgl. § 6 und 55) zu bilden. Ist die Verwaltung **zweistufig,** so wird je ein örtlicher Personalrat »vor Ort« und ein Hauptpersonalrat bei der obersten Dienstbehörde gewählt. Nur bei einem **dreistufigen Aufbau** sind örtliche Personalräte sowie Bezirks- und Hauptpersonalrat zu wählen. Sind **mehr als drei Stufen** vorhanden, so bleiben diese bei der Bildung von Stufenvertretungen unberücksichtigt. Die Landesverwaltung Thüringens ist zwei- und dreistufig organisiert. 1

Ob eine **Behörde der Mittelstufe** vorhanden ist, regeln die Organisationsvorschriften (zur personalvertretungsrechtlichen Definition der Mittelbehörde vgl. § 6 Abs. 2). Auch Landesbehörden, die organisationsrechtlich als **obere Dienstbehörde** errichtet sind, können **personalvertretungsrechtlich Mittelbehörde** sein, wenn sie selbständige nachgeordnete Dienststellen haben (z. B. Landesamt für Straßenbau). Den obersten Dienstbehörden direkt nachgeordnete Behörden, die ihrerseits keine selbständigen nachgeordneten Ämter oder Behörden haben, gelten nicht als Mittelbehörde (z. B. Medizinal-, Lebensmittel-, Veterinär-Untersuchungsamt – MLVUA). Dies hat zur Folge, daß hier nur ein örtlicher Personalrat, aber kein Bezirkspersonalrat gebildet wird. 2

§ 53

3 Bei den Behörden der Mittelstufe werden **Bezirkspersonalräte** und bei den obersten Dienstbehörden **Hauptpersonalräte** gebildet. Oberste Dienstbehörden sind die Ministerien. Auch der **Landesrechnungshof** ist eine von den übrigen Landesbehörden unabhängige oberste Dienstbehörde, die jedoch einstufig (vgl. Rn. 1) aufgebaut ist, so daß kein Hauptpersonalrat, sondern nur ein örtlicher Personalrat, gebildet wird.

4 (Abs. 2) Alle Beschäftigten, die zum **Geschäftsbereich der Mittelbehörde** gehören, wählen den Bezirkspersonalrat. Dies sind die Beschäftigten der Mittelbehörde und aller nachgeordneter Behörden und Einrichtungen. Dabei ist maßgeblich, ob die Mittelbehörde für die unteren Behörden oder Einrichtungen ganz oder teilweise personalrechtliche Befugnisse wahrnimmt. Dies ist z. B. bei dem Landesverwaltungsamt in bezug auf die Landeskrankenhäuser der Fall.

5 Die zum **Geschäftsbereich der obersten Dienstbehörde** gehörenden Beschäftigten wählen den Hauptpersonalrat. Dies sind die Beschäftigten der obersten Dienstbehörde, der Mittelbehörde und aller nachgeordneter Behörden und Einrichtungen. Maßgeblich für die Zuordnung ist die Frage, wer für die Personalangelegenheiten der Beschäftigten zuständig ist. Beschäftigte, die zum Geschäftsbereich einer Mittelbehörde gehören (z. B. Landesverwaltungsamt), können zu verschiedenen obersten Landesbehörden gehören. Sie sind zu dem Hauptpersonalrat bei dem Ministerium wahlberechtigt, das für sie in Personalangelegenheiten als oberste Dienstbehörde fungiert. So ist z. B. für die Landeskrankenhäuser das Landesverwaltungsamt Mittelbehörde und das Ministerium für Soziales und Gesundheit oberste Dienstbehörde.

6 Sonderregelungen hinsichtlich der Bildung von Stufenvertretungen sind für die Geschäftsbereiche des Ministers für **Landwirtschaft und Forsten** (§ 86), des **Thüringer Justizministers** (§ 87), des **Thüringer Kultusministers** (§ 92) und der **Beschäftigten im Polizeidienst** (§ 90) zu beachten. **Beamte im Vorbereitungsdienst und Beschäftigte in entsprechender Berufsausbildung** sind nicht in eine Stufenvertretung wählbar (§ 14 Abs. 3).

7 (Abs. 3) Für die **Vorbereitung und Durchführung der Wahl** des Bezirks- und Hauptpersonalrates gelten mit geringfügigen Abweichungen die Vorschriften für die Wahl der örtlichen Personalräte. Sofern bereits ein Bezirks- bzw. Hauptpersonalrat besteht, so ist dieser verpflichtet, den Bezirks- bzw. Hauptwahlvorstand einzuberufen. Bestehen diese Personalvertretungen noch nicht, so findet zur Bestellung des **Bezirkswahlvorstandes** und des **Hauptwahlvorstandes** keine Personalversammlung statt. Anstelle der Personalversammlung ist der Dienststellenleiter verpflichtet, den Bezirks- bzw. Hauptwahlvorstand zu bestellen.

8 (Abs. 4) Bei den **regelmäßigen Wahlen** finden die Personalrats- und Stufenvertretungswahlen grundsätzlich **gleichzeitig** statt. In diesem Fall führen die örtlichen Wahlvorstände neben den örtlichen Personalratswahlen auch die Stufenvertretungswahlen durch. Die Bezirks- bzw. Hauptwahlvorstände leiten die Stufenvertretungswahlen, erteilen den örtlichen Wahlvorständen Aufträge und fassen das Wahlergebnis zusammen (vgl. Wahlordnung).

Finden die Stufenvertretungswahlen nicht gleichzeitig mit den örtlichen Personalratswahlen statt, so bestellen die **örtlichen Personalräte** auf Ersuchen des Bezirks- bzw. Hauptwahlvorstandes die örtlichen Wahlvorstände. Besteht kein örtlicher Personalrat, so bestellen die **örtlichen Dienststellenleiter** auf Ersuchen des Bezirks- bzw. Hauptwahlvorstandes die örtlichen Wahlvorstände.

(Abs. 5) Für Stufenvertretungen gilt hinsichtlich der **Freistellung** von Personalvertretungsmitgliedern keine festgelegte Staffel entsprechend der Vorschrift für örtliche Personalräte (vgl. § 45 Abs. 4). Die Stufenvertretung kann Mitglieder ganz oder teilweise von der Arbeit freistellen, wenn und soweit dies nach Umfang und Art der Dienststelle zur ordnungsgemäßen Durchführung ihrer Aufgaben erforderlich ist (vgl. § 45 Ab. 3 Satz 1). Nach der neuen Vorschrift des Abs. 5 soll das Mitbestimmungsverfahren nach § 69 gelten, wenn Personalvertretung und Dienststellenleiter hinsichtlich der erforderlichen ganz oder teilweise freizustellenden Mitglieder der Stufenvertretung zu keiner Einigung kommen.

Handelt es sich um einem **Bezirkspersonalrat,** so kann der Dienststellenleiter oder der Bezirkspersonalrat die Angelegenheit binnen zehn Arbeitstagen der obersten Dienstbehörde, d. h. dem Ministerium vorlegen. Die oberste Dienstbehörde hat den bei ihr gebildeten Hauptpersonalrat binnen 15 Arbeitstagen mit dem Streitfall zu befassen (§ 69 Abs. 4). Kommt auch zwischen Ministerium und Hauptpersonalrat keine Einigung zustande, so kann jede Seite die **Einigungsstelle anrufen.** Handelt es sich um einen **Hauptpersonalrat** und kommt zwischen ihm und dem Minister keine Einigung hinsichtlich seiner Freistellung zustande, so kann jede Seite die **Einigungsstelle anrufen** (vgl. § 69 Abs. 5).

Die Einigungsstelle wird bei der **obersten Dienstbehörde** (vgl. § 7 Rn. 11 und 12) gebildet. Sie besteht aus je drei Beisitzern, die vom Dienststellenleiter und Personalrat benannt werden, und einem unparteiischen Vorsitzenden, auf den sich beide Seiten einigen müssen (vgl. § 71). Die Entscheidung der Einigungsstelle ist **endgültig.**

(Abs. 6) Die Vorschrift regelt die **Verteilung der Sitze auf die Gruppen** bei Stufenvertretungen. Grundsätzlich muß jede Gruppe einen Sitz erhalten. Bei mehr als neun Mitgliedern der Stufenvertretung erhält jede Gruppe mindestens zwei Vertreter. Die Festlegung der Mindestgruppensitze wird durch den Verweis auf § 17 Abs. 5 wieder eingeschränkt. Die Einschränkung bezieht sich auf eine Gruppe, der in der Regel nicht mehr als fünf Beschäftigte angehören. Sie erhält nur dann eine Vertretung, wenn sie mindestens ein Zwanzigstel der Beschäftigten der Dienststelle ausmacht. Gehören dem Geschäftsbereich einer Mittelbehörde oder einer obersten Dienstbehörde in der Regel mehr als 100 Beschäftigte an, was in der Regel der Fall sein wird, so hat eine Gruppe, die fünf oder weniger

§§ 53, 54

Beschäftigte umfaßt, keine Vertretung, da ein Zwanzigstel nicht erreicht wird.

14 Erhält eine Gruppe keine Vertretung und findet Gruppenwahl statt, so kann sich jeder Gruppenangehörige durch **Erklärung gegenüber dem Wahlvorstand** einer anderen Gruppe anschließen (vgl. § 17 Abs. 5). Die Erklärung kann schriftlich übergeben oder mündlich zu Protokoll des Wahlvorstandes erklärt werden. Erhalten zwei Gruppen, aus welchen Gründen auch immer, keine Vertretung im Personalrat, so findet die Wahl von vornherein als **gemeinsame Wahl** statt. In diesem Fall ist eine Vorabstimmung nicht nur unnötig, sondern auch unzulässig, da sie für den Fall einer negativen Entscheidung den Gruppenangehörigen ohne Vertretung das Wahlrecht nehmen würde.

15 Die Vorschrift des Abs. 6 begünstigt **kleine Gruppen** überproportional. Hat ein Geschäftsbereich 1 000 Beschäftigte, so besteht die Stufenvertretung aus elf Mitgliedern (§ 16 Abs. 1). Jede Gruppe, die mindestens sechs in der Regel Beschäftigte hat, erhält zwei Vertreter. Das heißt bei Gruppenstärken von 6 Beamten, 498 Angestellten und 496 Arbeitern wäre die Verteilung in der Stufenvertretung wie folgt: zwei Beamte, fünf Angestellte und 4 Arbeiter. Eine Berechnung der Gruppenvertreter nach § 17 Abs. 2 und 3 ergäbe für die Verteilung: ein Beamtenvertreter und je fünf Vertreter der Angestellten und Arbeiter. Hätte die Gruppe der Beamten in obigem Beispiel nur fünf in der Regel Beschäftigte, also einen weniger, so erhielte sie keinen Vertreter in der Stufenvertretung.

§ 54
Entsprechende Anwendungen

(1) Für die Stufenvertretungen gelten die §§ 26 bis 31, 33 bis 39, 40 Abs. 1, §§ 41, 42, 44, 45 Abs. 1 bis 3 und 5, §§ 46 und 47 entsprechend, soweit in Absatz 2 nichts anderes bestimmt ist.

(2) § 34 Abs. 1 gilt mit der Maßgabe, daß die Mitglieder der Stufenvertretungen spätestens zwölf Arbeitstage nach dem Wahltag einzuberufen sind.

Vergleichbare Vorschriften: § 54 BPersVG

1 (Abs. 1) Die in Abs. 1 genannten Vorschriften über die **Amtszeit,** die **Geschäftsführung** und die **Rechtsstellung** der örtlichen Personalräte sind, soweit in Abs. 2 nichts anderes bestimmt ist, entsprechend anzuwenden. Keine Anwendung finden u. a. die Vorschriften über die **Personalversammlung** und die **Freistellungsstaffel** des § 45 Abs. 4. Die Zahl, der von der Tätigkeit ganz oder teilweise freizustellenden Mitglieder muß nach § 45 Abs. 3 zwischen Dienststellenleiter und Stufenvertretung ausgehandelt werden, wobei in Streitfällen die Einigungsstelle endgültig entscheidet (vgl. § 53 Abs. 5).

2 Keine Anwendung soll auch § 45 Abs. 6 finden, wonach Mitglieder des

Personalrats nicht von **Maßnahmen der Berufsbildung** innerhalb und außerhalb der Verwaltung ausgeschlossen werden dürfen. Dies bedeutet jedoch nicht, daß freigestellte Stufenvertretungsmitglieder im Umkehrschluß von solchen Maßnahmen ausgeschlossen werden dürfen. Dem steht bereits das Benachteiligungsverbot des § 8 entgegen. § 45 Abs. 6 wurde neu in das Gesetz aufgenommen. Weder das BPersVG noch der ursprüngliche Entwurf der Fraktionen von CDU und F.D.P. sahen diese Regelung vor. Diese Entstehungsgeschichte läßt darauf schließen, daß es sich um eine **unbewußte Regelungslücke** handelt. Diese kann durch eine entsprechende Anwendung des § 45 Abs. 6 in Zusammenhang mit § 8 geschlossen werden. Auch der Grundsatz der Gleichbehandlung gebietet diese Auslegung. Ansonsten wären Mitglieder einer Personalvertretung, die durch Beschluß der Stufenvertretung die Freistellung erlangten, schlechter gestellt als solche, die durch Beschluß des örtlichen Personalrats freigestellt wurden.

Zwischen örtlichen Personalräten, Bezirks- und Hauptpersonalräten besteht **kein Über- oder Unterordnungsverhältnis**. Es gibt daher auch keine Weisungsrechte im Verhältnis zueinander (BVerwG vom 14. 4. 61 – VII P 8.60, PersV 61, 256). Für die Wahl der Bezirks- und Haupt-Jugend-Auszubildenvertretung ist § 64 zu beachten. 3

Nach einer Neuwahl hat der Wahlvorstand alle gewählten Mitglieder des Bezirks- bzw. Hauptpersonalrates innerhalb von zwölf Arbeitstagen nach dem Wahltag zur **konstituierenden Sitzung** einzuladen (§ 34 Abs. 1). Für die Konstituierung steht den Stufenvertretungen also ein längerer Zeitraum zur Verfügung als den örtlichen Personalräten. 4

§ 55
Gesamtpersonalrat

In den Fällen des § 6 Abs. 3 wird neben den einzelnen Personalräten ein Gesamtpersonalrat errichtet.

Vergleichbare Vorschriften: § 55 BPersVG

Haben sich Nebenstellen, Außenstellen oder Teile einer Dienststelle nach § 6 Abs. 3 verselbständigt, so schreibt die Vorschrift die Bildung eines **Gesamtpersonalrates** vor. 1

Der Gesamtpersonalrat wird gleichberechtigt neben den Personalräten gebildet. Er ist **keine Stufenvertretung** und den Personalräten weder über- noch untergeordnet. Die Zuständigkeitsvertretung richtet sich nach § 82 Abs. 1 und 2. Er nimmt die Beteiligungsrechte immer dann wahr, wenn der Leiter der Gesamtdienststelle Entscheidungen trifft, die den verselbständigten Dienststellenteil ausschließlich oder deren Beschäftigte oder Bereiche zumindest auch betrifft. 2

Das Mitbestimmungsverfahren ist in der Landes- und Kommunalverwaltung unterschiedlich geregelt. Beginnt in der **Landesverwaltung** ein Mit- 3

§§ 55, 56

bestimmungsverfahren bei der Nebenstelle, Außenstelle oder dem Dienststellenteil, die sich durch Beschluß nach § 6 Abs. 3 verselbständigt haben, so wird im Falle der Nichteinigung zwischen dem örtlichen Leiter der Teildienststelle und dem dort gebildeten örtlichen Personalrat das Verfahren nicht zwischen dem Leiter der Gesamtdienststelle und dem Gesamtpersonalrat fortgesetzt. In diesem Fall kann jede Seite direkt die übergeordnete Dienststelle, bei der eine Stufenvertretung besteht, anrufen, die dann das Verfahren mit der Stufenvertretung fortsetzt. Anders ist es in der **Kommunalverwaltung und in den Körperschaften, Anstalten und Stiftungen mit einstufigem Verwaltungsaufbau.** Beginnt hier ein Mitbestimmungsverfahren bei der Nebenstelle, Außenstelle oder dem Dienststellenteil, die sich durch Beschluß nach § 6 Abs. 3 verselbständigt haben, so wird im Falle der Nichteinigung zwischen dem örtlichen Leiter der Teildienststelle und dem dort gebildeten örtlichen Personalrat das Verfahren zwischen der obersten Dienstbehörde (vgl. § 7 Abs. 3 und § 69 Abs. 7) und dem Gesamtpersonalrat fortgesetzt.

4 Kein Gesamtpersonalrat wird in den **gemeinsamen Dienststellen** verschiedener Körperschaften (§ 6 Abs. 5) von den Beschäftigten beider Körperschaften gebildet. So arbeiten beispielsweise der Personalrat der Landesbediensteten und der Personalrat des Kreisbediensteten in den Landratsämtern unabhängig voneinander und ohne einen Gesamtpersonalrat zu bilden. Das gleiche gilt im Verhältnis des Personalrats der Verwaltungsgemeinschaft zu den Personalräten der einzelnen angehörigen Gemeinden. Auch hier ist kein Gesamtpersonalrat der Beschäftigten der Verwaltungsgemeinschaft und der Gemeinden zu bilden.

§ 56
Wahl, Amtszeit und Geschäftsführung

Für den Gesamtpersonalrat gelten § 53 Abs. 2 und 3 und § 54 Abs. 1, Halbsatz 1 entsprechend.

Vergleichbare Vorschriften: § 56 BPersVG

1 Die Vorschriften für die Wahl der Stufenvertretungen nach § 53 Abs. 2 und 3 gelten auch für die Bildung des Gesamtpersonalrates. Die Wahl des Gesamtpersonalrates soll möglichst gleichzeitig mit der Wahl der Personalräte in der Dienststelle (Personalrat der Kerndienststelle) und der verselbständigten Dienststellenteile (Personalrat der Nebenstelle, Außenstelle oder des Teiles der Dienststelle nach § 6 Abs. 3) stattfinden. Für die Wahl des Gesamtpersonalrates ist ein besonderer Wahlvorstand zu bestellen.

2 Die **Größe** und **Zusammensetzung** stellt der Wahlvorstand nach der Zahl und Gruppenstärke der Beschäftigten fest. Die Gruppenstärke wird nach dem Verfahren Hare/Niemeyer errechnet. Eine Mindestvertretung ist nicht vorgesehen, da eine Verweisung auf §§ 17 Abs. 3, 53 Abs. 6 fehlt.

Ob hierin eine unbewußte Gesetzeslücke liegt, die durch Auslegung geschlossen werden kann, ist strittig. Eine kleine Gruppe, die die Voraussetzungen des § 17 Abs. 5 erfüllt, soll Anspruch auf mindestens einen Vertreter im Gesamtpersonalrat haben (BVerwG vom 20. 11. 79 – 6 P 10.79, str.).

Wahlberechtigt und wählbar sind alle Beschäftigte, die auch zu den 3 einzelnen Personalräten der Dienststellenteile und der Kerndienststelle wahlberechtigt und wählbar sind. Beschäftigte können gleichzeitig in den örtlichen Personalrat und den Gesamtpersonalrat und in der Landesverwaltung außerdem noch in die Stufenvertretungen gewählt werden. Beamte im Vorbereitungsdienst und Beschäftigte in entsprechende Berufsausbildung sind nicht in den Gesamtpersonalrat wählbar (§ 14 Abs. 3).

Die Vorschriften über die **Amtszeit,** die **Geschäftsführung** und die 4 **Rechtsstellung** der örtlichen Personalräte sind entsprechend anzuwenden. Keine Anwendung finden u. a. die Vorschriften über die **Personalversammlung** und die **Freistellungsstaffel** des § 45 Abs. 4. Die Zahl, der von der Tätigkeit ganz oder teilweise freizustellenden Mitglieder muß nach § 45 Abs. 3 zwischen Dienststellenleiter und Stufenvertretung ausgehandelt werden. In Streitfällen kann nicht die Einigungsstelle angerufen werden, da ein Verweis auf die entsprechende Anwendung der Vorschrift bei Stufenvertretungen (vgl. § 53 Abs. 5) fehlt. Die Erforderlichkeit der Freistellung muß im Streitfall im verwaltungsgerichtlichen Verfahren geklärt werden.

Da auf die Vorschriften für Stufenvertretungen (§ 54 Abs. 1 Halbs. 1) 5 verwiesen wird, findet auch § 45 Abs. 6, wonach Mitglieder des Personalrats nicht von Maßnahmen der Berufsbildung innerhalb und außerhalb der Verwaltung ausgeschlossen werden dürfen, keine direkte Anwendung. Auch für freigestellte Gesamtpersonalratsmitglieder gilt dieser Schutz in entsprechender Anwendung in Verbindung mit § 8 (vgl. § 54 Rn. 2).

Siebenter Teil
Vertretung der jugendlichen Beschäftigten und Auszubildenden

§ 57
Jugend- und Auszubildendenvertretung

In Dienststellen, bei denen Personalvertretungen gebildet sind und denen in der Regel mindestens fünf Beschäftigte angehören, die das 18. Lebensjahr noch nicht vollendet haben (jugendliche Beschäftigte) oder die sich in einer beruflichen Ausbildung befinden und das 25. Lebensjahr noch nicht vollendet haben, werden Jugend- und Auszubildendenvertretungen gebildet.

§ 57

Vergleichbare Vorschriften: § 57 BPersVG; § 60 BetrVG

1 (Abs. 1) Die **Jugend- und Auszubildendenvertretung ist ein zusätzliches, aber nicht selbständiges und gleichberechtigtes Organ neben dem Personalrat.** Sie nimmt ihre Aufgaben in Zusammenarbeit mit ihm wahr. Die Jugend- und Auszubildendenvertretung besitzt auch keine eigenen Beteiligungsrechte für den von ihr vertretenen Personenkreis. Die Beteiligungsrechte im Hinblick auf diese Beschäftigten stehen vielmehr dem Personalrat zu.

2 **Voraussetzung** für die Bildung einer Jugend- und Auszubildendenvertretung ist das **Vorhandensein eines Personalrates.** Auch bei Verselbständigungen nach § 6 Abs. 3, bei denen ein Personalrat besteht, sind örtliche Jugend- und Auszubildendenvertretungen zu wählen, wenn die Voraussetzungen gegeben sind.

3 Die Wahl einer Jugend- und Auszubildendenvertretung ist **zwingend** vorgeschrieben, sofern in einer Dienststelle in der Regel mindestens fünf Beschäftigte, die das 18. Lebensjahr noch nicht vollendet haben oder die sich in einer beruflichen Ausbildung befinden und das 25. Lebensjahr noch nicht vollendet haben, beschäftigt sind.

4 Die **Voraussetzung »in der Regel«** ist danach zu berechnen, wie viele Beschäftigte im Sinne dieser Vorschrift üblicherweise in der Dienststelle sind. Keine Rolle spielt, ob diese Zahl von mindestens fünf in der Regel beschäftigten Jugendlichen und in der Ausbildung befindlichen Beschäftigten tatsächlich am Wahltag erfüllt ist. Ausreichend ist, daß diese Zahl vorher über einen längeren Zeitraum, der in der Regel bei einem Jahr anzusetzen ist, gegeben war und mit hoher Wahrscheinlichkeit auch wieder tatsächlich erreicht wird (Fischer/Goeres, § 57 BPersVG Rn. 11).

5 Das Amt der Jugend- und Auszubildendenvertretung **endet,** wenn die Zahl der Jugendlichen und in Ausbildung befindlichen Beschäftigten auf nicht absehbare Zeit unter die Mindestzahl von fünf sinkt (Lorenzen u. a., § 57 BPersVG Rn. 11). Die Jugend- und Auszubildendenvertretung fällt jedoch nicht weg, wenn die Unterschreitung sich nur auf eine absehbare Dauer erstreckt, die unter Umständen aber eine längere Zeit in Anspruch nehmen kann (Fischer/Goeres, § 57 BPersVG Rn. 12). Von dem Begriff »berufliche Ausbildung« sind die Ausbildungen nach dem Berufsbildungsgesetz und weiteren Regelungen zur Berufsausbildung, wie z. B. Krankenpflegegesetz und Hebammengesetz, erfaßt. Auch Beamtinnen und Beamte, die eine Ausbildung nach beamtenrechtlichen Vorschriften absolvieren, gehören zu dem von der Jugend- und Auszubildendenvertretung erfaßten Personenkreis, soweit sie am Wahltag das 25. Lebensjahr noch nicht vollendet haben.

6 § 32 findet für Jugend- und Auszubildendenvertretungen keine Anwendung.

7 Nicht zu dem Personenkreis, die wahlberechtigt und wählbar zur Jugend-

§§ 57, 58

und Auszubildendenvertretung sind, gehören Personen, die im Rahmen einer **Schul- oder Hochschulausbildung** ein Praktikum ableisten sowie Beamtinnen und Beamte, die im Rahmen einer »**Zusatzausbildung**« lediglich innerhalb ihrer Laufbahn gefördert werden sollen (BVerwG vom 10. 2. 67 – VII P 6.66, PersV 67, 179 und vom 10. 2. 67 – VII P 18.66, PersV 68, 278).

Die Vorschriften über die Jugend- und Auszubildendenvertretung gelten nicht für die **Justizvollzugsbeamten** in Ausbildung (vgl. § 87 Nr. 2) und die **Polizeivollzugsbeamten** in Ausbildung (vgl. § 90 Nr. 7). Die Polizeivollzugsbeamten in Ausbildung wählen Vertrauenspersonen(vgl. § 90 Abs. 2). Auch die **Rechtsreferendarinnen und -referendare** (vgl. § 87 Nr. 4) und die **Lehramtsanwärterinnen und -anwärter** (vgl. § 92 Abs. 3) wählen Vertrauenspersonen nach unterschiedlichen Vorschriften. 8

§ 58
Aktives und passives Wahlrecht

(1) Wahlberechtigt sind alle in § 57 genannten Beschäftigten. § 13 Abs. 1 gilt entsprechend.

(2) Wählbar sind Beschäftigte, die am Wahltage noch nicht das 25. Lebensjahr vollendet haben. § 14 Abs. 1 Nr. 1 und Abs. 2 gilt entsprechend.

Vergleichbare Vorschriften: § 58 BPersVG; § 61 BetrVG

(**Abs. 1**) Durch Abs. 1 wird das **aktive Wahlrecht zur Jugend- und Auszubildendenvertretung** geregelt. Danach sind alle jugendlichen Beschäftigten im Sinne von § 57 wahlberechtigt. Maßgeblich für die Nichtvollendung des 18. Lebensjahrs bei jugendlichen Beschäftigten und die Nichtvollendung des 25. Lebensjahrs bei Beschäftigten, die sich in einer beruflichen Ausbildung befinden, ist das Alter am Tage der Wahl. Endet dagegen die berufliche Ausbildung bereits vor der Vollendung des 25. Lebensjahrs, so erlischt damit gleichzeitig auch die Wahlberechtigung zur Jugend- und Auszubildendenvertretung. 1

Da Satz 2 lediglich auf § 13 Abs. 1 verweist, kommen § 13 Abs. 2 bis 4 nicht für die Jugend- und Auszubildendenvertretung zur Anwendung. Das bedeutet, daß Jugendliche oder in der beruflichen Ausbildung stehende Beschäftigte bei einer **Abordnung oder einer Zuweisung** zu einer anderen Dienststelle ohne Wartezeit dort sofort zur Jugend- und Auszubildendenvertretung wahlberechtigt werden. Das gleiche gilt für diese Beschäftigten selbst bei einer **Beurlaubung unter Wegfall der Bezüge** von länger als sechs Monaten. Jedoch sind sie nicht bei mehreren Dienststellen zur Jugend- und Auszubildendenvertretung wahlberechtigt, weil sie immer dort sofort wahlberechtigt werden, wo sie am Wahltag gerade beschäftigt sind. 2

Die in § 57 Abs. 1 genannten Beschäftigten besitzen neben dem aktiven 3

§ 58

Wahlrecht zur Jugend- und Auszubildendenvertretung auch die Wahlberechtigung zum Personalrat und zu anderen Personalvertretungen. Bedenken gegen das »Doppelwahlrecht« können wegen der besonderen Interessenlage der jugendlichen Beschäftigten zurückgestellt werden (Lorenzen u. a., § 58 BPersVG Rn. 15 a). Aus Gründen der Gleichbehandlung ist es geboten, den jugendlichen Beschäftigten auch das Wahlrecht zum Personalrat zu gewähren und sie nicht nur auf das schwächere Wahlrecht zur Jugend- und Auszubildendenvertretung zu verweisen.

4 **(Abs. 2)** Durch Abs. 2 werden die Voraussetzungen für das **passive Wahlrecht zur Jugend- und Auszubildendenvertretung** geregelt. Wählbar sind alle Beschäftigten der Dienststelle, also nicht nur die jugendlichen Beschäftigten oder die Beschäftigten, die sich in einer beruflichen Ausbildung befinden, dann, wenn sie am Wahltag das 25. Lebensjahr noch nicht vollendet haben. Für die Wählbarkeit ist es grundsätzlich erforderlich, daß die in Satz 2 benannten Wählbarkeitsvoraussetzungen vorliegen. Daraus ist zu entnehmen, daß für die Wählbarkeit zu den Jugend- und Auszubildendenvertretungen nicht die Lebensaltersgrenze von 18 Jahren gilt, wie für die Wählbarkeit zu den Personalvertretungen, sondern nach unten offen ist. Voraussetzung für die Wählbarkeit ist, daß die oder der Wahlberechtigte seit mindestens sechs Monaten im Geschäftsbereich ihrer oder seiner obersten Dienstbehörde angehört. Die in § 14 Abs. 2 aufgeführten Personen sind nicht wählbar.

5 Nicht wählbar sind Beschäftigte, die infolge **strafgerichtlicher Verurteilung** die Fähigkeit, Rechte aus öffentlichen Wahlen zu erlangen, nicht besitzen (§ 13 Abs. 2). Nicht wählbar sind auch Beschäftigte, die wöchentlich regelmäßig **weniger als die Hälfte der regelmäßigen wöchentlichen Arbeitszeit** beschäftigt sind.

6 Die **Leiterin** oder der **Leiter** der Dienststelle oder die stellvertretende oder der stellvertretende Leiter sowie die Mitglieder einer kollegialen Dienststellenleitung sind von der Wählbarkeit ausgeschlossen (vgl. § 7). Zusätzlich schließt das Gesetz Beschäftigte, die zur selbständigen Entscheidung in Personalangelegenheiten der Dienststelle befugt sind, von der Wählbarkeit aus.

7 Die Nationalität spielt bei der Wählbarkeit keine Rolle. Wählbar sind sowohl deutsche als auch **ausländische Beschäftigte.**

8 **Maßgeblich für die Wählbarkeit ist das Alter des Beschäftigten am Wahltag.** Sind es mehrere Wahltage, dann zählt der letzte Tag für die Berechnung des Lebensjahres (Fischer/Goeres, § 58 BPersVG Rn. 5). Wird erst nach diesem Zeitpunkt, egal, ob vor oder nach dem Beginn der Amtszeit, das 25. Lebensjahr vollendet, führt dies in keinem Fall zum Verlust der Wählbarkeit nach § 29 Abs. 1 Nr. 5 und folglich auch nicht zum Verlust des Amtes als gewählte Jugend- und Auszubildendenvertreterin oder als -vertreter. Die Beurlaubung eines Personalratsmitgliedes ohne Dienstbezüge zieht nicht den Verlust der Wählbarkeit nach sich, wenn dies nach dem Wahltag geschieht, da es allein auf den Wahltag

ankommt (BVerwG vom 28. 3. 79 – 6 P 86.78, PersV 80, 429). Nichts anderes kann für die Höchstaltersgrenze bei der Wahl zur Jugend- und Auszubildendenvertretung gelten, da auch hier auf einen Wahltag abgestellt wird (Altvater u. a., § 58 BPersVG Rn. 3; Fischer/Goeres, Rn. 24; a. A. Lorenzen u. a., Rn. 23).

Da der Gesetzgeber eine **Doppelmitgliedschaft** in der Jugend- und Auszubildendenvertretung und im Personalrat und anderen Personalvertretungen (Gesamtpersonalrat, Stufenvertretungen) nicht ausdrücklich ausgeschlossen hat, muß diese als zulässig angesehen werden. Zu beachten ist jedoch, daß in diesem Fall das jeweilige Mitglied nur eine Stimme abgeben kann, wenn Personalratsbeschlüsse gefaßt werden, bei denen die Jugend- und Auszubildendenvertretung stimmberechtigt ist (so auch Altvater u. a., § 58 BPersVG Rn. 6). Beamte im Vorbereitungsdienst und Beschäftigte in entsprechender Berufsausbildung sind nicht in den Gesamtpersonalrat oder eine Stufenvertretung wählbar (vgl. § 14 Abs. 3).

9

§ 59
Zusammensetzung

(1) Die Jugend- und Auszubildendenvertretung besteht in Dienststellen mit in der Regel

5 bis 20 der in § 57 genannten Beschäftigten aus einem Jugend- und Auszubildendenvertreter,
21 bis 50 der in § 57 genannten Beschäftigten aus drei Jugend- und Auszubildendenvertretern,
51 bis 200 der in § 57 genannten Beschäftigten aus fünf Jugend- und Auszubildendenvertretern,
mehr als 200 der in § 57 genannten Beschäftigten aus sieben Jugend- und Auszubildendenvertretern.

(2) Die Jugend- und Auszubildendenvertretung soll sich aus Vertretern der verschiedenen Beschäftigungsarten der der Dienststelle angehörenden Beschäftigten nach § 57 zusammensetzen. § 17 Abs. 7 gilt entsprechend.

Vergleichbare Vorschriften: § 59 BPersVG; § 62 BetrVG

(Abs. 1) Die **Größe der Jugend- und Auszubildendenvertretung** richtet sich zwingend nach Abs. 1. Sie bleibt für die gesamte Amtszeit der Jugend- und Auszubildendenvertretung die gleiche, und zwar ohne Rücksicht darauf, ob sich die Zahl der jugendlichen und auszubildenden Beschäftigten nach § 57 verringert oder vergrößert (vgl. Lorenzen u. a., § 59 BPersVG Rn. 8). Dies ergibt sich aus § 60 Abs. 2 Satz 5, nach dem § 27 Abs. 2 Nr. 1 nicht für die Jugend- und Auszubildendenvertretung zur Anwendung kommt. Sinkt jedoch während der Amtszeit der Jugend- und Auszubildendenvertretung die Zahl der regelmäßig Beschäftigten nach § 57 nicht nur vorübergehend unter die Mindestzahl von fünf, endet auch

1

§§ 59, 60

das Amt der Jugend- und Auszubildendenvertretung. Steigt sie im Laufe einer Legislaturperiode auf mindestens fünf an, so ist auch außerhalb des regelmäßigen Wahlzeitraumes nach § 60 Abs. 2 Satz 3 eine Jugend- und Auszubildendenvertretung zu wählen.

2 (Abs. 2) Die **Zusammensetzung der Jugend- und Auszubildendenvertretung** ist anders als bei der Regelung für die Personalvertretungen **nicht zwingend vorgeschrieben.** Eine Berücksichtigung der Gruppen (§ 17) ist für die Jugend- und Auszubildendenvertretung nicht erforderlich. Die Jugend- und Auszubildendenvertretung »soll« sich entsprechend dem zahlenmäßigen Verhältnis in der Dienststelle aus den Angehörigen der verschiedenen Beschäftigungsarten (Beamtinnen und Beamte, Angestellte, Arbeiterinnen und Arbeiter) unter den der Dienststelle vertretenen Beschäftigten nach § 58 zusammensetzen. Vereinzelt wird die Auffassung vertreten, daß unter dem Begriff »Beschäftigungsarten« die tatsächlich ausgeübte Funktion des einzelnen Jugendlichen oder Auszubildenden (z. B. Innendienst, technischer Dienst) gemeint ist (so Lorenzen u. a., § 59 BPersVG Rn. 10).

3 Da es sich um eine **Sollvorschrift** handelt, kann diese Vorschrift nur eine Empfehlung an die Vorschlagsberechtigten und an die Wählerinnen und Wähler sein. Wird sie nicht eingehalten, so hat das auf die Gültigkeit der Wahl keinen Einfluß.

4 Satz 2 verweist auf § 17 Abs. 7, eine **Sollvorschrift,** die sich ausschließlich an die Vorschlagsberechtigten wendet. Die Vorschrift trägt dem Grundsatz der Gleichberechtigung von Mann und Frau (Art. 3 Abs. 2 GG) Rechnung. Durch die Nichteinhaltung wird ein Wahlvorschlag nicht ungültig; auch eine Wahlanfechtung kann aus der Verletzung dieser Vorschrift nicht abgeleitet werden.

§ 60
Wahlvorstand – Amtszeit

(1) Der Personalrat bestimmt den Wahlvorstand und seinen Vorsitzenden. § 19 Abs. 1, 3, 4 Satz 1, Abs. 5, 7, 8, § 20 Abs. 3, § 24 Abs. 1 Satz 1 und 2, Abs. 2 und § 25 gelten entsprechend.

(2) Die regelmäßige Amtszeit der Jugend- und Auszubildendenvertretung beträgt zwei Jahre. Sie beginnt mit dem Tage der Wahl oder, wenn zu diesem Zeitpunkt noch eine Jugend- und Auszubildendenvertretung besteht, mit dem Ablauf ihrer Amtszeit. Die regelmäßigen Wahlen der Jugend- und Auszubildendenvertretung finden alle zwei Jahre in der Zeit vom 1. Mai bis 31. Mai statt. Die Amtszeit endet spätestens am 31. Mai des Jahres, in dem nach Satz 3 die regelmäßigen Wahlen der Jugend- und Auszubildendenvertretung stattfinden. Für die Wahl der Jugend- und Auszubildendenvertretung außerhalb des Zeitraumes für die regelmäßigen Wahlen gilt § 27 Abs. 2 Nr. 2 bis 5, Abs. 3 und 5 entsprechend.

§ 60

(3) Besteht die Jugend- und Auszubildendenvertretung aus drei oder mehr Mitgliedern, so wählt sie aus ihrer Mitte einen Vorsitzenden und dessen Stellvertreter.
(4) Die §§ 28 bis 31 gelten entsprechend.
Vergleichbare Vorschriften: § 60 BPersVG; §§ 63, 64 BetrVG

(Abs. 1) Wie in Abs. 1 Satz 1 festgelegt, werden der **Wahlvorstand und seine Vorsitzende oder sein Vorsitzender durch den Personalrat der Dienststelle bestimmt.** Das ist die einzige Möglichkeit, da ein Verweis auf die §§ 20 Abs. 1, 21, 22 fehlt. Unterläßt ein Personalrat die Bestellung eines Wahlvorstandes für die Wahl zur Jugend- und Auszubildendenvertretung, ist darin eine grobe Verletzung seiner gesetzlichen Pflicht zu sehen, aufgrund dessen das Verwaltungsgericht nach § 28 Abs. 1 Satz 1 den Personalrat auflösen kann. 1

Zwar ist § 20 Abs. 1 nicht für anwendbar erklärt, jedoch wird sich der Personalrat an die dort vorgeschriebene 8-Wochen-Frist vor Ablauf der Amtszeit der Jugend- und Auszubildendenvertretung mindestens halten müssen, um eine ordnungsgemäße Durchführung der Wahl durch den Wahlvorstand sicherzustellen (so auch Fischer/Goeres, § 60 BPersVG Rn. 5). Falls noch keine Jugend- und Auszubildendenvertretung besteht oder Neuwahlen notwendig sind, muß die Bestellung des Wahlvorstandes durch den Personalrat unverzüglich geschehen (Lorenzen u. a., § 60 BPersVG Rn. 13). 2

Es fehlt eine Festlegung, aus wieviel Personen der **Wahlvorstand** bestehen soll. Daher kann der Personalrat die Anzahl selber **nach pflichtgemäßem Ermessen** bestimmen (Altvater u. a., § 60 BPersVG Rn. 1). Es empfiehlt sich, diese unter dem Gesichtspunkt einer vernünftigen Arbeit auf eine ungerade und nicht zu hohe Zahl festzulegen. 3

Als **Mitglied des Wahlvorstandes zur Wahl der Jugend- und Auszubildendenvertretung** kann **jeder Beschäftigte der Dienststelle** bestellt werden. Es besteht keine Beschränkung auf Beschäftigte, die entweder das passive oder aktive Wahlrecht zu der Jugend- und Auszubildendenvertretung haben. Das Gruppenprinzip findet bei der Zusammensetzung des Wahlvorstandes der Jugend- und Auszubildendenvertretung keine Berücksichtigung. 4

Auf die sachkundige Beratung von **Beauftragten** der in der Dienststelle vertretenen **Gewerkschaften** kann und sollte aufgrund der Verweisung in Abs. 1 Satz 2 auf § 20 Abs. 3 zurückgegriffen werden. Diese Gewerkschaftsvertreter können an den Sitzungen des Wahlvorstandes mit beratender Stimme teilnehmen. 5

Die **Aufgaben des Wahlvorstandes** ergeben sich aus § 45 ThürPersVWO. Die Jugend- und Auszubildendenvertretung wird – wie auch die Personalvertretung – in geheimer und unmittelbarer Wahl gewählt. Es gilt weiterhin das Prinzip der allgemeinen, freien und gleichen Wahl. Die 6

§ 60

Wahl wird nach den Grundsätzen der Mehrheitswahl (Personenwahl) durchgeführt, es sei denn, es werden mehrere Wahlvorschläge eingereicht. In diesem Fall ist nach den Grundsätzen der Verhältniswahl (Listenwahl) zu wählen. Besteht in Dienststellen mit in der Regel 5 bis 20 Beschäftigten nach § 57 die Jugend- und Auszubildendenvertretung aus nur einem Mitglied, so findet eine Personenwahl statt und das Mitglied der Jugend- und Auszubildendenvertretung wird mit einfacher Stimmenmehrheit gewählt.

7   Die Wahl der Jugend- und Auszubildendenvertretung erfolgt immer als **gemeinsame Wahl** (BVerwG vom 10. 4. 78 – 6 P 27.78, BVerwGE 55, 307). Die Bestimmungen über die Gruppenwahl (§ 19 Abs. 2) und der Minderheitenschutz (§ 17 Abs. 3 und 4) finden keine Anwendung. Die Größe bestimmt sich ausschließlich nach § 59 Abs. 1. Zur Wahl der Jugend- und Auszubildendenvertretung können die nach § 58 Abs. 1 wahlberechtigten Beschäftigten und die in der Dienststelle vertretenen Gewerkschaften **Wahlvorschläge** machen. Jeder Wahlvorschlag der Beschäftigten muß von mindestens ¹/₂₀ der Wahlberechtigten nach § 58 Abs. 1 aber höchstens von 50 dieser Wahlberechtigten unterzeichnet sein. Beträgt ¹/₂₀ der Wahlberechtigten weniger als drei, so ist die Unterzeichnung von mindestens drei Wahlberechtigten erforderlich. Auch für die Jugend- und Auszubildendenvertreterwahl gilt, daß die Kandidatur nur auf einen Wahlvorschlag erfolgen kann und auch nur ein Wahlvorschlag unterzeichnet werden darf.

8   Der Schutz der Wahl, der Wahlbewerber, des Wahlvorstandes und die Tragung der Kosten der Wahl (sächliche und personelle, Reisekosten und Freizeitausgleich) werden entsprechend nach § 24 Abs. 1 Satz 1 und Satz 2 geregelt. Die Anfechtung der Wahl zur Jugend- und Auszubildendenvertretung ist nach § 25 i. V. m. § 60 Abs. 1 möglich.

9   (Abs. 2) Die **regelmäßige Amtszeit** der Jugend- und Auszubildendenvertretung beträgt zwei Jahre, wobei sich diese Amtszeit auf den nach Satz 2 bestimmten Wahlzeitraum bezieht. Danach haben in dem betreffenden Wahljahr in der Zeit vom 1. Mai bis 31. Mai die Wahlen zur Jugend- und Auszubildendenvertretung stattzufinden. Die erstmalige regelmäßige Wahl nach diesem Gesetz findet nach § 96 im Oktober 1994 statt. Für die Wahlen der Jugend- und Auszubildendenvertretungen außerhalb dieser regelmäßigen Amtszeit gilt § 27 Abs. 2 Nr. 2 – 5, Abs. 3 und 5 entsprechend.

10 Die **Amtszeit der Jugend- und Auszubildendenvertretung beginnt** mit dem Tag der Wahl oder, wenn zu diesem Zeitpunkt noch eine Jugend- und Auszubildendenvertretung besteht, mit dem Ablauf der Amtszeit dieser Jugend- und Auszubildendenvertretung. Beginnt die Amtszeit bereits mit dem Tag der Wahl, so sollte die konstituierende Sitzung der Jugend- und Auszubildendenvertretung nach § 62 Abs. 5 Satz 1, 2. Halbsatz möglichst unverzüglich durchgeführt werden. Ist die Amtszeit der bisherigen Ju-

§ 60

gend- und Auszubildendenvertretung am Wahltag noch nicht beendet, so beginnt die Amtszeit der neugewählten Jugend- und Auszubildendenvertretung mit dem Ablauf der Amtszeit der bisherigen Jugend- und Auszubildendenvertretung.

Die **Amtszeit endet** im Regelfall mit dem Ablauf von zwei Jahren, gerechnet vom Tage des Beginns der Amtszeit an. Die Regel, wonach die Amtszeit einer Jugend- und Auszubildendenvertretung spätestens am 31. Mai des Jahres endet, in dem nach Abs. 2 Satz 4 die regelmäßigen Wahlen stattzufinden haben, betrifft nur die Amtszeit einer **außerhalb** der regelmäßigen Wahl nach Abs. 2 Satz 4 gewählten Jugend- und Auszubildendenvertretung. Eine längere Amtszeit als zwei Jahre kann dann in Betracht kommen, wenn eine außerhalb der regelmäßigen Wahlzeiträume gewählte Jugend- und Auszubildendenvertretung zum Zeitpunkt des regelmäßigen Wahlzeitraumes noch nicht ein Jahr im Amt ist (§ 60 Abs. 2 Satz 5 i. V. m. § 27 Abs. 5). 11

(Abs. 3) Die **Jugend- und Auszubildendenvertretung wählt aus ihrer Mitte eine Vorsitzende oder einen Vorsitzenden und eine Stellvertreterin oder einen Stellvertreter, wenn sie aus drei oder mehr Mitgliedern besteht.** Die Wahl erfolgt mit einfacher Mehrheit. Bei Stimmengleichheit entscheidet das Los (BVerwG vom 1. 8. 58 – VII P 21.57, PersV 58/59, 114). Der Zweck, möglichst schnell die Handlungsfähigkeit der Jugend- und Auszubildendenvertretung zu erreichen, erfordert diese Vorgehensweise. Allein der Losentscheid führt zu einer schnellen Entscheidung (Fischer/Goeres, § 32 BPersVG Rn. 23). 12

(Abs. 4) Entsprechend gilt die Bestimmung über den **Ausschluß** und die **Auflösung** nach § 28. Antragsberechtigt sind die Dienststellenleitung, jede in der Dienststelle vertretene Gewerkschaft und ¼ der Wahlberechtigten, der in § 57 genannten Beschäftigten. Weiterhin hat die Jugend- und Auszubildendenvertretung ein Antragsrecht, wenn es um den Ausschluß einzelner Mitglieder der Jugend- und Auszubildendenvertretung geht. Keine Antragsberechtigung hat dagegen der Personalrat (Lorenzen u. a., § 60 BPersVG Rn. 47; für das BetrVG: Däubler u. a., § 65 BetrVG Rn. 3; a. A. Dietz/Richardi, § 60 BPersVG Rn. 45). Zu beachten ist weiter, daß der Dienststellenleiter nach § 28 Abs. 1 Satz 3 nur den Antrag wegen grober Verletzung der gesetzlichen Pflichten stellen kann. 13

Die **Mitgliedschaft** in der Jugend- und Auszubildendenvertretung **erlischt** aus den gleichen Gründen wie die Mitgliedschaft im Personalrat (s. § 29). Die Stichtagsregelung in § 58 Abs. 2 Satz 1 schließt aber die Anwendung des § 29 Abs. 1 Nr. 5 aus. Ansonsten gelten auch die Regelungen für das Ruhen der Mitgliedschaft nach § 30 und für das Nachrücken der Ersatzmitglieder nach § 31 entsprechend. 17

§ 61
Aufgaben

(1) Die Jugend- und Auszubildendenvertretung hat folgende allgemeine Aufgaben:

1. Maßnahmen, die den in § 57 genannten Beschäftigten dienen, insbesondere in Fragen der Berufsbildung, beim Personalrat zu beantragen,
2. darüber zu wachen, daß die zugunsten der in § 57 genannten Beschäftigten geltenden Gesetze, Verordnungen, Unfallverhütungsvorschriften, Tarifverträge, Dienstvereinbarungen und Verwaltungsanordnungen durchgeführt werden,
3. Anregungen und Beschwerden von in § 57 genannten Beschäftigten, insbesondere in Fragen der Berufsbildung, entgegenzunehmen und, falls sie berechtigt erscheinen, beim Personalrat auf eine Erledigung hinzuwirken; die Jugend- und Auszubildendenvertretung hat die betroffenen in § 57 genannten Beschäftigten über den Stand und das Ergebnis der Verhandlungen zu informieren.

(2) Die Zusammenarbeit der Jugend- und Auszubildendenvertretung mit dem Personalrat bestimmt sich nach § 34 Abs. 3, §§ 39 und 40 Abs. 1.

(3) Zur Durchführung ihrer Aufgaben ist die Jugend- und Auszubildendenvertretung durch den Personalrat rechtzeitig und umfassend zu unterrichten. Die Jugend- und Auszubildendenvertretung kann verlangen, daß ihr der Personalrat die zur Durchführung ihrer Aufgaben erforderlichen Unterlagen zur Verfügung stellt.

(4) Der Personalrat hat die Jugend- und Auszubildendenvertretung zu den Besprechungen zwischen Dienststellenleiter und Personalrat nach § 66 Abs. 1 beizuziehen, wenn Angelegenheiten behandelt werden, die besonders die in § 57 genannten Beschäftigten betreffen.

(5) Die Jugend- und Auszubildendenvertretung kann nach Verständigung des Personalrates Sitzungen abhalten; § 34 Abs. 1, 2 gilt sinngemäß. An den Sitzungen der Jugend- und Auszubildendenvertretung kann ein vom Personalrat beauftragtes Personalratsmitglied teilnehmen.

Vergleichbare Vorschriften: § 61 BPersVG; §§ 68, 70 BetrVG

1 (Abs. 1) Die **Jugend- und Auszubildendenvertretung** ist **integrierter Bestandteil der Personalvertretung und kein selbständiges Organ mit eigenständigen Verhandlungs- und Beteiligungsrechten gegenüber der Dienststelle** (BVerwG vom 8. 7. 77 – VII P 22.75, PersV 78, 309). Deren Aufgabe besteht darin, sich für die Interessen der Beschäftigten nach § 57 einzusetzen. Auch wenn die Jugend- und Auszubildendenvertretung nur über und durch den Personalrat gegenüber der Dienststellen-

§ 61

leitung tätig werden kann, hat der Personalrat keine Vorgesetztenfunktion gegenüber der Jugend- und Auszubildendenvertretung.

Aus Abs. 1 Nr. 1 ergibt sich ein **allgemeines Antragsrecht der Jugend- und Auszubildendenvertretung gegenüber dem Personalrat.** Das Antragsrecht bezieht sich auf Maßnahmen, wie z. B. Erstellung von Ausbildungsplänen, Regelung und Verbesserung der Ausbildungsmethoden, Benutzung von bestimmten Arbeitsmitteln, Bestellung und Abberufung von Personen, welche die Ausbildung vornehmen oder für sie verantwortlich sind, Festlegung der täglichen Arbeitszeit, Festlegung des Urlaubs, Maßnahmen nach dem Jugendarbeitsschutzrecht (JArbSchG und diesbezügliche Verordnungen), Errichtung und Ausgestaltung von Sozialeinrichtungen usw., soweit dieses den von der Jugend- und Auszubildendenvertretung vertretenen Personenkreis betrifft. Auch ist ein Antragsrecht für Fragen zu bejahen, die sich im Hinblick auf die Weiterbeschäftigung nach beendeter Ausbildung ergeben, wenn sich Vorentscheidungen während der Ausbildung erst im Rahmen der Weiterbeschäftigung auswirken. 2

Aus Abs. 1 Nr. 2 ergibt sich eine **Überwachungsfunktion** der Jugend- und Auszubildendenvertretung. Voraussetzung für die Möglichkeit der Überwachung ist die Zurverfügungstellung der entsprechenden Schutzvorschriften, Gesetze, Verordnungen und Tarifverträge durch die Dienststelle. Der Umfang des Überwachungsrechts ist im Gesetz nicht geregelt. Zwar besteht in der Literatur Einvernehmen darüber, daß seitens der Jugend- und Auszubildendenvertretung kein generelles Überwachungsrecht besteht, aber es müssen nicht erst ernsthafte Anhaltspunkte vorhanden sein, daß ein Rechtsverstoß durch die Dienststelle nicht auszuschließen ist (anders Lorenzen u. a., § 61 BPersVG Rn. 26). Ein Nachweis für den Verdacht der Nichtbeachtung von Gesetzen, Verordnungen usw. ist nicht erforderlich (vgl. BAG vom 21. 1. 82 – 6 ABR 17/79, AP Nr. 1 zu § 70 BetrVG 1972). 3

Durch Abs. 1 Nr. 3 ergeben sich sowohl **Berechtigung als auch Verpflichtung, Anregungen und Beschwerden von den in § 57 genannten Beschäftigten entgegenzunehmen.** Hält eine Jugend- und Auszubildendenvertretung eine Anregung oder Beschwerde für berechtigt, ist sie verpflichtet, beim Personalrat zu erwirken, daß dieser die Angelegenheit weiterverfolgt. Anregungen und Beschwerden von Beschäftigten nach § 57 brauchen sich nicht nur auf Fragen der Berufsausbildung oder auf Fragen zu beziehen, die besonders jugendliche Beschäftigte berühren, sondern können auch auf Fragen Bezug nehmen, die zum Aufgabenkreis der Personalvertretung gehören. Da die Jugend- und Auszubildendenvertretung die davon betroffenen Beschäftigten nach § 57 über den Stand und das Ergebnis der Verhandlungen über die Anregungen und Beschwerden **zu unterrichten** hat, ist die Jugend- und Auszubildendenvertretung vom Personalrat hierüber zu unterrichten. Die Unterrichtung der Beschäftigten 4

§ 61

nach § 57 kann persönlich, aber auch in einer Jugend- und Auszubildendenversammlung oder sogar durch Aushang erfolgen.

5 Ein Antrag der Jugend- und Auszubildendenvertretung nach Abs. 1 muß nach Beratung durch das Plenum beschlossen werden (so auch Altvater u. a., § 61 BPersVG Rn. 2). Betrifft eine Angelegenheit besonders die in § 57 genannten Beschäftigten, kann die Jugend- und Auszubildendenvertretung nach § 34 Abs. 3 beim Personalrat beantragen, diese in der nächsten Personalratssitzung zu behandeln. Bei dieser Sitzung hat die Jugend- und Auszubildendenvertretung **Teilnahme- und Stimmrecht nach § 40 Abs. 1 Satz 2 und Satz 3.**

6 (Abs. 2) Für die **Zusammenarbeit zwischen Personalrat und Jugend- und Auszubildendenvertretung** wird auf die §§ 34 Abs. 3, 39 und 40 Abs. 1 verwiesen. Weitere, die Zusammenarbeit betreffende Regelungen, sind in Abs. 1 Nr. 1 und 3, Abs. 3 – 5 und § 68 Abs. 1 Nr. 8 (allgemeine Aufgaben) enthalten.

7 (Abs. 3) Die **Verpflichtung zur rechtzeitigen und umfassenden Unterrichtung** ergibt sich aus der Zusammenarbeit zwischen Personalrat und Jugend- und Auszubildendenvertretung. Da die Jugend- und Auszubildendenvertretung keinen Unterrichtungsanspruch gegenüber der Dienststellenleitung besitzt, hat der Personalrat diese Verpflichtung. Die Unterrichtung durch den Personalrat setzt weder einen Antrag noch ein Verlangen der Jugend- und Auszubildendenvertretung voraus. Die rechtzeitige Unterrichtung soll sicherstellen, daß die Jugend- und Auszubildendenvertretung einen eigenen Willensbildungs- und Entscheidungsprozeß vor der Entscheidung durch den Personalrat oder die Dienststelle besitzt. **Rechtzeitig** ist die Unterrichtung nur dann, wenn eine Maßnahme noch gestaltungsfähig ist und noch keine »vollendeten Tatsachen« geschaffen worden sind (BVerwG vom 12. 1. 62 – VII P 1.60, BVerwGE 13, 291 = ZBR 62, 156).

8 Eine Unterrichtung ist **umfassend,** wenn sie alle für eine sachgerechte Behandlung erforderlichen Informationen enthält.

9 Anders als die Unterrichtungspflicht beinhaltet der **Anspruch auf Vorlage der erforderlichen Unterlagen,** daß die Jugend- und Auszubildendenvertretung diese speziell **anfordert** (Grabendorff u. a., § 61 BPersVG Rn. 21). Von Inhalt und Umfang her ist die Vorlagepflicht mit dem Unterrichtungsanspruch identisch. Mit Unterlagen sind die auf einen Einzelfall sich beziehenden Informationen wie auch die notwendigen Gesetze und Verordnungen, Tarifverträge und Dienstvereinbarungen gemeint. Aus der Formulierung »zur Verfügung stellen« im Gesetz ergibt sich nicht nur ein Recht zur Einsichtnahme (Fischer/Goeres, § 61 BPersVG Rn. 36; zum BetrVG: Däubler u. a., § 70 BetrVG Rn. 35), auch da die Überlassung der Unterlagen nicht auf eine kurze Zeit beschränkt wird. Es muß **ausreichend Zeit für eine sorgfältige Bearbeitung** der Unterlagen gegeben werden.

10 (Abs. 4) Das Hinzuziehungsrecht zu Besprechungen mit der Dienststellenleitung besteht nicht nur für die Vorsitzende oder den Vorsitzenden des Gremiums, sondern steht der Jugend- und Auszubildendenvertretung als Ganzes und allen ihren Mitgliedern zu. Die Hinzuziehung gilt für die Teilnahme an dem Monatsgespräch nach § 66 Abs. 1. Die Jugend- und Auszubildendenvertretung muß hinzugezogen werden, wenn Angelegenheiten behandelt werden, die entweder neben sonstigen Beschäftigten auch Beschäftigte nach § 57 oder ausschließlich Beschäftigte nach § 57 betreffen. In der Regel werden solche Themen in jedem Monatsgespräch behandelt, so daß die Jugend- und Auszubildendenvertretung zu jeder dieser Sitzungen auch von Beginn an hinzugezogen werden sollte.

(Abs. 5) Die **Abhaltung von Sitzungen** regelt die Jugend- und Auszubildendenvertretung nach eigenem Ermessen. Sie bedürfen weder des Einverständnisses noch der Genehmigung des Personalrats, da dieser lediglich vorher über die Durchführung, Termin und Ort einer Sitzung verständigt werden muß. Diese vorherige Verständigung ist deshalb erforderlich, da der Personalrat das Recht hat, ein vom Personalrat beauftragtes Mitglied mit beratender Stimme an der Jugend- und Auszubildendenvertretersitzung teilnehmen zu lassen. Das Teilnahmerecht ergibt sich aus der Zusammenarbeit der Personal- und Jugend- und Auszubildendenvertretungen und soll die Unterstützungsfunktion des Personalrats sicherstellen. Die beratende Funktion bezieht sich auf alle Tagesordnungspunkte, zu denen das vom Personalrat beauftragte Mitglied Erläuterungen abgeben sowie Vorschläge oder Anregungen der Jugend- und Auszubildendenvertretung unterbreiten kann. Das beauftragte Personalratsmitglied hat aber kein Stimmrecht. Die Bestellung des beauftragten Personalratsmitgliedes kann durch den Personalrat entweder von Fall zu Fall oder für einen längeren Zeitraum erfolgen (Lorenzen u. a., § 61 BPersVG Rn. 66). 11

§ 62
Entsprechende Anwendung von Vorschriften

Für die Jugend- und Auszubildendenvertretung gelten die §§ 43, 44, 45 Abs. 1, 2, 3 Satz 1, Abs. 5, §§ 46 und 67 Abs. 1 Satz 3 sinngemäß. § 47 gilt entsprechend mit der Maßgabe, daß die außerordentliche Kündigung, die Versetzung und die Abordnungen von Mitgliedern der Jugend- und Auszubildendenvertretung der Zustimmung des Personalrates bedürfen. Für Mitglieder des Wahlvorstandes und Wahlbewerber gilt § 47 Abs. 1, 2 Satz 1 und 2 entsprechend.

Vergleichbare Vorschriften: § 62 BPersVG; § 65 BetrVG

Die **durch die Tätigkeit der Jugend- und Auszubildendenvertretung entstehenden Kosten trägt die Dienststelle (§ 44).** Hieraus erwächst der Anspruch der Jugend- und Auszubildendenvertretung, für die laufende Geschäftsführung im erforderlichen Umfang Räume, Geschäftsbedarf und Büropersonal zur Verfügung gestellt zu bekommen. Zur Wahrneh- 1

§ 62

mung der Aufgaben nach § 61 sind ihr Gesetzestexte, Tarifverträge, Kommentierungen und Verordnungen zur Verfügung zu stellen. Ebenso wie dem Personalrat müssen der Jugend- und Auszubildendenvertretung geeignete Plätze für Bekanntmachungen zur Verfügung gestellt werden (§ 44 Abs. 3). Für notwendige Reisen der Jugend- und Auszubildendenvertretung, z. B. für Schulungs- und Bildungsmaßnahmen nach § 46, sind ihr die Reisekosten nach den für Beamte der Besoldungsgruppe A 15 geltenden Bestimmungen zu erstatten (§ 44 Abs. 1).

2 Die **Tätigkeit der Jugend- und Auszubildendenvertretung** erfolgt **in der Regel während der Arbeitszeit.** Zur Durchführung ihrer Aufgaben und ordnungsgemäßer Wahrnehmung ihrer Befugnisse sind die Mitglieder der Jugend- und Auszubildendenvertretung nach § 45 Abs. 2 von ihrer Tätigkeit **freizustellen.** Nach § 45 Abs. 2 darf eine Minderung der Dienstbezüge, des Arbeitsentgelts oder der Auszubildendenvergütung für die Versäumnis von Arbeitszeit nicht stattfinden. Diese Bestimmung findet nach § 45 Abs. 5 mit der Einschränkung Anwendung, daß durch die Tätigkeit der Mitglieder der Jugend- und Auszubildendenvertretung diese weder in ihrem beruflichen Werdegang noch in der Erlangung des Ausbildungsziels gefährdet werden dürfen.

3 Auch ist eine **gänzliche oder teilweise Freistellung von Mitgliedern** der Jugend- und Auszubildendenvertretung von ihrer dienstlichen Tätigkeit möglich, wenn und soweit es nach Umfang und Art der Dienststelle zur ordnungsgemäßen Durchführung ihrer Aufgaben erforderlich ist. Dabei ist zu beachten, daß die Freistellungsstaffel nach § 45 Abs. 4 keine Gültigkeit hat. Bei der Reihenfolge der Freistellungen ist nicht wie in § 45 Abs. 3 Sätze 2 bis 6 eine festgelegte Reihenfolge zu beachten. So müssen weder zunächst Vorstandsmitglieder noch die Vertreter von bestimmten Gruppen Berücksichtigung finden.

4 Auch die Mitglieder der Jugend- und Auszubildendenvertretungen und die Ersatzmitglieder nach § 46 Abs. 1 Satz 2 und Satz 3 sind unter Fortzahlung der Bezüge für die **Teilnahme an Schulungs- und Bildungsveranstaltungen** vom Dienst freizustellen, sofern diese Kenntnisse vermitteln, die für die Tätigkeit in der Jugend- und Auszubildendenvertretung **erforderlich** sind (§ 47 Abs. 1). Bei diesen Veranstaltungen, die erforderliche Kenntnisse vermitteln, ist eine zeitliche Begrenzung nicht vorgesehen, jedoch findet eine zeitliche Begrenzung durch den Grundsatz der Verhältnismäßigkeit statt.

5 Zur Teilnahme an Schulungs- und Bildungsveranstaltungen, die von der Bundes- oder Landeszentrale für politische Bildung, vom Thüringer Innenministerium oder von einer von diesen bestimmten Stelle als **geeignet** anerkannt sind, hat jedes Mitglied der Jugend- und Auszubildendenvertretung nach § 45 Abs. 1 Satz 2 und Satz 3 Anspruch auf Freistellung vom Dienst unter Fortzahlung der Bezüge für die Dauer von insgesamt drei Wochen. Für Mitglieder in Jugend- und Auszubildendenvertretungen, die

§§ 62, 63

erstmals dieses Amt übernehmen, erhöht sich der Anspruch um eine weitere Woche auf insgesamt vier Wochen (§ 46 Abs. 2 Satz 2).

Auch für Mitglieder in Jugend- und Auszubildendenvertretungen gelten die **Schutzvorschriften des § 47**. Danach bedürfen außerordentliche Kündigungen, Versetzungen und die Abordnung eines Mitglieds einer Jugend- und Auszubildendenvertretung gegen dessen Willen der Zustimmung des Personalrats. Dasselbe muß für die Umsetzung mit Wechsel des Dienstortes und die Zuweisung eines Mitgliedes einer Jugend- und Auszubildendenvertretung gelten. Für Mitglieder des Wahlvorstandes zur Wahl der Jugend- und Auszubildendenvertretung sowie für die Bewerberinnen und Bewerber um ein Mandat in einer Jugend- und Auszubildendenvertretung gilt nach Satz 3 § 47 Abs. 1 und 2, Satz 1 und Satz 2 entsprechend. Der nachwirkende Kündigungsschutz nach § 15 Abs. 3 KSchG beträgt sechs Monate im Zeitpunkt der Bekanntmachung des Wahlergebnisses.

6

§ 63
Jugend- und Auszubildendenversammlung

(1) Die Jugend- und Auszubildendenvertretung hat einmal in jedem Kalenderjahr eine Jugend- und Auszubildendenversammlung durchzuführen. Diese soll möglichst unmittelbar vor oder nach einer ordentlichen Personalversammlung stattfinden. Sie wird vom Vorsitzenden der Jugend- und Auszubildendenvertretung geleitet. Der Personalratsvorsitzende oder ein vom Personalrat beauftragtes anderes Mitglied soll an der Jugend- und Auszubildendenversammlung teilnehmen.

(2) Außer der in Satz 1 bezeichneten Jugend- und Auszubildendenversammlung kann eine weitere, nicht auf Wunsch des Leiters der Dienststelle einberufene Versammlung während der Arbeitszeit stattfinden.

(3) Die für die Personalversammlung geltenden Vorschriften sind sinngemäß anzuwenden.

Vergleichbare Vorschriften: § 63 BPersVG; § 71 BetrVG

(Abs. 1) Die Jugend- und Auszubildendenvertretung ist verpflichtet, **mindestens einmal in jedem Kalenderjahr eine Jugend- und Auszubildendenversammlung** durchzuführen. Nach Abs. 3 können anstelle der Vollversammlung auch Teilversammlungen nach § 48 Abs. 2 analog stattfinden, wenn dies die dienstlichen Verhältnisse erfordern. In der Jugend- und Auszubildendenversammlung soll den in § 57 genannten Beschäftigten die Möglichkeit gegeben werden, über ihre besonders gelagerten Probleme zu sprechen.

1

Die **vorgesehene Gleichzeitigkeit der Jugend- und Auszubildendenversammlung mit der Personalversammlung** bezieht sich nur auf die

2

§ 63

regelmäßigen Personalversammlungen nach § 49 Abs. 1, die in jedem Kalenderhalbjahr stattzufinden haben.

3 Die **zeitliche Bindung an die ordentliche Personalversammlung** soll erreichen, daß ein **wechselseitiger Informationsaustausch** möglich ist und sich alle Beschäftigten in der Dienststelle an einen bestimmten Zeitraum für die Abhaltung von Personal- und Jugend- und Auszubildendenversammlungen gewöhnen können. Soweit sich aus der Arbeit der Jugend- und Auszubildendenvertretung jedoch ergibt, daß ein **anderer Zeitpunkt** für die Abhaltung der Versammlung **sinnvoller** ist, so kann wegen des Wortlauts (»soll möglichst«) auch hiervon **abgewichen** werden. Es obliegt der Jugend- und Auszubildendenvertretung, ob sie die Jugend- und Auszubildendenversammlung vor oder nach der ordentlichen Personalversammlung durchführt.

4 An der Jugend- und Auszubildendenversammlung **muß der oder die Personalratsvorsitzende oder ein vom Personalrat beauftragtes anderes Mitglied teilnehmen.** Aus der Verwendung des Wortes »soll« läßt sich eine Nichtteilnahme nur in seltenen Ausnahmefällen rechtfertigen (Altvater u. a., § 63 BPersVG Rn. 6).

5 **(Abs. 2) Die weitere** zusätzlich zu derjenigen nach Satz 1 **vorgesehene Jugend- und Auszubildendenversammlung während der Arbeitszeit bezieht sich auf das Kalenderjahr nach Abs. 1.** Dort ist die Rede von Kalenderjahr. Da eine Angabe für den Zeitraum fehlt, ist auf die Festlegung in Abs. 1 zurückzugreifen. Abs. 2 betrifft die Festlegung von einer weiteren Versammlung im Kalenderjahr unter Ausschluß der Versammlungen, die auf Wunsch der Dienststellenleitung einberufen werden. Diese Versammlung hat wie die Versammlung nach Abs. 1 während der Arbeitszeit stattzufinden. Daraus ergibt sich, daß zusätzliche Versammlungen von der Jugend- und Auszubildendenvertretung außerhalb der Arbeitszeit einberufen werden können.

6 **(Abs. 3)** Da die für Personalversammlungen geltenden Vorschriften entsprechend anzuwenden sind, können neben der ordentlichen Jugend- und Auszubildendenversammlung auch außerordentliche Jugend- und Auszubildendenversammlungen nach § 49 Abs. 2 stattfinden. Auch Teilversammlungen nach § 48 Abs. 3 können durchgeführt werden.

7 Die **Dienststellenleitung** ist unter Anwendung der für Personalversammlungen geltenden Vorschriften (§ 52 Abs. 2) rechtzeitig unter Mitteilung der Tagesordnung einzuladen. Ihre Verpflichtung zur Teilnahme ergibt sich nur im Falle des § 52 Abs. 2 Satz 2. Ansonsten steht es in ihrem Belieben, ob sie von dem Recht zur Teilnahme Gebrauch macht oder nicht. Nimmt sie teil, so ist ihr auf Verlangen das Wort zu erteilen. Sie erhält Gelegenheit, zum Tätigkeitsbericht Stellung zu nehmen (§ 49 Abs. 1). Die in der Dienststelle vertretenen **Gewerkschaften** und die **Arbeitgebervereinigung,** der die Dienststelle angehört, sind ebenfalls berechtigt, mit beratender Stimme an der Jugend- und Auszubildendenversammlung teilzunehmen (§ 52 Abs. 1). Zur Wahrnehmung dieses

§§ 63, 64

Rechts ist ihnen rechtzeitig der Versammlungsort und die -zeit mitzuteilen. Die Tagesordnung ist dieser Mitteilung beizufügen.

Die **Leitung der Versammlung** obliegt der oder dem Vorsitzenden der Jugend- und Auszubildendenvertretung. Sie oder er übernimmt damit auch gleichzeitig das Hausrecht während der Durchführung. Der Jugend- und Auszubildendenversammlung kommt auch das **Antragsrecht** mit der Möglichkeit, zu Beschlüssen der Jugend- und Auszubildendenvertretung Stellung zu nehmen, nach § 51 zu. Die Jugend- und Auszubildendenvertretung hat die Beschäftigten umgehend in geeigneter Weise über die Behandlung der Anträge und die Durchführung entsprechender Maßnahmen zu unterrichten (vgl. § 51). Die Versammlung darf alle Angelegenheiten behandeln, welche die Dienststelle oder die in § 57 genannten Beschäftigten unmittelbar betreffen, insbesondere Tarif-, Besoldungs- und Sozialangelegenheiten sowie Fragen der Gleichstellung von Frau und Mann (§ 51 Satz 2). Aufgrund der entsprechenden Anwendung von Vorschriften ergibt sich nach § 48 Abs. 1 Satz 2, daß die Jugend- und Auszubildendenversammlung nicht öffentlich ist, nach § 49 Abs. 1, daß die Jugend- und Auszubildendenvertretung einen Tätigkeitsbericht zu erstatten hat und nach § 50 Abs. 1, daß die Versammlung grundsätzlich während der Arbeitszeit stattfindet. 8

§ 64
Jugend- und Auszubildendenstufenvertretungen

Für den Geschäftsbereich mehrstufiger Verwaltungen werden, soweit Stufenvertretungen bestehen, bei den Behörden der Mittelstufen Bezirks- Jugend- und Auszubildendenvertretungen und bei den obersten Dienstbehörden Haupt-Jugend- und Auszubildendenvertretungen gebildet. Für die Jugend- und Auszubildendenstufenvertretungen gelten § 53 Abs. 2 und 4 sowie die §§ 57 bis 62 entsprechend.

Vergleichbare Vorschrift: § 64 BPersVG

Die **Bildung einer Jugend- und Auszubildendenstufenvertretung** ist zwingend vorgeschrieben, wenn eine Verwaltung mehrstufig gegliedert ist und bei ihr eine Stufenvertretung (Bezirks- oder Hauptpersonalrat) besteht. Liegen die Voraussetzungen nach Satz 1 vor, so sind bei »Mittelbehörden« Bezirksjugend- und Auszubildendenvertretungen und bei »obersten Dienstbehörden« Hauptjugend- und Auszubildendenvertretungen zu wählen. Die Bildung von Jugend- und Auszubildendenstufenvertretungen soll verhindern, daß bei der Vertretung der in § 57 genannten Beschäftigten Beteiligungslücken entstehen. 1

Für die Jugend- und Auszubildendenstufenvertretungen **gelten § 53 Abs. 2 und 4 und die §§ 57 bis 62 entsprechend.** Aus wieviel Personen die Jugend- und Auszubildendenstufenvertretung sich zusammensetzt, richtet sich nach der Zahl der in ihrem Zuständigkeitsbereich Beschäftig- 2

§§ 64, 65, Vor §§ 66 ff.

ten nach § 57 (§ 59 Abs. 1). Die Jugend- und Auszubildendenstufenvertretung kann höchstens aus sieben Mitgliedern bestehen. Durch die Verweisung auf § 58 finden auch die Bestimmungen zur Wahlberechtigung und Wählbarkeit, die für die Wahlen zur Jugend- und Auszubildendenvertretung Gültigkeit haben, Anwendung. Es ist zulässig, daß ein und dieselbe Person sowohl Mitglied in einer örtlichen Jugend- und Auszubildendenvertretung als auch in einer Jugend- und Auszubildendenstufenvertretung ist (Altvater u.a., § 64 BPersVG Rn. 3). Die Jugend- und Auszubildendenstufenvertretungen werden in Urwahl durch die in § 57 genannten Beschäftigten gewählt, die zum Geschäftsbereich der jeweiligen Behörde gehören. Die Mitglieder der Bezirksjugend- und Auszubildendenvertretung werden also von den zum Geschäftsbereich der Behörde der Mittelstufe gehörenden in § 57 genannten Beschäftigten, die Mitglieder der Hauptjugend- und Auszubildendenvertretung von den zum Geschäftsbereich der obersten Dienstbehörde gehörenden in § 57 genannten Beschäftigten gewählt (§ 53 Abs. 2). Die Aufgaben der Stufenvertretungen und die Regeln für die Zusammenarbeit mit der jeweiligen Stufenvertretung sind aus § 61 zu entnehmen. Für die Bildung der Wahlvorstände zu den jeweiligen Jugend- und Auszubildendenstufenvertretungen kommt § 53 Abs. 4 zur Anwendung.

§ 65
Gesamt-Jugend- und Auszubildendenvertretung

In den Fällen des § 6 Abs. 3 wird neben den einzelnen Jugend- und Auszubildendenvertretungen eine Gesamt-Jugend- und Auszubildendenvertretung gebildet. § 64 Satz 2 gilt entsprechend.

1   Haben sich in einer Dienststelle Nebenstellen, Außenstellen oder Teile einer Dienststelle nach § 6 Abs. 3 verselbständigt und ist nach § 55 ein Gesamtpersonalrat zu bilden, muß auch eine **Gesamt-Jugend- und Auszubildendenvertretung** gewählt werden. Dies geschieht allerdings nur, wenn mindestens fünf Beschäftigte nach § 57 vorhanden sind. Auch für die Gesamt-Jugend- und Auszubildendenvertretung gelten die Bestimmungen zur Jugend- und Auszubildendenvertretung nach §§ 57 bis 62 entsprechend. Weiterhin kommt § 53 Abs. 2 und 4 zur Anwendung.

Achter Teil
Beteiligung der Personalvertretungen

Vor §§ 66 ff.

1   Im achten Teil regelt das ThürPersVG den Umfang und die Grundsätze der Beteiligung des Personalrats bei Maßnahmen der Dienststellenleitung. Die Beteiligungsrechte sind ein Mittel zur Wahrung der Rechte und

Vor §§ 66 ff.

Interessen der in der Dienststelle Beschäftigten. Sie wurzeln im Sozialstaatsgedanken (Art. 20 Abs. 1, 28 Abs. 1 GG) und gehen auf Vorstellungen zurück, die auch den Grundrechtsverbürgungen der Art. 1, 2 und 5 Abs. 1 GG zugrunde liegen (so das BVerfG vom 26. 5. 70 – 2 BvR 311/67, BVerfGE 28, 314; BVerwG vom 3. 7. 91 – 6 P 3.89, PersR 91, 464; vgl. auch Däubler, PersR 88, 65; Plander, PersR 89, 238).

Beteiligung ist der **Oberbegriff** für verschiedene Formen der Partizipation der Beschäftigtenvertretung in der Dienststelle. Die einzelnen Rechte der Personalvertretungen in personellen, sozialen und betrieblichen oder organisatorischen Angelegenheiten sind je nach Intensität als volle Mitbestimmung, eingeschränkte Mitbestimmung, Mitbestimmung mit Letztentscheid der obersten Dienstbehörde (»unechte Mitbestimmung« – eine Spezialität des ThürPersVG), Anhörung und Beratung ausgeformt. Daneben bestehen weitere Rechte wie bspw. Teilnahmerechte und Informationsrechte. 2

Die stärkste Form der Beteiligung ist die **Mitbestimmung,** hier vor allem die **volle Mitbestimmung.** Sie begrenzt die Alleinentscheidungsbefugnis der Dienststellenleitung, indem sie Maßnahmen nur mit Zustimmung der Personalvertretung zuläßt (vgl. § 69 Abs. 1). Das volle Mitbestimmungsrecht entspricht daher in der Ausübungsform der **passiven Mitbestimmung** einem Vetorecht. Verweigert der Personalrat die Zustimmung, richtet sich das weitere **Verfahren nach § 69.** Das Gesetz unterscheidet bei der Mitbestimmung zwischen der vollen Mitbestimmung nach § 74, der eingeschränkten Mitbestimmung nach § 75 Abs. 1 Nr. 1 bis 8 sowie der »unechten« Mitbestimmung (s. dazu Rn. 4). Bei der vollen Mitbestimmung entscheidet im Konfliktfalle die Einigungsstelle nach § 69 Abs. 9 Satz 2 endgültig. Im Falle der **eingeschränkten Mitbestimmung** liegt die **Letztentscheidung** nach § 69 Abs. 9 Satz 4 letztlich bei der obersten Dienststelle, nachdem die **Einigungsstelle** nach § 69 Abs. 9 Satz 3 eine **Empfehlung** an diese beschlossen hat. Daneben kennt das ThürPersVG noch die »**unechte« Mitbestimmung** in den Fällen des § 75 Abs. 1 Nr. 9 bis 12 und Abs. 2 sowie § 78 Abs. 1 und 2. Auch hier beginnt zunächst das Mitbestimmungsverfahren nach § 69 Abs. 2 bis 4. Das Verfahren endet aber gem. § 69 Abs. 4 Satz 4 ohne Anrufung der Einigungsstelle mit einer endgültigen Entscheidung der obersten Dienstbehörde. Damit handelt es sich bei dieser Form der Mitbestimmung in Wirklichkeit um die Beteiligungsform der Mitwirkung nach dem BPersVG. Hier ist das BPersVG ehrlicher in der Bezeichnung. Daher wird diese Schöpfung auch nicht ohne Grund pointiert als Mitbestimmung der »dritten Art« bezeichnet (vgl. Seidel, PersR 93, 431). 3

Die Beteiligungsrechte in **personellen Angelegenheiten** sind bei bestimmten Beschäftigten weiter eingeschränkt. So kennt das ThürPersVG noch die **Beteiligung nur auf Antrag** der betroffenen Beschäftigten durch Mitwirkung nach §§ 88 Nr. 4 Satz 2, 88 Nr. 3 (wissenschaftliche und künstlerische Mitarbeiter an Hochschulen), 91 Satz 2 (Beschäftigte 4

Vor §§ 66 ff.

mit überwiegend wissenschaftlicher Tätigkeit an Forschungseinrichtungen) sowie durch Anhörung nach § 89 (künstlerisch Beschäftigte an öffentlichen Theatern und Orchestern).

5   Die Beteiligung in Personalangelegenheiten ist anders als nach dem BPersVG nicht durch einen Versagungskatalog eingeschränkt. Die **Zustimmungsverweigerung** kann daher auf jeden vernünftigen, auch individuellen privaten und dienstlichen Grund gestützt werden, der vom Schutzzweck des jeweiligen Beteiligungstatbestands umfaßt wird (s. BVerwG vom 27. 9. 93 – 6 P 4.93, PersR 93, 495).

6   Bei der Stellungnahme des Personalrats zu einer beantragten Maßnahme ist aber zu beachten, daß allein bei der **außerordentlichen Kündigung** von **Personalratsmitgliedern** gem. § 47 die **ausdrückliche Zustimmung** der Personalvertretung zur Durchführung der beantragten Maßnahme erforderlich ist. Nur im Falle des § 47 gilt ein Schweigen der Personalvertretung als Ablehnung der Zustimmung. In allen anderen Mitwirkungs- und Mitbestimmungsfällen ist zur wirksamen Zustimmungsverweigerung eine **ausdrückliche** Zustimmungsverweigerung erforderlich. Das **Schweigen der Personalvertretung** oder auch die verspätete Ablehnung einer Zustimmung nach Ablauf der Fristen gilt dagegen als Zustimmung mit der Folge, daß die Dienststellenleitung die Maßnahme durchführen kann (**Zustimmungsfiktion**). Nur bei ausdrücklicher Ablehnung der Zustimmung durch den Personalrat wird also das förmliche Verfahren nach § 69 ausgelöst.

7   Weitere Beteiligungsformen sind die **Anhörung** nach § 78 Abs. 3 (fristlose Entlassungen und außerordentliche Kündigungen) sowie nach § 77 Abs. 1 (Personalplanung und Personalanforderungen) und Abs. 2 (Baumaßnahmen und Änderung von Arbeitsverfahren und Arbeitsabläufen); daneben bestehen **Teilnahmerechte** in § 79 (Prüfungen) und 81 Abs. 3 (Besprechungen mit dem Sicherheitsbeauftragten bzw. dem Sicherheitsausschuß). Beteiligung in diesem Sinne sind auch **Beratungsrechte,** das **Recht auf Erörterung** sowie **Hinzuziehungs- und Informationsrechte.**

8   Das **Anhörungsrecht** beinhaltet für die Dienststellenleitung die Verpflichtung, der Personalvertretung rechtzeitig die Absicht mitzuteilen, daß sie eine bestimmte Maßnahme durchführen will. In der Anhörung ist der Personalvertretung Gelegenheit zu geben, sich anhand vorgelegter Unterlagen zu der beabsichtigten Maßnahme mündlich oder schriftlich zu äußern. Die Anhörung ist kein laufendes Geschäft des Vorstands, sondern Sache des Plenums.

9   Ein **generelles Informationsrecht** (vgl. dazu ausführlich Kruse, PersR 93, 64) der Personalvertretung besteht in allen Angelegenheiten, insbesondere in solchen Angelegenheiten, bei denen der Personalvertretung eine Überwachungsfunktion zukommt. Zur Erfüllung dieser Aufgabe hat die Personalvertretung einen weitreichenden Informationsanspruch. Dem Personalrat sind nicht nur Einzelinformationen zu geben, sondern – unabhängig davon, ob ein konkreter Rechtsverstoß behauptet wird – ein Über-

Vor §§ 66 ff.

blick über alle einschlägigen Fakten und Vorhaben zu verschaffen (BVerwG vom 27. 2. 85 – 6 P 9.84, PersR 85, 124; OVG NW vom 23. 2. 89 – CL 18/88, ZBR 90, 151). Dem Informationsrecht der Personalvertretung steht die **Unterrichtungspflicht** (vgl. § 68 Abs. 2) der Dienststellenleitung spiegelbildlich gegenüber (vgl. Kruse, PersR 93, 65; auch Albers, PersV 93, 487).

Erörterung ist die Besprechung der beabsichtigten Maßnahme mit der Dienststellenleitung **im Plenum des Personalrats** (näher dazu bei § 69 Abs. 2). 10

In allen vorgenannten Fällen handelt es sich um **passive Beteiligung.** Die Beteiligung der Personalvertretung setzt ein bestimmtes Handeln der Dienststellenleitung voraus. **Aktive Mitbestimmung** findet durch das sogenannte **Initiativrecht** nach § 70 statt. Durch dieses **förmlich** ausgestaltete Initiativrecht kann der Personalrat aus eigenem Antrieb Maßnahmen bei der Dienststellenleitung beantragen. Entspricht die Dienststellenleitung dem Antrag nicht, findet das Verfahren nach § 69 Abs. 3 bis 9 statt. Nur im Falle des § 70 Abs. 1, d. h. bei den in § 74 Abs. 3 Nr. 1 bis 5 und 11 bis 19 genannten Angelegenheiten, besteht ein **uneingeschränktes Initiativrecht,** bei dem der **Einigungsstelle** die **Letztentscheidung** zukommt. Gem. § 70 Abs. 2 verfügt der Personalrat in den anderen Fällen der Mitbestimmung nur über ein **eingeschränktes Initiativrecht,** da die oberste Dienstbehörde endgültig entscheidet. Daneben gibt es in § 70 Abs. 3 ein **besonderes Initiativrecht** bei **Untätigkeit** der Dienststellenleitung sowie das **allgemeine Antragsrecht** nach § 68 Abs. 1 Nr. 1. 11

Das Initiativrecht dient der **aktiven Mitbestimmung** als **gleichberechtigter Partner** der Dienststellenleitung und der Erhaltung und Wiederherstellung des Friedens in der Dienststelle (so BVerwG vom 6. 10. 92 – 6 P 25.90, PersR 93, 77). Das Initiativrecht reicht dabei inhaltlich nicht weiter als das passive Mitbestimmungsrecht. Ein nicht Inhalt und Zweckbestimmung des Mitbestimmungsrechts entsprechender Initiativantrag liegt ebenso wie ein Initiativantrag, mit dem keine der Mitbestimmung unterliegende Maßnahme verfolgt wird, außerhalb der Mitbestimmung (BVerwG vom 6. 10. 92, a. a. O.). Dem Personalrat soll daher kein Initiativrecht auf Anordnung von Mehrarbeit und Überstunden zustehen, da Schutzzweck der Mitbestimmung die Verhinderung einer physischen und psychischen Überbeanspruchung ist (BVerwG vom 6. 10. 92, a. a. O.). Es erscheint jedoch sehr fraglich, ob nicht Arbeitsverdichtung ohne einen angemessenen Zeitrahmen zur Erledigung der anfallenden Arbeit letztlich eine höhere psychische und physische Überbeanspruchung bewirkt als die erforderliche Mehrarbeit (wie hier von Roettecken, PersR 94, 60, 63). 12

Umstritten ist auch, ob dem Personalrat bei **personellen Einzelangelegenheiten** ein Initiativrecht zusteht (vgl. dazu Plander, ArbuR 84, 161; s. näher bei § 70 Rn. 2). 13

Eine Maßnahme kann unter **mehrere Mitbestimmungstatbestände** fallen. In der Regel sind in diesem Fall sämtliche Mitbestimmungsrechte zu 14

Vor §§ 66 ff.

beachten, was unter Umständen wegen unterschiedlicher Weite der beachtlichen Gründe einer Zustimmungsverweigerung des jeweiligen Mitbestimmungstatbestandes von Bedeutung sein kann (OVG NW vom 13. 2. 84 – CL 45/82, RiA 84, 286; vgl. auch Orth/Welkoborsky, § 72 LPVG NW Rn. 16 f. m. w. Nw.). Sofern der Personalrat nicht ausdrücklich darauf hinweist, daß er seine Stellungnahme lediglich auf einen der in Frage kommenden Tatbestände stützt, so bestehen die Mitbestimmungsrechte grundsätzlich nebeneinander (BVerwG vom 17. 7. 87 – 6 P 6.85, PersR 87, 220 m. Anm. Philippen).

15 Wegen möglicher Überschneidungen der Beteiligungstatbestände kommt der Frage der **Konkurrenz von Beteiligungsrechten** praktische Bedeutung zu. Eine Maßnahme kann gleichzeitig einem vollen Mitbestimmungsrecht des Personalrats unterfallen sowie einen schwächeren Beteiligungstatbestand erfüllen. Es ist umstritten, ob das Mitbestimmungsrecht in diesem Fall durch das schwächere Beteiligungsrecht verdrängt wird (dazu Altvater u. a., vor § 66 BPersVG Rn. 7 ff.; § 104 BPersVG Rn. 18 m. w. Nw.). Die Auffassung, nach der grundsätzlich eine Verdrängung durch das schwächere Beteiligungsrecht erfolgt (so noch BVerwG vom 7. 2. 80 – 6 P 35.78, PersV 80, 238, differenzierter nunmehr BVerwG vom 17. 7. 87 – 6 P 3.84 und – 6 P 6.85, PersR 87, 220), ist abzulehnen, weil sich dieser Schluß nicht aus der Rahmenvorschrift des § 104 Satz 3 BPersVG herleiten läßt. Die Rahmenvorschrift stellt keine Regeln für die Konkurrenz von Beteiligungsrechten auf; sie entzieht der Einigungsstelle lediglich in bestimmten Angelegenheiten die Letztentscheidung. Eine andere Auslegung verstößt auch gegen den allgemeinen Grundsatz, daß nur die speziellere Vorschrift einer allgemeinen vorgeht. Grundsätzlich bestehen daher die Rechte nebeneinander (vgl. auch BVerwG vom 17. 7. 87 – 6 P 6.85, PersR 87, 220 m. Anm. Philippen); es sind sämtliche Beteiligungsrechte nebeneinander anzuwenden und einzuräumen (BAG vom 29. 6. 88 – 7 AZR 459/87, PersR 89, 101). Eine Verdrängung kann nur ausnahmsweise vorliegen, wenn das schwächere Beteiligungsrecht gegenüber dem stärkeren Beteiligungsrecht eine Sonderregelung darstellt (ebenso BayVGH vom 19. 12. 84 – 18 C A. 2363, ZBR 85, 87) und umgekehrt (ebenso Aufhauser u. a., § 73 SPersVG Rn. 65). Dies ist eine Frage des Einzelfalls und jeweils anhand des Wortlauts, des systematischen Zusammenhangs sowie der Entstehungsgeschichte der Norm zu prüfen (wie hier Grabendorff u. a., vor § 66 BPersVG Rn. 9). Bei der Auslegung ist zu untersuchen, ob der Gesetzgeber das stärkere Beteiligungsrecht nicht gewähren wollte (OVG RP vom 4. 10. 88 – 5 A 11/88, PersR 89, 308; BVerwG vom 17. 7. 87, a. a. O.).

§ 66
Zusammenarbeit, Monatsgespräch

(1) Der Leiter der Dienststelle und die Personalvertretung sollen mindestens einmal im Monat zu Besprechungen zusammentreten. In ihnen soll auch die Gestaltung des Dienstbetriebes behandelt werden, insbesondere alle Vorgänge, die die Beschäftigten wesentlich berühren. Sie haben über strittige Fragen mit dem ernsten Willen zur Einigung zu verhandeln und Vorschläge für die Beilegung von Meinungsverschiedenheiten zu machen. Der Personalrat hat zur gemeinschaftlichen Besprechung
1. die Schwerbehindertenvertretung,
2. die Jugend- und Auszubildendenvertretung, wenn Angelegenheiten behandelt werden, die besonders Beschäftigte im Sinne von § 57 betreffen,

beizuziehen.

(2) Dienststelle und Personalvertretung haben alles zu unterlassen, was geeignet ist, die Arbeit und den Frieden der Dienststelle zu beeinträchtigen. Insbesondere dürfen Dienststelle und Personalvertretung keine Maßnahmen des Arbeitskampfes gegeneinander durchführen. Arbeitskämpfe tariffähiger Parteien werden hierdurch nicht berührt.

(3) Außenstehende Stellen dürfen erst angerufen werden, wenn eine Einigung in der Dienststelle nicht erzielt worden ist.

Vergleichbare Vorschriften: §§ 66, 67 BPersVG; §§ 74, 75 BetrVG

(Abs. 1) Dieser Teil der Regelung entspricht § 66 Abs. 1 BPersVG. Die Vorschrift gilt für alle Personalvertretungen, also auch für Stufenvertretungen und Gesamtpersonalrat. Trotz der Ausgestaltung als Sollvorschrift kann ein **Monatsgespräch** nicht grundlos verweigert werden. Dienststellenleitung und Personalvertretung sind aus dieser Vorschrift und dem **Gebot zur vertrauensvollen Zusammenarbeit** verpflichtet, die Gespräche regelmäßig durchzuführen. Eine Ausnahme kann nur gelten, wenn beide Seiten keine konkreten Anliegen haben, die den Gegenstand eines Monatsgespräches bilden könnten. Eine einseitige Mißachtung dieses Gebotes stellt eine Verletzung der Pflichten nach diesem Gesetz dar. Verstößt die Dienststellenleitung gegen dieses Gebot, berechtigt dies den Personalrat zu einer Dienstaufsichtsbeschwerde. Sofern es sich bei der Dienstellenleitung um eine Beamtin oder einen Beamten handelt, stellt die grundlose Verweigerung des Monatsgesprächs ein Dienstvergehen dar. Weigert sich die Personalvertretung, so verstößt dies gegen § 28 ThürPersVG (vgl. Dietz/Richardi, § 66 BPersVG Rn. 6). Der Personalrat kann darauf bestehen, daß dieses Gespräch wie gesetzlich vorgeschrieben durchgeführt wird (vgl. BVerwG vom 5. 8. 83 – 6 P 11.81, PersR 84, 31) und ggf. ein Beschlußverfahren vor dem Verwaltungsgericht einleiten (vgl. dazu bei § 83).

§ 66

2 An der Besprechung nimmt der gesamte Personalrat und nicht etwa allein ein Vorstandsmitglied teil (vgl. Dietz/Richardi, § 66 BPersVG Rn. 4; Grabendorff u. a., Rn. 3). Die **Schwerbehindertenvertretung** ist bereits nach § 25 Abs. 5 SchwbG zum Gespräch hinzuzuziehen, so daß Nr. 1 insoweit nur die ohnehin bestehende Gesetzeslage klarstellt. Die **Jugend- und Auszubildendenvertretung** muß hinzugezogen werden, wenn Angelegenheiten behandelt werden, die entweder neben sonstigen Beschäftigten auch Beschäftigte nach § 57 oder ausschließlich Beschäftigte nach § 57 betreffen. In der Regel werden solche Themen – nicht immer vorhersehbar – in Monatsgesprächen behandelt, so daß die Jugend- und Auszubildendenvertretung zu jeder dieser Sitzungen auch von Beginn an hinzugezogen werden sollte. An der Besprechung kann bei Einvernehmen beider Seiten auch eine **Gewerkschaftsbeauftragte oder** ein **Gewerkschaftsbeauftragter** teilnehmen. Die **Teilnahme** ist gesetzlich nicht geregelt. Allerdings ist die Dienststellenleitung ebenso wie der Personalrat zur Zusammenarbeit mit den Gewerkschaften aufgrund § 2 Abs. 1 verpflichtet. Eine sachlich unbegründete Verweigerung des Teilnahmewunsches verstößt daher gegen dieses Zusammenarbeitsgebot.

3 Das Monatsgespräch ist **Ausfluß des Gebotes zur vertrauensvollen Zusammenarbeit** und wird von diesem geprägt, wie sich auch aus der Verpflichtung gem. Satz 3 ergibt. Die Hinzuziehung von Zeugen verbietet sich bereits deswegen (vgl. BVerwG vom 12. 1. 62 – VII P 1.60, PersV 62, 160). Der gesetzlich **abschließend geregelte Teilnehmerkreis** kann grundsätzlich nur im Einvernehmen der Teilnahmeberechtigten erweitert werden (BAG vom 14. 4. 88 – 6 ABR 28/86, PersR 88, 327). Das Gespräch dient dem Meinungs- und Informationsaustausch sowie der Beilegung von Streitfällen. Durch die Verpflichtung, mit ernsthaftem Willen eine Einigung zu suchen, ist aber nicht ausgeschlossen, daß an einer als richtig erkannten Meinung festgehalten wird. Es besteht gleichwohl die Pflicht, die Vorschläge und Argumente der anderen Seite ernsthaft zu prüfen und die eigene Position diesbezüglich zu überdenken. Die Dienststellenleitung hat den Stellungnahmen des Personalrats soweit wie möglich Rechnung zu tragen (BVerwG vom 5. 2. 71 – VII P 17.70, PersV 71, 271).

4 Die Dienststellenleitung hat den Personalrat von sich aus, nicht lediglich auf Nachfrage, über alle **wesentlichen Angelegenheiten,** die die Dienststelle und die Beschäftigten berühren, **zu informieren** (BVerwG vom 12. 1. 62 – VII P 1.60, PersV 62, 160). Der Kreis der **mitteilungspflichtigen Themen** ist nicht auf die beteiligungspflichtigen Angelegenheiten beschränkt. Die Zuständigkeit der jeweiligen Personalvertretung ist mit der Regelungsbefugnis der Dienststellenleitung identisch (Grabendorff u. a., § 66 BPersVG Rn. 7 m. w. Nw.), In praktischer Hinsicht ist die Führung eines Protokolls zweckmäßig, da durch die Information möglicherweise Fristen gem. § 69 in Gang gesetzt werden können.

5 **(Abs. 2)** Die **Friedenspflicht** nach Satz 1 richtet sich sowohl an die Per-

§ 66

sonalvertretung als auch an die Dienststellenleitung. Sie dient, insoweit ist der Wortlaut eindeutig, nicht einseitig der Disziplinierung der Personalvertretung. Bei einer Störung der Arbeit und des Friedens in der Dienststelle ist daher immer der jeweilige Störer zu ermitteln. Verstößt die Dienststellenleitung gegen gesetzliche Vorschriften, Tarifverträge oder Dienstvereinbarungen, so ist dieses Verhalten für Störungen ursächlich, nicht aber die entsprechende Information der Beschäftigten durch den Personalrat. Die Friedenspflicht betrifft zudem nicht das Handeln des Personalrats im Rahmen der gesetzlichen Aufgaben. Ein solches rechtmäßiges Handeln kann inhaltlich nicht gegen die Friedenspflicht verstoßen, selbst wenn es deswegen zu sachlichen Auseinandersetzungen oder Störungen im Dienstbetrieb kommt. Sie kann in diesem Rahmen lediglich durch die Form der Ausübung – z. B. durch die beleidigende Art und Weise – betroffen sein. Die Friedenspflicht beschränkt die Mittel der Auseinandersetzungen zwischen Personalrat und Dienststellenleitung auf die Möglichkeiten des Personalvertretungsgesetzes. Erlaubt sind daher die Anrufung der nächsthöheren Dienststelle nach § 69 Abs. 3, die Anrufung der Einigungsstelle nach § 69 Abs. 4, die Erhebung einer Dienstaufsichtsbeschwerde, die Einleitung eines Beschlußverfahrens (vgl. dazu bei § 83), die Zusammenarbeit mit den Arbeitsschutzbehörden nach § 81 sowie die Anrufung außenstehender Stellen im Rahmen des § 66 Abs. 3, auch wenn es hierdurch zu Auseinandersetzungen mit der Dienststellenleitung kommt.

Nach Satz 2 dürfen Dienststelle und Personalvertretung keine Arbeitskampfmaßnahmen wie Streik, Aussperrung und Boykott gegeneinander ergreifen. Das **Arbeitskampfverbot** richtet sich an den Personalrat als Organ. Den Personalrat trifft insoweit eine **Neutralitätspflicht.** Er darf nicht zum Streik aufrufen und diesen organisieren. Es besteht dabei keine Pflicht für den Personalrat, auf die Beschäftigten einzuwirken, um sie zur Wiederaufnahme ihrer Tätigkeit zu bewegen (BAG vom 5. 12. 78 – 6 AZR 485/76, ÖTV RS IV). Das Personalratsmitglied kann sich auch wie andere Beschäftigte an einem gewerkschaftlichen Arbeitskampf beteiligen. Der Personalrat als Organ bleibt während eines Arbeitskampfes **existent** und **funktionsfähig.** Auch die Beteiligungsrechte bestehen fort und sind von der Dienststellenleitung zu beachten. Der Abschluß von Notdienstvereinbarungen ist allerdings der zuständigen Gewerkschaft und der Dienststellenleitung vorbehalten. Absprachen zwischen Personalrat und Dienststellenleitung hierzu sind unwirksam (Däubler u. a., § 74 BetrVG Rn. 12 m. w. Nw.). Der Personalrat kann während des Arbeitskampfes weiterhin Personalratssitzungen durchführen und hat jederzeit, auch bei einer Aussperrung, Zutritt zur Dienststelle. Die Dienststellenleitung ist verpflichtet, die Vergütung für die Zeit der Personalratstätigkeit weiterzuzahlen.

6

(Abs. 3) Die **Zulässigkeit der Anrufung außenstehender Stellen** für Dienststellenleitung und Personalvertretung richtet sich nach Abs. 3. Vor-

7

aussetzung ist, daß die Einigung in der Dienststelle gescheitert ist. Die Vorschrift soll vor übereilten Verfahren und Anrufungen höherer Stellen bewahren. Es reicht für eine zulässige Anrufung aber aus, wenn in angemessener Zeit eine Einigung nicht zustande kommt oder wenn eine Seite die Verhandlungen abbricht. Als außenstehende Stellen kommen die übergeordneten Dienststellen, die dortigen Personalvertretungen, die Einigungsstelle, der oder die Landesbeauftragte für den Datenschutz, die für Arbeitsschutz zuständigen Stellen, die Verwaltungsgerichte oder die Parlamente (Petition nach Art. 17 GG) in Betracht.

8 Unabhängig davon besteht das **Recht zur Einholung von Sach- und Rechtsauskünften,** z. B. durch Einholung einer Information über die Datenschutzbeauftragte oder den Datenschutzbeauftragten des Landes. Nicht von Einschränkungen betroffen ist zudem die **Einschaltung von Gewerkschafts- oder Arbeitgeberverbandsvertretern,** da sie keine außenstehenden Stellen in diesem Sinne sind. Dies ergibt sich bereits aus der Rechtsstellung der Koalitionen im Personalvertretungsgesetz, wie Satz 2 mit dem Hinweis auf das Zusammenarbeitsgebot ausdrücklich klarstellt.

9 Die sachlich gehaltene **Einschaltung von Presse und Öffentlichkeit** nach vergeblichen Versuchen einer internen Klärung stellt keine unzulässige Anrufung außenstehender Stellen i. S. d. Abs. 3 dar (Altvater u. a., § 66 BPersVG Rn. 14, Grabendorff u. a., Rn. 20; Schnupp, DÖD 76, 241). Der Personalrat darf dabei allerdings nicht gegen den Grundsatz der Nichtöffentlichkeit und gegen die Schweigepflicht verstoßen.

10 Personalvertretung und die Dienststellenleitung dürfen zum **Monatsgespräch sachkundige Beschäftigte** nur nach vorheriger Absprache und Einvernehmen hinzuziehen. Die Hinzuziehung kann der Ausschöpfung des in der Dienststelle vorhandenen Sachverstandes bei Information und Meinungsaustausch im Rahmen des Gespräches dienen. Daneben besteht die Möglichkeit beider Seiten, vor oder nach dem Gespräch den Sachverstand externer Sachkundiger zur Entscheidungsfindung zu nutzen. Im Einvernehmen können auch Vertreter von Gewerkschaften oder Arbeitgeberverbänden zum Monatsgespräch hinzugezogen werden (vgl. Rn. 2).

§ 67
Allgemeine Grundsätze

(1) Dienststelle und Personalvertretung haben darüber zu wachen, daß alle Angehörigen der Dienststelle nach Recht und Billigkeit behandelt werden, insbesondere, daß jede unterschiedliche Behandlung von Personen wegen ihrer Abstammung, Religion, Nationalität, Herkunft, politischen oder gewerkschaftlichen Betätigung oder Einstellung oder wegen ihres Geschlechtes unterbleibt. Dabei müssen sie sich so verhalten, daß das Vertrauen der Verwaltungsangehörigen in die Objektivität und Neutralität ihrer Amtsführung nicht beeinträch-

§ 67

tigt wird. **Der Leiter der Dienststelle und die Personalvertretung haben jede parteipolitische Betätigung in der Dienststelle zu unterlassen; die Behandlung von Tarif-, Besoldungs- und Sozialangelegenheiten wird hierdurch nicht berührt.**

(2) Beschäftigte, die Aufgaben nach diesem Gesetz wahrnehmen, werden dadurch in der Betätigung für ihre Gewerkschaften auch in der Dienststelle nicht beschränkt.

(3) Die Personalvertretung hat sich für die Wahrung der Vereinigungsfreiheit der Beschäftigten einzusetzen.

Vergleichbare Vorschriften: §§ 67, 105 BPersVG; §§ 74, 75 BetrVG

(Abs. 1) Die in Abs. 1 geregelte Überwachungspflicht begründet für 1
Dienststellenleitung und Personalvertretung die Verpflichtung zum aktiven Eintreten für die in der Vorschrift genannten Ziele. Sie verpflichtet Dienststellenleitung und Personalvertretung einerseits, die Beschäftigten in der Dienststelle nach Recht und Billigkeit zu behandeln, andererseits aber auch aktiv vor in die Dienststelle hineinwirkenden Handlungen außenstehender Dritter zu schützen, die gegen das Gebot der Behandlung nach Recht und Billigkeit verstoßen. Die Pflicht gilt gegenüber allen in der Dienststelle tätigen Personen (»Angehörige«), nicht lediglich gegenüber den Beschäftigten i. S. d. Personalvertretungsgesetzes. Sie gilt daher auch gegenüber Zivildienstleistenden oder Beschäftigten von Fremdunternehmen. Die Erweiterung des Personenkreises über die Beschäftigten hinaus ist rahmenrechtlich unbedenklich (vgl. BVerwG vom 30. 5. 86 – 6 P 23.84, PersR 87, 18).

Recht im Sinne dieser Vorschrift sind das geschriebene Recht (auch die 2
Bestimmungen der Tarifverträge) und das ungeschriebene Gewohnheitsrecht. Die **Billigkeit** ergänzt das formale Recht durch die Berücksichtigung von weitergehenden Grundsätzen wie Treu und Glauben und Gerechtigkeitserwägungen sowie dem Rechtsgedanken des erforderlichen Schutzes des sozial Schwächeren. Es sind nicht lediglich die Rechtsansprüche der in der Dienststelle Tätigen zu beachten, sondern darüber hinaus ihre berechtigten sozialen, wirtschaftlichen und persönlichen Interessen nach Möglichkeit zu berücksichtigen. Im Rahmen des Auftrags, die Behandlung aller Dienststellenangehörigen nach Recht und Billigkeit zu überwachen, kann der Personalrat auch die Unterrichtung über außertarifliche Leistungen verlangen (Vorlage von Namenslisten, so BVerwG vom 22. 12. 93 – 6 P 15.92, PersR 94, 78).

Die Aufzählung (»insbesondere«) der unzulässigen Unterscheidungs- 3
merkmale ist lediglich beispielhaft und nicht abschließend zu verstehen. **Verboten** ist daher **jede Ungleichbehandlung** aufgrund sachferner Kriterien. Mit Ungleichbehandlung ist sowohl die **Bevorzugung** als auch die **Benachteiligung** gemeint.

Gesetzlich verboten ist die unterschiedliche Behandlung von Angehöri- 4

§ 67

gen der Dienststelle aufgrund ihres **Geschlechts**. Der **Gleichberechtigungsgrundsatz des Art. 3 Abs. 2 GG** ist auch in der Dienststelle zu beachten. Damit ist die Regelung des § 4 Abs. 5 Nr. 5 und 6, nach der geringfügig Beschäftigte nicht als Beschäftigte i. S. d. ThürPersVG gelten, nicht vereinbar. Gleiches gilt für § 14 Abs. 2 Nr. 2, weil die Vorschrift Teilzeitbeschäftigte diskriminiert. Die Vorschriften sind verfassungswidrig und verstoßen gegen Rahmenrecht (§ 104 Satz 3 BPersVG) bzw. übernationales Recht (vgl. näher bei § 4 Abs. 5). Zulässig sind dagegen nach inzwischen h. M. frauenfördernde Maßnahmen, die die bestehende strukturelle Benachteiligung von Frauen durch entsprechende Erleichterungen zur Verbesserung der Chancen im Berufsleben beseitigen können, sogenannte **positive Diskriminierung.** Jedenfalls bis zur Beseitigung des verfassungswidrigen Ist-Zustands ist eine Bevorzugung weiblicher Bewerberinnen nicht nur sachgerecht, sondern vielmehr verfassungsrechtlich geboten (wie hier Hess. StGH vom 22. 12. 93 – P. St. 1141, PersR 94, 67; schon LAG Bremen vom 8. 7. 92 – 2 Sa 322/91, PersR 92, 529, ausdrücklich zustimmende Revisionsentscheidung des BAG vom 22. 6. 93 – 1 AZR 590/92, PersR 94, 89, nunmehr dem EuGH vorgelegt; ArbG Dortmund vom 1. 12. 92 – 1 Ca 2881/92, PersR 93, 282; ablehnend noch das OVG NW vom 15. 6. 89 – 6 B 1318/89, ZBR 89, 285; vom 23. 10. 90 – 12 B 2298/90, PersR 91, 227; vom 10. 4. 92 – 12 B 2298/90, NWVBL 92, 321; vom 2. 7. 92 – 6 B 713/92, NWVBL 92, 461). So dürfte zulässig sein, die Inanspruchnahme von »Vaterschafts«urlaub durch Männer über besondere Anreize zu fördern. Sinnvoll, verfassungsrechtlich geboten und keine Benachteiligung von Männern, sondern zur Gleichstellung der Frau im Berufsleben angesichts der bestehenden Gleichstellungsdefizite vorübergehend erforderlich und geeignet, sind auch Frauenförderpläne, die zumeist Gegenstand von Dienstvereinbarungen sind (zur Zulässigkeit von Frauenförderung und Quoten schon Benda, Gutachten; Degen/Zobeley, PersR 87, 115; Pfarr/Fuchsloch, NJW 88, 2201; Fritsche/Klein-Schonnefeld/Malzahn, PersR 88, 143; Degen, PersR 89, 146; Colneric, BB 91, 1118; Fuchsloch, NVwZ 91, 442; Degen, PersR 92, 489; Walz, PersR 92, 494; LAG Bremen vom 8. 7. 92, a. a. O.; zuletzt Düwell, PersR 93, 251; Colneric, PersR 94, 45).

5 Die Befürworter eines »**Gleichberechtigungsherstellungsgebots**« (dazu Düwell, PersR 93, 251) können sich auf eine Entscheidung des BVerfG zum Nachtarbeitsverbot stützen (BVerfG vom 28. 1. 92 – 1 BvR 1025/82, PersR 92, 166). Auch der EuGH hat bereits die zeitweilige Bevorzugung von Frauen gegenüber Männern für zulässig erklärt (EuGH vom 25. 10. 88 – Rs 312/86, NJW 89, 3086). Es lag daher nahe, diese Frage nach Art. 177 Abs. 3 EWG-Vertrag dem EuGH zur Entscheidung vorzulegen (so schon Düwell, PersR 93, 251). Auch das BAG (vom 22. 6. 93, a. a. O.) ist der Auffassung, daß Quotenregelungen im öffentlichen Dienst mit dem nationalen Recht vereinbar sind und hat diese Frage nunmehr gem. Art. 177 Abs. 3 EWGV dem EuGH vorgelegt. Angesichts der bisherigen

Entscheidungen des EuGH zur Diskriminierung von Frauen dürfen weibliche Beschäftigte sich berechtigte Hoffnungen machen (diese Einschätzung teilt auch Colneric, PersR 94, 45).

Verboten ist aufgrund Art. 119 EWG-Vertrag auch die versteckte, sog. **mittelbare Diskriminierung** von Frauen z. B. durch spezielle, benachteiligende Regelungen für Teilzeitbeschäftigte. Eine mittelbare Diskriminierung liegt vor, wenn durch für bestimmte Beschäftigtenkreise geltende benachteiligende Regelungen erheblich mehr Frauen als Männer betroffen sind. Entschieden hat der EuGH bereits, daß Teilzeitbeschäftigte nicht ohne sachlichen Grund von der betrieblichen Altersversorgung ausgeschlossen werden dürfen (EuGH vom 13. 5. 86 – 170/84, DB 86, 1525; diesem folgend BAG vom 20. 11. 90 – 3 AZR 613/89, NZA 91, 635), daß die Herausnahme von geringfügig Beschäftigten aus der Lohnfortzahlung im Krankheitsfalle eine mittelbare Diskriminierung weiblicher Beschäftigter darstellt (EuGH vom 13. 7. 89 – 171/88, NZA 90, 437; zustimmend BAG vom 9. 10. 91 – 5 AZR 598/90, NZA 92, 1125 zu § 1 Abs. 3 Nr. 2 LFZG), daß der Ausschluß von Teilzeitbeschäftigten vom Übergangsgeld nach § 62 Abs. 1 BAT mittelbar diskriminierend ist (EuGH vom 27. 6. 90 – C 33/89, PersR 90, 306), daß die Regelung des § 23 a Nr. 6 BAT Frauen diskriminiert, sofern Teilzeitbeschäftigte längere Bewährungszeiten zurückzulegen haben (EuGH vom 7. 2. 91 – C 184/89, PersR 92, 171; ebenso ArbG Hamburg vom 16. 5. 91 – 2 Ca 435/88, PersR 92, 173). Zuletzt hat der EuGH entschieden, daß in der Fortzahlung der bisherigen Vergütung von teilzeitbeschäftigten Personalratsmitgliedern bei Teilnahme an ganztägigen Schulungsveranstaltungen eine mittelbare Diskriminierung zu sehen ist (EuGH vom 4. 6. 92 – C 360/90, ArbuR 92, 382). Das ArbG Hamburg (Vorlagebeschluß vom 6. 11. 92 – 3 Ca 215/92, n. v.), das LAG Hamm (Vorlagebeschluß vom 22. 10. 92 – 17 Sa 1035/92, BB 92, 2364), das ArbG Bochum (Vorlagebeschluß vom 21. 1. 93 – 3 Ca 2081/92, ArbuR 93, 305) und das ArbG Neumünster (Vorlagebeschluß vom 1. 2. 93 – 4 a Ca 1727/92, AiB 93, 231) haben den EuGH zur Klärung der Frage angerufen, ob die Regelung eines Tarifvertrages, in der Überstundenvergütung erst für über die regelmäßige tarifliche Arbeitszeit hinaus geleistete Arbeitsstunde vorgesehen ist, mit europäischem Recht vereinbar ist (anderer Meinung dagegen LAG SH vom 27. 5. 93 – 4 Sa 490/92, ArbuR 93, 304). Am Vorliegen einer mittelbaren Diskriminierung in der Regelung der §§ 17, 34, 35 BAT kann kein vernünftiger Zweifel bestehen. Nach Auffassung des LAG Hamm (vom 22. 10. 92, a. a. O), des ArbG Kiel (vom 11. 11. 92 – 4 c Ca 1569/92, AiB 93, 231) und des ArbG Hamburg (vom 21. 10. 91 – 21 Ca 173/91, AiB 93, 231) haben Teilzeitbeschäftigte Anspruch auf Überstundenzuschlag bereits ab Überschreitung ihrer individuell vereinbarten Arbeitszeit. § 35 BAT, der erst einen Zuschlag ab Überschreitung der regelmäßigen wöchentlichen Arbeitszeit vorsieht, stellt eine mittelbare Diskriminierung von Frauen gem. Art. 119 EWG-Vertrag/Richtlinie 75/117 dar. Die regelmäßige Arbeitszeit der Vollzeitbeschäftigten stellt

§ 67

auch keine obere Belastungsgrenze dar, so daß sich hieraus die Zahlung von Überstundenzuschlägen erst ab Überschreitung dieser Grenze rechtfertigte. Vielmehr liegt die Funktion des Überstundenzuschlages darin, den Arbeitgeber davon abzuhalten, seine Arbeitnehmer jenseits ihres individuellen Arbeitszeitdeputates regelmäßig zur Arbeitszeit heranzuziehen. Das ArbG Reutlingen hat dem EuGH die Frage vorgelegt, ob die Herausnahme von Kleinbetrieben aus dem KSchG (vgl. § 23 Abs. 1 Satz 2 KSchG) eine mittelbare Diskriminierung von Frauen darstellt (Vorlagebeschluß vom 3. 5. 91 – 4 (2) Ca 85/91, AiB 92, 229 m. Anm. Däubler). Das VG Stuttgart (vom 4. 8. 93 – 17 K 429/93, PersR 93, 575 m. zust. Anm. Klar) hat das Institut der mittelbaren Diskriminierung auch bei Benachteiligungen von Beamtinnen und Richterinnen anerkannt.

7 Zur Problematik der **sexuellen Belästigung** am Arbeitsplatz vgl. Degen, PersR 88, 174; Bertelsmann, AiB 87, 123 ff; Degen, PersR 92, 489; Holzbrecher u. a., 1990, zuletzt Meschkutat u. a., 1993.

8 Der Begriff **Abstammung** umfaßt die rassische (z. B. Slawe), volkstumsmäßige oder landsmannschaftliche Herkunft (z. B. Tiroler, Pfälzer).

9 **Religion** meint nicht nur staatlich anerkannte Religionsgemeinschaften, sondern jede religiöse Weltanschauung im weiteren Sinne, auch die bewußte Nichtangehörigkeit zu einer Religionsgemeinschaft und die Zugehörigkeit zu einer Sekte.

10 Mit **Nationalität** ist demgegenüber die formale Staatsangehörigkeit gemeint. Hier wäre auch die umstrittene Frage zu klären, ob Ausländern der Zugang zu dem Deutschen vorbehaltenen Beamtentum zu gewähren ist. Jedenfalls gegenüber EG-Ausländern wird diese Beschränkung mittelfristig weitgehend fallen (vgl. Art. 48 EWG-Vertrag, insbesondere Art. 48 Abs. 4 EWG-Vertrag).

11 **Herkunft** bedeutet die »von den Vorfahren hergeleitete soziale Verwurzelung, nicht die Zugehörigkeit zu einer bestimmten sozialen Schicht, die sich aus den persönlichen Lebensverhältnissen ergibt« (so BVerfG vom 22. 1. 59 – 1 BvR 154/55, BVerfGE 9, 124). Herkunft ist also die Zuordnung zu einer bestimmten Schicht aufgrund der Geburt in einem dieser sozialen Schicht zugehörigen Elternhaus.

12 Eine unterschiedliche Behandlung kann auch nicht auf die **politische Betätigung oder Einstellung** gestützt werden. **Einstellung** ist die innere Überzeugung, **Betätigung** die nach außen erkennbare Manifestation dieser Überzeugung. Der Schutz der Vorschrift vor Ungleichbehandlung aufgrund politischen Verhaltens bezieht sich sowohl auf Aktivitäten innerhalb wie außerhalb des Betriebes. Sie bezieht sich über die parteipolitische Betätigung oder Einstellung auch auf die Weltanschauung. Ausgenommen vom Schutz durch diese Vorschrift sind verfassungsfeindliche Parteien, sofern das BVerfG nach Art. 21 Abs. 2 GG die Verfassungswidrigkeit festgestellt hat. Soweit eine Partei danach nicht verboten ist, ist eine Betätigung grundsätzlich zulässig (umstr., wie hier Altvater u. a.,

§ 67 BPersVG Rn. 11; enger BVerfG vom 22. 5. 75 – 2 BvL 13/73, AP Nr. 2 zu Art. 33 Abs. 5 GG), es sei denn, sie wendet sich gegen die Verfassung.

Auch die **gewerkschaftliche Betätigung oder Einstellung** darf nicht zu einer Ungleichbehandlung führen. Sie wird bereits durch Art. 9 Abs. 3 Satz 2 GG geschützt. Unter Betätigung fällt z. B. die Übernahme von gewerkschaftlichen Funktionen, Betätigung als Vertrauensmann oder -frau oder die Werbung für eine Gewerkschaft. Eine Ungleichbehandlung im Sinne einer Bevorzugung liegt nicht in tarifvertraglichen Vereinbarungen zum Schutz von Vertrauensleuten (umstr., anders Grabendorff u. a., § 67 BPersVG Rn. 13 m. w. Nw.). 13

Satz 2, der Dienststellenleitung und Personalvertretung zu **Objektivität und Neutralität der Amtsführung** verpflichtet, unterstreicht die sich bereits aus Satz 1 ergebende Pflicht, die Beschäftigten unter Unterlassung sachfremder Erwägung gleich und gerecht zu behandeln. Sie schränkt nicht die gewerkschaftliche Betätigungsfreiheit von Personalratsmitgliedern ein. 14

Dienststellenleitung und Personalvertretung ist die **parteipolitische Betätigung in der Dienststelle** verboten. Die inhaltliche und sachliche Behandlung von und die Auseinandersetzung mit politischen Themen, die in Zusammenhang mit der Beschäftigung in der Dienststelle stehen, ist davon ausgenommen. Dies gilt auch dann, wenn die Dienststelle oder die Beschäftigten davon nur mittelbar betroffen sind, wie bei Gesundheitsreform, Solidarpakt, Pflegegesetz u. ä. 15

(**Abs. 2**) Beschäftigte, die Aufgaben nach dem Personalvertretungsgesetz wahrnehmen, dürfen nicht in der **Betätigung für ihre Gewerkschaft in der Dienststelle** beschränkt werden. Dies ergibt sich bereits aus dem Grundrecht des Art. 9 Abs. 3 GG. Da die frühere Rechtsprechung des BVerwG gleichwohl Personalratsmitgliedern selbst außerhalb der Dienstzeit die Werbung für ihre Gewerkschaft untersagte, ist von den Gesetzgebern unter Absage an diese Rechtsprechung in den Personalvertretungsgesetzen (vgl. § 67 BPersVG) eine Klarstellung eingefügt worden (vgl. zum Ganzen Plander, PersR 86, 25). Ein gewerkschaftsneutrales Verhalten von Personalratsmitgliedern ist daher nicht erforderlich. Zulässig ist demnach die Streikorganisation und -teilnahme von Personalratsmitgliedern in ihrer Eigenschaft als Gewerkschaftsmitglied. Verboten ist jedoch die gewerkschaftliche Betätigung unter Mißbrauch des Amtes, z. B. durch Druck auf Beschäftigte, in eine bestimmte Gewerkschaft einzutreten mit dem Hinweis, der Personalrat achte auf die Zugehörigkeit zu einer bestimmten Gewerkschaft (wie hier Altvater u. a., § 67 BPersVG Rn. 21 ff.). 16

(**Abs. 3**) Gem. Abs. 3 hat sich die Personalvertretung für die **Wahrung der Vereinigungsfreiheit** einzusetzen. Diese Verpflichtung geht weiter als die Pflicht, Ungleichbehandlungen wegen gewerkschaftlicher Einstellung und Betätigung entgegenzutreten. Der Personalrat hat insbesondere die Beschäftigten vor Beeinflussung durch die Dienststellenleitung für 17 oder gegen eine bestimmte Gewerkschaft oder gegen Gewerkschaften schlechthin zu schützen. Der Personalrat ist jedoch nicht verpflichtet, sich für die negative Koalitionsfreiheit, also das Recht, sich nicht in Koalitionen zusammenzuschließen, einzusetzen (umstr., wie hier Altvater u. a., § 67 BPersVG Rn. 25 m. w. Nw.). Diese ist nicht – quasi als Kehrseite des Rechtes, sich zu Koalitionen zusammenzuschließen – Inhalt der Vereinigungsfreiheit gem. Art. 9 Abs. 3 GG, sondern allenfalls Ausfluß der allgemeinen Handlungsfreiheit nach Art. 2 Abs. 1 GG und damit nicht von der Verpflichtung der Personalvertretung nach § 67 Abs. 3 umfaßt.

§ 68
Allgemeine Aufgaben der Personalvertretung

(1) Die Personalvertretung hat folgende allgemeine Aufgaben:

1. **Maßnahmen, die der Dienststelle und ihren Angehörigen dienen, zu beantragen,**
2. **dafür zu sorgen, daß die zugunsten der Beschäftigten geltenden Gesetze, Verordnungen, Tarifverträge, Dienstvereinbarungen und Verwaltungsanordnungen durchgeführt werden,**
3. **Anregungen und Beschwerden von Beschäftigten entgegenzunehmen und, falls diese berechtigt erscheinen, durch Verhandlung mit dem Leiter der Dienststelle auf ihre Erledigung hinzuwirken,**
4. **die Eingliederung und berufliche Entwicklung Schwerbehinderter und sonstiger Schutzbedürftiger, insbesondere älterer Personen, zu fördern,**
5. **die Eingliederung ausländischer Beschäftigter in die Dienststelle und das Verständnis zwischen ihnen und den deutschen Beschäftigten zu fördern,**
6. **auf die Gleichstellung von Frauen und Männern zu achten,**
7. **Maßnahmen zur beruflichen Förderung Schwerbehinderter zu beantragen,**
8. **mit der Jugend- und Auszubildendenvertretung zur Förderung der Belange der in § 57 genannten Beschäftigten eng zusammenzuarbeiten.**

(2) Die Personalvertretung ist zur Durchführung ihrer Aufgaben rechtzeitig und umfassend zu unterrichten. Ihr sind die Unterlagen vorzulegen, die die Dienststelle zur Vorbereitung der von ihr beabsichtigten Maßnahmen beigezogen hat. Bei Einstellungen beschränkt sich die Vorlagepflicht auf die Bewerbungsunterlagen einschließlich der der Mitbewerber. Personalakten dürfen nur mit Zustimmung des Beschäftigten und nur von den von ihm bestimmten Mitgliedern der Personalvertretung eingesehen werden. Dienstliche Beurteilungen sind auf Verlangen des Beschäftigten der Personalvertretung zur Kenntnis zu bringen.

§ 68

(3) **Beschäftigten ist bei sie betreffenden personellen Maßnahmen auf Antrag der entsprechende Beschluß des Personalrates mitzuteilen. Auf Verlangen der Beschäftigten muß der Personalrat seinen Beschluß begründen.**

(Abs. 1) Die Vorschrift weist der Personalvertretung **allgemeine Aufgaben** als Pflichtaufgaben zu. Die Generalklausel erweitert den Handlungsrahmen der Personalvertretung im Rahmen der Regelungsbefugnis der Dienststelle umfassend über die Beteiligungsrechte hinaus. Die genannten allgemeinen Aufgaben sind teilweise gleichzeitig Gegenstand von Beteiligungsrechten und damit Gegenstand geregelter Verfahren zur Erzielung einer Einigung zwischen Dienststelle und Personalrat. Sofern in Abs. 1 allgemeine Aufgaben genannt sind, die nicht gleichzeitig Gegenstand von Beteiligungsrechten sind, sind diese nicht ein praktisch folgenloses Beschwerderecht des Personalrats. Zwar hat der Personalrat hier die Durchsetzungsinstrumente der Beteiligungsverfahren nicht, aber die allgemeinen Aufgaben sind zum einen Gegenstand des Monatsgepräches nach § 66 mit der Pflicht zur Beratung durch die Dienststellenleitung sowie Gegenstand der Unterrichtungs- und Erörterungspflicht nach Abs. 2. Zudem sind die allgemeinen Aufgaben Gegenstand des Initiativantragsrecht wegen Untätigkeit nach § 70 Abs. 3.

Die Dienststellenleitung hat wegen des Gebots zur vertrauensvollen Zusammenarbeit die **Ablehnung eines Antrages des Personalrats** zu begründen. Es ist der Dienstweg zu beachten. Bei der Ablehnung eines Antrages kann die Personalvertretung aber die nächsthöhere Dienststelle anrufen (vgl. auch § 70 Abs. 3).

Die **Zuständigkeit der Personalvertretung** besteht jedoch nur, soweit auch die Dienststellenleitung verwaltungsintern in der Angelegenheit zur Entscheidung befugt ist (BVerwG vom 13. 12. 74 – VII P 4.73, PersV 75, 178). Die Vorschrift gilt auch für Stufenvertretungen und für den Gesamtpersonalrat (»Personalvertretung«). Für die Jugend- und Auszubildendenvertretungen gilt die Vorschrift des § 61.

Die in den Vorschriften genannten **Pflichten** gegenüber den Beschäftigten oder bestimmten Gruppen stellen gegenüber der Dienststellenleitung zugleich **Rechte** dar. Mißachtet die Personalvertretung die ihr vom Gesetz auferlegten Aufgaben, so ist hierin ein **Pflichtverstoß** nach § 28 Abs. 1 zu sehen.

(Abs. 1 Nr. 1) Die Personalvertretung kann **Anträge** stellen, **die der Dienststelle und ihren Angehörigen dienen.** Es ist ausreichend, wenn eine der beiden Voraussetzungen gegeben ist, so daß auch Anträge zulässig sind, die lediglich den Interessen der Angehörigen der Dienststelle dienen. Der Personalrat kann auch Maßnahmen beantragen, die nicht Gegenstand beteiligungspflichtiger Angelegenheiten darstellen. Die Dienststellenleitung muß sich trotz Fehlens eines förmlichen Verfahrens wegen des Gebots zur vertrauensvollen Zusammenarbeit mit wohlfun-

§ 68

dierten Anträgen auseinandersetzen. Ein Verstoß stellt eine Pflichtverletzung dar, die Grundlage einer Dienstaufsichtsbeschwerde oder eine Beschlußverfahrens sein kann. Reagiert die Dienststellenleitung darauf nicht, so kann der Personalrat nach § 70 Abs. 3 vorgehen. Obwohl auch dort ausdrücklich keine Vorlagepflicht geregelt ist, muß die Dienststellenleitung nach dem Sinn und Zweck der Regelung einen Antrag der übergeordneten Dienststelle vorlegen (a. A. wohl BVerwG vom 20. 1. 93 – 6 P 21.90, PersR 93, 310 zur wegen § 70 Abs. 3 allerdings nicht identischen Lage nach dem BPersVG). Der Antrag muß sich allerdings im Rahmen der Regelungsbefugnis der Dienststellenleitung halten. Ist die Dienststellenleitung zur Entscheidung nicht befugt, besteht auch kein Antragsrecht.

6 (Abs. 1 Nr. 2) Der Personalrat hat die Pflicht, die **Einhaltung von Rechtsnormen** zugunsten der Beschäftigten zu überwachen (vgl. hierzu Kruse, PersR 93, 64). Stellt die Personalvertretung Verstöße (bspw. Grundgesetz, Tarifvertrag, Arbeitsschutzvorschriften etc.) fest, ist sie verpflichtet, der Dienststellenleitung hiervon Mitteilung zu machen und die Beachtung der Vorschriften anzumahnen. Daneben ist der Personalrat berechtigt, dies den davon betroffenen Beschäftigten mitzuteilen und diese ggf. über rechtliche Möglichkeiten aufzuklären. Der Personalrat kann bei Verstößen der Dienststellenleitung verletzte Rechte einzelner Beschäftigter aber nicht an deren Stelle als Prozeßstandschafter oder Prozeßvertreter einklagen. Er ist auf die obengenannten Möglichkeiten nach dem Personalvertretungsrecht beschränkt. Aus Abs. 1 Nr. 2 folgt auch das Einblicksrecht in Bruttolohn- und -gehaltslisten (BVerwG vom 22. 12. 93 – 6 P 15.92, PersR 94, 78; dazu Rn. 31).

7 (**Abs. 1 Nr. 3**) Die Regelung ergänzt das allen Beschäftigten zustehende **Beschwerderecht.** Nach Nr. 3 haben die Beschäftigten die Möglichkeit, sich ohne Beachtung des üblichen Dienstwegs mit **Anregungen und Beschwerden** an den Personalrat zu wenden. Die Beschwerdemöglichkeit bei der Dienststellenleitung selbst bleibt hiervon unberührt. Außerdem können Beschäftigte mit ihren Beschwerden und Anregungen an ihre Gewerkschaft herantreten. Der oder die Beschäftigte kann sich jederzeit, nicht nur während der Sprechstunden, an ein Personalratsmitglied seiner Wahl wenden. Die Beschwerde beim Personalrat unterbricht jedoch keine gesetzlichen Fristen. Der Personalrat hat zu prüfen, ob die Anregung oder Beschwerde berechtigt erscheint und die Dienststellenleitung zuständig ist. Ist beides der Fall, hat er in Verhandlungen mit der Dienststellenleitung auf die Erledigung hinzuwirken. Sind Verhandlungen erforderlich, hat der Personalrat darüber durch Beschluß zu entscheiden (BVerwG vom 20. 3. 59 – VII P 8.58, PersV 59, 187). Ist eine übergeordnete Dienststelle zuständig, ist die Angelegenheit an die Stufenvertretung zu richten (BVerwG vom 24. 10. 69 – VII P 9.68, PersV 70, 107). Über das Ergebnis der Verhandlungen mit der Dienststellenleitung sollte der Personalrat den oder die betroffene Beschäftigte unterrichten.

§ 68

(Abs. 1 Nr. 4) Nach dieser Vorschrift hat sich der Personalrat für die **Förderung der Eingliederung und beruflichen Entwicklung Schwerbehinderter und sonstiger schutzbedürftiger Personen, insbesondere älterer Personen** einzusetzen. Der Personalrat hat Maßnahmen und Programme der Dienststelle anzuregen, die geeignet sind, die speziellen **Eingliederungs**hindernisse der jeweiligen **schutzbedürftigen Personen** abzubauen sowie der Integration dieses Personenkreises in die Dienststelle dienen. Hierzu soll der Personalrat das Verständnis bei Dienststellenleitung und Beschäftigten für die besondere Situation der betroffenen Personen fördern und geeignete Maßnahmen zur Integration beantragen.

Sonstige schutzbedürftige Personen sind beispielsweise weibliche Beschäftigte, insbesondere Schwangere sowie Mütter, alleinerziehende Frauen und Männer, Homosexuelle (vgl. Bobke, S. 351 ff.; Hammer/Rzadkowski, ZTR 91, 363), Jugendliche, körperlich, geistig und seelisch Behinderte, die nicht dem SchwbG unterfallen, befristet und in Teilzeit Beschäftigte, sog. »freie Mitarbeiter« als arbeitnehmerähnliche Personen, Arbeitnehmerinnen und Arbeitnehmer mit gesundheitlichen Einschränkungen, Aussiedlerinnen und Aussiedler, Wehrpflichtige, Zivildienstleistende, Alkoholikerinnen und Alkoholiker und andere Suchtkranke (instr. dazu Bobke, S. 351 ff.), ehemalige Strafgefangene und Beschäftigte nach längerer Arbeitslosigkeit sowie vergleichbare Personen.

Hervorgehoben wird vom Gesetz die **Eingliederung von Schwerbehinderten.** Der Personalrat hat insbesondere auf die Erfüllung der Beschäftigungspflicht der Dienststelle nach den §§ 5, 6 und 14 SchwbG zu drängen. Im Januar 1992 waren in den alten Bundesländern 124 000 (+2,4 % zum Vorjahr) und in den neuen Bundesländern 32 506 (+116 %) Schwerbehinderte arbeitslos (Unterhinninghofen, PersR 92, 240). Nach dem SchwbG hat die Dienststelle auf wenigstens 6 % der Arbeitsplätze Schwerbehinderte zu beschäftigen. Auch nach § 20 SchwbG hat die Personalvertretung die Eingliederung Schwerbehinderter zu fördern. Ggf. hat der Personalrat auf Arbeitsplätze hinzuweisen, die durch entsprechende Maßnahmen (Hilfsmittel, Umbau) für Schwerstbehinderte behindertengerecht gestaltet werden können. Weitere Maßnahmen sind z. B. die Einrichtung von Schwerbehindertenparkplätzen oder die Einrichtung eines Abholdienstes. Der Personalrat hat auch auf die Wahl einer Schwerbehindertenvertretung hinzuwirken. Die Personalvertretung hat zur Erreichung der Zielsetzung der Vorschrift mit der Schwerbehindertenvertretung (vgl. §§ 21 ff. SchwbG) zusammenzuarbeiten.

Zur **Eingliederung** i. S. d. § 14 Abs. 1 SchwbG gehört, daß die Dienststellenleitung vor einer Stellenbesetzung beim zuständigen Arbeitsamt nachfragt, ob geeignete Schwerbehinderte gemeldet sind. Andernfalls kann der Personalrat seine Zustimmung zur Einstellung anderer nicht schwerbehinderter Bewerberinnen oder Bewerber verweigern (vgl. BAG vom 14. 11. 89 – 1 ABR 88/88, PersR 90, 150; BAG vom 10. 11. 92 – 1 ABR

§ 68

21/92, n. v.; a. A. VGH BW vom 13. 12. 88, 15 S 2173/88, PersR 90, 149 m. abl. Anm. Besgen).

12 Die Hervorhebung der **älteren Personen** verpflichtet den Personalrat, auf die Einstellung von älteren, möglicherweise seit längerer Zeit arbeitslosen Personen hinzuwirken. Ältere Beschäftigte werden häufiger arbeitslos und sind schwerer wieder zu vermitteln. Dahinter steht die Vorstellung, daß diese weniger leisten und häufiger krank werden (Däubler, Arbeitsrecht 2, 11. 3. m. w. Nw.). Die Personalvertretung hat – wie im übrigen auch bei den anderen Gruppen – auf die besondere Schutzwürdigkeit hinzuweisen und auf entsprechende Rücksichtnahme bei der Dienststellenleitung und den Beschäftigten zu achten.

13 Die **Förderung der beruflichen Entwicklung** der genannten Personen bedeutet für den Personalrat, sich für einen die Schutzbedürftigkeit berücksichtigenden Werdegang und sich für einen Einsatz auf – der eingeschränkten Arbeitskraft bzw. besonderen Situation – entsprechenden Stellen einzusetzen. Hierbei hat der Personalrat z. B. Maßnahmen zu beantragen, die die Weiterbeschäftigung bei Rationalisierung oder eine Qualifizierung ermöglichen.

14 (**Abs. 1 Nr. 5**) Zum Pflichtenprogramm des Personalrats gehört außerdem die **Förderung der Eingliederung ausländischer Beschäftigter in die Dienststelle und die Förderung des Verständnisses zwischen diesen und deutschen Beschäftigten.**

15 Unter **Eingliederung** ist hier nicht die Einstellung, sondern zunächst die Integration der ausländischen Beschäftigten zu verstehen. Selbstverständlich hat der Personalrat auch dafür Sorge zu tragen, daß Bewerberinnen und Bewerber um eine Einstellung nicht wegen ihrer Nationalität benachteiligt werden. Zur Eingliederung gehört, daß die ausländischen Beschäftigten in wichtigen Angelegenheiten von der Dienststelle in ihrer Landessprache unterrichtet werden. Bei Personalversammlungen sollten in Dienststellen mit zahlreichen ausländischen Beschäftigten Dolmetscher hinzugezogen werden. Die Kosten hierfür sind von der Dienststellenleitung zu übernehmen (vgl. für BetrVG LAG Düsseldorf vom 30. 1. 81 – 16 TaBV 21/80, DB 81, 1093). Aushänge des Personalrats sollten auch in der Sprachenvielfalt die Zusammensetzung der Beschäftigten widerspiegeln. Daneben kommen als Maßnahmen besondere Sprechstunden, Merkblätter und Informationen in der Heimatsprache und besondere Veranstaltungen bei spezifischen Problematiken, die ausschließlich oder besonders die ausländischen Beschäftigten betreffen, in Betracht. Sinnvoll ist es, wenn im Personalrat auch ausländische Beschäftigte vertreten sind. Hierdurch werden sowohl die Eingliederung als auch das Verständnis gefördert. Der Personalrat hat insbesondere darauf zu achten, daß der Gleichbehandlungsgrundsatz beachtet wird, § 67 Abs. 1. Der Personalrat kann Maßnahmen zur Qualifikation, fachlichen und sprachlichen Ausbildung beantragen. Darüber hinaus kann er Einzelmaßnahmen auch im Rahmen übergreifender Programme unterstützen (vgl. »Grundsätze zur Eingliederung ausländischer Arbeitnehmer und ihrer Familien«, BABl. 1972, Nr. 6; Eingliederung ausländischer Arbeitnehmer, herausgegeben vom BMA 1973).

Die **Förderung des Verständnisses** bezieht sich sowohl auf die Überwindung des Nachteils in der sprachlichen Verständigung als auch auf die Aufklärung über nationalitäts- und herkunftsbedingte Denk- und Lebensgewohnheiten (BVerwG vom 23. 10. 70 – VII P 7.70, ZBR 71, 118). Die Personalvertretung soll dazu beitragen, daß Vorurteile bei deutschen Beschäftigten gegenüber ausländischen Beschäftigten abgebaut und Verständnis und Toleranz für nationalitätsbezogene Eigenarten gefördert werden. Diese Aufgabe des Personalrats erscheint wegen der aktuellen aktiven Fremdenfeindlichkeit in Teilen der Bevölkerung wichtiger denn je. Hier tut Aufklärung not, da Fremdenangst und Fremdenfeindlichkeit zumeist auf fehlender Kenntnis fremder Lebensart und der Lebensumstände von Ausländern in der Bundesrepublik sowie unzutreffenden und pauschalen Vorurteilen beruhen. Eine sinnvolle Maßnahme kann es auch sein, Vorurteilen die Tatsachen in Form von Daten gegenüberzustellen. Fremdenfeindlichen Tendenzen hat der Personalrat entschieden entgegenzutreten. **16**

(Abs. 1 Nr. 6) Die Personalvertretung hat auf die **Gleichstellung von Mann und Frau** zu achten. Hierzu kann sie auch Maßnahmen beantragen, die diesem Gebot dienen. Die Verpflichtung dient der Umsetzung des Grundrechtes der Gleichberechtigung der Geschlechter nach Art 3 GG, insbesondere Art. 3 Abs. 2 GG sowie supranationalen Vorschriften wie der »Richtlinie des Rates der EG zur Verwirklichung des Grundsatzes der Gleichbehandlung von Männern und Frauen hinsichtlich des Zugangs zur Beschäftigung, zur Berufsausbildung und zum beruflichen Aufstieg sowie in bezug auf die Arbeitsbedingungen 76/207/EWG vom 9. 2. 76, Amtsbl. 1976, Nr. L 39, S. 40« und des »Übereinkommen der Vereinten Nationen zur Beseitigung jeder Form von Diskriminierung der Frau vom 18. 12. 79, abgedruckt in BT-Drucks. 10/955 vom 2. 2. 84«. Als allerdings unzureichende Umsetzung der EG-Richtlinie 76/207 wurden die §§ 611 a, 611 b, 612 und 612 a im Bürgerlichen Gesetzbuch (BGB) eingefügt bzw. geändert. **17**

Frauenförderpläne sind als zeitweilige Sondermaßnahmen keine nach Art. 3 GG verbotene Ungleichbehandlung von Männern, sondern verfassungsrechtlich zur Herbeiführung der Gleichberechtigung von Mann und Frau aus Art. 3 GG geboten (die Frage der Zulässigkeit der sogenannten positiven Diskriminierung war bislang umstr., vgl. dazu § 67 Rn. 4 ff.). Die Maßnahmen sind dann aufzuheben, wenn das Ziel der Chancengleichheit und Gleichbehandlung erreicht ist. Frauenförderpläne sind wegen der Verbindlichkeit von Zielvorgaben und Maßnahmen für die Erreichung dieses Ziels besonders wichtig – im Unterschied zu rein programmatischen Willensbekundungen. **18**

Eine weitere Maßnahme zur Gleichstellung von Frauen und Männern ist **19**

§ 68

die **Kinderbetreuung durch die Dienststelle.** Sie dient gleichzeitig der beruflichen Eingliederung und Entwicklung schutzbedürftiger Personen (Alleinerziehende, Frauen) i. S. d. Abs. 1 Nr. 4. Die überkommene Arbeitsteilung in der Familie, die der Frau die Hauptlast bei der Kindererziehung zuweist, führt dazu, daß die Berufstätigkeit bzw. die Wiedereingliederung von Frauen elementar von der Frage abhängt, ob eine Betreuungsmöglichkeit für Kinder besteht. Dies gilt für verheiratete oder in nichtehelicher Lebensgemeinschaft lebende Frauen, zwingend aber für alleinerziehende Elternteile. Wegen dieses Zusammenhangs ist die Gleichstellung ohne die Gewährleistung von Kinderbetreuung nicht zu trennen. Denkbare Maßnahme ist die Einrichtung einer Kinderbetreuungseinrichtung in der Dienststelle oder – bei kleineren Dienststellen – durch Schaffung einer solchen Einrichtung für die Beschäftigten mehrerer Dienststellen.

20 **Weitere Maßnahmen** auf dem Weg zur Gleichstellung können sein die Vereinbarung von besonderen Dienstzeiten, bei Bedarf die Förderung von Teilzeitarbeit (hierzu Feldhoff, PersR 92, 433), Job-sharing, Wiedereingliederungskurse für Frauen nach dem Mutterschaftsurlaub, Förderung der Inanspruchnahme von Mutterschaftsurlaub durch Männer, geschlechtsneutrale Ausschreibung von Stellen, Quotierung der einzustellenden Auszubildenden nach Geschlechtern, Förderung der Einstellung von Frauen in typischen Männerausbildungsberufen u. ä..

21 Der Gleichbehandlung dienen auch **Maßnahmen, die Diskriminierungen abstellen.** In diesem Rahmen kommt der **Verhinderung der sexuellen Belästigung von Frauen am Arbeitsplatz** eine besondere Rolle zu (s. dazu § 67 Rn. 7).

22 **(Abs. 1 Nr. 7)** Der Personalvertretung obliegt weiter die **Förderung von Maßnahmen zur beruflichen Förderung Schwerbehinderter.** Durch Nr. 7 wird die generelle Förderungspflicht gegenüber Schwerbehinderten erweitert und unterstrichen (zum ganzen Unterhinninghofen, PersR 92, 240). Aus § 14 Abs. 2 Satz 1 SchwbG folgt die Verpflichtung der Dienststellenleitung, Schwerbehinderte so zu fördern, daß sie ihre eingeschränkte Arbeitskraft durch entsprechende Tätigkeiten noch einsetzen können (vgl. BAG vom 10. 7. 91 – 5 AZR 383/90, DB 91, 2489). Der Personalrat soll über geeignete Maßnahmen und Programme Dienststelle und Betroffene informieren und die Teilnahme, z. B. durch entsprechende Anträge gegenüber der Dienststelle, zu ermöglichen. Denkbare Maßnahmen sind Fortbildungslehrgänge, u. U. spezielle Computerkurse. Der Personalrat kann sich auch dafür einsetzen, daß Schwerbehinderte bei Fortbildungsmaßnahmen, die für alle Beschäftigte ausgeschrieben sind, bevorzugt berücksichtigt werden. Darüber hinaus hat der Personalrat sich für eine entsprechende Arbeitsplatzgestaltung einzusetzen (vgl. näher zum Ganzen Bethmann, 1993).

23 **(Abs. 1 Nr. 8)** Der Personalrat ist zur **Zusammenarbeit mit der Jugend- und Auszubildendenvertretung zur Förderung der Belange der ju-**

§ 68

gendlichen Beschäftigten** verpflichtet. Durch diese Verpflichtung des Personalrats dient Nr. 8 der Stärkung der Stellung der Jugend- und Auszubildendenvertretung. Die hier genannte Pflicht zur Zusammenarbeit geht über die bereits gesetzlich vorgesehenen Formen der Zusammenarbeit hinaus. Sie beinhaltet bspw. die Verpflichtung des Personalrats, auf die Wahl einer Jugend- und Auszubildendenvertretung aktiv hinzuwirken. Eine enge Zusammenarbeit zwischen Jugend- und Auszubildendenvertretung und Personalvertretung ist insbesondere deshalb notwendig, weil die Jugend- und Auszubildendenvertretungen keine selbständigen Organe der Personalverfassung sind (vgl. BVerwG vom 8. 7. 77 – VII P 22.75, PersV 78, 309).

(Abs. 2) Aus Abs. 2 ergibt sich die mit dem Informationsrecht der Personalvertretung korrespondierende **Unterrichtungs- und Informationspflicht** der Dienststellenleitung gegenüber der Personalvertretung. Zur Durchführung ihrer Aufgaben ist die Personalvertretung nicht nur **rechtzeitig,** sondern auch **umfassend** und **anhand von Unterlagen zu unterrichten.** Die Unterrichtungspflicht gilt sowohl für die Unterrichtung als Vorstufe zu den Beteiligungsverfahren als auch im Rahmen der allgemeinen Aufgaben des § 68 Abs. 1. 24

Die Unterrichtung ist **rechtzeitig,** d. h. so frühzeitig vorzunehmen, daß dem Personalrat und seinen einzelnen Mitgliedern ausreichend Zeit zur Meinungsbildung zur Verfügung steht. Die Maßnahme darf noch nicht vorentschieden sein (BVerwG vom 12. 1. 62 – VII P 1.60, PersV 62, 160). 25

Die Personalvertretung ist **umfassend** zu unterrichten. Der Personalrat hat daher einen **Anspruch auf alle Informationen,** die der Dienststellenleitung auch zur Verfügung stehen. Auch nachträglich entstandene Umstände sind der Personalvertretung unverzüglich mitzuteilen. Das Informationsrecht der Personalvertretung geht als bereichsspezifische Regelung des Dienstrechts einem weiterreichenden **Datenschutz** vor (zuletzt BVerwG vom 22. 12. 93 – 6 P 15.92, PersR 94, 78). Das Informationsrecht wird auch nicht dadurch eingeschränkt, daß es sich hierbei nach Meinung der Dienststellenleitung um Betriebs- und Geschäftsgeheimnisse handelt (BAG vom 20. 9. 90 – 1 ABR 74/89, PersR 91, 182). 26

Aus dem **Gebot zur vertrauensvollen Zusammenarbeit** ergibt sich, daß der Personalrat von der Dienststellenleitung auch **ohne ein Verlangen** rechtzeitig und umfassend über alle zu seinen Aufgaben gehörenden Umstände und Maßnahmen in der Dienststelle zu informieren ist (BVerwG vom 22. 12. 93, a. a. O.). Verlangt der Personalrat aus eigenem Antrieb Informationen, so ist regelmäßig ein besonderer Anlaß (Besorgnis einer Rechtsverletzung) oder konkreter Fall für das Auskunftsverlangen des Personalrats nicht erforderlich (BVerwG vom 27. 2. 85 – 6 P 9.84, PersR 85, 124; OVG NW vom 23. 2. 89 – CL 18/88, ZBR 90, 151; zuletzt BVerwG vom 22. 12. 93, a. a. O.). Dies gilt insbesondere für diejenigen Bereiche, in denen der vorbeugenden Überwachung durch die Personalvertretung eine besondere Bedeutung zukommt oder die sich dem Blick- 27 feld des Personalrats und der Beschäftigten regelmäßig entziehen (BVerwG vom 22. 12. 93, a. a. O.).

28 Der **Unterrichtungspflicht** der Dienststellenleitung steht das Informationsrecht der Personalvertretung gegenüber (vgl. Albers, PersV 93, 487). Ein **generelles Informationsrecht** (vgl. dazu ausführlich Kruse, PersR 93, 64) der Personalvertretung besteht in allen Angelegenheiten, insbesondere in solchen Angelegenheiten, bei denen der Personalvertretung eine Überwachungsfunktion zukommt. Zur Erfüllung dieser Aufgabe steht der Personalvertretung ein weitreichender Informationsanspruch zu. Der Personalvertretung sind nicht nur Einzelinformationen zu geben, sondern – unabhängig davon, ob ein konkreter Rechtsverstoß behauptet wird – ein Überblick über alle einschlägigen Fakten und Vorhaben zu verschaffen (BVerwG vom 27. 2. 85 – 6 P 9.84, PersR 85, 124; OVG NW vom 23. 2. 89 – CL 18/88, ZBR 90, 151). Der Personalrat ist zu seiner Meinungsbildung nicht auf die ihm von der Dienststelle zur Verfügung gestellten Informationen beschränkt.

29 Es bleibt dem Personalrat unbenommen, sich Informationen selbst zu verschaffen, indem er Arbeitsplätze aufsucht, sog. **Selbstinformationsrecht des Personalrats,** oder Auskünfte und Stellungnahmen einholt BVerwG vom 8. 11. 89 – 6 P 7.87, PersR 90, 102). Ohne ausreichende Unterrichtung beginnen die Fristen für Stellungnahmen der Personalvertretung nicht zu laufen (BVerwG vom 8. 11. 89, a. a. O.).

30 (Satz 2) Der Personalvertretung sind von Amts wegen **alle Unterlagen** zur Verfügung zu stellen, die die Dienststellenleitung bzw. die zuständigen Stellen in der Dienststelle für ihre Meinungsbildung auch beigezogen haben (vgl. BVerwG vom 29. 8. 75 – VII P 2.74, PersV 76, 385). Die Unterlagen sind **im Original oder in Kopie** zur Verfügung zu stellen. Dazu gehören auch entscheidungserhebliche Literatur und Gesetzestexte, soweit sie dem Personalrat nicht bereits vorliegen (Altvater u. a., § 68 BPersVG Rn. 15). Das Vorenthalten von Informationen stellt zum einen eine unzulässige Behinderung der Personalratstätigkeit dar. Daneben beginnen Erklärungsfristen im Beteiligungsverfahren erst nach Nachholung vollständiger Information – eine entsprechende Rüge des Personalrats vorausgesetzt – zu laufen (BVerwG vom 10. 8. 87 – 6 P 22.84, PersR 88, 18; BVerwG vom 26. 8. 87 – 6 P 11.86, PersR 88, 45).

31 Anders als das in Privatbetrieben geltende Betriebsverfassungsgesetz (§ 80 Abs. 2, Satz 2, Halbsatz 2 BetrVG) enthält das ThürPersVG ausdrücklich keine Vorschrift, die der Personalvertretung ein **Einblicksrecht in die Listen der Bruttolöhne und -gehälter** gewährt. Das Einblicksrecht ergibt sich allerdings aus der Überwachungsaufgabe nach § 67 Abs. 1 (BVerwG vom 22. 12. 93 – 6 P 15.92, PersR 94, 79). Soweit die Vorlage von Listen über übertarifliche Bestandteile (z. B. Leistungszulagen) verlangt wird, ergibt sich das Einblicksrecht aus § 68 Abs. 1 Nr. 2 (BVerwG vom 22. 12. 93, a. a. O.). Die Dienststelle ist nicht verpflichtet, dem Personalrat die Listen im Original oder in Kopie zu überlassen

(BVerwG vom 27. 2. 85 – 6 P 9.84, PersR 85, 124). Einer bzw. einem Beauftragten des Personalrats ist aber auf Verlangen Einblick zu gewähren; diese bzw. dieser ist berechtigt, sich Notizen zu machen. Unberührt hiervon bleibt der Anspruch, bei konkreten Mitbestimmungsfällen z. B. die Korrektheit einer Höher- oder Rückgruppierung anhand von vergleichbaren Daten anderer Beschäftigter zu überprüfen.

(Satz 3) Bei Einstellungen ist die Dienststellenleitung nach dem Thür-PersVG nur verpflichtet, die Bewerbungsunterlagen einschließlich der der Mitbewerber vorzulegen. Die Rechtsprechung hat der Vorlagepflicht auch Unterlagen wie Aufzeichnungen über die mit Bewerberinnen und Bewerbern geführten Vorstellungsgespräche (OVG Lüneburg vom 19. 7. 89 – 18 OVG L 20/87, PersR 90, 264), Einstellungstests (Schreibmaschinen-, Übersetzungs- und psychologische Tests: LAG Köln vom 7. 3. 89 – 4 TaBV 2/89, PersR 90, 70 m. w. Nw.) zugeordnet. **Bewerbungsunterlagen** im Sinne der Vorschrift sind demgemäß nicht nur die von den Bewerberinnen und Bewerbern eingereichten Unterlagen, sondern alle schriftlichen Unterlagen, die zur Entscheidung der Dienststellenleitung über die Bewerbung zusammengestellt werden. Es ist fraglich, ob überhaupt eine Einschränkung der Vorschrift mit dem Sinn und Zweck des Informationsrechts in Einklang zu bringen ist. Nachdenklich stimmt im Hinblick auf eine gesetzmäßige Bewerberinnen- und Bewerberauswahl, warum dem Personalrat bei Einstellungen bestimmte Unterlagen der Dienststellenleitung gesetzlich vorenthalten werden sollen. Zumindest muß einer Personalvertretung vorbehalten bleiben, bei der Besorgnis einer konkreten Rechtsverletzung die Vorlage auch weiterer Unterlagen zu verlangen, weil sie ansonsten ihrer gesetzlichen Überwachungsaufgabe objektiv gar nicht nachkommen kann. Bei der Mitbestimmung bei anderen personellen Auswahlentscheidungen gilt die Einschränkung des Satz 3 schon nach seinem ausdrücklichen Wortlaut nicht. Bei allen personellen Auswahlentscheidungen hat die Personalvertretung darüber zu wachen, daß die Dienststellenleitung die rechtlichen Schranken wie z. B. die durch Art. 33 Abs. 2 GG gezogenen Ermessensgrenzen beachtet. Zur Ausübung dieser Kontrolle sind ihr nicht nur die Bewerbungsunterlagen aller Bewerber vorzulegen, sondern auch andere Unterlagen (OVG Lüneburg vom 19. 7. 89, a. a. O.).

(Satz 4) Die **Personalakten** dürfen nur mit Zustimmung der Beschäftigten und nur durch von ihnen bestimmte Mitglieder der Personalvertretung eingesehen werden. Die so zur Einsichtnahme Ermächtigten dürfen sich Aufzeichnungen aus dem Inhalt der Personalakte machen. Ungeachtet des Zustimmungserfordernisses ist die Dienststellenleitung verpflichtet, dem Personalrat sachdienliche Hinweise, die für die Beschlußfassung des Personalrats von Bedeutung sind, auch dann mitzuteilen, wenn sie Bestandteil der Personalakte sind (BVerwG vom 20. 3. 59 – VII P 11.58, AP Nr. 1 zu § 57 PersVG). Zu den Personalakten gehören auch Personaldaten, die

§§ 68, 69

in elektronischen Datenbanken gespeichert sind (Altvater u. a., § 68 BPersVG Rn. 21).

34 (Satz 5) Auf Verlangen der Beschäftigten sind **dienstliche Beurteilungen** dem Personalrat zur Kenntnis zu bringen. Im Rahmen der Fürsorgepflicht hat die Dienststellenleitung die Beschäftigten auf diese Möglichkeit hinzuweisen (vgl. aber BAG vom 26. 8. 93 – 2 AZR 376/93, PersR 94, 36, das eine Pflicht bei der Mitbestimmung auf Antrag ablehnt). Die Beschäftigten haben die Möglichkeit, dem Arbeitgeber von vornherein mitzuteilen, daß sie die Beteiligung der Personalvertretung bei allen das Beschäftigungsverhältnis betreffenden Maßnahmen wünschen (BAG vom 26. 8. 93, a. a. O.). Den Beschäftigten soll dadurch die Möglichkeit gegeben werden, mit Unterstützung des Personalrats eine berechtigte Abänderung der Beurteilung zu erreichen. In beteiligungspflichtigen Angelegenheiten hat die Dienststellenleitung bei der Begründung einer beabsichtigten Maßnahme wie der Auswahl bei einer Beförderung die Ergebnisse dienstlicher Beurteilungen dem Personalrat auch ohne Zustimmung des Beschäftigten mitzuteilen (BayVGH vom 8. 7. 81 – 17 C 81 A. 559, PersV 84, 414).

35 (Abs. 3) Beschäftigte können beim Personalrat beantragen, über den sie betreffenden Beschluß oder Teil des Beschlusses in **personellen Einzelmaßnahmen** informiert zu werden. Der Beschluß ist im gefaßten Wortlaut mitzuteilen. Die **Mitteilung** kann die oder der Vorsitzende als laufendes Geschäft übernehmen, ohne daß erneut eine Beschlußfassung erforderlich wäre. Gleiches gilt für die Begründung, sofern der Personalrat seinen **Beschluß** im Protokoll bereits begründet hat. Dann ist diese Begründung der oder dem Beschäftigten mitzuteilen, wenn sie oder er dies verlangt. Hat der Personalrat seinen Beschluß bei der Beschlußfassung indes nicht begründet, kann auch der oder die Vorsitzende den Beschluß nicht selbständig begründen. In diesem Fall bedarf es einer erneuten Befassung des Personalrats mit der in das Protokoll aufzunehmenden Begründung des Beschlusses. Diese förmlich gefaßte Begründung kann die oder der Vorsitzende danach den betroffenen Beschäftigten mitteilen.

§ 69
Verfahren der Mitbestimmung

(1) Soweit eine Maßnahme der Mitbestimmung des Personalrates unterliegt, kann sie nur mit seiner Zustimmung getroffen werden.

(2) Der Leiter der Dienststelle unterrichtet den Personalrat von der beabsichtigten Maßnahme und beantragt seine Zustimmung. Die Unterrichtung erfolgt grundsätzlich schriftlich und ist grundsätzlich schriftlich zu begründen. Der Personalrat kann auf die Schriftform und die Begründung verzichten. Satz 2 gilt nicht in Personalangelegenheiten. Die beabsichtigte Maßnahme ist vor der Durchführung

mit dem Ziel einer Einigung mit dem Personalrat zu erörtern. Auf die Erörterung kann einvernehmlich verzichtet werden. Der Beschluß des Personalrates über die beantragte Zustimmung ist dem Leiter der Dienststelle innerhalb von zehn Arbeitstagen mitzuteilen. In dringenden Fällen kann der Leiter der Dienststelle diese Frist auf drei Arbeitstage abkürzen. Die Maßnahme gilt als gebilligt, wenn nicht der Personalrat innerhalb der genannten Frist die Zustimmung unter Angabe der Gründe schriftlich verweigert. Soweit dabei Beschwerden oder Behauptungen tatsächlicher Art vorgetragen werden, die für einen Beschäftigten ungünstig sind oder ihm nachteilig werden können, ist dem Beschäftigten Gelegenheit zur Äußerung zu geben; die Äußerung ist aktenkundig zu machen.

(3) Kommt zwischen dem Leiter einer nachgeordneten Dienststelle und dem Personalrat eine Einigung nicht zustande, so kann der Leiter der Dienststelle oder der Personalrat die Angelegenheit innerhalb von zehn Arbeitstagen auf dem Dienstweg der übergeordneten Dienststelle, bei der eine Stufenvertretung besteht, vorlegen. Der Dienststellenleiter ist nicht berechtigt, das Verfahren abzubrechen, es sei denn, daß die Personalvertretung rechtsmißbräuchlich die Zustimmung verweigert. Die übergeordnete Dienststelle hat innerhalb von fünfzehn Arbeitstagen die Stufenvertretung mit der Angelegenheit zu befassen.

(4) Ist die übergeordnete Dienststelle eine Behörde der Mittelstufe und kommt zwischen ihr und dem Bezirkspersonalrat eine Einigung nicht zustande, so kann ihr Dienststellenleiter oder der Bezirkspersonalrat die Angelegenheit innerhalb von zehn Arbeitstagen der obersten Dienstbehörde vorlegen. Die oberste Dienstbehörde hat innerhalb von fünfzehn Arbeitstagen den Hauptpersonalrat mit der Angelegenheit zu befassen. Kommt zwischen der obersten Dienstbehörde und dem Hauptpersonalrat in den Fällen der §§ 74 und 75 Abs. 1 Nr. 1 bis 8 eine Einigung nicht zustande, so kann der Leiter der obersten Dienstbehörde oder der Hauptpersonalrat die Einigungsstelle (§ 71) anrufen. In den übrigen Fällen entscheidet die oberste Dienstbehörde endgültig.

(5) Ist die übergeordnete Dienststelle eine oberste Dienstbehörde und kommt zwischen ihr und dem Hauptpersonalrat eine Einigung nicht zustande, gilt Abs. 4 Satz 3 und 4 entsprechend.

(6) Kommt zwischen dem Leiter der Dienststelle, die oberste Dienstbehörde ist, und dem Personalrat eine Einigung nicht zustande, gilt Absatz 4 Satz 3 und 4 entsprechend.

(7) Kommt bei Gemeinden, Gemeindeverbänden, Landkreisen oder sonstigen Körperschaften, Anstalten und Stiftungen des öffentlichen Rechts mit einstufigem Verwaltungsaufbau zwischen dem Leiter der Dienststelle und dem Personalrat eine Einigung nicht zustande, so kann der Leiter der Dienststelle oder der Personalrat die Angelegen-

§ 69

heit innerhalb von zehn Arbeitstagen der obersten Dienstbehörde vorlegen. Die oberste Dienstbehörde oder ihre Vertreter und der Gesamtpersonalrat haben die Angelegenheit innerhalb des auf den Zeitpunkt der Vorlage folgenden Monats abschließend zu behandeln. Kommt innerhalb der in Satz 2 genannten Frist keine Einigung zustande, so kann die oberste Dienstbehörde oder der Gesamtpersonalrat in den Fällen der §§ 74 und 75 Abs. 1 Nr. 1 bis 8 die Einigungsstelle anrufen. In den übrigen Fällen entscheidet die oberste Dienstbehörde endgültig. Besteht kein Gesamtpersonalrat, so tritt an seine Stelle der Personalrat.

(8) Alle im Verfahren beteiligten Dienststellen und Personalräte haben ihre Anträge und ablehnenden Entscheidungen grundsätzlich schriftlich zu begründen. Absatz 2 Satz 4 bleibt unberührt.

(9) Die Einigungsstelle soll binnen zwei Monaten nach der Anrufung durch einen der Beteiligten entscheiden. In den Fällen des § 74 entscheidet die Einigungsstelle endgültig. In den Fällen des § 75 Nr. 1 bis 8 beschließt die Einigungsstelle, wenn sie sich nicht der Auffassung der obersten Dienstbehörde anschließt, eine Empfehlung an diese. Die oberste Dienstbehörde entscheidet endgültig. Die Einigungsstelle hat ihre Empfehlung oder Entscheidung grundsätzlich schriftlich zu begründen.

(10) Unzulässig ist die Durchführung von Maßnahmen, die ohne die gesetzlich vorgeschriebene Beteiligung oder unter einem Verstoß gegen wesentliche Verfahrensvorschriften erfolgt sind. Entgegen Satz 1 durchgeführte Maßnahmen sind zurückzunehmen, soweit Rechtsvorschriften nicht entgegenstehen.

(11) Der Leiter der Dienststelle kann bei Maßnahmen, die der Natur der Sache nach keinen Aufschub dulden, bis zur endgültigen Entscheidung grundsätzlich nur vorläufige Regelungen treffen. Er hat dem Personalrat die getroffene Regelung mitzuteilen und zu begründen und bei einer vorläufigen Regelung unverzüglich das Verfahren nach den Absätzen 2 bis 9 einzuleiten oder fortzusetzen.

Vergleichbare Vorschriften: § 69 BPersVG; §§ 87 ff. BetrVG

1 **(Vorbemerkung)** Die Vorschrift regelt das förmliche Verfahren der Beteiligung der Personalvertretung in mitbestimmungspflichtigen Angelegenheiten. Ein Mitbestimmungsrecht besteht bei den in § 74, 75 und § 78 genannten Angelegenheiten. Im Hinblick auf die Qualität lassen sich drei Arten der Mitbestimmung unterscheiden. Die volle Mitbestimmung nach § 74 ist dadurch gekennzeichnet, daß im Falle der Nichteinigung die Einigungsstelle endgültig entscheidet. In den Fällen der eingeschränkten Mitbestimmung nach § 75 Abs. 1 Nr. 1 bis 8 beschließt die Einigungsstelle eine Empfehlung, die durch endgültige Entscheidung der obersten Dienstbehörde aufgegriffen oder verworfen werden kann. In allen übrigen

§ 69

Fällen (§ 75 Abs. 1 Nr. 9 bis 12 und Abs. 2 sowie § 78 Abs. 1) kann die Einigungsstelle nicht angerufen werden (unechte Mitbestimmung). Hier entscheidet die oberste Dienstbehörde bereits nach Abschluß des förmlichen Mitbestimmungsverfahrens ohne Anrufung der Einigungsstelle endgültig.

(Abs. 1) Mitbestimmungspflichtige Maßnahmen darf die Dienststellenleitung erst nach der Zustimmung des Personalrats treffen. Die beabsichtigten Maßnahmen sind der Personalvertretung so rechtzeitig zur Kenntnis zu bringen, daß die Entscheidung der Dienststelle noch beeinflußt werden kann. Muß im kommunalen Bereich die Zustimmung des obersten Organs (Gemeinderat, Stadtverordnetenversammlung bzw. Satdtrat, Kreistag, Gemeinschafts- oder Verbandsversammlung) eingeholt werden oder ist dieses Organ entscheidungsbefugt, so hat die Beteiligung der Personalvertretung so rechtzeitig zu erfolgen, daß die Stellungnahme noch in die Entscheidungsfindung einfließen kann. **Maßnahme** ist jede Handlung oder Entscheidung der Dienststellenleitung, durch die in **eigener Zuständigkeit** eine Angelegenheit der Dienststelle geregelt werden soll. Berührt eine Maßnahme (Einstellung und Eingruppierung) **mehrere Mitbestimmungstatbestände,** kann der Personalrat zu dem einen Teil (Einstellung) seine Zustimmung erteilen, sie bezüglich des anderen Teils aber verweigern (bspw. Eingruppierung, vgl. VGH BW vom 31. 3. 92 – 15 S 1613/91, PersR 93, 143). Die Dienststellenleitung hat sodann den genehmigten Teil der Maßnahme durchzuführen und bezüglich des anderen Teils der Maßnahme das Stufenverfahren gem. Abs. 3 bzw. Abs. 7 ggf. bis zur Entscheidung der Einigungsstelle durchzuführen.

Verweigert die Personalvertretung ihre Zustimmung, so darf die Dienststellenleitung die Maßnahme nicht vor der Entscheidung der Einigungsstelle bzw. vor dem Abschluß des formalen Mitbestimmungsverfahrens durchführen (außer unter den Voraussetzungen des Abs. 5). Dies soll nach der Rechtsprechung aber dann nicht gelten, wenn die Dienststellenleitung davon ausgeht, die Maßnahme sei mitbestimmungsfrei (BayVGH vom 1. 7. 87 – 18 C 87.00950, PersR 88, 111; BVerwG vom 2. 2. 90 – 6 PB 13.89, PersR 90, 114; HessVGH vom 29. 3. 89 – BPV TK 3821/87, PersV 90, 176; Dannhäuser, Anm. zum Urteil des HessVGH, PersV 90, 145) oder wenn die Stellungnahme des Personalrat offensichtlich außerhalb jedes Mitbestimmungstatbestandes liegt (umstr.; so z. B. BVerwG vom 14. 11. 89 – 6 P 4.87, PersR 90, 12; a. A. Altvater u. a., § 69 BPersVG Rn. 42; vgl. zum **Abbruch des Mitbestimmungsverfahrens** näher unten Rn. 23).

Eine ohne oder ohne ordnungsgemäße Mitbestimmung des Personalrats durchgeführte Maßnahme ist **rechtswidrig.** Bei den Folgen der Rechtswidrigkeit ist zwischen privatrechtlichen rechtsgeschäftlichen Handlungen der Dienststellenleitung und Verwaltungsakten zu unterscheiden (vgl. dazu auch Richter, PersR 93, 54).

Bei privatrechtlichem Handeln gilt die **modifizierte Theorie der Wirksamkeitsvoraussetzung** (hierzu Altvater u. a., § 69 BPersVG Rn. 11 ff.).

§ 69

Grundsätzlich bedeutet dies, daß die mitbestimmungswidrige Maßnahme unwirksam ist (zuletzt BAG vom 6. 8. 91 – 1 AZR 573/90, ZTR 92, 128; LAG Hamm vom 12. 3. 92 – 17 Sa 1797/91, PersR 92, 520). Eine Ausnahme macht das BAG nur, sofern der Personalrat einer **Einstellung** nicht zugestimmt hat. In diesem Fall soll zum Schutz des Arbeitnehmers der Arbeitsvertrag voll wirksam sein (zuletzt BAG vom 28. 4. 92 – 1 ABR 73/91, PersR 93, 41). Dennoch darf die Dienststellenleitung die Arbeitnehmerin bzw. den Arbeitnehmer nicht beschäftigen. Grundsätzlich gilt das Prinzip, daß die Dienststellenleitung aus einer mitbestimmungsrechtlichen Pflichtwidrigkeit keinen Rechtsvorteil im Rahmen des Beschäftigungsverhältnisses ziehen darf (Altvater u. a., § 69 BPersVG Rn. 19, BAG vom 26. 4. 88 – 3 AZR 168/86, BB 1988, 2249 = AiB 89, 20 mit Anm. Schoden). Den Anspruch auf Unterlassung einer mitbestimmungswidrigen Maßnahme können hiervon betroffene Arbeitnehmerinnen und Arbeitnehmer vor dem Arbeitsgericht mit einer einstweiligen Verfügung durchsetzen (LAG Frankfurt vom 26. 1. 89 – 9 SaGa 1583/88, PersR 90, 52). Problematisch ist die Theorie der Wirksamkeitsvoraussetzung bei **Ein-, Höher- und Rückgruppierung.** Diese Maßnahmen sind keine Vorgänge, denen ein rechtsgeschäftlicher, gestaltender Charakter zukommt. Der Personalrat bestimmt hier nur bei der Rechtsanwendung mit. Nach dem Prinzip der Tarifautomatik kann eine solche Maßnahme nicht wirksam oder unwirksam, sondern nur zutreffend oder unzutreffend sein. Das BAG zieht hieraus den Schluß, daß die Ausübung des Mitbestimmungsrechts des Personalrats für den arbeits- oder tarifvertraglichen Anspruch des einzelnen Beschäftigten ohne Belang ist. Demzufolge ist die Beachtung des Mitbestimmungsrechts keine Wirksamkeitsvoraussetzung für die Minderung bzw. die Mißachtung kein Rechtsgrund für die Fortzahlung der Vergütung (vgl. BAG vom 30. 5. 90 – 4 AZR 74/90, BB 90, 2045). Für den individualrechtlichen Anspruch der Beschäftigten bedeutet dies, daß sie nach den herkömmlichen prozessualen Grundsätzen darlegen und beweisen müssen, daß die wahrgenommenen Aufgaben den Tätigkeitsmerkmalen der begehrten tariflichen Vergütungsgruppen entsprachen bzw. entsprechen. Diese Auffassung ist zu Recht kritisiert worden. Zumindest dann, wenn die Eingruppierung in Abstimmung mit der Personalvertretung vorgenommen wurde, sollte eine Vermutung dafür sprechen, daß die Zuordnung der Tätigkeit zu der Vergütungsgruppe zutreffend war. Bei späteren korrigierenden Rückgruppierungen müßte dann die Dienststellenleitung darlegen und ggf. beweisen, daß die Eingruppierung unzutreffend war (so auch Schmidt, ZTR 92, 237).

6 Eine weitere Ausnahme von dem Grundsatz, daß eine rechtswidrige Maßnahme auch unwirksam (ohne Rechtswirkung) ist, besteht für Maßnahmen, die **Verwaltungsakte** darstellen. Praktisch wird die Unterscheidung bei Beamtinnen und Beamten (vgl. BVerwG vom 24. 9. 92 – 2 C 6.92, PersR 93, 73). Bei diesen stellen Anordnungen der Dienststellenleitung, die das beamtenrechtliche **Grundverhältnis** betreffen, stets Verwaltungsakte dar. Grundverhältnis sind alle Rechtsbeziehungen, die die Beamtin bzw. den Beamten nicht in ihrer bzw. seiner Position als Walter staatlicher Funktion, sondern unmittelbar rechtlich als Person betreffen. Während im Arbeitsverhältnis der Arbeitnehmerinnen und Arbeitnehmer alle rechtswidrigen Maßnahmen auch gleichzeitig und ohne weiteres unwirksam sind, ist bei Verwaltungsakten zu differenzieren. Bei Verwaltungsakten (vgl. § 35 VwVfG) wird im Hinblick auf die Rechtswidrigkeit zwischen der Anfechtbarkeit und der Nichtigkeit (vgl. § 43 Abs. 3 VwVfG) unterschieden. Im Regelfall wird bei Beamtinnen und Beamten im Falle der Rechtswidrigkeit infolge mangelhafter Beteiligung der Personalvertretung lediglich eine Anfechtbarkeit der Maßnahme vorliegen. Ein lediglich anfechtbarer Verwaltungsakt wird jedoch bestandskräftig, wenn er nicht innerhalb gesetzlich vorgeschriebener Fristen mit Widerspruch und Klage angegriffen wird. Nur in besonderen Ausnahmefällen kann die Nichtigkeit der Maßnahme vorliegen (vgl. zu den Voraussetzungen § 44 VwVfG). Auch wenn ein rechtswidriger Verwaltungsakt danach nicht ohne weiteres unwirksam (also ohne Rechtswirkungen) ist, besteht gleichwohl eine Verpflichtung der Dienststellenleitung, die rechtswidrige Maßnahme zurückzunehmen. Auch nach Eintritt der Bestandskraft besteht diese Verpflichtung fort.

Die Dienststellenleitung hat nach Art. 20 Abs. 3 GG eine unter Verstoß gegen Beteiligungsrechte zustande gekommene Maßnahme rückgängig zu machen (BVerwG vom 9. 12. 92 – 6 P 16.91, PersR 93, 212; HessVGH vom 8. 8. 90 – BPV TK 3776/89, PersR 91, 142). Notfalls ist sie im Wege der Dienstaufsicht hierzu anzuhalten (BVerwG vom 9. 12. 92, a. a. O.). Wird die Maßnahme trotz mangelhafter Beteiligung nicht rückgängig gemacht, so kann der Personalrat hiergegen nach der bisherigen Rechtsprechung lediglich Dienstaufsichtsbeschwerde einlegen oder vor dem Verwaltungsgericht auf Feststellung der Rechtswidrigkeit seiner Nichtbeteiligung klagen (umstr., s. § 83 Rn. 18). Allerdings ist zu beachten, daß die Unwirksamkeit und die Rücknahmepflicht mitbestimmungswidrig zustande gekommener Maßnahmen nach Abs. 10 ausdrücklich normiert sind und damit gesetzgeberisch eine Stärkung der Rechte der Personalvertretungen beabsichtigt ist. Eine **Ausnahme von der Rücknahmeverpflichtung** stellt die nachträgliche Zustimmung der Personalvertretung zu der rechtswidrigen Maßnahme dar. Mit der Zustimmung wird der Mangel der Mitbestimmungswidrigkeit geheilt. Voraussetzung für die nachträgliche Zustimmung des Personalrats ist die Nachholung des ordnungsgemäßen Mitbestimmungsverfahrens (Altvater u. a., § 69 BPersVG Rn. 20). Der Personalrat hat sich als Organ damit zu befassen.

Nach der Rechtsprechung des BVerwG soll der Personalrat aus der unstreitig bestehenden Rückgängigmachungspflicht der Dienststellenleitung aber keinen **Abwehr-, Rückgängigmachungs-** oder **Unterlassungsanspruch** bei fehlender oder fehlerhafter Beteiligung haben (BVerwG vom 15. 12. 78 – 6 P 13.78, PersV 80, 145; BVerwG vom 29. 10.

§ 69

91 – 6 PB 19.91, PersR 92, 24; ebenso OVG Saarlouis vom 12. 7. 89 – 4 W 1/89, PersR 90, 15; dazu Altvater u. a., § 83 BPersVG Rn. 43 ff.; Grabendorff u. a., Rn. 23 ff.). Daher sei auch die Inanspruchnahme vorläufigen Rechtsschutzes zur Sicherung solcher Ansprüche des Personalrats nach bisherigem Recht nicht möglich (vgl. Vallendar, PersR 93, 61; dagegen überzeugend von Roetteken, PersR 93, 296; differenziert zuletzt Albers, PersV 93, 487). Begründet wird die ablehnende Auffassung mit dem die Zuständigkeit der Verwaltungsgerichte festlegenden Wortlaut des § 83 BPersVG, der § 83 ThürPersVG entspricht (entschieden wird nach dessen Abs. 1 Nr. 3 nur über die »Zuständigkeit, Geschäftsführung und Rechtsstellung der Personalvertretungen«, so das BVerwG vom 6. 12. 63 – VII P 17.62, PersV 64, 64; VGH BW vom 26. 11. 91 – 15 S 2471/91, PersR 92, 258) sowie der Annahme, daß es in diesen Verfahren nur um das Feststellen einer objektiven Berechtigung, keinesfalls aber um die Durchsetzung eines subjektiven Anspruchs des Personalrats gehe (so auch das BAG vom 22. 3. 83 – 1 ABR 27/81, AP Nr. 2 zu § 23 BetrVG 1972; anders dagegen der 6. Senat in BAGE 48, 246; zum Stand der strittigen Diskussion im Bereich der Arbeitsgerichte s. Rechtsprechungsübersichten in AiB 92, 348 ff. und AiB 93, 348 ff.). Diese Rechtsprechung ist zu Recht auf Kritik gestoßen (vgl. nur Sabottig, PersR 86, 229; Derleder, ArbuR 83, 289; Altvater u. a., § 69 BPersVG Rn. 21, § 83 BPersVG Rn. 43 ff.; auch VG Bremen vom 16. 10. 85 – PV 38/85, PersR 86, 37; VG Hamburg vom 29. 8. 85 – 2 VG FL 25/85, PersR 86, 139, OVG Bremen vom 28. 5. 91 – PV-B 3/91, PersR 91, 472; auch BayVGH vom 5. 6. 91 – 18 P 91.00944, PersR 91, 350; zuletzt von Roetteken, PersR 93, 296). Die Rechtsprechung ist nach der Erkenntnis, daß Dienststellenleitungen nicht selten trotz einer gerichtlich festgestellten Verpflichtung zur Rückgängigmachung gleichwohl an der rechtswidrigen Maßnahme festhalten (vgl. den Fall OVG NW vom 17. 6. 93 – CL 38/90, PersR 94, 83 sowie BayVGH vom 5. 6. 91, a. a. O.), in Bewegung geraten (s. OVG NW vom 17. 6. 93, a. a. O. und den Aufsatz von Albers, PersV 93, 487). Das BVerwG (vom 27. 7. 90 – 6 PB 12.89, PersR 90, 297) hat jedenfalls einstweilige Verfügungen zugelassen, die die Dienststellenleitung verpflichten, ein Mitbestimmungsverfahren einzuleiten bzw. ein abgebrochenes Verfahren einstweilen fortzusetzen (sog. einstweilige Verfügungen verfahrensrechtlichen Inhalts). Diesem obiter dictum des BVerwG haben sich einige Obergerichte inzwischen angeschlossen (OVG Berlin vom 18. 7. 91 – OVG PV Bln 9. 91, PersR 91, 422; BayVGH vom 19. 2. 92 – 18 PC 92.236, PersR 92, 459; diffenzierend OVG Bremen vom 31. 7. 91 – OVG PV-B 4/91, PersR 91, 355, vom 28. 5. 91 – OVG PV-B 3/91, PersR 91, 472; offengelassen insoweit OVG Lüneburg vom 20. 8. 91 – 17 M 8357/91, PersR 92, 25), andere ermöglichen einstweilige Verfügungen als vorläufige Festellung (HessVGH vom 27. 7. 92 – HPV TL 2246/91; OVG Lüneburg, a. a. O.); unter engen Voraussetzungen sogar endgültige Feststellung (OVG NW vom 14. 10. 91 – 1 B 1690/91. PVL, PersR 92, 68). Die positive Tendenz bei der Sicherung der Verfahrensansprüche der Per-

§ 69

sonalvertretung ist zu begrüßen. Es überzeugt indes nicht, daß das BVerwG zwar ein der Unterrichtungspflicht korrespondierendes subjektives Informationsrecht des Personalrats sieht (Albers, PersV 93, 487), aber bisher keinen der Rückgängigmachungspflicht aus Art 20 Abs. 3 GG spiegelbildlich entsprechenden Rückgängigmachungsanspruch des Personalrats anerkennen will. Für das ThürPersVG stellt sich diese Frage indes neu. Der Gesetzgeber ist durch die ausdrückliche Regelung einer Verpflichtung zur Rückgängigmachung in Thüringen Forderungen von Personalräten und Gewerkschaften, die im Hinblick auf die unbefriedigende Rechtsprechung erhoben wurden, nachgekommen. Es besteht daher ein beachtlicher Wille des Gesetzgebers, die Rückgängigmachung beteiligungswidrig zustande gekommener Maßnahmen bis zum Abschluß eines ordnungsgemäße Mitbestimmungsverfahrens sicherzustellen. Konsequenterweise besteht daher – jedenfalls bei der ausdrücklichen gesetzlichen Regelung einer Verpflichtung zur Rückgängigmachung – ein spiegelbildlicher Anspruch des Personalrats auf Rückgängigmachung, jedenfalls bis zum Abschluß eines ordnungsgemäßen Beteiligungsverfahrens. Andernfalls würde man die positive Regelung jedes Sinns entleeren. Es bleibt abzuwarten, welche Qualität die Verwaltungsgerichte der ausdrücklichen Regelung beimessen.

(Abs. 2 Satz 1 bis 4) Wenn die Dienststellenleitung eine mitbestimmungspflichtige Maßnahme ergreifen will, so hat sie den Personalrat im Vorfeld darüber zu **unterrichten** (vgl. hierzu bei § 68 Abs. 2). Eine ordnungsgemäße Unterrichtung setzt voraus, daß sie von der Dienststellenleitung vorgenommen wird. Der berechtigte Personenkreis ergibt sich aus § 7 (BVerwG vom 6. 4. 89 – 2 C 26.88, PersR 89, 203). Sofern die Unterrichtung nicht von nach § 7 Berechtigten durchgeführt wird, ist das Verfahren nicht ordnungsgemäß eingeleitet (BVerwG vom 6. 4. 89, a. a. O., wobei die Folgen umstritten sind, s. Rn. 16). Die Unterrichtung hat grundsätzlich schriftlich zu erfolgen, dies ist in der Regel auch zweckmäßig, insbesondere wegen der Dokumentations- und Beweisfunktion. Etwas anderes gilt nach Satz 3 nur bei Personalangelegenheiten oder bei ausdrücklichem Verzicht des Personalrats. Die beabsichtigte Maßnahme ist, außer in Personalangelegenheiten, von der Dienststellenleitung schriftlich zu begründen. Personalangelegenheiten in diesem Sinne sind die in § 74 Abs. 1 und § 75 Abs. 1 aufgezählten Tatbestände. Die Ausnahme bedeutet lediglich, daß die Dienststellenleitung die internen Erwägungen, die zu der Personalentscheidung geführt haben, nicht schriftlich niederzulegen braucht. Die Dienststellenleitung hat jedoch alle ansonsten vorhandenen Unterlagen (z. B. Bewerbungsunterlagen, Sozialauswahldaten etc.) dem Personalrat als Gremium vorzulegen. Dieser Pflicht wird nicht bereits durch die Gewährung eines Einblicksrechts Genüge getan.

Ist die **Unterrichtung** nicht, **nicht ordnungsgemäß** oder unvollständig erfolgt, so beginnen die Fristen des Satz 3 nicht zu laufen (BVerwG vom 10. 8. 87 – 6 P 22.84, PersR 88, 18; BVerwG vom 1. 7. 88 – 6 PB 6.88,

§ 69

PersR 88, 296). Gleiches gilt, wenn die Dienststellenleitung sich weigert, die Maßnahme zu begründen (BVerwG vom 8. 11. 89 – 6 P 7.87, PersR 90, 102) oder dem Verlangen, die Maßnahme schriftlich zu begründen, nicht nachkommt.

11 (**Satz 5 und 6**) Nach der Unterrichtung hat grundsätzlich vor der Durchführung der Maßnahme eine Erörterung stattzufinden, unabhängig von einem entsprechenden Verlangen einer der beiden Seiten. Die Erörterung selbst ist nicht fristgebunden und findet meist in der nächsten regelmäßigen Personalratssitzung statt. Das Gebot der vertrauensvollen Zusammenarbeit gebietet beiden Seiten die alsbaldige Durchführung der Erörterung. Sie ist Plenumssache, mit der der gesamte Personalrat zu befassen ist. Auf die Erörterung kann nach Satz 6 nur einvernehmlich verzichtet werden. Die Entscheidung des Personalrats, daß von einer Erörterung abgesehen werden soll, bedarf eines Beschlusses des gesamten Personalrats. Dies ergibt sich daraus, daß die Entscheidung einvernehmlich zu erfolgen hat. Das Einvernehmen als Willensäußerung des Personalrats kann nicht durch schlüssiges Verhalten, sondern nur ausdrücklich erfolgen. Willenserklärungen des Personalrats bedürfen immer eines Beschlusses des Gesamtgremiums und können nicht durch Untätigkeit des Vorstands (z. B. durch Unterlassen der Anberaumung einer Sitzung) zustande kommen. Eine – allerdings ausdrücklich geregelte – Ausnahme stellt lediglich die Zustimmungsfiktion nach Satz 9 dar. Die Dienststellenleitung hat daher ein **Absehen von der Erörterung** förmlich zu beantragen und die Entscheidung des Personalrats abzuwarten. Der Antrag der Dienststellenleitung wird regelmäßig mit dem Zustimmungsantrag gestellt werden. Stellt die Dienststellenleitung keinen Antrag auf Absehen von der Erörterung, so findet die Erörterung in der nächsten regelmäßig stattfindenden Personalratssitzung statt.

12 Bei der regelmäßig stattfindenden **Erörterung** ist die Maßnahme mit dem Personalrat eingehend und mit dem Ziele einer Einigung zu beraten. Die Erörterung führt für die Dienststellenleitung der in § 7 genannte Personenkreis durch. **Eingehend** ist die Erörterung nur, wenn alle für und gegen die Maßnahme sprechenden Erwägungen zur Sprache kommen und dem Personalrat hierzu die vollständigen Unterlagen, die für die Dienststellenleitung maßgeblich waren, bekannt sind. Die Erörterung ist so **frühzeitig** vorzunehmen, daß Einwände des Personalrats noch bei der Planung und dem weiteren Verfahren berücksichtigt werden können. Die Dienststellenleitung den Personalrat grundsätzlich so frühzeitig mit der Maßnahme befassen, daß die Durchführung des vollen Mitbestimmungsverfahrens, ggf. bis zur Einigungsstelle, vor dem beabsichtigten Umsetzungszeitpunkt möglich ist. **Mit dem Ziele einer Einigung** bedeutet, daß sich die Dienststellenleitung mit den Einwänden des Personalrats ernsthaft auseinandersetzen muß. Die Erörterung hat grundsätzlich **mündlich** zu erfolgen, wie sich schon begrifflich ergibt (wie hier Dietz/Richardi § 72 BPersVG Rn. 17; a. A. Grabendorff u. a., Rn. 4 m. w. Nw.). Ein aus-

§ 69

schließlich schriftliches Verfahren ist, auch unter Berücksichtigung der Tatsache, daß die Erörterung kein laufendes Geschäft, sondern Plenumssache ist, schon praktisch nicht vorstellbar, jedenfalls dann nicht, wenn es mit dem Ziel einer Einigung erfolgen soll. Das schriftliche Verfahren kommt daher ausschließlich für die Unterrichtung in Betracht oder aber, wenn beide Seiten dies einvernehmlich wünschen. Jedenfalls ist aber unstreitig, daß eine **mündliche** Erörterung auf entsprechendes Verlangen des Personalrats durchzuführen ist (Grabendorff u. a., § 72 BPersVG Rn. 4 m. w. Nw.).

Die Erörterung ist **Plenumssache** und kein laufendes Geschäft. Daher ist die beabsichtigte Maßnahme nicht mit dem Vorstand, sondern mit dem Personalrat in seiner Gesamtheit zu erörtern. Dies gilt auch bei Gruppenangelegenheiten. Auf die Erörterung kann nur **einvernehmlich, d. h. ausdrücklich** verzichtet werden. Der **Verzicht** bedarf eines entsprechenden Beschlusses des Personalrats. **13**

(Satz 7) Erst nach dem Abschluß der Erörterung beginnt die **Äußerungsfrist von zehn Arbeitstagen** (so auch Dörig, S. 52). Zum BPersVG ist bei der Mitwirkung die Frage, ob die Äußerungsfrist nach der Erörterung (nochmals) zu laufen beginnt, streitig (bejahend Altvater u. a., § 72 BPersVG Rn. 10 m. w. Nw.; Dietz/Richardi, Rn. 14; a. A. Fischer/Goeres, Rn. 7; Grabendorff u. a., Rn. 11). Dieser Streit spielt jedoch im Rahmen des ThürPersVG keine Rolle, da das Mitbestimmungsverfahren im ThürPersVG im Ablauf abweichend vom Mitwirkungsverfahren im BPersVG geregelt ist. Auch das Mitbestimmungsverfahren des BPersVG ist anders ausgestaltet. Beim Mitbestimmungsverfahren beginnt im BPersVG die Frist bereits mit dem Antrag der Dienststellenleitung auf Zustimmung zu laufen. Anders als im BPersVG findet jedoch im Mitbestimmungsverfahren des ThürPersVG eine Erörterung statt. Dies ist bei der Heranziehung von Entscheidungen zu diesen Vorschriften zu berücksichtigen. Aus der chronologischen Abfolge der Verfahrensabschnitte (Schritt 1: Unterrichtung, Schritt 2: Erörterung oder Verzicht, Schritt 3: Stellungnahme) in § 69 Abs. 2 ergibt sich, daß die Äußerungsfrist für den Personalrat erst nach Abschluß der Erörterung zu laufen beginnt. Zudem gibt die Pflicht zur Erörterung nur dann einen Sinn, wenn sie den Entschluß des Personalrats noch beeinflussen kann. Wegen der Abweichungen ist auch die **neuere Entscheidung** des BAG (vom 14. 1. 93 – 2 AZR 387/92, PersR 93, 406) zum Mitwirkungsverfahren nach dem BPersVG nicht einschlägig. Nach dieser Entscheidung soll das gesamte Verfahren mit Erörterung sowie abschließender Stellungnahme innerhalb von zehn Arbeitstagen abzuwickeln sein. **14**

Die Äußerungsfrist beginnt mit dem **Abschluß der Erörterung.** Beide Seiten können übereinstimmend die Erörterung für beendet erklären. Aus den Umständen kann sich im Einzelfall auch ergeben, daß die Erörterung ohne ausdrückliche mündliche oder schriftliche Erklärung beendet ist, so etwa wenn beide Seiten nach einer Erörterung auseinandergehen, ohne **15**

§ 69

eine erneute Besprechung zu verabreden oder weiteren Informations- oder Erörterungsbedarf anzumelden. Wegen des Gebotes zur vertrauensvollen Zusammenarbeit ist auf Verlangen des Personalrats oder der Dienststellenleitung eine weitere Erörterung durchzuführen. Es ist jedoch auch möglich, daß jede Seite die Erörterung einseitig für beendet erklärt. Zu empfehlen ist, das Datum des Abschlusses der Erörterung schriftlich festzuhalten. Dies kann durch gemeinsames Protokoll oder einseitige schriftliche Erklärung geschehen. Ergibt sich im Verlauf der Erörterung, daß weitere Unterlagen benötigt werden, so sind diese vorzulegen. Haben beide Seiten einvernehmlich auf die Erörterung verzichtet, so beginnt die Äußerungsfrist am Tage der gemeinsamen Verzichtserklärung.

16 Nach Ende der Erörterung bzw. dem einvernehmlichen Verzicht auf die Erörterung hat die Personalvertretung der Dienststellenleitung ihre Entscheidung innerhalb von zehn Arbeitstagen **schriftlich** mitzuteilen. **Arbeitstage** sind die Wochentage von Montag bis Freitag ohne die Feiertage. Die Frist beginnt mit dem ersten Arbeitstag nach dem Ende der Erörterung zu laufen (§ 187 Abs. 1 BGB). Voraussetzung für den **Fristbeginn** ist die ordnungsgemäße und vollständige Unterrichtung der Personalvertretung sowie die Durchführung der Erörterung. Der Personalrat soll allerdings verpflichtet sein, einen festgestellten oder erkennbaren **Verfahrensmangel** innerhalb der Äußerungsfrist zu rügen (BVerwG vom 23. 2. 89 – 2 C 8.88, PersR 89, 229). In diesem Fall beginnt die Äußerungsfrist erst dann zu laufen, wenn der Mangel geheilt ist. Ist die Rüge berechtigt, heilt die Dienststellenleitung die gerügten Mängel aber nicht, ist eine gleichwohl durchgeführte Maßnahme rechtswidrig. Ob auch eine mitbestimmungswidrig, aber ohne Rüge des Personalrats durchgeführte Maßnahme rechtswidrig ist, ist für das Personalvertretungsrecht umstritten (ablehnend BVerwG vom 23. 2. 89 – 2 C 8.88 für Maßnahmen gegenüber Beamtinnen und Beamten, bejahend dagegen BAG vom 31. 3. 83 – 2 AZR 384/81, PersV 85, 27; BAG vom 27. 2. 87 – 7 AZR 652/85, NZA 87, 700; ausdrücklich entgegen BVerwG aber das BAG vom 6. 8. 91 – 1 AZR 573/90, ZTR 92, 118; LAG Hamm vom 12. 3. 92 – 17 Sa 1797/91, PersR 92, 520 jedenfalls bei Maßnahmen gegenüber Arbeitnehmerinnen und Arbeitnehmern; zum Ganzen Richter, PersR 93, 54). Mitbestimmungswidrige Maßnahmen sind auch dann unwirksam, wenn der Personalrat dem Verfahren (BAG vom 10. 3. 83 – 2 AZR 356/81, PersR 85, 12 m. Anm. Altvater) oder der Maßnahme (BAG vom 5. 2. 81 – 2 AZR 1135/78, AP Nr. 1 zu LPVG NRW § 72) ausdrücklich zugestimmt hat.

17 Die Frist ist eine **Ausschlußfrist** und kann daher nicht einvernehmlich verlängert werden. Möglich ist es aber, durch Vorabinformationen vor förmlicher Einleitung des Verfahrens die bei umfangreichen Maßnahmen knappe Frist den Umständen durch Entlastung des eigentlichen Verfahrens anzupassen (näher bei Altvater u. a., § 69 BPersVG Rn. 36).

18 (Satz 8) Lediglich in dringenden Fällen findet ein abgekürztes Verfahren statt. Bei Vorliegen einer **Dringlichkeit** kann die Dienststellenleitung die

§ 69

Frist, in der die Personalvertretung ihre Entscheidung treffen und mitteilen muß, auf **drei Arbeitstage** verkürzen. Die Dringlichkeit ist nur gegeben, wenn außergewöhnliche Umstände vorliegen, die keinen Aufschub dulden. Solche Umstände liegen nicht bereits dann vor, wenn die Dringlichkeit nicht auf äußeren Umständen, sondern auf Zuwarten, zögerliche oder schleppende Bearbeitung durch die Dienststellenleitung beruht (vgl. unten Rn. 36). Die Dienststellenleitung hat die Dringlichkeit der Personalvertretung gegenüber zu begründen. Die Fristkürzung ist grundsätzlich in das Ermessen der Dienststellenleitung gestellt. Die Personalvertretung kann der **Fristabkürzung** innerhalb der verkürzten Frist widersprechen, wenn nach ihrer Ansicht eine Dringlichkeit i. S. d. Gesetzes nicht vorliegt. Führt die Dienststellenleitung die Maßnahme trotz berechtigten **Widerspruchs der Personalvertretung** gegen die Dringlichkeit durch, so ist die Beteiligung nicht ordnungsgemäß, die Maßnahme folglich unwirksam.

(Satz 9) Mitbestimmungspflichtige Maßnahmen bedürfen nach § 69 Abs. 1 Satz 1 der Zustimmung der Personalvertretung. Nach der in Abs. 2 Satz 9 geregelten **Zustimmungsfiktion** gilt eine beantragte Maßnahme auch dann als gebilligt, wenn die Personalvertretung die Zustimmung nicht innerhalb der Fristen des § 69 Abs. 2 Satz 7 (Normalfall) oder Satz 8 (Dringlichkeit) unter Angabe der Gründe ausdrücklich und schriftlich verweigert. Das Schweigen der Personalvertretung, aber auch die verspätete Ablehnung einer Zustimmung nach Ablauf der jeweils geltenden Fristen des Abs. 2 gelten als Zustimmung mit der Folge, daß die Dienststellenleitung die Maßnahme durchführen kann.

19

Die **Verweigerung der Zustimmung** hat schriftlich zu erfolgen und muß begründet werden. Eine ausdrückliche Zustimmungsverweigerung ohne Angabe von Gründen ist unbeachtlich (BVerwG vom 16. 12. 92 – 6 P 27.91, PersR 93, 218). Die Rechtsprechung stellt aber auch an die begründete Zustimmungsverweigerung hohe inhaltliche Anforderungen. Die Begründung des Personalrats muß es zumindest als möglich erscheinen lassen, daß ein Mitbestimmungstatbestand gegeben ist. Gründe, die offensichtlich außerhalb des Mitbestimmungstatbestandes liegen, sind danach unbeachtlich (BVerwG vom 16. 12. 92, a. a. O.). Die Begründung muß vollständig erfolgen, ein Nachschieben weiterer Gründe ist unzulässig (Däubler u. a., § 99 BetrVG Rn. 167 m. w. Nw.).

20

(Satz 10) Sofern der Personalrat seine Entscheidung mit Beschwerden oder Behauptungen tatsächlicher Art begründet, die ungünstig sind oder sich nachteilig auswirken können, ist einer bzw. einem betroffenen Beschäftigten von der Dienststellenleitung Gelegenheit zur Äußerung zu geben. Die Vorschrift soll der oder dem Betroffenen Gelegenheit geben, den Behauptungen oder Beschwerden entgegentreten oder sich zu rechtfertigen oder zu entschuldigen, bevor die Dienststellenleitung ihre abschließende Entscheidung trifft. Unabhängig davon kann der Personalrat von beantragten Maßnahmen betroffene Beschäftigte vor seiner Be-

21

§ 69

schlußfassung anhören. Die Stellungnahme ist aktenkundig zu machen, ein Vermerk reicht aus.

22 (**Abs. 3**) Im Falle der **Nichteinigung** bei von der Dienststelle nach Abs. 2 beabsichtigten oder vom Personalrat aufgrund seines Initiativrechts nach § 70 beantragten Maßnahmen sind beide Seiten berechtigt, die Angelegenheit der **übergeordneten Dienststelle,** bei der eine Stufenvertretung besteht, binnen zehn Arbeitstagen vorzulegen. Die Frist beginnt am Tage nach der Nichteinigung (Eingang der Zustimmungsverweigerung bzw. Ablehnung der beantragten Maßnahme) zu laufen (§ 187 BGB). Sofern die Dienststellenleitung die Maßnahme trotz Zustimmungsverweigerung des Personalrats weiterverfolgen will, muß sie das Stufenverfahren fristgerecht durchführen (zum Abbruch des Stufenverfahrens vgl. Rn. 23). Die Dienststellenleitung hat die Personalvertretung schriftlich unter Angabe der Gründe hiervon zu benachrichtigen. Hat die Personalvertretung eine Maßnahme, die ihrer Mitbestimmung unterliegt beantragt, beginnt die Frist mit der Ablehnung der Maßnahme durch die Dienststellenleitung. Eine Nichteinigung kann aber auch im Falle einer Ablehnung zur Aufnahme oder dem Abbruch von Verhandlungen vorliegen. In diesem Fall stellt die Personalvertretung die Nichteinigung in einem Beschluß fest und leitet das weitere Verfahren ein. Zur Fristwahrung reicht es aus, daß die Angelegenheit innerhalb der Frist auf den **Dienstweg** gebracht wird (Altvater u. a., § 69 BPersVG Rn. 48; Grabendorff u. a., § 72 Rn. 17; Fischer/Goeres u. a., § 69 Rn. 14). Der Begriff »Dienstweg« bezeichnet den Verfahrensweg bei Entscheidungen innerhalb der Behördenhierarchie, der grundsätzlich von unten nach oben verläuft. Es ist jeweils die nächste Behördenstufe anzurufen. Ein örtlicher Personalrat kann folglich nicht direkt die oberste Landesbehörde anrufen, wenn eine zuständige Mittelbehörde übergeordnet ist. Zudem ist die interne Behördenpost zu benutzen. Dienststellenleitung bzw. Personalvertretung haben sich gegenseitig von der Vorlage schriftlich zu benachrichtigen. Die Dienststellenleitung der übergeordneten Dienstbehörde legt danach die bei ihr bestehenden Stufenvertretung vor. Von der Vorlage an die übergeordnete Dienststelle unberührt bleibt die Möglichkeit, auch nach Einleitung des Stufenverfahrens nach einer Einigung zu suchen. Einigen sich Dienststellenleitung und Personalrat nach Einleitung des Stufenverfahrens, so wird dieses gegenstandslos. Die Frist von zehn Arbeitstagen bleibt auch bei fortdauernden Einigungsbemühungen nach Eingang der ablehnenden Entscheidung von Personalrat oder Dienststellenleitung (im Falle des Initiativrechts) verbindlich (Altvater u. a., § 69 BPersVG Rn. 48, a. A. Dietz/Richardi, Rn. 52). Bei Fristversäumung ist das Verfahren nach Abs. 2 und 3 erneut durchzuführen.

23 (**Satz 2**) Lediglich bei **offensichtlich rechtsmißbräuchlicher Inanspruchnahme** (dazu ausführlich Müller, PersR 91, 455) des Zustimmungsverweigerungsrechts darf die Dienststellenleitung nach der Rechtsprechung das Mitbestimmungsverfahren abbrechen (BVerwG vom 27. 3.

93 – 6 P 4.93, PersR 93, 495; BayVGH vom 9. 9. 92 – 18 P 92.2517, PersR 93, 36). Dies gilt auf jeder Ebene des Mitbestimmungsverfahrens. Die Regelung stellt die von der Rechtsprechung entwickelten Grundsätze ausdrücklich klar. Aus dem Wortlaut lassen sich keine geringeren Anforderungen an den Abbruch als nach der Rechtsprechung herleiten. Eine Rechtsausübung ist unzulässig, wenn die oder der Berechtigte keine schutzwürdigen Interessen verfolgt oder überwiegende Interessen des anderen Teils entgegenstehen. Die Durchführung des Mitbestimmungsverfahrens müßte für den Arbeitgeber zu einer groben, unerträglichen Unbilligkeit führen (BAG vom 14. 1. 93 – 2 AZR 387/92, PersR 93, 407). Dies kommt nur dann in Frage, wenn die Zustimmungsverweigerungsgründe offensichtlich außerhalb eines jeden Mitbestimmungstatbestandes liegen (BVerwG vom 27. 9. 93, a. a. O.). Dies kann nicht schon dann der Fall sein, wenn eine Begründung sich auf Rechtsansichten stützt, die von der höchstrichterlichen Rechtsprechung nicht oder noch nicht geteilt wird. Die herrschende Meinung der Gegenwart ist regelmäßig die Mindermeinung der Vergangenheit und der Zukunft. Abweichende Rechtsauffassungen sind deshalb jedenfalls in aller Regel nicht als rechtsmißbräuchlich einzustufen. Dem steht außerdem entgegen, daß der Dienststellenleitung die Durchführung des Einigungsstellenverfahrens gerade im Hinblick auf die unterschiedlichen Verfahrensdauer eher zuzumuten ist, als der Personalvertretung die Einleitung eines Verfahrens vor den ohnehin überlasteten Verwaltungsgerichten. Daneben wird durch die Einräumung einer Prüfungsbefugnis der Dienststellenleitung, ob das Zustimmungsverweigerungsrecht rechtsmißbräuchlich ausgeübt wird, der rechtsmißbräuchliche **Abbruch des Mitbestimmungsverfahrens** gefördert (vgl. dazu Wulf-Mathies, PersR 93, 193; ebenso BayVGH vom 5. 6. 91 – 18 P 91.00944, PersR 90, 142). Die von der Rechtsprechung des BVerwG der Dienststellenleitung eingeräumte Prüfungsbefugnis entspricht auch nicht dem gesetzlichen Leitbild einer gleichberechtigten Mitbestimmung. Der Dienststellenleitung steht daher jedenfalls kein materielles Prüfungsrecht zur Erheblichkeit der Begründung zu (BAG vom 16. 7. 85 – 1 ABR 35/83, AP Nr. 21 zu § 99 BetrVG 1972). Gegen den Abbruch des Mitbestimmungsverfahrens kann der Personalrat, auf dessen Ebene das Verfahren abgebrochen worden ist, im Wege einer einstweiligen Verfügung vorgehen (BVerwG vom 27. 9. 93, a. a. O.; BVerwG vom 27. 7. 90 – PB 12.89, PersR 90, 297; BayVGH vom 9. 9. 92, a. a. O.; BayVGH vom 19. 2. 92 – 18 PC 92.236, PersR 92, 459).

(Satz 3) Die übergeordnete Dienststelle hat innerhalb von 15 Arbeitstagen nach der Vorlage der Angelegenheit die bei ihr gebildete Stufenvertretung entsprechend Abs. 2 zu unterrichten und deren Zustimmung zu beantragen. Die Frist beginnt am Tage nach dem Eingang der Angelegenheit bei der übergeordneten Dienststelle zu laufen. Die übergeordnete Dienststelle hat den Eingang des Antrags auf der Vorlage zu vermerken.

(Abs. 4) Bei **dreistufigem Verwaltungsaufbau,** dem Normalfall in der

§ 69

Landesverwaltung, ist die übergeordnete Dienststelle eine Behörde der Mittelstufe. Die bei ihr bestehende Stufenvertretung (Bezirkspersonalrat) ist daher nach Abs. 3 Satz 3 zu beteiligen. Das Verfahren richtet sich nach Abs. 2 (Unterrichtung und Erörterung). Kommt eine Einigung zwischen Dienststellenleitung der Mittelbehörde und Bezirkspersonalrat nicht zustande, können Dienststellenleitung oder Bezirkspersonalrat nach Satz 1 die Angelegenheit innerhalb von zehn Arbeitstagen der **obersten Dienstbehörde (Ministerium)** vorlegen. Diese hat nach Satz 2 innerhalb von fünfzehn Arbeitstagen den bei ihr bestehenden Hauptpersonalrat im Verfahren nach Abs. 2 zu beteiligen (zu den Fristen s. Rn. 22). Im Falle der Nichteinigung kann nach Satz 3 bei Angelegenheiten, in denen der Personalrat ein volles (§ 74) oder ein eingeschränktes Mitbestimmungsrecht (§ 75 Abs. 1 Nr. 1 bis 8) hat, die Einigungsstelle (§ 71) von beiden Seiten angerufen werden. Die Einigungsstelle kann ebenso in den Fällen angerufen werden, in denen der Personalrat ein volles Antragsrecht hat (vgl. § 70 i. V. m. § 74 Abs. 3 Nr. 1 bis 5 und 11 bis 19). In der Regel liegt Nichteinigung vor, wenn die oberste Dienstbehörde oder die zuständige Personalvertretung die beantragte Maßnahme nach Erörterung abgelehnt hat. Eine Nichteinigung kann aber auch dann vorliegen, wenn die Dienststellenleitung die Verhandlung mit der Personalvertretung ablehnt oder aufgenommene Verhandlungen abbricht. In diesem Fall stellt die Personalvertretung die Nichteinigung in einem Beschluß fest und ruft die Einigungsstelle an. Hat die Stufenvertretung die Zustimmung zu einer Maßnahme der Dienststellenleitung verweigert, wird die oberste Dienstbehörde die Einigungsstelle anrufen, wenn sie an der Maßnahme festhalten will. Nur im Falle der vollen Mitbestimmung hat die Einigungsstelle allerdings das Letztentscheidungsrecht (Abs. 9 Satz 2). Im Falle der eingeschränkten Mitbestimmung spricht die Einigungsstelle nach Abs. 9 Satz 2 eine schriftlich begründete Empfehlung an die oberste Dienstbehörde aus, die daraufhin endgültig entscheidet. In den Fällen der unechten Mitbestimmung (§ 75 Abs. 1 Nr. 9 bis 12, Abs. 2 und § 78 Abs. 1) entscheidet dagegen die oberste Dienstbehörde nach Satz 4 ohne Anrufung der Einigungsstelle endgültig.

26 (Abs. 5) Bei **zweistufigem Verwaltungsaufbau** (unmittelbar dem Ministerium nachgeordnete Behörden wie obere Landesbehörden) oder bei **dreistufigem Verwaltungsaufbau,** wenn das Verfahren nach § 69 zwischen dem örtlichen Personalrat bei der Mittelbehörde und der Dienststellenleitung eingeleitet wurde, richtet sich das Verfahren nach Abs. 5. Die übergeordnete Behörde i. S. d. Abs. 3 ist in diesen Fällen die oberste Dienstbehörde, die bei ihr bestehende Stufenvertretung der Hauptpersonalrat. Bei Nichteinigung auf der Ebene der obersten Dienstbehörde können beide Seiten in den Fällen der vollen und der eingeschränkten Mitbestimmung die Einigungsstelle anrufen. In den Fällen der unechten Mitbestimmung entscheidet die oberste Dienstbehörde nach Verhandlungen mit dem Hauptpersonalrat dagegen endgültig.

§ 69

(Abs. 6) Bei Mitbestimmungsverfahren, die zwischen oberster Dienstbehörde und dem dort bestehenden örtlichen Personalrat stattfinden, ist das Verfahren nach Abs. 2 einzuhalten. Abs. 6 ordnet für den Fall der Nichteinigung an, daß die Einigungsstelle sofort angerufen werden kann (volle und eingeschränkte Mitbestimmung) bzw. die oberste Dienstbehörde nach Verhandlung im Verfahren nach Abs. 2 endgültig entscheidet (unechte Mitbestimmung), da eine übergeordnete Behörde gem. Abs. 3 nicht existiert.

27

(Abs. 7) Für **Gemeinden, Gemeindeverbände, Landkreise** und sonstige juristische Personen des öffentlichen Rechts mit einstufigem Verwaltungsaufbau (z. B. Sozialversicherungsträger, Sparkassen, Zweckverbände) ist eine lückenhafte und mißverständliche Sonderregelung getroffen worden. Bei den in Abs. 7 genannten **juristischen Personen des öffentlichen Rechts** (zu den einzelnen Begriffen s. § 1) besteht verwaltungsorganisatorisch wegen des einstufigen Aufbaus eine oberste Dienstbehörde wie bei der Landesverwaltung nicht. Der Begriff der obersten Dienstbehörde des ThürPersVG entspricht dem beamtenrechtlichen Begriff der obersten Dienstbehörde. Darunter ist die oberste Behörde des Dienstherrn zu verstehen, in deren Bereich die Beamtin bzw. der Beamte ein Amt im abstrakt-funktionalen Sinne bekleidet (§ 3 BBG). Die **oberste Dienstbehörde** nimmt die Funktion des obersten Dienstvorgesetzten wahr. Im Wege der einheitlichen Begriffsauslegung ist auch im Personalvertretungsrecht im Zweifel der beamtenrechtliche Begriff der obersten Dienstbehörde maßgeblich. Die Abgrenzung der Frage, wer oberste Dienstbehörde und wer Dienststellenleitung ist, richtet sich aber bei den juristischen Personen des öffentlichen Rechts primär nach der jeweiligen Verfassungsquelle (bspw. VKO bzw. ThürKO) und dem Organisationsrecht (bspw. Satzung). Nach der **bis zum 30. 6. 94** geltenden **VKO** (s. Anhang III) ist in **Städten und Gemeinden** nach § 27 Abs. 1 und Abs. 4 VKO die Bürgermeisterin bzw. der Bürgermeister Verwaltungsleitung (Dienststellenleitung) und Dienstvorgesetzte bzw. Dienstvorgesetzer, in **Landkreisen** nach § 91 Abs. 1 und 5 VKO die Landrätin bzw. der Landrat Dienststellenleitung, bei **Verwaltungsgemeinschaften** nach § 31c Abs. 4 VKO die oder der Gemeinschaftsvorsitzende Dienststellenleitung und die Gemeinschaftsversammlung oberste Dienstbehörde. Die VKO enthält indes im Hinblick auf Gemeinden und Landkreise keine Regelung der Frage, wer oberste Dienstbehörde ist. Oberste Dienstbehörde ist daher gemäß § 2 Abs. 1 des Gesetzes zur vorläufigen Regelung des Beamtenrechts des Landes Thüringen (BeamtVorschaltG) vom 17. 7. 91 (GVBl. S. 217), das bis zur Verabschiedung eines Landesbeamtengesetzes fortgilt, die Gemeindevertretung, vertreten durch die bzw. den Gemeindevorsteher(in) bzw. die Stadtverordnetenversammlung, vertreten durch die bzw. den Stadtverordnetenvorsteher(in). In den Landkreisen ist oberste Dienstbehörde der Kreistag, vertreten durch die oder den Vorsitzenden des Kreistages. Ferner bestimmt § 2 Abs. 1 Nr. 3 BeamtVorschaltG (s.

28

§ 69

Anhang V) bei anderen der Aufsicht des Landes unterstehenden juristischen Personen des öffentlichen Rechts das nach Gesetz oder Satzung zuständige Organ als oberste Dienstbehörde. **Ab dem 1. 7. 94** gilt für Gemeinden, Landkreise und Verwaltungsgemeinschaften die ThürKO vom 16. 8. 93 (GVBl. S. 501). Nach § 29 Abs. 1 und 3 **ThürKO (s. Anhang II)** leitet die Bürgermeisterin bzw. der Bürgermeister die Gemeindeverwaltung (Dienststellenleitung) und ist oberste Dienstbehörde der Beamtinnen und Beamten bzw. Dienstvorgesetze(r) der Gemeindebediensteten. Bei den Landkreisen ist gemäß § 107 Abs. 1 und 2 i. V. m § 29 Abs. 3 ThürKO die Landrätin bzw. der Landrat oberste Dienstbehörde. Bei Verwaltungsgemeinschaften ist nach § 31 c Abs. 4 VKO bzw. § 48 Abs. 1 ThürKO die oder der Gemeinschaftsvorsitzende Dienstvorgesetze (r), die Gemeinschaftsversammlung oberste Dienstbehörde.

29 Bei **anderen juristischen Personen des öffentlichen Rechts** ist die Stellung der Organe nach Gesetz und bspw. Satzung im Einzelfall zu ermitteln. Nach § 33 Abs. 2 und 5 des Gesetzes über die kommunale Gemeinschaftsarbeit hat die oder der Verbandsvorsitzende eines **Zweckverbands** die Stellung einer Bürgermeisterin bzw. eines Bürgermeisters. Vor dem 1. 7. 94 ist daher die Verbandsversammlung entprechend der für das Gemeindeparlament geltenden Regelung (VKO (s. Anhang III) oberste Dienstbehörde, die oder der Vorsitzende Dienststellenleitung. Nach dem 1. 7. 94 ist entsprechend der Regelung der ThürKO (s. Anhang II) die oder der Gemeinschaftsvorsitzende oberste Dienstbehörde und Dienststellenleitung. Nach § 35 Abs. 2 können allerdings durch Beschluß der Verbandsversammlung Zuständigkeiten der oder des Verbandsvorsitzenden auf eine Geschäftsleitung übertragen werden. Sofern die Zuständigkeiten über die Führung der Geschäfte sowie die Leitung des Dienstbetriebs auf diese Art übertragen werden, ist die Geschäftsleitung Dienststellenleitung, während die oder der Verbandsvorsitzende oberste Dienstbehörde bleibt. Bei **Sparkassen** ist der Verwaltungsrat oberstes Organ, der Vorstand regelmäßig oberste Dienstbehörde und Dienststellenleitung. Bei den **Sozialversicherungsträgern** ist oberste Dienstbehörde der Vorstand, Dienststellenleitung entweder der Vorstand oder die Geschäftsführung. Dies richtet sich nach der organisationsrechtlichen Kompetenzverteilung. Obliegt einer Geschäftsführung die konkrete Führung der Geschäfte nach innen und außen sowie die Leitung des Dienstbetriebs, so ist sie Dienststellenleitung (OVG NW vom 30. 1. 61, PersV 62, 221). In §§ 29 ff. SGB IV ist geregelt, daß die Geschäftsführung die laufenden Verwaltungsgeschäfte führt, im übrigen aber der Vorstand bzw. die Vertreterversammlung zuständig sind. Bei den Innungs- und Ortskrankenkassen enstscheidet der Vorstand über die wesentlichen Personalangelegenheiten der DO-Angestellten (§§ 349, 357 Abs. 2 RVO), die Vertreterversammlung dagegen über Dienstordnung und Stellenplan (§ 346 Abs. 2 RVO). Deswegen kann eine Aufspaltung der Dienstellenleitungskompetenz je nach Maßnahme in Betracht kommen. In Zweifels-

fällen kann die zuständige oberste Behörde bzw. Aufsichtsbehörde bestimmen, wer Dienststellenleitung und oberste Dienstbehörde ist. Die Entscheidung ist gerichtlich überprüfbar.

Einigen sich Dienststellenleitung und örtlicher Personalrat im Verfahren nach Abs. 2 nicht, so kann die Angelegenheit von beiden Seiten innerhalb von zehn Arbeitstagen der obersten Dienstbehörde vorgelegt werden. Die Frist beginnt am Tage nach dem **Eingang der Zustimmungsverweigerung** zu laufen (§ 187 BGB). Will die Dienststellenleitung die Maßnahme weiterverfolgen, so muß sie das Verfahren fristgerecht durchführen, also die Angelegenheit der obersten Dienstbehörde vorlegen. Bei Fristversäumung ist das Verfahren auf der untersten Srufe neu einzuleiten. Hat die Personalvertretung eine Maßnahme beantragt, die ihrer Mibestimmung unterliegt **(Initiativrecht),** so beginnt die Frist am Tage nach der **Nichteinigung** zu laufen. In der Regel liegt Nichteinigung vor, wenn die oberste Dienstbehörde oder die zuständige Personalvertretung die beantragte Maßnahme nach Erörterung abgelehnt hat. Eine Nichteinigung kann aber auch dann vorliegen, wenn die Dienststellenleitung die Verhandlung mit der Personalvertretung ablehnt oder aufgenommene Verhandlungen abbricht. In diesem Fall stellt die Personalvertretung die Nichteinigung in einem Beschluß fest und legt die Angelegenheit der obersten Dienstbehörde vor. Sofern bei Vorliegen mehrerer Dienststellen ein Gesamtpersonalrat besteht, nimmt dieser die Rolle der Stufenvertretung ein und verhandelt mit der obersten Dienstbehörde, die mit der Dienststellenleitung u. U. identisch sein kann. Sofern bei einstufiger Verwaltung nur ein Personalrat besteht, verhandelt dieser nach Nichteinigung mit der Dienststellenleitung selbst mit der obersten Dienstbehörde weiter, u. U. sogar mit demselben Organ, nämlich wenn Dienststellenleitung und oberste Dienstbehörde identisch sind. Bei Gemeinden und Landkreisen kann der Personalrat oder, sofern vorhanden, der Gesamtpersonalrat, die Angelegenheit jedenfalls nach der bis zum 30. 6. 94 geltenden Rechtslage nach der Nichteinigung mit der Dienststellenleitung gegenüber dem Gemeinderat bzw. dem Kreistag als oberster Dienstbehörde erneut vorbringen. Auch die rechtlich selbständigen Dienststellen der kommunalen Theater und Orchester sowie die nach § 6 Abs. 3 verselbständigten Dienststellenteile haben nach Abs. 7 wegen Auseinanderfallen von Dienststellenleitung und oberster Dienstbehörde ein zweistufiges Mitbestimmungsverfahren. Sind Dienststellenleitung und oberste Dienstbehörde identisch und besteht nur ein Personalrat bei der juristischen Person, so ergibt eine Vorlage zur Verhandlung mit den ursprünglichen Beteiligten eigentlich wenig Sinn. Ein entsprechender Verweis auf die Regelung des Abs. 6 fehlt in Abs. 7. In Abs. 7 Satz 5 ist vielmehr ausdrücklich geregelt, daß bei Fehlen eines Gesamtpersonalrats der Personalrat an dessen Stelle zu beteiligen ist. Mithin hat der Gesetzgeber in jedem Fall ein zweistufiges Mitbestimmungsverfahren sicherstellen wollen, so daß beide Seiten, nochmals mit dem Ziel einer Einigung verhandeln müssen. Nach Vorlage ist die Ange-

§ 69

legenheit innerhalb eines Monats abschließend mit dem Gesamtpersonalrat bzw. bei dessen Fehlen mit dem Personalrat zu behandeln. Die Frist beginnt mit dem Tag nach dem Eingang der Angelegenheit bei der obersten Dienstbehörde. Diese hat den Tag des Eingangs zu vermerken. Hat der Personalrat die Zustimmung verweigert und will die Dienststellenleitung das Verfahren fortsetzen, hat sie dies zudem dem Personalrat innerhalb von zehn Tagen mitzuteilen. Sofern auch innerhalb eines Monats keine Einigung zu erzielen ist, können Gesamtpersonalrat (oder, sofern kein Gesamtpersonalrat besteht, der Personalrat, s. Satz 5) bzw. die oberste Dienstbehörde die Einigungsstelle anrufen (volle und eingeschränkte Mitbestimmung). Im Falle der unechten Mitbestimmung dagegen entscheidet die oberste Dienstbehörde ohne Einschaltung der Einigungsstelle endgültig. Sie hat dem Gesamtpersonalrat bzw. dem Personalrat ihre Entscheidung schriftlich mitzuteilen und in gleicher Form zu begründen (vgl. Abs. 8). Wird die Maßnahme vorher durchgeführt (z. B. eine Kündigung ausgesprochen), so ist sie unwirksam.

31 (**Abs. 8**) Die Dienststellenleitungen und Personalvertretungen, die im Mitbestimmungsverfahren tätig werden, haben ihre Anträge und Stellungnahmen **schriftlich** abzugeben und ebenso zu begründen. Hiervon ausgenommen ist wegen Satz 2 lediglich die **Unterrichtung** in Personalangelegenheiten auf der ersten Verfahrensstufe nach Abs. 2 Satz 4. Das **Schriftformerfordernis** im weiteren Verfahren bleibt hingegen auch in Personalangelegenheiten bestehen. So ist auch der Personalrat nach § 78 Abs. 1 Satz 3 zur Abgabe einer schriftlichen Stellungnahme verpflichtet.

32 (**Abs. 9**) Im Falle der Nichteinigung zwischen oberster Dienstbehörde und der bei ihr bestehenden Stufenvertretung im Stufenverfahren bzw. dem Gesamtpersonalrat oder Personalrat im Verfahren nach Abs. 7 soll **die Einigungsstelle** ihre **Entscheidung binnen zwei Monaten nach der Anrufung** durch einen Beteiligten treffen. Die Verpflichtung der Dienststelle, ihre Besitzer zu benennen, kann durch einstweilige Verfügung sichergestellt werden; es handelt sich um einen verfahrensrechtlichen Anspruch. In Mitbestimmungsangelegenheiten, von den Fällen der eingeschränkten Mitbestimmung abgesehen, ist die Einigungsstelle zur verbindlichen Entscheidung, sog. **Letztentscheidungsrecht,** befugt. In den Fällen der eingeschränkten Mitbestimmung beschließt die Einigungsstelle dagegen nur eine Empfehlung an die oberste Dienstbehörde, der sodann die Letztentscheidung vorbehalten ist. Das nähere Verfahren richtet sich nach § 71. In den Fällen der unechten Mitbestimmung kommt es dagegen nach Abs. 4 Satz 4 nicht zur Anrufung der Einigungsstelle, die oberste Dienstbehörde entscheidet vielmehr endgültig.

33 (**Abs. 10**) Die **Durchführung beteiligungswidriger Maßnahmen ist unzulässig.** Beteiligungswidrig ist eine Maßnahme, wenn entweder die gesetzlich vorgeschriebene Beteiligung ganz mißachtet oder gegen wesentliche Verfahrensvorschriften verstoßen wurde. Nach Satz 2 besteht eine **Rücknahmeverpflichtung der Dienststelle, soweit Rechtsvorschriften**

dem nicht entgegenstehen. Aus der Vorschrift ergibt sich ein materiellrechtlicher und durchsetzbarer Unterlassung- und Rückgängigmachungsanspruch der Personalvertretung (wie hier Seidel, PersR 93, 431; Wulf-Mathies, PersR 93, 193). Zwar regelt die Vorschrift dem Wortlaut nach nur die entsprechenden Verpflichtungen der Dienststellenleitung. Aus diesen ergeben sich aber spiegelbildlich entsprechende subjektive Rechte der Personalvertretung. Dies hat das BVerwG für das Verhältnis Unterrichtungspflicht der Dienststellenleitung (§ 68 Abs. 2) und Informationsrecht des Personalrats anerkannt (so Albers, PersV 93, 487 m. w. Nw.). Wie dort, ergibt das eine ohne das andere keinen Sinn. Dann muß dieses subjektive Recht auch im Beschlußverfahren durchgesetzt und mit einer einstweiligen Verfügung gesichert werden können (vgl. auch Rn. 7 ff.).

Nach Satz 2 besteht der Anspruch auf Rückgängigmachung nicht, sofern Rechtsvorschriften entgegenstehen. Dies ist z. B. bei der Zusammenlegung von Dienststellen durch Errichtungsgesetz oder bei Vorschriften (bspw. Arbeitsschutzvorschriften), die die Dienststellenleitung zu einem entsprechenden Handeln verpflichten, der Fall. Auch die mitbestimmungswidrig zustande gekommene Ernennung von Beamtinnen und Beamten kann nur unter engen gesetzlichen Voraussetzungen rückgängig gemacht werden. Die Regelungen über Nichtigkeit und Rücknahme der Ernennung stellen spezielle und abschließende Regelungen dar, die die Anwendbarkeit der Rücknahmevorschriften der §§ 44, 48 VwVfG ausschließen (BVerwG vom 23. 2. 89 – 2 C 25.87, PersV 89, 391). Auch ernennungsähnliche Verwaltungsakte (z. B. Verleihung eines Amtes mit höherem Endgrundgehalt ohne Änderung der Amtsbezeichnung) sind durch den Grundsatz der »Rechtsbeständigkeit« bzw. der »gesteigerten Bestandskraft« im Interesse der Rechtssicherheit und der Ämterstabilität geschützt (so BVerwG vom 23. 2. 89, a. a. O.). Auch ein privatrechtlich geschlossener Arbeitsvertrag bleibt wirksam, allerdings kann die oder der Betroffene nicht in der Dienststelle beschäftigt werden. Auch bei der Eingruppierung sind die von der Rechtsprechung entwickelten Grundsätze zu beachten (vgl. dazu Rn. 5). **34**

(Abs. 11) Die Dienststellenleitung kann bei Angelegenheiten, die der Natur der Sache nach keinen Aufschub dulden, **vorläufige Regelungen** treffen (vgl. dazu Pieper, PersR 91, 212). Sie hat die vorläufige Regelung dem Personalrat mitzuteilen und sie zu begründen. Das Verfahren nach Abs. 2 bis 9 ist unverzüglich einzuleiten bzw. wenn die vorläufige Maßnahme während des Verfahrens ergriffen werden soll, fortzusetzen. **35**

Wegen des Ausnahmecharakters der Vorschrift hat die Dienststellenleitung einen **strengen Maßstab an das Vorliegen der Unaufschiebbarkeit** anzulegen, der gerichtlich nachprüfbar ist (vgl. BVerwG vom 22. 8. 88 – 6 P 27.85, PersR 88, 269). Sie dient ausschließlich dem Zweck, schwere Behinderungen der Funktionsfähigkeit der Verwaltung durch die längere Dauer eines Mitbestimmungsverfahrens auszuschließen (BVerwG vom 22. 8. 88, a. a. O.). Die Dienststellenleitung hat vorrangig **36**

§§ 69, 70

von der Möglichkeit einer Fristverkürzung nach Abs. 2 Satz 8 Gebrauch zu machen (BVerwG vom 25. 10. 79 – 6 P 53.78, PersV 81, 203; OVG Koblenz vom 26. 1. 82 – 5 A 9/81, n. v.). Für die Unaufschiebbarkeit nach Abs. 11 genügt daher die Dringlichkeit nach Abs. 2 Satz 8 nicht. Eine Maßnahme ist vielmehr nur dann unaufschiebbar, wenn die Verzögerung zur Funktionsunfähigkeit der Dienststelle führen und damit die Erfüllung wichtiger öffentlicher Aufgaben beeinträchtigen würde (BVerwG vom 14. 3. 89 – 6 P 4.86, PersR 89, 230). Eine von der Dienststellenleitung zu vertretende **Unaufschiebbarkeit** genügt hierbei nicht, da die Regelung andernfalls zur Umgehung des Mitbestimmungrechts mißbraucht werden könnte (OVG Koblenz vom 26. 1. 82, a. a. O.; OVG NW vom 9. 12. 82 – CL 41/81, ZBR 83, 246; Pieper, PersR 91, 212).

37 Neben der Unaufschiebbarkeit ist weitere Voraussetzung für eine vorläufige Regelung, daß die Maßnahme **weder rechtlich noch tatsächlich vollendete Tatsachen schafft** (vgl. BVerwG vom 14. 3. 89 – 6 P 4.86, PersR 89, 230). Hieran fehlt es bei der Ernennung von Beamtinnen und Beamten, der vorbehaltlosen Einstellung von Bewerberinnen und Bewerbern, der Kündigung von Arbeitnehmerinnen und Arbeitnehmern oder der Anordnung von Überarbeit (Altvater u. a., § 69 BPersVG m. w. Nw.).

38 Der Personalrat oder – wenn die Maßnahme erst im Verlaufe des Mitbestimmungsverfahrens unaufschiebbar wird – die Personalvertretung, bei der sich die Angelegenheit im Mitbestimmungsverfahren befindet, sind unverzüglich über die vorläufige Regelung unter Angabe der Gründe zu unterrichten. Eine fehlende schriftliche **Begründung** macht die Anordnung der vorläufigen Regelung unzulässig (Altvater u. a., § 69 BPersVG Rn. 63). Das Mitbestimmungsverfahren ist unverzüglich einzuleiten oder fortzusetzen. Betreibt die Dienststellenleitung das Mitbestimmungsverfahren bei einer unaufschiebbaren Maßnahme nicht mit dem gebotenen Nachdruck, so wird die vorläufige Regelung rechtswidrig (Altvater u. a., § 69 BPersVG Rn. 64 m. w. Nw.). Wird die Zustimmung zur beabsichtigten Maßnahme nach Durchführung des Mitbestimmungsverfahrens endgültig nicht erteilt, ist die vorläufige Regelung unverzüglich aufzuheben.

§ 70
Initiativrecht

(1) Beantragt der Personalrat eine Maßnahme, die nach § 74 Abs. 3 Nr. 1 bis 5 und 11 bis 19 seiner Mitbestimmung unterliegt, so hat er sie schriftlich dem Leiter der Dienststelle vorzuschlagen. Entspricht dieser dem Antrag nicht, so bestimmt sich das weitere Verfahren nach § 69 Abs. 3 bis 9.

(2) Beantragt der Personalrat eine Maßnahme, die nach anderen als den in Absatz 1 Satz 1 bezeichneten Vorschriften seiner Mitbestimmung unterliegt, so hat er sie schriftlich dem Leiter der Dienststelle

§ 70

vorzuschlagen. Entspricht dieser dem Antrag nicht, so bestimmt sich das weitere Verfahren nach § 69 Abs. 3, 4 Satz 1 und 2, Abs. 7 Sätze 1 bis 3 und 5; die oberste Dienstbehörde entscheidet endgültig.

(3) Ein Initiativantrag kann gestellt werden, wenn auch nach Aufforderung durch den Personalrat der Dienststellenleiter innerhalb eines Monats zu einem regelungsbedürftigen Sachverhalt keinen Regelungsvorschlag unterbreitet hat. Der Antrag ist schriftlich zu begründen. Ein Initiativantrag ist ausgeschlossen, wenn in gleicher Angelegenheit ein Beteiligungsverfahren vom Dienststellenleiter eingeleitet ist. In Personalangelegenheiten kann kein Initiativantrag gestellt werden.

Vergleichbare Vorschriften: § 70 BPersVG

(Vorbemerkung) Im ThürPersVG finden sich Initiativrechte (Antrags- 1 rechte) in § 68 Abs. 1 und § 70. Das allgemeine Antragsrecht nach § 68 Abs. 1 unterscheidet sich von dem **qualifizierten Initiativrecht** nach § 70 schon deshalb, weil es keine Regelung eines förmlichen Verfahrens zu seiner Durchsetzung aufweist. Demgegenüber ist das Initiativrecht des § 70 Abs. 1 durch Anrufung der Einigungsstelle sogar erzwingbar, das nach § 70 Abs. 2 immerhin durch das Durchlaufen des Stufenverfahrens nach § 69 aufgewertet. Während das Zustimmungsverweigerungsrecht bei der passiven Mitbestimmung lediglich einem Vetorecht entspricht, ergänzt das Initiativrecht durch die aktive Mitbestimmung erst zu der vielbeschworenen gleichberechtigten Partnerschaft in der Dienststelle (vgl. BVerwG vom 20. 1. 93 – 6 P 21.90, PersR 93, 310).

Nach der umstrittenen (vgl. Altvater u. a., § 70 BPersVG Rn. 1 a; Orth/ 2 Welkoborsky, § 66 LPVG NW Rn. 24) Rechtsprechung des BVerwG zum Initiativrecht dient dieses nicht den individuellen Interessen des Beschäftigten (bspw. BVerwG vom 25. 10. 83 – 6 P 28.82, PersV 85, 473, vgl. aber auch OVG Hamburg vom 18. 2. 91 – OVG Bs PH 2/90, PersR 91, 314 m. Anm. Sabottig). Deswegen soll das **Initiativrecht bei personellen Einzelmaßnahmen** ausgeschlossen sein. Während das OVG Rheinland-Pfalz ein solches Initiativrecht bejaht (vgl. OVG RP vom 1. 12. 89 – 5 A 17/87, PersR 88, 192 m. Anm. Dehe), will das BVerwG ein entsprechendes Recht des Personalrats nicht anerkennen (vgl. BVerwG vom 25. 10. 83 – 6 P 22.82, PersV 85, 434; ebenso OVG NW vom 8. 3. 88 – CL 19/87, PersR 88, 329 m. Anm. Sabottig). Nach dieser Auffassung muß das Initiativrecht sich darauf beschränken, die Belange der Gesamtheit der Beschäftigten der Dienststelle, also kollektive Interessen, wahrzunehmen. Ein Initiativantrag darf danach in Personalangelegenheiten zudem nicht auf eine konkrete Maßnahme gerichtet sein, sondern muß sich darauf beschränken, die Dienststelle zur Einleitung einer ihrerseits mitbestimmungspflichtigen Maßnahme zu veranlassen (BVerwG vom 25. 10. 83, a. a. O.). Diese Auffassung findet im Gesetz indes keine Stütze (wie hier auch Altvater u. a., § 70 BPersVG Rn. 7; Dietz/Richardi, Rn. 25; mit

§ 70

beachtlichen Argumenten auch Grabendorff u. a., Rn. 15). Denn auch das passive Mitbestimmungsrecht besteht im Interesse der Rechte aller Beschäftigten in personellen Einzelangelegenheiten. Für eine Verkürzung des Initiativrechts entgegen dem eindeutigen Wortlaut der Vorschrift bei der aktiven Mitbestimmung besteht daher kein Raum. Das Initiativrecht geht nicht weiter, aber auch nicht weniger weit als das Mitbestimmungsrecht selbst. Das Gesetz kennt keinen Vorbehalt des kollektiven Bezugs. Eine Trennung in Individual- und Kollektivinteressen ist künstlich und findet im Gesetz keine Stütze; die Summe der Einzelinteressen macht erst das Kollektivinteresse der Beschäftigten aus. Nach der Rechtsprechung kann das Initiativrecht dagegen nur bei **Einzelmaßnahmen** ausgeübt werden, wenn diese einen kollektiven Bezug aufweisen (vgl. dazu auch Plander, ArbuR 84, 161).

3 Voraussetzung für die Ausübung des Initiativrechts ist, daß die Dienststelle für die beantragte Maßnahme zuständig ist, und die Angelegenheit der Mitbestimmung des Personalrats unterliegt. Innerdienstliche Weisungen wie ein Runderlaß können das Initiativrecht nicht ausschließen, wenn der Inhalt des Antrags dem Runderlaß widerspricht (vgl. BVerwG vom 20. 1. 93 – 6 P 21.90, PersR 93, 310).

4 Der Personalrat hat die beantragte Maßnahme gem. § 70 Abs. 1 Satz 1 bzw. § 70 Abs. 2 Satz 1 bei der Dienststellenleitung schriftlich vorzuschlagen. Zur Beschleunigung des Verfahrens ist eine Begründung grundsätzlich zweckmäßig. Die Dienststellenleitung hat, auch wenn sich die Frist nach dem Wortlaut nur auf die Stellungnahme des Personalrats bezieht, wie dieser regelmäßig innerhalb der Fristen des § 69 Abs. 2 über den Antrag zu entscheiden (Altvater u. a., § 70 BPersVG Rn. 3; Dietz/Richardi, Rn. 8 m. w. Nw.; Grabendorff u. a.; Rn. 11). In Fällen, in denen eine **Stellungnahme** der Dienststellenleitung in dieser **Frist** aus **objektiv gebotenen Gründen** (z. B. sachlicher Aufklärungsbedarf) nicht möglich ist, kann sie im beiderseitigen Einvernehmen verlängert werden. Die Anwendung der Fristen des § 69 auch gegenüber der Dienststellenleitung ergibt sich bereits aus der gleichberechtigten Stellung der Personalvertretung und dem Regelungszusammenhang (vgl. zum Grundsatz der gleichberechtigten Partnerschaft beim Initiativrecht BVerwG vom 20. 1. 93 – 6 P 21.90, PersR 93, 310). Kein objektiver Grund zur Ablehnung sind Weisungen übergeordneter Dienststellen, die der beantragten Maßnahme zuwiderlaufen. Kann die Dienststellenleitung aus diesem Grunde einer beantragten Maßnahme nicht oder nicht fristgerecht zustimmen, so ist zwingend das Verfahren nach § 69 Abs. 3 einzuleiten (vgl. BVerwG vom 20. 1. 93, a. a. O.). Die Entscheidung der Dienststellenleitung ist dem Personalrat schriftlich mitzuteilen. Im Falle der Ablehnung ist die Entscheidung zudem schriftlich zu begründen, vgl. § 69 Abs. 8. Entspricht die Dienststellenleitung dem Antrag nicht innerhalb der Fristen des § 69 Abs. 2, so kann der Personalrat das Verfahren nach § 69 Abs. 3 einleiten. Er hat dabei den Antrag auf dem Dienstwege an die übergeordnete

Dienststellenleitung zu richten. Mit Dienstweg ist die Einhaltung des Verfahrensweges innerhalb der Behördenhierarchie sowie die Nutzung der Behördenpost gemeint. Die übergeordnete Dienststelle hat den Antrag der Stufenvertretung vorzulegen, nicht mit dem Personalrat der nachgeordneten Dienststelle zu verhandeln (BVerwG vom 20. 1. 93, a. a. O.). Im Falle des § 70 Abs. 2 entscheidet die oberste Dienststelle danach endgültig, während sich im Falle des § 70 Abs. 1 das Verfahren mit Letztentscheidung durch die Einigungsstelle anschließt. In allen Fällen sind, dies ergibt sich schon aus dem Grundsatz der gleichberechtigten Partnerschaft, die für den Personalrat geltenden Fristen auch für die jeweilige Dienststellenleitung anzuwenden.

Die Personalvertretung kann verlangen, daß generelle Regelungen, die sie 5
beantragt hat, durch **Dienstvereinbarungen** geregelt werden (BVerwG vom 1. 1. 83 – 6 P 22.82, PersV 85, 473). Die zuständige Personalvertretung kann den Inhalt der Dienstvereinbarung konkret vorschlagen. Voraussetzung ist, daß das Gesetz bei der konkreten Angelegenheit den Abschluß von Dienstvereinbarungen vorsieht (BVerwG vom 20. 1. 93 – 6 P 21.90, PersR 93, 311). Sofern sich ein gestellter Initiativantrag haushaltsrechtlich auswirkt, sollten die Personalvertretungen die Maßnahme frühzeitig beantragen, um die rechtzeitige Bereitstellung von **Haushaltsmitteln** sicherzustellen.

(**Abs. 1**) Maßnahmen, die der **vollen Mitbestimmung** nach § 74 Abs. 3 6
Nr. 1 bis 5 und 11 bis 19 unterliegen, kann der Personalrat bei der Dienststellenleitung beantragen, er hat dabei ein **erzwingbares Initiativrecht.** Die Personalvertretung hat bei den dort aufgezählten Gegenständen nicht nur passiv mitzubestimmen. Das Antragsrecht gibt der Personalvertretung vielmehr einen echten Gestaltungsspielraum in der Dienststelle und eine der Dienststellenleitung vergleichbare Stellung (vgl. dazu BVerwG vom 25. 10. 83 – 6 P 22.82, PersV 85, 434; BVerwG vom 6. 10. 92 – 6 P 25.90, PersR 93, 77; BVerwG vom 20. 1. 93 – 6 P 21.90, PersR 93, 310). Das Initiativrecht ermöglicht der Personalvertretung, Maßnahmen zugunsten der Beschäftigten bei der Dienststellenleitung auch durchzusetzen. Im Falle des Abs. 1 entscheidet nach dem Durchlaufen des Stufenverfahrens nach § 69 Abs. 3 die Einigungsstelle bei Nichteinigung verbindlich über die beantragte Maßnahme.

(**Abs. 2**) In den Angelegenheiten des Abs. 2 besteht ein **eingeschränktes** 7
Initiativrecht. Bei den Mitbestimmungstatbeständen außerhalb von § 74 Abs. 3 Nr. 1 bis 5 und 11 bis 19, also bei § 74 Abs. 1 und 2, § 74 Abs. 3 Nr. 6 bis 10; § 75 und 78 Abs. 1 hat die oberste Dienstbehörde die Letztentscheidung über die beantragte Maßnahme, vgl. Satz 2. Es kommt nicht zum Verfahren nach § 69 Abs. 3, so daß auch die Anrufung der Einigungsstelle unterbleibt. Die oberste Dienstbehörde hat innerhalb angemessener Frist, die grundsätzlich der Frist zur Anrufung der Einigungsstelle entspricht, zu entscheiden (vgl. § 69 Abs. 9).

(**Abs. 3**) Das ThürPersVG kennt neben dem Initiativrecht nach Abs. 1 und 8

§ 70

2 den »**Initiativantrag**« bei **Untätigkeit** der Dienststellenleitung. Ein solcher Initiativantrag kann gestellt werden, wenn die Dienststellenleitung auch nach Aufforderung durch den Personalrat innerhalb eines Monats zu einem **regelungsbedürftigen Sachverhalt** keinen Regelungsvorschlag gemacht hat. Der vom Gesetz verwendete weitere Begriff »regelungsbedürftiger Sachverhalt« im Unterschied zu »Maßnahme« (Abs. 1 und 2) weist darauf hin, daß der Initiativantrag nach Abs. 3 das allgemeine Antragsrecht aus § 69 Abs. 1 Nr. 1 aufwerten soll. Denn schon dieses allgemeine Antragsrecht, das sich unter anderem auch auf alle mitbestimmungspflichtigen Angelegenheiten erstreckt, setzt den Personalrat in den Stand, die Dienststellenleitung mit Angelegenheiten zu befassen, die er für regelungsbedürftig hält (so BVerwG vom 20. 1. 93, a. a. O). Demnach wird das bisher ohne förmliches Verfahren ausgestattete Antragsrecht für den Fall, daß die Dienststellenleitung entgegen ihrer Verpflichtung aus §§ 2, 66 Abs. 1 Satz 3 trotz Aufforderung des Personalrats keinen Regelungsvorschlag macht, also sich mit dem Antrag inhaltlich nicht befaßt und auseinandergesetzt hat, gesetzlich aufgewertet.

9 Nach Satz 3 kann ein **Initiativantrag** nicht gestellt werden, wenn die Dienststellenleitung in gleicher Angelegenheit bereits ein **Beteiligungsverfahren** eingeleitet hat. Die Vorschrift will verhindern, daß die gleiche Sache zweimal das Stufenverfahren durchläuft. Satz 3 bezieht sich daher nur auf Initiativanträge nach § 69 Abs. 1 Nr. 1 i. V. m. § 70 Abs. 3, die einem förmlichen Beteiligungsrecht des Personalrats wie der Mitbestimmung oder der Anhörung unterliegen. Im Rahmen des Initiativrechts nach Abs. 1 und 2 ist anerkannt (BVerwG vom 23. 11. 83 – 6 P 12.81, n. v.), daß der Personalrat daß Initiativrecht dazu nutzen kann, eine andere als die von der Dienststellenleitung beabsichtigte Maßnahme zu beantragen.

10 Satz 4 stellt klar, daß auch ein **Initiativantrag** nach Abs. 3 nicht in **personellen Angelegenheiten** gestellt werden kann. Damit ordnet der Gesetzgeber für den Initiativantrag an, was nach umstr. Rechtsprechung aber bereits für das Initiativrecht nach Abs. 1 und 2 gilt.

11 **Abs. 3 bezieht sich nicht auf das Initiativrecht der Absätze 1 und 2.** Insbesondere handelt es sich bei dem Initiativantrag nach Abs. 3 nicht um ein dem Verfahren nach Abs. 1 und 2 quasi vorgeschaltetes »**Vorverfahren**« (anders aber ohne Begründung Dörig, S. 64). Nach der Rechtsprechung (BVerwG vom 20. 1. 93, a. a. O.) hat der Personalrat bereits einen Anspruch auf sachliche Befassung und Mitteilung einer Entscheidung aus dem förmlichen Initiativrecht nach Abs. 1 und 2, ohne daß es einer Regelung wie in Abs. 3 bedürfte. Ebenso ist nach der Rechtsprechung ein Initiativrecht in personellen Angelegenheiten ausgeschlossen, so daß auch Satz 4 überflüssig wäre. Ebenso ist Satz 3 überflüssig, da die Rechtsprechung dies beim förmlichen Initiativrecht anerkennt. Gegen ein »Initiativvorverfahren« spricht weiter, daß Abs. 3 im Gegensatz zu Abs. 1 und 2 sowohl den weiteren Begriff der »regelungsbedürftigen Angelegenheit« in Abgrenzung zur »beantragten Maßnahme« als auch den Begriff

des »Regelungsvorschlags« gegenüber der Ablehnung des Antrags nach Abs. 1 Satz 2 verwendet. Nach der Rechtsprechung (BVerwG vom 20. 1. 93, a. a. O.) entspricht dieser Begriff den Gegenständen des allgemeinen Antragsrechts aus § 69 Abs. 1 Nr. 1. Für das förmliche Initiativrecht der Abs. 1 und 2 ergibt sich die schriftliche Antragstellung bereits ausdrücklich aus Abs. 1 Satz 1 bzw. Abs. 2 Satz 2 selbst. Würde in Abs. 3 ein Vorverfahren zu diesen Initiativrechten geregelt, so würde das Gesetz dem Personalrat ohne Sinn aufgeben, einen Antrag schriftlich bei der Dienststellenleitung zu stellen, den er im »Vorverfahren« bereits schriftlich zu begründen hatte (Abs. 3 Satz 2). Das Erfordernis der schriftlichen Begründung im Verfahren nach Abs. 1 und 2 ergibt sich zudem bereits daraus, daß im Mitbestimmungsverfahren wegen § 69 Abs. 8, unabhängig von wem das Verfahren eingeleitet wurde, alle Anträge und ablehnenden Entscheidungen grundsätzlich schriftlich zu begründen sind. Auch aus der gesetzessystematischen Stellung des Abs. 3, der nach den Absätzen 1 und 2 eingefügt ist, ergibt sich, daß damit kein Vorverfahren zu den Abs. 1 und 2 gemeint sein kann. Andernfalls hätte der Gesetzgeber den Abs. 3 als Abs. 1 dem förmlichen Initiativverfahren vorangestellt.

Ein solches Vorverfahren macht auch keinen Sinn, da es nur zu einer Verzögerung führte, da der gleiche Antrag auf der Ebene der örtlichen Personalvertretung zunächst zweimal bei der Dienststellenleitung zu beantragen wäre, bevor die Sache der übergeordneten Dienststelle vorzulegen ist. Zudem würde das Initiativverfahren, ohne daß ein Grund erkennbar wäre, durch die Wartefrist von einem Monat unnötig zeitlich in die Länge gezogen. **12**

Die Regelung ist nur so verstehbar, daß auch bei einem **Antrag nach § 68 Abs. 1 Nr. 1,** wenn sich die Dienststellenleitung überhaupt nicht mit ihm befaßt, nach § 70 Abs. 2 zu verfahren sein soll. Im Ausnahmefall der rechtswidrigen Untätigkeit (Verstoß gegen § 2, 66 Abs. 1 Satz 2) hat der Personalrat dadurch die Möglichkeit, den Antrag auf dem Dienstwege bei der übergeordneten Dienststelle vorlegen zu lassen, die sich wohlbegründeten Argumenten des Personalrats möglicherweise aufgeschlossener zeigt. Dem steht auch nicht der Begriff der »Mitbestimmung« entgegen, da der Begriff auch als Mitbestimmung im weiteren Sinne (Beteiligung) verstanden wird. **13**

§ 71
Einigungsstelle

(1) Die Einigungsstelle wird bei der obersten Dienstbehörde gebildet. Sie besteht aus je drei Beisitzern, die von der obersten Dienstbehörde und der bei ihr bestehenden zuständigen Personalvertretung bestellt werden, und einem unparteiischen Vorsitzenden, auf dessen Person sich beide Seiten einigen. Unter den Beisitzern, die von der Personalvertretung bestellt werden, muß sich je ein Beamter und ein Ange-

§ 71

stellter oder Arbeiter befinden, es sei denn, die Angelegenheit betrifft lediglich die Beamten oder die im Arbeitsverhältnis stehenden Beschäftigten. Kommt eine Einigung über die Person des Vorsitzenden nicht zustande, so bestellt ihn der Präsident des Thüringer Oberverwaltungsgerichtes.

(2) Die Verhandlung ist nicht öffentlich. Der obersten Dienstbehörde und der zuständigen Personalvertretung ist Gelegenheit zur mündlichen Äußerung zu geben. Im Einvernehmen mit den Beteiligten kann die Äußerung schriftlich erfolgen.

(3) Die Einigungsstelle entscheidet durch Beschluß. Sie kann den Anträgen der Beteiligten auch teilweise entsprechen. Der Beschluß wird mit Stimmenmehrheit gefaßt. Er muß sich im Rahmen der geltenden Rechtsvorschriften, insbesondere des Haushaltsgesetzes, halten.

(4) Bestellt die oberste Dienstbehörde oder der zuständige Personalrat keine Beisitzer oder bleiben die von einer Seite bestellten Beisitzer trotz rechtzeitiger Einladung der Sitzung fern, so entscheiden der Vorsitzende und die erschienenen Beisitzer nach Maßgabe des Absatzes 3 allein.

(5) Der Beschluß ist den Beteiligten zuzustellen. Er bindet, abgesehen von den Fällen des § 69 Abs. 9 Satz 3 die Beteiligten, soweit er eine Entscheidung im Sinne des Absatzes 3 enthält.

(6) Das unparteiische Mitglied der Einigungsstelle erhält für die Behandlung jedes Einzelfalls eine Entschädigungspauschale, deren Höhe die Landesregierung unter Beachtung der gesetzlichen Regelungen für Sachverständige durch Rechtsverordnung bestimmt.

Vergleichbare Vorschriften: § 71 BPersVG; §§ 76, 76a BetrVG

1 (Abs. 1) Die Einigungsstelle ist eine **Schiedsstelle besonderer Art,** die als selbständiges personalvertretungsrechtliches Organ unabhängig vom öffentlichen Arbeitgeber und von den Personalräten ist (Altvater u. a., § 71 BPersVG Rn. 1). Es wird eine Einigungsstelle bei der obersten Dienstbehörde (vgl. dazu § 69 Rn. 25, 28 ff.) gebildet. Besteht bei der obersten Dienstbehörde keine Personalvertretung, ist die Bildung einer Einigungsstelle nicht möglich. Die Einigungsstelle wird grundsätzlich von Fall zu Fall einer Nichteinigung gebildet, zulässig ist aber auch die einvernehmliche Bestellung der oder des Vorsitzenden für die Amtszeit der Personalvertretung.

2 Die Einigungsstelle besteht aus sieben Personen, der oder dem Vorsitzenden sowie jeweils drei Beisitzerinnen und Beisitzern von jeder Seite. Sofern Angelegenheiten als Verschlußsachen eingestuft sind, ist die Sondervorschrift des § 93 zu beachten. Grundsätzlich ist jede Seite bei der **Wahl ihrer Beisitzerinnen und Beisitzer** frei. Es können auch sogenannte externe Beisitzerinnen und Beisitzer, die nicht der Dienststelle

§ 71

angehören, bestellt werden. Unter den von der Personalvertretung zu bestellenden Beisitzerinnen und Beisitzern müssen sich **grundsätzlich** eine Beamtin oder ein Beamter sowie eine Vertreterin bzw. ein Vertreter der übrigen im Personalrat vertretenen Gruppen befinden (ebenso Lorenzen u. a., § 71 BPersVG Rn. 14). Sofern in der Personalvertretung nur zwei Gruppen vertreten sind, ist die dritte Beisitzerin oder der dritte Beisitzer frei zu wählen. In diesem Fall kann auch eine Externe oder ein Externer vorgesehen werden. Von der Verpflichtung, daß die genannten Gruppen in der Einigungsstelle vertreten sein müssen, macht § 71 Abs. 1 Satz 3 eine Ausnahme in Angelegenheiten, die lediglich Beamtinnen und Beamte oder im Arbeitsverhältnis stehende Beschäftigte betrifft. Für diesen Fall stellt die Vorschrift keine Vorgaben auf, so daß die Beisitzer völlig frei gewählt werden können (ebenso Lorenzen u. a., § 71 BPersVG Rn. 15; Dietz/Richardi, Rn. 14). Die Beisitzerinnen und Beisitzer brauchen weder der obersten Dienstbehörde noch der beteiligten Personalvertretung anzugehören (Lorenzen u. a., § 71 BPersVG Rn. 16, Grabendorff u. a., Rn. 8).

Kommt eine **Einigung über das unparteiische Mitglied** nicht oder nicht rechtzeitig zustande, so bestellt die Präsidentin bzw. der Präsident des Oberverwaltungsgerichts das unparteiische Mitglied. Wird eine Einigung über die Person des vorsitzenden Mitglieds der Einigungsstelle nach Antragstellung, aber vor der Bestellung durch die Präsidentin oder den Präsidenten des Oberverwaltungsgerichts erzielt, sollte diese Einigung wegen des das ThürPersVG beherrschenden Konsensprinzips einer Entscheidung durch das Oberverwaltungsgericht vorgehen. An die Person des unparteiischen Mitglieds sind keine Voraussetzungen geknüpft, insbesondere braucht es nicht dem öffentlichen Dienst anzugehören oder die Befähigung zum Richteramt besitzen. 3

Die Einigungsstelle entscheidet in den Fällen der vollen Mitbestimmung nach § 74 verbindlich (**Letztentscheidungsrecht**), in den Fällen der eingeschränkten Mitbestimmung gem. § 75 Nr. 1 bis 8 dagegen nur eine **Empfehlung** an die oberste Dienstbehörde. Ein Streit zwischen Dienststellenleitung und Personalvertretung über das Bestehen und die Reichweite eines Mitbestimmungsrechts kann gerichtlich (BVerwG vom 25. 8. 86 – 6 P 16.84, PersR 86, 235), aber auch als Vorfrage der eigentlichen Entscheidung von der Einigungsstelle geklärt werden (BVerwG vom 12. 3. 86 – 6 P 5.85, PersR 86, 116 m. Anm. Sabottig). 4

Die **Minderung der Dienstbezüge** oder des Arbeitsentgelts von Mitgliedern der Einigungsstelle, die der Dienststelle angehören, ist unzulässig. 5

Die Mitglieder der Einigungsstelle sind zur Verschwiegenheit verpflichtet. Sie dürfen in ihrer Tätigkeit nicht gestört oder behindert oder wegen ihrer Tätigkeit nicht benachteiligt oder begünstigt werden. 6

(**Abs. 2**) Bei der Verhandlung vor der Einigungsstelle sind bestimmte **Verfahrensgrundsätze** zu beachten. Die Sitzungen sind nicht öffentlich. Vertreterinnen und Vertreter der Gewerkschaften und der Arbeitgeberver- 7

§ 71

bände können jedoch als Beisitzerinnen und Beisitzer oder Verfahrensbevollmächtigte an der Einigungsstellensitzung teilnehmen. Es gilt der Grundsatz der Mündlichkeit der Einigungsstellenverhandlung. Den Beteiligten ist Gelegenheit zur mündlichen Äußerung zu geben. Nur bei Zustimmung aller Beteiligten kann hierauf verzichtet werden und die Äußerung im schriftlichen Verfahren erfolgen. Die Dienststelle ist zur Vorlage von Unterlagen, die für die Entscheidung der Einigungsstelle von Bedeutung sind, verpflichtet. Über die Erforderlichkeit entscheidet die Einigungsstelle.

8 (**Abs. 3**) Die Einigungsstelle entscheidet bei Gegenständen der vollen Mitbestimmung durch die Beteiligten bindenden Beschluß. Bei Nichteinigung kommt der Einigungsstelle in diesen Fällen das letzte Wort zu. Die Konzeption des **Letztentscheidungsrechts** der Einigungsstelle ergibt sich bereits aus § 104 BPersVG (Altvater u. a., § 104 BPersVG Rn. 10, Dietz/Richardi, Rn. 8). Im Falle des Obsiegens des Personalrats hat die Dienststelle entweder die beabsichtigte Maßnahme zu unterlassen oder die vom Personalrat nach § 70 initiierte Maßnahme durchzuführen (vgl. Lorenzen u. a., § 71 BPersVG Rn. 40). Ist die Dienststellenleitung der Auffassung, der Beschluß der Einigungsstelle sei nicht rechtmäßig, ist sie auf die Überprüfung der Rechtmäßigkeit durch das Verwaltungsgericht verwiesen (Lorenzen u. a., § 71 BPersVG Rn. 41). In den Fällen der eingeschränkten Mitbestimmung nach § 75 Abs. 1 Nr. 1 bis 8 beschließt die Einigungsstelle eine Empfehlung an die oberste Dienstbehörde. In diesem Falle entspricht das Ergebnis einem Schlichtungsvorschlag, der noch von der obersten Dienstbehörde angenommen werden muß.

9 Die Einigungsstelle hat sich bei ihren Beschlüssen im **Rahmen der geltenden Rechtsvorschriften,** insbesondere des **Haushaltsgesetzes** zu halten. Rechtsvorschriften in diesem Sinne sind nur verbindliche Regelungen; dies trifft nicht auf Verwaltungsvorschriften zu (vgl. Altvater, PersR 89, 286). Die Prüfung, ob ein Verstoß gegen geltende Rechtsvorschriften vorliegt, obliegt der Einigungsstelle, nicht der Dienststellenleitung. Mit der Vorschrift soll verhindert werden, daß die Einigungsstelle Initiativen des Personalrats beschließt, für die die haushalts- und stellenplanmäßigen Voraussetzungen nicht gegeben sind. Die Festlegung der Mittel für Ausgaben erfolgt durch den Haushaltsplan und ist mitbestimmungsfrei (BVerwG vom 5. 2. 60 – VII P 4.58, AP Nr. 2 zu § 73 PersVG). Der Personalrat hat einen die regelmäßigen Ansätze des Haushaltsplans übersteigenden Mittelbedarf so rechtzeitig anzuzeigen, daß die zusätzlichen Mittel bewilligt werden können (BVerwG vom 24. 11. 86 – 6 P 3.85, PersR 87, 84 m. Anm. Sabottig). Die Dienststelle darf nicht durch das Unterlassen der Beantragung von Haushaltsmitteln die Durchsetzung von Rechten des Personalrats verhindern (Altvater u. a., § 71 BPersVG Rn. 16). Strebt die Einigungsstelle Regelungen an, für deren Kosten keine Haushaltsmittel bereitgestellt worden sind, hat sie vor dem Beschluß die Zustimmung des Finanzministers einzuholen (Dietz/Richardi, § 75

BPersVG Rn. 174; Altvater u. a., § 71 Rn. 15 a). Zulässig ist auch, daß die Einigungsstelle eine Maßnahme unter dem Vorbehalt der Finanzierbarkeit beschließt und die Verwaltung verpflichtet, sich um die notwendigen haushaltsmäßigen Voraussetzungen zu bemühen (vgl. Lorenzen u. a., § 71 BPersVG Rn. 37).

Der Einigungsstelle obliegt vorab die **Prüfung,** ob ein Mitbestimmungsrecht besteht, die Einigungsstelle zuständig oder ordnungsgemäß gebildet, das Mitbestimmungsverfahren rechtmäßig eingeleitet und durchgeführt worden ist (vgl. Altvater u. a., § 71 BPersVG Rn. 13 m. w. Nw.). 10

Der **Beschluß der Einigungsstelle** wird nach mündlicher Beratung mit einfacher Stimmenmehrheit gefaßt. Stimmenthaltungen gelten als Ablehnung (Lorenzen u. a., § 71 BPersVG Rn. 36). Der Beschluß hat sich im Rahmen der gestellten Anträge zu halten. Einem Antrag kann auch teilweise entsprochen werden. Das Abstimmungsverfahren ist nicht festgelegt. Bei der ersten Abstimmung enthält sich das unparteiische Mitglied im Interesse eines denkbaren Konsenses aber üblicherweise zunächst der Stimme. Sofern im ersten Abstimmungsgang unter Enthaltung des unparteiischen Mitglieds keine Stimmenmehrheit zustande kommt, berät die Einigungsstelle erneut. Nach dieser Beratung erfolgt ein zweiter Abstimmungsgang, bei dem das unparteiische Mitglied mitstimmt. Der Beschluß der Einigungsstelle ist schriftlich zu protokollieren und von dem den Vorsitz führenden Mitglied zu unterzeichnen. Eine schriftliche Begründung oder die Protokollierung der Verhandlung ist dagegen nicht vorgeschrieben. 11

(Abs. 4) Sind die Beisitzerinnen und Beisitzer einer Seite nicht benannt oder bleiben sie der Verhandlung trotz rechtzeitiger Einladung fern, so entscheiden die anwesenden Mitglieder der Einigungsstelle unter Beteiligung des unparteiischen Mitglieds mehrheitlich durch Beschluß. 12

(Abs. 5) Die Zustellung des Beschlusses sollte in nachweisbarer Form, zweckmäßigerweise in entsprechender Anwendung des Verwaltungszustellungsgesetzes erfolgen (Altvater u. a., § 71 BPersVG Rn. 18). Die bei Gegenständen nach § 74 vorgesehene Bindungswirkung tritt mit der Zustellung des Beschlusses an die Beteiligten ein. 13

Der Beschluß der Einigungsstelle unterliegt der **Rechtmäßigkeitskontrolle** durch die Verwaltungsgerichte. Hat die Einigungsstelle eine Ermessensentscheidung getroffen, so ist die Kontrolle auf die Einhaltung der Ermessensgrenzen beschränkt (vgl. Becker, ZBR 88, 254 m. w. Nw.). Ergibt die gerichtliche Überprüfung die Fehlerhaftigkeit des Beschlusses, so kann das Gericht die Rechtswidrigkeit feststellen oder den Beschluß aufheben (BVerwG vom 13. 2. 76 – VII P 4.75, PersV 77, 183). 14

(Abs. 6) Zur Regelung der **Aufwandsentschädigung** kann aufgrund der gesetzlichen Ermächtigung in Abs. 6 eine Verwaltungsvorschrift der Landesregierung unter Beachtung der gesetzlichen Regelungen für Sachverständige (ZSEG) erlassen werden. Diese Regelung ist deswegen bedenk- 15

§ 71

lich, weil die Landesregierung, also das Kabinett, sich aus den Dienststellenleitungen der obersten Dienstbehörden zusammensetzt. Das Honorar ist für die Qualität der vorsitzenden unparteiischen Mitglieder der Einigungsstelle maßgeblich. Die Tatsache, daß sich eine entsprechende Verwaltungsvorschrift damit auf die Qualität der Schlichtung unmittelbar auswirkt, ist bedenklich, da sie letztlich von einer Seite der bei einem künftigen Schlichtungskonflikt betroffenen Beteiligten erlassen wird. Die obersten Dienstbehörden entscheiden daher einseitig über die Qualität der Schlichtung, die sich auch in der Akzeptanz auswirkt. Der in der Diskussion um die vergleichbare Problematik im Betriebsverfassungsrecht auch dort eingebrachte Vorschlag einer Anwendung des ZSEG ist vielfach kritisiert worden. Der dort geregelte Honorarrahmen wird den an eine oder einen Vorsitzende(n) gestellten Anforderungen und der Verantwortung des Amtes nicht gerecht. Obwohl nicht einmal in vergleichbarer Nähe zum Verordnungsgegenstand wie die Landesregierung, hat der BMA aus vielerlei Gründen bisher von einer Rechtsverordnung für das BetrVG aufgrund der Ermächtigung nach § 76 a BetrVG abgesehen.

16 Für die **Aufwandsentschädigung der oder des Vorsitzenden und der Beisitzerinnen und Beisitzer** sind jedenfalls bis zu einer Regelung durch die Landesregierung die **für das BetrVG entwickelten Grundsätze** anzuwenden (vgl. Altvater u. a., § 71 BPersVG Rn. 7). Eine Heranziehung der BRAGO ist danach nicht mehr zulässig (h. M. vgl. Däubler u. a., § 76 a BetrVG Rn. 20 m. w. Nw.). Die analoge Anwendung der Stundensätze des ZSEG (40–70, höchstens 105 DM) wird wegen der Nichtvergleichbarkeit des Anforderungsprofils an einen Sachverständigen i. S. d. ZSEG und einer oder eines Vorsitzenden der Einigungsstelle überwiegend abgelehnt (vgl. Däubler u. a., § 76 a BetrVG Rn. 23 m. w. Nw.; Pünnel, Rn. 170 ff.). Sinnvoll und der Praxis entsprechend erscheint eine Aufwandsentschädigung der oder des Vorsitzenden entsprechend Schwierigkeit und Bedeutung der Streitigkeit sowie Verdienstausfalls des unparteiischen Mitglieds innerhalb eines Vergütungsrahmens von 150 DM bis 500 DM pro Stunde (ebenso Däubler u. a., Rn. 22 m. w. Nw.). Dieser Satz ist auch für die notwendigen Vor- und Nachbereitungsarbeiten anzuwenden. Über das Honorar ist regelmäßig eine Vereinbarung mit dem Arbeitgeber zu schließen. Kommt eine Vereinbarung nicht zustande, kann ein Einigungsstellenmitglied die Vergütung nach billigem Ermessen gem. §§ 316, 315 BGB unter Beachtung der Grundsätze des § 76 a Abs. 4 Sätze 3 bis 5 BetrVG bestimmen (BAG vom 12. 2. 92 – 7 ABR 20/91, n. v.). Da auch die Bestellung externer Beisitzerinnen und Beisitzer denkbar ist, erhalten diese nach den für das BetrVG entwickelten Grundsätzen 7/10 der Aufwandsentschädigung der bzw. des Vorsitzenden (BAG vom 12. 2. 92, a. a. O.; LAG Rheinland-Pfalz vom 24. 5. 91 – 6 TaBV 14/91, DB 91, 1992; Däubler u. a., § 76 a BetrVG m. w. Nw.).

17 Unabhängig von dem Honoraranspruch besteht ein **Anspruch auf Ersatz der notwendigen Auslagen** wie Reisekosten, Unterkunftskosten und

Spesen. Analog § 45 hat die Dienststelle den Mitgliedern der Einigungsstelle die Kosten für erforderliche Reisen nach den Vorschriften des Landesreisekostenrechts und außerdem die notwendigen Auslagen zu erstatten. Nach dieser Vorschrift trägt die Dienststellenleitung auch die Kosten für den Sachaufwand der Einigungsstelle.

§ 72
Dienstvereinbarungen

(1) Dienstvereinbarungen sind zulässig, soweit sie dieses Gesetz ausdrücklich vorsieht. Sie werden durch Dienststelle und Personalrat gemeinsam beschlossen, sind schriftlich niederzulegen, von beiden Seiten zu unterzeichnen und in geeigneter Weise bekanntzumachen.

(2) Dienstvereinbarungen, die für einen größeren Bereich gelten, gehen den Dienstvereinbarungen für einen kleineren Bereich vor.

(3) Dienstvereinbarungen können, soweit nicht anders vereinbart, von beiden Seiten mit einer Frist von drei Monaten gekündigt werden.

Vergleichbare Vorschriften: § 73 BPersVG; § 77 Abs. 2 bis 6 BetrVG

(Abs. 1) Der Abschluß von Dienstvereinbarungen ist nur möglich, soweit ihn das Landespersonalvertretungsgesetz ausdrücklich vorsieht. Die Vorschrift ist eine Ermächtigung zur Schaffung von Regelungen normativen Charakters, die zwingend auf die Beschäftigungsverhältnisse einwirken (von Roetteken, PersR 94, 60 m. w. Nw.). Dienstvereinbarungen sind **generelle Regelungen** von personalvertretungsrechtlichen Angelegenheiten. Ausgeschlossen sind Dienstvereinbarungen daher zur Regelung von **Einzelfällen.**

Die Befugnis zum Abschluß von Dienstvereinbarungen steht unter dem Vorbehalt, daß der Regelung durch Dienstvereinbarung keine **bestehenden Rechts – oder Tarifvorschrift**en entgegenstehen (vgl. § 74 Abs. 3, Abs. 5). Soweit gesetzliche oder tarifliche Regelungen bestehen, ist der Abschluß von Dienstvereinbarungen also unzulässig. Rechtsvorschriften i. S. d. § 72 sind auch Verordnungen, die auf einer gesetzlichen Verordnung nach Art. 80 GG beruhen, und autonomes Satzungsrecht öffentlich-rechtlicher Körperschaften (z. B. die Dienstordnungen der Sozialversicherungsträger). Auch wenn tarifliche oder vereinbarungsrechtliche Regelungen bestehen, sind ergänzende Dienstvereinbarungen möglich, wenn der Tarifvertrag oder die Spitzenvereinbarung sie ausdrücklich zuläßt (Altvater u. a., § 75 BPersVG Rn. 90). Es besteht die Möglichkeit, unbestimmte Rechtsbegriffe wie »zwingende dienstliche Verhältnisse« (§ 72 Abs. 2 BBG) oder »dringende Fälle« (§ 17 Abs. 1 Unterabs. 2 BAT-O) durch Dienstvereinbarung näher zu bestimmen (ebenso von Roettekken, PersR 94, 66). Besteht beim Abschluß eines Tarifvertrags bereits eine Dienstvereinbarung, ist im Einzelfall zu prüfen, ob sie weitergelten

§ 72

oder durch den Tarifvertrag abgelöst werden soll (BVerwG vom 25. 1. 85 – 6 P 7.84, PersR 87, 59; Altvater, PersR 87, 70).

3 Gem. § 74 Abs. 5 sind **Dienstvereinbarungen nach § 74 Abs. 3 über Arbeitsentgelte** und sonstige Arbeitsbedingungen, die durch Tarifvertrag geregelt sind oder üblicherweise geregelt werden, unzulässig, es sei denn, der Tarifvertrag sieht den Abschluß ergänzender Dienstvereinbarungen vor. Andere als die in § 74 Abs. 3 genannten Gegenstände werden von dem Verbot nicht erfaßt.

4 Die **Initiative zum Abschluß einer Dienstvereinbarung** kann sowohl von der Personalvertretung als auch von der Dienststellenleitung ausgehen. Schlägt die Dienststellenleitung eine Dienstvereinbarung vor, so hat sie die Zustimmung des Personalrats zu beantragen. Auch der Personalrat kann nach § 70 die Initiative zum Abschluß einer Dienstvereinbarung ergreifen. Entspricht die Dienststellenleitung dem Vorschlag des Personalrats nicht, so hat dieser einen Anspruch auf Erörterung und Durchführung des Stufenverfahrens nach § 69 Abs. 3 (vgl. Altvater u. a., § 73 BPersVG Rn. 5; BVerwG vom 20. 1. 93 – 6 P 21.90, PersR 93, 310). Dienstvereinbarungen können bei Meinungsverschiedenheiten zwischen Dienststellenleitung und Personalvertretung über den Abschluß auch durch den Spruch der Einigungsstelle zustande kommen, soweit sie zu einer endgültigen Entscheidung und nicht lediglich zu einer Empfehlung gem. § 69 Abs. 9 Satz 2 befugt ist (vgl. Altvater u. a., § 73 BPersVG Rn. 10).

5 Zu beachten sind die **Formvorschriften** für eine wirksame Dienstvereinbarung. Eine mündliche »Dienstvereinbarung« ist nichtig. Weiter ist die beiderseitige Unterzeichnung zwingend vorgeschrieben. Nicht ausreichend ist, wie bei Verträgen manchmal üblich, die alleinige Unterzeichnung des für den jeweils anderen bestimmten Exemplars. Die Dienstvereinbarung ist auf betriebsübliche Weise (Aushang an einer Anschlagtafel oder durch Rundschreiben) anschließend bekanntzumachen. Die Bekanntmachung ist für das Eintreten der Rechtswirkungen der Dienstvereinbarung zwingende Voraussetzung (str., wie hier Altvater u. a., § 73 Rn. 5, Grabendorff u. a., Rn. 14).

6 (**Abs. 2**) Der **Geltungsbereich** einer Dienstvereinbarung wird grundsätzlich durch seinen Inhalt festgelegt. Er kann jedoch nicht über den örtlichen und sachlichen Kompetenzbereich der Dienststellenleitung hinausgehen. Dienstvereinbarungen können für eine einzelne Dienststelle, mehrere Dienststellen oder für alle Dienststellen eines bestimmten Verwaltungszweiges abgeschlossen werden. Werden in mehrstufigen Verwaltungen mit den Stufenvertretungen Dienstvereinbarungen für den Bereich mehrerer nachgeordneter Dienststellen geschlossen, so werden dort bestehende Regelungen in der gleichen Angelegenheit verdrängt und außer Kraft gesetzt. Das gleiche gilt bei Dienstvereinbarungen mit dem Gesamtpersonalrat gegenüber Regelungen bei verselbständigten Dienststellen und der Hauptdienststelle. Voraussetzung für eine Verdrängung ist aber, daß die Stufenvertretung bzw. die entsprechende Dienststellenleitung für eine solche Regelung zuständig sind. Eine reine Aufhebung einer Dienstvereinbarung kann den Vorrang ebensowenig beanspruchen wie die Dienstvereinbarung, die lediglich eine nachgeordnete Dienststelle betrifft. Vorrang haben nur Dienstvereinbarungen, die Regelungen für den gesamten nachgeordneten Geschäftsbereich einheitlich regeln. Der Vorrang bedeutet auch, daß eine Dienstvereinbarung, die mit schon bestehenden Dienstvereinbarungen auf höhere Ebene kollidiert, unwirksam ist.

(Abs. 3) Dienstvereinbarungen können von der Dienststellenleitung oder dem Personalrat gekündigt werden. Ist in der Dienstvereinbarung eine **Kündigungs**frist vereinbart, so ist eine Kündigung nur unter Beachtung dieser Frist zulässig. Dienstvereinbarungen ohne vereinbarte **Kündigungsfrist** können mit einer Frist von drei Monaten gekündigt werden. 7

Die Dienstvereinbarungen entfallen nach Ablauf der Kündigungsfrist aber nicht gleichsam, selbst wenn im Gesetz eine **Nachwirkung** nicht ausdrücklich vorgesehen ist. Zumindest dort, wo das Gesetz die Erzwingung eines Abschlusses durch das Initiativrecht vorsieht (§ 70 Abs. 1), ist eine Anwendung des § 77 Abs. 6 BetrVG angebracht, weil die Dienststellenleitung ansonsten die gegen ihren Willen zustande gekommene Dienstvereinbarung einseitig wieder beseitigen könnte (vgl. BAG vom 5. 5. 88 – 6 AZR 521/85, PersR 89, 17). Dies liefe dem Zweck des Initiativrechts zuwider (ebenso Altvater u. a., § 73 BPersVG Rn. 13). Davon unberührt bleibt die Möglichkeit, eine Nachwirkung vertraglich in der Dienstvereinbarung zu regeln (Altvater u. a., a. a. O.). 8

§ 73
Durchführung von Entscheidungen

(1) **Entscheidungen, an denen der Personalrat beteiligt war, führt die Dienststelle durch, es sei denn, daß im Einzelfall etwas anderes vereinbart ist.**

(2) **Der Personalrat darf nicht durch einseitige Handlungen in den Dienstbetrieb eingreifen.**

Vergleichbare Vorschriften: § 74 BPersVG, § 77 Abs. 1 BetrVG

(Abs. 1) Die Durchführung von Entscheidungen, an denen der Personalrat beteiligt war, ist allein **Sache der Dienststelle.** Für die Dienststelle handelt die Dienststellenleitung. Die Mitbestimmungsrechte schränken zwar die Entscheidungsfreiheit, nicht aber die Entscheidungsgewalt der Dienststellenleitung ein. Das Mitbestimmungsrecht gibt dem Personalrat kein Mitdirektionsrecht (Dietz/Richardi, § 74 BPersVG Rn. 2). Die Dienststellenleitung ist allerdings gehalten, Entscheidungen unverzüglich durchzuführen, insbesondere darf sie sich keinen Vorrat anlegen. Eine verspätete Durchführung kann ein erneutes Mitbestimmungsverfahren auslösen. 1

Im Einzelfall und nach **ausdrücklicher Vereinbarung** können dem Per- 2

§§ 73, 74

sonalrat von der Dienststellenleitung Maßnahmen zur Durchführung übertragen werden. Zu denken ist hierbei insbesondere an Veranstaltungen und Kampagnen beispielsweise zur Förderung der Integration ausländischer Beschäftigter oder an die Verwaltung einer Sozialeinrichtung. Unabhängig hiervon führt der Personalrat eigene Angelegenheiten nach diesem Gesetz wie die Vorbereitung und Durchführung von Personalratswahlen, Personalversammlungen etc. selbst durch.

3 (Abs. 2) Auch bei **rechtswidrigen Maßnahmen** kann der Personalrat nicht eigenmächtig in den Dienstbetrieb eingreifen. Die Personalvertretung ist beispielsweise nicht befugt, Anordnungen der Dienststellenleitung zu widerrufen, Aushänge zu entfernen, Dienstbefreiung zu erteilen oder Beschäftigten Weisungen zu erteilen. Der Personalrat ist in diesen Fällen auf seine gesetzlichen Möglichkeiten verwiesen. Er kann Dienstaufsichtsbeschwerde erheben oder bei einer Verletzung eigener Rechte ein personalvertretungsrechtliches Verfahren vor dem Verwaltungsgericht einleiten. Ein Eingriff in den Dienstbetrieb kann den Ausschluß aus der Personalvertretung, disziplinarische Maßnahmen oder eine außerordentliche Kündigung nach sich ziehen.

§ 74
Fälle der vollen Mitbestimmung

(1) **Der Personalrat hat mitzubestimmen in Personalangelegenheiten der Angestellten und Arbeiter, soweit die Angestellten nicht der Regelung des § 75 Abs. 1 unterliegen, bei**

1. **Einstellung,**

2. **Eingruppierung, Übertragung einer höher oder niedriger zu bewertenden Tätigkeit, Höher- oder Rückgruppierung,**

3. **Verlängerung eines befristeten Arbeitsvertrages,**

4. **Versetzung zu einer anderen Dienststelle, Umsetzung innerhalb der Dienststelle, wenn sie mit einem Wechsel des Dienstortes verbunden ist (das Einzugsgebiet im Sinne des Umzugskostenrechts gehört zum Dienstort),**

5. **Abordnung für die Dauer von mehr als drei Monaten sowie Zuweisung im Sinne des § 123 a Beamtenrechtsrahmengesetz für eine Dauer von mehr als drei Monaten,**

6. **Ablehnung eines Antrages auf Teilzeitbeschäftigung, Ermäßigung der Arbeitszeit oder Beurlaubung,**

7. **Weiterbeschäftigung über die Altersgrenze hinaus,**

8. **Anordnungen, welche die Freiheit in der Wahl der Wohnung beschränken,**

9. **Versagung oder Widerruf der Genehmigung einer Nebentätigkeit.**

§ 74

(2) Der Personalrat hat mitzubestimmen in sozialen Angelegenheiten bei

1. Gewährung von Unterstützungen, Vorschüssen, Darlehen und entsprechenden sozialen Zuwendungen,
2. Zuweisung und Kündigung von Wohnungen, über die die Dienststelle verfügt oder bei deren Vergabe ihr ein Vorschlagsrecht zusteht,
3. Zuweisung von Dienst- und Pachtland und Festsetzung der Nutzungsbedingungen.

Hat ein Beschäftigter eine Leistung nach Nr. 1 beantragt, wird der Personalrat nur auf seinen Antrag beteiligt; auf Verlangen des Antragstellers bestimmt nur der Vorstand des Personalrates mit.

(3) Der Personalrat hat, soweit eine gesetzliche oder tarifliche Regelung nicht besteht, gegebenenfalls durch Abschluß von Dienstvereinbarungen mitzubestimmen über

1. Beginn und Ende der täglichen Arbeitszeit und der Pausen sowie die Verteilung der Arbeitszeit auf die einzelnen Wochentage,
2. Aufstellung des Urlaubsplanes, Festsetzung der zeitlichen Lage des Erholungsurlaubs für einzelne Beschäftigte, wenn zwischen dem Dienststellenleiter und den beteiligten Beschäftigten kein Einverständnis erzielt wird,
3. Fragen der Lohngestaltung innerhalb der Dienststelle, insbesondere die Aufstellung von Entlohnungsgrundsätzen, die Einführung und Anwendung von neuen Entlohnungsmethoden und deren Änderung sowie die Festsetzung der Akkord- und Prämiensätze und vergleichbarer leistungsbezogener Entgelte, einschließlich der Geldfaktoren,
4. Errichtung, Verwaltung und Auflösung von Sozialeinrichtungen ohne Rücksicht auf ihre Rechtsform,
5. Durchführung der Berufsausbildung bei Angestellten und Arbeitern,
6. allgemeine Fragen der Fortbildung der Beschäftigten,
7. Auswahl der Teilnehmer an Fortbildungsveranstaltungen für Angestellte und Arbeiter,
8. Inhalt von Personalfragebogen für Angestellte und Arbeiter,
9. Beurteilungsrichtlinien für Angestellte und Arbeiter,
10. Bestellung von Vertrauens- oder Betriebsärzten als Angestellte,
11. Maßnahmen zur Verhütung von Dienst- und Arbeitsunfällen und sonstigen Gesundheitsschädigungen,
12. Grundsätze über die Bewertung von anerkannten Vorschlägen im Rahmen des betrieblichen Vorschlagwesens,

§ 74

13. **Aufstellung von Sozialplänen** einschließlich Plänen für Umschulungen zum Ausgleich oder zur Milderung von wirtschaftlichen Nachteilen, die dem Beschäftigten infolge von Rationalisierungsmaßnahmen entstehen,
14. **Absehen von der Ausschreibung** von Dienstposten, die besetzt werden sollen,
15. **Regelung der Ordnung** in der Dienststelle und des Verhaltens der Beschäftigten,
16. **Gestaltung der Arbeitsplätze,**
17. **Grundsätze der Arbeits- und Dienstpostenbewertungen** in der Dienststelle,
18. **Einführung, Anwendung, wesentliche Änderung oder Erweiterung technischer Einrichtungen,** die geeignet sind, das Verhalten oder die Leistung der Beschäftigten zu überwachen oder zu erfassen,
19. **Einführung, Anwendung, wesentliche Änderung oder Erweiterung automatisierter Verarbeitung personenbezogener Daten** der Beschäftigten.

(4) Muß für Gruppen von Beschäftigten die tägliche Arbeitszeit (Absatz 3 Nr. 1) nach Erfordernissen, die die Dienststelle nicht voraussehen kann, unregelmäßig und kurzfristig festgesetzt werden, so beschränkt sich die Mitbestimmung auf die Grundsätze für die Aufstellung der Dienstpläne, insbesondere für die Anordnung von Dienstbereitschaft, Mehrarbeit und Überstunden.

(5) Arbeitsentgelte und sonstige Arbeitsbedingungen, die durch Tarifvertrag geregelt sind oder üblicherweise geregelt werden, können nicht Gegenstand einer Dienstvereinbarung (Absatz 3) sein. Dies gilt nicht, wenn ein Tarifvertrag den Abschluß ergänzender Dienstvereinbarungen ausdrücklich zuläßt.

Vergleichbare Vorschriften: § 75 BPersVG; §§ 87, 99, 98, 94, BetrVG

1 **(Abs. 1)** Das **Mitbestimmungsrecht** des Personalrats besteht nach Abs. 1 **bei personellen Einzelmaßnahmen von Arbeitnehmerinnen und Arbeitnehmern,** d. h. Angestellten, Arbeiterinnen und Arbeitern. Ausgenommen von der uneingeschränkten Mitbestimmung nach § 74 Abs. 1 sind jedoch Angestellte der Vergütungsgruppe V b aufwärts, die hoheitliche Tätigkeiten wahrnehmen (s. dazu § 75 Rn. 1 ff.). Bei diesen Beschäftigten findet lediglich die eingeschränkte Mitbestimmung nach § 75 Abs. 1 statt. Die Mitbestimmung bei personellen Maßnahmen gem. § 74 Abs. 1 bei Angestellten in den der Besoldungsgruppe A 16 und höher entsprechenden Vergütungsgruppen ist nach § 76 Abs. 1 »eingeschränkt« (auf Null). Für die in § 14 Abs. 2 Nr. 3 und Abs. 4 genannten Beschäftigten gilt § 74 Abs. 1 nur, wenn sie es beantragen. Die in § 88 genannten

§ 74

Beschäftigten werden von der Vorschrift nicht erfaßt. Nach § 91 bestimmt der Personalrat bei Beschäftigten mit überwiegend wissenschaftlicher Tätigkeit und nach § 88 bei akademischen Mitarbeiterinnen und Mitarbeitern nur auf deren Antrag hin mit. Bei künstlerisch Beschäftigten ist der Personalrat auf deren Antrag anzuhören, § 89. Die (unechte) Mitbestimmung des Personalrats bei der personellen Einzelmaßnahme der ordentlichen Kündigung ist in § 78 Abs. 1 und 2, die Anhörung bei der fristlosen Entlassung und außerordentlichen Kündigung in § 78 Abs. 3 geregelt. Der Personalrat kann seine Zustimmung in den personellen Angelegenheiten des Abs. 1 ohne Beschränkung durch einen Versagungskatalog verweigern.

Weder der Personalrat noch die Beschäftigten, von der Ausnahme der **antragsgebundenen** Mitbestimmung (§§ 76 Abs. 2, 88 Nr. 3, 89 Nr. 2, 91) abgesehen, können auf die Ausübung des Mitbestimmungsrechtes verzichten. **2**

Soweit der Personalrat bei personellen Angelegenheiten der Arbeitnehmerinnen und Arbeitnehmer nach § 74 Abs. 1 mitbestimmt, ist die **Einigungsstelle** gem. § 69 Abs. 9 Satz 2 zur **Letztentscheidung** befugt. **3**

Nach **Nr. 1** hat der Personalrat bei der **Einstellung** mitzubestimmen (dazu Sabottig, PersR 89, 163). **Einstellung** ist sowohl die Begründung eines Arbeitsverhältnisses durch den Abschluß eines Arbeitsvertrages als auch die tatsächliche Arbeitsaufnahme in der Dienststelle (vgl. Schneider, PersR 92, 225). Die Rechtsprechung will unter Einstellung demgegenüber lediglich die Eingliederung, also die tatsächliche Beschäftigung im Betrieb, verstehen (BAG vom 28. 4. 92 – 1 AZR 73/91, PersR 93, 41). Das mit der Einstellung in aller Regel zu begründende Beschäftigungsverhältnis soll demgegenüber hinsichtlich Art und Inhalt nicht der Mitbestimmung unterfallen (BVerwG vom 27. 11. 91 – 6 P 15.90, PersR 92, 198; BAG vom 3. 10. 89 – 1 ABR 73/88, AP Nr. 74 zu § 99 BetrVG 1972; krit. Schneider, a. a. O.). Der Personalrat hat wegen der gleichberechtigten Mitbestimmung aber auch über den Inhalt des Beschäftigungsverhältnisses, insbesondere die Befristung des Arbeitsverhältnisses und die Frage einer Teilzeitbeschäftigung, mitzubestimmen (Feldhoff, PersR 92, 433; a. A. auch zum weitergehenden bremischen PersVG dagegen BVerwG vom 17. 8. 89 – 6 P 11.87, PersR 89, 327). In jedem Fall ist der Personalrat über die beabsichtigte Einstellung hinsichtlich Art und Dauer und die Auswirkungen der Einstellung beispielsweise im Hinblick auf den Abbau von Überstunden sowie darüber zu informieren, ob eine Teilzeitbeschäftigung beabsichtigt ist (Feldhoff, a. a. O.). Bei der Unterrichtung sind der Personalvertretung die Unterlagen aller Bewerberinnen und Bewerber vorzulegen, vgl. § 68 Abs. 2 Satz 3. **4**

Unstreitig kommt es für das Entstehen des mitbestimmungspflichtigen Tatbestandes und Zeitpunkts im konkreten Einzelfall aber weder auf den Abschluß eines Arbeitsvertrages noch auf die Eingliederung in die Dienststelle an. Dies ergibt sich bereits aus der Pflicht zur frühzeitigen **5**

§ 74

Unterrichtung gem. § 69 Abs. 2 (»beabsichtigte Maßnahme«). Der Personalrat ist bereits zu beteiligen, **bevor** die Dienststellenleitung den Entschluß faßt, eine Arbeitnehmerin bzw. einen Arbeitnehmer einzustellen (BVerwG vom 6. 12. 78 – 6 P 2.78, PersV 79, 504; vgl. BAG vom 28. 4. 92 – 1 ABR 73/91, PersR 93, 41). Die Beteiligung hat zu einer Zeit zu erfolgen, zu der noch keine endgültige Entscheidung getroffen worden ist (BAG vom 28. 4. 92, a. a. O.). In der Aufnahme in eine Liste für sogenannte Abrufkräfte soll dagegen noch keine die Mitbestimmung auslösende Einstellung zu sehen sein (VG Bremen vom 18. 5. 92 – PV 11/91, PersR 93, 38, n. rk.).

6 Wird vor Abschluß des Mitbestimmungsverfahrens oder trotz Zustimmungsverweigerung ein Arbeitsvertrag geschlossen, so berührt dies zwar die Wirksamkeit des Arbeitsvertrages nicht (vgl. dazu § 69 Rn. 5). Die Dienststelle ist daher zur Zahlung der vereinbarten Vergütung verpflichtet. Die Dienststelle darf mitbestimmungswidrig eingestellte Arbeitnehmerinnen und Arbeitnehmer jedoch nicht beschäftigen, solange die Zustimmung des Personalrats nicht vorliegt oder durch die Einigungsstelle nicht ersetzt ist (BAG vom 2. 7. 80 – 5 AZR 56/79, AP Nr. 5 zu § 101 BetrVG).

7 Bei der Zustimmungsverweigerung ist der Personalrat nicht an einen Versagungskatalog gebunden. Der Personalrat kann die **Zustimmung** aber nicht **verweigern,** indem er sein Werturteil über die Eignung der Bewerberinnen und Bewerber an die Stelle der Beurteilung der Dienststellenleitung setzt, weil dieser aus Art. 33 Abs. 2 GG nicht nur bei Beamtinnen und Beamten, sondern auch bei Arbeitnehmerinnen und Arbeitnehmern hinsichtlich **Eignung, Befähigung und fachlicher Leistung** ein weiter **Beurteilungs- und Ermessensspielraum** eingeräumt ist (BVerfG vom 22. 5. 75 – BvL 13/73, BVerfGE 39, 334; BVerwG vom 3. 3. 87 – 6 P 30.84, PersV 87, 169). Dies wird auch durch § 76 Abs. 3 klargestellt.

8 Der Personalrat kann die Zustimmung hingegen verweigern, wenn die Dienststellenleitung bei der Eignungsbeurteilung den anzuwendenden Begriff oder den gesetzlichen Rahmen, in dem sie sich frei bewegen kann, verkannt hat oder von einem unrichtigen Sachverhalt ausgegangen ist oder allgemeingültige Maßstäbe nicht beachtet oder sachfremde Erwägungen angestellt hat (BVerwG vom 3. 3. 87 – 6 P 30.84, PersR 87, 169; vom 27. 3. 90, 6 P 34.87, PersR 90, 179; BayVGH vom 19. 2. 92 – 18 PC 92.236, PersR 92, 459; OVG Bremen vom 28. 4. 92 – OVG PV-B 9/91, PersR 92, 372).

9 Der Personalrat kann die Zustimmung zu einer Einstellung bspw. verweigern, wenn die Arbeitserlaubnis nach § 19 AFG fehlt (BAG vom 22. 1. 91 – 1 ABR 48/90, EzA § 99 BetrVG 1972 Nr. 98), die Einstellung gegen einen Tarifvertrag verstößt (BAG vom 28. 1. 92 – 1 ABR 45/91, DB 92, 1049), bei einer Überlassungsdauer von mehr als sechs Monaten ein Verstoß gegen Art. 1 § 3 Abs. 1 Nr. 6 AÜG vorliegt (BAG vom 28. 9. 88 –

§ 74

1 ABR 85/87, AP Nr. 60 zu § 99 BetrVG 1972) oder wenn der Arbeitgeber vor der Einstellung nicht prüft, ob auf dem Arbeitsplatz ein Schwerbehinderter beschäftigt werden kann (BAG vom 14. 11. 89 – 1 ABR 88/88, PersR 90, 150 m. Anm. Besgen; BAG vom 10. 11. 92 – 1 ABR 21/92, n. v.; a. A. VGH BW vom 13. 12. 88 – 15 S 2173/88, PersR 90, 149).

Als **Zustimmungsverweigerungsgründe** kommen wegen des Wegfalls eines Versagungskataloges i. S. d. BPersVG und des BetrVG weitere Gründe in Betracht. Er kann sich bei seiner Zustimmungsverweigerung auf arbeitsrechtliche, tarifrechtliche, personalplanerische und haushaltsrechtliche Gründe stützen (s. Orth/Welkoborsky, § 72 LPVG NW Rn. 29). Daneben sind Gründe denkbar, die dem Überwachungsauftrag der Personalvertretung aus § 68 entspringen. Zu beachten ist aber, daß die engere Rechtsprechung der Verwaltungsgerichte verlangt, daß der Zustimmungsverweigerungsgrund sich auf die Wahrung der allgemeinen Interessen der der Dienststelle bereits angehörenden Beschäftigten bezieht. 10

Der Personalrat hat bei der Einstellung von Beschäftigten in **AB-Maßnahmen** mitzubestimmen (OVG Rheinland-Pfalz vom 14. 11. 77 – 5 A 7/77, PersV 79, 28; OVG Hamburg vom 15. 5. 85 – OVG Bs PB 7/84, PersR 87, 24; OVG Lüneburg vom 14. 8. 87 – 18 OVG L 6/86, PersR 88, 168). Ein Mitbestimmungsrecht besteht auch bei der **Übernahme von Leiharbeitnehmern** (BVerwG vom 20. 5. 92 – 6 P 4.90, PersR 92, 405; BayVGH vom 29. 5. 87 – 17 C 87.00240, PersR 88, 84; BAG vom 5. 5. 92 – 1 ABR 78/91, BB 92, 1999; LAG Köln vom 12. 6. 87 – 4 Ta BV 10/87, DB 87, 2016). Dagegen ist die Beschäftigung aufgrund eines **Werkvertrages** nicht als Einstellung mitbestimmungspflichtig (zur Abgrenzung der Arbeitnehmerüberlassung vom Werkvertrag s. BAG vom 30. 1. 91 – 7 AZR 497/88, DB 91, 2342; LAG Berlin vom 1. 2. 88 – 9 Ta BVG 6/87, DB 88, 1228), z. B. wenn Reinigungskräfte einer Fremdfirma in der Dienststelle tätig werden (VGH BW vom 25. 3. 93 – PL 15 S 1603/92, PersR 93, 503). Als Einstellung sind aber die **Verlängerung eines befristeten Arbeitsverhältnisses** (BVerwG vom 1. 2. 89 – 6 P 2.86, PersR 89, 198; BAG vom 28. 10. 86 – 1 ABR 16/85, DB 87, 847), die **Umwandlung eines Teilzeitbeschäftigungsverhältnisses in ein Vollzeitbeschäftigungsverhältnis** (BVerwG vom 2. 6. 93 – 6 P 3.92, PersR 93, 450) und der **Wechsel von einer Beschäftigtengruppe in eine andere** anzusehen (OVG NW vom 14. 12. 90 – CL 42/87, PersR 90, 235). 11

Nach **Nr. 2** ist die **Eingruppierung, die Übertragung einer höher oder niedriger zu bewertenden Tätigkeit** sowie die **Höher- oder Rückgruppierung** mitbestimmungspflichtig. Zum Zutrittsrecht von Gewerkschaftsbeauftragten zur Prüfung einer korrekten Eingruppierung durch den Personalrat vgl. bei § 2. 12

Eingruppierung ist die **erstmalige Einreihung** der Beschäftigten bzw. ihrer Tätigkeiten in das System der Lohn- bzw. Vergütungsgruppen der einschlägigen Tarifverträge (BVerwG vom 15. 2. 88 – 6 P 21.85, PersR 88, 101). 13

§ 74

14 Es ist umstritten, ob das Mitbestimmungsrecht bei der Eingruppierung auch die **Zuordnung zu einer Fallgruppe** umfaßt (bejahend jedenfalls für den Fall, daß Auswirkungen hinsichtlich des Bewährungsaufstiegs bestehen: Altvater u. a., § 75 BPersVG Rn. 12, Dietz/Richardi, Rn. 29, Lorenzen u. a., Rn. 29). Nach der Rechtsprechung des BVerwG (vom 7. 6. 84 – 6 P 23.82, ArbuR 84, 380) besteht ein Mitbestimmungsrecht jedoch auch bei Auswirkungen der Zuordnung zu einer Fallgruppe für den Bewährungsaufstieg nicht. Der Personalvertretung wird so die Möglichkeit der Kontrolle der richtigen Anwendung der tariflichen Vorschriften durch die Dienststelle genommen (so auch Grabendorff u. a., § 75 BPersVG Rn. 18). Gerade im Hinblick auf die Pflicht der Personalvertretungen, die Einhaltung der Tarifverträge zu überwachen und für die Behandlung der Beschäftigten nach Recht und Billigkeit einzutreten, ist daher auch die Zuordnung zu einer Fallgruppe mitbestimmungspflichtig.

15 Der Personalrat kann seine Zustimmung bzw. Zustimmungsverweigerung aufteilen, in dem er zwar der **Einstellung** zustimmt, die von der Dienststellenleitung vorgenommene **Eingruppierung** ablehnt und nur insoweit seine Zustimmung verweigert. Der Mitbestimmungsvorgang bei der Einstellung ist in verschiedene selbständige Mitbestimmungstatbestände zerlegbar, so daß auch die Zustimmung auf einen Tatbestand beschränkt werden kann (Orth/Welkoborsky, § 72 LPVG NW Rn. 16 m. w. Nw.).

16 Eine **Übertragung einer höher oder niedriger zu bewertenden Tätigkeit** liegt vor, wenn einem Beschäftigten eine Tätigkeit übertragen wird, die nach ihren Tätigkeitsmerkmalen in bezug auf die bisher ausgeübte Tätigkeit einer höheren oder niedrigeren Lohn- oder Vergütungsgruppe zuzuordnen ist. Kein Fall der Nr. 2 liegt bei der **Übertragung einer Tätigkeit, die einen Anspruch auf Zahlung einer Zulage auslöst,** vor (vgl. BVerwG vom 26. 5. 78 – 6 P 49.78, n. v.; BAG vom 17. 1. 79 – 4 AZR 463/77, AP Nr. 3 zu § 36 BAT). Eine andere Betrachtungsweise ist jedoch dann angebracht, wenn bei Verrichtung einer höherwertigeren Tätigkeit die Tätigkeitszulage anstelle einer Höhergruppierung gewährt wird, weil die persönlichen Voraussetzungen (z. B. Ausbildung) für diese nicht vorliegen (Altvater u. a., § 75 BPersVG Rn. 11).

17 Eine vorübergehende Übertragung einer anderen Tätigkeit ist **unabhängig von ihrer Dauer** mitbestimmungspflichtig (ebenso BAG vom 18. 6. 91 – 1 ABR 56/90 (A), PersR 91, 474; im Anschluß daran nunmehr auch BVerwG vom 22. 10. 91 – 6 ER 502.91, PersR 92, 104; zum früheren Streit Besgen, PersR 92, 296).

18 Unter **Höher- und Rückgruppierung** ist jede Änderung der Eingruppierung in eine Lohn- oder Vergütungsgruppe bei bestehendem Arbeitsverhältnis zu verstehen. Eine Änderung der Eingruppierung ist nur durch die Änderung des Arbeitsvertrages oder durch Änderungskündigung möglich (BVerwG vom 4. 8. 88 – 6 P 1.86, PersR 88, 296). Eine Höhergruppierung liegt auch vor bei der Verleihung einer anderen Dienstbezeichnung, die mit der Anhebung des Gehaltsrahmens verbunden ist (BVerwG vom 22.

2. 89 – 6 P 3.86, PersR 89, 199). Auch die sog. korrigierende Eingruppierung, d. h. die Einstufung in eine höhere oder niedrigere Vergütungsgruppe bei gleichbleibender Tätigkeit, ist mitbestimmungspflichtig (BVerwG vom 6. 10. 92 – 6 P 22.90, PersR 93, 74; OVG Berlin vom 27. 9. 93 – OVG PV Bln 10. 93, PersR 94, 89). Wie bei der Einstellung (s. dort) soll auch hier die Einstufung in Fallgruppen nicht mitbestimmungspflichtig sein (BAG vom 2. 12. 81 – 4 AZR 383/79, BAGE 37, 145).

Gem. **Nr. 3** hat der Personalrat bei der **Verlängerung eines befristeten Arbeitsvertrages** mitzubestimmen. Mitbestimmungspflichtig ist jede weitere Befristung nach der erstmaligen Befristung bei der Einstellung. Die **erstmalige Befristung** des Arbeitsvertrages soll nach der Rechtsprechung des BVerwG nicht der Mitbestimmung bei der Einstellung (§ 74 Abs. 1 Nr. 1) unterliegen (BVerwG vom 17. 8. 89 – 6 P 11.87, PersR 89, 327). Zudem will das BVerwG eine Zustimmungsverweigerung bei der Einstellung, die mit der Rechtswidrigkeit der Befristung begründet ist (Gesetzesverstoß oder Verstoß gegen Tarifvertrag) nicht anerkennen, da Gegenstand des Mitbestimmungsrechts nur die Einstellung, nicht aber der Inhalt des Arbeitsvertrages sei (BVerwG vom 15. 11. 87 – 6 P 2.87, PersR 90, 13). Die nunmehr gesetzlich geregelte Verlängerung eines befristeten Arbeitsvertrages war auch schon nach der Rechtsprechung des BVerwG (vom 1. 2. 89 – 6 P 2.86, PersR 89, 198; vom 15. 11. 87, a. a. O.) und BAG (vom 28. 10. 86 – 1 ABR 16/85, DB 87, 847) als Einstellung nach Nr. 1 mitbestimmungspflichtig, so daß der Tatbestand eigentlich überflüssig ist. Zur Befristung insgesamt s. Kickuth, PersR 92, 142. **19**

Nach **Nr. 4** hat der Personalrat bei der **Versetzung zu einer anderen Dienststelle** und der **Umsetzung unter Wechsel des Dienstorts** mitzubestimmen. **20**

Versetzung ist die dauernde Beschäftigung einer Arbeitnehmerin oder eines Arbeitnehmers in einer anderen Dienststelle desselben Arbeitgebers unter Fortsetzung des Arbeitsverhältnisses (vgl. Altvater u. a., § 75 BPersVG Rn. 16). Bei der Versetzung haben sowohl der Personalrat der aufnehmenden als auch der abgebenden Dienststelle mitzubestimmen (a. A. bisher BVerwG vom 8. 12. 79 – 6 P 88.78, PersV 80, das nur dann den Personalrat der aufnehmenden Dienststelle beteiligen will, wenn diese maßgebenden Einfluß auf die Versetzung hatte, und BVerwG vom 6. 11. 87 – 6 P 2.85, PersR 88, 49, wenn unterschiedliche Dienstherren beteiligt sind und für die Versetzung das Einverständnis des aufnehmenden Dienstherrn erforderlich ist). Eine Beteiligung zweier örtlicher Personalräte soll jedenfalls dann nicht in Frage kommen, wenn die vorgesetzte Behörde einen Beschäftigten per Verfügung in eine nachgeordnete Behörde versetzt (BayVGH vom 14. 7. 93 – 18 P 93.824, PersR 93, 505). Das Mitbestimmungsrecht bei der Versetzung erschöpft sich nicht darin, die Interessen der betroffenen Beschäftigten und der Beschäftigten der abgebenden Dienststelle zu wahren. Von dem Schutzzweck des Mitbestimmungsrechts werden vielmehr auch die Beschäftigten der aufneh- **21**

§ 74

menden Dienststelle umfaßt (OVG Saarlouis vom 29. 9. 92 – 5 W 4/91, PersR 93, 178). Die Versetzung wirkt sich gerade in der aufnehmenden Dienststelle auf die kollektiven Interessen der dort Beschäftigten, nämlich wie eine Einstellung, aus. Die »dienstherrenübergreifende« Versetzung ist für den aufnehmenden Dienstherrn eine mitbestimmungspflichtige Einstellung (so BayVGH vom 30. 1. 92 – 17 P 91.3271, PersR 92, 261). Eine Versetzung ist individualrechtlich nur möglich, wenn sie tarif- oder einzelvertraglich zugelassen ist oder die Arbeitnehmerin bzw. der Arbeitnehmer ihr zustimmt. Andernfalls bedarf es hierzu regelmäßig einer Änderungskündigung.

22 **Umsetzung** ist die dauerhaft angelegte Übertragung eines anderen Arbeitsplatzes ohne Änderung des Dienststelle (vgl. Altvater u. a., § 75 BPersVG Rn. 18). Nach dem Wortlaut ist nur **eine Umsetzung unter Wechsel des Dienstortes** mitbestimmungspflichtig. Das Einzugsgebiet eines Dienstortes ergibt sich aus den Vorschriften des Umzugskostenrechts (vgl. § 2 Abs. 6 BUKG). Eine Umsetzung unter Wechsel des Dienstortes ist individualarbeitsrechtlich nicht bereits im Rahmen des Direktionsrechts zulässig. Sofern sie nicht arbeitsvertraglich vereinbart wurde oder bereits tarifvertraglich zulässig ist, bedarf es auch hierzu vielmehr einer Änderungskündigung.

23 Gem. Nr. 5 hat der Personalrat bei der **Abordnung** sowie der **Zuweisung entsprechend § 123 a Beamtenrechtsrahmengesetz für eine Dauer von mehr als drei Monaten** mitzubestimmen. **Abordnung** ist die vorübergehende, nicht nur ganz kurzfristige Zuweisung einer Beschäftigung in einer anderen Dienststelle als der ständigen Dienststelle der oder des Beschäftigten (vgl. Altvater u. a., § 75 BPersVG Rn. 19). Die individualarbeitsrechtliche Zulässigkeit ist wie bei der Versetzung zu beurteilen (s. dort). Eine Abordnung setzt eine vorübergehende Eingliederung in die neue Dienststelle voraus. Daran fehlt es beispielsweise bei der Verrichtung von Reparaturarbeiten in einer anderen Dienststelle, wenn diese Tätigkeiten zum Aufgabengebiet der oder des Beschäftigten gehören. Ein Mitbestimmungsrecht des Personalrats besteht auch bei einer **Zuweisung entsprechend § 123 a Beamtenrechtsrahmengesetz.** § 123 a BRRG ist 1990 in das BRRG eingefügt worden, um die Abordnung von Beschäftigten aus dem Bereich der öffentlichen Verwaltung der Bundesrepublik Deutschland für Tätigkeiten in einer öffentlichen Einrichtung außerhalb des Anwendungsbereiches des BRRG, beispielsweise in internationalen und supranationalen Organisationen zu ermöglichen. Voraussetzung für die Zuweisung ist, daß sie durch dringende öffentliche Interessen erforderlich ist. Für die Entscheidung ist die oberste Dienstbehörde zuständig.

24 Abordnung und Zuweisung bedürfen der Mitbestimmung, wenn sie für eine **Dauer von mehr als drei Monaten** angeordnet werden. Sofern eine Abordnung zunächst für weniger als drei Monate angeordnet und erst nachträglich auf mehr als drei Monate verlängert wird, bedarf auch dies der Mitbestimmung des Personalrats (BVerwG vom 7. 2. 80 – 6 P 87.78,

PersV 81, 292). Ist eine Abordnung mit dem späteren Ziel der Versetzung angeordnet, so hat der Personalrat unabhängig von der Dauer der Abordnung mitzubestimmen (BVerwG vom 18. 9. 84 – 6 P 19.83, PersR 86, 36; Altvater u. a., § 75 BPersVG Rn. 20; Lorenzen u. a., Rn. 65).

Nr. 6 ordnet die Mitbestimmungspflichtigkeit der **Ablehnung eines Antrags auf Teilzeitbeschäftigung, Ermäßigung der Arbeitszeit oder Beurlaubung** an. Dieser den Zeichen der Zeit zu verdankende Tatbestand dient neben der Entlastung des Arbeitsmarktes vor allem der Gleichberechtigung von Frau und Mann durch Förderung der Vereinbarkeit von Beruf und Familie für beide Geschlechter. Unter **Beurlaubung** ist Urlaub ohne Fortzahlung von Lohn und Gehalt zu verstehen. Denkbar ist dies zur Betreuung von Kindern oder pflegebedürftigen Personen im Haushalt der oder des Beschäftigten, aber auch zu anderen Zwecken. Die Ablehnung eines Antrags auf Widerruf oder Erhöhung des Umfangs von **Teilzeitbeschäftigung** unterliegt nicht der Mitbestimmung (OVG NW vom 4. 11. 91 – CL 63/88, PersR 93, 96). Die Umwandlung eines Teilzeitarbeitsverhältnisses in ein Vollzeitarbeitsverhältnis ist dagegen eine mitbestimmungspflichtige Einstellung (BVerwG vom 2. 6. 93 – 6 P 3.92, PersR 93, 450). Zur Teilzeitarbeit generell s. Feldhoff, PersR 92, 433.

Nach **Nr. 7** unterfällt die **Weiterbeschäftigung über die Altersgrenze hinaus** der Mitbestimmung des Personalrats. Aufgrund tariflicher Vorschriften des öffentlichen Dienstes endete das Arbeitsverhältnis automatisch mit der Vollendung des 65. Lebensjahres, ohne daß es hierzu einer Kündigung bedurfte. Die Wirksamkeit der tariflichen Vorschriften war bis zur Entscheidung des BAG wegen der Regelung des § 41 Abs. 4 Satz 3 SGB VI, die Vereinbarungen über eine automatische Beendigung für unwirksam erklärt, in Rechtsprechung und Literatur heftig umstritten (vgl. zuletzt Worzalla, DB 93, 834; für die Wirksamkeit der Beendigung aufgrund Tarifvertrag: ArbG Mannheim vom 19. 11. 92 – 5 Ca 189/92, BB 93, 141; ArbG Düsseldorf vom 9. 6. 92 – 1 Ca 1934/92, BB 92, 2002; LAG Düsseldorf vom 13. 8. 92 – 18 Sa 728/92, DB 92, 2350; dagegen LAG Düsseldorf vom 25. 1. 93 – 10 Sa 1486/92, DB 93, 689). Richtig ist die trotz der BAG-Entscheidung wohl überwiegende Auffassung, daß die Regelung des § 41 Abs. 4 Satz 3 SGB VI lediglich gegenüber einzelvertraglichen, nicht aber gegenüber tarifvertraglichen Regelungen greift. Bei dieser Auffassung ist die Weiterbeschäftigung bei beiderseitiger Tarifbindung eine erneute Einstellung, die bereits nach Nr. 1 mitbestimmungspflichtig wäre (BAG vom 10. 3. 92 – 1 ABR 67/91, DB 92, 1530 = AiB 92, 553). Das BAG hat unterdessen entschieden, daß auch tarifvertragliche Regelungen von § 41 Abs. 4 Satz 3 SGB VI erfaßt werden und damit unwirksam sind (BAG vom 20. 10. 93 – 7 AZR 135/93, NZA 94, 128; dazu Kittner, Quelle 93, 25). Die Entscheidung ist schon rentenpolitisch zweifelhaft, beschäftigungspolitisch macht sie gar keinen Sinn. Für den Mitbestimmungstatbestand bedeutet die Entscheidung, daß eine Mitbestimmung nur dann möglich ist, wenn eine gem. § 41 Abs. 4 Satz 3 SGB

§ 74

VI wirksame Vereinbarung (z. Zt. durch Bestätigung) vorliegt, wonach das Beschäftigungsverhältnis bei Erreichen der Altersgrenze automatisch endet.

27 Gem. **Nr. 8** besteht bei **Anordnungen, welche die Freiheit der Wahl der Wohnung beschränken,** ein Mitbestimmungsrecht des Personalrats. Anordnungen zur Wohnungswahl sind möglich, wenn eine Pflicht der oder des Beschäftigten besteht, eine von der Dienststelle angebotene Dienstwohnung zu beziehen oder wenn der Arbeitnehmerin oder dem Arbeitnehmer vorgeschrieben wird, seine Wohnung am Dienstort oder der näheren Umgebung zu nehmen (sog. Residenzpflicht).

28 Nach **Nr. 9** sind die **Versagung** und der **Widerruf der Genehmigung einer Nebentätigkeit** mitbestimmungspflichtig. Unter **Nebentätigkeit** ist die **Nebenbeschäftigung** und das **Nebenamt** zu verstehen. Eine **Nebenbeschäftigung** ist gegeben, wenn eine Arbeitnehmerin oder ein Arbeitnehmer neben seinem Hauptarbeitsverhältnis einer zweiten oder weiteren **privatrechtlichen Beschäftigung** (unselbständig oder selbständig) nachgeht. Ein **Nebenamt** ist dagegen die weitere Tätigkeit in einem **öffentlich-rechtlichen Rechtsverhältnis** (z. B. als ehrenamtlicher Bürgermeister). Im öffentlichen Dienst ist die Übernahme einer Nebentätigkeit regelmäßig genehmigungspflichtig. Über die Vorschriften der Tarifverträge des öffentlichen Dienstes sind für die Arbeitnehmerinnen und Arbeitnehmer des öffentlichen Dienstes die Vorschriften der für Beamtinnen und Beamte geltenden §§ 64 ff. BBG entsprechend anzuwenden. Nach § 66 BBG sind bestimmte Tätigkeiten von der Genehmigungspflicht ausgenommen.

29 (**Abs. 2**) Dieser Teil der Vorschrift regelt die **Mitbestimmung in sozialen Angelegenheiten.** Die Regelung gilt anders als Abs. 1 für alle Beschäftigten, auch für Beamtinnen und Beamte.

30 Nach **Nr. 1** unterfällt die **Gewährung von Unterstützungen, Zuschüssen und Darlehen sowie entsprechend sozialen Zuwendungen,** sofern die Betroffenen dies beantragen (vgl. Abs. 2 Satz 2), der Mitbestimmung der Personalrats. Der Personalrat wird in der Praxis vor allem dann auf Antrag der Beschäftigten mitbestimmen, wenn der Antrag auf Gewährung einer Zuwendung abgelehnt werden soll. Wegen der regelmäßig damit verbundenen Offenbarung privater persönlicher Verhältnisse können die Beschäftigten verlangen, daß nur der Vorstand der Personalrats mitbestimmt (Satz 2, 2. Halbsatz).

31 Sowohl die Gewährung als auch die Versagung (BVerwG vom 3. 8. 62 – VII P 17.61, PersV 62, 274) der genannten sozialen Zuwendungen ist der Mitbestimmung des Personalrats unterworfen. Unter den Oberbegriff der **sozialen Zuwendung** fallen alle Leistungen im Dienst- oder Arbeitsverhältnis, auf die ein gesetzlicher oder vertraglicher Rechtsanspruch nicht besteht. Der Begriff »sozial« bedeutet demgegenüber nicht, daß nur solche Zuwendungen gemeint sind, die zur Behebung einer wirtschaftlichen Notlage dienen sollen. Daher unterfallen dem Begriff auch Arbeitgeber-

darlehen zum Hausbau oder die Gewährung eines Vorschusses an Schwerbehinderte zur Anschaffung eines behindertengerechten Fahrzeugs (Altvater u. a., § 75 BPersVG Rn. 26, Dietz/Richardi, Rn. 112; a. A. BVerwG vom 21. 3. 80 – 6 P 79.78, PersV 81, 329).

Unterstützungen sind Leistungen nach den für Beschäftigte geltenden **Unterstützungsrichtlinien** der Verwaltungen. Die Geltung der Unterstützungsgrundsätze ergibt sich für Arbeitnehmerinnen und Arbeitnehmer auch aus tariflichen Vorschriften. Die Leistungen sind freiwillig und dienen der Behebung einer unverschuldeten Notlage. **Vorschüsse** sind Vorauszahlungen auf noch nicht fällige Lohn- oder Gehaltszahlungen nach Maßgabe der Vorschußrichtlinien (vgl. z. B. § 36 Abs. 7 BAT-O). **Darlehen** sind finanzielle Leistungen, die die Dienststelle oder ein Dritter auf der Grundlage eines Darlehensvertrags (§§ 607 ff. BGB) einem Beschäftigten oder einem Dritten mit Rücksicht auf das Dienst- oder Arbeitsverhältnis gewährt. **32**

Mitbestimmungspflichtig nach Nr. 1 sind die **Einzelmaßnahmen** in den genannten oder vergleichbaren Angelegenheiten (OVG NW vom 6. 11. 85 – CL 21/84, PersR 87, 43), während die entsprechenden allgemeinen Richtlinien regelmäßig nach § 75 Abs. 2 Nr. 10 mitbestimmungspflichtig sind. **33**

Nicht der Mitbestimmung unterfallen nach dem Wortlaut Leistungen an Hinterbliebene oder ehemalige Beschäftigte. Im Rahmen des Informationsrechtes kann der Personalrat jederzeit eine Aufstellung aller gestellten Anträge und gewährten Leistungen von der Dienststellenleitung verlangen. **34**

Nach **Nr. 2** besteht bei der **Zuweisung und Kündigung von Wohnungen, über die die Dienststelle verfügt oder bei deren Vergabe ihr ein Vorschlagsrecht zusteht sowie bei der allgemeinen Festsetzung der Nutzungsbedingungen** ein Mitbestimmungsrecht. **35**

Wohnung sind solche Räume, deren Zweckbestimmung auf das Wohnen und damit auf eine in der Regel längerfristige Nutzung als Wohnraum gerichtet ist (BayVGH vom 29. 7. 87 – 17 C 87.01659, PersR 88, 138). Unter die Vorschrift fallen auch Häuser mit Grundstück (OVG NW vom 16. 1. 84 – CL 42.82, ZBR 84, 284), die Zuweisung von Dienstwohnungen (BVerwG vom 16. 11. 87 – 6 P 5.86, PersR 88, 71) und auch Einzelräume (BAG vom 3. 6. 75 – 1 ABR 118/73, AP Nr. 3 zu § 87 BetrVG 1972 »Werkmietwohnungen«). **36**

Die Mitbestimmung des Personalrats bezieht sich vor allem auf die Prüfung, ob die Bewerberin oder der Bewerber unter **Berücksichtigung sozialer Kriterien** und ohne **Verstoß gegen das Gleichbehandlungsgebot** ausgewählt wird (so BVerwG vom 7. 7. 93 – 6 P 8.91, PersR 93, 555). Zu berücksichtigen ist insbesondere, daß die Dienststellenleitung besonders schutzwürdige Beschäftigte zu fördern hat, vgl. § 68. Für die allgemeine Festsetzung der Nutzungsbedingungen und die Kündigung gilt dies entsprechend. **37**

§ 74

38 Unter **Zuweisung** ist die Verschaffung des Nutzungsrechts an den die Wohnung bildenden Räumen bzw. sonstigen Räumlichkeiten und zwar nicht ausschließlich in der Form der Vermietung zu verstehen (vgl. BVerwG vom 16. 11. 87 – 6 P 5.86, PersR 88, 71).

39 **Allgemeine Festsetzung der Nutzungsbedingungen** stellen alle diejenigen Entscheidungen der Dienststellenleitung dar, die darauf abzielen, den Gebrauch der bereitgehaltenen Wohnungen einheitlich zu regeln (BVerwG vom 7. 7. 93, a. a. O.). Grundsätzlich unterfallen daher alle Entscheidungen der Dienststelle über die inhaltliche Ausgestaltung eines **Formularmietvertrags** der Mitbestimmung (BVerwG vom 7. 7. 93, a. a. O). Ausgenommen sind solche Klauseln, die Rechtswirkungen erst mit oder nach Beendigung des Beschäftigungsverhältnisses entfalten (BVerwG vom 7. 7. 93, a. a. O).

40 Mitbestimmungspflichtig sind insbesondere die Bewerberinnen- und Bewerberauswahl, die allgemeine Festsetzung der Nutzungsbedingungen in Mustermietvertrag und Hausordnung sowie allgemeine Regelungen zur Ermittlung und Festsetzung des Mietzinses und seiner Erhöhungen sowie die Kündigung (vgl. Altvater u. a., § 75 BPersVG Rn. 34). Es soll nur dann ein Mitbestimmungsrecht bestehen, wenn die Dienststelle unter mehreren Mitbewerbern eine Auswahl treffen kann (BVerwG vom 16. 7. 87, a. a. O.). Die **Kündigung** ist nach der Rechtsprechung nur bis zur rechtswirksamen Auflösung des Dienst- oder Arbeitsverhältnisses mitbestimmungspflichtig (OLG Frankfurt vom 14. 8. 92 – 20 REMiet 1/92, DÖV 93, 400).

41 Nach **Nr. 3** bestimmt der Personalrat bei der **Zuweisung von Dienst- und Pachtland und Festsetzung der Nutzungsbedingungen** mit. Der Mitbestimmungstatbestand kommt nur in Frage, wenn eine Dienststelle über zumeist landwirtschaftlich oder gärtnerisch genutzte Grundstücke verfügt. Da die Art der Nutzung vom Gesetz nicht eingeschränkt ist, sind daneben weitere Nutzungen (bauliche, jagdliche) denkbar.

42 **Zuweisung** ist die unmittelbare Bestimmung der oder des Nutzungsberechtigten durch die Dienststelle (Cecior u. a., § 72 LPVG NW Rn. 265). Das Mitbestimmungsrecht bezieht sich auf alle Nutzungsbedingungen wie beispielsweise Nutzungsdauer, Entgelt, Nutzungsart und Kündigung. Das Mitbestimmungsrecht dient vor allem der Berücksichtigung sozialer Gesichtspunkte bei der Zuweisungsentscheidung.

43 (**Abs. 3**) Dieser Teil der Vorschrift regelt die **Mitbestimmung bei betrieblichen Angelegenheiten der Beschäftigten.** Der Personalrat kann hierzu Dienstvereinbarungen abschließen, vgl. § 72 Abs. 1. Nicht ausgeschlossen ist dadurch aber die Mitbestimmung im Einzelfall, wie sich bereits aus einzelnen Tatbeständen wie Abs. 2 Nr. 7 und 10 ergibt. Die Tatbestände gelten grundsätzlich für alle Beschäftigten, es sei denn, die Vorschrift bezieht sich ausdrücklich nur auf einzelne Beschäftigtengruppen.

44 Die Mitbestimmung steht unter **Gesetzes- und Tarifvorbehalt.** Der Per-

§ 74

sonalrat hat daher nur mitzubestimmen, soweit nicht eine abschließende gesetzliche oder tarifvertragliche Regelung besteht, die einen Beurteilungs- oder Ermessensspielraum ausschließt.

Nach der Rechtsprechung besteht eine Mitbestimmung nur dann nicht, wenn in der Regelung ein Sachverhalt unmittelbar geregelt ist, es also zum Vollzug keines Vollziehungsaktes mehr bedarf (BVerwG vom 19. 5. 92 – 6 P 5.90, PersR 92, 361; BAG vom 7. 4. 92 – 1 AZR 322/91, PersR 92, 420). 45

Eine die Mitbestimmung ausschließende gesetzliche Regelung stellen die Beschäftigungsverbote nach dem Mutterschutzgesetz (§§ 3, 4, 6 MuSchG) dar (BVerwG vom 19. 5. 92, a. a. O.), nicht jedoch die Disziplinarordnung einer AOK (BAG vom 7. 4. 92, a. a. O.) oder § 13 AZO bei der Arbeitszeit der Beamtinnen und Beamten (Richardi, PersR 93, 49). 46

Wenn aufgrund einer gesetzlichen oder tariflichen Regelung die **Ausgestaltung der Einzelfallmaßnahme** der Dienststellenleitung überlassen ist, unterliegt deren Entscheidung der Mitbestimmung des Personalrats (ständige Rechtsprechung, BVerwG vom 27. 11. 91 – 6 P 7.90, PersR 92, 147; BVerwG vom 19. 5. 92, a. a. O.; zuletzt BVerwG vom 6. 10. 92 – 6 P 22.90, PersR 93, 75). Auch bei **normvollziehenden Maßnahmen,** bei denen der Dienststellenleitung kein Ermessens- oder Beurteilungsspielraum zusteht, ist ein Mitbestimmungsrecht des Personalrats zur Kontrolle der Richtigkeit des Normvollzugs gegeben (BVerwG vom 1. 2. 89 – 6 P 2.86, PersR 89, 198), beispielsweise ob eine Umgruppierung mit dem Tarifvertrag in Einklang steht (BVerwG vom 6. 10. 92, a. a. O.). 47

Sowohl die formellen als auch die materiellen Arbeitsbedingungen sind dem Vorrang von Gesetz und Tarifvertrag unterworfen, andererseits ist eine Mitbestimmung der Personalräte auch nur bei **bestehenden tariflichen Regelungen** ausgeschlossen. Dies bedeutet, daß der Personalrat, allerdings nicht in Form von Dienstvereinbarungen, vgl. § 74 Abs. 5, auch dann mitbestimmen kann, wenn eine Angelegenheit zwar üblicherweise durch Tarifvertrag geregelt wird, zur Zeit aber nicht geregelt ist. Daneben schließt eine tarifliche Regelung ein Mitbestimmungsrecht nicht aus, wenn sie die nähere Ausgestaltung den Personalvertretungsorganen ausdrücklich einräumt. 48

Nach **Nr. 1** bestimmt der Personalrat bei **Beginn und Ende der Arbeitszeit und der Pausen sowie der Verteilung der Arbeitszeit auf die einzelnen Wochentage** mit. Zweck der Vorschrift ist die Berücksichtigung der berechtigten Belange der Beschäftigten gegenüber den dienstlichen Erfordernissen (BVerwG vom 12. 9. 83 – 6 P 1.82, ZBR 84, 78). Der Mitbestimmungstatbestand bezieht sich auf Regelungen für alle Beschäftigten, Gruppen von Beschäftigten und auch auf Maßnahmen gegenüber einzelnen Beschäftigten (Dietz/Richardi, § 75 BPersVG Rn. 235, so auch BAG vom 10. 6. 86 – 1 ABR 61/84, NZA 86, 840; anders noch das BVerwG vom 1. 6. 87 – 6 P 8.85, PersR 87, 244; OVG NW vom 29. 3. 90 – CL 15/87, PersR 91, 217). Die Mitbestimmung betrifft nicht nur generel- 49

§ 74

le Regelungen, sondern auch Arbeitszeitregelungen im sachlichen Einzelfall wie die Verlegung der Arbeitszeit in der heißen Jahreszeit (vgl. BVerwG vom 9. 10. 91 – 6 P 12.90, PersR 92, 16). Die Rechtsprechung verengt die Mitbestimmung bei der Arbeitszeit in verschiedenen Punkten zu Unrecht (zur fundierten Kritik s. von Roettecken, PersR 94, 60).

50 Der Personalrat hat bei **Beginn und Ende der Arbeitszeit** mitzubestimmen. Arbeitszeit ist die Zeit, während der die Beschäftigten nach Inhalt und Intensität der Beanspruchung vorgeschriebenen Dienst leisten (BVerwG vom 29. 1. 87 – 2 C 14.85, ZBR 87, 275). Die Mitbestimmung umfaßt auch die **Dauer der täglichen Arbeitszeit** (BVerwG vom 4. 4. 85 – 6 P 37.82, PersR 86, 17; Altvater u. a., § 75 BPersVG Rn. 39 f.). Die Dauer der täglichen Arbeitszeit ergibt sich nämlich aus Beginn und Ende der täglichen Arbeitszeit. Dies soll bei Teilzeitbeschäftigten allerdings nicht gelten (BAG vom 13. 10. 87 – 1 ABR 10/86, PersR 88, 75). Kann ein regelmäßiger Beginn oder Ende der Arbeitszeit für die Dienststelle nicht festgelegt werden, so hat der Personalrat bei der Aufstellung von **Dienstplänen** mitzubestimmen (BVerwG vom 4. 4. 85 – 6 P 37.82, PersR 86, 17; OVG RP vom 20. 12. 88 – 5 A 2/88, PersR 89, 75). Der Personalrat hat über die Einführung, Änderung oder Abschaffung von **Schichtarbeit** mitzubestimmen (BAG vom 13. 10. 87 – 1 ABR 69/86, PersR 88, 75; BVerwG vom 15. 2. 88 – 6 P 29.85, PersR 88, 130). Der Mitbestimmung des Personalrats unterliegt auch die **Einführung des Dienstleistungsabends** (VG Oldenburg vom 20. 10. 89 – 8 A 14/89, PersR 89, 338). Dem Personalrat der Dienststelle steht das Mitbestimmungsrecht zur Festlegung von Beginn und Ende der Arbeitszeit auch für die in der Dienststelle tätigen Leiharbeitnehmer zu (vgl. BAG vom 15. 12. 92 – 1 ABR 38/92, AiB 93, 316).

51 **Pausen** sind im voraus festgelegte Zeiten der Arbeitsunterbrechung, in denen keine Pflicht zur Arbeitsleistung oder Arbeitsbereitschaft besteht, es dem Arbeitnehmer vielmehr freisteht, wo und wie er diese Zeit verbringt (BAG vom 5. 5. 88 – 6 AZR 658/85, PersR 89, 23).

52 Bei der **Dienstbereitschaft** haben sich die Beschäftigten auf Anordnung der Dienststellenleitung, ohne Arbeit zu leisten, in der Dienststelle oder an einem anderen von der Dienststellenleitung bestimmten Ort zur jederzeitigen Arbeitsaufnahme zur Verfügung zu halten (BVerwG vom 26. 4. 88 – 6 P 19.86, PersR 88, 186 m. abl. Anm. Pieper; BAG vom 5. 5. 88, a. a. O.). Beim **Abrufdienst** können sich die Beschäftigten demgegenüber an einem beliebigen Ort, den sie der Dienststellenleitung anzuzeigen haben, aufhalten. Eine Mitbestimmung beim Abrufdienst hat das BVerwG (BVerwG vom 26. 4. 88, a. a. O.; anders zu Recht aber HessVGH vom 19. 5. 87 – 15 S 1353/86, PersR 88, 84) bisher abgelehnt, da es sich dabei weder um Arbeitszeit noch um Dienstbereitschaft handele. Der Mitbestimmung unterfällt auch die Regelung von **Arbeitsbereitschaft** (BVerwG vom 9. 5. 85 – 2 C 20.82, ZBR 85, 342). Bei der **Abruf- und Dienstbereitschaft** unterliegt die Festlegung, welche Beschäftigten

§ 74

wann, wie oft, wie lange und in welcher Reihenfolge hierzu herangezogen werden, der Mitbestimmung des Personalrats.

Außerdem hat der Personalrat bei **Fragen der Arbeitszeitsysteme** mitzubestimmen. Sowohl die Einführung als auch die Ausgestaltung (Altvater u. a., § 75 BPersVG Rn. 42 m. w. Nw.) der gleitenden Arbeitszeit (vgl. BVerwG vom 9. 10. 91, a. a. O.; BAG vom 7. 8. 90 – 1 ABR 58/89, PersR 90, 367) sowie die Rückkehr zur Normalarbeitszeit (anders BVerwG vom 9. 10. 91 – 6 P 21.89, PersR 92, 20; dagegen BayVGH vom 4. 10. 89 – 18 P 89.02651, PersR 90, 143) unterliegen damit der Mitbestimmung des Personalrats.

53

Mitbestimmungspflichtig ist auch die Verlängerung oder Verkürzung der regelmäßigen täglichen Arbeitszeit, insbesondere bei Anordnung von **Mehrarbeit oder Überstunden** sowie bei **Kurzarbeit** (letzteres str.). Der Mitbestimmung unterliegt auch die **Rückkehr zur Normalarbeitszeit** bei vorübergehender Verlängerung oder Verkürzung der Arbeitszeit (vgl. Däubler u. a., § 87 BetrVG Rn. 90). Zweck der Regelung ist der Schutz der Beschäftigten vor Überlastung und unnötiger Einschränkung der Freizeit (OVG NW vom 29. 3. 90 – CL 15/87, PersR 91, 217; BVerwG vom 6. 10. 92 – 6 P 25.90, PersR 93, 77), aber auch, die Leistung von Überstunden und Mehrarbeit aus arbeitsmarktpolitischen Gründen einzuschränken (Cecior u. a., § 72 LPVG NW Rn. 361). Beide Gründe sind daher bei einer Zustimmungsverweigerung beachtlich.

54

Mehrarbeit ist die über die gesetzliche regelmäßige Arbeitszeit geleistete Arbeitszeit (vgl. § 3 ff. AZO). **Überstunden** ist die über die aufgrund tarif- (zumeist 38,5 Stunden) oder einzelvertraglicher Regelung geschuldete Arbeit hinaus geleistete Arbeit.

55

Unstreitig hat der Personalrat über die **Verteilung von Überarbeit** mitzubestimmen. Nach der Rechtsprechung des BVerwG hat der Personalrat aber nicht darüber mitzubestimmen, **ob** Mehrarbeit oder Überstunden angeordnet werden sollen, sondern lediglich bei der Festlegung der Tage und der Tageszeit, zu denen von der Dienststellenleitung angeordnete Mehrarbeit oder Überstunden geleistet werden sollen (BVerwG vom 20. 7. 84 – 6 P 16.83, PersR 85, 61; BayVGH vom 11. 9. 91 – 18 P 91.1380, PersR 92, 256). Sogar ausdrücklich anderslautende Vorschriften der Landespersonalvertretungsgesetze seien im Hinblick auf § 104 Satz 3 BPersVG entsprechend verfassungskonform auszulegen (BVerwG vom 8. 5. 92 – 6 P 22.91, PersR 92, 357). Nach Auffassung des BVerwG hat der Personalrat zudem kein Initiativrecht auf Anordnung von Mehrarbeit und Überstunden, da die Beantragung von Mehrarbeit und Überstunden dem Schutzzweck der Vorschrift zuwiderliefe (BVerwG vom 6. 10. 92 – 6 P 25.90, PersR 93, 77; anders aber Fitting u. a., § 87 BetrVG Rn. 53; Däubler u. a., Rn. 89 m. w. Nw. zur Rechtsprechung). Dem widerspricht aber die Tatsache, daß erhöhte Arbeitsverdichtung mindestens genauso gesundheitsschädlich ist wie zeitliche Überarbeit (vgl. auch von Roettekken, PersR 94, 60). Das Mitbestimmungsrecht soll zudem nicht bei Maß-

56

§ 74

nahmen gegenüber einzelnen Beschäftigten bestehen (OVG NW vom 15. 4. 92 – CL 4/89, PersR 92, 518, anders dagegen zu Recht BAG vom 10. 6. 86 – 1 ABR 61/84, NZA 86, 840).

57 Die Arbeitszeit ist weitgehend durch Gesetz oder Tarifverträge geregelt. Der **Gesetzes- und Tarifvorbehalt** ist daher zu beachten, schließt die Mitbestimmung jedenfalls bei kollektiven Maßnahmen aber nicht aus (vgl. OVG NW vom 15. 4. 92 – CL 4/89, PersR 92, 518). Während die Tarifverträge lediglich die durchschnittliche Dauer der wöchentlichen Arbeitszeit festlegen, ist für Beamtinnen und Beamte die Arbeitszeit umfassend durch Verordnung geregelt. Der Personalrat hat ein Mitbestimmungsrecht daher bei insoweit nicht abschließenden Regelungen (s. von Roettecken, PersR 94, 60 m. w. Nw.). Weitere Regelungen zur Arbeitszeit finden sich für Jugendliche in § 8 JArbSchG und für Mütter in § 8 MuSchG. § 13 AZO begrenzt das Mitbestimmungsrecht in Fragen der Arbeitszeit der Beamtinnen und Beamten nicht (Richardi, PersR 93, 49). § 3 Abs. 1 Satz 1 der Verordnung über die Arbeitszeit in Krankenpflegeanstalten (KrAZO) vom 13. 2. 24 (RGBl. I, S. 66) schränkt das Mitbestimmungsrecht des Personalrats nicht ein (OVG NW vom 29. 3. 90 – CL 34/89, PersR 90, 186; ebenso BVerwG vom 20. 1. 93 – 6 P 18.90, PersR 93, 307).

58 Nach **Nr. 2** hat der Personalrat bei der **Aufstellung des Urlaubsplans sowie der Festsetzung der zeitlichen Lage des Urlaubs für einzelne Beschäftigte, wenn zwischen ihnen und der Dienststellenleitung kein Einverständnis erzielt wird,** mitzubestimmen. Unter **Urlaub** ist jeder planbare Urlaub zu verstehen, also Erholungsurlaub, planbarer Sonderurlaub, Bildungsurlaub, unbezahlter Urlaub sowie Zusatzurlaub (Dietz/Richardi, § 75 BPersVG Rn. 226). Der **Urlaubsplan** kann lediglich allgemeine Grundsätze beinhalten, nach welchen Kriterien (persönliche und familiäre Interessen, betriebliche Belange) der Urlaub der einzelnen Beschäftigten zeitlich festzulegen ist (z. B. Eltern mit schulpflichtigen Kindern vorzugsweise in den Schulferien). Der Urlaubsplan kann aber auch für das Urlaubsjahr die zeitliche Lage des Urlaubs aller Beschäftigten – nach vorheriger Abstimmung zwischen Dienststellenleitung und den einzelnen Beschäftigten – festlegen. Die Erstellung des Urlaubsplans erfolgt regelmäßig durch Dienstvereinbarung. Nach Zustimmung durch den Personalrat wird der Urlaubsplan bindend. Ohne Zustimmung des Personalrats kann ein Urlaubsplan nicht erstellt und ein einmal erstellter nicht geändert werden. Geänderten Wünschen der Beschäftigten kann und muß u. U. auch nach Aufstellung des Urlaubsplanes jederzeit Rechnung getragen werden (Dietz/Richardi, § 75 BPersVG Rn. 257). Nach nicht überzeugender Auffassung des BVerwG ist die Anordnung einer Urlaubssperre mitbestimmungsfrei, weil sie der Urlaubsplanung vorgelagert sei (BVerwG vom 19. 1. 93 – 6 P 19.90, PersR 93, 167 m. abl. Anm. Sabottig).

59 Darüber hinaus bestimmt der Personalrat im Streitfall bei der **Festsetzung des Urlaubs auch im Einzelfall** mit. Dies ist denkbar, wenn gleichzeitig mehrere Beschäftigte in Urlaub gehen möchten und daher dienstliche Gründe der Gewährung aller Urlaubswünsche entgegenstehen, oder wenn die Dienststellenleitung dem konkreten Urlaubswunsch wegen im Einzelfall entgegenstehender dienstlicher Belange nicht nachgeben will. Einigt sich der Personalrat mit der Dienststellenleitung, ist der Urlaub damit verbindlich festgesetzt.

Nr. 3 regelt die Mitbestimmung des Personalrats bei **Fragen der Lohngestaltung in der Dienststelle, insbesondere der Aufstellung von Entlohnungsgrundsätzen, bei Einführung und Anwendung von neuen Entlohnungsmethoden sowie deren Änderung** sowie der **Festsetzung der Akkord- und Prämiensätze und vergleichbarer leistungsbezogener Entgelte, einschließlich der Geldfaktoren.** Die Vorschrift gilt nach der Rechtsprechung (BVerwG vom 6. 2. 87 – 6 P 8.84, PersV 87, 428) wegen der Verwendung des Begriffs Lohn nur für Angestellte und Arbeiterinnen und Arbeiter. Beamtinnen und Beamte erhalten dagegen Dienstbezüge. Die Vorschrift hat praktische Bedeutung nur für Betriebsverwaltungen und juristische Personen der öffentlichen Rechts, die kaufmännisch geführt werden. Die Dienststellen des öffentlichen Dienstes haben regelmäßig wenig Handlungsspielraum in diesen Fragen. Zu beachten ist auch der Gesetzes- und Tarifvorbehalt. 60

Der Begriff »**Fragen der Lohngestaltung**« stellt den Oberbegriff der Vorschrift dar. Darunter ist die Aufstellung allgemeiner Regeln über die Technik bei der Lohnfindung zu verstehen. Die unmittelbare Festlegung der Höhe der Vergütung ist demgegenüber keine Lohngestaltung (vgl. VGH BW vom 13. 12. 88 – 15 S 2576/88, PersV 90, 488; OVG NW vom 31. 1. 89 – CL 9/87, PersV 90, 87). 61

Entlohnungsgrundsätze sind die Regeln, nach denen der Lohn bestimmt wird (BVerwG vom 20. 3. 80 – 6 P 72.78, BVerwGE 60, 93), insbesondere das System, nach dem der Lohn oder die Vergütung bestimmt wird, also z. B. Stunden- oder Monatslohn oder Akkord- oder Zeitlohn. Mitbestimmungspflichtig ist jede Aufstellung von Grundsätzen, sowohl die erstmalige Regelung (Einführung) als auch jede weitere Anwendung und ihre Änderung. 62

Der Begriff der **Entlohnungsmethode** ist enger und bezieht sich auf die Aus- und Durchführung der Entlohnungsgrundsätze (Fitting u. a., § 87 BetrVG Rn. 136) wie Arbeitsbewertungsmethoden, REFA-Grundsätze, Faust- oder Meisterakkord u. ä.. 63

Der Begriff **Lohn** ist weit aufzufassen (vgl. BAG vom 15. 1. 87 – 6 AZR 589/84, DB 87, 2315). Hierzu zählen alle Arbeitgeberleistungen mit Entgeltcharakter, also auch Gratifikationen, Zuwendungen und Prämien. 64

Die Dienststellenleitung besitzt regelmäßig die Kompetenz zur Gewährung von **Leistungszulagen** an einzelne Beschäftigte. Die Festsetzung solcher Leistungszulagen ist Frage der Lohngestaltung und damit mitbestimmungspflichtig (str., wie hier Altvater u. a., § 75 BPersVG Rn. 50, a. A. BVerwG vom 26. 7. 79 – 6 P 44.78, PersV 81, 71). 65

§ 74

66 Gem. **Nr. 4** sind die **Errichtung, Verwaltung und Auflösung von Sozialeinrichtungen ohne Rücksicht auf ihre Rechtsform** mitbestimmungspflichtig. Eine **Sozialeinrichtung** ist eine auf eine gewisse Dauer berechnete, organisierte und verwaltete Ansammlung von Mitteln, die von der Dienststelle allein oder mit den Beschäftigten gemeinsam mit dem Ziel betrieben wird, den Beschäftigten einen Vorteil zu verschaffen (BVerwG vom 16. 9. 77 – VII P 10.75, PersV 79, 63; BAG vom 15. 1. 87 – 6 AZR 589/84, DB 87, 2315). Beispiele hierfür sind Betriebsküchen und Kantinen, Betriebskindergärten, Büchereien, Wohnheime, Erholungs- und Ferienheime, Pausen- und Erholungsräume, Einrichtungen zur Gewährung einer zusätzlichen Altersversorgung, Unterstützungs- und Kleiderkassen, mit eigenen Fahrzeugen betriebene Werkverkehrslinien. Auch ein städtisches Parkhaus, das während der Dienststunden für Bedienstete der Stadt vorgesehen ist, stellt eine Sozialeinrichtung dar (HessVGH vom 24. 6. 93 – HPV TL 490/92, PersR 94, 87). Der Vorschrift unterfallen dagegen nicht die Gewährung von Essens- (OVG NW vom 27. 1. 81 – CB 3/80, PersV 83, 287) und Fahrgeldzuschüssen (OVG NW vom 6. 11. 85 – CL 21/84, PersR 87, 43). Das Mitbestimmungsrecht besteht **ohne Rücksicht auf die Rechtsform** (z. B. Anstalt der Körperschaft des öffentlichen Rechts, e. V., GbR, GmbH oder OHG), in der die Sozialeinrichtung betrieben wird, auch im Hinblick auf rechtlich selbständige oder verpachtete oder nur mitbenutzte Einrichtungen (vgl. Altvater u. a., § 75 BPersVG Rn. 55 m. w. Nw.). Die Mitbestimmung erstreckt sich umfassend auf alle Phasen der Einrichtungsexistenz von der beabsichtigten Gründung bis zur Auflösung.

67 **Errichtung** ist die Schaffung der Sozialeinrichtung als abgegrenzte Einheit. Die Mitbestimmung erstreckt sich dabei schon auf die Frage, ob, zu welchem Zweck und in welcher Form eine Sozialeinrichtung errichtet werden soll. Unter den Begriff der **Verwaltung** der Sozialeinrichtung fallen alle Maßnahmen, die sich auf Unterhaltung und Betrieb beziehen. Das Mitbestimmungsrecht bezieht sich hierbei auch auf die Preisgestaltung (OVG NW vom 8. 3. 89 – CL 23/87, PersR 89, 234). Unter **Auflösung** ist die Aufgabe der bestehenden Einrichtung – auch bei Überführung in eine andere Form – zu verstehen. Eine Auflösung liegt aber nicht vor, wenn die Dienststelle die Zahlung bisher geleisteter Zuschüsse einstellt (BVerwG vom 5. 9. 86 – 6 P 10.84, PersR 87, 21).

68 Der Träger der Sozialeinrichtung kann nicht gegen seinen Willen über das Mitbestimmungsrecht zur Erbringung von Leistungen gezwungen werden (OVG NW vom 31. 5. 88 – CL 11/86, PersV 91, 37). Die Bedeutung des Mitbestimmungstatbestandes ist wegen der haushaltsrechtlichen Vorgaben daher beschränkt. Die Mitbestimmung kann durch Mitbestimmung im Einzelfall oder durch Dienstvereinbarung ausgeübt werden.

69 Nach **Nr. 5** unterfällt die **Durchführung der Berufsausbildung bei Angestellten und Arbeitern** der Mitbestimmung des Personalrats. **Allgemeine Fragen der Fortbildung** unterfallen dagegen nach § 75 Abs. 2

§ 74

Nr. 5 der eingeschränkten Mitbestimmung, nach § 76 Abs. 3 Nr. 6 indes der vollen Mitbestimmung. Hier konnte sich der Gesetzgeber wohl nicht entscheiden. Im Zweifel ist hier die stärkere Mitbestimmungsform zu gewähren.

Berufsbildung ist der Oberbegriff für Berufsausbildung, berufliche Fortbildung und berufliche Umschulung (vgl. die Begriffsbestimmung in § 1 BBiG). Durch die **Berufsausbildung** wird die zur Ausübung einer beruflichen Tätigkeit notwendige Grundbildung in einem geordneten Ausbildungsgang vermittelt, die Gegenstand der Abschlußprüfung ist (vgl. § 1 Abs. 2 BBiG). 70

Nach Abschluß der Grundausbildung ist jede weitere berufsbezogene Vermittlung von Kenntnissen und Fähigkeiten dagegen **berufliche Fort- bzw. Weiterbildung** (BVerwG vom 10. 2. 67 – VII P 6.66, BVerwGE 26, 185), vgl. auch § 1 Abs. 3 BBiG. Sie knüpft an einen bereits vorhandenen Wissensstand an und dient dem beruflichen Fortkommen (VGH BW vom 31. 3. 92 – 15 S 551/91, PersR 93, 129). Die ärztliche Weiterbildung stellt keine Berufsausbildung dar, da diese mit der Approbation abgeschlossen ist (BVerwG vom 15. 5. 91 – 6 P 10.89, PersR 91, 287). Die **berufliche Umschulung** soll dagegen zu einer anderen beruflichen Tätigkeit befähigen, vgl. § 1 Abs. 4 BBiG. 71

Nur die in der Dienststelle selbst durchgeführte **Berufsausbildung** ist mitbestimmungspflichtig (Altvater u. a., § 75 BPersVG Rn. 56). Die Mitbestimmung umfaßt bspw. die Festlegung der Gruppengrößen und die Zuweisung von Auszubildenden an einen bestimmten Ausbildungsplatz (BVerwG vom 3. 11. 78 – 6 P 74.78, ZBR 79, 214). 72

Zu beachten bei der Berufsausbildung ist der **Vorrang gesetzlicher und tariflicher Regelungen** nach Abs. 3. Grundsätzliche Fragen sind beispielsweise bereits in aufgrund von § 25 BBiG erlassenen Ausbildungsordnungen, Schulgesetzen oder durch Manteltarifverträge für Auszubildende geregelt. Daneben sind ggf. die Rechte der Jugend- und Auszubildendenvertretung zu beachten. 73

Der Personalrat bestimmt nach **Nr. 7** bei der **Auswahl der Teilnehmerinnen und Teilnehmer** an **Fortbildungsveranstaltungen für Angestellte und Arbeiter** mit. Eine entsprechende Regelung für Beamtinnen und Beamte findet sich in § 75 Abs. 2 Nr. 1. Der Personalrat kann hierbei durch Zustimmungsverweigerung oder aktiv durch sein Initiativrecht auf die gerechte Verteilung von Bildungschancen und die Behandlung der Beschäftigten nach Recht und Billigkeit Einfluß nehmen. Dabei hat er insbesondere auf die Förderung schutzbedürftiger Beschäftigter, die Gleichbehandlung von Frau und Mann und auf eine an sachlichen Gesichtspunkten orientierte Auswahl des Teilnehmerkreises zu achten. Der Personalrat kann über sein Initiativrecht auch die Aufstellung allgemeiner Richtlinien verlangen. 74

Nach **Nr. 8** bestimmt der Personalrat beim Inhalt **von Personalfragebo-** 75

§ 74

gen für Angestellte und Arbeiterinnen und Arbeiter mit. § 75 Abs. 2 Nr. 2 regelt diese Frage für Beamtinnen und Beamte. Das Mitbestimmungsrecht dient dem Schutz der Persönlichkeit (Art. 2 Abs. 1 GG) (vgl. HessVGH vom 14. 11. 91 – BPV TK 974/90, PersR 92, 251; Däubler, PersR 93, 348), dem Datenschutz, der Sicherung gleicher Zugangsrechte zum öffentlichen Dienst (Art. 33 Abs. 2 GG) und der Gleichbehandlung von Bewerbern und Beschäftigten (vgl. Dehe, PersR 86, 87).

76 Zudem unterfallen auch formularmäßige Zusammenstellungen aus schon vorhandenen, der Dienststellenleitung bereits bekannten Unterlagen der Mitbestimmung des Personalrats (anders OVG Lüneburg vom 6. 11. 91 – 17 L 11/90, PersR 92, 509; HessVGH vom 14. 11. 91 – BPV TK 974/90, a. a. O., m. krit. Anm. Sabottig).

77 **Personalfragebögen** sind Formulare, in denen Bewerber oder Beschäftigte Einzelheiten über ihre persönlichen Verhältnisse, den beruflichen Werdegang, die fachlichen Kenntnisse und sonstigen Fähigkeiten darlegen sollen (BVerwG vom 2. 8. 89 – 6 P 5.88, PersR 89, 303; OVG Lüneburg vom 6. 11. 91 – 17 L 11/90, PersR 92, 509). Keine Rolle spielt, ob der Fragebogen bei Beschäftigten oder Bewerbern eingesetzt wird (BVerwG vom 2. 8. 89, a. a. O.). Ein Personalfragebogen dient vorzugsweise dazu, die Eignung und Befähigung der Bewerberin oder des Bewerbers oder der Beschäftigten für bestimmte Aufgaben festzustellen (so BVerwG vom 22. 12. 93 – 6 P 11.92, PersR 94, 81). Personalfragebogen in diesem Sinn ist aber auch ein Erhebungsbogen, mit dem umfangreiche personenbezogene Daten zum Zwecke der Berechnung der Vergütung (Ortszuschlag, Sozialzuschlag und Anwärterverheiratetenzuschlag) abgefragt werden (BVerwG vom 22. 12. 93, a. a. O.). Für die rechtliche Einordnung ist nur sein Inhalt, nicht der Zweck maßgeblich (BVerwG vom 22. 12. 93, a. a. O.). Das Mitbestimmungsrecht erstreckt sich nicht auf die Frage, ob überhaupt Personalfragebögen verwendet werden, sondern nur darauf, wie diese im einzelnen auszugestalten sind. Der Mitbestimmung unterfällt auch die Auswertung der hierdurch gewonnenen Daten (Däubler, PersR 93, 348). Nach der Rechtsprechung soll demgegenüber die Verwendung von Daten, die der Arbeitgeber bereits aufgrund von Erhebungsbögen zusammengetragen hat, an deren Ausgestaltung der Personalrat bereits beteiligt war, nicht mehr mitbestimmungspflichtig sein (BVerwG vom 22. 12. 93, a. a. O.). Bei gleichzeitiger Erhebung arbeitsplatz- und personenbezogener Daten soll es nach der Rechtsprechung des BVerwG darauf ankommen, ob die personenbezogenen Angaben überwiegen (BVerwG vom 2. 8. 89, a. a. O.). Zu Recht weist Däubler darauf hin, daß es im Hinblick auf den Schutzzweck der Vorschrift keinen Unterschied machen kann, ob neben vier personenbezogenen Fragen noch weitere sechs arbeitsplatzbezogene oder umgekehrt gestellt werden (Däubler, a. a. O.). Die neuere Rechtsprechung stellt daher zu Recht auch darauf ab, ob die im Rahmen einer Arbeitsplatzbefragung gestellten personenbezogen Fragen als unerheblich einzuschätzen sind (VGH BW vom

2. 3. 93 – PL 15 D 2133/92, PersR 93, 360). das Mitbestimmungsrecht soll verhindern, daß Beschäftigte Fragen des Arbeitgebers beantworten müssen, die erkennbar in keinem sachlichen Zusammenhang mit dem Beschäftigungsverhältnis stehen (BVerwG vom 22. 12. 93, a. a. O.). Bei der Gestaltung von Personalfragebögen ist insbesondere darauf zu achten, daß der Personalfragebogen keine unzulässigen Fragen enthält (vgl. VGH BW vom 2. 3. 93, a. a. O.; näher dazu Altvater u. a., § 75 BPersVG Rn. 58 a m. w. Nw.). Die Frage nach einer bestehenden Schwangerschaft bei einer Bewerberin ist nach neuerer Rechtsprechung immer unzulässig, wenn die Gefahr einer Benachteiligung gegeben ist. Dies gilt auch dann, wenn ausschließlich Bewerbungen von Frauen vorliegen (so im Anschluß an den EuGH vom 8. 11. 90 – C 177/88, DB 91, 286 nunmehr auch das BAG vom 15. 10. 92 – 2 AZR 227/92, PersR 93, 330).

Gem. **Nr. 9** ist die **Erstellung von Beurteilungsrichtlinien** für Angestellte und Arbeiterinnen und Arbeiter mitbestimmungspflichtig. Die Parallelvorschrift für Beamtinnen und Beamte ist § 75 Abs. 2 Nr. 3. Beurteilungsrichtlinien sind innerdienstliche Verwaltungsvorschriften. Sie beziehen sich auf die Festlegung der materiellen Beurteilungsmerkmale und die Verfahren, die für deren Festlegung maßgebend sein sollen. Sie enthalten Regelungen zum Kreis der zu Beurteilenden, die Beurteilungsanlässe (Regel- oder Verwendungsbeurteilung), die Beurteilungszeiträume, das Beurteilungsverfahren und die Beurteilungskriterien wie Leistungsverhalten, Aufgabenerfüllung, Eignung für bestimmte Aufgaben, persönliche Voraussetzungen für eine bestimmte Arbeitsaufgabe sowie das System der Auswertung. Beurteilungsrichtlinien dienen ausschließlich der Versachlichung und Vereinheitlichung der Personalauslese und des Personaleinsatzes (vgl. OVG Bremen vom 10. 12. 91 – OVG PV-B 8/91, PersR 92, 513). Maßgeblich ist, daß die Richtlinie die Feststellung von Eignung und Befähigung einer oder eines Beschäftigten zum alleinigen Ziel hat (OVG Bremen vom 10. 12. 91, a. a. O.).

Durch die Mitbestimmung bei der Aufstellung von Beurteilungsrichtlinien soll die Gleichbehandlung der Beschäftigten erreicht und Eingriffe in deren Persönlichkeitssphäre verhindert werden (Altvater u. a., § 75 BPersVG Rn. 60). Der Personalrat kann im Rahmen seines Initiativrechts die Erstellung von Beurteilungsrichtlinien beantragen (Cecior u. a., § 72 LPVG NW Rn. 472).

Nr. 10 begründet ein Mitbestimmungsrecht des Personalrats bei der **Bestellung von Vertrauens- oder Betriebsärztinnen und -ärzten** »als Angestellte«. Das Mitbestimmungsrecht des Personalrats bei Maßnahmen nach Nr. 10 soll sich nach der Rechtsprechung (VGH BW vom 8. 9. 92 – 15 S 2058/91, PersR 93, 223; a. A. Fischer/Goeres, § 75 BPersVG Rn. 101; Grabendorff u. a., Rn. 157) nicht auf die Bestellung von Sicherheitsbeauftragten beziehen.

Eine **Bestellung** liegt vor, wenn die genannten Fachkräfte durch Arbeitsvertrag oder Ernennung (vgl. § 75 Abs. 2 Nr. 9) zu Beschäftigten der

§ 74

Dienststelle werden. Eine Bestellung liegt auch vor, wenn die Fachkraft aufgrund eines anderen Rechtsverhältnisses für die Dienststelle tätig wird, wie dies bei kleineren Dienststellen regelmäßig der Fall sein wird. Die Bestellung ist nämlich bereits in der reinen **Übertragung der Funktion** zu sehen (VG Köln vom 9. 12. 92 – 34 K 2194/92. PVL, PersR 93, 230; Cecior u. a., § 72 LPVG NW Rn. 398). Es ist nicht erforderlich, daß eine Anstellung als Angestellte oder Angestellter erfolgt (Altvater u. a., § 75 BPersVG Rn. 61). In der Zustimmung zu einer Einstellung ist gleichzeitig die Zustimmung zur Bestellung zu sehen (Zander, PersR 90, 63). Die Mitbestimmung umfaßt auch die **Abberufung** (Altvater u. a., § 75 BPersVG Rn. 61; Lorenzen u. a., Rn. 172). Eine Abberufung liegt vor, wenn die Dienststellenleitung den Bestellten die ihnen übertragenen Aufgaben entzieht. Dies kann durch Entlassung, Kündigung oder Zwangsbeurlaubung geschehen. Der Personalrat kann aufgrund seines Initiativrechts die Bestellung der Beauftragten beantragen.

82 **Vertrauensärztinnen und -ärzte** sind Ärztinnen und Ärzte, die im Auftrag der Dienststelle hinsichtlich des Gesundheitszustands, der Erkrankungen, Arbeits- und Dienstunfähigkeit oder der Erholungsbedürftigkeit von Beschäftigten oder Bewerberinnen und Bewerbern Untersuchungen durchführen und darüber Feststellungen treffen. Die Bestellung einer Vertrauensärztin bzw. eines Vertrauensarztes ist gesetzlich nicht vorgeschrieben.

83 **Betriebsärztinnen und -ärzte** sind Ärztinnen und Ärzte, die die Beschäftigten medizinisch betreuen und die Dienststelle arbeitsmedizinisch beraten. Die Bestellung, die Aufgaben und die Zusammenarbeit der Betriebsärztinnen und -ärzte mit dem Personalrat richten sich nach dem Arbeitssicherheitsgesetz (ASiG). Nach § 16 ASiG sind die Grundsätze dieses Gesetzes auch in öffentlichen Verwaltungen anzuwenden. Bereits nach § 9 Abs. 3 ASiG ist die Bestellung und Abberufung von Betriebsärztinnen und -ärzten nicht ohne Zustimmung des Personalrats möglich (vgl. zum ganzen Streich, PersR 90, 57; Elsner, PersR 90, 59; Zander, PersR 90, 63). Die Einrichtung eines gemeinsamen betriebsärztlichen Dienstes für mehrere Dienststellen bedarf der Zustimmung aller betroffenen Personalräte (VG Köln vom 9. 12. 92, a. a. O.).

84 Auch die Bestellung und Abberufung der **Fachkräfte für Arbeitssicherheit** ist bereits nach § 9 Abs. 3 i. V. m. § 16 ASiG nur mit Zustimmung des Personalrats zulässig. Die Bestellung, Aufgaben und die Zusammenarbeit der Fachkräfte für Arbeitssicherheit mit dem Personalrat richten sich nach dem Arbeitssicherheitsgesetz (ASiG). Nach § 16 ASiG sind die Grundsätze dieses Gesetzes auch in öffentlichen Verwaltungen anzuwenden. Die Einstellung von Fachkräften für die Arbeitssicherheit ist bereits nach Nr. 11 mitbestimmungspflichtig (so Altvater u. a., § 75 BPersVG Rn. 62; Dietz/Richardi, Rn. 425).

85 Gem. § 6 Abs. 4 Gentechnikgesetz (GenTG) vom 20. 6. 90 (BGBl. I S. 1080) ist eine **Beauftragte oder ein Beauftragter für biologische**

Sicherheit zu bestellen. Das Gesetz gilt für gentechnische Anlagen, gentechnische Arbeiten sowie für das Freisetzen und Inverkehrbringen von gentechnisch veränderten Organismen (vgl. zum GenTG: Fritsch/Haverkamp, BB 90, Beil. 31, 3 ff.). Als Betreiber kommen auch Dienststellen wie beispielsweise Universitäten, Forschungseinrichtungen und Versuchsanstalten in Frage (vgl. § 3 Nr. 9 GenTG). Bestellung, Sachkunde und Aufgaben der Beauftragten für biologische Sicherheit sind in §§ 16 bis 18 der Gentechnik-Sicherheitsverordnung (GenTSV) vom 24. 10. 90 (BGBl. I 2340) geregelt. Nach § 16 Abs. 1 GenTSV ist der Personalrat zur Bestellung nur anzuhören. Arbeitsschutz und Arbeitssicherheit sind in § 8 Abs. 4 bis 12 und Anhang VI GenTSV geregelt.

Beauftragte für den Strahlenschutz werden nach den §§ 29 ff. der Neufassung der Strahlenschutzverordnung (StrlSchVO) vom 30. 6. 89 (BGBl. 89 S. 1321) tätig. Voraussetzung für die Bestellung zu Strahlenschutzbeauftragten ist der Nachweis der für Strahlenschutz erforderlichen Fachkunde sowie der Zuverlässigkeit (§ 29 Abs. 4 StrlSchVO). Dem Personalrat ist bei Bestellung eine Abschrift der Anzeige auszuhändigen (§ 29 Abs. 3 Satz 3 StrlSchVO). Die Rechte und Pflichten der Beauftragten für den Strahlenschutz sowie die Zusammenarbeit mit dem Personalrat ergeben sich aus den §§ 30 und 31 der StrlSchVO. Denkbar ist eine Anwendung der StrlSchVO vor allem in Schulen (vgl. § 29 Abs. 5 StrlSchVO); Krankenhäusern (vgl. §§ 42 ff. StrlSchVO), Universitäten und Forschungseinrichtungen. Die StrlSchVO regelt umfangreiche Überwachungs- und Anzeigepflichten, Schutzvorschriften zugunsten Beschäftigter und Dritter sowie Bußgeldvorschriften für Pflichtverstöße nach der Verordnung. Die Verordnung ist gem. § 40 StrlSchVO in der Dienststelle auszuhängen oder auszulegen. Nach § 30 Abs. 3 StrlSchVO dürfen Strahlenschutzbeauftragte nicht wegen ihrer Tätigkeit benachteiligt werden.

86

Nach § 719 RVO sind in Dienststellen mit mehr als 20 Beschäftigten **Sicherheitsbeauftragte** zu bestellen. Diese Funktion wird regelmäßig von Beschäftigten der Dienststelle neben der normalen Tätigkeit übernommen. Sicherheitsbeauftragte haben die Dienststellenleitung bei der Durchführung des Unfallschutzes zu beraten und zu unterstützen. Außerdem sollen sie das Sicherheitsbewußtsein der Beschäftigten wecken und schärfen.

87

Neben den genannten gibt es Beauftragte für Abfall nach § 11 a–f AbfG, Immissionsschutzbeauftragte nach §§ 53 – 58 BImSchG und Gewässerschutzbeauftragte nach § 21 a–f WHG. Die Bestellung ist nach Nr. 10 nicht mitbestimmungspflichtig. In allen Gesetzen finden sich Benachteiligungsverbote zum Schutz der Umweltbeauftragten (vgl. § 58 BImSchG; § 21 f WHG, § 11 f AbfG). Es bestehen Reformbestrebungen, die Stellung der Umweltbeauftragten zu stärken (vgl. Kloepfer, S. 154). Zur Stellung und Haftung von Betriebsbeauftragten vgl. Kimminich, S. 29.

88

Nach **Nr. 11** besteht ein Mitbestimmungsrecht des Personalrats bei **Maßnahmen zur Verhütung von Dienst- und Arbeitsunfällen und sonsti-**

89

§ 74

gen **Gesundheitsschädigungen** (instr. Bobke, Kap. 12). Der Arbeitsschutz (vgl. dazu Kloepfer/Veit, NZA 90, 121; Benz, BB 91, 1185; Rautenberg, PersR 92, 395) gehört zu den Schwerpunktaufgaben des Personalrats. Viele Arbeitsschutzvorschriften wie die GewO, die Arbeitsstättenverordnung vom 20. 3. 75 (BGBl. I S. 729) und die Arbeitsstättenrichtlinien gelten im öffentlichen Dienst nicht (vgl. dazu Nitschki, PersR 92, 390; Buchholz, ZTR 91, 455; Elsner, PersR 90, 59; Kohte, PersR 83, 3; Schleicher, ZTR 91, 404). Die Unfallquote liegt dagegen geringfügig über den Vergleichszahlen der Privatwirtschaft (Nitschki, a. a. O.). Dem Mitbestimmungsrecht, insbesondere dem Initiativrecht kommt daher maßgebliche Bedeutung zu. So kann der Personalrat beantragen, daß die Dienststelle die nicht unmittelbar anwendbaren Vorschriften durch Verwaltungsanordnung anwendet (Nitschki, a. a. O.). Das Mitbestimmungsrecht des Personalrats umfaßt allgemeine Regelungen und Anweisungen, aber auch Einzelregelungen, die der Verhütung von Dienst- und Arbeitsunfällen sowie sonstigen Gesundheitsschädigungen dienen (BVerwG vom 25. 6. 86 – 6 P 18.84, PersR 86, 235). Der Personalrat kann Arbeitsschutzprogramme bei der Dienststellenleitung beantragen. Die Vorschrift umfaßt insbesondere Maßnahmen, die aufgrund gesetzlicher Vorschriften durchzuführen sind, ist aber darauf nicht beschränkt (OVG Hamburg vom 20. 1. 79 – OVG Bs PB 5/79, ZBR 80, 259). Im Rahmen bestehender abschließender gesetzlicher oder tariflicher Regelungen erstreckt sich das Mitbestimmungsrecht auf Art und Umfang und Vollzug der Maßnahme (Altvater u. a., § 75 BPersVG Rn. 62; Cecior u. a., § 72 LPVG NW Rn. 406).

90 Nach **Nr. 12** hat der Personalrat bei den **Grundsätzen über die Bewertung von anerkannten Vorschlägen im Rahmen des betrieblichen Vorschlagswesens** mitzubestimmen. Im Rahmen des betrieblichen Vorschlagswesens wird Beschäftigten unter dem Versprechen einer Belohnung die Möglichkeit gegeben, durch Verbesserungsvorschläge in technischer, organisatorischer oder kaufmännischer Hinsicht die Effizenz der Dienststelle zu steigern. Der Personalrat hat bei der Erstellung von Richtlinien bzw. Grundsätzen über die Ausgestaltung der Bewertung und der Bemessung der Prämie durch die Dienststelle mitzubestimmen. In einer Dienstvereinbarung kann bspw. die Einrichtung eines paritätisch besetzten Ausschusses, das Verfahren der Prämierung, die Anhörung betroffener Beschäftigter und die Höhe der Prämierung geregelt werden. Der Personalrat kann hierbei zwar nicht auf den einzelnen Verbesserungsvorschlag, aber zum Beispiel auf die Themenkreise Einfluß nehmen (Energiesparmaßnahmen, Arbeitssicherheit usw.). Für patentfähige Erfindungen gelten dagegen die Vorschriften des Gesetzes über Arbeitnehmererfindungen.

91 Nach **Nr. 13** unterfällt **die Aufstellung von Sozialplänen einschließlich Plänen für Umschulungen zum Ausgleich oder zur Milderung von wirtschaftlichen Nachteilen, die den Beschäftigten infolge von Ratio-**

nalisierungsmaßnahmen entstehen, der Mitbestimmung des Personalrats. Entscheidendes Merkmal einer **Rationalisierungsmaßnahme** ist, daß durch sie die Leistungen des Betriebes bzw. der Dienststelle durch eine zweckmäßige Gestaltung von Arbeitsabläufen verbessert werden sollen, indem der menschliche Aufwand an Arbeit oder auch Zeit, Energie, Material und Kapital herabgesetzt wird (BVerwG vom 17. 6. 92 – 6 P 17.91, PersR 92, 451). Die **Regelungen im Sozialplan** können insbesondere den Ausgleich von Entgelteinbußen, erhöhter Dienstwegkosten, zusätzlicher Kosten für getrennte Haushaltsführung, darüber hinaus die Durchführung von Umschulungsmaßnahmen, die zeitliche Abstufung von Kündigungen, Versetzungen und Umsetzungen, die Einstufung neuer Arbeitsplätze entsprechend der früheren Eingruppierung und den Ausschluß der Kündigung von Dienstwohnungen am bisherigen Dienstort betreffen (vgl. Bosch, PersR 93, 71). Maßnahmen der vorgenannten Art stellen einen Sozialplan dar (zu Sozialplänen im öffentlichen Dienst und den Handlungsmöglichkeiten der Personalräte Zander, PersR 91, 322; Trümner, Mitbestimmung 93, 52; umfassend auch Hamm, AiB 93, 600). Auf die Bezeichnung der Maßnahme durch die Dienststelle kommt es nicht an. Ein Sozialplan kann sich auch auf einen einzigen Beschäftigten beschränken (Bosch, PersR 93, 71 m. w. Nw.).

Bei der Mitbestimmung bei Sozialplänen ist der **Gesetzes- und Tarifvorrang** zu berücksichtigen. Bei Beamten sind daher der Gesetzesvorbehalt nach § 2 BBesG, das Zulagenverbot nach § 51 BBesG, die abschließende Besitzstandsregelung in § 13 BBesG und die Begrenzungsfunktion des Reisekosten-, Umzugskosten- und Trennungsgeldrechts zu beachten. Bei Angestellten und Arbeitern ist zu prüfen, ob die tariflichen Vorschriften, insbesondere über Rationalisierungsschutz, einer Sozialplanregelung entgegenstehen (vgl. BVerwG vom 17. 6. 92 – 6 P 17.91, PersR 92, 451 m. Anm. Gillengerten). Zu beachten ist daher der **Tarifvertrag zur sozialen Absicherung vom 6. 7. 92.** Dieser Tarifvertrag ist jedoch nur im Hinblick auf Abfindungen abschließend; solche aus Sozialplänen werden nach § 2 Abs. 4 des Tarifvertrages angerechnet. Nach der ständigen Rechtsprechung des BVerwG liegt eine **abschließende gesetzliche oder tarifliche Regelung** dann vor, wenn darin ein Sachverhalt unmittelbar geregelt ist, es also zum Vollzug keines Ausführungsaktes bedarf. Eine solche Regelung besitzt Ausschließlichkeitscharakter, weil sie vollständig, umfassend und erschöpfend ist. Wenn jedoch aufgrund einer gesetzlichen oder tariflichen Regelung die Ausgestaltung der Einzelmaßnahme der Dienststellenleitung überlassen ist, unterliegt deren Entscheidung – auch bei rein normvollziehenden Maßnahmen ohne Ermessensspielraum – der Richtigkeitskontrolle des Personalrats im Wege der Mitbestimmung (BVerwG vom 27. 11. 91 – 6 P 7.90, PersR 92, 147; vom 19. 5. 92 – 6 P 5.90, PersR 92, 361 m. w. Nw.). In den Tarifverträgen des öffentlichen Dienstes ist zumeist ausdrücklich geregelt, daß die Rationalisierungsschutztarifverträge nicht abschließend sein sollen und die aus dem

92

§ 74

BetrVG und den Personalvertretungsgesetzen ergebenden Rechte der Personal- und Betriebsräte davon unberührt bleiben sollen.

93 Der Sozialplan steht nicht unter dem **Vorbehalt des Haushalts** (Dietz/Richardi, § 75 BPersVG Rn. 450; Bosch, PersR 93, 71). Sind im Haushalt daher keine Mittel hierfür eingeplant, hindert das keineswegs den Abschluß eines Sozialplans. Der Sozialplan ist vielmehr der typische Fall für überplanmäßige Ausgaben, die bei unvorhergesehenen und unabweisbaren Bedürfnissen möglich sind, vgl. § 37 BHO. Etwas anderes gilt nur für den Fall, daß der Haushaltsplan oder ein Tarifvertrag abschließende Regelungen über die zum Ausgleich oder zur Milderung wirtschaftlicher Nachteile zur Verfügung gestellten Mittel trifft (Bosch, PersR 93, 71).

94 Der Personalrat kann seine **Zustimmungsverweigerung** auf alle sozialen Gesichtspunkte stützen, die den Ausgleich oder die Milderung wirtschaftlicher Nachteile zum Gegenstand haben, selbst wenn diese Gründe eine Überschreitung der Haushaltsgrenzen notwendig machen (vgl. Bosch, PersR 93, 71).

95 **Nr. 14** gewährt dem Personalrat ein Mitbestimmungsrecht bei dem **Absehen von der Ausschreibung von Dienstposten, die besetzt werden sollen.** Die Vorschrift unterstellt, daß die Dienststelle alle zu besetzenden Dienstposten verwaltungsintern auszuschreiben hat und begründet eine entsprechende Verpflichtung der Dienststellenleitung (Altvater u. a., § 75 BPersVG Rn. 68; BVerwG vom 8. 3. 88 – 6 P 32.85, PersR 88, 183 unter Aufgabe seiner bisherigen Rechtsprechung; OVG Nds. vom 28. 2. 92 – 17 L 8356/91, PersR 93, 472). Will die Dienststelle im Einzelfall oder bei bestimmten Fallgruppen von einer Ausschreibung absehen, bedarf dies der Zustimmung der zuständigen Personalvertretung.

96 Nach **Nr. 15** besteht ein Mitbestimmungsrecht des Personalrats bei der **Regelung der Ordnung in der Dienststelle und des Verhaltens der Beschäftigten. Regelungen** der Ordnung in der Dienststelle und des Verhaltens der Beschäftigten sind die Maßnahmen der Dienststellenleitung, die die **allgemeine Ordnung** in der Dienststelle betreffen oder sich auf das **Verhalten** der Beschäftigten **generell oder im Einzelfall** beziehen (Altvater u. a., § 75 BPersVG Rn. 71). Das Mitbestimmungsrecht besteht unabhängig davon, wie viele Beschäftigte davon betroffen sind (anders noch das BVerwG vom 23. 8. 82 – 6 P 45.79, PersV 83, 375; für das NdsPersVG dagegen wie hier BAG vom 7. 4. 92 – 1 AZR 322/91, PersR 92, 420).

97 Ausgenommen von der Mitbestimmung sind dagegen **Einzelanweisungen** der Dienststellenleitung, durch die die Beschäftigten **zur Erfüllung der individualarbeitsvertraglichen Pflichten** aufgefordert werden.

98 Unstreitig unterfallen folgende Maßnahmen der Mitbestimmung: Erlaß von Rauchverboten, Benutzungsregelungen für Büchereien und Kantinen, Regelungen über die Aufbewahrung und Sicherung mitgebrachter Gegenstände, Torkontrollen, Regelungen über die Benutzung der Diensttelefone auch für Privatgespräche, Regelung der Benutzung des behördeneigenen Parkplatzes, Verbot des Hausierens, Bekleidungsvorschriften (vgl. hierzu BAG vom 1. 12. 92 – 1 AZR 260/92, AiB 93, 462), Regelungen über Krankmelden. Nach Auffassung einiger LAGs (LAG Frankfurt vom 24. 3. 92 – 4 TaBV 137/91, Der Betriebsrat 93, 74 – überzeugender dagegen Kreuder in der ablehnenden Anmerkung) sollen sog. »Krankengespräche« nicht der Mitbestimmung unterliegen. Mitbestimmungspflichtig ist auch das Verbot des Radiohörens in der Dienststelle (BAG vom 14. 1. 86 – 1 ABR 75/83, DB 86, 1025; BVerwG vom 30. 12. 87 – 6 P 20.82, PersR 88, 53).

Umstritten ist, ob sich das Mitbestimmungsrecht im Hinblick auf das Verhalten der Beschäftigten auch auf **Ordnungsstrafen wie Mißbilligung oder Abmahnung** (zur Abmahnung vgl. Krane, PersR 92, 498) bezieht. Das BVerwG (vom 6. 2. 79 – 6 P 20.78, PersV 80, 421) will die Verhängung von Sanktionen nicht der Mitbestimmung des Personalrats zuordnen. Das BAG (vom 25. 2. 82 – 1 AZR 1073/79, AP Nr. 53 zu § 611 BGB Dienstordnungsangestellte) ist dagegen der Auffassung, daß die Verhängung einer Buße der Mitbestimmung unterliegt. Gegen die Auffassung des BVerwG spricht, daß der Gesetzgeber Sanktionen bei den Beamtinnen und Beamten der Mitbestimmung des Personalrats unterworfen hat, vgl. § 81 Abs. 1 Nr. 10 (wie hier Altvater u. a., § 75 BPersVG Rn. 74). Ein sachlicher Grund für eine Einschränkung des Tatbestandes ist daher nicht gegeben.

Umstritten ist weiter, ob der Personalrat bei **Maßnahmen** mitzubestimmen hat, bei denen ausschließlich die **Dienstausübung** betroffen ist. Nach Ansicht des BVerwG ist beispielsweise die Anordnung eines absoluten Alkoholverbotes für waffentragende Polizeibeamte nicht mitbestimmungspflichtig (BVerwG vom 11. 3. 83 – 6 P 25.80, PersV 84, 318; ebenso allgemein OVG NW vom 4. 5. 87 – CL 20/85, PersR 88, 104). Dagegen hat das BAG entschieden, daß die Anordnung eines absoluten Alkoholverbotes bereits als Maßnahme der Verhütung von Dienst- und Arbeitsunfällen der Mitbestimmung unterliegt (BAG vom 23. 9. 86 – 1 AZR 83/85, PersR 87, 61) und daß die Abmahnung eines Gabelstaplerfahrers wegen Verstoßes gegen ein absolutes Alkoholverbot unter dem Gesichtspunkt der Ordnung in der Dienststelle mitbestimmungspflichtig ist (BAG vom 23. 9. 86 – 1 AZR 83/85, PersR 87, 61). Das BVerwG differenziert nunmehr danach, ob durch das Verbot die Dienstausübung unmittelbar geregelt wird. Dies sei nur dann der Fall, wenn sich das Verbot an Beschäftigte richten würde, die im Publikumsverkehr eingesetzt seien oder sicherheitsrelevante Tätigkeiten wie den Umgang mit Gefahrstoffen oder Waffen ausübten (BVerwG vom 5. 10. 89 – 6 P 7.88, PersR 89, 364). Als mitbestimmungspflichtig hat das BVerwG in dieser Entscheidung aber ein generelles Alkoholverbot in der Dienststelle angesehen. Nach richtiger Auffassung ist dagegen der gesetzlichen Regelung kein Anhaltspunkt für eine Einschränkung und Differenzierung des Mit-

§ 74

bestimmungstatbestandes zu entnehmen (ebenso Altvater u. a., § 75 BPersVG Rn. 73; Dietz/Richardi, Rn. 479; Däubler u. a., § 87 BetrVG Rn. 42 ff.).

101 Nach **Nr. 16** hat der Personalrat bei der **Gestaltung der Arbeitsplätze** mitzubestimmen. Der Mitbestimmungstatbestand soll die einzelnen Beschäftigten vor Überbeanspruchungen und Gefährdungen ihrer körperlichen und seelischen Gesundheit schützen (vgl. BVerwG vom 30. 8. 85 – 6 P 20.83 –, PersR 85, 187; OVG NW vom 13. 3. 86 – CL 42/84, PersR 87, 44). Unter **Gestaltung** der Arbeitsplätze ist nicht nur die Umgestaltung bereits vorhandener, sondern auch die Errichtung und Ausgestaltung neuer Arbeitsplätze zu verstehen (BVerwG vom 16. 12. 92- 6 P 29.91, PersR 93, 164). Die Mitbestimmung beschränkt sich auf die räumliche Unterbringung und die Einrichtung der Räume mit Geräten und Ausstattungsgegenständen, die Beleuchtung und die Belüftung; sie erfaßt nicht die Frage, ob ein Arbeitsplatz einzurichten sei und welche Aufgaben dort zu verrichten sind (BVerwG vom 16. 12. 92 – 6 P 29.91, PersR 93, 164). **Arbeitsplätze** sind alle innerhalb der Räumlichkeiten einer Dienststelle abgrenzbaren Bereiche, in denen Beschäftigte zugleich oder nacheinander einzelne Arbeitsschritte oder ineinandergreifende Arbeitsvorgänge verrichten (BVerwG vom 17. 2. 86 – 6 P 21.84, PersR 86, 194). Hierunter fallen auch der Platzbedarf, die Beleuchtung, der Lichteinfall (Blendung und Reflexe bei Bildschirmarbeit), die Ausstattung mit Geräten und Einrichtungsgegenständen, der Lärm, das Klima, die Zahl der Arbeitsplätze in Großraumbüros u. ä. Der Personalrat braucht keine konkrete Belastung für die Beschäftigten geltend zu machen, sondern kann die Ausgestaltung des Arbeitsplatzes umfassend auf seine Zweckmäßigkeit überprüfen und davon seine Zustimmung oder Ablehnung abhängig machen (BVerwG vom 30. 8. 85 – 6 P 20.83, PersR 85, 184). Der Mitbestimmung unterfällt bspw. die Inbetriebnahme eines Telefaxgerätes (OVG NW vom 10. 2. 93 – CL 47/89, PersR 93, 367).

102 Gem. **Nr. 7** ist der Personalrat bei den **Grundsätzen der Arbeitsplatz- oder Dienstpostenbewertung** in der Dienststelle zu beteiligen. Die Arbeitsplatz- und Dienstpostenbewertung ist die Zuordnung der auf einer Stelle ausgeübten Tätigkeiten zu einer Vergütungs-, Lohn- oder Besoldungsgruppe. Die Stellenbewertung geht ausschließlich von objektiven Kriterien aus ohne subjektive Qualitäten der Stelleninhaberin bzw. des Stelleninhabers zu berücksichtigen (Grundsatz der objektiven Stellenbewertung). Das Mitbestimmungsrecht bezieht sich auf die Grundsätze der Stellenbewertung, also die Methodik des Bewertungsverfahrens, die Bewertungsmerkmale, die Bestimmungsgrößen und deren Gewichtung. Dazu zählt auch die Frage, auf wessen Veranlassung die Stellenbewertung vorgenommen wird, wer sie durchführt (Sachverständige, Kommissionen, Ausschüsse), sowie Form und Umfang der Bewertung und die Beteiligung der oder des Beschäftigten (vgl. Aufhauser, § 78 SPersVG Rn. 182). Im Rahmen der Personal- und Organisationshoheit können ge-

§ 74

eignete Bewertungsverfahren von der Dienststelle selbst entwickelt werden (OVG NW vom 3. 8. 79 – XV A 359/78, ZBR 80, 286).

In § 22 BAT-O sind für die **Angestellten** im öffentlichen Dienst Grundsätze der Arbeitsplatzbewertung geregelt (Tarifautomatik). Nach § 22 BAT-O richtet sich die Eingruppierung von Angestellten nach den Tätigkeitsmerkmalen der Vergütungsordnung (Anlage 1a und 1b zum BAT). Der Anspruch auf tarifgerechte Eingruppierung besteht unabhängig von der arbeitgeberseitigen Arbeitsplatzbewertung. **103**

Bei kommunalen **Beamtinnen- und Beamtenstellen** kommen vielfach noch die von der kommunalen Gemeinschaftsstelle für Verwaltungsvereinfachung (KGSt) entwickelten Gutachten (zuletzt 6. Aufl. 1985) zur Anwendung. Die Pflicht zur Bewertung eingerichteter Beamtinnen- und Beamtenstellen ergibt sich aus § 18 BBesG. Aus dieser Vorschrift und den zu § 26 BBesG erlassenen Verordnungen können sich Schranken für das Ermessen des Dienstherrn bei der Stellenbewertung ergeben. Aus dem Ergebnis einer Dienstpostenbewertung ergibt sich dagegen kein Anspruch der Beamtin bzw. des Beamten auf Beförderung oder Einrichtung einer der Bewertung entsprechenden Planstelle (BVerwG vom 31. 5. 90 – 2 C 16.89, ZBR 90, 347). **104**

Durch die Vorschrift hat der Personalrat bei der Frage der erstmaligen oder weiteren oder geänderten Anwendung von Bewertungsgrundsätzen wie beispielsweise dem KGSt-Gutachten oder der Einrichtung oder Auflösung einer Bewertungskommission mitzubestimmen (vgl. Aufhauser u. a., § 78 SPersVG Rn. 185). Der Personalrat ist dagegen an den konkreten Bewertungsmaßnahmen hinsichtlich der einzelnen Stelle nicht zu beteiligen, da sich die Mitbestimmung nur auf die Grundsätze der Arbeitsplatz- und Dienstpostenbewertung bezieht (OVG NW vom 4. 10. 90 – CL 13.88, n. v.). Beim Mitbestimmungsrecht des Personalrats ist der Gesetzes- und Tarifvorrang zu beachten, sofern sich in solchen Vorschriften Regelungen über Methode, Art und Weise der Arbeitsplatzbewertung finden. **105**

Nr. 18 gibt dem Personalrat ein Mitbestimmungrecht bei der **Einführung, Anwendung, wesentlicher Änderung oder Erweiterung technischer Einrichtungen, die geeignet sind, das Verhalten oder die Leistung der Beschäftigten zu überwachen oder zu erfassen.** Die Vorschrift dient dem Schutz der Beschäftigten vor anonymen Kontrolleinrichtungen und Verfahren, die in die Persönlichkeitssphäre der oder des Beschäftigten eingreifen. Damit soll dem erhöhten Überwachungsdruck aufgrund des Einsatzes moderner technischer Mittel begegnet werden (BVerwG vom 23. 9. 92 – 6 P 26.90, PersR 93, 28; vom 31. 8. 88 – 6 P 35.88, PersR 88, 271 m. Anm. Sabottig; OVG NW vom 11. 3. 92 – CL 43/88, PersR 93, 33; BayVGH vom 1. 4. 92 – 17 P 91.2137, PersR 92, 412). Im Zweifel ist die Auslegung zu wählen, die den Persönlichkeitsschutz am ehesten realisiert (Fitting u. a., § 87 BetrVG Rn. 66). **106**

Bei der **technischen Einrichtung** muß es sich um Anlagen handeln, die **107**

§ 74

unter Verwendung nicht menschlicher, sondern anderweitig erzeugter Energie mit den Mitteln der Technik, insbesondere der Elektronik, eine selbständige Leistung erbringen (vgl. BVerwG vom 31. 8. 88, a. a. O.). Die Vorschrift beschränkt die Mitbestimmung auf eine technische Überwachung, so daß der Einsatz von Privatdetektiven erst mitbestimmungspflichtig wird, wenn Technik die Überwachung oder Erfassung erleichtert und damit eine über das normale Maß hinaus bestehende Gefährdung des Persönlichkeitsrechts besteht (bspw. durch Einsatz von Ferngläsern, s. Däubler, PersR 93, 348).

108 Unter **Einführung** ist die Entscheidung, ob, für welchen Zeitraum, an welchem Ort, mit welcher Zweckbestimmung und Wirkungsweise das Verfahren betrieben werden soll (Däubler u. a., § 87 BetrVG Rn. 139), also auch das ob und wie der Einrichtung bereits im Vorfeld erstmaligen Einsatzes zu verstehen (vgl. Cecior u. a., § 72 LPVG NW Rn. 294a). Zur **Anwendung** zählt die Art und Weise der Verarbeitung und Nutzung der Daten. Auch bereits eingeführte Verfahren unterliegen im Hinblick auf die weitere Anwendung der Mitbestimmung (Däubler u. a., § 87 BetrVG Rn. 141). Unter **wesentlicher Änderung oder Erweiterung** sind solche Maßnahmen zu verstehen, die die Quantität oder Qualität der Überwachung oder Erfassung verringern oder erweitern. Unerheblich sind nur solche Änderungen, die die Überwachungs- oder Erfassungsmöglichkeiten selbst unberührt lassen. Unter **Überwachung und Erfassung** ist der gesamte Vorgang von der Informationserhebung über die Speicherung und Auswertung bis zur Entscheidung über Maßnahmen aus den gewonnenen Informationen zu verstehen (vgl. BVerwG vom 16. 12. 87 – 6 P 32.84, PersR 88, 51).

109 Die Verfahren müssen nicht zur Überwachung oder Erfassung eingesetzt werden, sondern zur Überwachung lediglich **geeignet** sein. Nicht entscheidend ist, ob die Dienststellenleitung die Nutzung zur Überwachung beabsichtigt. Bei einer EDV-Anlage reicht aus, daß entsprechende Software noch nicht vorhanden ist, die Anlage aber selbst unmittelbar die Überwachung ermöglicht (BVerwG vom 2. 2. 90 – 6 PB 11.89, PersR 90, 113). Die rein abstrakte Möglichkeit allerdings, das Verfahren zur Überwachung oder Erfassung einzusetzen, reicht für die Mitbestimmungspflichtigkeit nicht aus (BVerwG vom 23. 9. 92 – 6 P 26.90, PersR 93, 28). Insbesondere Personalinformationssysteme, Videokameras, Telefonerfassungsanlagen (OVG NW vom 4. 11. 92 – CL 77/88, PersR 92, 410), Zugangskontrollsysteme, aber auch die Erfassung von Arbeitsvorgängen durch REFA-Spezialisten unter Einsatz von technischen Hilfsmitteln unterfallen der Mitbestimmung des Personalrats. Ein mit Codekarte und Zählwerk ausgestattetes Fotokopiergerät wird erst dann zu einer Überwachungseinrichtung, wenn eine kleinere Gruppe oder einzelne Beschäftigten durch die Codekarte bestimmt werden können (OVG NW vom 11. 3. 92 – CL 43/88, PersR 93, 33). Es reicht aus, wenn der technischen Datenerfassung eine manuelle Datenerhebung vorausgeht. Auch diese

Maßnahme ist mitbestimmungspflichtig (BVerwG vom 9. 12. 92 – 6 P 16.91, PersR 92, 215). Der Personalrat kann Sachverständige zu dieser Problematik hinzuziehen (vgl. dazu Trittin, AiB 85, 92; Welkoborsky, PersR 91, 210; s. aber auch Venema, NZA 93, 256).

Gegenüber mitbestimmungswidrig eingeführten oder geänderten oder erweiterten Überwachungs- und Erfassungsverfahren haben die Beschäftigten ein **Zurückbehaltungsrecht** nach § 273 BGB im Hinblick auf ihre Arbeitsleistung (Dietz/Richardi, § 75 BPersVG Rn. 522; Grabendorff u. a., § 75 BPersVG Rn. 222; Däubler, PersR 93, 348). Aufgrund des Initiativrechts kann der Personalrat die Abschaffung oder Änderung von bestehenden Überwachungseinrichtungen beantragen (Dietz/Richardi, § 75 BPersVG Rn. 523; Lorenzen u. a., § 75 Rn. 196 a). **110**

Nr. 19 regelt die Einführung, Anwendung, wesentliche Änderung oder Erweiterung automatisierter Verarbeitung personenbezogener Daten der Beschäftigten. Schutzzweck der Vorschrift ist die **Gewährleistung des grundrechtlich geschützten Persönlichkeitsrechts** der Beschäftigten und des **Grundrechts auf informationelle Selbstbestimmung** gegenüber Gefährdungen aus den der Mitbestimmung unterworfenen Maßnahmen (vgl. OVG NW vom 25. 11. 92 – CL 40/90, PersR 93, 365; OVG NW vom 17. 2. 92 – CL 35/90, PersR 93, 80). Erfaßt werden auch Dateien, die vor Inkrafttreten des LPersVG eingerichtet wurden (OVG NW vom 16. 12. 90 – CL 91/88, PersR 91, 173). **111**

Der Begriff der **Datenverarbeitung** umfaßt die vier Phasen des Speicherns, Übermittelns, Veränderns und Löschens der Daten (OVG NW vom 25. 11. 92, a. a. O.). Bei der Auslegung des Begriffs können die Vorschriften des Landesdatenschutzgesetzes herangezogen werden (OVG NW vom 25. 11. 92 und 17. 2. 92, a. a. O.). Unter **Einführung** einer automatisierten Datenverarbeitung ist die erstmalige Installierung einer programmgesteuerten Datenverarbeitungsanlage zu verstehen, die die Verarbeitung und damit die Auswertung gespeicherter Daten ermöglicht (OVG NW vom 25. 11. 92, a. a. O.). **Anwendung** ist der erstmalige Programmeinsatz (OVG NW vom 17. 2. 92, a. a. O.). Auch die Nutzung durch Abruf und Verwertung ist als Datenverarbeitung mitbestimmungspflichtig, jedenfalls dann, wenn eine Verknüpfung der Daten möglich ist und dadurch ein neuer Informationsgehalt entsteht (OVG NW vom 25. 11. 92, a. a. O.). Eine wesentliche Erweiterung liegt dann vor, wenn bspw. Zusatzprogramme oder Teilprogramme aufgenommen werden, die neue Auswertungs- oder Anwendungsmöglichkeiten von substantieller Bedeutung eröffnen (OVG NW vom 25. 11. 92, a. a. O.) Für die Wesentlichkeit ist auf die Vergleichbarkeit der Gefährdung der Schutzgüter des Tatbestands mit der erstmaligen Anwendung einer Datenverarbeitungsanlage abzustellen (OVG NW vom 25. 11. 92, a. a. O.). **112**

Personenbezogene Dateien sind gleichartig aufgebaute, zur Erfassung, Ordnung und Auswertung dienende Sammlungen von personenbezogenen Daten. **Personenbezogene Daten** sind Einzelangaben über persönli- **113**

§ 74

che oder sachlich Verhältnisse einer bestimmten oder bestimmbaren natürlichen Person (vgl. § 2 Abs. 1 BDSG). Durch die Hinzunahme jeglicher personenbezogenen Sammlung von Informationen wird sichergestellt, daß das Mitbestimmungsrecht des Personalrats nicht davon abhängt, in welcher äußerlichen Form die Dienststellenleitung Informationen über die Beschäftigten sammelt. Fixierte und gesammelte Informationen über Beschäftigte lassen sich daher regelmäßig entweder als Personalfragebogen, als Bestandteil der Personalakte oder als Sammlung personenbezogener Daten einordnen. Teile der Personalakte werden zunehmend in elektronisch gespeicherten Dateien geführt. Der Personalrat bestimmt sowohl über die Entscheidung zur Anlage wie über die konkrete Ausgestaltung einer Datensammlung mit. Der Personalrat hat insbesondere auf die Einhaltung des Datenschutzvorschriften und der sich aus dem allgemeinen Persönlichkeitsrecht ergebenden Grenzen zu achten.

114 Das Bundesdatenschutzgesetz ist ein Gesetz i. S. d. § 68 Abs. 1 Nr. 1. Die Dienststellenleitung ist verpflichtet, den Personalrat umfassend über alle Verarbeitungen personenbezogener Daten zu unterrichten, unabhängig davon, ob Verstöße vorliegen oder ein Mitbestimmungsrecht des Personalrats tangiert ist. Die Unterrichtungspflicht erstreckt sich auch auf Datenverarbeitung außerhalb der Dienststelle, sofern es sich um Daten von Beschäftigten in der Dienststelle handelt (so BAG vom 17. 3. 87 – 1 ABR 59/85, PersR 88, 73 zur entsprechenden Regelung im BetrVG).

115 Unterlagen der Ministeriums für Staatssicherheit und der Gauck-Behörde sind personenbezogene Daten (s. BAG vom 25. 2. 93 – 8 AZR 274/92, PersR 93, 516). Die Weitergabe der bei einer Dienststelle gespeicherten Anschriften von Beschäftigten auch an andere Behörden oder sonstige öffentliche Stellen kann als Anwendung von automatisierter Verarbeitung personenbezogener Daten der Mitbestimmung des Personalrats unterliegen (OVG NW vom 6. 12. 90 – CL 21/88, PersR 91, 173).

116 (Abs. 4) Sofern für eine Gruppe von Beschäftigten die tägliche Arbeitszeit (Abs. 3 Nr. 1) nach Erfordernissen, die die Dienststelle nicht voraussehen kann, unregelmäßig und kurzfristig festgesetzt werden muß, beschränkt sich die Mitbestimmung auf die Grundsätze der Aufstellung der Dienstpläne, insbesondere für die Anordnung von Dienstbereitschaft, Mehrarbeit und Überstunden. Die **Einschränkung der Mitbestimmung des Personalrats auf Grundsätze der Dienstplanung** kommt nur bei **unvorhersehbarer Änderung der Arbeitszeit** in Frage (vgl. zum Begriff BVerwG vom 16. 12. 60 – VII P 12.59, PersV 61, 88). Beruht die Kurzfristigkeit der erforderlichen Änderungen dagegen auf Organisationsversagen der Dienststelle, ist für Einschränkungen nach Abs. 4 kein Raum. Denkbar sind Erfordernisse im Sinne der Vorschrift beispielsweise bei Straßenwärterinnen und Straßenwärtern, Polizeibeamtinnen und -beamten oder Ärztinnen und Ärzten. Grundsätze zur Aufstellung von Dienstplänen können Beginn und Ende der Bereitschaftsdienste, Zahl und Umfang der Pausen, Reihenfolge der heranzuziehenden Beschäftigten, das Verhältnis von Dienstbereitschaft zu Arbeitsleistung und den Umfang der Heranziehung zu Rufbereitschaft, Mehrarbeit und Überstunden sowie die Art und Weise des Ausgleichs betreffen.

(**Abs. 5**) Die Vorschrift betont den Vorrang der Gesetze und Tarifverträge bei Dienstvereinbarungen über Arbeitsentgelt und sonstige Arbeitsbedingungen. Der **Vorrang des Tarifvertrages** soll einheitliche Arbeitsbedingungen in den Dienststellen gewährleisten und räumt daher den Koalitionen bei der Regelung der Arbeitsentgelte und Arbeitsbedingungen Vorrang vor den Organen der Personalverfassung ein. Die Vorschrift schränkt die ohnehin begrenzte Möglichkeit des Abschlusses von Dienstvereinbarungen weiter ein, um Kollisionen zwischen Tarifrecht und Dienstvereinbarungen zu vermeiden. Während Abs. 3 Satz 1 eine Mitbestimmung nur dann ausschließt, wenn eine tarifvertragliche Regelung tatsächlich besteht, erweitert Abs. 5 den **Ausschluß** im Hinblick auf **Dienstvereinbarungen bei Arbeitsentgelten und den sonstigen Arbeitsbedingungen** auch für den Fall, daß entsprechende Regelungen üblicherweise durch Tarifvertrag geregelt werden. Regelmäßig ist dies der Fall, wenn ein Tarifvertrag zur Zeit nicht besteht oder abgelaufen ist. Abs. 5 berührt dagegen die Mitbestimmung im Einzelfall nicht. In Betracht zu ziehen sind nur Tarifverträge für den entsprechenden Bereich des öffentlichen Dienstes, dem die Dienststelle angehört. Auf die dort üblicherweise getroffenen Regelungen ist abzustellen.

117

Unter **Arbeitsentgelt** sind nur die Löhne und Gehälter der Angestellten und Arbeiterinnen und Arbeiter zu verstehen. Dienstbezüge von Beamtinnen und Beamten werden von der Vorschrift nicht erfaßt, sie werden auch nicht durch Tarifvertrag oder üblicherweise durch Tarifvertrag geregelt. Sie werden daher von der Sperrwirkung nach Abs. 5 nicht erfaßt. Da diese aber weitgehend durch Gesetz oder Verordnung geregelt sind, kommen auch Dienstvereinbarungen zugunsten dieser Gruppe praktisch nicht in Betracht.

118

Die Vorschrift bezieht sich auf die inzwischen überkommene Unterscheidung zwischen **formellen und materiellen Arbeitsbedingungen** (vgl. Däubler u. a., § 87 BetrVG Rn. 17 m. w. Nw.; Fitting u. a., Rn. 20; Cecior u. a., § 72 LPVG NW Rn. 387; von Roettecken, PersR 94, 60; a. A. nur noch BVerwG vom 6. 2. 87 – 6 P 8.84, PersR 87, 130). Insoweit wird für das ThürPersVG an einer Unterscheidung festgehalten, die für die Mitbestimmung des Betriebsverfassungsgesetzes inzwischen abgelegt ist. Die Vorschrift bezieht sich bei dem **Begriff der sonstigen Arbeitsbedingungen** auf **materielle Arbeitsbedingungen.** Dies sind die Regelungen, die den Inhalt des einzelnen Arbeitsverhältnisses ausmachen, also Leistung und Gegenleistung. Hierzu gehören beispielsweise die Festsetzung der Höhe der Vergütung, der Urlaubsdauer, des Essenszuschusses, des 14. Monatsgehalts oder die Bestimmung des Mietzinses bei Dienstwohnungen. Auch diese gehören, soweit sie nicht oder nicht üblicherweise tarif-

119

lich geregelt sind, zu den Angelegenheiten, in denen Dienstvereinbarungen abgeschlossen werden können.

120 **Formelle Arbeitsbedingungen** sind die Dienst- und Ordnungsvorschriften, die die Ordnung der Dienststelle und das Zusammenleben der Beschäftigten in der Dienststelle regeln. Zu den formellen Arbeitsbedingungen gehören z. B. Ort und Zeit der Auszahlung des Arbeitsentgelts, die Lage der täglichen Arbeitszeit oder die Überwachung der Beschäftigten durch technische Einrichtungen (vgl. Gnade u. a., § 87 BetrVG Rn. 14). Sie unterfallen nicht der Sperre des Abs. 5.

121 **Ergänzende Dienstvereinbarungen** sind nur zulässig, wenn der Tarifvertrag sie ausdrücklich zuläßt. Nicht ausreichend ist, daß der Tarifvertrag lückenhaft ist. Besteht bei Abschluß eines Tarifvertrages bereits eine Dienstvereinbarung, so muß im Einzelfall geprüft werden, ob diese durch den Tarifvertrag abgelöst werden soll (BVerwG vom 25. 1. 85 – 6 P 7.84, PersR 87, 59; Altvater, PersR 87, 70).

§ 75
Fälle der eingeschränkten Mitbestimmung

(1) Der Personalrat hat mitzubestimmen in Personalangelegenheiten der Beamten sowie der Angestellten der Vergütungsgruppe V b aufwärts, die hoheitliche Tätigkeiten wahrnehmen, bei

1. **Einstellung, Anstellung,**

2. **Beförderung, Übertragung eines anderen Amtes mit höherem Endgrundgehalt ohne Änderung der Amtsbezeichnung, Laufbahnwechsel, Verleihung eines anderen Amtes mit anderer Amtsbezeichnung beim Wechsel der Laufbahngruppe oder Zulassung zum Aufstieg,**

3. **Übertragung einer höher oder niedriger zu bewertenden Tätigkeit,**

4. **Versetzung zu einer anderen Dienststelle, Umsetzung innerhalb der Dienststelle, wenn sie mit einem Wechsel des Dienstortes verbunden ist (das Einzugsgebiet im Sinne des Umzugskostenrechts gehört zum Dienstort),**

5. **Abordnung für eine Dauer von mehr als drei Monaten sowie Zuweisung nach § 123 a des Beamtenrechtsrahmengesetzes für eine Dauer von mehr als drei Monaten,**

6. **Anordnungen, welche die Freiheit in der Wahl der Wohnung beschränken,**

7. **Versagung oder Widerruf der Genehmigung einer Nebentätigkeit, Ablehnung eines Antrages nach den beamtenrechtlichen Bestimmungen auf Teilzeitbeschäftigung, Ermäßigung der regelmäßigen Arbeitszeit oder Urlaub,**

§ 75

8. **Hinausschieben des Eintritts in den Ruhestand wegen Erreichens der Altersgrenze,**
9. **Einleitung eines förmlichen Disziplinarverfahrens gegen einen Beamten,**
10. **Entlassung von Beamten auf Probe oder Widerruf, wenn sie die Entlassung nicht selbst beantragt haben,**
11. **vorzeitige Versetzung in den Ruhestand,**
12. **die Gewährung oder Versagung von Urlaub und Sonderurlaub ohne Bezüge sowie Urlaub nach den §§ 44 a und 48 a des Beamtenrechtsrahmengesetzes.**

In den Fällen der Nummern 9.–11. wird der Personalrat nur auf Antrag der Beschäftigten beteiligt. Dieser ist von der beabsichtigten Maßnahme rechtzeitig in Kenntnis zu setzen.

(2) Der Personalrat hat, soweit eine gesetzliche oder tarifliche Regelung nicht besteht, gegebenenfalls durch Abschluß von Dienstvereinbarungen mitzubestimmen über

1. **Auswahl der Teilnehmer an Fortbildungsveranstaltungen für Beamte,**
2. **Inhalt von Personalfragebogen für Beamte,**
3. **Beurteilungsrichtlinien für Beamte,**
4. **Maßnahmen zur Hebung der Arbeitsleistung und Erleichterung des Arbeitsablaufs,**
5. **allgemeine Fragen der Fortbildung der Beschäftigten,**
6. **Einführung neuer und grundlegende Änderung oder Ausweitung bestehender Arbeitsmethoden, insbesondere Maßnahmen der technischen Rationalisierung,**
7. **Erlaß von Richtlinien über die personelle Auswahl bei Einstellungen, Versetzungen, Umgruppierungen und Kündigungen,**
8. **Geltendmachung von Ersatzansprüchen gegen einen Beschäftigten,**
9. **Bestellung von Vertrauens- und Betriebsärzten als Beamte,**
10. **Vorbereitung von Verwaltungsanordnungen einer Dienststelle für die innerdienstlichen sozialen und persönlichen Angelegenheiten der Beschäftigten ihres Geschäftsbereichs, wenn nicht nach gesetzlichen Vorschriften die Spitzenorganisationen der zuständigen Gewerkschaften bei der Vorbereitung zu beteiligen sind,**
11. **Auflösung, Einschränkung, Verlegung oder Zusammenlegung von Dienststellen oder deren wesentlichen Teilen.**

In den Fällen der Nr. 8 bestimmt der Personalrat nur auf Antrag des

§ 75

Beschäftigten mit; dieser ist von der beabsichtigten Maßnahme rechtzeitig vorher in Kenntnis zu setzen.

Vergleichbare Vorschriften: §§ 76, 78 BPersVG; §§ 87 Abs. 1, 95 Abs. 1 und 2, 97, 111 bis 113 BetrVG

1 (Abs. 1) Ein eingeschränktes **Mitbestimmungsrecht** des Personalrats besteht nach Abs. 1 **bei personellen Einzelmaßnahmen von Beamtinnen und Beamten und bei Angestellten der Vergütungsgruppe Vb aufwärts, soweit sie hoheitliche Tätigkeiten wahrnehmen.** Die Regelung geht auf das Urteil des Hess. StGH (vom 30. 4. 86 – P. St. 1023, PersR 86, 148) zurück. Das Urteil ist auf erhebliche Kritik gestoßen, weil die darin gezogenen Folgerungen nicht aus Verfassung oder Rahmenrecht (§ 104 Satz 3 BPersVG) geboten sind (zur Kritik Altvater u. a., § 104 Rn. 12 ff.). Urteil und Regelung sind auch deswegen problematisch, weil nach Art. 33 IV GG grundsätzlich Beamtinnen und Beamte Hoheitsaufgaben wahrnehmen dürfen. Die Übertragung auf Angestellte und Arbeiterinnen und Arbeiter ist danach zwar grundsätzlich möglich, muß aber auf Ausnahmen beschränkt bleiben. Gleichwohl werden in der öffentlichen Verwaltung zunehmend Angestellte mit hoheitlichen Aufgaben betraut. Das Verhältnis von mit hoheitlichen Tätigkeiten betrauten Beamtinnen und Beamten zu mit gleichen Aufgaben betrauten Angestellten wird auf 1 zu 2,5 geschätzt (Hess. StGH vom 30. 4. 86, a. a. O.). Dieser Zustand ist verfassungswidrig (so wohl auch Hess. StGH, a. a. O.). Es ist daher sinnwidrig, daß aus einem verfassungswidrigen Zustand Einschränkungen bei der Mitbestimmung hergeleitet werden. Die Ungleichbehandlung der in Abs. 1 genannten Angestellten mit denen, die unter § 74 Abs. 1 fallen, ist verfassungsrechtlich bedenklich. Ein sachlicher Grund für diese Ungleichbehandlung kann nicht aus einem eigentlich verfassungswidrigen Zustand, nämlich dem Einsatz auf Beamtinnen und Beamten vorbehaltenen Stellen, hergeleitet werden. Verfassungsrechtlich bedenklich ist zudem die typisierte Betrachtungsweise, da nicht alle Angestellten mit hoheitlicher Tätigkeit, sondern nur diejenigen der Vergütungsgruppe Vb aufwärts von der Mitbestimmung ausgenommen werden.

2 **Hoheitliche Tätigkeiten** im Sinne der Vorschrift sind Aufgaben, die ein öffentliches Gemeinwesen (Staat, Gemeinde oder sonstige Körperschaft, Anstalt) kraft öffentlichen Rechts zu erfüllen hat, sie steht im Gegensatz zu der privatrechtlichen Betätigung. Hoheitliche Tätigkeit liegt daher nur vor, wenn die Behörde eine Angelegenheit mit dem Anspruch auf Verbindlichkeit regelt, d. h. durch Verwaltungsakt. Angestellte mit hoheitlicher Tätigkeit sind daher nur solche, die Verwaltungsakte weitgehend selbständig erlassen dürfen. Nicht ausreichend ist, wenn Beschäftigte zwar in einem entsprechenden Bereich beschäftigt sind, aber selbst keine hoheitlichen Befugnisse ausüben oder hoheitliche Tätigkeiten nur vorbereiten, unterstützen oder ermöglichen. Auch wenn der Umfang der hoheitlichen Tätigkeit nur eine untergeordnete Bedeutung für das Beschäfti-

§ 75

gungsverhältnis hat, ist § 74 Abs. 1 anzuwenden. Bei Angestellten, die unterhalb der Vergütungsgruppe Vb eingruppiert sind, ist § 74 Abs. 1 unabhängig von der Wahrnehmung hoheitlicher Aufgaben anzuwenden.

Weder Beschäftigte noch der Personalrat, von der Ausnahme der antragsgebundenen Mitbestimmung abgesehen, können auf die Ausübung des Mitbestimmungsrechtes verzichten. Das Mitbestimmungsrecht ist bei manchen Beschäftigten nach § 76 sowie §§ 88, 89, und 91 allerdings eingeschränkt bzw. ausgeschlossen. Die **Einigungsstelle** ist in personellen Angelegenheiten der in Abs. 1 genannten Beschäftigten gem. § 69 Abs. 9 Satz 2 nicht zur **Letztentscheidung** befugt. Sie beschließt lediglich eine Empfehlung an die oberste Dienstbehörde. Zu beachten ist daneben, daß die personellen Angelegenheiten der Beamtinnen und Beamten weitgehend landesgesetzlich geregelt sind (Gesetzes- und Tarifvorrang). Die Mitbestimmung setzt daher einen Beurteilungs- oder Ermessensspielraum der Dienststellenleitung voraus. Bei rein normvollziehenden Maßnahmen der Dienststellenleitung besteht die Mitbestimmung des Personalrats in der Richtigkeitskontrolle des Normvollzugs. Des weiteren ist zu beachten, daß die Verletzung der Mitbestimmungsrechte des Personalrats bei personellen Maßnahmen, die wie bei Beamtinnen und Beamten **Verwaltungsakte** darstellen, lediglich zur Anfechtbarkeit und nicht wie bei Arbeitnehmerinnen und Arbeitnehmern zur Nichtigkeit der Maßnahme führt. Bei Beamtinnen und Beamten stellen Anordnungen der Dienststellenleitung, die das beamtenrechtliche **Grundverhältnis** betreffen, stets Verwaltungsakte dar. Wird die Maßnahme von den Betroffenen nicht durch Widerspruch und/oder verwaltungsgerichtliche Klage angegriffen, droht die Bestandskraft trotz Rechtswidrigkeit allein infolge der Versäumung der Rechtsbehelfsfristen. Bei den genannten Angestellten gilt jedoch bei nicht ordnungsgemäßer Beteiligung das zu den Arbeitnehmerinnen und Arbeitnehmern Gesagte entsprechend.

Der Gesetzgeber hat zwar die entsprechende Erweiterung des Personenkreises in Abs. 1 Satz 1 aufgenommen, dies aber bei den einzelnen Tatbeständen schlicht »vergessen« umzusetzen. Bei den aufgezählten Mitbestimmungstatbeständen hat der Gesetzgeber sich nämlich darauf beschränkt, die ausschließlich auf Beamtinnen und Beamte abgestellten Tatbestände des BPersVG wortgleich zu übernehmen. Diese gesetzestechnische Unsauberkeit kann in der Praxis zu unnötigen Konflikten zwischen Personalräten und Dienststellenleitungen führen. Nicht gewollt ist, daß die hoheitlich tätigen Angestellten schlechter gestellt werden als die Beamtinnen und Beamten. Es ist daher regelmäßig durch einen Vergleich der ausdrücklich genannten beamtenrechtlichen Maßnahmen mit den ihnen entsprechenden arbeitsrechtlichen Maßnahmen festzustellen, was der (eingeschränkten) Mitbestimmung bei den hoheitlich tätigen Angestellten unterfällt. Anhaltspunkte gibt hierfür zudem der Katalog des § 74 Abs. 1. Dem Gesetzgeber kam es bei diesem Personenkreis weniger auf eine Einschränkung des Umfanges der Mitbestimmung als der Quali-

§ 75

tät der Mitbestimmung, nämlich des Letztentscheides der Einigungstelle, an.

5 Die Zustimmungsverweigerung ist im ThürPersVG nicht auf die Gründe eines **Zustimmungsverweigerungskatalog**s beschränkt. Eine Zustimmungsverweigerung kann auf einen Verstoß gegen Verfügungen oder Verwaltungsvorschriften gestützt werden (OVG Bremen vom 28. 4. 92 – OVG PV-B 9/91, PersR 92, 372). Der Personalrat kann die Zustimmung verweigern, wenn die Dienststellenleitung bei der Eignungsbeurteilung den anzuwendenden Begriff oder den gesetzlichen Rahmen, in dem sie sich frei bewegen kann, verkannt hat oder von einem unrichtigen Sachverhalt ausgegangen ist oder allgemeingültige Maßstäbe nicht beachtet oder sachfremde Erwägungen angestellt hat (BVerwG vom 3. 3. 87 – 6 P 30.84, PersR 87, 169; vom 27. 3. 90 – 6 P 34.87, PersR 90, 179; BayVGH vom 19. 2. 92 – 18 PC 92.236, PersR 92, 459; OVG Bremen vom 28. 4. 92 – OVG PV-B 9/91, PersR 92, 372). Aber auch darüber hinaus sind alle Gründe für eine Zustimmungsverweigerung beachtlich, die im Rahmen des Schutzzwecks des Tatbestandes liegen. Dies gilt auch für Gründe, die sich aus den allgemeinen Aufgaben der Personalvertretungen, insbesondere dem Überwachungsauftrag ergeben.

6 Nach **Nr. 1** hat der Personalrat bei der **Einstellung** und **Anstellung** von Beamtinnen und Beamten mitzubestimmen. **Einstellung** ist die Ernennung einer Beamtin oder eines Beamten unter Begründung eines Beamtenverhältnisse. Für den Mitbestimmungstatbestand ist dabei ohne Bedeutung, ob das Beamtenverhältnis auf Widerruf, Probe oder Lebenszeit begründet wird. **Anstellung** ist die Ernennung nach Ableistung der Probezeit unter erster Verleihung eines Amts, dem Eingangsamt der Laufbahn. Mitbestimmungspflichtig ist nicht erst der Ernennungsakt, sondern bereits die Vorentscheidungen, d. h. entsprechende Pläne, eine Zusicherung und der Entschluß zur Einstellung bzw. Anstellung. Zur Zustimmungsverweigerung gilt das zur Einstellung bei den Arbeitnehmerinnen und Arbeitnehmern Gesagte entsprechend. Die Ernennung von Beamtinnen und Beamten ist ein Verwaltungsakt. Ein Verstoß gegen das Mitbestimmungsrecht macht die Ernennung nicht unwirksam, sondern lediglich anfechtbar. Für die Angestellten der Vergütungsgruppe Vb aufwärts mit hoheitlicher Tätigkeit gilt grundsätzlich das zu § 74 Abs. 1 Nr. 1 (Einstellung) Gesagte entsprechend, außer, daß die Einigungsstelle gem. § 69 Abs. 9 Satz 2 nur eine Empfehlung beschließt. Da eine Eingruppierung bei Beamtinnen und Beamten im Amt enthalten ist, ist auch die Eingruppierung bei hoheitlich tätigen Angestellten mitbestimmungspflichtig.

7 Nach **Nr. 2** unterfällt die **Beförderung, die Übertragung eines anderen Amtes mit höherem Endgrundgehalt ohne Änderung der Amtsbezeichnung, die Verleihung eines anderen Amtes mit anderer Amtsbezeichnung bei Wechsel der Laufbahngruppe,** sowie ein **Laufbahnwechsel** der Mitbestimmung des Personalrats. **Beförderung** ist eine Ernennung, durch die der Beamtin oder dem Beamten ein anderes Amt

§ 75

mit höherem Endgrundgehalt und anderer Amtsbezeichnung verliehen wird. Darüber hinaus sind aber auch die **Übertragung eines anderen Amtes mit höherem Endgrundgehalt ohne Änderung der Amtsbezeichnung** sowie die **Verleihung eines anderen Amtes mit anderer Amtsbezeichnung bei Wechsel der Laufbahngruppe**, ein **Laufbahnwechsel** sowie die **Zulassung zum Aufstieg** mitbestimmungspflichtig. Die Einordnung der Beamtinnen und Beamten erfolgt nach Vorbildung und Ausbildung in vier Laufbahnen, nämlich den einfachen (A 1 bis 5), den mittleren (A 5 bis 9), den gehobenen (A 9 bis A 13) und den höheren Dienst (A 13 aufwärts). Das Laufbahnprinzip ist dadurch unterbrochen, daß ein Aufstieg in die höhere Laufbahn unter bestimmten Voraussetzungen möglich ist. Auch die **Zulassung zum Aufstieg** als dem Laufbahnwechsel vorgelagerte Maßnahme ist mitbestimmungspflichtig. Dieser Tatbestand wurde bisher unter Nr. 3 eingeordnet (Grabendorff u. a., § 76 BPersVG Rn. 12; Lorenzen u. a., Rn. 44). Die **Laufbahnen** sind wiederum in Gruppen unterteilt (z. B. in den Verwaltungsdienst und den technischen Dienst). Unter **Amt** ist hier der Aufgabenkreis zu verstehen, der durch den Organisations- und Geschäftsverteilungsplan der Behörde zugewiesen wird (sog. konkret-funktionales Amt). Der Mitbestimmung unterfallen alle Maßnahmen, die bereits eine Vorentscheidung über eine mitbestimmungspflichtige Angelegenheit darstellen. Eine solche Vorentscheidung stellt die Auswahl für Beförderungslehrgänge dar.

Wegen **Nr. 3** besteht bei der **Übertragung einer höher oder niedriger zu bewertenden Tätigkeit** ein Mitbestimmungsrecht des Personalrats. Für die Angestellten der Vergütungsgruppe Vb aufwärts mit hoheitlicher Tätigkeit gilt grundsätzlich das zu § 74 Abs. 1 Nr. 2 zur **Übertragung einer höher oder niedriger zu bewertenden Tätigkeit** Gesagte entsprechend, außer, daß die Einigungstelle gem. § 69 Abs. 9 Satz 2 nur eine Empfehlung beschließt. Auch die Höher- oder Rückgruppierung unterfällt der Mitbestimmung des Personalrats, weil sie aus den o. g. Gründen versehentlich nicht aufgeführt wurde. Sie entspricht aber der Art nach den in Nr. 2 und 3 für Beamtinnen und Beamten genannten Maßnahmen. 8

Maßstab für die Bewertung der den genannten Beschäftigten übertragenen Tätigkeit ist die Stellenbewertung im Stellenplan. Hierbei ist auf die Besoldungs- bzw. Vergütungsgruppe abzustellen (BVerwG vom 26. 11. 79 – 6 P 6.79, ZBR 80, 323). Umstritten ist die Frage, ob auch die vorübergehende Übertragung mitbestimmungspflichtig ist (bejahend LAG RP vom 1. 6. 90 – 6 Ta BV 19/90, PersR 91, 39; Altvater u. a., § 76 BPersVG Rn. 7; verneinend Fischer/Goeres, Rn. 15; BVerwG vom 21. 9. 84 – 6 P 24.83, ZBR 85, 58). Die Übertragung einer höher oder niedriger bewerteten Tätigkeit stellt häufig eine Vorentscheidung für eine spätere Versetzung, Abordnung oder Beförderung dar. Das Mitbestimmungsrecht dient im Hinblick auf die höherwertige Tätigkeit dem Schutz der Mitbewerberinnen und Mitbewerber (VGH BW vom 30. 6. 87 – 4 S 280/86, PersV 90, 130). Die Übertragung einer niedriger bewerteten Tätigkeit kommt zur 9

§ 75

Vermeidung der Versetzung in den Ruhestand und bei der Auflösung, Umbildung, Eingliederung und Verschmelzung von Behörden in Betracht. Auch die Heranziehung zu einer vorübergehenden Dienstleistung außerhalb des amtsgemäßen Aufgabenbereichs im Rahmen eines Streiks ist eine mitbestimmungspflichtige Übertragung einer niedriger zu bewertenden Tätigkeit (BVerwG vom 10. 5. 84 – 2 C 18.82, PersV 84, 503; vgl. aber BVerfG vom 2. 3. 93 – 1 BvR 1213/85, DB 93, 837, wonach der Einsatz von Beamtinnen und Beamten bei Streiks verfassungswidrig ist; ihm nun folgend auch BAG vom 27. 7. 93 – 1 AZR 249/93, n. v.).

10 Bei der Übertragung einer niedriger zu bewertenden Tätigkeit dient das Mitbestimmungsrecht dem Schutz der betroffenen Beschäftigten. Der Personalrat kann die Zustimmungsverweigerung zur Übertragung einer höherwertigen Tätigkeit u. a. auf einen Verstoß gegen eine Verfügung oder Verwaltungsvorschrift stützen (OVG Bremen vom 28. 4. 92 – OVG PV-B 9/91, PersR 92, 372). Der Personalrat kann die Zustimmung insbesondere verweigern, wenn die Dienststellenleitung bei der Eignungsbeurteilung den anzuwendenden Begriff oder den gesetzlichen Rahmen, in dem sie sich frei bewegen kann, verkannt hat oder von einem unrichtigen Sachverhalt ausgegangen ist oder allgemeingültige Maßstäbe nicht beachtet oder sachfremde Erwägungen angestellt hat (BVerwG vom 3. 3. 87 – 6 P 30.84, PersR 87, 169; vom 27. 3. 90 – 6 P 34.87, PersR 90, 179; BayVGH vom 19. 2. 92 – 18 PC 92.236, PersR 92, 459; OVG Bremen vom 28. 4. 92 – OVG PV-B 9/91, PersR 92, 372). Der Personalrat kann dagegen sein eigenes Werturteil über die Eignung von Beschäftigten nicht an die Stelle der Dienststellenleitung setzen. Er kann daher die Zustimmungsverweigerung nicht darauf stützen, daß eine andere Bewerberin oder ein anderer Bewerber besser geeignet sei (BVerwG vom 27. 3. 90 – 6 P 34.87, PersR 90, 179).

11 Nach **Nr. 4** bestimmt der Personalrat bei **der Versetzung von und zu einer anderen Dienststelle, der Umsetzung unter Wechsel des Dienstortes** mit. Für die Angestellten der Vergütungsgruppe Vb aufwärts mit hoheitlicher Tätigkeit gilt grundsätzlich das zu § 74 Abs. 1 Nr. 4 Gesagte entsprechend, außer, daß die Einigungstelle gem. § 69 Abs. 9 Satz 2 nur eine Empfehlung beschließt.

12 **Versetzung** ist die Zuweisung eines anderen Amts im funktionellen Sinn bei einer anderen Dienststelle desselben oder eines anderen Dienstherrn unter endgültigem Ausscheiden aus der bisherigen Dienststelle. Sowohl der Personalrat der aufnehmenden als auch der Personalrat der abgebenden Dienststelle haben bei der Versetzung mitzubestimmen (anders nun BVerwG vom 6. 11. 87 – 6 P 2.85, PersR 88, 49; vom 5. 12. 88 – 6 P 6.86, PersR 89, 11; BayVGH vom 4. 10. 89 – 18 P 89.02632, PersR 90, 142; wie hier dagegen BAG vom 26. 1. 93 – 1 AZR 303/92, AiB 93, 458).

13 Eine **Umsetzung** liegt vor, wenn der Beamtin bzw. dem Beamten innerhalb der Dienststelle eine andere Tätigkeit zugewiesen wird. Mit anderen Worten ist Umsetzung jede das statusrechtliche Amt und das funktionale

§ 75

Amt im abstrakten Sinne unberührt lassende Zuweisung eines anderen Dienstpostens (funktionelles Amt im konkreten Sinne) innerhalb einer Behörde (OVG NW vom 10. 6. 92 – CL 16/89, PersR 93, 316). Die Umsetzung ist nur mitbestimmungspflichtig, wenn sie mit einem Wechsel des Dienstortes verbunden ist (vgl. hierzu § 80 Abs. 1 Nr. 3).

Nach **Nr. 5** ist eine **Abordnung oder eine Zuweisung nach § 123 a des BRRG bei einer Dauer von mehr als drei Monaten** mitbestimmungspflichtig. Für die Angestellten der Vergütungsgruppe Vb aufwärts mit hoheitlicher Tätigkeit gilt grundsätzlich das zu § 74 Abs. 1 Nr. 5 Gesagte entsprechend, außer, daß die Einigungstelle gem. § 69 Abs. 9 Satz 2 nur eine Empfehlung beschließt. Zur Dauer und zur Zuweisung bei Beamtinnen und Beamten nach § 123 a BRRG gilt das dort Ausgeführte entsprechend. 14

Abordnung ist die vorübergehende Zuweisung eines anderen Amts im funktionellen Sinn bei einer anderen Dienststelle desselben oder eines anderen Dienstherrn unter Beibehaltung des Amtes bei der abordnenden Dienststelle. Die Abordnung setzt ein dienstliches Bedürfnis voraus. Nach der Rechtsprechung ist die Mitbestimmung des Personalrats der aufnehmenden Dienststelle bei der Abordnung eines Beamten nur bei aktiver Teilnahme der aufnehmenden Dienststelle an der Personalmaßnahme anerkannt (vgl. OVG Rheinland-Pfalz vom 7. 1. 92 – 4 A 10712/91. OVG, PersR 92, 458, Rechtsbeschwerde beim BVerwG – 6 P 6.92 anhängig). Nach richtiger Auffassung ist dagegen immer auch der Personalrat der aufnehmenden Dienststelle zu beteiligen, da die Abordnung unter Eingliederung in die aufnehmende Dienststelle erfolgt. Daher liegt regelmäßig auch eine Einstellung vor. Es ist kein Grund ersichtlich, warum die Aufnahme abgeordneter Beschäftigter in einer Dienststelle rechtlich anders als die Aufnahme von Leiharbeitnehmern zu bewerten sein soll (vgl. zu letzterem BayVGH vom 29. 5. 87 – 17 C 87.00240, PersR 88, 84; LAG Köln vom 12. 6. 87 – 4 Ta BV 10/87, DB 87, 2016). 15

Nach **Nr. 6** ist eine **Anordnung, welche die Freiheit der Wahl der Wohnung beschränkt,** der Mitbestimmung des Personalrats unterworfen. Für die Angestellten der Vergütungsgruppe Vb aufwärts mit hoheitlicher Tätigkeit gilt grundsätzlich das zu § 74 Abs. 1 Nr. 8 Gesagte entsprechend, außer, daß die Einigungstelle gem. § 69 Abs. 9 Satz 2 nur eine Empfehlung beschließt. Gem. Art. 11 Abs. 1 GG genießen alle Deutschen Freizügigkeit im ganzen Bundesgebiet. Nach den bundes- und landesrechtlichen Regelungen haben Beamtinnen und Beamte ihre Wohnung so zu nehmen, daß die ordnungsgemäße Wahrnehmung der Dienstgeschäfte nicht beeinträchtigt wird. Hierzu kann die Dienststellenleitung die Beamtin oder den Beamten anweisen, ihre bzw. seine Wohnung innerhalb einer bestimmten Entfernung von der Dienststelle zu nehmen oder eine Dienstwohnung zu beziehen, wenn die dienstlichen Verhältnisse dies erfordern. Durch das Mitbestimmungsrecht soll die Berücksichtigung der Interessen der Beschäftigten im Rahmen einer sachgerechten und verfassungskonfor- 16

§ 75

men Ausübung gewährleistet werden. Die Anordnung ist ein Verwaltungsakt, der mit Widerspruch und Anfechtungsklage angegriffen werden kann.

17 Nach **Nr. 7** bestimmt der Personalrat bei der **Genehmigung, Versagung und Widerruf der Genehmigung sowie bei der Untersagung einer Nebentätigkeit** mit. Für die Angestellten der Vergütungsgruppe Vb aufwärts mit hoheitlicher Tätigkeit gilt grundsätzlich das zu § 74 Abs. 1 Nr. 9 Gesagte entsprechend, außer, daß die Einigungstelle gem. § 69 Abs. 9 Satz 2 nur eine Empfehlung beschließt. Unter **Nebentätigkeit** sind die **Nebenbeschäftigung** und das **Nebenamt** zu verstehen (vgl. dazu bei § 74 Abs. 1 Nr. 9).

18 Die Beamtin bzw. der Beamte hat ein **subjektives Recht auf Erteilung einer Nebentätigkeitsgenehmigung,** sofern keine Versagungsgründe vorliegen. Eine Versagung ist nur unter den Voraussetzungen der Vorschriften des Landesbeamtengesetzes zulässig. Auch der Umfang der genehmigungsbedürftigen Nebentätigkeit ist dort geregelt. Durch die Genehmigungspflichtigkeit darf die rechtlich geschützte Tätigkeit in Gewerkschaften und Berufsverbänden nicht behindert werden (vgl. Aufhauser u. a., § 80 SPersVG Rn. 68). Die **Zustimmungsverweigerung** zu den genannten Maßnahmen im Hinblick auf die Nebentätigkeit kann z. B. auf einen Gesetzesverstoß (Nichtvorliegen der Voraussetzungen für eine Genehmigung) oder die Verletzung des Gleichbehandlungsgrundsatzes gestützt werden.

19 Nach **Nr. 8** bestimmt der Personalrat beim **Hinausschieben des Eintritts in den Ruhestand nach Erreichen der Altersgrenze** mit. Für die Angestellten der Vergütungsgruppe Vb aufwärts mit hoheitlicher Tätigkeit gilt grundsätzlich das zu § 74 Abs. 1 Nr. 7 Gesagte entsprechend, außer, daß die Einigungstelle gem. § 69 Abs. 9 Satz 2 nur eine Empfehlung beschließt. Bei Beamtinnen und Beamten auf Lebenszeit ergibt sich das Erreichen der Altersgrenze aus dem LBG (nach Vollendung des 65. Lebensjahres). Die Hinausschiebung des Ruhestands ist lediglich unter engen Voraussetzungen möglich. Die Ablehnung eines Antrags einer Beamtin oder eines Beamten unterfällt dagegen nicht der Mitbestimmung. Die Beteiligung des Personalrats hat vor der Einleitung erster Verfahrensschritte zu erfolgen.

20 Nach **Nr. 9** hat der Personalrat bei der **Einleitung des förmlichen Dienstordnungsverfahrens, sofern die betroffene Beamtin oder der betroffene Beamte nicht widerspricht,** mitzubestimmen. Der Mitbestimmung des Personalrats unterliegt die Frage, ob ein förmliches Dienstordnungsverfahren eingeleitet werden soll. Die Mitbestimmung des Personalrats ist nur dann ausgeschlossen, wenn die oder der Betroffene der Beteiligung des Personalrats ausdrücklich widerspricht. Das förmliche Dienstordnungsverfahren besteht aus einer Untersuchung und dem Verfahren vor dem Dienstordnungsgericht. Das förmliche Dienstordnungsverfahren setzt regelmäßig den Abschluß eines Vorermittlungsverfahrens voraus.

§ 75

Gem. **Nr. 10** besteht bei der **Entlassung von Beamtinnen und Beamten auf Probe oder auf Widerruf, wenn sie die Entlassung nicht selbst beantragt haben,** ein Mitbestimmungsrecht des Personalrats. Die Vorschrift wendet sich nur wegen der Besonderheiten an Beamtinnen und Beamten. Der Begriff der Beamtinnen und Beamten auf Probe bzw. auf Widerruf ergibt sich aus den landesrechtlichen Vorschriften des Beamtengesetzes. Auch die Voraussetzungen der Entlassung von Beamtinnen und Beamten auf Probe oder auf Widerruf sind dort geregelt. Mitbestimmungspflichtig ist nicht die fristlose Entlassung, da hierbei gem. § 78 Abs. 3 lediglich ein Anhörungsrecht besteht (BVerwG vom 12. 10. 89 – 2 C 22.87, PersR 90, 129). Sofern die Entlassung kraft Gesetzes eintritt, besteht die Mitbestimmung nur hinsichtlich der Kontrolle der Richtigkeit der Gesetzesanwendung (HessVGH vom 5. 3. 86 – 1 TH 349/86, PersR 86, 140). Der Personalrat kann bei der Zustimmungsverweigerung alle ihm geeignet erscheinenden sachlichen Gründe vorbringen und dabei auf die sozialen Gründe in der Person der Beamtin oder des Beamten und auf die Auswirkungen auf die Person und deren Familie hinweisen (Dietz/Richardi, § 78 BPersVG Rn. 62). Wurde der Personalrat nicht oder nicht ordnungsgemäß beteiligt, so führt dies zur Anfechtbarkeit der Entlassungsverfügung. Wird gegen eine so zustande gekommene Entlassungsverfügung Anfechtungsklage vor dem Verwaltungsgericht erhoben, so hat dieses die Verfügung schon aus diesem Grunde ohne Prüfung der materiellen Richtigkeit der Entlassung aufzuheben (BVerwG vom 9. 5. 85 – 2 C 23.83, PersR 86, 55). Die unterbliebene Beteiligung kann nicht im Rahmen des Widerspruchsverfahrens nachgeholt werden (BVerwG vom 24. 9. 92 – 2 C 6.92, PersR 93, 73; vom 9. 5. 85 – 2 C 23.83, PersR 86, 55 m. Anm. Peiseler).

21

Nach **Nr. 11** ist die **vorzeitige Versetzung in den Ruhestand** mitbestimmungspflichtig. Auch Nr. 11 gilt nur für Beamtinnen und Beamten. Bei Beamtinnen und Beamten auf Lebenszeit ergibt sich der gewöhnliche Eintritt in den Ruhestand aus dem Landesbeamtengesetz (Vollendung des 65. Lebensjahres). Die Möglichkeit zur vorzeitigen Versetzung kommt bei Dienstunfähigkeit, auf Antrag, gegen den Willen sowie nach Vollendung des 62. bzw. bei Schwerbehinderten des 60. Lebensjahres in Frage. Die Vorschrift unterwirft sowohl die **Versagung** der vorzeitigen Versetzung als auch die Versetzung gegen den Willen der Mitbestimmung des Personalrats.

22

Nr. 12 unterstellt **die Gewährung und Versagung von Urlaub und Sonderurlaub ohne Bezüge sowie Urlaub nach den §§ 44a und 48a BRRG** der Mitbestimmung des Personalrats. Für die Angestellten der Vergütungsgruppe Vb aufwärts mit hoheitlicher Tätigkeit gilt grundsätzlich das zu § 74 Abs. 1 Nr. 6 Gesagte entsprechend, außer, daß die Einigungstelle gem. § 69 Abs. 9 Satz 2 nur eine Empfehlung beschließt. Mitbestimmungspflichtig sind die in engen Grenzen zulässige Gewährung von Urlaub und Sonderurlaub ohne Dienstbezüge. Die Zulässigkeit ist in

23

§ 75

den Beamtengesetzen, Erholungsurlaubs- und Sonderurlaubsverordnungen geregelt. Für Beamtinnen und Beamte kann zur Betreuung und Pflege eines Kindes oder eines pflegebedürftigen Angehörigen nach § 48a BRRG auf Antrag die Arbeitszeit bis auf die Hälfte ermäßigt werden oder Urlaub ohne Dienstbezüge bis zur Dauer von drei Jahren gewährt werden. Nach § 44a kann auf Antrag Teilzeitbeschäftigung oder Urlaub ohne Dienstbezüge gewährt werden, wenn ein dringendes öffentliches Interesse daran besteht, Bewerberinnen und Bewerber im öffentlichen Dienst zu beschäftigen. Die Entscheidung trifft die oberste Dienstbehörde oder die Stelle, der die Entscheidungsbefugnis übertragen wurde. Die Zustimmungsverweigerung kann auf einen Verstoß gegen die Vorschriften gestützt werden, wenn der Personalrat der Auffassung ist, daß die Voraussetzungen einer Bewilligung gegeben oder nicht gegeben sind.

24 (**Abs. 2**) Bei der Einleitung des förmlichen Disziplinarverfahrens nach Abs. 1 Nr. 9, der Entlassung von Beamtinnen und Beamten auf Probe oder auf Widerruf nach Abs. 1 Nr. 10 sowie der vorzeitigen Versetzung in den Ruhestand nach Abs. 1 Nr. 11 bestimmt der Personalrat nur auf **Antrag** der betroffenen Beamtinnen und Beamten mit. Auf die Möglichkeit der Beantragung hat die Dienststellenleitung aufgrund ihrer Fürsorgepflicht hinzuweisen (vgl. aber BAG vom 26. 8. 93 – 2 AZR 376/93, PersR 94, 36, das eine Pflicht bei der Mitbestimmung auf Antrag ablehnt). Die Beschäftigten haben die Möglichkeit, dem Arbeitgeber von vorneherein mitzuteilen, daß sie die Beteiligung der Personalvertretung bei allen das Beschäftigungsverhältnis betreffenden Maßnahmen wünschen (BAG vom 26. 8. 93, a. a. O.).

25 (**Abs. 3**) Zu § 75 Abs. 3 gilt das zu § 74 Abs. 3 (Tarifvorbehalt, Dienstvereinbarung etc.) vor den einzelnen Tatbeständen Gesagte entsprechend (vgl. § 74 Rn. 43 ff.). Soweit den Vorschriften keine ausdrückliche Beschränkung auf einzelne Beschäftigtengruppen zu entnehmen sind, gelten sie für alle Beschäftigtengruppen.

26 Nach **Nr. 1** bestimmt der Personalrat bei der **Auswahl der Teilnehmerinnen und Teilnehmer an Fortbildungsveranstaltungen für Beamtinnen und Beamte** mit. Es gilt das zu § 74 Abs. 3 Nr. 7 Gesagte entsprechend. Das Initiativrecht ist jedoch nach § 70 Abs. 2 eingeschränkt. Zu beachten ist, daß die Ausbildung der Beamtinnen und Beamten weitgehend landesgesetzlich geregelt ist.

27 Nach **Nr. 2** hat der Personalrat beim **Inhalt von Personalfragebogen** für Beamtinnen und Beamte mitzubestimmen. Bezüglich der Personalfragebögen gilt bei Beamtinnen und Beamten das zu den Arbeitnehmerinnen und Arbeitnehmern bei § 74 Abs. 3 Nr. 8 Gesagte.

28 Nach **Nr. 3** ist der **Inhalt von Beurteilungsrichtlinien** auch bei Beamtinnen und Beamten mitbestimmungspflichtig. Es gilt das zu § 74 Abs. 3 Nr. 9 Gesagte sinngemäß. Zu beachten sind im Hinblick auf den Inhalt solcher Richtlinien die sich aus der Verfassung (Art. 33 Abs. 2 GG) und aus den beamtenrechtlichen Regelungen ergebenden Vorgaben. Diese sind aber nicht abschließend, so daß Raum für weitere Beurteilungskriterien und insbesondere für die Bewertungsmethode besteht (so auch Cecior u. a., § 72 LPVG NW Rn. 470).

Nr. 4 regelt die Mitbestimmung des Personalrats bei Maßnahmen **zur Hebung der Arbeitsleistung und Erleichterung des Arbeitsablaufs.** Die Vorschrift dient dem Schutz der Beschäftigten vor physischer und psychischer Überbeanspruchung. Es handelt sich um zwei verschiedene Mitbestimmungstatbestände (BVerwG Vom 15. 12. 78 – 6 P 13.78, PersV 80, 145). 29

Unter **Hebung der Arbeitsleistung** ist jede Erhöhung der in einer vorgegebenen Zeit zu erledigenden Arbeitsmenge, jede Verkürzung der vorgegebenen Zeit bei gleichbleibender Arbeitsmenge oder jede Verbesserung der Qualität des Arbeitsergebnisses zu verstehen. Entscheidend ist, daß die Maßnahme zu einer höheren physischen oder psychischen Inanspruchnahme der Beschäftigten führt (BVerwG vom 30. 8. 85 – 6 P 20.83, PersR 85, 184 m. Anm. Altvater; vom 10. 3. 92 – 6 P 13.91, PersR 92, 247). Es kommen vor allem Rationalisierungsmaßnahmen in Betracht. Mitbestimmungspflichtig sind nach der Rechtsprechung nur Maßnahmen, die eine Hebung der Arbeitsleistung bezwecken oder zumindest unausweichlich zur Folge haben (BVerwG vom 10. 3. 92, a. a. O.). 30

Arbeitsablauf ist die zeitliche und räumliche Aufeinanderfolge von Arbeitsgängen zur Erzielung eine bestimmten Arbeitsergebnisses (BVerwG vom 15. 12. 78, a. a. O.). **Erleichterung** ist die Verbesserung oder Vereinfachung dieser Vorgänge. Wegen des Schutzzweckes der Norm unterwirft die Rechtsprechung nur solche Maßnahmen der Mitbestimmung, die mit einer Erhöhung des Arbeitspensums verbunden sind. Dies betrifft vor allem die Einführung von Bildschirmarbeitsplätzen. Der Schutzcharakter der Norm wird durch diese Rechtsprechung damit lediglich gegen Verschlechterungen ausgerichtet, nicht aber, was sicherlich im Hinblick auf das Initiativrecht sinnvoll wäre, auf Verbesserungen der Situation der Beschäftigten. Im Ergebnis wird dadurch auch die Trennung der beiden Tatbestände aufgehoben. 31

Auch die probeweise Einführung einer Maßnahme wird von dem Mitbestimmungstatbestand erfaßt (BVerwG vom 15. 2. 78, a. a. O.). 32

Nach **Nr. 5** unterfallen **allgemeine Fragen der Fortbildung der Beschäftigten** der Mitbestimmung des Personalrats. Die Vorschrift gilt sowohl für die berufliche Fortbildung der Arbeitnehmerinnen und Arbeitnehmer als auch für die dienstliche Fortbildung der Beamtinnen und Beamten. Nach Abschluß der Grundausbildung ist jede weitere berufsbezogene Vermittlung von Kenntnissen und Fähigkeiten **berufliche Fort- bzw. Weiterbildung** (BVerwG vom 10. 2. 67 – VII P 6.66, BVerwGE 26, 185), vgl. auch § 1 Abs. 3 BBiG. Sie knüpft an einen bereits vorhandenen Wissensstand an und dient dem beruflichen Fortkommen (VGH BW vom 31. 3. 92 – 15 S 551/91, PersR 93, 129). Die ärztliche Weiterbildung stellt keine Berufsausbildung dar, da diese mit der Approbation abgeschlossen 33

§ 75

ist (BVerwG vom 15. 5. 91 – 6 P 10.89, PersR 91, 287). Die Mitbestimmung beschränkt sich nicht nur auf Grundsätze, sondern alle Fragen, die generell zu regeln sind. Der Mitbestimmung unterliegt die Entscheidung, ob die Dienststelle Fortbildungsveranstaltungen anbietet, für welche Beschäftigtengruppen und welche Arten der Fortbildung angeboten werden. Nicht der Mitbestimmung unterworfen sind dagegen die Programmgestaltung wiederkehrender Lehrgänge und die Festlegung der Unterrichtszeiten im Einzelfall. Unerheblich ist, ob die Dienststelle die Fortbildung selber durchführt oder ob diese in anderen Einrichtungen stattfindet. Die Auswahl der Teilnehmerinnen und Teilnehmer ist nach § 74 Abs. 2 Nr. 7 sowie § 75 Abs. 2 Nr. 1 mitbestimmungspflichtig.

34 Nach **Nr. 6** unterliegen die **Einführung neuer und grundlegende Änderung oder Ausweitung bestehender Arbeitsmethoden** der Mitbestimmung des Personalrats.

35 **Arbeitsverfahren** ist die technische Art und Weise, mit der auf den Arbeitsgegenstand eingewirkt wird (Däubler u. a., § 90 BetrVG Rn. 11). Zum Arbeitsverfahren gehört auch die Arbeitsmethode. Der Begriff der **Arbeitsmethode** stellt darauf ab, auf welche Art und Weise die Beschäftigten ihre Arbeit zu erledigen haben (BVerwG vom 15. 12. 78 – 6 P 13.78, PersV 80, 145). Er umfaßt die Regeln, die die Ausführungen des Arbeitsablaufs durch den Menschen bei einem bestimmten Arbeitsverfahren betreffen wie z. B. der Übergang auf kollektive Führungsmethoden oder die Umstellung auf elektronische Datenverarbeitung (Aufhauser u. a., § 78 SPersVG Rn. 114, 116). **Arbeitsablauf** ist die zeitliche und räumliche Aufeinanderfolge von Arbeitsgängen zur Erzielung eine bestimmten Arbeitsergebnisses (BVerwG vom 15. 12. 78, a. a. O.).

36 **Neu** ist eine Arbeitsmethode dann, wenn sie vorher in der Dienststelle noch nicht angewandt wurde. **Grundlegend** ist sie, wenn sie erhebliche ins Gewicht fallende Auswirkungen hat (BVerwG vom 14. 3. 86 – 6 P 10.83, PersR 1986, 195). Der Mitbestimmungstatbestand ist weiter als die entsprechende Regelung des BPersVG, was bei der Auswertung von Literatur und Rechtsprechung berücksichtigt werden muß. Die Einführung neuer Arbeitsmethoden muß nicht mehr grundlegend sein. Zudem ist jetzt auch die grundlegende Änderung oder Ausweitung bestehender Methoden mitbestimmungspflichtig. Damit unterfallen auch Verbesserungen einer bereits eingeführten und praktizierten Arbeitsmethode der Mitbestimmung.

37 **Maßnahmen der Behördenorganisation** sollen nicht dem weiteren Begriff der Arbeitsorganisation unterfallen (vgl. Cecior u. a., § 72 LPVG NW Rn. 330 a). Jedenfalls aber unterfällt der Geschäftsverteilungsplan als Planungs- und Gestaltungsmittel der Mitbestimmung des Personalrats nach dieser Vorschrift (wie hier Orth/Welkoborsky, § 72 LPVG NW Rn. 119). Beispiele für mitbestimmungspflichtige Maßnahmen (vgl. ausführlich Orth/Welkoborsky, a. a. O.) sind die Umstellung auf EDV, Zusammenfassung von Sachgebieten, die Zentralisierung von Arbeits- oder

§ 75

Sachgebieten, die Änderung von Zuständigkeiten einzelner Beschäftigter oder die Erhöhung des Arbeitspensums, aber auch die Inbetriebnahme eines Telefaxgerätes (OVG NW vom 10. 2. 93 – CL 47/89, PersR 93, 367).

Nach **Nr. 7** hat der Personalrat beim **Erlaß von Richtlinien über die personelle Auswahl** bei Einstellungen, Versetzungen, Umgruppierungen und bei Kündigungen mitzubestimmen. **38**

Umgruppierung ist jede personalvertretungsrechtliche Veränderung der bisherigen Tätigkeit von Beschäftigten wie z. B. die Übertragung von höher oder niedriger bewerteten Tätigkeiten oder die Beförderung (Altvater u. a., § 76 BPersVG Rn. 26). Zu den anderen Begriffen vgl. die Definitionen in § 80 und 81. **39**

Unter **Richtlinien über die personelle Auswahl** ist die Festlegung genereller Grundsätze über Methode und inhaltliche Fragen der Personalauswahl zu verstehen. Der Personalrat bestimmt bei den genannten personellen Einzelmaßnahmen ohnehin mit. Das daneben bestehende Mitbestimmungsrecht beim Erlaß von Richtlinien soll eine einheitliche und versachlichte Praxis bei den von der Dienststellenleitung zu entscheidenden Einzelfällen sicherstellen. Wird bei einer der genannten personellen Einzelmaßnahmen gegen Auswahlrichtlinien verstoßen, kann der Personalrat die Zustimmung schon mit dieser Begründung verweigern. Das Mitbestimmungsrecht besteht bereits hinsichtlich der Frage, ob entsprechende Richtlinien überhaupt aufgestellt oder ob bestehende geändert werden sollen. Es umfaßt die inhaltliche Gestaltung bei der erstmaligen Erstellung, aber auch bei der Änderung vorhandener Richtlinien. Es ist der Personalrat der Dienststelle zu beteiligen, die die Richtlinien erläßt oder ändert. Zu beachten ist außerdem der Vorrang von Gesetz und Tarifvertrag. Auswahlrichtlinien sind daher nur insoweit möglich, als Gesetze und Tarifverträge hierfür keine oder keine abschließenden Regelungen enthalten. Die Richtlinien dürfen zudem nicht im Widerspruch zu gesetzlichen oder tarifvertraglichen Vorschriften stehen. **40**

Bei den Beamtinnen und Beamten ist eine Mitbestimmung bei Entlassungsrichtlinien nicht vorgesehen. Im Hinblick auf den Gesetzes- und Tarifvorrang ist zu beachten, daß die Einstellungs- und Versetzungsvoraussetzungen der Beamten bereits weitgehend landesgesetzlich geregelt sind. **41**

Nach **Nr. 8** bestimmt der Personalrat bei der **Geltendmachung von Ersatzansprüchen** bei Angestellten und Arbeiterinnen und Arbeitern sowie Beamtinnen und Beamten mit. **42**

Die Vorschrift ist wirksam und mit § 104 Satz 3 BPersVG vereinbar (BVerwG vom 19. 12. 90 – 6 P 24.88, PersR 91, 133; BAG vom 14. 11. 91 – 8 AZR 151/91, PersR 92, 373). Das Mitbestimmungsrecht soll dazu dienen, die **Gleichbehandlung der Beschäftigten,** die **Berücksichtigung sozialer Belange** sowie die Vermittlung des Falles aus der Sicht der **43**

§ 75

übrigen Beschäftigten bei der Prüfung, ob überhaupt ein Ersatzanspruch besteht, zu sichern. Der Personalrat kann Informationen über die konkreten Arbeitsbedingungen und das Maß der Arbeitsbelastung einbringen und insbesondere auf Gleichbehandlung mit Fällen dringen, in denen von der Geltendmachung von Ersatzansprüchen abgesehen wurde (BAG vom 14. 11. 91, a. a. O.).

44 Die Vorschrift soll nach h. M. nur für **Schadensersatzansprüche** aufgrund pflichtwidrigen Verhaltens, nicht dagegen für **Ersatzansprüche wegen überzahlter Bezüge** anwendbar sein (zuletzt BayVGH vom 14. 7. 93 – 18 P 93.1164, n. rk., PersR 93, 563 m. w. Nw.; dagegen Altvater u. a., § 76 BPersVG Rn. 28 a). Eine solche Einschränkung läßt sich indes dem Wortlaut der Vorschrift, die undifferenziert Ersatzansprüche der Beteiligung unterwirft, nicht herleiten. Unstreitig unterfällt aber die Geltendmachung überzahlter Beträge dann der Beteiligung des Personalrats, wenn die Überzahlung auf eine Pflichtwidrigkeit zurückzuführen ist und die Dienststellenleitung anstelle der Bereicherungsanspruches einen Schadensersatzanspruch geltend macht (BayVGH vom 14. 7. 93, a. a. O m. w. Nw.).

45 Als Rechtsgrundlage für **Ersatzansprüche gegen Angestellte** kommt § 14 BAT-O, der auf die für Beamtinnen und Beamte geltenden Vorschriften verweist, gegen **Arbeiterinnen und Arbeiter** die entsprechende Vorschrift im MTArb-O in Betracht. Daneben kann sich ein Ersatzanspruch aus der allgemeinen arbeitsvertraglichen Haftung gem. §§ 276 ff., 823 ff. BGB mit den von der Rechtsprechung entwickelten Modifikationen bei der Arbeitnehmerhaftung (vgl. zur Abkehr vom Begriff der gefahrgeneigten Arbeit: Gemeinsamer Senat der obersten Bundesgerichte GmS – OGB 1/93, n. v.) ergeben. Die gerichtliche Durchsetzung von Ersatzansprüchen ist von der vorherigen Mitbestimmung des Personalrats abhängig. Vor durchgeführtem Mitbestimmungsverfahren ist daher eine Schadensersatzklage als zur Zeit unzulässig abzuweisen (BAG vom 14. 11. 91 – 8 AZR 151/91, PersR 92, 373).

46 Die Vorschrift bezieht sich auch auf Ersatzansprüche der Dienststelle gegenüber **Beamtinnen und Beamten.** In Landesbeamtengesetzen ist die Haftung der Beamtin bzw. des Beamten im Innenverhältnis zum Dienstherrn geregelt. Zu beachten sind die Vorschriften des Art. 34 GG und § 839 BGB. Keine Ersatzansprüche sind nach h. M. Rückforderungsansprüche wegen zuviel gezahlter Bezüge oder anderer zu Unrecht geleisteter Zahlungen. Etwas anderes gilt nur dann, wenn die Dienststellenleitung ihren Anspruch auf beamtenrechtliche Haftungsvorschriften stützt, weil sie glaubt, die Beamtin oder der Beamte habe durch die Entgegennahme gleichzeitig ihre bzw. seine Dienstpflichten schuldhaft verletzt (OVG NW vom 18. 11. 82 – 1 A 12111/80, ZBR 83, 239). Ersatzansprüche werden im Wege des Leistungsbescheides oder durch allgemeine Leistungsklage vor den Verwaltungsgerichten geltend gemacht. Da nur die Geltendmachung der Mitbestimmung unterfällt, löst ein Feststellungsbescheid ohne Zah-

§ 75

lungsaufforderung das Mitbestimmungsrecht des Personalrats nicht aus (OVG NW vom 20. 9. 90 – CB 24/87, n. v. zitiert bei Cecior u. a., § 72 LPVG NW Rn. 432). Die Mitbestimmungspflichtigkeit setzt bereits ein, wenn die Dienststellenleitung die Geltendmachung der Ersatzansprüche beabsichtigt. Bei drohender Verjährung kann die Dienststellenleitung von ihrer Befugnis zur vorläufigen Regelung Gebrauch machen. Die Vollstreckung des Leistungsbescheids ist jedoch bis zum Abschluß des Mitbestimmungsverfahrens auszusetzen (BVerwG vom 25. 9. 79 – 6 P 53.78, ZBR 80, 161). Eine nicht oder nicht erfolgte Beteiligung des Personalrats macht den Leistungsbescheid anfechtbar.

47 Die Mitbestimmung des Personalrats bei der Geltendmachung von Ersatzansprüchen setzt einen entsprechenden **Antrag der oder des betroffenen Beschäftigten** voraus. Die Dienststellenleitung hat sie oder ihn vorher von dem beabsichtigten Regreß in Kenntnis zu setzen und im Rahmen der Fürsorgepflicht auf die Antragsmöglichkeit hinzuweisen (vgl. aber BAG vom 26. 8. 93 – 2 AZR 376/93, PersR 94, 36, das eine Pflicht bei der Mitbestimmung auf Antrag ablehnt). Die Beschäftigten haben die Möglichkeit, dem Arbeitgeber von vornherein mitzuteilen, daß sie die Beteiligung der Personalvertretung bei allen das Beschäftigungsverhältnis betreffenden Maßnahmen wünschen (BAG vom 26. 8. 93, a. a. O.).

48 Zu **Nr. 9 (Bestellung von Vertrauensärztinnen und -ärzten und Betriebsärztinnen und -ärzten)** gilt das zu § 74 Abs. 3 Nr. 10 Gesagte entsprechend.

49 Nach **Nr. 10** hat der Personalrat bei der **Vorbereitung von Verwaltungsanordnungen** einer Dienststelle für die innerdienstlichen, sozialen und persönlichen Angelegenheiten der Beschäftigten ihres Geschäftsbereichs mitzuwirken, wenn nicht nach anderen gesetzlichen Vorschriften die Spitzenorganisationen der zuständigen Gewerkschaften bei der Vorbereitung zu beteiligen sind. Zielrichtung des Mitwirkungsrechts sind, wie die Verwendung des Begriffs »Angelegenheiten der Beschäftigten« zeigt, auch die privaten Belange der in der Dienststelle Beschäftigten (VG Bremen vom 19. 10. 92 – PV 48/91, n. rk., PersR 93, 83). Es bestehen insoweit keine Bedenken gegen die Einräumung eines Mitwirkungsrechts (vgl. VG Bremen vom 19. 10. 92, a. a. O.; anders noch bei vollem Mitbestimmungsrecht: BVerwG vom 5. 10. 89 – 6 P 7.88, PersR 89, 364). Bereits die **Vorbereitung** ist beteiligungspflichtig.

50 **Verwaltungsanordnungen** sind Regelungen wie beispielsweise Erlasse, Verfügungen oder Rundschreiben, die die Dienststelle mit innerdienstlicher Verbindlichkeit zur Regelung von innerdienstlichen, sozialen oder persönlichen Angelegenheiten der Beschäftigten trifft (Altvater u. a., § 78 BPersVG Rn. 4). Unter einer Verwaltungsanordnung sind allgemeine Regelungen des Dienstherrn zu verstehen, die gestaltend in die Belange der Beschäftigten eingreifen (VG Bremen vom 19. 10. 92, a. a. O.). Auch Anordnungen, die lediglich normvollziehenden Charakter (Vollzug von

§ 75

Gesetzen bzw. Anordnungen übergeordneter Dienststellen) haben, unterliegen der Mitwirkung des Personalrats (BVerwG vom 19. 5. 92 – 6 P 5.90, PersR 92, 361). Der Begriff umfaßt auch allgemeine Anordnungen im Rahmen des Weisungsrechts (BVerwG vom 23. 7. 85 – 6 P 13.82, PersR 86, 57 m. Anm. Thiel).

51 Umstritten ist, ob die Anordnung die Gesamtheit oder eine unbestimmte Anzahl von Beschäftigten betreffen muß (so BVerwG vom 23. 7. 85, a. a. O.) oder ob die Mitwirkung auch bei Regelungen eingreift, bei denen der betroffene Personenkreis nach abstrakten Merkmalen bestimmbar ist (vgl. näher dazu Altvater u. a., § 78 BPersVG Rn. 5). Umstritten ist weiter, ob eine Verwaltungsanordnung im personalvertretungsrechtlichen Sinne auch vorliegt, wenn sie lediglich **Erläuterungen und Ausführungsbestimmungen** zu bereits bestehenden Regelungen enthält (verneinend BVerwG vom 7. 11. 69 – VII P 11.68, PersV 70, 187; zu Recht bejahend dagegen Altvater u. a., § 78 BPersVG Rn. 7; Lorenzen u. a., § 76 BPersVG Rn. 13).

52 Unstreitig sind Äußerungen, die eine **bloße Rechtsauffassung ohne verbindliche Wirkung** gegenüber den Beschäftigten kundgeben, keine mitbestimmungspflichtige Verwaltungsanordnung (OVG Lüneburg vom 5. 8. 87 – 19 OVG L 4/85, PersR 88, 139; Altvater u. a., § 78 BPersVG Rn. 8).

53 Das Mitbestimmungsrecht ist z. B. ausgeschlossen, wenn bei der Vorbereitung der Verwaltungsanordnung die **Spitzenorganisationen** (Arbeitgeberverbände und Gewerkschaften) zu beteiligen **sind.**

54 Nr. 11 regelt die Mitwirkung des Personalrats bei der **Auflösung, Einschränkung, Verlegung oder Zusammenlegung von Dienststellen oder wesentlichen Teilen von ihnen.** Die Vorschrift steht in der Praxis in möglichem Zusammenhang mit den Beteiligungsrechten wegen Umsetzung, Versetzung, Sozialplan sowie Kündigung sowie der Änderung der Arbeitsmethode und dem Umbau von Dienstgebäuden. Unter **Auflösung** ist die völlige Beseitigung der Dienststelle auch unter Eingliederung in eine andere Dienststelle zu verstehen. Eine **Einschränkung** ist hingegen das Fortbestehen der Dienststelle unter Verringerung des sachlichen oder örtlichen Zuständigkeitsbereiches, des Arbeitsumfangs oder der Beschäftigtenzahl. Unter **Verlegung** ist die Veränderung der örtlichen Lage der Dienststelle, auch innerhalb einer Gemeinde oder Stadt, zu verstehen. Eine Beschränkung des Mitwirkungsrecht im Hinblick auf eine Mindestentfernung ergibt sich aus dem Gesetz nicht. **Zusammenlegung** ist die Bildung einer oder mehrerer neuer Dienststellen aus einzelnen, bisher selbständigen Dienststellen unter Aufhebung der Eigenständigkeit. Ausreichend für das Auslösen des Mitwirkungsrechts ist, daß ein wesentlicher Teil der Dienststelle davon betroffen ist. Der Begriff »**wesentlicher Teil**« umschreibt lediglich eine gewisse Erheblichkeit der Maßnahme im Hinblick auf die Zahl der betroffenen Beschäftigten oder den Aufgabenbereich der Dienststelle. Demgegenüber will das BVerwG (vom 30. 9. 87 – 6

P 19.85, PersR 88, 70) nur die Veränderung abgrenzbarer Organisationseinheiten unter wesensmäßiger Veränderung der Dienststelle verstehen.

Im ThürPersVG fehlt ein Mitbestimmungsrecht bei der **Privatisierung.** 55
Eine Privatisierung ist daher nur mitbestimmungspflichtig, wenn sie unter einen anderen Mitbestimmungstatbestand fällt, also bspw. eine Einschränkung der Dienststelle darstellt. Nach der gesellschaftlichen Diskussion um die »**schlanke Verwaltung**« (Lean Administration) und der aktuellen Krise öffentlicher Haushalte kommt diesem Tatbestand weiter Bedeutung zu (zu damit verbundenen Problemen und Handlungsmöglichkeiten der Personalräte s. Zander, PersR 91, 322; Obenauer, PersR 93, 337; Landerer, PersR 93, 340; Trümner, Mitbestimmung 93, 52; ders., PersR 93, 473; Klimpe-Auerbach, PersR 93, 482). **Gegenstände von Privatisierungen** sind häufig Altenheime, Apotheken in Krankenhäusern, Bibliotheken, Dialyseversorgung, Friedhofsgärtnereien, Kindertagesstätten, Müllabfuhr, öffentlicher Personennahverkehr, Pförtnerdienste, Reinigungsarbeiten, Schlachthöfe, Hallen- und Freibäder, Mülldeponien, Straßenreinigung u. v. m. Beispiele aus der Rechtsprechung der letzten Zeit sind die Übertragung der Aufgaben einer städtischen Jugendschutzstelle auf einen Träger der freien Jugendhilfe (OVG NW vom 1. 3. 91 – CL 35/88, n. v. – bei Cecior u. a., § 72 LPVG NW Rn. 342 b) die teilweise Übertragung der Aufgaben eines städtischen Übernachtungsheims für Nichtseßhafte auf einen Träger der freien Wohlfahrtspflege (OVG NW vom 1. 3. 91 – CL 38/88, PersR 92, 79) sowie zur Übertragung von Pflegearbeiten auf einer Sportplatzanlage an einen Sportverein (OVG NW vom 5. 11. 92 – CL 41/89, PersR 93, 177). Zu beachten ist bei der zitierten Rechtsprechung, daß sie zu speziellen Tatbeständen ergangen sind, die Privatisierungen der Beteiligung des Personalrats unterwerfen.

§ 76
Einschränkung der Mitbestimmung

(1) § 74 Abs. 1 und 3 Nr. 14, § 75 Abs. 1 und § 78 gelten nicht für die Beamten und Beamtenstellen der Besoldungsgruppen A 16 und höher sowie die Angestellten in entsprechenden Vergütungsgruppen und die der Regelung der §§ 31 und 32 des Beamtenrechtsrahmengesetzes unterliegenden Beamten.

(2) § 74 Abs. 1, § 75 Abs. 1 und § 78 gelten für die in § 14 Abs. 2 Nr. 3 und Abs. 4 bezeichneten Beschäftigten und für die Beamten auf Zeit nur, wenn sie es beantragen.

(3) Bei Personalentscheidungen kann der Personalrat die Verweigerung seiner Zustimmung nicht auf eine abweichende Qualifikationsbeurteilung stützen.

(Abs. 1) Die **Mitbestimmung in personellen Angelegenheiten** nach 1

§ 76

§§ 74 Abs. 1 und 75 Abs. 1 sowie § 78 (Kündigung und Entlassung) sowie beim Absehen von der Ausschreibung eines Dienstposten (§ 74 Abs. 3 Nr. 14) ist gegenüber höheren Beamtinnen und Beamten und Angestellten bzw. für die entsprechenden Stellen ausgeschlossen. Alle anderen Mitbestimmungstatbestände gelten jedoch auch für diese Beschäftigtengruppen. Ausgenommen sind Beamtinnen und Beamten im höheren Dienst ab der Besoldungsgruppe A 16 aufwärts sowie Angestellte in vergleichbaren Vergütungsgruppen. Im Bereich des BAT-O entspricht die Vergütungsgruppe I der Besoldungsgruppe A 16. Der Ausschluß der Mitbestimmung bei der Besetzung einer solchen Stelle stellt nicht auf die Höhe der tatsächlich gezahlten Vergütung ab, sondern auf die Funktion, die Angestellte der Vergütungsgruppe I BAT einnehmen (OVG Berlin vom 30. 11. 89 – OVG PV Bln 20. 87, PersR 90, 344). Auch die Beamtenstellen, die mit A 16 bewertet sind, sind unabhängig von der Besoldung oder Vergütung des Stelleninhabers im Hinblick auf die genannten Tatbestände mitbestimmungsfrei. Politische Beamtinnen und Beamten nach §§ 31, 32 BRRG sind bspw. parlamentarische Staatssekretärinnen und -sekretäre, die Chefin oder der Chef der Staatskanzlei, Generalstaatsanwältinnen und -anwälte und Polizeipräsidentinnen und -präsidenten.

2 **(Abs. 2)** Personelle Maßnahmen nach § 74 Abs. 1, 75 Abs. 1 und 78 Abs. 1 sind bei den in Abs. 2 bestimmten Beschäftigten nur dann mitbestimmungspflichtig, wenn sie dies beantragen. Die Dienststellenleitung hat die Beschäftigten im Rahmen der Fürsorgepflicht auf ihr Antragsrecht hinzuweisen (vgl. aber BAG vom 26. 8. 93 – 2 AZR 376/93, PersR 94, 36, das eine generelle Pflicht bei der **Mitbestimmung auf Antrag** ablehnt). Die Beschäftigten haben die Möglichkeit, dem Arbeitgeber von vorneherein mitzuteilen, daß sie die Beteiligung der Personalvertretung bei allen das Beschäftigungsverhältnis betreffenden Maßnahmen wünschen (BAG vom 26. 8. 93, a. a. O.). Beschäftigte in diesem Sinne sind die Beamtinnen und Beamten auf Zeit und die Beschäftigten, die in § 14 Abs. 2 Nr. 3 und § 14 Abs. 4 (s. die Kommentierung dort) genannt sind.

3 **(Abs. 3) Qualifikationsentscheidungen bei Personalentscheidungen** sollen nach der Vorschrift der Dienststellenleitung vorbehalten bleiben. Abs. 3 verändert die Rechtslage im Verhältnis zum BPersVG nicht, sondern stellt nur ausdrücklich klar, was auch im Bundesbereich gilt. Die Eignungsbeurteilung steht der Dienststellenleitung zu, die nach Art. 33 Abs. 2 GG die Besteignung festzustellen hat. Abs. 3 gilt nur für Qualifikationsentscheidungen, also bei der Einstellung und der Vergabe höher zu bewertender Dienstposten, die eine **Eignungsbeurteilung** voraussetzen. Für andere personelle Maßnahmen ohne Bestenauslese wie bspw. der Versetzung gelten die nachfolgend aufgezeigten Einschränkungen dagegen nicht (BVerwG vom 27. 9. 93 – 6 P 4.93, PersR 93, 495). Bei solchen Maßnahmen kann der Personalrat Gründe geltend machen, die in das behördliche Ermessen hineinreichen (BVerwG vom 27. 9. 93, a. a. O.). Die Behörden haben dagegen einen weiten **Ermessens- und Beurtei-**

lungsspielraum, welche Bewerberin und welchen Bewerber sie für am geeignetsten halten. Dies gilt bereits nach bisheriger Rechtsprechung zum BPersVG. Der Personalrat kann die **Zustimmung** danach nicht **verweigern,** indem er sein Werturteil über die Eignung der Bewerberinnen und Bewerber an die Stelle der Beurteilung der Dienststellenleitung setzt, weil dieser aus Art. 33 Abs. 2 GG nicht nur bei Beamtinnen und Beamten, sondern auch bei Arbeitnehmerinnen und Arbeitnehmern hinsichtlich **Eignung, Befähigung und fachlicher Leistung** ein weiter **Beurteilungs- und Ermessensspielraum** eingeräumt ist (BVerfG vom 22. 5. 75 – BvL 13/73, BVerfGE 39, 334; BVerwG vom 3. 3. 87 – 6 P 30.84, PersV 87, 169). Die Zustimmungsverweigerung des Personalrats ist unbeachtlich, wenn er sein eigenes Werturteil über die Eignung ausgewählter Bewerberinnen und Bewerber und der Mitbewerberinnen und -bewerber an die Stelle der Dienststellenleitung setzt (OVG Berlin vom 30. 11. 89 – OVG PV Bln 20. 87, PersR 90, 384). Das Mitbestimmungsrecht in Personalangelegenheiten räumt der Personalvertretung auch dort, wo Verweigerungsgründe nicht ausdrücklich durch das Gesetz festgelegt sind, keine Befugnis ein, in die Organisations- und Personalhoheit der Dienststelle einzugreifen (OVG Berlin vom 26. 10. 89 – OVG PV Bln 8. 89, PersR 90, 344). Zur Personalhoheit gehört auch das Festlegen der Voraussetzungen, die ein Bewerber erfüllen muß, um zum Kreis derjenigen zu gehören, unter denen nach Eignung, Befähigung und Leistung auszuwählen ist, sog. Anforderungsprofil (OVG Berlin vom 26. 10. 89, a. a. O.). Zu beachten ist hierbei aber, daß generelle Auswahlrichtlinien der Mitbestimmung unterfallen.

Die zum BPersVG ergangenen Entscheidungen gelten daher auch für das 4 ThürPersVG. Der Personalrat kann nach dieser Rechtsprechung aber überprüfen, ob nicht andere Bewerberinnen und Bewerber aus unsachlichen Gründe benachteiligt worden sind (LAG Köln vom 7. 3. 89 – 4 TaBV 2/89, PersR 90, 70 m. w. Nw.). Der Personalrat kann die Zustimmung verweigern, wenn die Dienststellenleitung bei der Eignungsbeurteilung den anzuwendenden Begriff oder den gesetzlichen Rahmen, in dem sie sich frei bewegen kann, verkannt hat oder von einem unrichtigen Sachverhalt ausgegangen ist oder allgemeingültige Maßstäbe nicht beachtet oder sachfremde Erwägungen angestellt hat (BVerwG vom 3. 3. 87 – 6 P 30.84, PersR 87, 169; vom 27. 3. 90 – 6 P 34.87, PersR 90, 179; BayVGH vom 19. 2. 92 – 18 PC 92.236, PersR 92, 459; OVG Bremen vom 28. 4. 92 – OVG PV-B 9/91, PersR 92, 372). Eine **Zustimmungsverweigerung** kann auf einen Verstoß gegen Verfügungen oder Verwaltungsvorschriften gestützt werden (OVG Bremen vom 28. 4. 92 – OVG PV-B 9/91, PersR 92, 372). Der Personalrat kann seine Zustimmungsverweigerung auf die Verletzung von Auswahlrichtlinien stützen, wenn er die Eignungsbeurteilung der Dienststellenleitung unberührt läßt (BVerwG vom 7. 7. 89 – 6 PB 10.88, PersR 89, 301). Begründet der Personalrat seine Zustimmungsverweigerung damit, die Dienststelle verstoße mit ih-

§§ 76, 77

rer Auswahlentscheidung gegen ihre eigenen Beförderungsgrundsätze, nach denen bei gleichem Gesamtergebnis der dienstlichen Beurteilung ohne weitere Differenzierung zwingend die Besoldungsgruppe und, wenn auch diese gleich sei, das Dienstalter den Ausschlag gebe, so ist dieser Einwand beachtlich (BayVGH vom 9. 9. 92 – 18 P 91.2529, PersR 93, 384). Der Hinweis des Personalrats, vor einer Neueinstellung habe die Dienststellenleitung gem. SR 2 y BAT zu prüfen, ob einem bisher befristet Beschäftigten die zu besetzende Stelle übertragen werden könne, ist zumindest dann beachtlich, wenn die Dienststellenleitung solche Beschäftigte überhaupt nicht in die Auswahl einbezogen hat (OVG Berlin vom 20. 11. 89 – OVG PV Bln 18. 87, PersR 90, 265).

5   Die **Zustimmungsverweigerung** muß es zumindest als möglich erscheinen lassen, daß ein Verweigerungsgrund besteht (OVG Berlin vom 20. 11. 89, a. a. O.). Zwischen der Beachtlichkeit der Zustimmungsverweigerung und ihrer sachlichen Begründetheit ist strikt zu unterscheiden (VG Frankfurt vom 11. 1. 93 – IV/V K 5010/92 m. w. Nw. zur Rechtsprechung). Die Dienststellenleitung ist nicht berechtigt, die Zustimmungsverweigerung des Personalrats abschließend auf ihre Schlüssigkeit zu überprüfen und das Einigungsverfahren einseitig abzubrechen (BVerwG vom 7. 7. 89, a. a. O.; vom 3. 7. 86 – 6 P 27.83, PersR 87, 23). Die Prüfung der Schlüssigkeit ist vielmehr dem Einigungsverfahren vorbehalten (OVG Berlin vom 20. 11. 89, a. a. O).

§ 77
Anhörungsrechte

(1) Vor der Weiterleitung von Personalanforderungen zum Haushaltsvoranschlag ist der Personalrat anzuhören. Gibt der Personalrat einer nachgeordneten Dienststelle zu den Personalanforderungen eine Stellungnahme ab, so ist diese mit den Personalanforderungen der übergeordneten Dienststelle vorzulegen. Das gilt entsprechend für die Personalplanung.

(2) Vor der Durchführung von Neu-, Um- und Erweiterungsbauten von Diensträumen und vor grundlegenden Änderungen von Arbeitsverfahren und Arbeitsabläufen ist der Personalrat anzuhören.

Vergleichbare Vorschriften: §§ 78 Abs. 3, 4 und 5 BPersVG; §§ 90 Abs. 1, 92 BetrVG

1   (Abs. 1) Im Rahmen der Personalplanung und vor der Weiterleitung von **Personalanforderungen zum Haushaltsvoranschlag** ist der Personalrat **anzuhören** (vgl. zu diesem Themenkomplex Dobler, PersR 89, 149). Dadurch soll der Personalvertretung Gelegenheit zur Einflußnahme auf allgemeine personelle Grundsatzentscheidungen gegeben werden.

2   Das **Anhörungsrecht** beinhaltet für die Dienststellenleitung die Verpflichtung, der Personalvertretung rechtzeitig die Absicht mitzuteilen,

§ 77

daß sie eine bestimmte Maßnahme durchführen will. In der Anhörung ist der Personalvertretung Gelegenheit zu geben, sich anhand vorgelegter Unterlagen zu der beabsichtigten Maßnahme mündlich oder schriftlich zu äußern. Die Anhörung ist kein laufendes Geschäft des Vorstands, sondern Sache des Plenums der Personalvertretung. Auch wenn der Personalrat Einwendungen erhebt, kann die Dienststellenleitung die Maßnahme durchführen. Stellt die Durchführung unter Mißachtung der erhobenen Einwände jedoch eine ermessenswidrige Ausübung dar, so kann eine Dienstaufsichtsbeschwerde berechtigt sein (Grabendorff u. a., § 78 BPersVG Rn. 26). Wird die Anhörung nicht oder nicht ordnungsgemäß (bspw. von einer nicht gem. § 7 legitimierten Person) vorgenommen, ist die Maßnahme rechtswidrig. Die Unterlassung einer erforderlichen Anhörung kann dienstrechtliche Folgen für die pflichtwidrig handelnde Dienststellenleitung haben.

Für die **Aufstellung des Haushaltsvoranschlags** ist in der Regel die oberste Dienstbehörde zuständig. Diese legt ihren Haushaltsplänen für das nächste Haushaltsjahr die von den nachgeordneten Dienststellen angemeldeten **Personalanforderungen** zugrunde. Hierdurch wird die Zahl der Beschäftigten und ggf. die der Einzustellenden festgelegt. Die Dienststellenleitung hat die Personalanforderungen vor der Weiterleitung mit dem Personalrat zu erörtern (zum Begriff vgl. vor §§ 66 und bei § 69 Abs. 2) und die Stellungnahme, sofern der Personalrat eine solche abgibt, der übergeordneten Stelle vorzulegen. Bei Weiterleitung über eine Mittelbehörde hat diese vor der Weiterleitung an die oberste Dienstbehörde die Stellungnahmen des Personalrats sowie des Bezirkspersonalrats beizufügen. Das Verfahren dient vor allem dazu, oberster Dienstbehörde und Hauptpersonalrat Informationen über möglicherweise erforderliche Maßnahmen zur Vermeidung einer Überbelastung von Beschäftigten zu verschaffen. Deswegen ist die Dienststellenleitung zur Vorlage einer Stellungnahme des Personalrats an die übergeordnete Dienststelle verpflichtet, auch wenn sie nicht beabsichtigt, Personalanforderungen zum Haushaltsvoranschlag zu stellen (vgl. dazu Vohs, PersR 88, 283). 3

Unter **Personalplanung** ist die Gesamtheit der Maßnahmen zu verstehen, die zur Ermittlung und zur Deckung des künftigen Personalbedarfs entsprechend den jeweiligen Bedingungen der Verwaltung dienen, also Personalbedarfs-, -beschaffungs-, -entwicklungs-, -einsatz- und Kontrollplanung (zum Begriff vgl. BVerwG vom 2. 3. 83 – 6 P 12.80, PersV 84, 240; OVG Koblenz vom 16. 9. 86 – 5 A 5/86, PersR 87, 136; zum Ganzen Dobler, PersR 89, 149). Die Personalplanung betrifft regelmäßig einen längeren Zeitraum als die Personalanforderungen. Der Personalvertretung sind hierbei alle Tatsachen bekanntzugeben, auf die die jeweilige Personalplanung gestützt wird (Grabendorff u. a., § 78 BPersVG Rn. 31). Bei Abgabe einer Stellungnahme des Personalrats ist auch diese – schon wegen § 68 Abs. 2 – mit der Personalvertretung zu erörtern und anschließend gem. Satz 3 der **übergeordneten Dienststelle** vorzulegen. 4

§ 77

5 **(Abs. 2)** Bei **Neu-, Um- und Erweiterungsbauten von Diensträumen** ist die Personalvertretung anzuhören. Unter **Erweiterung** kann auch die **Anmietung von Diensträumen** sowie die **Zusammenlegung von Dienststellen** fallen. **Diensträume** sind auch Sozialräume wie Kantinen, Aufenthaltsräume, Waschräume und Toiletten (Däubler u. a., § 90 BetrVG Rn. 7 m. w. Nw.). Dabei ist die Personalvertretung insbesondere über die mit den Baumaßnahmen verbundenen Auswirkungen auf die Gesamtdienststelle zu unterrichten. Der Personalrat ist schon im Planungsverfahren anzuhören, um die Planung noch beeinflussen zu können (Däubler u. a., § 90 BetrVG Rn. 17; Grabendorff u. a., § 78 BPersVG Rn. 32). Es stellt ein grobe Verletzung der Pflichten eines Arbeitgebers dar, wenn er zu spät über die Planung von Neu-, Um- und Erweiterungsbauten informiert (LAG Frankfurt vom 3. 11. 92 – 5 TaBV 27/92, ArbuR 93, 306). Voraussetzung ist eine Änderung des bestehenden Zustands unter Eingriff in die bauliche Substanz. Der Umfang des Eingriffs ist unerheblich (BVerwG vom 17. 7. 87 – 6 P 6.85 und 6 P 3.84, PersR 87, 220). Auch das Brechen neuer Türen kann Auswirkungen auf die Arbeitsbedingungen haben (Dietz/Richardi, § 90 BetrVG Rn. 5). Nicht erfaßt werden lediglich Renovierungsarbeiten (Däubler u. a., § 90 BetrVG Rn. 7). Dem Personalrat sind die entsprechenden Unterlagen, insbesondere die Baupläne und die entsprechenden Entwürfe vorzulegen (Orth/Welkoborsky, § 75 LPVG NW Rn. 8). Der Anspruch ergibt sich aus § 68 Abs. 2. Zu beachten ist das Zusammentreffen mit anderen Mitbestimmungstatbeständen (vgl. vor §§ 71 ff. Rn. 15).

6 **(Abs. 2)** Die Personalvertretung ist **vor grundlegenden Änderungen von Arbeitsverfahren und Arbeitsabläufen anzuhören.** Die Regelung soll die einzelnen Beschäftigten vor Überbeanspruchungen und Gefährdungen ihrer körperlichen und seelischen Gesundheit schützen (vgl. BVerwG vom 30. 8. 85 – 6 P 20.83, PersR 85, 187; OVG NW vom 13. 3. 86 – CL 42/84, PersR 87, 44; OVG NW vom 25. 10. 89 – CL 63/86, ZTR 90, 257). Die Personalvertretung kann durch die Anhörung oder durch Anträge gem. § 68 Abs. 1 Nr. 1 Maßnahmen zur Arbeitserleichterung durch die Dienststelle fördern und auf die Berücksichtigung arbeitswissenschaftlicher Erkenntnisse über die menschengerechte Gestaltung drängen (vgl. OVG Hamburg. vom 20. 11. 79 – OVG BsPB 5/79, PersV 82, 27). **Arbeitsverfahren** ist die technische Art und Weise, mit der auf den Arbeitsgegenstand eingewirkt wird (Däubler u. a., § 90 BetrVG Rn. 11). Zum Arbeitsverfahren gehört auch die Arbeitsmethode. **Arbeitsablauf** ist die zeitliche und räumliche Aufeinanderfolge von Arbeitsgängen zur Erzielung eines bestimmten Arbeitsergebnisses (BVerwG vom 15. 12. 78 – 6 P 13.78, PersV 80, 145). Arbeitsverfahren und Arbeitsablauf erfassen lückenlos sowohl die organisatorische als auch die räumliche und zeitliche Gestaltung der Arbeit (vgl. Däubler u. a., § 90 BetrVG Rn. 12 m. w. Nw.). Der Geschäftsverteilungsplan als Planungs- und Gestaltungsmittel unterfällt der Beteiligung (Anhörung) des Personalrats nach dieser

§§ 77, 78

Vorschrift (Orth/Welkoborsky, § 72 LPVG NW Rn. 124), jedenfalls dann, wenn die Änderung unmittelbare Auswirkungen auf die einzelnen Beschäftigten hat (OVG NW vom 25. 10. 90 – CL 63/86, ZTR 90, 257). Beispiele für Änderungen der Arbeitsorganisation sind die Änderung der Reinigungshäufigkeit, die Zusammenfassung von Sachgebieten, die Zentralisierung von Arbeits- oder Sachgebieten, die Änderung von Zuständigkeiten einzelner Beschäftigter oder die Erhöhung des Arbeitspensums (vgl. ausführlich Orth/Welkoborsky, a. a. O.).

§ 78
Mitbestimmung und Anhörungsrecht bei Kündigungen

(1) Bei der ordentlichen Kündigung durch den Arbeitgeber bestimmt der Personalrat mit. Der Personalrat kann die Zustimmung zu einer Kündigung nur dann verweigern, wenn nach seiner Ansicht

1. **bei der Auswahl des zu kündigenden Arbeitnehmers soziale Gesichtspunkte nicht oder nicht ausreichend berücksichtigt worden sind,**
2. **die Kündigung gegen eine Richtlinie im Sinne des § 75 Abs. 2 Nr. 7 verstößt,**
3. **der zu kündigende Arbeitnehmer an einem anderen Arbeitsplatz in derselben Dienststelle oder in einer anderen Dienststelle desselben Verwaltungszweiges an demselben Dienstort einschließlich seines Einzugsgebietes weiter beschäftigt werden kann,**
4. **die Weiterbeschäftigung des Arbeitnehmers nach zumutbaren Umschulungs- oder Fortbildungsmaßnahmen möglich ist oder**
5. **die Weiterbeschäftigung des Arbeitnehmers unter geänderten Vertragsbedingungen möglich ist und der Arbeitnehmer sein Einverständnis hiermit erklärt.**

Wird dem Arbeitnehmer gekündigt, obwohl der Personalrat die Zustimmung zur Kündigung aus den Gründen des Satzes 2 verweigert hat, so ist dem Arbeitnehmer mit der Kündigung eine Abschrift der Stellungnahme des Personalrates zuzuleiten.

(2) Hat der Arbeitnehmer im Falle des Absatzes 1 Satz 3 nach dem Kündigungsschutzgesetz Klage auf Feststellung erhoben, daß das Arbeitsverhältnis durch die Kündigung nicht aufgelöst ist, so muß der Arbeitgeber auf Verlangen des Arbeitnehmers diesen nach Ablauf der Kündigungsfrist bis zum rechtskräftigen Abschluß des Rechtsstreites bei unveränderten Arbeitsbedingungen weiterbeschäftigen. Auf Antrag des Arbeitgebers kann das Arbeitsgericht ihn durch einstweilige Verfügung von der Verpflichtung zur Weiterbeschäftigung nach Satz 1 entbinden, wenn

1. **die Klage des Arbeitnehmers keine hinreichende Aussicht auf Erfolg bietet oder mutwillig erscheint oder**

§ 78

2. die Weiterbeschäftigung des Arbeitnehmers zu einer unzumutbaren wirtschaftlichen Belastung des Arbeitgebers führen würde oder

3. der Widerspruch des Personalrates offensichtlich unbegründet war.

(3) Vor fristlosen Entlassungen und außerordentlichen Kündigungen ist der Personalrat anzuhören. Der Dienststellenleiter hat die beabsichtigte Maßnahme zu begründen. Hat der Personalrat Bedenken, so hat er sie unter Angabe der Gründe dem Dienststellenleiter unverzüglich, spätestens innerhalb von drei Arbeitstagen, schriftlich mitzuteilen. § 76 Abs. 1 gilt entsprechend.

(4) Eine Kündigung ist unwirksam, wenn der Personalrat nicht beteiligt worden ist.

Vergleichbare Vorschriften: § 79 BPersVG; §§ 102, 103 BetrVG

1 Das in § 78 geregelte (unechte) Mitbestimmungsrecht des Personalrats bei Kündigungen gilt nur für die arbeitgeberseitige Kündigung. Dagegen besteht bei der Beendigung des Arbeitsverhältnisses durch Zeitablauf gem. § 620 BGB (befristetes Arbeitsverhältnis) kein Mitbestimmungsrecht des Personalrats. Der **Geltungsbereich der Vorschrift** erfaßt in Abs. 1 in sachlicher und persönlicher Hinsicht die **ordentliche Kündigung eines oder einer Angestellten sowie einer Arbeiterin oder eines Arbeiters (Arbeitnehmerinnen und Arbeitnehmer).** Die in § 76 Abs. 1 und § 88 genannten Beschäftigten werden von der Vorschrift nicht erfaßt. § 78 gilt bei Beschäftigten i. S. d. § 76 Abs. 2 nur auf deren Antrag. Gleiches gilt nach § 91 für Beschäftigte mit überwiegend wissenschaftlicher Tätigkeit und nach § 88 für akademische Mitarbeiterinnen und Mitarbeiter. Bei künstlerisch Beschäftigten ist der Personalrat auf deren Antrag anzuhören. Vor fristlosen Entlassungen von Beamtinnen und Beamten sowie außerordentlichen Kündigungen von Arbeitnehmerinnen und Arbeitnehmern ist der Personalrat gem. Abs. 3 nur anzuhören.

2 **Personalratsmitglieder** sind nicht ordentlich kündbar, auch nicht nach den **Kündigungsvorschriften des Einigungsvertrags.** Die außerordentliche Kündigung von Mitgliedern des Personalrats und gleichgestellten Mitgliedern anderer Organe des Personalvertretungsrechts bedarf der ausdrücklichen Zustimmung des Personalrats (LAG Chemnitz vom 14. 10. 92 – 2 Sa 102/92 Dresden, rk., PersR 93, 279).

3 Die Unterrichtung des Personalrats hat sich auf die Personalien, auf die Art der beabsichtigten Maßnahme, den Zeitpunkt der Beendigung und die maßgeblichen Gründe zu erstrecken (wie hier Altvater u. a., § 79 BPersVG Rn. 4; Cecior u. a., § 74 LPVG NW Rn. 28; Grabendorff u. a., § 79 BPersVG Rn. 3, 16; enger BAG vom 27. 6. 85 – 2 AZR 412/84, DB 86, 2549 zu § 102 BetrVG).

4 **(Abs. 1) Mitbestimmungspflichtig** ist die **ordentliche Kündigung einer**

Arbeitnehmerin oder eines Arbeitnehmers, auch wenn es sich um eine **ordentliche Änderungskündigung** handelt (BAG vom 3. 11. 77 – 2 AZR 277/76, AP Nr. 1 zu § 75 BPersVG). Zu den Kündigungstatbeständen nach dem **Einigungsvertrag** vgl. Bischoff, PersR 93, 103; Seidel, S. 111 ff.; zuletzt Beseler, PersR 93, 537 m. w. Nw.; BAG vom 18. 3. 93 – 8 AZR 356/92, PersR 93, 570.

Dies gilt auch grundsätzlich für **Kündigungen in der Probezeit.** Die **ordentliche Kündigung einer oder eines Angestellten während der Probezeit** ist mitbestimmungspflichtig (BVerwG vom 5. 7. 84 – 6 P 27.82, PersR 84, 79). Anders als im BPersVG hat der Personalrat auch bei der Kündigung von Arbeitnehmerinnen und Arbeitern während der Probezeit mitzubestimmen. Das ThürPersVG hat damit Konsequenzen aus der bisherigen verfassungswidrigen Rechtslage des BPersVG gezogen. Wegen des Verstoßes gegen Art. 3 Abs. 1 GG hatten das ArbG Frankfurt (Vorlagebeschluß vom 26. 6. 85 – 9 Ca 483/84, PersR 86, 137 m. Anm. Lemcke; Gegenstand des Verfahrens vor dem BVerfG – 1 BvL 21/85, n. v.) und das ArbG Wilhelmshaven (Vorlagebeschluß vom 23. 1. 92 – 2 Ca 762/86, PersR 92, 376 m. Anm. Schneider) das BVerfG angerufen. Auch die Kündigung eines Berufsausbildungsverhältnisses während der Probezeit ist mitbestimmungspflichtig, selbst wenn die Kündigung fristlos und ohne Angabe von Kündigungsgründen erfolgt (BVerwG vom 5. 7. 84 – 6 P 27.82, PersR 84, 79). 5

In Abs. 1 Satz 2 Nr. 1 bis 5 sind die **Gründe** genannt, auf die der Personalrat seinen **Widerspruch** gegen die Kündigung stützen kann. Die dort genannten Einwendungen entsprechen den in § 1 Abs. 3 und Abs. 2 Satz 2 Nr. 2 und Satz 3 KSchG aufgeführten Gründen. Sie stellen keinen abschließenden Katalog dar. Der Personalrat kann darüber hinausgehende Bedenken geltend machen. Erhebt er solche Einwendungen, kann er nach Ablehnung durch die Dienststellenleitung die Entscheidung der übergeordneten Dienststelle beantragen (BAG vom 29. 9. 83 – 2 AZR 179/82, ArbuR 84, 315). Andere als die im Katalog genannten Einwendungen lösen allerdings nicht die Folgen des § 78 Abs. 2 (Weiterbeschäftigungsanspruch) aus (LAG München vom 9. 3. 88 – 5 Sa 884/87, PersR 89, 22). Die Personalvertretung kann die Einwendungen gegenüber betriebs-, personen- oder verhaltensbedingten Kündigungen geltend machen (ebenso BAG vom 22. 7. 82 – 2 AZR 30/81, AP Nr. 5 zu § 1 KSchG »Verhaltensbedingte Kündigung«). 6

Die Äußerung des Personalrats zu einer beabsichtigten Kündigung oder Entlassung sowie die ausdrückliche Feststellung, daß gegen die beabsichtigte Maßnahme keine Bedenken bestehen, bedarf eines Beschlusses der Gruppe der zu kündigenden oder zu entlassenden Beschäftigten in der Personalvertretung. 7

(Nr. 1) Der Personalrat kann Einwendungen auf **Auswahlfehler** der Dienststellenleitung stützen. Anders als bei § 1 Abs. 3 Satz 1 KSchG gebietet der Wortlaut keine Beschränkung auf betriebsbedingte Kündi- 8

§ 78

gungen (str., wie hier Altvater u. a., § 79 BPersVG Rn. 11, Fischer/Goeres Rn. 8; a. A. Dietz/Richardi, Rn. 63; Grabendorff u. a., Rn. 8). Der Personalrat kann daher auch gegenüber verhaltens- und personenbedingten Kündigungen den Einwand erheben, daß bei der Auswahl der zu kündigenden Arbeitnehmer soziale Gesichtspunkte nicht oder nicht ausreichend berücksichtigt worden sind. Voraussetzung ist allerdings das Vorliegen einer Auswahlmöglichkeit. Denkbar ist dies beispielsweise in Fällen, bei denen gegenüber einer ganzen Gruppe von Beschäftigten der gleiche Kündigungsgrund besteht, die Dienststellenleitung aber lediglich die Kündigung eines Teils der Gruppe oder einer einzelnen Arbeitnehmerin bzw. eines Arbeitnehmers beabsichtigt.

9 (**Nr. 2**) Verstößt die Dienststellenleitung bei der Auswahl der zu kündigenden Arbeitnehmerin bzw. des zu kündigenden Arbeitnehmers gegen **vorhandene Auswahlrichtlinien** nach **§ 75 Abs. 2 Nr. 7,** so kann der Personalrat der Kündigung hierauf gestützt widersprechen.

10 (**Nr. 3**) Als milderes Mittel hat die Dienststellenleitung vor Ausspruch einer Kündigung zu prüfen, ob eine **Weiterbeschäftigung durch Umsetzung innerhalb der Dienststelle** möglich ist. Dies gilt auch für eine verhaltensbedingte oder personenbedingte Kündigung, wenn sich hierdurch die in dem Verhalten oder der Person liegenden Gründe nicht mehr auswirken (vgl. für die verhaltensbedingte Kündigung BAG vom 22. 7. 82 – 2 AZR 30/81, AP Nr. 5 zu § 1 KSchG 1969 »Verhaltensbedingte Kündigung«; Dietz/Richardi, § 102 BetrVG Rn. 121). Der Personalrat ist bei seinem Widerspruch mangels Kenntnis zu einem konkreten Nachweis einer Umsetzungsmöglichkeit nicht in der Lage und somit nicht verpflichtet (str., ebenso Altvater u. a., § 79 BPersVG Rn. 13 m. w. Nw.). Es genügt, wenn der Personalrat angibt, wie er sich eine Weiterbeschäftigungsmöglichkeit im Einzelfall vorstellt (so auch Altvater u. a., § 79 BPersVG Rn. 13, Dietz/Richardi, § 102 BetrVG Rn. 160). Er muß den **freien Arbeitsplatz** zumindest in bestimmter Weise angeben und den Bereich bezeichnen, in dem die gekündigte Arbeitnehmerin bzw. der gekündigte Arbeitnehmer nach Ablauf der Kündigungsfrist weiterbeschäftigt werden kann (Däubler u. a., § 102 BetrVG Rn. 83 m. w. Nw.). Das Widerspruchsrecht besteht auch, wenn eine Weiterbeschäftigungsmöglichkeit nicht auf einem anderen, sondern sogar auf demselben, also dem bisherigen Arbeitsplatz besteht (Altvater u. a., § 79 BPersVG Rn. 13; Däubler u. a., § 102 BetrVG Rn. 83 m. w. Nw.).

11 (**Nr. 4**) Eine Weiterbeschäftigungsmöglichkeit nach **zumutbaren Umschulungs- oder Fortbildungsmaßnahmen** kommt insbesondere dann in Frage, wenn Arbeitnehmer infolge betriebsbedingter Gründe oder wegen Verminderung der Leistungsfähigkeit gekündigt werden sollen, aber freie Arbeitsplätze mit anderen fachlichen Anforderungen noch zur Verfügung stehen. Die Maßnahme ist für Arbeitgeber zumutbar, wenn sie keinen unverhältnismäßig hohen Aufwand an Kosten erfordert, für Arbeitnehmer, wenn sie von ihnen keine Leistungen verlangt, zu deren

§ 78

Erbringung sie erkennbar nicht in der Lage sind. Der Arbeitgeber hat die Unzumutbarkeit darzulegen und zu beweisen.

(Nr. 5) Die Personalvertretung kann der Kündigung widersprechen, wenn eine **Weiterbeschäftigung** der zu kündigenden Arbeitnehmerin bzw. des zu kündigenden Arbeitnehmers **unter geänderten Vertragsbedingungen** möglich ist und die Arbeitnehmerin bzw. der Arbeitnehmer hierzu sein Einverständnis erklärt hat. Es reicht aus, daß das Einverständnis unter dem Vorbehalt der Überprüfung der sozialen Rechtfertigung der Änderung im Kündigungsschutzverfahren erklärt wird (str., wie hier Altvater u. a., § 79 BPersVG Rn. 15; Däubler u. a., § 102 BetrVG Rn. 90, Fitting u. a., § 102 Rn. 50).   12

Hat der Personalrat Bedenken oder Einwendungen nach Satz 2 gegen eine Kündigung erhoben, muß sich die Dienststellenleitung damit noch einmal auseinandersetzen und dem Personalrat die Entscheidung unter Angabe der Gründe schriftlich mitzuteilen, vgl. § 69 Abs. 8. Will die Dienststellenleitung gleichwohl kündigen, und hat der Personalrat aus den in Satz 3 genannten Gründen Einwendungen erhoben, so hat die Dienststellenleitung der Arbeitnehmerin bzw. dem Arbeitnehmer eine Abschrift der Stellungnahme des Personalrats mit der Kündigung zuzuleiten. Dies ist ausnahmsweise entbehrlich, wenn die Stufenvertretung die Einwendungen des örtlichen Personalrats nach Anrufung gem. § 69 Abs. 4 nicht aufrechterhält.   13

(Abs. 2) Erhebt eine gekündigte Arbeitnehmerin oder ein gekündigter Arbeitnehmer **Kündigungsschutzklage** gem. § 4 KSchG, so ist die Dienststelle verpflichtet, sie oder ihn weiterzubeschäftigen. Voraussetzung ist, daß der oder die Gekündigte bis zum Ablauf der Kündigungsfrist in eindeutiger Weise die **Weiterbeschäftigung** verlangt, der Personalrat Einwendungen gem. Abs. 1 Satz 2 Nr. 1 bis 5 erhoben und die Stufenvertretung diese aufrechterhalten hat. Die Wirkung der Kündigung wird dadurch bis zum rechtskräftigen Abschluß des Kündigungsschutzverfahrens aufgeschoben.   14

Der Arbeitgeber kann beim Arbeitsgericht im Wege der **einstweiligen Verfügung** (§§ 935 ff. ZPO) beantragen, ihn von der Pflicht zur Weiterbeschäftigung zu entbinden. Das Arbeitsgericht kann die aufschiebende Wirkung beseitigen, wenn die Voraussetzungen des Abs. 2 Satz 2 Nr. 1 bis 3 vorliegen. Bei der Frage, ob die Kündigungsschutzklage der Arbeitnehmerin oder des Arbeitnehmers hinreichende Aussicht auf Erfolg bietet, ist kein allzu strenger Maßstab anzulegen (Altvater u. a., § 79 BPersVG Rn. 19; Grabendorff u. a., Rn. 23). Über die Frage, ob die Einwendungen des Personalrats begründet sind, entscheidet ausschließlich das Arbeitsgericht. Es ist dabei nicht an vorangegangene Entscheidungen des Verwaltungsgerichts gebunden (vgl. BAG vom 14. 5. 87 – 6 AZR 491/85, PersR 88, 55). Der Widerspruch des Personalvertretung ist offensichtlich unbegründet, wenn der Personalrat überhaupt keine sachliche Begründung für seine Einwendungen gibt oder wenn der Widerspruch   15

§ 78

erkennbar auf Gründe außerhalb der in Abs. 1 Satz 2 genannten Einwendungen gestützt hat (Altvater u. a., § 79 BPersVG Rn. 19). Die Weiterbeschäftigung einer Arbeitnehmerin oder eines Arbeitnehmers kann im öffentlichen Dienst nur ganz ausnahmsweise zu einer unzumutbaren wirtschaftlichen Belastung des Arbeitgebers führen (Altvater u. a., § 79 BPersVG Rn. 19; Grabendorff u. a., Rn. 24). Erläßt das Arbeitsgericht die beantragte einstweilige Verfügung, so präjudiziert diese vorläufige Entscheidung den Ausgang des Kündigungsschutzverfahrens nicht (Grabendorff u. a., § 79 BPersVG Rn. 23).

16 (**Abs. 3**) Bei der außerordentlichen Kündigung von Arbeitnehmerinnen und Arbeitnehmern und der fristlosen Entlassung von Beamtinnen und Beamten ist der Personalrat **vor Ausspruch der Kündigung** lediglich **anzuhören.**

17 Die **außerordentliche** – grundsätzlich fristlose – **Kündigung** von Angestellten und Arbeiterinnen und Arbeitern setzt das Vorliegen eines wichtigen Grundes i. S. d. § 626 BGB voraus, der die Fortsetzung des Arbeitsverhältnisses bis zum Ablauf der Kündigungsfrist unzumutbar macht (zu den Kündigungstatbeständen nach dem Einigungsvertrag vgl. zuletzt Beseler, PersR 93, 537 m. w. Nw.). Vom Regelungsbereich wird auch die **außerordentliche Änderungskündigung** umfaßt, da die Kündigungswirkung nur noch davon abhängt, ob die oder der Betroffene die Änderung akzeptiert oder nicht. Sofern die Dienststellenleitung nicht einmal versucht hat, bei einer außerordentlichen Änderungskündigung vor deren Ausspruch die **Zustimmung des Personalrats zu einer Vertragsänderung** zu erhalten, ist die Änderungskündigung mangels Vorliegen eines wichtigen Grundes i. S. d. § 626 BGB unwirksam (BAG vom 29. 6. 88 – 7 AZR 459/87, PersR 89, 101). In Ausnahmefällen kann die außerordentliche Kündigung auch mit einer Auslauffrist erklärt werden, die kürzer als die bei einer ordentlichen Kündigung einzuhaltende Kündigungsfrist ist. Die **fristlose Entlassung** betrifft dagegen die Beendigung des Beamtenverhältnisses außerhalb von § 75 Abs. 1 Nr. 10. Fristlos entlassen werden können Beamtinnen und Beamte auf Probe und auf Widerruf wegen Dienstvergehen, die bei Beamtinnen und Beamten auf Lebenszeit ein Disziplinarverfahren im förmlichen Verfahren zur Folge hätten. Eine fristlose Entlassung liegt auch dann vor, wenn der Dienstherr eine sog. soziale Auslauffrist gewährt (BVerwG vom 1. 12. 82 – 2C 59.81, BVerwGE GG, 291). Die Mitbestimmung bezieht sich auch auf den Entlassungszeitpunkt (BAG vom 21. 8. 90 – 1 AZR 579 89, PersR 91, 38).

18 **Sinn der Vorschrift** ist, der Dienststellenleitung die Bedenken der Personalvertretung zur Kündigungsabsicht darzulegen, damit sie diese vor Ausspruch der Kündigung noch berücksichtigen kann (BAG vom 24. 8. 89 – 2 AZR 592/88, PersR 90, 67 m. Anm. Aufhauser). Die Dienststellenleitung hat alle maßgeblichen Kündigungstatsachen ebenso wie Gründe, die gegen eine Kündigung sprechen, amtlich aktenkundig und vollständig mitzuteilen. Auch von einer Gegendarstellung des oder der Beschäftigten

§ 78

ist der Personalrat zu unterrichten (BAG vom 31. 8. 89 – 2 AZR 453/88, PersR 90, 46).

Bestehen bei der Personalvertretung Bedenken gegen die Maßnahme, so hat sie diese **innerhalb von drei Arbeitstagen** nach ordnungsgemäßer Einleitung des Anhörungsverfahrens der Dienststellenleitung mitzuteilen. Für die Berechnung der Frist gelten die §§ 186–193 BGB. Der Tag der Anhörung zählt nicht mit, § 187 Abs. 1 BGB. Die Frist endet mit dem Ablauf des dritten Arbeitstages nach der Anhörung. Bei einer nicht ordnungsgemäßen Anhörung (bspw. ohne die erforderliche Begründung) beginnt die Frist nicht zu laufen (BVerwG vom 10. 8. 87 – 6 P 22.84, PersR 88, 18). **19**

Die **Umdeutung einer unwirksamen außerordentlichen Kündigung** in eine ordentliche Kündigung entsprechend § 140 BGB ist nicht möglich, weil der Personalrat bei einer ordentlichen Kündigung nicht nur angehört werden muß, sondern nach Abs. 1 mitbestimmt (BAG vom 12. 2. 73 – 2 AZR 116/72, AP Nr. 6 zu § 626 BGB Ausschlußfrist). Ist ein Mitbestimmungsverfahren wegen einer ordentlichen Kündigung durchgeführt worden, ersetzt dies nicht ohne weiteres die Anhörung zu einer außerordentlichen Kündigung (BAG vom 12. 8. 76 – 2 AZR 311/75, DB 76, 2163). **20**

Die Vorschrift regelt auch die **Entlassung ohne Einhaltung einer Frist** von **Beamtinnen und Beamten auf Probe und auf Widerruf** (vgl. Cecior u. a., § 74 LPVG NW Rn. 3). Die ausdrückliche Zustimmungserklärung des Personalrats zur fristlosen Entlassung einer Beamtin oder eines Beamten auf Probe umfaßt auch die fristgemäße Entlassung (BVerwG vom 24. 9. 92 – 2 C 6.92, PersR 93, 73). Bei der fristgemäßen Entlassung dieses Personenkreises bestimmt der Personalrat gem. § 75 Abs. 1 Nr. 10 mit. **21**

(Abs. 4) Folge einer **unterbliebenen oder nicht ordnungsgemäßen Anhörung** des Personalrats bei der **ordentlichen** oder **außerordentlichen Kündigung** ist die **Unwirksamkeit der Kündigung** (BAG vom 5. 2. 81 – 2 AZR 1135/78, AP Nr. 1 zu § 72 LPVG NW, BVerwG vom 9. 5. 85 – 2 C 23.83, PersR 86, 55). Ist eine Kündigung nach Abs. 4 unwirksam, so braucht dieser Mangel nicht innerhalb der Drei-Wochen-Frist des § 4 KSchG geltend gemacht zu werden, vgl. § 13 Abs. 3 KSchG. **22**

Ein **Mangel im Beteiligungsverfahren,** der in den Zuständigkeits- und **Verantwortungsbereich der Dienststelle** fällt, macht eine gleichwohl ausgesprochene Kündigung unwirksam. So führt beispielsweise die Beteiligung einer unzuständigen Personalvertretung zur Unwirksamkeit der Kündigung (BAG vom 3. 2. 82 – 7 AZR 791/79, PersV 82, 503). Dies gilt auch, wenn das Verfahren nicht von der Dienststellenleiterin bzw. dem Dienststellenleiter oder einem anderen nach diesem Gesetz Berechtigten eingeleitet wurde, sondern von deren bzw. dessen Vertreterin oder Vertreter, ohne daß tatsächlich Verhinderungsgründe vorlagen (h. M., so BAG vom 31. 3. 83 – 2 AZR 384/81, PersR 85, 13; BAG vom 10. 3. 85 – 2 AZR 356/81, PersR 85, 12; zuletzt BAG vom 27. 2. 87 – 7 AZR 652/85, NZA **23**

§§ 78, 79

87, 700; OVG Hamburg vom 17. 4. 86 – Bs PB 4/85, PersR 87, 44 m. w. Nw.; LAG Hamm vom 12. 3. 92 – 17 Sa 1797/91, PersR 92, 520; a. A. nur BVerwG vom 23. 2. 89 – 2 C 8.88, PersR 89, 229, aber bei Beamtinnen und Beamten, sofern der Personalrat den Mangel nicht innerhalb der Ausschlußfristen gerügt hat). Auch die Beteiligung einer nicht zuständigen Personalvertretung stellt einen in der Sphäre der Dienststellenleitung liegenden Fehler im Beteiligungsverfahren dar und macht die gleichwohl ausgesprochene Kündigung unwirksam (BAG vom 3. 2. 82 – 7 AZR 791/79, AP Nr. 1 zu LPVG Bayern Art. 77).

24 Eine mangelhafte Beteiligung bei der fristlosen Entlassung einer **Beamtin oder eines Beamten** auf Widerruf oder auf Probe führt nicht zur Nichtigkeit (Unwirksamkeit), sondern lediglich zur Anfechtbarkeit (Rechtswidrigkeit) der Entlassungsverfügung (vgl. § 69 Rn. 6). Eine unterbliebene Anhörung des Personalrats ist im Widerspruchsverfahren nicht nachholbar (BVerwG vom 24. 9. 92 – 2 C 6.92, PersR 93, 73; BVerwG vom 9. 5. 85 – 2 C 23.83, PersR 86, 55 m. Anm. Peiseler).

§ 79
Teilnahme an Prüfungen

An Prüfungen, die eine Dienststelle von den Beschäftigten ihres Bereichs abnimmt, soll ein Mitglied des für diesen Bereich zuständigen Personalrates, das von diesem benannt ist, beratend teilnehmen. Zur Prüfung gehört auch die Beratung des Prüfungsergebnisses.

Vergleichbare Vorschriften: § 80 BPersVG

1 Zu Prüfungen der Dienststelle kann ein Mitglied des Personalrats zur **beratenden Teilnahme** durch gemeinsamen Beschluß des Personalrats entsandt werden (BVerwG vom 18. 6. 65 – VII P 12.64, PersV 65, 229). **Prüfung** in diesem Sinne sind alle in einem förmlichen Verfahren geregelten Feststellungen von Kenntnissen und Fähigkeiten der Beschäftigten (BVerwG vom 14. 5. 63 – VII P 9.62, PersV 63, 232). Voraussetzung ist aber, daß es sich um eine **verwaltungsinterne Prüfung** handelt, sich die Wirkung des Bestehens oder Nichtbestehens also lediglich auf den Bereich der Dienststelle beschränkt (BVerwG vom 8. 10. 84 – 6 P 40.83, PersR 86, 79). Dabei ist unter Bereich der Dienststelle deren Zuständigkeitsbereich, der auch die nachgeordneten Behörden erfaßt, zu verstehen (Cecior u. a., § 76 LPVG NW Rn. 5). Keine verwaltungsinternen Prüfungen sind daher die Zweite Staatsprüfung für Lehrer an höheren Schulen, das Zweite juristische Staatsexamen, Verwaltungsprüfungen kommunaler Studieninstitute, Prüfungen von Ausschüssen nach dem Berufsbildungsgesetz. Verwaltungsinterne Prüfungen sind demgegenüber Laufbahnprüfungen, Aufstiegsprüfungen, Ausleseverfahren für die Zulassung von Beamtinnen und Beamten für die nächsthöhere Laufbahn sowie Eignungsfeststellungen im Wege der Prüfung (vgl. Ruppert, PersV 79, 393). Wird die Prüfung von einer anderen Einrichtung durchgeführt, so ist

§ 79

danach zu differenzieren, ob die Dienststelle Einfluß auf die Gestaltung und Ablauf der Prüfung sowie die Bestellung der Prüferinnen und Prüfer hat. Bleibt dieser Einfluß bei der Beauftragung bestehen, besteht das Teilnahmerecht des Personalrats auch diesbezüglich (BVerwG vom 10. 7. 64 – VII P 4.63, ZBR 64, 346). Wird die Prüfung jedoch völlig selbständig von einer anderen Einrichtung wie z. B. einer Hochschule abgenommen, so besteht das Teilnahmerecht nicht. Sofern eine **übergeordnete Dienststelle** die Prüfung durchführt, hat die bei ihr gebildete Stufenvertretung das Teilnahmerecht. Dies gilt auch für den Fall, daß die Teilnehmerinnen und Teilnehmer einer einzigen nachgeordneten Dienststelle entstammen (Altvater u. a., § 80 BPersVG Rn. 2). Das Teilnahmerecht bezieht sich lediglich auf den **mündlichen,** nicht auf den schriftlichen **Teil der Prüfung** (BVerwG vom 18. 6. 65 – VII P 12.64, PersV 65, 229).

Erforderlich ist ein Beschluß des Personalrats, welches Mitglied er entsendet. Dieser entscheidet auch dann durch **gemeinsamen Beschluß,** wenn die Prüflinge lediglich einer Gruppe der Beschäftigten angehören (BVerwG vom 18. 6. 65 – VII P 12.64, PersV 65, 229; Ruppert, PersV 79, 393). Das entsandte Mitglied ist der Dienststellenleitung zu benennen. Bei seiner Verhinderung tritt ein Ersatzmitglied an seine Stelle, sofern die Geschäftsordnung des Personalrats keine abweichende Regelung trifft (BayVGH vom 13. 4. 88 – 18 P 88.00852, PersV 89, 23). Das Personalratsmitglied kann weder von den für die Durchführung der Prüfung Verantwortlichen, den Prüflingen noch von der Dienststelle abgelehnt werden (Altvater u. a., § 80 BPersVG Rn. 4). Das Personalratsmitglied hat ein **unmittelbares gesetzliches Zugangsrecht** zur Prüfung. Es ist rechtzeitig und umfassend über den Gegenstand, den Ablauf und den Umfang der Prüfung zu unterrichten, so daß es sich darauf noch vorbereiten kann. 2

Das Personalratsmitglied hat insbesondere darauf zu achten, daß die Prüflinge nach Recht und Billigkeit und gleich behandelt werden, vgl. § 72 Abs. 1. Außerdem hat es bei den Prüferinnen und Prüfern im Falle des Vorhandenseins auf die Beachtung einer besonderen Schutzwürdigkeit i. S. d. § 73 Abs. 1 Nr. 4, z. B. durch Einlegung von Pausen, hinzuwirken. Es hat durch die beratende Teilnahme **Einfluß auf die Gestaltung der Prüfungsbedingungen und des Prüfungsablaufes** zu nehmen und ggf. auf Mängel – auch durch Unterbrechung – hinzuweisen (BVerwG vom 31. 1. 79, 6 P 19.78, PersV 80, 418). 3

Im ThürPersVG gesetzlich geregelt ist nunmehr die bislang umstrittene Frage, ob das Personalratsmitglied auch an der **Beratung des Prüfungsergebnisses** teilnehmen kann. Während die Rechtsprechung dies bisher verneint (BVerwG vom 31. 1. 79 – 6 P 19.78, PersV 80, 418), besteht indes kein sachlicher Grund, vom Teilnahmerecht die Beratung des Prüfungsergebnisses auszunehmen. Auch in diesem Rahmen kann das Personalratsmitglied nämlich auf die Berücksichtigung sozialer Gesichtspunkte Einfluß nehmen (so schon Grabendorff u. a., § 80 BPersVG Rn. 10; Dietz/Richardi, Rn. 14). 4

§ 80
Datenschutz

(1) Die Personalvertretung hat sich für die Wahrung der Vorschriften über den Datenschutz in der Dienststelle einzusetzen.

(2) Prüfungsberichte des Datenschutzbeauftragten, soweit sie die Zuständigkeit der Personalvertretung betreffen, sind der Personalvertretung in Kopie zur Verfügung zu stellen.

Keine vergleichbaren Vorschriften

1 **(Abs. 1)** Die Vorschrift ist zwar ohne Vorbild im BPersVG, ihr Kerninhalt ergibt sich aber bereits aus § 68 Abs. 1 Nr. 2. Das allgemeine Überwachungsrecht erstreckt sich nämlich auch auf die Einhaltung der Vorschriften des BDSG und des Landesdatenschutzgesetzes (BVerwG vom 26. 3. 85 – 6 P 31.82, PersR 86, 95). Das BDSG ist ein zugunsten der Beschäftigten geltendes Gesetz i. S. d. § 68 Abs. 1 Nr. 2 (für die entsprechende Vorschrift des BetrVG BAG vom 17. 7. 87 – 1 ABR 59/85, PersR 88, 73). Die Dienststellenleitung ist verpflichtet, den Personalrat umfassend über alle Formen der Verarbeitung personenbezogener Daten der Beschäftigten zu unterrichten, auch außerhalb der Dienststelle (BAG vom 17. 7. 87, a. a. O.). Zu beachten sind in diesem Zusammenhang auch die Vorschriften der § 74 Abs. 3 Nr. 8 (Personalfragebogen), § 74 Abs. 3 Nr. 18 und 19 (Überwachungs-, Erfassungs- und Datenverarbeitungseinrichtungen) und § 75 Abs. 2 Nr. 2 (Personalfragebogen). Der Personalrat kann Arbeitsplätze aufsuchen, um die Einhaltung der Vorschriften zu überwachen und Auskünfte bei den Beschäftigten einholen. Der Personalrat hat auch aus der Unterrichtungspflicht, die keinen speziellen Anlaß voraussetzt, Zugriff auf die in der Dienststelle angelegten Dateien zur Erfüllung seiner Aufgaben. Die Personalvertretung hat sich für die Einhaltung der Datenschutzvorschriften aktiv einzusetzen und dabei auch mit Datenschutzbeauftragten zusammenzuarbeiten. Personalratsmitglieder können daher auch spezielle Seminare zum Datenschutzrecht besuchen. Datenschutzbeauftragte sind zwar grundsätzlich außenstehende Stellen im Sinne von § 66 Abs. 3, sofern keine betrieblichen Datenschutzbeauftragten bestellt sind. Ihre Anrufung ist daher im Konfliktfalle erst nach Ausschöpfung der Einigungsmöglichkeiten in der Dienststelle zulässig. Die Einholung von Sach- und Rechtsauskünften bleibt davon aber unberührt.

Der Personalrat als Teil der Dienststelle ist befugt, im Rahmen seiner Aufgaben unter Beachtung datenschutzrechtlicher Vorschriften personenbezogene Daten von Beschäftigten zu speichern, zu verändern und zu nutzen (vgl. dazu Gola, PersR 90, 33). Ebensowenig können dem Personalrat Datenschutzvorschriften gegenüber personalvertretungsrechtlich berechtigten Auskunftsbegehren entgegengehalten werden.

2 **(Abs. 2)** Nach einer Prüfung der Dienststelle durch die oder den Datenschutzbeauftragten ist der Prüfbericht dem Personalrat in Kopie zur Ver-

fügung zu stellen, nicht nur vorzulegen. Von einer Prüfung ist der Personalrat zudem von der Dienststellenleitung unaufgefordert zu unterrichten. Soweit der Prüfbericht andere Dienststellen außerhalb der örtlichen Zuständigkeit der Personalrats betrifft, hat er keinen Anspruch auf eine Kopie der betreffenden Passagen. Bei einem Prüfbericht, der größere Bereiche mit mehreren Dienststellen und mehreren Personalräten betrifft, hat der Personalrat einen Anspruch nur auf den seine Dienststelle betreffenden Teil. Werden alle nachgeordneten Dienststellen einer Behörde geprüft, ist der gesamte Bericht aber der Stufenvertretung in Kopie zu überlassen. Da der Personalrat die Einhaltung der Datenschutzvorschriften zu überwachen hat, kommt eine Beschränkung der Zuständigkeit nach Abs. 1 bspw. auf den Rahmen der beteiligungspflichtigen Angelegenheiten nicht in Betracht. Die Kopie verbleibt bei der Personalvertretung.

§ 81
Unterstützung bei der Bekämpfung von Unfall- und Gesundheitsgefahren

(1) Der Personalrat hat bei der Bekämpfung von Unfall- und Gesundheitsgefahren die für den Arbeitsschutz zuständigen Behörden, die Träger der gesetzlichen Unfallversicherung und die übrigen in Betracht kommenden Stellen durch Anregung, Beratung und Auskunft zu unterstützen und sich für die Durchführung der Vorschriften über den Arbeitsschutz und die Unfallverhütung in der Dienststelle einzusetzen.

(2) Der Dienststellenleiter und die in Absatz 1 genannten Stellen sind verpflichtet, bei allen im Zusammenhang mit dem Arbeitsschutz oder der Unfallverhütung stehenden Besichtigungen und Fragen und bei Untersuchungen den Personalrat oder die von ihm bestimmten Personalratsmitglieder derjenigen Dienststelle hinzuziehen, in der die Besichtigung oder Untersuchung stattfindet. Der Dienststellenleiter hat dem Personalrat unverzüglich die den Arbeitsschutz und die Unfallverhütung betreffenden Auflagen und Anordnungen der in Absatz 1 genannten Stellen mitzuteilen.

(3) An den Besprechungen des Dienststellenleiters mit den Sicherheitsbeauftragten oder dem Sicherheitsausschuß nach § 719 Abs. 4 der Reichsversicherungsordnung nehmen vom Personalrat beauftragte Personalratsmitglieder teil.

(4) Der Personalrat erhält die Niederschriften über Untersuchungen, Besichtigungen und Besprechungen, zu denen er nach den Absätzen 2 und 3 hinzuzuziehen ist.

(5) Der Dienststellenleiter hat dem Personalrat eine Durchschrift der nach § 1552 der Reichsversicherungsordnung vom Personalrat zu

§ 81

unterschreibenden Unfallanzeige oder des nach beamtenrechtlichen Vorschriften zu erstattenden Berichts auszuhändigen.

Vergleichbare Vorschriften: § 81 BPersVG; § 89 BetrVG

1 **(Abs. 1)** Hiernach ergibt sich für den Personalrat nicht nur das Recht, sondern auch die **Pflicht zur aktiven Zusammenarbeit** mit den für Arbeitsschutz zuständigen Behörden, den Trägern der gesetzlichen Unfallversicherung und den übrigen für Arbeitsschutz und Arbeitssicherheit in Betracht kommenden Behörden und Stellen (zum ganzen Kohte, PersR 83, 3; Elsner, PersR 90, 59; Buchholz, ZTR 91, 455; Nitschki, PersR 92, 390; Rautenberg, PersR 92, 395). Die **Verpflichtung des Personalrats,** sich für die Durchführung der Vorschriften einzusetzen, besteht sowohl gegenüber der Dienststellenleitung als auch gegenüber den Beschäftigten. Die **Pflicht der Dienststellenleitung** zur Einhaltung und Überwachung der Vorschriften zu Arbeitsschutz und Unfallverhütung sowie ihre Pflicht zur Zusammenarbeit mit den zuständigen Stellen werden hierdurch nicht berührt. Dem Personalrat steht eine Befugnis zur Durchführung von Maßnahmen des Arbeitsschutzes nicht zu. Hierfür trägt die Dienststellenleitung die alleinige Verantwortung.

2 Zuständige **Behörden für den Arbeitsschutz** sind staatliche Stellen wie die Gewerbeaufsichtsämter, Gesundheitsbehörden, Gewerbeärzte, Immissionschutzbehörden, Baubehörden und Stellen für vorbeugenden Brandschutz. **Träger der gesetzlichen Unfallversicherung** sind die gewerblichen und sonstigen Berufsgenossenschaften. **Übrige in Betracht kommende Stellen** sind beispielsweise die Technischen Überwachungsvereine, die Sicherheitsbeauftragten, der Sicherheitsausschuß, die Fachkräfte für Arbeitssicherheit und die Vertrauens- und Betriebsärztinnen und -ärzte.

3 Der **Begriff des Arbeitsschutzes** ist weit aufzufassen. Hierzu zählen die **Unfallverhütung** sowie alle **der Erhaltung der Gesundheit der Beschäftigten dienenden Vorschriften.** Neben den **staatlichen Arbeitsschutzvorschriften** und den **Unfallverhütungsvorschriften** der Berufsgenossenschaften sind dies auch die betreffenden Bestimmungen in **Tarifverträgen** und **Dienstvereinbarungen** (ebenso Däubler u. a., § 89 BetrVG Rn. 2; Auflistung der in Betracht kommenden Vorschriften bei Grabendorff u. a., § 81 BPersVG Rn. 9). Der Arbeitsschutz umfaßt sowohl den **technischen** als auch den **sozialen Arbeitsschutz,** so daß auch gesundheitsfördernde Einrichtungen wie Erholungseinrichtungen, die sanitären Einrichtungen, der Betriebssport als auch Ernährungsfragen in der Kantine unter den Begriff fallen.

4 Neuerdings wird zu Recht die Forderung erhoben, den **betrieblichen Umweltschutz** wegen der natürlichen Zusammengehörigkeit von Arbeits- und Umweltschutz auch unter die für den Arbeitsschutz geltenden Mitbestimmungstatbestände zu fassen (vgl. Brüggemann/Riehle; Kloep-

fer/Veit, NZA 90, 121; Trümner, Mitbestimmung 89, 356 ff.; Salje, BB 88, 73).

Der Personalrat kann sich, ohne daß hierzu eine Abstimmung mit der Dienststelle oder die Einhaltung des Dienstwegs erforderlich wäre, anregend, beratend, Auskunft erteilend und Auskunft suchend an die vorgenannten Stellen wenden. Da dem Personalrat die Auskunftserteilung als Pflicht auferlegt ist, ist er nicht zur Verschwiegenheit verpflichtet.

Der Personalrat ist bereits im Vorfeld verpflichtet, alle Maßnahmen anzuregen, vorzuschlagen und zu ergreifen, die dem Arbeitsschutz der Beschäftigten und der Unfallverhütung dienen. Es bedarf hierzu keines besonderen Anlasses. Der Personalrat kann jederzeit Betriebsbegehungen vornehmen und unangekündigte Kontrollen zur Überprüfung der Einhaltung der Arbeitsschutzvorschriften durchführen. Dies gilt auch für ansonsten aus sicherheits- oder datenschutzrechtlichen Gründen gesperrte Bereiche der Dienststelle (vgl. LAG Frankfurt vom 4. 2. 72 – 5 TaBV 3/71, BB 72, 1408).

(**Abs. 2**) Dienststellenleitung und die in Abs. 1 genannten Stellen haben den Personalrat bei allen Besichtigungen und Fragen im Zusammenhang mit Arbeitsschutz oder Unfallverhütung sowie Unfalluntersuchungen hinzuzuziehen. Der Begriff des Unfalls entspricht nicht dem des § 135 BBG. Die **Hinzuziehungspflicht** besteht auch bei Untersuchungen von Unfällen, bei denen nur Sachschaden entstanden ist (BVerwG vom 8. 12. 61 – VII P 7.59, AP Nr. 2 zu § 68 PersVG) oder die sich außerhalb der Dienststelle ereignet haben (Grabendorff u. a., § 81 BPersVG Rn. 18). Die Personalvertretung kann durch Beschluß eines oder mehrere seiner Mitglieder hierfür bestimmen.

Durch Satz 1 (am Ende) wird klargestellt, daß immer derjenige Personalrat zu beteiligen ist, in dessen Dienststelle die Besichtigung bzw. Unfalluntersuchung stattfindet. Auf verwaltungsorganisatorische **Zuständigkeiten** oder die Zugehörigkeit betroffener Beschäftigter kommt es also nicht an.

Satz 2 verpflichtet die Dienststellenleitung zur **sofortigen Mitteilung von Auflagen und Anordnungen** der in Abs. 1 genannten Stellen, damit der Personalrat die Umsetzung überwachen und durchsetzen kann. Diese Pflicht umfaßt auch die Mitteilung verwaltungsinterner Stellungnahmen und Berichte (Altvater u. a., § 81 BPersVG Rn. 8).

(**Abs. 3**) Gem. § 719 i. V. m. § 767 Abs. 1 RVO ist in Dienststellen mit mehr als zwanzig Beschäftigten mindestens eine Sicherheitsbeauftragte oder ein Sicherheitsbeauftragter unter Mitwirkung der Personalvertretung zu bestellen. Nach § 719 Abs. 4 RVO hat sich die Dienststellenleitung mindestens einmal im Monat mit den Sicherheitsbeauftragten oder mit dem Sicherheitsausschuß zum Zwecke des Erfahrungsaustausches zu treffen. Der Personalrat hat bereits gem. § 719 Abs. 4 RVO ein **Teilnahmerecht** an Besprechungen der Dienststellenleitung mit den Sicherheitsbeauftragten oder dem Sicherheitsausschuß.

§§ 81, 82

11 **(Abs. 4)** Der Erhalt der Abdrucke (regelmäßig Fotokopien, Zweit- oder Durchschriften) von Niederschriften über Untersuchungen, Besichtigungen und Besprechungen dient der Sicherung des Informationsanspruchs der Personalvertretung sowie einer Gewährleitung umfassenden Arbeitsschutzes unter Beteiligung aller verantwortlicher Stellen. Auch wenn der Personalrat sein Teilnahmerecht nach Abs. 2 oder 3 nicht wahrgenommen hat, ist ihm daher ein Abdruck zur Verfügung zu stellen. Der Personalrat erhält die Abdrucke unmittelbar von der Stelle, die die Niederschriften erstellt, ggf. von der für den Arbeitsschutz zuständigen Stelle (Däubler u. a., § 89 BetrVG Rn. 33 m. w. Nw.). Die Verpflichtung zur Überlassung eines Abdrucks besteht indes nur, soweit eine Niederschrift tatsächlich freiwillig oder aufgrund gesetzlicher Vorschriften (§ 1746 Abs. 2 RVO) angefertigt wird. Die Vorschrift begründet keine selbständige Verpflichtung zur Fertigung von Niederschriften.

12 **(Abs. 5)** § 1552 Abs. 1 i. V. m. § 1553 RVO verpflichtet die Dienststellenleitung zur **Meldung schwerwiegender Unfälle** (Arbeitsunfähigkeit von mehr als drei Tagen oder Tod eines Beschäftigten) innerhalb von drei Tagen an die Ortspolizeibehörde. Die Anzeige ist von der Personalvertretung, d. h. der oder dem Vorsitzenden, mit zu unterzeichnen, außerdem erhält sie eine Abschrift. Trotz der **Unterzeichnung** bleibt allein die Dienststellenleitung für den Inhalt der Anzeige verantwortlich (Grabendorff u. a., § 81 BPersVG Rn. 24).

13 Nach beamtenrechtlichen Vorschriften (vgl. § 45 Abs. 3 BeamtVG) besteht eine Pflicht der Dienststellenleitung, Dienstunfälle von Beamtinnen und Beamten zu untersuchen und darüber der für die Anerkennung als Dienstunfall zuständigen Stelle zu berichten. Eine Durchschrift dieses Berichts ist der Personalvertretung auszuhändigen; er ist dagegen nicht von der Personalvertretung zu unterzeichnen.

§ 82
Beteiligung der Stufenvertretungen und des Gesamtpersonalrates

(1) In Angelegenheiten, in denen die Dienststelle zur Entscheidung befugt ist, ist der bei ihr gebildete Personalrat zu beteiligen.

(2) In Angelegenheiten, in denen die übergeordnete Dienststelle zur Entscheidung befugt ist, ist an Stelle des Personalrates, die bei der zuständigen Dienststelle gebildete Stufenvertretung zu beteiligen. Einen Beschluß in Angelegenheiten, die einzelne Beschäftigte oder Dienststellen betreffen, faßt die Stufenvertretung im Benehmen mit dem Personalrat. In diesem Fall verdoppeln sich die Fristen des § 69.

(3) Absatz 2 gilt entsprechend für die Verteilung der Zuständigkeit zwischen Personalrat und Gesamtpersonalrat. Der Personalrat kann Angelegenheiten, die in seiner Zuständigkeit liegen, allgemein oder im Einzelfall dem Gesamtpersonalrat mit dessen Zustimmung übertragen. Sind Angelegenheiten dem Gesamtpersonalrat übertragen, so

§ 82

gibt dieser vor einem Beschluß dem Personalrat Gelegenheit zur Äußerung.

(4) Für die Befugnisse und Pflichten der Stufenvertretungen und des Gesamtpersonalrates gelten die §§ 69 bis 81 entsprechend.

(5) Werden im Geschäftsbereich mehrstufiger Verwaltungen personelle oder soziale Maßnahmen von einer Dienststelle getroffen, bei der keine für eine Beteiligung an diesen Maßnahmen zuständige Personalvertretung vorgesehen ist, so ist die Stufenvertretung bei der nächsthöheren Dienststelle, zu deren Geschäftsbereich die entscheidende Dienststelle und die von der Entscheidung Betroffenen gehören, zu beteiligen.

(6) Betrifft eine beteiligungspflichtige Angelegenheit den Geschäftsbereich mehrerer Ministerien, erfolgt die Beteiligung durch einen gemeinsamen Ausschuß der Hauptpersonalräte. Die näheren Regelungen über die Bildung und das Verfahren des Ausschusses werden durch Rechtsverordnung der Landesregierung getroffen.

(7) Ist eine Dienststelle neu errichtet und ist bei ihr ein Personalrat noch nicht gebildet worden, wird bis auf die Dauer von längstens sechs Monaten die bei der übergeordneten Dienststelle gebildete Stufenvertretung beteiligt.

Vergleichbare Vorschrift: § 82 BPersVG

(Abs. 1) Das Landespersonalvertretungsgesetz baut ebenso wie das Bundespersonalvertretungsgesetz auf dem **Grundsatz der Partnerschaft** zwischen Dienststelle und Personalvertretung auf. Daraus folgt der Grundsatz, daß in allen Angelegenheiten, die die Dienststelle betreffen, die örtliche Personalvertretung zu beteiligen ist (BVerwG vom 24. 11. 61 – VII P 10.59, PersV 62, 62). Nur in Ausnahmefällen, wenn nicht die Dienststelle zur Entscheidung befugt ist, sondern eine übergeordnete Dienststelle, ist die dort gebildete Stufenvertretung zu beteiligen (BVerwG vom 19. 12. 75 – VII P 15.74, BVerwGE 50, 80). Der Aufbau der Personalvertretungen folgt dem hierarchischen Aufbau der Verwaltung. Zwischen den Personalvertretungen der verschiedenen Stufen besteht aber kein Über- und Unterordnungsverhältnis. Sie sind keine Beschwerdeinstanz und haben weder eine Aufsichtsbefugnis noch ein Anweisungsrecht gegenüber den Personalvertretungen bei nachgeordneten Dienststellen.

Ist eine Dienststellenleitung selbst zur Entscheidung befugt, ist der bei ihr gebildete örtliche Personalrat zu beteiligen. Dies bedeutet gleichzeitig die Beschränkung der Beteiligung des Personalrats auf die Angelegenheiten, die in die **Zuständigkeit der Dienststelle** fallen, bei der er gebildet ist. Diese selbständige Entscheidungsbefugnis ist nicht dadurch beseitigt, daß die Dienststelle nur mit Zustimmung oder Genehmigung einer vorgesetzten Dienststelle entscheiden kann oder von internen Weisungen der über-

§ 82

geordneten Behörde abhängig ist (vgl. BVerwG vom 22. 9. 67 – VII P 14.66, PersV 68, 113 u. vom 24. 9. 85 – 6 P 21.83, PersV 88, 353).

3 Zuständig für die Ausübung der Beteiligungsrechte im Einzelfall ist derjenige Personalrat, innerhalb dessen Dienststelle die Entscheidung liegt (BVerwG vom 23. 7. 79 – 6 P 28.78, PersV 81, 70).

4 Trifft nicht die Dienststelle die Entscheidung, sondern vermittelt sie die Entscheidung eines anderen Organs nur weiter, so unterfällt diese Maßnahme der Mitbestimmung der dort etablierten Personalvertretung (BVerwG vom 22. 2. 91 – 6 P 8.90, PersR 91, 409).

5 Auch durch Vorgabe der Landesregierung kann die Mitbestimmung des Personalrats nicht umgangen werden, weil die **Kabinettsentscheidung** lediglich eine politische, aber keine rechtliche Bindung auslöst (vgl. BVerwG vom 7. 5. 81 – 6 P 35.79 – Buchholz 237. 8 § 105 LBG RP Nr. 1 (S). So ist nicht die Landesregierung, sondern der jeweilige Fachminister oder die jeweilige Fachministerin zuständig für die Bestimmung der Lage der Arbeitszeit von Angestellten, Arbeiterinnen und Arbeitern (BAG vom 19. 5. 92 – 1 AZR 418/91, PersR 92, 422).

6 Die Zuständigkeitsverlagerung auf den jeweiligen örtlichen Personalrat ist unabhängig davon, ob sich die Maßnahme nur auf die Dienststelle selbst oder auf den Gesamtbereich auswirkt (vgl. BVerwG vom 7. 2. 80 – 6 P 87.78, PersV 81, 292).

7 (**Abs. 2**) Ist eine **übergeordnete Dienststelle** zur Entscheidung befugt, wird anstelle des örtlichen Personalrats die Stufenvertretung beteiligt. Für die Abgrenzung, welche Personalvertretung zu beteiligen ist, ist die **Entscheidungskompetenz** der Dienststelle entscheidend. Diese Zuständigkeit ergibt sich aus den gesetzlichen Vorschriften, Verordnungen, Geschäftsverteilungsplänen und Verfügungen.

8 Zieht allerdings eine übergeordnete Dienststelle die Sache an sich, trifft sie selbst die Entscheidung. Da es sich hierbei um einen verwaltungsinternen Vorgang handelt, ist die **Verlagerung der Zuständigkeit** nur beschränkt nachprüfbar (BVerwG vom 23. 7. 79 – 6 P 28.78, PersV 81, 70).

9 Die Leitung einer **Mittelbehörde oder obersten Dienstbehörde** kann in zwei Funktionen tätig werden. Einmal trifft sie Entscheidungen für einzelne oder alle nachgeordneten Dienststellen und weiterhin wird sie als Leitung in der eigenen Dienststelle tätig. Bei der Behörde besteht daher auch regelmäßig ein örtlicher Personalrat und daneben eine Stufenvertretung. In Literatur und Rechtsprechung (vgl. BVerwG vom 19. 12. 75 – VII P 15.74, PersV 76, 457) ist streitig, welcher Personalrat zu beteiligen ist, wenn die Leitung einer Mittelbehörde oder einer obersten Dienstbehörde nur für ihre Dienststelle eine Maßnahme durchführen will, die die Entscheidungsbefugnis einer Mittelbehörde erfordert. Nach der Rechtsprechung ist der örtliche Personalrat und nicht die Stufenvertretung bei der Mittelbehörde zu beteiligen, wenn die Dienststellenleitung nur für ihre

§ 82

Dienststelle eine Maßnahme durchführen will, obwohl für diese Maßnahme die Kompetenz als Dienststellenleitung der Mittelbehörde erforderlich ist (vgl. dazu BVerwG vom 7. 2. 80 – 6 P 87.78, PersV 81, 292; dagegen Altvater u. a., § 82 BPersVG Rn. 7).

Nach Abs. 2 Satz 2 wird die Stufenvertretung verpflichtet, bei Angelegenheiten, die nicht den gesamten Bereich der Mittelbehörde oder der obersten Dienstbehörde, sondern nur einzelne Beschäftigte oder einzelne Dienststellen betreffen, dem Personalrat oder den Personalräten der jeweils betroffenen Dienststellen **Gelegenheit zur Stellungnahme** zu geben. Wegen dieser Verfahrensausweitung werden nach Satz 3 die Fristen des § 69 verdoppelt. Die Äußerungsfrist kann in dringenden Fällen auf sechs Arbeitstage verkürzt werden. 10

Das Gesetz verpflichtet die Stufenvertretung »dem« Personalrat oder »den« Personalräten die Möglichkeit der Stellungnahme einzuräumen. Von der Stufenvertretung zu beteiligen ist in der Regel der **örtliche Personalrat,** auch dann, wenn das Beteiligungsrecht beim Hauptpersonalrat liegt (BVerwG vom 21. 7. 82 – 6 P 30.79, PersV 83, 372). 11

Besteht auf der Ebene der nachgeordneten Dienststelle ein **Gesamtpersonalrat,** so ist dieser von der Stufenvertretung zu beteiligen (BVerwG vom 8. 7. 77 – VII P 19.75, PersV 78, 278). Ist nur ein verselbständigter Teil einer Gesamtdienststelle betroffen, so hat der Gesamtpersonalrat seinerseits den örtlichen Personalrat beim verselbständigten Dienststellenteil zu beteiligen (so auch Altvater u. a., § 82 BPersVG Rn. 8; Lorenzen u. a., Rn. 22). 12

Die Verpflichtung der Stufenvertretung, Stellungnahmen einzuholen, besteht nicht, wenn die Angelegenheit im **Mitbestimmungs- oder Mitwirkungsverfahren** zur Stufenvertretung gelangt ist, da dann die Stellungnahmen der nachgeordneten Personalvertretungen bereits vorliegen (BAG vom 13. 10. 82 – 7 AZR 617/80, AP Nr. 1 zu § 40 LPVG Niedersachsen). 13

Aus der Verpflichtung der Stufenvertretung zur **Zusammenarbeit** und der **Informationspflicht** ergibt sich, daß die Stufenvertretung den örtlichen Personalrat rechtzeitig und umfassend durch Vorlage der erforderlichen Unterlagen zu unterrichten hat. 14

Durch die Äußerung des örtlichen Personalrats wird die Stufenvertretung in ihrer Entscheidung nicht gebunden. Sie hat jedoch die Stellungnahme der örtlichen Personalvertretung abzuwarten, bevor sie in die Beschlußfassung tritt. Sogenannte »Vorbehaltsbeschlüsse« der Stufenvertretung sind unzulässig (OVG NW vom 10. 2. 92 – CB 260/88, PersR 92, 369, n. rk.). Zu den für die Beschlußfassung notwendigen Informationen gehören auch die Stellungnahmen der örtlichen Personalräte. Auf diese Weise sollen der Stufenvertretung die für eine sachgerechte Ausübung des Beteiligungsrechts notwendigen Informationen gegeben werden, über die sie als »entfernte« Personalvertretung in aller Regel nicht verfügt (vgl. 15

§ 82

BVerwG vom 8. 7. 77 – VII P 19.75, PersV 78, 278). Die Stellungnahme des Personalrats gehört mithin zu den notwendigen Informationen, deren Kenntnis die Stufenvertretung vor der Beschlußfassung bedarf.

16 Weicht die Stufenvertretung von dem Votum des nachgeordneten Personalrats ab und entscheidet anders, so hat sie ihn zu unterrichten und die getroffene Entscheidung umfassend zu begründen. Aus dem Wortlaut des Gesetzestextes ergibt sich eine **schriftliche Unterrichtungs- und Begründungspflicht.**

17 Bei Nichtbeachtung der Beteiligung nach Abs. 2 durch die Stufenvertretung wird der Beschluß nicht unwirksam, da es nicht Aufgabe der Dienststellenleitung ist zu prüfen, ob der Beschluß unter Beachtung der der Stufenvertretung obliegenden Pflichten zustande gekommen ist (Lorenzen u. a., § 82 BPersVG Rn. 24). Eine Verletzung dieser Ordnungsvorschrift kann aber Anlaß eines Verfahrens nach § 22 Abs. 1 sein.

18 (**Abs. 3**) Die Regelungen des Abs. 2 gelten entsprechend für die **Zuständigkeitsverteilung zwischen örtlichem Personalrat und Gesamtpersonalrat.** Sofern die Nebendienststellenleitung eine Entscheidung im Rahmen ihrer Zuständigkeit trifft, ist der örtliche Personalrat zu beteiligen. Der Gesamtpersonalrat bei der Hauptdienststelle ist zu beteiligen, wenn die Dienststellenleitung des Dienststellenteils, bei dem ein örtlicher Personalrat besteht, nicht nach der Verwaltungsorganisation zur Entscheidung befugt ist und die Gesamtdienststellenleitung eine Maßnahme durchführen will. Hierzu gilt das zu Abs. 1 und Abs. 2 Gesagte entsprechend. Bei Entscheidungen der Dienststellenleitung der Hauptdienststelle, die nur diese betreffen, ist jedoch nach der Rechtsprechung des BVerwG der örtliche Personalrat der Hauptdienststelle zu beteiligen. Trifft die Gesamtdienststellenleitung aber Entscheidungen gegenüber Beschäftigten einer Nebenstelle, so ist der Gesamtpersonalrat zuständig. Nach Satz 2 kann der Personalrat allgemein oder im Einzelfall dem Gesamtpersonalrat Angelegenheiten mit dessen Zustimmung übertragen. Die generelle Übertragung von Angelegenheiten kann insbesondere dann sinnvoll sein, wenn Entscheidungen regelmäßig für alle Dienststellen im Bereich der Gesamtdienststelle getroffen werden, um eine einheitliche Handhabung zu erzielen. In der Regel ist dies aber gegen die größere Nähe zur beteiligungspflichtigen Angelegenheit abzuwägen und vom Einzelfall abhängig. Zweckmäßig ist indes bei einheitlich allen Dienststellen gegenüber beabsichtigten Maßnahmen die Übertragung im Einzelfall.

19 (**Abs. 4**) Für die **Befugnisse und Pflichten der Stufenvertretung und des Gesamtpersonalrats** verweist das Gesetz auf Vorschriften des achten Teils »Beteiligung der Personalvertretungen«, (§§ 69 bis 81). Die nicht erwähnten §§ 66 bis 68 gelten für die Stufenvertretungen ohnehin bereits nach ihrem Wortlaut, da in diesen Vorschriften nicht vom Personalrat, sondern von Personalvertretung gesprochen wird (vgl. Grabendorff u. a., § 82 BPersVG Rn. 25). Dieser Begriff umfaßt auch Stufenvertretungen und Gesamtpersonalrat. Die Verweisung ist daher nur für die Vorschriften notwendig, die sich ausschließlich an den Personalrat wenden und deswegen nicht für alle Personalvertretungen gelten. Insofern wäre die Verweisung bezüglich § 80 nicht notwendig, da auch diese Vorschrift bereits nach ihrer Fassung für die Personalvertretungen gilt. Die für die Zusammenarbeit mit der Dienststelle geltenden Regeln über Formen und Verfahren der Mitbestimmung, Mitwirkung und Beteiligung gelten damit für die Stufenvertretung und den Gesamtpersonalrat entsprechend.

(**Abs. 5**) Die Vorschrift gilt nicht nur für personelle und soziale, sondern für **alle beteiligungspflichtigen Maßnahmen.** Der Gesetzgeber hat die Formulierung des BPersVG von 1974 übernommen, die auf der andersartigen Aufteilung des PersVG 1955 beruht. Der Bundesgesetzgeber hat bei der Novellierung übersehen, daß diese Gliederung im BPersVG 1974 aufgegeben wurde (vgl. Altvater u. a., § 82 BPersVG Rn. 17).

Die Vorschrift gilt nur für den Fall, daß eine für eine Beteiligung zuständige Personalvertretung nicht vorgesehen ist. Sie ist nicht anwendbar, wenn eine **Personalvertretung mangels Wahl** nicht gebildet wurde oder nicht arbeitsfähig ist (vgl. Dietz/Richardi, § 82 BPersVG Rn. 22; Fischer/Goeres, Rn. 16). Eine Ausnahme für die Nichtbildung von Personalvertretungen macht nur Abs. 6 bei Hauptpersonalräten.

Die Regelung des Abs. 5 gilt vielmehr für einen Verwaltungsaufbau, der dem gesetzlichen Leitbild der dreistufigen vertikalhierarchischen Verwaltung nicht entspricht, sei es, daß **zentrale Dienststellen** Entscheidungen für ihnen nicht nachgeordnete Dienststellen treffen, sei es, daß Verwaltungszweige **mehr als drei Verwaltungsebenen** aufweisen. Zentrale Dienststellen sind im Bereich des Beschaffungswesens und der Entwicklung und Einführung neuer Techniken vorzufinden. Es würde dem Grundsatz der Repräsentation widersprechen, den Personalrat bei einer Dienststelle zu beteiligen, bei dessen Wahl die von der Maßnahme betroffenen Beschäftigten nicht teilgenommen haben. Die Regelung des Abs. 5 sorgt bei mehr als dreistufigen Verwaltungen dafür, daß keine beteiligungsfreien Räume entstehen können. In den beiden genannten Fällen ist die Personalvertretung bei der nächsthöheren Dienststelle zu beteiligen. Zu beteiligen ist daher die Stufenvertretung bei der Dienststelle, die sowohl der entscheidenden als auch der oder den von der Entscheidung betroffenen Dienststelle(n) übergeordnet ist (vgl. Altvater u. a., § 82 BPersVG Rn. 16).

(**Abs. 6**) führt ein weiteres personalvertretungsrechtliches Organ, den gemeinsamen Ausschuß der Hauptpersonalrat, ein. Dieser Ausschuß ist für beteiligungspflichtige Maßnahmen zuständig, die den Geschäftsbereich mehrerer Ministerien betrifft. Die Bildung und das Verfahren (Geschäftsführung) wird durch eine Rechtsverordnung der Landesregierung geregelt.

(**Abs. 7**) Durch Abs. 7 wird eine weitere Lücke für den Fall geschlossen, daß bei einer **neugebildeten Dienststelle** ein **Personalrat noch nicht**

§§ 82, 83

gebildet worden ist. Für den Fall, daß ein Personalrat nicht oder noch nicht gebildet ist, ordnet die Vorschrift an, den Bezirkspersonalrat bzw. bei dessen Nichtbestehen, den nach Abs. 5 den Hauptpersonalrat in den örtlichen Angelegenheiten wie einen örtlichen Personalrat zu beteiligen. Sofern die übergeordnete Dienststelle sowieso zur Entscheidung für die nachgeordnete Dienststelle befugt ist, ist die Stufenvertretung ohnehin zuständig, vgl. Abs. 2. Die Dauer dieser übergangsweisen Vertretung der Beschäftigten der nachgeordneten Dienststelle durch eine Personalvertretung, die sie nicht gewählt haben, ist auf sechs Monate begrenzt. In dieser Zeit haben die Beschäftigten der neugebildeten Dienststelle Zeit, eine eigene Personalvertretung zu wählen. Unterlassen sie dies, werden ihre Interessen von keiner Personalvertretung wahrgenommen. Eine Ausnahme gilt für den Fall, daß eine übergeordnete Dienststelle im Rahmen ihrer Zuständigkeit beteiligungspflichtige Entscheidungen auch oder nur für die nachgeordnete personalratslose Dienststelle trifft. In diesem Fall ist regulär die Stufenvertretung nach Abs. 2 zu beteiligen.

Neunter Teil
Gerichtliche Entscheidungen

§ 83
Zuständigkeit der Verwaltungsgerichte

(1) Die Verwaltungsgerichte, im dritten Rechtszug das Bundesverwaltungsgericht, entscheiden außer in den Fällen der §§ 9, 25, 28 und 47 Abs. 1 über

1. Wahlberechtigung und Wählbarkeit,

2. Wahl, Amtszeit und Zusammensetzung der Personalvertretungen und der Jugend- und Auszubildendenvertretungen,

3. Zuständigkeit, Geschäftsführung und Rechtsstellung der Personalvertretungen und der Jugend- und Auszubildendenvertretungen,

4. Bestehen oder Nichtbestehen von Dienstvereinbarungen.

(2) Die Vorschriften des Arbeitsgerichtsgesetzes über das Beschlußverfahren gelten entsprechend.

Vergleichbare Vorschriften: §§ 83 Abs. 1, 106 BPersVG

1   Das Personalvertretungsrecht ist **öffentliches Recht.** Gem. § 40 VwGO sind daher für Streitigkeiten die Verwaltungsgerichte zuständig. Durch § 106 BPersVG ist der Landesgesetzgeber gehindert, Streitigkeiten aus dem Landespersonalvertretungsgesetz den **Arbeitsgerichten** zu übertra-

§ 83

gen (vgl. BVerwG vom 16. 12. 77 – 7 P 27.77, PersV 79, 151). Dies wird vielfach kritisiert (vgl. Altvater u. a., § 83 BPersVG Rn. 2). Die Trennung der Zuständigkeiten für das BetrVG und das Personalvertretungsrecht führt häufig zu **unterschiedlichen Entscheidungen** in gleichen Rechtsfragen (Dietz/Richardi, Vorbemerkung zu § 83 BPersVG Rn. 2; Richter, PersR 93, 54). Dies hindert die Arbeitsgerichte nicht, personalvertretungsrechtliche Vorfragen in arbeitsgerichtlichen Individualrechtsstreiten zu entscheiden. So kann das Arbeitsgericht im Kündigungsschutzverfahren einer Angestellten auch über die Frage entscheiden, ob der Personalrat ordnungsgemäß beteiligt worden ist und welche Anforderungen an eine ordnungsgemäße Beteiligung zu stellen sind. Auch dies führt häufig zu unterschiedlichen Entscheidungen der Arbeitsgerichte und der Verwaltungsgerichte.

Gem. § 187 Abs. 2 VwGO ist es den Ländern aber gestattet, für das Gebiet des Personalvertretungsrechts von der Verwaltungsgerichtsordnung abweichende Verfahrensvorschriften zu erlassen (BVerwG vom 2. 4. 80 – 6 P 4.79, PersV 81, 331). Dementsprechend hat der thüringische Gesetzgeber bestimmt, daß die Vorschriften des Arbeitsgerichtsgesetzes über das **Beschlußverfahren** (§§ 80 bis 96 a ArbGG) entsprechend anzuwenden sind. § 80 Abs. 2 ArbGG erklärt dabei Vorschriften über das Urteilsverfahren für anwendbar. Darüber finden schließlich auch Vorschriften der Zivilprozeßordnung Anwendung. 2

Die Verwaltungsgerichte sind zur Entscheidung von **Streitigkeiten** über die in § 83 Abs. 1 abschließend aufgezählten Personalvertretungsangelegenheiten zuständig. Die Zuständigkeit der Verwaltungsgerichte für die **Nichtweiterbeschäftigung Auszubildender** ergibt sich aus § 9, für die **Wahlanfechtung** aus § 25 (zur Wahlanfechtung s. Kruse, PersR 93, 543), für die **Auflösung** des Personalrats bzw. den **Ausschluß** einzelner Personalratsmitglieder aus § 28 und für die **Zustimmungsersetzung bei der außerordentlichen Kündigung** von Mitgliedern der Personalvertretungen aus §§ 47 Abs. 1 ThürPersVG, 108 BPersVG. 3

Außerdem sind die Verwaltungsgerichte nach **Abs. 1 Nr. 1** zur Entscheidung der **Streitigkeiten** über Fragen der **Wahlberechtigung** (§ 13) und der **Wählbarkeit** (§ 14) bei Wahlen von Personalräten und Jugend- und Auszubildendenvertretungen berufen. Eine Wahl kann jedoch nicht in diesen Verfahren, sondern nur im fristgebundenen Wahlanfechtungsverfahren nach § 28 oder im nicht fristgebundenen Verfahren auf Feststellung der Nichtigkeit der Wahl für ungültig erklärt werden. Jede(r) Betroffene kann bei Vorliegen des Rechtsschutzinteresses ein Beschlußverfahren einleiten. Dies liegt bspw. vor, wenn eine Aufnahme ins Wählerverzeichnis nicht oder zu Unrecht erfolgt, wenn Streit über die Wahlberechtigung der Wahlvorstandsmitglieder besteht oder über die Dienststellenzugehörigkeit streitig ist. 4

Die Verwaltungsgerichte entscheiden nach **Abs. 1 Nr. 2 Streitigkeiten über Wahl, Amtszeit und Zusammensetzung** der Personalvertretungen 5

§ 83

und der Jugend- und Auszubildendenvertretung (§ 57 bis 65). Streitigkeiten über die **Wahl** sind alle Fragen zu Notwendigkeit, Voraussetzung und Abwicklung der Wahl eines der genannten Gremien. Zu Abs. 1 Nr. 2 gehören bspw. Streit über die Dienststelleneigenschaft, Fragen der Gruppenzugehörigkeit, Zusammensetzung und Geschäftsführung des Wahlvorstandes und Kosten der Wahl. Hierzu gehören auch die Wahl des Vorstands und der Reihenfolge der Stellvertretung. Streitigkeiten über die **Amtszeit** sind Fragen zu Beginn und Ende der Amtszeit und der Mitgliedschaft. Die **Zusammensetzung** betrifft Angelegenheiten wie Verhinderung und Ausscheiden von Mitgliedern oder Nachrücken von Ersatzmitgliedern, Zusammensetzung des Wahlvorstandes u. ä. Streitigkeiten über die Richtigkeit der Verteilung der Sitze auf die Gruppen sind jedoch dem Wahlanfechtungsverfahren (§ 28) vorbehalten.

6 Die Verwaltungsgerichte sind nach **Abs. 1 Nr. 3** auch bei **Streitigkeiten über Zuständigkeit, Geschäftsführung und Rechtsstellung** der Personalvertretungen und der Jugend- und Auszubildendenvertretung anzurufen. Die Generalklausel ist wegen § 2 a Abs. 1 Nr. 1 ArbGG weit auszulegen, so daß kein verfahrensfreier Raum besteht. Die Vorschrift umfaßt daher alle Fragen der Tätigkeit der genannten Vertretungsgremien. Streitigkeiten über die **Zuständigkeit** betreffen sämtliche Fragen zu den Aufgaben und Befugnissen der Organe sowie der Abgrenzung der Zuständigkeit unter den Vertretungsorganen. Bspw. unterfallen der Vorschrift Verstöße gegen die vertrauensvolle Zusammenarbeit und Umfang der Informations- und Unterrichtungspflicht. Der Begriff der **Geschäftsführung** umfaßt die internen Angelegenheiten der Personalvertretungen wie Geschäftsordnung, Wahl der oder des Vorsitzenden, Einladung zu Sitzungen, Beschlußfassung, Vertretung nach außen sowie die Einberufung und Durchführung von Personalversammlungen. Unter die **Rechtsstellung** fallen insbesondere die in den §§ 45 bis 47 geregelten Materien. Der Begriff umfaßt auch die Rechtsstellung der einzelnen Mitglieder der genannten Organe (vgl. Grabendorff u. a., § 83 BPersVG Rn. 13), soweit ihre personalvertretungsrechtliche Stellung betroffen ist. Bspw. entscheiden die Verwaltungsgerichte über den Freistellungsanspruch, das Teilnahmerecht an Schulungs- und Bildungsveranstaltungen, die Versetzung und Abordnung von Personalratsmitgliedern und Streitigkeiten über die gewerkschaftliche Betätigungsfreiheit der Personalvertretungen und ihrer Mitglieder.

7 Nach **Abs. 1 Nr. 4** entscheiden die Verwaltungsgerichte **Streitigkeiten über das Bestehen oder Nichtbestehen von Dienstvereinbarungen** (§ 72). Hierzu gehören insbesondere Fragen des wirksamen Abschlusses, der Kündigung oder der Weitergeltung – auch von vor Inkrafttreten des ThürPersVG abgeschlossenen – Dienstvereinbarungen. Außerdem entscheidet das Verwaltungsgericht über die Auslegung von Bestimmungen in Dienstvereinbarungen (ebenso Altvater u. a., § 83 BPersVG Rn. 16; Lorenzen u. a., § 73 Rn. 19; Fitting u. a., § 77 BetrVG Rn. 71). Über

§ 83

Ansprüche aus Dienstvereinbarungen entscheidet das Verwaltungsgericht gem. Nr. 3, soweit darin Zuständigkeit und Geschäftsführung der Personalvertretung berührt sind.

Die **Zuständigkeit der Verwaltungsgerichte** gilt nicht nur für die Personalräte, Stufenvertretungen und Gesamtpersonalräte, sondern auch für die Jugend- und Auszubildendenvertretungen und die besonderen Vertretungen. Umstritten ist, ob die Vorschrift auch für die Vertrauensfrauen und Vertrauensmänner gilt (s. Altvater u. a., § 83 BPersVG Rn. 7). Die Tätigkeit der Schwerbehindertenvertretung unterfällt jedoch nicht dem Personalvertretungsgesetz, sondern richtet sich nach dem SchwbG. 8

Für die **Einreichung eines Antrags** vor dem Verwaltungsgericht bestehen mit Ausnahme der **Frist** von zwei Wochen bei dem Verfahren nach § 9 sowie zwölf Arbeitstagen bei der Wahlanfechtung des § 25 keine Fristen. Allerdings kann das Rechtsschutzinteresse wegfallen oder das Antragsrecht verwirken. Die Verwirkung hängt von den Umständen des Einzelfalls ab. Dazu reicht nicht allein eine längere Untätigkeit aus (vgl. BVerwG vom 15. 12. 88 – 6 P 29.85, PersV 88, 437; OVG NW vom 30. 8. 89 – CL 59/86, n. v.). Vielmehr muß der Eindruck erweckt werden, daß von der Antragsbefugnis kein Gebrauch mehr gemacht wird. 9

Die **Prozeßvertretung** ist in § 80 Abs. 2 i. V. m. § 11 ArbGG geregelt. Die Beteiligten **können** sich durch Prozeßbevollmächtigte vertreten lassen, müssen aber nicht. Antragsteller und Beteiligte können sich auch selbst vertreten. Sie können sich zudem auch von einer Gewerkschaftssekretärin oder einem Gewerkschaftssekretär, die Dienststellenleitung von einer Vertreterin oder einem Vertreter des Arbeitgeberverbandes vor dem VG und dem OVG vertreten lassen. Im Verfahren vor dem BVerwG muß sowohl die Rechtsbeschwerdeschrift als auch die Begründung von einer Rechtsanwältin oder einem Rechtsanwalt unterzeichnet sein. Die Beauftragung setzt einen ordnungsgemäßen Beschluß des gesamten Personalrats voraus. In diesem Beschluß kann die Auswahl einer oder eines Prozeßbevollmächtigten auf die Vorsitzende oder den Vorsitzenden des Personalrats übertragen werden. 10

Das Verfahren wird durch einen schriftlichen **Antrag** beim Verwaltungsgericht eingeleitet. Er soll ein bestimmtes Begehren enthalten und begründet sein. Der Inhalt richtet sich nach § 253 ZPO (s. näher Altvater u. a., § 83 BPersVG Rn. 21). Der Antrag kann auf Leistung oder Verpflichtung gerichtet sein. Zulässig ist aber auch die Stellung eines Feststellungsantrages, da bei Behörden stets davon auszugehen ist, daß sie sich auch einem Feststellungsbeschluß ohne Zwang beugen werden. Regelmäßig ist ein **Feststellungsantrag** aber unzulässig, wenn das gleiche Ziel nicht mit einem **Leistungs- oder Verpflichtungsantrag** erreicht werden kann. Ist der Antrag unklar, so hat das Gericht auf eine sachdienliche Formulierung nach §§ 80 Abs. 2, 46 Abs. 2 ArbGG, 139 Abs. 1 ZPO hinzuwirken. 11

Antragsbefugt ist jede Person oder jedes personalvertretungsrechtliche Organ, deren Rechte oder Rechtsstellung aus dem Personalvertretungsge- 12

§ 83

setz betroffen ist. Nach der Rechtsprechung sind die Antragsrechte der Gewerkschaften im Gesetz abschließend aufgeführt, so daß sie bspw. die Wahl der oder des Vorsitzenden einer Personalvertretung durch ein Beschlußverfahren angreifen können (näher OVG NW vom 31. 5. 88 – CL 16/86, PersV 90, 33).

13 Voraussetzung ist weiter das Vorliegen des berechtigten Interesses an der gerichtlichen Feststellung, das sog. **Rechtsschutzbedürfnis.** Dies liegt nur dann vor, wenn der Vorgang, der den Streit ausgelöst hat, im Zeitpunkt der gerichtlichen Entscheidung nicht bereits abgeschlossen ist oder sich erfahrungsgemäß wiederholen wird oder wenn die Rechtsfrage sich in anderem Zusammenhang mit hoher Wahrscheinlichkeit wieder stellen wird (OVG NW vom 24. 6. 92 – CL 21/89, n. v.; BVerwG vom 10. 1. 91 – 6 P 14.88, PersR 91, 137 m. Anm. Sabottig).

14 Das Beschlußverfahren ist ein **objektives Verfahren,** dem der Parteibegriff unbekannt ist. Im Verfahren gibt es daher keinen Antragsgegner, sondern neben dem Antragssteller nur weitere **Beteiligte.** Wer Beteiligter ist, richtet sich nach dem konkreten Sachverhalt. Die Dienststellenleitung ist immer Beteiligte. Ansonsten können bspw. die Jugend- und Auszubildendenvertretung, eine Gewerkschaft oder ein Arbeitgeberverband, die Einigungsstelle oder Beschäftigte Beteiligte sein.

15 Das Verwaltungsgericht bestimmt nach der Antragstellung Inhalt und Umfang des Verfahrens. Es herrscht der **Untersuchungsgrundsatz,** so daß das Verwaltungsgericht aus eigenem Entschluß Zeugen anhört, Auskünfte einholt oder Urkunden einsieht. Das Verfahren ist grundsätzlich **mündlich** (Ausn. § 83 Abs. 3, 4 ArbGG), den Beteiligten ist Gelegenheit zur Äußerung zu geben.

16 Die **Beendigung** des Verfahrens erfolgt in der Regel mit einem in der Sitzung verkündeten Beschluß (§ 84 ArbGG) oder durch Vergleich (§ 83 a ArbGG). Es kann außerdem bis zur Rechtskraft der ergangenen Entscheidung durch Zurücknahme des Antrags beendet werden. Das Verfahren endet zudem bei Erledigung der Hauptsache nach entsprechendem feststellenden Beschluß des Verwaltungsgerichts, nicht aber durch übereinstimmende Erledigungserklärung. Die Beschlußausfertigung muß von der oder dem Vorsitzenden unterzeichnet sein und eine Rechtsmittelbelehrung enthalten.

17 Die **Zwangsvollstreckung** richtet sich bei Beschlüssen, die einem Beteiligten eine Leistung oder eine Verpflichtung auferlegen, nach den Vorschriften der ZPO. Ggf. können auch Zwangsgelder verhängt werden (vgl. VG Gelsenkirchen vom 15. 11. 91 – 3 b K 3186/91. PVL, PersR 92, 164).

18 Wegen der Belastung der Fachkammern mit anderen Materien und der Besetzung mit drei Berufsrichterinnen bzw. Berufsrichtern haben die Verfahren vor den Verwaltungsgerichten eine verhältnismäßig lange **Dauer** (hierzu Sabottig, PersR 89, 289). Im Hinblick auf die Gefahr des

§ 83

Fortfalls des Rechtsschutzbedürfnisses bei tatsächlicher Erledigung der Maßnahme vor gerichtlicher Entscheidung ist die Möglichkeit des Erlasses einstweiliger Verfügungen von großer Bedeutung für die Verwirklichung des Rechtsschutzes. In vielen Fällen droht andernfalls die endgültige Vereitelung eines Mitbestimmungsrechtes des Personalrats. Im Gegensatz zu diesen praktischen Bedürfnissen geht die Rechtsprechung bisher sehr restriktiv mit der Zulassung einstweiliger Verfügungen um. Nach § 85 Abs. 2 Satz 1 ArbGG ist der Erlaß einer **einstweiligen Verfügung** auch im personalvertretungsrechtlichen Verfahren zulässig. Durch eine einstweilige Verfügung darf aber nicht mehr zugesprochen werden, als im Hauptsacheverfahren erreicht werden könnte. Hieraus leitet die Rechtsprechung ab, daß der Dienststellenleitung im Wege der einstweiligen Verfügung ein bestimmtes Tun oder Unterlassen nicht aufgegeben werden kann, weil auch das Personalvertretungsrecht einen solchen materiellen Anspruch nicht kenne. Nach der **Rechtsprechung** des BVerwG (vom 15. 12. 78 – 6 P 13.78, PersV 80, 145) soll der Personalrat **keinen Anspruch auf Unterlassung oder Beseitigung** einer unter Verletzung von Beteiligungsrechten des Personalrats getroffenen Maßnahme haben. Das Beschlußverfahren dient danach lediglich zur Feststellung, ob ein Beteiligungsrecht besteht, nicht aber der Durchsetzung von Rechtsansprüchen aus dieser Feststellung (vgl. z. B. OVG NW vom 14. 10. 91 – 1 B 1690/91, PVL, PersR 92, 68 m. Anm. Manschetten; VGH BW vom 26. 11. 91 – 15 S 2471/91, PersR 92, 258; zuletzt VGH BW vom 19. 1. 93 – PL 15 S 494/92, PersR 93, 560). Dies soll selbst dann gelten, wenn das Beteiligungsrecht des Personalrats endgültig vereitelt wird.

Diese Rechtsprechung ist bedenklich und abzulehnen. Die Beschränkung lediglich auf die Feststellung einer Rechtsverletzung führt im Ergebnis zum Leerlaufen der Rechte der Personalvertretung, wenn diese nicht auch – ggf. im Wege der einstweiligen Verfügung – durchgesetzt werden können. Das Vertrauen darauf, daß die Verwaltung sich an gerichtliche Entscheidungen hält (Bindung der Verwaltung an Gesetz und Recht nach Art. 20 Abs. 3 GG), reicht hierfür nicht aus. Dieses wurde – jedenfalls in unzweifelhaften Fällen – gerade durch die Verletzung der Beteiligungsrechte des Personalrats enttäuscht. Die Rechtsprechung beachtet nicht, daß auch in anderen Rechtsgebieten einstweilige Verfügungen erlassen werden, obwohl materielle Anspruchsgrundlagen fehlen. Auch wird der Personalvertretung nicht mehr als im Hauptsacheverfahren zugesprochen, sondern durch den Erlaß der einstweiligen Verfügung die Durchführung eines Hauptverfahrens überhaupt erst ermöglicht. Der Dienststelle darf durch die personalvertretungsrechtliche Pflichtverletzung auch kein Vorteil zukommen. Der Anspruch des Personalrats muß deshalb einklagbar sein (s. Derleder, ArbuR 83, 289; Altvater u. a., § 69 BPersVG Rn. 21; von Roetteken, PersR 93, 296). **19**

Neuerdings hält das BVerwG aufgrund Art. 20 Abs. 3 GG widersprechender Erfahrungen der Verwaltungsgerichte wenigstens einstweilige Verfü- **20**

§ 83

gungen zur **Sicherung eines Anspruchs verfahrensrechtlichen Inhalts** für zulässig, mit denen der Dienststellenleitung die Einleitung oder Fortsetzung eines Beteiligungsverfahrens aufgegeben wird (BVerwG vom 27. 7. 90 – PB 12.89, PersR 90, 297; BayVGH vom 19. 2. 92 – 18 PC 92.236, PersR 92, 459; VGH BW vom 19. 1. 93 – PL 15 S 2849/92, PersR 93, 559; zuletzt OVG Nds. vom 5. 10. 93 – 18 L 538/93, PersR 93, 568 zwecks Verpflichtung der Dienststellenleitung zur Freistellung von Mitgliedern des Personalrats; vgl. zur Problematik einstweiligen Rechtsschutzes Albers, PersV 93, 487).

21 Neuere Personalvertretungsgesetze haben wie das ThürPersVG (§ 69 Abs. 10, vgl. die Kommentierung dort) wegen dieser restriktiven Rechtsprechung entsprechende **materielle Rückgängigmachungsansprüche** im Personalvertretungsgesetz geregelt (vgl. §§ 67 Abs. 2 Satz 2, 74 Abs. 1 Satz 3 LPersVG RP).

22 Der Beschluß des Verwaltungsgerichts enthält keine Streitwertfestsetzung und keine **Kostenentscheidung.** Gerichtliche Gebühren und Auslagen werden nicht erhoben, das Verfahren ist insoweit kostenfrei. Der Gegenstandswert, nach dem sich die Anwaltsgebühren richten, wird in einem separaten Beschluß festgesetzt. Der **Gegenstandswert** beträgt regelmäßig 6 000 DM, bei Streit um Kosten einer Schulungsveranstaltung oder der anwaltlichen Vertretung richtet sich der Gegenstandswert nach der Höhe der streitigen Kosten (OVG NW vom 8. 7. 92 – 1 E 568/92. PVL, n. v.). Die Kosten einer notwendigen anwaltlichen Vertretung trägt die Dienststelle nach § 44. Diese Kosten sind ggf. in einem weiteren Beschlußverfahren geltend zu machen.

23 Gegen die Beschlüsse der Verwaltungsgerichte besteht das **Rechtsmittel** der Beschwerde nach § 87 ArbGG zum OVG Thüringen in Weimar. Dessen Entscheidungen können vor dem BVerwG in Berlin mit der Rechtsbeschwerde nach § 92 ArbGG angegriffen werden. Diese ist zulässig, wenn das OVG sie zugelassen hat. Die Nichtzulassung kann ebenfalls mit der Beschwerde nach § 92a ArbGG angegriffen werden. Gem. § 127 Nr. 2 BRRG sind die Vorschriften der Landespersonalvertretungsgesetze, die sich auf die Beteiligung des Personalrats an beamtenrechtlichen Maßnahmen beziehen, voll revisibel (Kopp, § 137 VwGO Rn. 9).

24 Daneben sind **Normenkontrollverfahren** wegen einer nach diesem Gesetz erlassenen Rechtsverordnung (Wahlordnung nach § 92) nach § 47 VwGO möglich. Über solche Normenkontrollverfahren entscheidet nicht der Fachsenat für Personalvertretungssachen sondern der für Normenkontrollverfahren zuständige Fachsenat des Oberverwaltungsgerichts Thüringen (BVerwG vom 2. 4. 80 – 6 P 4.79; PersV 81, 331).

§ 84
Bildung von Fachkammern und Fachsenaten

(1) Für die nach diesem Gesetz zu treffenden Entscheidungen sind bei den Verwaltungsgerichten des ersten und zweiten Rechtszuges Fachkammern (Fachsenate) zu bilden. Die Zuständigkeit einer Fachkammer kann auf die Bezirke anderer Gerichte oder Teile von ihnen erstreckt werden. Die Vorschriften des Zweiten Gesetzes zur Änderung des Thüringer Gesetzes zur Ausführung der Verwaltungsgerichtsordnung bleiben hiervon unberührt.

(2) Die Fachkammern und der Fachsenat bestehen aus einem Vorsitzenden, zwei Berufsrichtern und zwei ehrenamtlichen Richtern. Die ehrenamtlichen Richter müssen Beschäftigte im öffentlichen Dienst der in § 1 genannten Einrichtungen sein. Sie werden je zur Hälfte durch die Landesregierung oder die von ihr bestimmte Stelle auf Vorschlag

1. der unter den Beschäftigten vertretenen Gewerkschaften und
2. der in § 1 bezeichneten Einrichtungen berufen.

Für die Berufung und Stellung der ehrenamtlichen Richter und ihre Heranziehung zu Sitzungen gelten die Vorschriften des Arbeitsgerichtsgesetzes über ehrenamtliche Richter entsprechend.

Vergleichbare Vorschriften: § 84 BPersVG

(**Abs. 1**) Streitigkeiten nach diesem Gesetz entscheidet in Thüringen im ersten Rechtszug die Fachkammer beim Verwaltungsgericht Meiningen (vgl. § 6 ThürAGVwGO). In der zweiten Instanz entscheidet über Streitigkeiten aus diesem Gesetz der für das Personalvertretungsrecht zuständige Fachsenat des OVG Thüringen mit Sitz in Weimar. Im dritten **Rechtszug** ist schließlich das BVerwG in Berlin für die Entscheidung zuständig.

(**Abs. 2**) Neben den drei Berufsrichterinnen und -richtern entscheiden in den Fachkammern und -senaten zwei **ehrenamtliche Richterinnen und Richter** gleichberechtigt mit. Die ehrenamtlichen Richterinnen und Richter müssen bei ihrer Berufung und während der gesamten Amtszeit Beschäftigte in Einrichtungen i. S. d. § 1 sein. Der Beschäftigtenbegriff ergibt sich aus § 4. Die ehrenamtlichen Beisitzerinnen und Beisitzer einer Kammer oder eines Senats werden je zur Hälfte auf Vorschlag der unter den Beschäftigten vertretenen Gewerkschaften sowie der in § 1 bezeichneten Einrichtungen durch die Landesregierung berufen. Für das Berufungsverfahren und die Rechtsstellung der ehrenamtlichen Richterinnen und Richter gelten die §§ 20 bis 31 ArbGG entsprechend. Die ehrenamtlichen Richterinnen und Richter werden gem. § 20 Abs. 1 ArbGG für die Dauer von vier Jahren berufen. Die Vorgeschlagenen müssen in einer Dienststelle im Zuständigkeitsbereich der Fachkammer beschäftigt sein. Vorschlagsberechtigt für die ehrenamtlichen Richterinnen und Richter der Arbeitgeberseite sind die Dienststellen, die ihren Sitz im Zuständigkeits-

§§ 84, 85

bereich der Fachkammer haben. Voraussetzung für die Berufung ist daneben die Vollendung des 25. Lebensjahres, beim OVG die Vollendung des 30. Lebensjahres. Das Amt der ehrenamtlichen Richterin oder des ehrenamtlichen Richters kann nur unter den Voraussetzungen des § 24 ArbGG abgelehnt oder niedergelegt werden.

3 **Fachkammer und Fachsenat bei den Verwaltungsgerichten** bestehen aus fünf Personen, nämlich einer vorsitzenden Berufsrichterin oder einem vorsitzenden Berufsrichter, zwei weiteren Berufsrichterinnen oder Berufsrichtern sowie paritätisch jeweils einer ehrenamtlichen Richterin bzw. einem ehrenamtlichen Richter der Arbeitgeber- bzw. Arbeitnehmerseite, den sogenannten Beisitzern. Die Berufsrichterinnen und -richter können daher, anders als beim Arbeitsgericht, nicht durch die ehrenamtlichen Richterinnen oder Richter überstimmt werden. Die Zahl der zu errichtenden Fachkammern hängt von der Zahl der Verfahrenseingänge ab. Aus welchen Gruppen die Beisitzer der Arbeitnehmerseite stammen, ist anders als im BPersVG nicht vorgeschrieben (vgl. § 84 Abs. 3 Satz 2 BPersVG).

Zehnter Teil
Vorschriften für besondere Verwaltungszweige und die Behandlung von Verschlußsachen

§ 85
Abweichungen für das Landesamt für Verfassungsschutz

Für das Landesamt für Verfassungsschutz gilt dieses Gesetz mit folgenden Abweichungen

1. **Der Leiter des Landesamtes für Verfassungsschutz kann nach Anhörung des Personalrates bestimmen, daß Beschäftigte, bei denen dies wegen ihrer dienstlichen Aufgaben dringend geboten ist, nicht an Personalversammlungen teilnehmen.**

2. **Die Vorschriften über eine Beteiligung von Vertretern oder Beauftragten der Gewerkschaften und Arbeitgebervereinigungen (§ 20 Abs. 3, §§ 36, 39 Abs. 1, § 52) sind nicht anzuwenden.**

3. **Bei der Beteiligung der Stufenvertretung und der Einigungsstelle sind Angelegenheiten, die lediglich Beschäftigte des Landesamtes für Verfassungsschutz betreffen, wie Verschlußsachen des Geheimhaltungsgrades »VS-VERTRAULICH« zu behandeln (§ 93), soweit nicht die zuständige Stelle etwas anderes bestimmt.**

Vergleichbare Vorschrift: § 87 BPersVG

1 Schon aus der Überschrift ergibt sich, daß auch für das Landesamt für

Verfassungsschutz grundsätzlich das ThürPersVG zur Anwendung kommt. Der Hintergrund für die in dieser Vorschrift vorgenommenen Abweichungen dürften in der Befürchtung zu sehen sein, daß ansonsten eine wirksame Tätigkeit des Landesamtes für Verfassungsschutz auf Dauer nicht zu gewährleisten sei, wenn seine internen Strukturen und seine Arbeitsweisen an die Öffentlichkeit gelangen würden. Um dieses soweit wie möglich zu vermeiden, soll Außenstehenden und selbst den eigenen Beschäftigten in besonderen Fällen im Hinblick auf andere Mitarbeiterinnen und Mitarbeiter möglichst wenig Einblick in das Landesamt für Verfassungsschutz gestattet werden.

Nach Nr. 1 kann der Dienststellenleiter den Beschäftigten, für die dies wegen ihrer dienstlichen Aufgaben dringend geboten ist, die Teilnahme an Personalversammlungen verbieten. Es obliegt der Entscheidung des Dienststellenleiters, wobei er nach seinem pflichtgemäßen Ermessen entscheiden muß, ob dienstliche Aufgaben zu erfüllen sind, die derart dringend sind. Vorher ist jedoch der Personalrat anzuhören. **2**

Nr. 2 legt fest, daß die Beteiligung von Vertretern der Gewerkschaften und Beauftragten der Arbeitgeberverbände ausgeschlossen wird. **3**

Kein Ausschluß gilt im Hinblick auf die Beteiligung der Stufenvertretung und der Einigungsstelle. Allerdings sind Angelegenheiten, die lediglich Beschäftigte des Landesamtes für Verfassungsschutz betreffen, wie Verschlußsachen nach § 93 zu behandeln. Das bedeutet, daß an die Stelle der Stufenvertretung ein Ausschuß tritt, dem höchstens drei Mitglieder (höchstens je ein Mitglied der im Personalrat vertretenen Gruppen) angehören. Die Einigungsstelle setzt sich, wie in § 93 Abs. 3 vorgegeben, zusammen. Von der Behandlung als Verschlußsachen nach § 93 kann das Innenministerium Ausnahmen zulassen. **4**

§ 86
Abweichungen für den Geschäftsbereich des Thüringer Ministers für Landwirtschaft und Forsten

Für den Geschäftsbereich des Thüringer Ministers für Landwirtschaft und Forsten gilt dieses Gesetz mit folgenden Abweichungen:

1. Die Beschäftigten der Forstverwaltung wählen einen besonderen Forst-Hauptpersonalrat beim Thüringer Ministerium für Landwirtschaft und Forsten.

2. § 29 Abs. 1 Nr. 3 und 4 findet für Waldarbeiter mit der Maßgabe Anwendung, daß die Mitgliedschaft im Personalrat erst bei einem endgültigen Ausscheiden als Waldarbeiter erlischt.

Keine vergleichbaren Vorschriften

Abweichend von dem Grundsatz, daß für den Geschäftsbereich jedes Ministeriums nur ein Hauptpersonalrat gebildet wird, soll für das Thürin- **1**

§ 86

ger Ministerium für Landwirtschaft und Forsten ein besonderer **Forst-Hauptpersonalrat** gebildet werden. Dieser wird nur von den Beschäftigten der Forstverwaltung gewählt. Die übrigen Beschäftigten des Geschäftsbereiches des Thüringer Ministerium für Landwirtschaft und Forsten bilden einen weiteren Hauptpersonalrat. Diese Regelung trägt der besonderen Situation der Beschäftigten der Forstverwaltung Rechnung.

2 Die Vorschrift stellt sicher, daß **Waldarbeiterinnen und Waldarbeiter**, die nicht regelmäßig in der Dienststelle beschäftigt sind, Mitglieder des Personalrats sein und auch bleiben können. Damit wird der besonderen Situation der Waldarbeiter als **Saisonarbeiter** Rechnung getragen. Erst wenn sie endgültig als Waldarbeiter ausscheiden, erlischt ihre Personalratsmitgliedschaft. Sie bleiben hingegen Mitglied des Personalrats, wenn ihr Arbeitsverhältnis nur vorübergehend unterbrochen ist oder sie vorübergehend aus der Dienststelle ausgeschieden sind. Sie können während dieser Zeit die Funktion eines Personalratsmitgliedes voll wahrnehmen und auch an Personalversammlungen teilnehmen. Es tritt also **kein Ruhen der Mitgliedschaft** ein, da die Fälle des Ruhens der Mitgliedschaft im Personalrat abschließend in § 30, der nur für Beamtinnen und Beamte gilt, geregelt ist. Die von Dörig vertretene, andere Ansicht, die Mitgliedschaft im Personalrat ruhe während der Dauer der vorübergehenden Unterbrechung mit der Folge, daß Ersatzmitglieder eintreten und unter Umständen das Absinken der Zahl der Personalvertretungsmitglieder zu vorgezogenen Neuwahlen führen könnte (vgl. Dörig, S. 80), findet keine Grundlage im Gesetz. Eine solche Auslegung würde auch dem Zweck der Sonderregelung, einen funktionsfähigen Personalrat über die gesamte Amtsperiode zu erhalten, zuwiderlaufen.

3 Obwohl das Gesetz hierzu keine ausdrückliche Regelung trifft, folgt aus der Sondervorschrift, daß Waldarbeiter unter den Voraussetzungen des Abs. 1 Nr. 2 als **Beschäftigte** gelten und daß diese grundsätzlich **Wahlberechtigung** und **Wählbarkeit** zu den Personalvertretungen besitzen.

4 Eine Sonderregelung zur Bildung eines **Bezirkspersonalrates** ist nicht vorgesehen. Dies bedeutet jedoch nicht, daß die Beschäftigten dieses Geschäftsbereiches zu keinem Bezirkspersonalrat wahlberechtigt sind, wie dies ausdrücklich für das Thüringer Kultusministerium bestimmt ist (vgl. § 92). Hier gelten die allgemeinen Regelungen zur Stufenvertretung des § 53 Abs. 2. Nach dem vorläufigen Verwaltungsaufbau des Landes Thüringen gehören die Forstämter und Landwirtschaftsämter in den Geschäftsbereich des Landesverwaltungsamtes als Mittelbehörde (a. A. Dörig, S. 79, der davon ausgeht, daß ein Bezirkspersonalrat für die Beschäftigten der Forstverwaltung nicht vorgesehen ist, da die Forstverwaltung zweistufig sei).

§ 87
Abweichungen und Sonderregelungen im Geschäftsbereich des Thüringer Justizministers

Für den Geschäftsbereich des Thüringer Justizministers gilt dieses Gesetz mit folgenden Abweichungen:

1. Für die Beschäftigten der Justizvollzugsanstalten, der Jugendstrafanstalten und der Jugendarrestanstalten wird ein besonderer Hauptpersonalrat beim Thüringer Justizministerium gebildet.
2. § 90 Abs. 1 Nr. 6 und 7 gilt entsprechend.
3. Die Interessen der Rechtsreferendare nach diesem Gesetz werden von dem Personalrat ihrer Stammdienststelle wahrgenommen.
4. Werden bei der Stammdienststelle in der Regel mindestens 5 Rechtsreferendare ausgebildet, so können sie eine Vertrauensperson wählen. Ein Wahlrecht zum Personalrat besitzen die Rechtsreferendare nicht. Für die Zusammenarbeit der Vertrauensperson mit dem Personalrat gilt § 40 Absatz 1 entsprechend.
5. Die Stammdienststelle beruft einmal jährlich alle ihr zugewiesenen Rechtsreferendare zu einer Versammlung ein, in der die Vertrauensperson in geheimer Abstimmung mit einfacher Mehrheit gewählt wird.

Keine vergleichbaren Vorschriften

Im Geschäftsbereich des Thüringer Justizministerium werden zwei Hauptpersonalräte gebildet, einer für den Justizvollzug und ein weiterer für die übrigen Beschäftigten der Justizverwaltung. Zu dem **Hauptpersonalrat Justizvollzug** sind die Beschäftigten der Justizvollzuganstalten, der Jugendstrafanstalten und der Jugendarrestanstalten wahlberechtigt. 1

Durch die Vorschrift der Nr. 2 werden die **Beteiligungsrechte bei Vollzugsbeamten** eingeschränkt (vgl. § 90 Abs. 1 Nr. 6 und 7). Anordnungen für Vollzugsbeamte, die ihren **Einsatz oder Einsatzübungen** regeln, sind nicht beteiligungspflichtig. Ebenso ist die Beteiligung bei der **Einstellung von Vollzugsbeamten zur Ausbildung** ausgeschlossen. Unter Beteiligungsrechte sind als Oberbegriff Mitbestimmungs- und Anhörungsrechte zu verstehen. Nur die Regelung von Einsatz und Einsatzübungen der Vollzugsbeamten kann der Dienststellenleiter einseitig, ohne Mitbestimmung oder Anhörung des Personalrats regeln. 2

Für die Justizvollzugsbeamten in **Ausbildung** sollen die Vorschriften über die Jugend- und Auszubildendenvertretung keine Anwendung finden. Anders als die Polizeivollzugsbeamten in Ausbildung wählen sie **keine eigene Vertretung,** auch keine Vertrauensperson. Sie sind jedoch unter den allgemeinen Voraussetzungen (vgl. §§ 13, 14) zum Personalrat wahlberechtigt und wählbar. 3

Die Interessen der **Rechtsreferendarinnen und Rechtsreferendare** wer- 4

§§ 87, 88

den von dem Personalrat ihrer Stammdienststelle wahrgenommen, ohne daß sie ein Wahlrecht zu diesem Personalrat haben. Allerdings besitzen die Rechtsreferendare, anders als die Lehramtsanwärter (vgl. § 92 Abs. 3 Nr. 1), ein Wahlrecht zu den Stufenvertretungen (HPR Justizverwaltung).

5 Werden in der Stammdienststelle mindestens 5 Rechtsreferendarinnen und Rechtsreferendare ausgebildet, so können sie eine Vertrauensperson wählen. Die Wahl erfolgt einmal jährlich auf einer Vollversammlung der Rechtsreferendarinnen und Rechtsreferendare. Die Wahl eines Stellvertreters ist, anders als bei den Lehramtsanwärtern, nicht vorgesehen. Der Leiter der Stammdienststelle ist verpflichtet, die Wahlversammlung einmal jährlich einzuberufen. Die Vertrauensperson wird in geheimer Abstimmung gewählt. Erforderlich ist die einfache Stimmenmehrheit der anwesenden wahlberechtigten Referendare. Mangels besonderer Regelungen im Gesetz ist die Wahl nach **allgemeinen Wahlgrundsätzen** durchzuführen. Sie ist von einem Wahlvorstand, der von der Versammlung bestellt wird, zu leiten. Die Versammlung kann ergänzende Regelungen in einer Wahlordnung beschließen.

6 Die Rechte der Vertrauensperson sind auf die in § 40 Abs. 1 festgelegten **Teilnahme-, Beratungs- und Stimmrechte** beschränkt. Danach kann sie an allen Sitzungen des Personalrats der Stammdienststelle beratend teilnehmen. Sie kann zu allen Angelegenheiten, die der Personalrat behandelt, Stellung nehmen. **Stimmrecht** im Personalrat hat die Vertrauensperson nur bei Beschlüssen, die überwiegend die Referendarinnen und Referendare betreffen (a. A. Dörig, S. 81, der der Vertrauensperson generell nur eine beratende Stimme zubilligt).

§ 88
Abweichungen für Hochschulen

Für Hochschulen im Geschäftsbereich des Thüringer Ministers für Wissenschaft und Kunst gilt dieses Gesetz mit folgenden Abweichungen:

1. **Auf Professoren an Hochschulen und Hochschuldozenten findet dieses Gesetz keine Anwendung.**

2. **Gastweise, nebenamtlich und nebenberuflich an einer Hochschule Tätige sowie diejenigen, die an der Hochschule, an der sie als Studenten immatrikuliert sind, eine Beschäftigung ausüben, gelten nicht als Beschäftigte im Sinne dieses Gesetzes.**

3. **Die akademischen Mitarbeiter einer Hochschule des Landes (Oberassistenten, Oberingenieure, wissenschaftliche und künstlerische Assistenten, wissenschaftliche und künstlerische Mitarbeiter, Lehrkräfte für besondere Aufgaben) bilden neben den in § 5 genannten Gruppen eine weitere Gruppe, wenn mindestens 5 von Hundert der akademischen Mitarbeiter dies beantragen. In diesem Fall bilden auf Antrag von mindestens 5 vom Hundert der**

§ 88

Gruppenmitglieder die beamteten akademischen Mitarbeiter und die angestellten akademischen Mitarbeiter jeweils eine eigene Gruppe. Bilden die Beschäftigten einer Dienststelle nach Satz 1 mehr als drei Gruppen, so erhöht sich die Zahl der Mitglieder des Personalrates (§ 17 Abs. 3 und 4), soweit das zur Anwendung von § 16 erforderlich ist. Wissenschaftliche Hilfskräfte und Tutoren sind Angestellte im Sinne des Gesetzes, soweit sie ein Studium abgeschlossen haben.

4. § 74 Abs. 1, § 75 Abs. 1 und § 78 Abs. 1 gelten nicht für die in Nr. 3 genannten akademischen Mitarbeiter. Auf Antrag des betroffenen Beschäftigten hat die Personalvertretung in dessen Angelegenheiten mitzuwirken.

5. Dienststellenleiter der Hochschulen ist für das wissenschaftliche Personal der Rektor oder Präsident, im übrigen der Kanzler. Für das wissenschaftliche Personal ist der Kanzler ständiger Vertreter des Rektors oder Präsidenten. Beim Klinikum der Friedrich-Schiller-Universität Jena tritt an die Stelle des Rektors der Ärztliche Direktor, an die Stelle des Kanzlers der Verwaltungsdirektor. Rektor und Kanzler können im Einzelfall in Ausübung ihrer Befugnisse als Dienstvorgesetzte Maßnahmen direkt vor dem Personalrat vertreten.

Teilweise vergleichbare Vorschriften : § 77 Abs. 1 BPersVG

Professorinnen, Professoren, Hochschuldozentinnen und -dozenten 1
werden vom Geltungsbereich des ThürPersVG ausdrücklich ausgenommen. Bei Bestimmung der Zugehörigkeit zu dieser Gruppe sind die mitgliedschaftliche Stellung und die Übergangsregelungen des Thüringer Hochschulgesetzes zu beachten. Zur kooperationsrechtlichen Gruppe der Professoren zählen danach:

– die vom Thüringer Ministerium für Wissenschaft und Kunst zum Professor oder Hochschuldozenten ernannten oder bestellten Wissenschaftlerinnen, Wissenschaftler, Künstlerinnen und Künstler,

– diejenigen Wissenschaftler und Künstler, deren Eignung als Professorin, Professor, Hochschuldozentin oder -dozent nach der Evaluationsordnung für Thüringer Hochschulen vom 6. 7. 91 festgestellt worden ist und die zur Bestellung zum Professor oder Hochschuldozenten vorgeschlagen und in entsprechende Ämter oder Stellen übernommen worden sind sowie

– die anderen Hochschullehrer nach dem früher geltenden Recht, deren persönliche Eignung aufgrund der Evaluationsordnung für Thüringer Hochschulen festgestellt worden ist (§ 123 Abs. 1 ThürHG).

Nicht ausgenommen vom Gesetz sind hingegen die Lehrkräfte mit besonderen Aufgaben (vgl. § 88 Nr. 3). Die übrigen Professoren alten Rechts, deren Eignung nicht festgestellt wurde, zählen zur Gruppe der akademischen Mitarbeiterinnen und Mitarbeiter.

§ 88

2   Ebenfalls ausgenommen vom Gesetz sind die **immatrikulierten Studentinnen und Studenten** der Hochschule, wenn sie an dieser Hochschule eine Beschäftigung (z. B. als wissenschaftliche Hilfskraft, Tutor, Aushilfskraft) ausüben. Weitere Voraussetzung ist jedoch, daß sie ein Studium noch nicht abgeschlossen haben. Immatrikulierte Studenten, die bereits ein Studium abgeschlossen haben, und an der Hochschule beschäftigt sind, gelten als Beschäftigte im personalvertretungsrechtlichen Sinne. Sie werden der Gruppe der Angestellten zugerechnet (vgl. Nr. 3 Satz 4).

3   Die **akademischen Mitarbeiterinnen und Mitarbeiter** können unter bestimmten Voraussetzungen neben den bestehenden drei Gruppen (Angestellte, Arbeiter, Beamte) eine weitere Gruppe bilden. Zu den akademischen Mitarbeitern zählen die Oberassistentinnen und -assistenten, die Oberingenieurinnen und -ingenieure, die wissenschaftlichen und künstlerischen Assistentinnen und Assistenten, wissenschaftlichen und künstlerischen Mitarbeiterinnen und Mitarbeiter und die Lehrkräfte für besondere Aufgaben. Eine zusätzliche Gruppe können sie nur bilden, wenn dies von mindestens 5 % dieser Beschäftigten beantragt wird. Ist dies der Fall, kann wiederum auf Antrag von 5 % dieser Beschäftigten nochmals nach beamteten und angestellten akademischen Mitarbeitern gespalten werden.

4   Für beide Fälle der Gruppenkonstituierung bedarf es nach der gesetzlichen Regelung keiner Vorabstimmung unter den wahlberechtigten Beschäftigten (so auch Dörig, S. 77). Für die Bildung der Gruppen (eine Gruppe der akademischen Mitarbeiter bzw. je eine Gruppe der beamteten und der angestellten akademischen Mitarbeiter) reicht ein formloser **Antrag,** der von 5 % der akademischen Mitarbeiter unterzeichnet sein muß. Der Antrag muß dem Wahlvorstand übergeben werden, wobei weder das Gesetz noch die Wahlordnung eine Frist vorschreibt. Der Wahlvorstand muß Anträge berücksichtigen, die ihm bis zum Tag vor Erlaß des Wahlausschreibens zugehen. Die Regelung gilt für die örtlichen Personalräte und die Stufenvertretung (HPR).

5   Die zusätzliche Gruppenbildung ist als Ausnahme formuliert und erfolgt nur auf ausdrücklichen Antrag. Daher muß sie **für jede Wahl neu beantragt werden** (a. A. Dörig, S. 77). Entgegen der von Dörig vertretenen Ansicht bedarf es hier keiner ausdrücklichen **Befristung,** wie bei den Vorabstimmungen nach § 6 Abs. 3 und § 19 Abs. 2, da es sich eben nicht um einen demokratisch legitimierten Mehrheitsbeschluß, sondern nur um einen Antrag handelt, für den die Willenserklärung einer Minderheit von 5 % ausreicht. Würde ein einmal ordnungsgemäß gestellter Antrag unbefristet für alle folgenden Wahlen gelten, so wäre das Regel- Ausnahmeverhältnis auf den Kopf gestellt. Zudem könnte mangels einer Aufhebungsmöglichkeit die Regel gar nicht wiederhergestellt werden. Dies würde der Intention der Gruppenbildung nur auf Antrag zuwiderlaufen.

6   Die Gruppenbildung auf Antrag bezüglich der akademischen Mitarbeiter kann zur Entstehung von bis zu fünf Gruppen im Personalrat führen. Jede Gruppe muß entsprechend ihrer Stärke im Personalrat vertreten sein. Der

§ 88

Anspruch auf Mindestvertretung jeder Gruppe nach § 17 Abs. 3 und 4 ist zu berücksichtigen. Reicht die nach § 16 vorgesehene Sitzzahl zur Verwirklichung der Mindestgruppensitze nicht aus, so wird die Zahl der **Gesamtsitze im Personalrat** entsprechend **aufgestockt.**

In allen **personellen Einzelmaßnahmen** nach § 74 Abs. 1, § 75 Abs. 1 und § 78 Abs. 1, die einen akademischen Mitarbeiter betreffen, besteht kein Mitbestimmungsrecht für den Personalrat. Der bzw. die Betroffene kann jedoch **beantragen,** daß der Personalrat in seinen bzw. ihren Angelegenheiten zu **beteiligen** ist. Der Antrag kann an den Personalrat oder den Dienststellenleiter oder an beide gerichtet werden. Die gleichberechtigte und vertrauensvolle Zusammenarbeit (vgl. § 2) gebietet es, daß sich Dienststellenleiter und Personalrat gegenseitig von dem Vorliegen eines Antrages nach Nr. 4 unterrichten. 7

Die Formulierung »in dessen Angelegenheit« bedeutet, daß der betroffene Beschäftigte den Antrag in **jeden Einzelfall oder auch generell für alle zukünftig zu erwartenden Angelegenheiten** stellen kann. Beabsichtigt der Dienststellenleiter eine personelle Einzelmaßnahme nach § 74 Abs. 1, § 75 Abs. 1 oder § 78 Abs. 1, so ist er nach Ansicht des BAG aufgrund der Fürsorgepflicht nicht verpflichtet, den betroffenen Beschäftigten oder Bewerber von der Möglichkeit der Beteiligung des Personalrats auf Antrag rechtzeitig zu unterrichten (BAG vom 26. 8. 93 – 2 AZR 376/93, PersR 94, 36 m. w. Nw. auf die ganz überwiegend entgegengesetzten Auffassungen in der Literatur). Beantragt der Betroffene die Beteiligung unmittelbar, nachdem er von der Maßnahme Kenntnis hat, so ist die Beteiligung des Personalrats unverzüglich nachzuholen. Bis zum Abschluß des Beteiligungsverfahrens darf die Maßnahme nicht durchgeführt werden (vgl. § 69 Abs. 10). Wird das Beteiligungsverfahren trotz Antrags des Beschäftigten nicht eingeleitet, so ist dies ein Verstoß gegen wesentliche Verfahrensvorschriften, mit der Folge der Unwirksamkeit der Maßnahme. 8

Der Personalrat hat bei Vorliegen eines Antrages des akademischen Mitarbeiters ein **Mitwirkungsrecht.** Im Gegensatz zum BPersVG ist das Verfahren der Mitwirkung nicht mehr geregelt. Eine entsprechende Verfahrensvorschrift, die im ursprünglichen Gesetzentwurf der Fraktionen von CDU/F.D.P. enthalten war, wurde nach der Beratung im Innenausschuß des Thüringer Landtages ersatzlos gestrichen. Mit der Streichung waren die Umwandlung der Mitwirkungstatbestände in Mitbestimmungstatbestände ohne Möglichkeit der Anrufung der Einigungsstelle und die einheitliche Regelung des Verfahrens in § 69 verbunden. In diesem Zusammenhang ist in bezug auf die Mitwirkung auf Antrag eine unbewußte Regelungslücke entstanden. In Abgrenzung zur minderstarken Anhörung des § 89 Nr. 2 erfolgt die Mitwirkung in entsprechender Anwendung des Mitbestimmungsverfahrens nach § 69 Abs. 1 – 6, mit der Einschränkung, daß die Einigungsstelle nicht angerufen werden kann. Die oberste Dienstbehörde entscheidet nach **Durchführung des Stufenverfahrens** und ab- 9

§ 88

schließender **Erörterung** mit dem Hauptpersonalrat bzw. Personalrat (wenn der Dienststellenleiter oberste Dienstbehörde ist, § 69 Abs. 6)endgültig. Eine ablehnende Entscheidung ist der Personalvertretung mitzuteilen und schriftlich zu begründen (§ 69 Abs. 8).

10 In § 130a Vorläufiges Thüringer Hochschulgesetz (VorlThHSchG) vom 27. 2. 92 (GVBl. S. 73), der gem. § 136 ThürHSchG fortgilt, waren **Personalmaßnahmen in bezug auf das wissenschaftliche und künstlerische Personal,** die wegen mangelnder fachlicher Qualifikation oder persönlicher Eignung getroffen werden, von der Beteiligung der Personalvertretung ausgenommen. Die Vereinbarkeit dieser Regelung mit höherrangigem Recht, insbesondere dem Einigungsvertrag, war ohnehin zweifelhaft. Mit dem Inkrafttreten des ThürPersVG und der abschließenden Sonderregelung des § 88 ist § 130a VorlThHSchG nicht mehr anzuwenden. Das ThürPersVG trifft insofern eine abschließende Vollregelung, die vorher beschlossene Sonderregelungen außer Kraft setzen. Dies ergibt sich bereits daraus, daß der Ausschluß der Professoren und Hochschuldozenten aus dem Gesetz erneut geregelt wird, obwohl dies bereits im Thüringer Hochschulgesetz erfolgte. Es sollte also offensichtlich eine abschließende Sonderregelung für den Hochschulbereich geschaffen werden. Folglich ist die zuständige Personalvertretung entsprechend der Regelung des § 88 auch bei **Personalmaßnahmen in bezug auf das wissenschaftliche und künstlerische Personal,** die wegen mangelnder fachlicher Qualifikation oder persönlicher Eignung ab dem 4. 8. 93 getroffen wurden, zu beteiligen.

11 Die Regelung der Nr. 5 trifft eine eindeutige Festlegung hinsichtlich des **Dienststellenleiters** und seines **ständigen Vertreters** in den Hochschulen und im Klinikum der Friedrich-Schiller-Universität Jena. Die Festlegung des Dienststellenleiters folgt der des Dienstvorgesetzten im Thüringer Hochschulgesetz. Dem Personalrat stehen danach zwei Dienststellenleiter gegenüber. Dienststellenleiter bzw. -leiterin ist für das **wissenschaftliche Personal** der Rektor oder Präsident, sein ständiger Vertreter der Kanzler. Für das übrige, nichtwissenschaftliche Personal ist der Kanzler Dienststellenleiter.

12 Die Regelung der Nr. 5 Satz 3 stellt klar, daß das **Klinikum der Friedrich-Schiller-Universität (FSU) Jena** als rechtlich unselbständige Anstalt eine eigene Dienststelle mit eigenem Personalrat bilden soll. Einer Verselbständigung nach § 6 Abs. 3 bedarf es nicht. Es wird demnach auch kein Gesamtpersonalrat bei der FSU Jena gebildet. Die Beschäftigten sind allerdings zum Hauptpersonalrat beim Thüringer Ministerium für Wissenschaft und Kunst wahlberechtigt.

13 Klargestellt wird, daß hinsichtlich der Dienststellenleitung beim Klinikum der FSU Jena der **ärztliche Direktor** an die Stelle des Rektors und der **Verwaltungsdirektor** an die Stelle des Kanzlers tritt. Mit dieser Regelung ist die Vertretung des Klinikumsvorstandes als Kollegialorgan gegenüber dem Personalrat eindeutig geregelt. Darüber hinaus können

§§ 88, 89

auch der **Rektor** und der **Kanzler** der FSU Maßnahmen direkt gegenüber dem Personalrat treffen, sofern sie im Einzelfall Befugnisse als **Dienstvorgesetzte** ausüben.

§ 89
Abweichungen für öffentliche Theater und Orchester

Für öffentliche Theater und Orchester gilt dieses Gesetz mit folgenden Abweichungen:

1. **Für die an öffentlichen Theatern und Orchestern künstlerisch Beschäftigten gilt § 5 nicht; sie bilden neben den in § 5 genannten Gruppen eine weitere Gruppe. § 88 Nr. 3 Satz 3 gilt entsprechend.**
2. **§ 74 Abs. 1, § 75 Abs. 1 und § 78 Abs. 1 gelten nicht für die in Nr. 1 genannten Beschäftigten. Auf Antrag des betroffenen Beschäftigten ist der Personalrat anzuhören.**
3. **Dienststellenleiter im Sinne dieses Gesetzes ist für die künstlerisch Beschäftigten der künstlerische Leiter, für das sonstige Personal der Leiter der Verwaltung.**

Teilweise vergleichbare Vorschriften: § 77 Abs. 1 BPersVG

Für die an **öffentlichen Theatern und Orchestern** künstlerisch Beschäftigten gilt die Gruppenbildung nach § 5 nicht. Sie werden somit **nicht** entsprechend ihrem Beschäftigungsverhältnis als Angestellte, Arbeiter oder Beamte einer dieser Gruppen zugeordnet. Die künstlerisch Beschäftigten bilden neben den Angestellten, Arbeitern und Beamten eine weitere Gruppe. Ein zur Gruppe der künstlerisch Beschäftigten zählender Beschäftigter kann nicht gleichzeitig zu einer der drei anderen Gruppen gerechnet werden, da eine Doppelvertretung ausgeschlossen ist. Die zusätzliche Gruppenbildung ist zwingend vorgeschrieben, ohne daß es eines besonderen Antrages oder einer Abstimmung bedarf. 1

Der Anspruch auf Mindestvertretung jeder Gruppe nach § 17 Abs. 3 und 4 ist zu berücksichtigen. Reicht die nach § 16 vorgesehene Sitzzahl zur Verwirklichung der Mindestgruppensitze nicht aus, so wird die Zahl der **Gesamtsitze im Personalrat** entsprechend **aufgestockt.** 2

In allen **personellen Einzelmaßnahmen** nach § 74 Abs. 1, § 75 Abs. 1 und § 78 Abs. 1, die einen künstlerischen Mitarbeiter betreffen, besteht kein Mitbestimmungsrecht für den Personalrat. Der bzw. die Betroffene kann jedoch **beantragen,** daß der Personalrat in seinen bzw. ihren Angelegenheiten **anzuhören** ist. Der Antrag kann an den Personalrat oder den Dienststellenleiter oder an beide gerichtet werden. Die gleichberechtigte und vertrauensvolle Zusammenarbeit (vgl. § 2) gebietet es, daß sich Dienststellenleiter und Personalrat gegenseitig von dem Vorliegen eines Antrages nach Nr. 4 unterrichten. 3

Der betroffene Beschäftigte kann den Antrag in **jeden Einzelfall oder** 4

§§ 89, 90

auch generell für alle zukünftig zu erwartenden Angelegenheiten stellen. Beabsichtigt die Dienststellenleitung eine personelle Einzelmaßnahme nach § 74 Abs. 1, § 75 Abs. 1 oder § 78 Abs. 1, so ist sie nach Ansicht des BAG aufgrund der Fürsorgepflicht nicht verpflichtet, den betroffenen Beschäftigten oder Bewerber von der Möglichkeit der Beteiligung des Personalrats auf Antrag rechtzeitig zu unterrichten (BAG vom 26. 8. 93 – 2 AZR 376/93, PersR 94, 36 m. w. Nw. auf die ganz überwiegend entgegengesetzten Auffassungen in der Literatur). Beantragt der Betroffene die Beteiligung unmittelbar, nachdem er von der Maßnahme Kenntnis hat, so ist die Beteiligung des Personalrats unverzüglich nachzuholen. Bis zum Abschluß des Anhörungsverfahrens darf die Maßnahme nicht durchgeführt werden (vgl. § 69 Abs. 10; auch bei der Anhörung handelt es sich um eine gesetzlich vorgeschriebene Beteiligung). Wird die Anhörung trotz Antrags des Beschäftigten nicht eingeleitet, so ist dies ein Verstoß gegen wesentliche Verfahrensvorschriften, mit der Folge der Unwirksamkeit der Maßnahme.

5   Der Personalrat hat bei Vorliegen eines Antrages des akademischen Mitarbeiters ein **Anhörungsrecht.** In Abgrenzung zum Mitbestimmungs- und Mitwirkungsrecht ist das Anhörungsrecht schwächer. Für die Anhörung sind, außer hinsichtlich der Anhörung bei fristlosen Entlassungen und außerordentlichen Kündigung (vgl. § 78 Abs. 3), keine Fristen und kein ausdrückliches Verfahren geregelt. Der Dienststellenleiter ist verpflichtet, dem Personalrat die Maßnahme vor Durchführung mitzuteilen, ihn umfassend und vollständig zu informieren (vgl. § 68 Abs. 2) und ihm ausreichend Zeit zur Stellungnahme zu geben.

6   Die Nr. 3 dieser Vorschrift trifft eine Regelung hinsichtlich des **Dienststellenleiters.** Für das künstlerische Personal ist der künstlerische Leiter Dienststellenleiter und für das sonstige Personal der Leiter der Verwaltung.

7   Mit der getroffenen Sonderregelung hinsichtlich der Dienststellenleitung ist gleichzeitig klargestellt, daß öffentliche Theater und Orchester eine **eigene Dienststelle** bilden, unabhängig davon, welche öffentlich-rechtliche Körperschaft Träger der Einrichtung ist. Das hat zur Folge, daß hier durch Gesetz die Bildung eines eigenen, unabhängigen Personalrats vorgeschrieben ist, ohne daß es einer Verselbständigung nach § 6 Abs. 3 bedarf. Es besteht demnach auch bei Einrichtungen, deren Träger eine Kommune ist, keine Wahlberechtigung zum Gesamtpersonalrat.

§ 90
Abweichungen und Sonderregelungen für die Beschäftigten im Polizeidienst des Landes Thüringen

(1) Für die Beschäftigten im Polizeidienst des Landes Thüringen gilt dieses Gesetz mit folgenden Abweichungen:

1. Das Polizeipräsidium Thüringen, die Polizeidirektionen mit den

§ 90

jeweils nachgeordneten Behörden, die Bereitschaftspolizeiabteilung Thüringen mit den nachgeordneten Behörden, das Landeskriminalamt Thüringen und das Thüringer Polizeiverwaltungsamt sind je eine Dienststelle im Sinne dieses Gesetzes.

2. § 6 Abs. 3 gilt mit der Maßgabe, daß Nebenstellen und Teile einer Dienststelle nur dann als selbständige Dienststellen gelten können, wenn sie räumlich weit von dieser entfernt liegen.

3. Die Beschäftigten des Polizeipräsidiums Thüringen und der ihm nachgeordneten Dienststellen wählen einen Bezirkspersonalrat im Polizeipräsidium Thüringen.

4. Die Beschäftigten der in Nr. 1 genannten Dienststellen wählen einen besonderen Hauptpersonalrat beim Thüringer Innenministerium.

5. In den Fällen der Nr. 2 wird neben den einzelnen Personalräten ein Gesamtpersonalrat gebildet.

6. Eine Beteiligung der Personalvertretung findet nicht statt bei

a) Anordnung für Polizeivollzugsbeamte, durch die Einsatz oder Einsatzübungen geregelt werden,

b) der Einstellung von Polizeivollzugsbeamten für die Ausbildung.

7. Die Vorschriften über die Jugend- und Auszubildendenvertretung gelten nicht für die Polizeivollzugsbeamten.

(2) Die Polizeivollzugsbeamten in Ausbildung sind für die Personalvertretung nicht wahlberechtigt; sie wählen in jeder Hundertschaft eine Vertrauensperson und zwei Stellvertreter. Für die Wahl, die Amtszeit und die Rechte und Pflichten der Vertrauensperson gilt folgendes:

1. a) Der für die Dienststelle zuständige Personalrat bestimmt binnen einer Frist von drei Wochen nach Beginn der Ausbildung je Hundertschaft drei Wahlberechtigte als Wahlvorstand und einen von ihnen als Vorsitzenden. Hat der Personalrat den Wahlvorstand nicht fristgemäß bestimmt, so bestellt der Leiter der Dienststelle den Wahlvorstand. Dem Wahlvorstand obliegt die Durchführung der Wahl. § 24 Abs. 1 Sätze 1 und 2 sind entsprechend anzuwenden.

b) Wahlberechtigt und wählbar in der jeweiligen Hundertschaft sind alle Polizeivollzugsbeamten in Ausbildung, die der Hundertschaft angehören oder zu ihr abgeordnet sind.

c) Die Vertrauensperson und ihre Stellvertreter werden in geheimer und unmittelbarer Wahl mit einfacher Stimmenmehrheit gewählt.

d) Zur Wahl der Vertrauensperson können die wahlberechtigten Polizeivollzugsbeamten in Ausbildung Wahlvorschläge machen. Jeder Wahlvorschlag kann nur einen Bewerber enthalten und muß von mindestens fünf Wahlberechtigten unterzeichnet sein.

§ 90

2. a) Die Amtszeit der Vertrauensperson entspricht der Ausbildungsdauer.

b) Das Amt der Vertrauensperson endet vor Ablauf der Amtszeit durch Niederlegung des Amtes, Beendigung des Dienstverhältnisses oder Versetzung und Abordnung von länger als 3 Monaten.

c) Die Vertrauensperson ist neu zu wählen, wenn ihr Amt vorzeitig endet und kein Stellvertreter vorhanden ist.

3. a) Die Vertrauensperson nimmt Anregungen, Anträge und Beschwerden der Beschäftigten in innerdienstlichen Angelegenheiten und in Angelegenheiten der Fürsorge entgegen und verhandelt sie gegenüber dem Führer der Hundertschaft und dem Personalrat. Sie soll zur vertrauensvollen Zusammenarbeit zwischen dem Führer der Hundertschaft und den Beschäftigten innerhalb der Hundertschaft beitragen. Für die Vertrauenspersonen gelten die Bestimmungen der § 34 Abs. 2 Satz 3 und Abs. 3, § 39, § 40 Abs. 1 und § 62 Satz 1 sinngemäß.

b) Der Führer der Hundertschaft hat die Vertrauensperson mit Vorschlägen in Fragen des inneren Dienstbetriebes und der Fürsorge zu hören, soweit die Angelegenheit den Bereich der jeweiligen Hundertschaft betrifft. Er hat die Vorschläge zu prüfen und, soweit sie ihm geeignet erscheinen, zu berücksichtigen.

c) Die Vertrauensperson darf gegen ihren Willen nur versetzt oder abgeordnet werden, wenn es auch unter Berücksichtigung ihres Amtes aus wichtigen dienstlichen Gründen unvermeidbar ist.

Keine vergleichbaren Vorschriften

1 (Abs. 1) Es wird zunächst klargestellt, daß das ThürPersVG grundsätzlich auch für die **Beschäftigten im Polizeidienst** Anwendung findet. Die in der Vorschrift genannten Sonderregelungen sind jedoch zu beachten.

2 In Nr. 1 wird zunächst abschließend festgelegt, welche Behörden Dienststelle im Sinne dieses Gesetzes sind. Danach bilden **das Polizeipräsidium Thüringen, die Polizeidirektionen mit den jeweils nachgeordneten Behörden, die Bereitschaftspolizeiabteilung Thüringen mit den nachgeordneten Behörden, das Landeskriminalamt Thüringen und das Thüringer Polizeiverwaltungsamt** je eine Dienststelle. Damit ist auch klargestellt, daß die jeweils nachgeordneten Behörden der Polizeidirektionen (Inspektionen, Reviere, Stationen, Posten) bzw. der Bereitschaftspolizeiabteilung (Polizeihunderschaften, Fortbildungseinrichtungen) keine eigene Dienststelle sein können.

3 In Nr. 2 wird die Möglichkeit eröffnet, daß **Nebenstellen oder Teile einer Dienststelle** als selbständige Dienststelle gelten können, wenn die Mehrheit ihrer wahlberechtigten Beschäftigten dies in einer geheimen Abstimmung vor jeder Neuwahl beschließt. Allerdings kann, abweichend von § 6

§ 90

Abs. 3, Gundvoraussetzung für diesen Beschluß nur die **räumlich weite Entfernung** und nicht die Eigenständigkeit in Aufgabenbereich und Organisation sein (vgl. § 6 Abs. 3). Ist eine Verselbständigung in zulässiger Weise erfolgt, so stellt Nr. 5 klar, daß ein **Gesamtpersonalrat** zu bilden ist (vgl. auch § 55).

Die Bildung eines **Bezirkspersonalrates** erfolgt nach Nr. 3 beim Polizeipräsidium Thüringen. Wahlberechtigt hierzu sind die Beschäftigten des Polizeipräsidiums und der ihm nachgeordneten Einrichtungen. Dies ist die gesamte Landespolizei (Direktionen, Inspektionen, Reviere, Stationen, Posten) und die Bereitschaftspolizei (Polizeihunderschaften, Fortbildungseinrichtungen, Polizeimusikkorps). Für diese Dienststellen ist das Polizeipräsidium Thüringen zentrale Dienststelle (vgl. Gesetz über die Organisation der Polizei des Landes Thüringen – POG – vom 14. 5. 91, GVBl. S. 83). Die Polizeivollzugsbeamten in Ausbildung sind zu den Personalvertretungen nicht wahlberechtigt. 4

Das Landeskriminalamt ist eine obere Landesbehörde, die nicht dem Polizeipräsidium Thüringen, sondern unmittelbar dem Innenministerium nachgeordnet ist (vgl. Gesetz über die Organisation der Polizei des Landes Thüringen – POG – vom 14. 5. 91, GVBl. S. 83), so daß beim Landeskriminalamt kein Bezirkspersonalrat zu bilden ist. 5

Ein besonderer **Hauptpersonalrat** wird nach Nr. 4 **beim Innenministerium gebildet. Zu diesem sind die Beschäftigten des Polizeipräsidiums Thüringen, der Polizeidirektionen mit den jeweils nachgeordneten Behörden, der Bereitschaftspolizeiabteilung Thüringen mit den nachgeordneten Behörden, des Landeskriminalamtes Thüringen und des Thüringer Polizeiverwaltungsamtes** wahlberechtigt. Die übrigen Beschäftigten im Geschäftsbereich des Innenministeriums (Beschäftigte des Innenministeriums, Landesverwaltungsamt und nachgeordneter Ämter) bilden einen weiteren Hauptpersonalrat beim Innenministerium. Die Polizeivollzugsbeamten in Ausbildung sind auch zum Hauptpersonalrat nicht wahlberechtigt. 6

Durch die Vorschrift der Nr. 6 werden die **Beteiligungsrechte bei Polizeivollzugsbeamten** eingeschränkt (vgl. auch § 87 Nr. 2 für Justizvollzugsbeamte). Anordnungen für Vollzugsbeamte, die ihren **Einsatz oder Einsatzübungen** regeln, sind nicht beteiligungspflichtig. Ebenso ist die Beteiligung bei der **Einstellung von Polizeivollzugsbeamten zur Ausbildung** ausgeschlossen. Unter Beteiligungsrechte sind als Oberbegriff Mitbestimmungs- und Anhörungsrechte zu verstehen. Nur die Regelung von Einsatz und Einsatzübungen der Vollzugsbeamten kann der Dienststellenleiter einseitig, ohne Mitbestimmung oder Anhörung des Personalrats regeln. 7

Für die Polizeivollzugsbeamten in **Ausbildung** sollen die Vorschriften über die Jugend- und Auszubildendenvertretung keine Anwendung finden. Sie wählen eine **eigene Vertretung.** 8

(**Abs. 2**) Die Polizeivollzugsbeamten in Ausbildung sind zu den Personal- 9

§ 90

vertretungen (örtliche Personalräte und Stufenvertretungen) nicht wahlberechtigt. Sie wählen als eigene Vertretung eine **Vertrauensperson** und zwei Stellvertreter. Diese Wahl erfolgt für jede Hundertschaft.

10 Für die Wahl der Vertrauensperson und deren zwei Stellvertreter wird spätestens drei Wochen nach Beginn der Ausbildung je Hundertschaft ein **Wahlvorstand** einberufen. Der für die Dienststelle zuständige Personalrat bestimmt dazu drei Wahlberechtigte und einen von ihnen zum Vorsitzenden des Wahlvorstandes. Kommt der zuständige Personalrat seiner Pflicht zur Bestellung des Wahlvorstandes nicht innerhalb der gesetzten Frist nach, so bestimmt der **Dienststellenleiter** den Wahlvorstand und seinen Vorsitzenden.

11 Aufgabe des Wahlvorstandes ist die Durchführung der Wahl. Das **Verbot der Wahlbehinderung** nach § 24 Abs. 1 Satz 1 u. 2 und die allgemeinen Grundsätze der **geheimen und unmittelbaren Wahl** gelten entsprechend.

12 **Wahlberechtigt und wählbar** für die jeweilige Hundertschaft sind alle Polizeivollzugsbeamten in Ausbildung, die der Hundertschaft angehören oder zu ihr abgeordnet sind. Bei Abordnung ist eine Mindestdauer nicht vorgesehen, so daß die Voraussetzungen für die Wahlberechtigung und Wählbarkeit mit dem ersten Tag der Abordnung erfüllt sind. Bei abgeordneten Beschäftigten sind ferner die Vorschriften der §§ 13, 14 hinsichtlich der Wahlberechtigung und Wählbarkeit zur alten Dienststelle zu beachten.

13 **Wahlvorschläge für die Vertrauensperson** können die wahlberechtigten Polizeivollzugsbeamten in Ausbildung machen. Jeder Wahlvorschlag kann nur aus einem Bewerber bestehen. Das bedeutet, daß die Wahl stets als **Personenwahl** erfolgt. Jeder Wahlvorschlag muß mindestens fünf **Stützunterschriften** von Wahlberechtigten der Hundertschaft enthalten.

14 Vertrauensperson und ihre Stellvertreter werden mit **einfacher Stimmenmehrheit** in geheimer und unmittelbarer Wahl gewählt. Weitere Wahlvorschriften ergeben sich aus § 47 ThürPersVWO. Danach verteilt der Wahlvorstand unbeschriebene Stimmzettel von gleicher Größe und Farbe. Jeder Wahlberechtigte schreibt selbst den Kandidaten seiner Wahl auf den Stimmzettel. Er muß die Kennzeichnung unbeobachtet vornehmen können. Dabei kann er nur einen der vorher vorgeschlagenen Kandidatinnen oder Kandidaten, die mindestens fünf Stützunterschriften haben müssen, aufschreiben. Daher muß der Wahlvorstand die Wahlvorschläge, die die erforderlichen Stützunterschriften aufweisen, vorher bekanntgeben. Der Wahlvorstand muß die Namen der Wähler in einem Verzeichnis festhalten. Die Stimmzettel müssen gefaltet in einem geschlossenen Behälter gesammelt werden.

15 Nach Beendigung der Wahlhandlung nimmt der Wahlvorstand ohne Unterbrechung die Auszählung öffentlich vor und stellt das Ergebnis fest. Als Vertrauensperson ist gewählt, wer die meisten gültigen Stimmen auf sich vereint. Erster Stellvertreter ist der Bewerber mit den zweitmeisten und zweiter Stellvertreter der mit den drittmeisten Stimmen. Bei Stimmengleichheit entscheidet das Los (vgl. § 47 Abs. 2 ThürPersVGWO). Die weiteren Wahlbewerber sind keine Ersatzmitglieder, was sich aus Abs. 2 Nr. 2c ergibt.

Amtszeit der Vertrauensperson ist die Ausbildungsdauer. Vorzeitige Beendigung des Amtes tritt bei Niederlegung des Amtes, Beendigung des Dienstverhältnisses oder Versetzung und Abordnung von länger als drei Monaten ein. In diesem Fall findet eine Neuwahl außerhalb der regelmäßigen Wahlen nur statt, wenn kein Stellvertreter vorhanden ist. 16

Lückenhaft ist das Gesetz hinsichtlich der **Funktion und Aufgaben der Stellvertreter.** Die Reihenfolge der Stellvertretung ergibt sich aus der Wahlordnung zum ThürPersVG (vgl. § 47 Abs. 2 ThürPersVWO). 17

Aufgabe der Vertrauensperson ist es, **Beschwerden, Anregungen und Anträge** der Vollzugsbeamten in Ausbildung, die den innerdienstlichen Bereich und Fürsorgeangelegenheiten betreffen, entgegenzunehmen. Sie verhandelt sowohl mit dem Führer der Hundertschaft als auch mit dem Personalrat. Die Vertrauensperson ist die Interessenvertretung der Beschäftigten in Ausbildung. Ihr Wirken soll zur vertrauensvollen Zusammenarbeit zwischen dem Führer der Hundertschaft und den Beschäftigten beitragen. Der Führer der Hundertschaft hat die Vertrauensperson **in allen Fragen des inneren Dienstbetriebes und der Fürsorge,** die den Bereich der Hundertschaft betrifft, anzuhören. Die Anhörungspflicht besteht, sofern die Belange der Hundertschaft berührt sind, unabhängig von ihrem Gewicht oder Auswirkungen. Macht die Vertrauensperson Vorschläge, so ist der Führer der Hundertschaft verpflichtet, diese zu prüfen und sie ggf. zu berücksichtigen. Eine Pflicht zur Berücksichtigung besteht jedoch nicht. Der Führer der Hundertschaft entscheidet nach pflichtgemäßem Ermessen darüber, ob ihm die Vorschläge als geeignet erscheinen. Nach dem Grundsatz der vertrauensvollen Zusammenarbeit und der Prüfungspflicht kann die Vertrauensperson eine Entscheidung über ihre Vorschläge und bei ablehnender Entscheidung auch eine Begründung verlangen. 18

Für die **Zusammenarbeit zwischen Vertrauensperson und Personalrat** gelten ähnliche Regelungen, wie bei der Jugend- und Auszubildendenvertretung oder der Schwerbehindertenvertretung. Der Personalrat muß die Vertrauensperson zur **Teilnahme an den Personalratssitzungen** einladen (§ 34 Abs. 2 Satz 3). Die Vertrauensperson kann eine **Sitzung des Personalrates** zu einem bestimmten Thema **beantragen.** Er muß in seinem Antrag an den Personalrat den Gegenstand, dessen Beratung er beantragt, genau bezeichnen. Der Personalrat hat innerhalb von zehn Arbeitstagen nach Eingang des Antrages eine Sitzung einzuberufen und den Gegenstand, dessen Beratung beantragt wurde, auf die Tagesordnung zu setzen (§ 34 Abs. 3). Grundsätzlich nimmt die Vertrauensperson mit beratender Stimme an den Personalratssitzungen teil. Sind von einem Beschluß jedoch überwiegend die Interessen der Polizeivollzugsbeamten in Ausbildung betroffen, so hat die Vertrauensperson Stimmrecht im 19

§ 90

Personalrat (§ 40 Abs. 1). Die Vertrauensperson kann außerdem einen Beschluß des Personalrats für sechs Arbeitstage aussetzen, wenn wesentliche Interessen der Beschäftigten in Ausbildung berührt sind (§ 34 Abs. 1). Darüber hinaus gilt § 62 Satz 1 sinngemäß, d. h. es sind die Vorschriften der §§ 43, 44, 45 Abs. 1, 2, 3 Satz 1, Abs. 5, §§ 46 und 67 Abs. 1 Satz 3 sinngemäß anzuwenden.

20 Vertrauensperson und Personalrat können gemeinsame oder getrennte **Sprechstunden** während der Arbeitszeit abhalten. Ort und Zeit müssen mit dem Dienststellenleiter einvernehmlich geregelt werden (vgl. § 43 Abs. 1). Die Vertrauensperson kann an den getrennten Sprechstunden des Personalrats teilnehmen, wie umgekehrt der Personalrat an denen der Vertrauensperson (vgl. § 43 Abs. 2). Nehmen Beschäftigte den Personalrat oder die Vertrauensperson in Anspruch oder besuchen sie die Sprechstunde so dürfen wegen der dafür entfallenen Arbeitszeit die Bezüge oder Arbeitsentgelte nicht gekürzt werden (vgl. § 43 Abs. 3).

21 Alle **Kosten,** die durch die Tätigkeit der Vertrauensperson entstehen, hat die Dienststelle zu tragen. Dazu gehören auch notwendige Reisekosten, die nach den Bestimmungen für Beamte der Besoldungsgruppe A 15 zu zahlen sind (vgl. § 44 Abs. 1). Notwendige Kosten sind insbesondere die Kosten, die für Sitzungen, für Sprechstunden und für die laufende Geschäftsführung anfallen. Die Dienststelle hat in erforderlichem Umfang Räume, Geschäftsbedarf und Büropersonal zur Verfügung zu stellen (vgl. § 44 Abs. 2). Ferner muß die Dienststelle ein »Schwarzes Brett« für Aushänge an geeigneter Stelle anbringen. Die Vertrauensperson kann auch Informationsblätter für die Beschäftigten herausbringen (vgl. § 44 Abs. 3). Da die Kosten vollständig von der Dienststelle zu tragen sind, darf die Vertrauensperson auch keine Beiträge von den Beschäftigten erheben oder annehmen (vgl. § 44 Abs. 4).

22 Für die **Freistellung** der Vertrauensperson vom Dienst gelten die Bestimmungen des § 45 Abs. 1, 2 und 3 Satz 1. Die Vertrauensperson führt ihr Amt unentgeltlich als Ehrenamt während der Arbeitszeit. Der Vertrauensperson dürfen wegen der dafür entfallenen Arbeitszeit die Bezüge oder Arbeitsentgelte nicht gekürzt werden. Dauert die Tätigkeit länger als die regelmäßige Arbeitszeit, so hat die Vertrauensperson Anspruch auf Dienstbefreiung in entsprechendem Umfang (vgl. § 45 Abs. 1 und 2). Die Vertrauensperson kann ganz oder teilweise vom Dienst befreit werden, wenn und soweit dies zur ordnungsgemäßen Durchführung erforderlich ist. Strebt die Vertrauensperson eine ganze oder teilweise Freistellung an, so muß sie darüber Einvernehmen mit dem Dienststellenleiter herstellen (vgl. § 45 Abs. 3 Satz 1). Freigestellte Vertrauenspersonen haben den gleichen Schutz vor Benachteiligen im beruflichen Werdegang, wie Personalratsmitglieder (vgl. § 45 Abs. 5).

23 Vertrauenspersonen haben Anspruch auf bezahlte Freistellung zur **Teilnahme an Schulungs- und Bildungsveranstaltungen,** die für ihre Arbeit notwendige Kenntnisse vermitteln. Die Kosten für diese Veranstal-

tungen trägt die Dienststelle. Den gleichen Anspruch haben auch die Stellvertreter der Vertrauensperson, die hier den Ersatzmitgliedern gleichzustellen sind. Die Vertrauensperson teilt dem Dienststellenleiter ihren Beschluß über ihre eigene Entsendung zur Schulungs- und Bildungsveranstaltung bzw. die der Stellvertreter mit (vgl. § 46 Abs. 1). Darüber hinaus haben Vertrauenspersonen Anspruch auf bezahlte Freistellung vom Dienst für insgesamt drei Wochen, bei erstmaliger Wahl von vier Wochen zur Teilnahme an politischen Bildungsveranstaltungen, die die Erfordernisse des Abs. 2 erfüllen (vgl. § 46 Abs. 2).

Vertrauensperson und Dienststellenleiter sind im Rahmen ihrer Tätigkeit zur **parteipolitischen Neutralität** verpflichtet. Davon unberührt bleibt die Behandlung von Tarif-, Besoldungs- und Sozialangelegenheiten (vgl. § 67 Abs. 1 Satz 3). 24

Die Vertrauensperson ist vor **Versetzung und Abordnung** ähnlich wie ein Personalratsmitglied geschützt. Gegen ihren Willen darf sie nur versetzt oder abgeordnet werden, wenn es auch unter Berücksichtigung ihres Amtes aus wichtigen dienstlichen Gründen unvermeidbar ist. Gegen ihren Willen ist die Versetzung oder Abordnung nur möglich, wenn sie aus wichtigen dienstlichen Gründen **unvermeidbar** ist (vgl. § 47 Abs. 2 Satz 1). Anders als beim Personalrat ist hier jedoch nicht die Zustimmung des Personalrats erforderlich. Streitigkeiten über die Zulässigkeit einer Versetzung oder Abordnung müssen daher gerichtlich geklärt werden. Der Versetzung oder Abordnung steht die Umsetzung gleich, die mit dem Wechsel des Dienstortes verbunden ist, wobei es nicht darauf ankommt, ob die Umsetzung auf Dauer oder nur vorübergehend erfolgt (BVerwG vom 29. 4. 81 – 6 P 34.79). **Stellvertreter** der Vertrauensperson genießen einen den Ersatzmitgliedern entsprechenden Schutz. Sie sind also auch geschützt, wenn sie nicht auf Dauer die Aufgaben der Vertrauensperson wahrnehmen, sondern nur vorübergehend, während einer zeitweisen Verhinderung der Vertrauensperson, tätig werden (vgl. BVerwG vom 27. 9. 84 – 6 P 38.83, PersR 86, 79). 25

§ 91
Forschungseinrichtungen

Für Forschungseinrichtungen gilt dieses Gesetz mit folgender Abweichung:

§ 74 Abs. 1, § 75 Abs. 1 und § 78 Abs. 1 gelten nicht für die Beschäftigten mit überwiegend wissenschaftlicher Tätigkeit. § 88 Nr. 4 Satz 2 gilt entsprechend.

Teilweise vergleichbare Vorschriften: § 77 Abs. 1 BPersVG

Das ThürPersVG findet grundsätzlich auch auf Forschungseinrichtungen des Freistaates Thüringen, die in öffentlich-rechtlicher Trägerschaft sind, Anwendung. Bei der **Mitbestimmung in personellen Maßnahmen** gel- 1

§ 91

ten für die Beschäftigten mit überwiegend wissenschaftlicher Tätigkeit die gleichen Einschränkungen wie an Hochschulen (vgl. § 88 Nr. 4 Satz 2).

2   In allen **personellen Einzelmaßnahmen** nach § 74 Abs. 1, § 75 Abs. 1 und § 78 Abs. 1, die einen Beschäftigten mit überwiegend wissenschaftlicher Tätigkeit betreffen, besteht kein Mitbestimmungsrecht für den Personalrat. Überwiegend wissenschaftlich ist die Tätigkeit nur, wenn das wissenschaftliche Element prägend für das Arbeitsverhältnis ist.

3   Der bzw. die Betroffene kann **beantragen,** daß der Personalrat in seinen bzw. ihren Angelegenheiten zu **beteiligen** ist. Der Antrag kann an den Personalrat oder den Dienststellenleiter oder an beide gerichtet werden. Die gleichberechtigte und vertrauensvolle Zusammenarbeit (vgl. § 2) gebietet es, daß sich Dienststellenleiter und Personalrat gegenseitig von dem Vorliegen eines Antrages nach Nr. 4 unterrichten. Die Formulierung »in dessen Angelegenheit« bedeutet, daß der betroffene Beschäftigte den Antrag in **jedem Einzelfall oder auch generell für alle zukünftig zu erwartenden Angelegenheiten** stellen kann. Beabsichtigt die Dienststellenleitung eine personelle Einzelmaßnahme nach § 74 Abs. 1, § 75 Abs. 1 oder § 78 Abs. 1, so ist sie nach Ansicht des BAG aufgrund der Fürsorgepflicht nicht verpflichtet, den betroffenen Beschäftigten oder Bewerber von der Möglichkeit der Beteiligung des Personalrats auf Antrag rechtzeitig zu unterrichten (BAG vom 26. 8. 93 – 2 AZR 376/93, PersR 94, 36 m. w. Nw. auf die ganz überwiegend entgegengesetzten Auffassungen in der Literatur). Beantragt der Betroffene die Beteiligung unmittelbar, nachdem er von der Maßnahme Kenntnis hat, so ist die Beteiligung des Personalrats unverzüglich nachzuholen. Bis zum Abschluß des Beteiligungsverfahrens darf die Maßnahme nicht durchgeführt werden (vgl. § 69 Abs. 10). Wird die Beteiligung trotz Antrags des Beschäftigten nicht eingeleitet, so ist dies ein Verstoß gegen wesentliche Verfahrensvorschriften, mit der Folge der Unwirksamkeit der Maßnahme.

4   Der Personalrat hat bei Vorliegen eines Antrages des wissenschaftlichen Mitarbeiters ein **Mitwirkungsrecht.** Im Gegensatz zum BPersVG ist das Verfahren der Mitwirkung nicht mehr geregelt. Eine entsprechende Verfahrensvorschrift, die im ursprünglichen Gesetzentwurf der Fraktionen von CDU/F.D.P. enthalten war, wurde nach der Beratung im Innenausschuß des Thüringer Landtages ersatzlos gestrichen. Mit der Streichung war die Umwandlung der Mitwirkungstatbestände in Mitbestimmungstatbestände ohne Möglichkeit der Anrufung der Einigungsstelle, und die einheitliche Regelung des Verfahrens in § 69 verbunden. In diesem Zusammenhang ist in bezug auf die Mitwirkung auf Antrag eine unbewußte Regelungslücke entstanden. In Abgrenzung zur minderstarken Anhörung des § 89 Nr. 2 erfolgt die Mitwirkung in entsprechender Anwendung des Mitbestimmungsverfahrens nach § 69 Abs. 1 bis 6, mit der Einschränkung, daß die Einigungsstelle nicht angerufen werden kann. Die oberste Dienstbehörde entscheidet nach **Durchführung des Stufenverfahrens**

und abschließender **Erörterung** mit dem Hauptpersonalrat bzw. Personalrat (wenn der Dienststellenleiter oberste Dienstbehörde ist, § 69 Abs. 6) endgültig. Eine ablehnende Entscheidung ist der Personalvertretung mitzuteilen und schriftlich zu begründen (§ 69 Abs. 8).

§ 92
Abweichungen und Sonderregelungen im Geschäftsbereich des Thüringer Kultusministers

Für den Geschäftsbereich des Thüringer Kultusministers gilt dieses Gesetz mit folgenden Abweichungen und Sonderregelungen:

(1) Allgemeine Regelungen

1. Dienststellen im Sinne des § 6 sind unter Ausschluß des § 6 Absatz 3 die allgemeinbildenden und berufsbildenden Schulen, die Fachschulen, die Studienseminare, das Kolleg, das Thüringer Institut für Lehrerfortbildung, Lehrplanentwicklung und Medien und die staatlichen Schulämter.

2. Die Sitzungen der Personalvertretungen und die Personalversammlungen finden grundsätzlich außerhalb der Unterrichtszeit statt. Dies gilt nicht für den Hauptpersonalrat.

3. Die Sitzungen und Sprechstunden werden, soweit landeseigene Räume nicht zur Verfügung gestellt werden können, in den Räumen der Schule durchgeführt. Jeder Schulträger ist verpflichtet, die erforderlichen Räume und Einrichtungsgegenstände zur Verfügung zu stellen. Notwendige Kosten für Heizung, Beleuchtung und Reinigung werden vom Land nicht erstattet.

(2) Regelungen für die Stufenvertretung:

1. Als einzige Stufenvertretung im Sinne des § 53 wird beim Kultusministerium aus der Gesamtheit aller Beschäftigten ein Hauptpersonalrat gebildet.

2. Ergänzend zu § 5 bilden im Hauptpersonalrat sowohl die angestellten als auch die beamteten

a) Erzieher an den Grundschulhorten,

b) Lehrer an den Grundschulen,

c) sonderpädagogischen Fachkräfte und Lehrer an den Förderschulen,

d) Lehrer an den Regelschulen,

e) Lehrer an den Gymnasien sowie den Spezialgymnasien, des Kollegs und von Gesamtschulen,

f) Lehrer an berufsbildenden Schulen, eigenständige Gruppen. Lehrer, die keiner der aufgeführten bzw. mehreren Gruppen angehören, gelten als Angehörige derjenigen Gruppe, die ihrer Unterrichtsverpflichtung am meisten entspricht.

§ 92

3. Abweichend von § 17 Abs. 3 und § 53 Abs. 2 erhält eine Gruppe im Hauptpersonalrat

bis 1000 Gruppenangehörige mindestens einen Vertreter

von 1001 bis 4000 Gruppenangehörigen mindestens 2 Vertreter und

von 4001 und mehr Gruppenangehörigen mindestens 3 Vertreter.

Die Höchstzahl der Mitglieder beträgt in Abweichung des § 16 Abs. 2 31 Mitglieder.

4. Dienstbefreiung gemäß § 45 Abs. 2 und Freistellung vom Dienst gemäß § 45 Abs. 3 für die Mitglieder des Hauptpersonalrates wird durch angemessene Ermäßigung der Pflichtstundenzahl durch Rechtsverordnung des Kultusministers geregelt.

5. Für die beim Kultusministerium zu bildende Einigungsstelle gilt § 71 mit der Maßgabe, daß unter den von der Personalvertretung bestellten Beisitzern sich ein Vertreter der Gruppe befinden muß, die von der Angelegenheit unmittelbar betroffen ist.

(3) Regelungen für die in Ausbildung für Lehrerlaufbahnen stehenden Bediensteten (Lehramtsanwärter)

1. Die Lehramtsanwärter sind für die Personalvertretungen nicht wahlberechtigt und nicht wählbar. Ihre Interessen werden vom Personalrat ihres Studienseminars wahrgenommen.

2. Werden in einem Studienseminar mehr als fünf Lehramtsanwärter pro Studienjahr ausgebildet, so können sie zu Beginn der Ausbildungszeit eines Ausbildungsjahrganges in geheimer Wahl mit einfacher Mehrheit eine Vertrauensperson und einen Stellvertreter für die gesamte Ausbildungszeit wählen. Für die Zusammenarbeit der Vertrauensperson mit dem Personalrat gilt § 40 Absatz 1 entsprechend.

Keine vergleichbaren Vorschriften

1 (Abs. 1) Für den Bereich des Thüringer Kultusministeriums trifft das Gesetz Abweichungen und Sonderregelungen. Als Dienststelle i. S. d. § 6 gelten **die allgemeinbildenden und berufsbildenden Schulen, die Fachschulen, die Studienseminare, das Kolleg, das Thüringer Institut für Lehrerfortbildung, Lehrplanentwicklung und Medien** und **die staatlichen Schulämter.** Dabei wird die Möglichkeit der **Verselbständigung** von Nebenstellen, Außenstellen und Teilen einer Dienststelle nach § 6 Abs. 3 ausgeschlossen.

2 In Nr. 2 wird bestimmt, daß die **Sitzungen des Personalrates** und die **Personalversammlungen** grundsätzlich außerhalb der Unterrichtszeit stattfinden. **Grundsätzlich** heißt, daß begründete Ausnahmen von dieser Regel zulässig sind. Dies wäre dann der Fall, wenn dem Personalrat eine ordnungsgemäße Beschlußfassung im Einzelfall (z. B. bei Fristverkürzung durch den Dienststellenleiter) nicht oder nur unter unzumutbaren

§ 92

Bedingungen möglich wäre. Für den **Hauptpersonalrat beim Thüringer Kultusministerium,** der als einzige Stufenvertretung gebildet wird, gilt diese Einschränkung nicht. Er kann Sitzungen auch während der Unterrichtszeit abhalten. Es gelten insofern die allgemeinen Regelungen (vgl. § 34 Abs. 2 und 3). Personalversammlungen kann der Hauptpersonalrat nicht einberufen, diese Regelungen gelten ohnehin nur für die örtlichen Personalräte.

Die Schulträger sind verpflichtet die erforderlichen **Räume und Einrichtungsgegenstände** in der Schule zur Verfügung zu stellen, die der Personalrat benötigt, um **Sitzungen und Sprechstunden** abzuhalten. Diese Regelung gilt für die Schulen, die sich in Trägerschaft der Landkreise und Städte befinden. Das Land erstattet den Landkreisen und Städten nicht die notwendigen Kosten für Heizung, Beleuchtung und Reinigung. Diese Regelung ist verfassungsrechtlich bedenklich, da den Kommunen Kosten für Personalvertretung auferlegt werden, mit denen sie keine Rechtsbeziehungen haben. 3

Die Verpflichtung besteht erst, wenn keine **landeseigenen** Räume zur Verfügung gestellt werden können. Der Personalrat der jeweiligen Schule hat als Ansprechpartner seinen Dienststellenleiter, d. h. den jeweiligen Schulleiter. Dieser hat die Raumfrage mit dem Land (über das Kultusministerium oder das Landesverwaltungsamt) oder dem Schulträger zu klären. Der Personalrat kann jedoch nicht auf landeseigene Räume verwiesen werden, die räumlich weit von der Schule entfernt liegen. An die Erreichbarkeit müssen strenge Maßstäbe angelegt werden, da sonst eine Behinderung der Personalratsarbeit erfolgen könnte. Besteht zwischen Schulträger und Land Streit darüber, ob landeseigene Räume vorhanden sind, so darf dies die Arbeitsfähigkeit des Personalrats nicht behindern. Dieser hat zunächst Anspruch auf Räume und Einrichtungsgegenstände in der Schule, insofern steht dem Personalrat ein direkter Anspruch gegenüber dem Schulträger zu, wenn die Dienststellenleitung erklärt, daß landeseigene Räume nicht zur Verfügung stehen. 4

(Abs. 2) Als einzige Stufenvertretung im Geschäftsbereich des Kultusministeriums wird von allen Beschäftigten ein **Hauptpersonalrat** gebildet. Ob der örtliche Personalrat oder Hauptpersonalrat zu beteiligen ist hängt davon ab, wer die Entscheidung für wen trifft (vgl. § 82). Der örtliche Personalrat ist immer dann zu beteiligen, wenn der örtliche Leiter entscheidungsbefugt ist, auch dann wenn er Weisungen übergeordneter Stellen unterliegt. Trifft das Ministerium die Entscheidung für eine oder mehrere Dienststellen oder deren Beschäftigte, so ist der Hauptpersonalrat zu beteiligen. 5

Werden personelle oder soziale Entscheidungen von einer Dienststelle getroffen, bei der keine **zuständige Personalvertretung** vorgesehen ist, so ist der Hauptpersonalrat zu beteiligen (vgl. § 82 Abs. 5). Dieser Fall kann eintreten, wenn das Landesverwaltungsamt, das nach § 4 Abs. 3 ThürSchAG (vgl. Thüringer Gesetz über die Schulaufsicht – ThürSchAG 6

§ 92

vom 29. 7. 93 – GVBl. S. 397) für Personalangelegenheiten zuständig ist, Entscheidungen in personellen oder sozialen Angelegenheiten für Beschäftigte der in Abs. 1 Nr. 1 genannten Dienststellen trifft. Beim Landesverwaltungsamt ist keine für diese Beschäftigten zuständige Personalvertretung gebildet. Da einzige Stufenvertretung der Hauptpersonalrat beim Kultusministerium ist, werden die Beschäftigten auch nicht vom Bezirkspersonalrat beim Landesverwaltungsamt vertreten. Ein ähnlicher Fall kann bei Entscheidungen des staatlichen Schulamtes eintreten, das nach § 4 Abs. 4 ThürSchAG die Dienstaufsicht über die Schulleiter, die Lehrer und Erzieher an den Schulen hat. Bei personellen und sozialen Maßnahmen, die für diesen Personenkreis vom Schulamt getroffen werden, besteht keine zuständige Personalvertretung. Der örtliche Personalrat beim Schulamt ist nur für die eigenen Beschäftigten zuständig. In beiden genannten Beispielen ist der Hauptpersonalrat gem. § 82 Abs. 5 zu beteiligen.

7 Der **Gruppenbegriff** wird durch Nr. 2 erweitert. Diese Regelung gilt nur für den Hauptpersonalrat. Neben die Gruppen nach § 5 (Beamte, Angestellte, Arbeiter) treten schularten- und berufsspezifische Gruppen, die wiederum nach Angestellten und Beamten getrennt werden. Unter Berücksichtigung der Tatsache, daß Erzieher an Grundschulhorten nur im Angestelltenverhältnis beschäftigt werden, können so bis zu 14 Gruppen im Hauptpersonalrat entstehen. Jeder Beschäftigte kann nur einer Gruppe angehören. Bei den Lehrern ist in Zweifelsfällen die Gruppe maßgeblich, die der Unterrichtsverpflichtung am meisten entspricht. Diese Vorschrift ist rahmenrechtlich bedenklich, da der eigentliche Gruppenbegriff völlig mißachtet wird (vgl. §§ 5, 17).

8 Die Vorschrift der Nr. 3 regelt abweichend von § 17 Abs. 3 die **Mindestgröße** der Gruppen und erhöht die **Höchstzahl der Mitglieder** des Hauptpersonalrats abweichend von § 16 Abs. 2 auf 31. Der Verweis auf § 53 Abs. 2 ist unverständlich, da hier keine Regelung zur Gruppengröße getroffen wird. Zusätzlich zur Mindestverteilung nach Nr. 3 ist § 53 Abs. 6 zu beachten.

9 Die Vorschrift des § 53 Abs. 6 regelt die **Verteilung der Sitze auf die Gruppen** bei Stufenvertretungen. Grundsätzlich muß jede Gruppe einen Sitz erhalten. Bei mehr als neun Mitgliedern der Stufenvertretung erhält jede Gruppe mindestens zwei Vertreter. Die Festlegung der Mindestgruppensitze wird durch den Verweis auf § 17 Abs. 5 wieder eingeschränkt. Die Einschränkung bezieht sich auf eine Gruppe, der in der Regel nicht mehr als fünf Beschäftigte angehören. Sie erhält nur dann eine Vertretung, wenn sie mindestens ein Zwanzigstel der Beschäftigten der Dienststelle ausmacht. Gehören dem Geschäftsbereich der obersten Dienstbehörde in der Regel mehr als 100 Beschäftigte an, was hier der Fall ist, so hat eine Gruppe, die fünf oder weniger Beschäftigte umfaßt keine Vertretung, da ein Zwanzigstel nicht erreicht wird. Erhält eine Gruppe keine Vertretung und findet Gruppenwahl statt, so kann sich jeder Gruppenangehörige

§ 92

durch **Erklärung gegenüber dem Wahlvorstand** einer anderen Gruppe anschließen (vgl. § 17 Abs. 5). Die Erklärung kann dem Wahlvorstand schriftlich übergeben oder mündlich zu Protokoll des Wahlvorstandes erklärt werden.

Die genannten Vorschriften über die **Mindestsitze** führen dazu, daß sich der gesamte Hauptpersonalrat nur aus Mindestsitzen zusammensetzt. Die von Dörig vorgenommene Modellrechnung, die dem Landtag vorgelegt wurde (vgl. Landtagszuschrift 1/1420 zur Landtags-Drucks. 1/1594; Dörig, S. 187; vgl. auch Modellrechnung in der Kommentierung zu § 17), ist insofern falsch, als nicht berücksichtigt wurde, daß nach § 53 Abs. 6 jede Gruppe mindestens zwei Sitze erhält. Danach sind bei 14 Gruppen bereits 28 der insgesamt 31 Sitze verteilt. Von den verbleibenden drei Sitzen würden nach der Modellrechnung die beamteten Grundschullehrer, Realschullehrer und Gymnasiallehrer je einen Sitz erhalten, was wiederum den Mindestsitzen nach § 92 Abs. 2 Nr. 3 entsprechen würde (vgl. § 17). Die Zusammensetzung ist damit so weit durch Gesetz vorbestimmt, daß von einer gleichen Wahl nicht mehr die Rede sein kann. Diese Vorschrift ist daher nicht nur rahmenrechtlich, sondern auch verfassungsrechtlich bedenklich. **10**

Die Mitglieder des Hauptpersonalrats erhalten als **Dienstbefreiung** nach § 45 Abs. 2 und als **Freistellung** nach § 45 Abs. 3 eine angemessene **Ermäßigung der Pflichtstundenzahl.** Das Kultusministerium wird ermächtigt, durch **Rechtsverordnung** die Höhe der Ermäßigung festzulegen. Während Stufenvertretungen die Freistellung vom Dienst mit der Dienststelle aushandeln und im Falle der Nichteinigung die Einigungsstelle anrufen (vgl. § 53 Abs. 5), wird hier dem Ministerium die alleinige Entscheidung im Verordnungswege überlassen. Nach dem Grundsatz der gleichberechtigten und vertrauensvollen Zusammenarbeit kann die Verordnung des Kultusministeriums nur einen Rahmen schaffen. Es bleibt weiter Sache der Personalvertretung, Dienstbefreiung und Freistellung nach den jeweiligen Erfordernissen zu regeln und nach den allgemein geltenden Vorschriften durchzusetzen. § 53 Abs. 5 bleibt auch für den Hauptpersonalrat beim Kultusministerium anwendbar. **11**

Für die beim Kultusministerium zu bildende **Einigungsstelle** nach § 71 gilt eine Sonderregelung. Unter den Beisitzern, die der Hauptpersonalrat bestellt, muß sich ein Vertreter der Gruppe befinden, die unmittelbar von der Angelegenheit betroffen ist. Die unmittelbare Betroffenheit einer Gruppe nach Abs. 2 Nr. 2 ist nur bei personellen Einzelmaßnahmen oder solchen Regelungen, die nur eine Gruppe i. S. d. Abs. 2 Nr. 2 betreffen, gegeben. Sind mehrere schul- bzw. berufsspezifische Gruppen oder Gruppen nach § 5 betroffen, so richtet sich die Bestellung der Einigungsstellenmitglieder nach der allgemeinen Regelung des § 71. **12**

(Abs. 3) Die Interessen der Lehramtsanwärter werden vom Personalrat ihres Studienseminars wahrgenommen. Die Lehramtsanwärter sind jedoch weder zum örtlichen Personalrat noch zum Hauptpersonalrat wahl- **13**

§§ 92, 93

berechtigt und wählbar. Sofern in einem Studienseminar mehr als fünf Lehramtsanwärter pro Studienjahr ausgebildet werden, können diese eine Vertrauensperson und einen Stellvertreter wählen. Sie werden in geheimer Wahl mit einfacher Mehrheit zu Beginn der Ausbildungszeit eines Ausbildungsjahrganges gewählt. Weitere Vorschriften über die Wahl sind nicht getroffen, so daß die Wahl als Personenwahl nach den Grundsätzen einer unmittelbaren, gleichen und geheimen Wahl durchzuführen ist. Der Leiter des Studienseminares hat zu Beginn der Ausbildungszeit eines Ausbildungsjahrganges eine Versammlung aller Lehramtsanwärter einzuberufen. Die Versammlung beschließt eine Wahlordnung und beruft einen Wahlvorstand, der die Wahl durchführt und leitet.

14 Die Rechte der Vertrauensperson sind auf die in § 40 Abs. 1 festgelegten **Teilnahme-, Beratungs- und Stimmrechte** beschränkt. Danach kann sie an allen Sitzungen des Personalrats des Studienseminars beratend teilnehmen. Sie kann zu allen Angelegenheiten, die der Personalrat behandelt, Stellung nehmen. **Stimmrecht** im Personalrat hat die Vertrauensperson nur bei Beschlüssen, die überwiegend die Lehramtsanwärter betreffen (a. A. Dörig, S. 75, der der Vertrauensperson generell nur eine beratende Stimme zubilligt).

§ 93
Ausschuß für geheime Verschlußsachen

(1) Soweit eine Angelegenheit, an der eine Personalvertretung zu beteiligen ist, als Verschlußsache mindestens des Geheimhaltungsgrades –VS-VERTRAULICH– eingestuft ist, tritt an die Stelle der Personalvertretung ein Ausschuß. Dem Ausschuß gehört höchstens je ein in entsprechender Anwendung des § 33 Abs. 1 gewählter Vertreter der im Personalrat vertretenen Gruppen an. Die Mitglieder des Ausschusses müssen nach den dafür geltenden Bestimmungen ermächtigt sein, Kenntnis von Verschlußsachen des in Betracht kommenden Geheimhaltungsgrades zu erhalten. Personalvertretungen bei Dienststellen, die Behörden der Mittelstufe nachgeordnet sind, **bilden keinen Ausschuß; an ihre Stelle tritt der Ausschuß des Bezirkspersonalrates.**

(2) Wird der zuständige Ausschuß nicht rechtzeitig gebildet, ist der Ausschuß der bei der Dienststelle bestehenden Stufenvertretung oder, wenn dieser nicht rechtzeitig gebildet wird, der Ausschuß der bei der obersten Dienstbehörde bestehenden Stufenvertretung zu beteiligen.

(3) Die Einigungsstelle (§ 71) besteht in den in Absatz 1 Satz 1 bezeichneten Fällen aus je einem Beisitzer, der von der obersten Dienstbehörde und der bei ihr bestehenden zuständigen Personalvertretung bestellt wird, und einem unparteiischen Vorsitzenden, die nach den dafür geltenden Bestimmungen ermächtigt sind, von Verschlußsa-

§ 93

chen des in Betracht kommenden Geheimhaltungsgrades Kenntnis zu erhalten.

(4) §§ 40, 82 Abs. 2 Satz 2 und 3 und die Vorschriften über die Beteiligung der Gewerkschaften und Arbeitgebervereinigungen in den §§ 36 und 39 Abs. 1 sind nicht anzuwenden. Angelegenheiten, die als Verschlußsache mindestens des Geheimhaltungsgrades –VS-VERTRAULICH– eingestuft sind, werden in der Personalversammlung nicht behandelt.

(5) Die oberste Dienstbehörde kann anordnen, daß in den Fällen des Absatzes 1 Satz 1 dem Ausschuß und der Einigungsstelle Unterlagen nicht vorgelegt und Auskünfte nicht erteilt werden dürfen, soweit dies zur Vermeidung von Nachteilen für das Wohl der Bundesrepublik Deutschland oder eines ihrer Länder oder aufgrund internationaler Verpflichtungen geboten ist. Im Verfahren nach § 83 sind die gesetzlichen Voraussetzungen für die Anordnungen glaubhaft zu machen.

Vergleichbare Vorschriften: § 93 BPersVG

(Abs. 1) § 90 regelt das **Beteiligungsverfahren bei Verschlußsachen.** 1
Verschlußsache ist alles, was im staatlichen Interesse durch besondere Sicherheitsmaßnahmen vor Unbefugten geheimgehalten werden muß. Bei Verschlußsachen werden verschiedene Geheimhaltungsgrade unterschieden: ›STRENG GEHEIM‹, ›GEHEIM‹, ›VS-VERTRAULICH‹ und ›VS-NUR FÜR DEN DIENSTGEBRAUCH‹. Die Einstufung der VS-Sache kann der Personalrat vor dem VG überprüfen lassen (Altvater u. a., § 93 BPersVG Rn. 8). Ist eine beteiligungspflichtige Angelegenheit demnach als Verschlußsache ›VS-NUR FÜR DEN DIENSTGEBRAUCH‹ eingestuft, ist die Personalvertretung mit allen Mitgliedern nach dem normalen Verfahren zu beteiligen. Lediglich bei Verschlußsachen der Geheimhaltungsstufe ›VS-VERTRAULICH‹ und höher, also auch ›GEHEIM‹ und ›STRENG GEHEIM‹, ist anstelle der Personalvertretung ein Ausschuß zu beteiligen. Die aus den im Personalrat bestehenden Gruppen in entsprechender Anwendung des § 33 zu wählenden Mitglieder des Ausschusses müssen die Voraussetzungen zur Kenntnisnahme von Verschlußsachen des vorliegenden Geheimhaltungsgrades erfüllen. Dies richtet sich nach den Sicherheitsrichtlinien für die Behandlung für Verschlußsachen. Fehlen geeignete Mitglieder des Personalrats, so vermindert sich die Zahl der Ausschußmitglieder entsprechend (»höchstens je ein Vertreter«). Entspricht kein Mitglied den Anforderungen oder stellt sich kein geeignetes Mitglied zur Verfügung, wird kein Ausschuß gebildet (Altvater u. a., § 93 BPersVG Rn. 5). Allerdings ist in diesem Fall der Ausschuß bei der Stufenvertretung zu beteiligen (Altvater u. a., § 93 BPersVG Rn. 13, Dietz/Richardi, Rn. 10). Der vom Bezirkspersonalrat gebildete Ausschuß ist auch im Falle des Abs. 1 Satz 4 zuständig.

Die Mitglieder des Ausschusses sind verpflichtet, über alle ihnen im 2

§ 93

Rahmen ihrer Mitgliedschaft im Ausschuß bekanntgewordenen Angelegenheiten Stillschweigen auch gegenüber den anderen Mitgliedern des Personalrats, gegenüber der vorgesetzten Dienststelle, der Stufenvertretung und gegenüber dem Gesamtpersonalrat zu bewahren. Neben den Konsequenzen einer allgemeinen Verletzung der Schweigepflicht droht im Falle eines Verstoßes gegen die **Verschwiegenheitspflicht** die Strafbarkeit der Handlung nach §§ 93 – 99 StGB.

3 Erfolgt im Laufe des Beteiligungsverfahrens eine völlige **Aufhebung der Geheimhaltungsbedürftigkeit** oder die Herabstufung einer Angelegenheit zur VS-Sache des Grades ›VS-NUR FÜR DEN DIENSTGEBRAUCH‹, so ist ab diesem Zeitpunkt wieder die zuständige Personalvertretung zu beteiligen.

4 **(Abs. 2)** Hiernach sind die **bei den Stufenvertretungen gebildeten Ausschüsse** über den Fall des Abs. 1 und Abs. 4 hinaus zu beteiligen, wenn der zuständige Ausschuß nicht gebildet wird. Unerheblich ist, aus welchen Gründen der eigentlich zuständige Ausschuß nicht eingerichtet wird (bspw. wegen fehlender Bereitschaft geeigneter Personalratsmitglieder, fehlender Eignung oder nicht rechtzeitiger Bildung). Sinn und Zweck der Vorschrift ist es, eine lückenlose Beteiligung der Personalvertretungen auch in VS-Sachen zu ermöglichen (Altvater u. a., § 93 BPersVG Rn. 13).

5 **(Abs. 3)** Bei VS-Sachen wird eine von § 71 abweichende **Zusammensetzung der Einigungsstelle** angeordnet. Die Einigungsstelle besteht aus drei Mitgliedern, die die persönlichen Voraussetzungen für die Befassung mit VS-Sachen erfüllen müssen. Können sich die Parteien nicht auf einen unparteiischen Vorsitzenden einigen, so ist nach § 71 Abs. 1 Satz 4 zu verfahren. Entfällt die Geheimhaltungsbedürftigkeit nach Anrufung einer Einigungsstelle für VS-Sachen, so ist das Verfahren vor der Einigungsstelle nach §§ 69, 71 fortzuführen.

6 **(Abs. 4)** Um die Weitergabe der in Verschlußsachen enthaltenen geheimhaltungsbedürftigen Informationen durch eine Erweiterung des berechtigten Personenkreises des § 93 zu verhindern, werden andere im Landespersonalvertretungsgesetz benannte Personen in VS-Angelegenheiten nicht beteiligt. Der **Personenkreis, dem Informationen zu den hier behandelten Angelegenheiten zugänglich sind,** ist in § 93 abschließend geregelt.

7 Diese gesetzliche Klarstellung betrifft den **Ausschluß des Teilnahmerechts** von Vertretern der Jugend- und Auszubildendenvertretungen, der Schwerbehindertenvertretung sowie des Vertrauensmannes der Zivildienstleistenden nach § 40, die Beteiligung der Gewerkschaften und Arbeitgebervereinigungen nach § 36 und § 39 Abs. 1 sowie die Beteiligung des Personalrats gem. § 82 Abs. 2 Satz 2 und 3. VS-Sachen ab dem Geheimhaltungsgrad ›VS-Vertraulich‹ dürfen in der Personalversammlung nicht behandelt werden, um die Verbreitung auf diesem Wege zu verhindern.

8 **(Abs. 5)** Die oberste Dienstbehörde kann anordnen, daß dem Ausschuß

und der Einigungsstelle Unterlagen nicht vorgelegt und Auskünfte nicht erteilt werden dürfen. Der Ausschuß kann die Rechtmäßigkeit der Anordnung durch das Verwaltungsgericht überprüfen lassen. Anstelle eines Beweises reicht in diesem Verfahren aus, daß die oberste Dienstbehörde das Vorliegen der gesetzlichen Voraussetzungen glaubhaft macht. Hierzu genügt die eidesstattliche Versicherung eines Vertreters der obersten Dienstbehörde.

Elfter Teil
Übergangs- und Schlußvorschriften

§ 94
Rechtsverordnung über Wahlvorschriften

Die Landesregierung wird ermächtigt, zur Durchführung der in diesem Gesetz bezeichneten Wahlen eine Rechtsverordnung zu erlassen über

1. **die Vorbereitung der Wahl, insbesondere die Aufstellung der Wählerlisten und die Errechnung der Vertreterzahl,**
2. **die Frist für die Einsichtnahme in die Wählerlisten und die Erhebung von Einsprüchen,**
3. **die Vorschlagslisten und die Frist für ihre Einreichung,**
4. **das Wahlausschreiben und die Fristen für seine Bekanntmachung,**
5. **die Stimmabgaben,**
6. **die Feststellung des Wahlergebnisses und die Fristen für seine Bekanntmachung,**
7. **die Aufbewahrung der Akten.**

Vergleichbare Vorschriften: § 115 BPersVG; § 126 BetrVG

Gem. Art. 80 GG bedarf es zum Erlaß von Rechtsvorschriften einer Ermächtigungsgrundlage. Durch § 92 wird die Landesregierung zum Erlaß einer Rechtsverordnung, die die Durchführung der Wahlen nach diesem Gesetz näher regelt, ermächtigt. Aufgrund dieser Ermächtigung hat die Landesregierung die Wahlordnung zum Thüringer Personalvertretungsgesetz (ThürPersVWO) vom 6. 12. 93 (GVBl. S. 831) erlassen, die am 27. 12. 93 verkündet und einen Tag später in Kraft getreten ist (vgl. § 49 ThürPersVWO). Die Wahlordnung, die die in den Ziffern 1 bis 7 genannten Materien regelt, ergänzt die bereits in diesem Gesetz enthaltenen **Vorschriften zum Wahlverfahren** (im wesentlichen §§ 12 bis 27 sowie § 96). 1

§ 95
Übergangsbestimmungen

(1) Die nach dem Gesetz zur sinngemäßen Anwendung des Bundespersonalvertretungsgesetzes (BPersVG) – Personalvertretungsgesetz – vom 22. Juli 1990 (GBl. I Nr. 52 S. 1014) gewählten Personalvertretungen und Jugend- und Auszubildendenvertretungen, die bis zum Ablauf des 31. Mai 1993 im Amt waren, sind mit Inkrafttreten dieses Gesetzes weiter im Amt. Die seit dem 1. Juni 1993 von diesen Personalvertretungen getroffenen Entscheidungen sind wirksam. Die Vorschriften über die Gruppen finden für die in Satz 1 genannten Personalvertretungen weiterhin keine Anwendung.

(2) Für Beteiligungsverfahren, die vor Inkrafttreten des Gesetzes eingeleitet worden sind, gelten weiterhin die bisherigen Beteiligungs- und Verfahrensvorschriften. Die Einigungsstelle wird nach diesem Gesetz gebildet.

Keine vergleichbaren Vorschriften

1 Alle nach dem PersVG-DDR gewählten Personalräte bleiben mit Inkrafttreten weiter im Amt, und die seit dem 1. 6. 93 getroffenen Entscheidungen sind wirksam. Anlaß dieser Übergangsregelung war der Streit darüber, ob die Amtszeit der nach dem PersVG-DDR gewählten Personalräte nach Einigungsvertrag mit dem 31. 5. 93 endet. Das Thüringer Innenministerium und Bundesinnenministerium hatten diese Ansicht vertreten. Nach zutreffender Auslegung der betreffenden Vorschrift des Einigungsvertrages hingegen hat nicht die Amtszeit, sondern lediglich die **entsprechende Anwendung** des PersVG-DDR mit dem 31. 5. 93 geendet. Folge ist, daß bei Fehlen eines Landesgesetzes das BPersVG ab dem 1. 6. 93 Anwendung fand (so auch Hauck-Scholz, PersR 93, 391).

2 Für Beteiligungsverfahren, die vor dem Inkrafttreten (Tag der Verkündung war der 3. 8. 93, Inkrafttreten der 4. 8. 93) eingeleitet wurden, gelten nach Abs. 2 die bisherigen Beteiligungs- und Verfahrensvorschriften. Die Einigungsstelle wird allerdings nach dem ThürPersVG gebildet.

§ 96
Erste Personalratswahl

(1) Regelmäßige Wahlen nach diesem Gesetz finden abweichend von § 27 Abs. 1 erstmalig in der Zeit vom 1. Oktober 1994 bis 31. Oktober 1994 statt; § 26 Satz 1 findet keine Anwendung. Die in § 95 Abs. 1 Satz 1 genannten und die nach dem Bundespersonalvertretungsgesetz vom 15. März 1974 (BGBl. I S. 693), zuletzt geändert durch Artikel 3 Nr. 5 des Gesetzes vom 16. Januar 1991 (BGBl. I S. 47), gewählten Personalvertretungen und Jugend- und Auszubildendenvertretungen bleiben abweichend von § 26 bis zur Konstituierung der im Zeitraum des Satzes 1 gewählten Personalvertretungen und Ju-

§ 96

gend- und Auszubildendenvertretungen, längstens jedoch bis zum Ablauf des 31. Oktober 1994 im Amt.

(2) Abweichend von § 7 Abs. 1 Satz 3 kann sich der Kultusminister bis zum 31. Oktober 1994 auch durch einen in Personal- und Verwaltungsangelegenheiten entscheidungsbefugten Vertreter vertreten lassen.

Keine vergleichbaren Vorschriften

Die ersten regelmäßigen Wahlen nach dem Gesetz finden vom 1. bis 31. 10. 94 statt. Danach finden regelmäßige Wahlen stets vom 1. bis 31. 5. statt. Die Amtszeit der nach dem PersVG-DDR und dem BPersVG gewählten Personalräte und Jugend- und Auszubildendenvertretungen ist bis zum 31. 10. 94 befristet. Ist bis zu diesem Zeitpunkt kein neuer Personalrat gewählt, so besteht in der Dienststelle kein Personalrat. Die Amtszeit des bisher bestehenden Personalrats endet mit dem 31. 10. 94. Das gleiche gilt für Stufenvertretungen und Gesamtpersonalräte. 1

Bestehen bereits Personalvertretungen, so sind diese verpflichtet, rechtzeitig, spätestens acht Wochen vor Ablauf der Amtszeit, einen **Wahlvorstand zu bestellen** (vgl. § 20). Bestehen in einer Dienststelle nach § 6 mehrere Personalräte, die bei einer Neuwahl gar nicht mehr oder nur noch durch Verselbständigungsbeschluß nach § 6 Abs. 3 bestehen können, so kann nur der Personalrat der Kerndienststelle (z. B. Personalrat der Kernstadtverwaltung) den Wahlvorstand bestellen. Ein einmal gefaßter Beschluß zur Verselbständigung einer Nebenstelle, Außenstelle oder eines Dienststellenteils gilt stets nur für die folgende Wahl und die aus ihr hervorgehende Personalvertretung. Wird eine Verselbständigung durch Beschluß erneuert, so hat zunächst der Wahlvorstand der Gesamtdienststelle das ordnungsgemäße Zustandekommen des Beschlusses und die fristgemäße Einreichung (vgl. § 4 Wahlordnung) zu prüfen. Erst danach kann die Bildung des eigenen Wahlvorstandes und des Wahlvorstandes für die Gesamtpersonalratswahl erfolgen. 2

Eine Sonderregelung trifft § 10 Abs. 2 des Gesetz über Maßnahmen zur kommunalen Gebietsreform (Thüringer Maßnahmegesetz – ThürMaßnG, s. Anhang VIII) vom 3. 1. 94 (GVBl. S. 5). Die Regelung betrifft Landkreise, die teilweise in einen bzw. mehrere andere Landkreise eingegliedert werden. Hier müssen sich die Landkreise, die Rechtsnachfolger geworden sind, über die anteilige Übernahme des Personals innerhalb von sechs Monaten nach Inkrafttreten des Neugliederungsgesetzes (ThürNGG – vom 16. 8. 93, GVBl. S. 545, tritt am 1. 7. 94 in Kraft) einigen. Hier findet eine Neuwahl erst innerhalb von zwei Monaten nach der Einigung über die anteilige oder verhältnismäßige Übernahme des Personals statt. Die Wahl kann sich also bis längstens Ende Februar 1995 hinziehen. Bis zur Neuwahl entsprechend dieser Vorschrift führen die von der Maßnahme betroffenen Mitglieder der bisherigen Personalräte die Geschäfte ge- 3

§§ 96, 97

meinsam weiter. Sie wählen unverzüglich einen Vorsitzenden und Stellvertretenden Vorsitzenden.

4 Werden hingegen Dienststellen infolge der Gebietsreform eingegliedert (z. B. Eingemeindungen in kreisfreie Städte) oder zu einer neuen Dienststelle zusammengeschlossen (z. B. Landkreise), so führen die bisherigen Personalräte nach § 10 Abs. 1 ThürMaßnG (s. Anhang VIII) die Geschäfte gemeinsam weiter. Der Vorsitz wechselt von Sitzung zu Sitzung. Die Personalräte bestellen gemeinsam einen Wahlvorstand für die Dienststelle, der die regelmäßige Wahl im Oktober 1994 leitet und durchführt.

5 (**Abs. 2**) Die bis zum 31. 10. 94 befristete Sonderregelung hinsichtlich der Vertretung des Dienststellenleiters betrifft ausschließlich den Kultusminister. Dieser kann sich bis zu diesem Datum auch von einem Vertreter vertreten lassen, der in Personal- und Verwaltungsangelegenheiten entscheidungsbefugt ist.

§ 97
Inkrafttreten

Dieses Gesetz tritt am Tage nach der Verkündung in Kraft. Abweichend davon treten § 32 und § 92 Abs. 2 Nr. 1 erst am 1. November 1994 in Kraft.

1 Das Gesetz wurde am 3. 8. 93 im Gesetz- und Verordnungsblatt des Landes Thüringen verkündet. Es ist somit am 4. 8. 93 in Kraft getreten.

2 Abweichend davon treten die Regelung bei Umorganisierung (§ 32) und die Sonderregelung zur Bildung der einzigen Stufenvertretung für den Geschäftsbereich des Kultusministeriums (§ 92 Abs. 2 Nr. 1) erst am 1. 11. 94, also erst nach den ersten Wahlen, in Kraft.

Anhang I

Wahlordnung zum Thüringer Personalvertretungsgesetz (– ThürPersVWO –)

Erster Abschnitt
Gemeinsame Bestimmungen über Vorbereitung und Durchführung der Wahl

§ 1
Wahlvorstand, Wahlhelfer

(1) Der Wahlvorstand führt die Wahl des Personalrats durch. Er kann Wahlberechtigte seiner Dienststelle als Wahlhelfer zu seiner Unterstützung bei der Durchführung der Stimmabgabe und bei der Stimmenzählung bestellen. § 24 Abs. 2 Satz 2 und 3 des Gesetzes gilt auch für die Tätigkeit der Wahlhelfer.

(2) Die Dienststelle hat den Wahlvorstand bei der Erfüllung seiner Aufgaben zu unterstützen, insbesondere die notwendigen Unterlagen zur Verfügung zu stellen und die erforderlichen Auskünfte zu erteilen. Für die Vorbereitung und Durchführung der Wahl hat die Dienststelle in erforderlichem Umfang Räume, den Geschäftsbedarf und Schreibkräfte zur Verfügung zu stellen.

(3) Der Wahlvorstand gibt die Namen seiner Mitglieder und gegebenenfalls der Ersatzmitglieder unverzüglich nach seiner Bestellung, Wahl oder Einsetzung in der Dienststelle durch Aushang bis zum Abschluß der Stimmabgabe bekannt. Der Wahlvorstand hat in dieser Bekanntmachung auf die Fristen nach § 4 hinzuweisen.

(4) Der Wahlvorstand faßt seine Beschlüsse mit einfacher Stimmenmehrheit seiner Mitglieder.

§ 2
Feststellung der Beschäftigtenzahl, Wählerverzeichnis

(1) Der Wahlvorstand stellt die Zahl der in der Regel tätigen Beschäftigten und ihre Verteilung auf die Gruppen fest.

(2) Der Wahlvorstand stellt ein Verzeichnis der Wahlberechtigten (Wählerverzeichnis), getrennt nach den Gruppen der Beamten, Angestellten und Arbeiter auf.

Wahlordnung

(3) Das Wählerverzeichnis oder eine Abschrift ist unverzüglich nach Einleitung der Wahl (§ 6 Abs. 5) bis zum Abschluß der Stimmabgabe zur Einsicht durch die Beschäftigten an geeigneter Stelle zur Einsicht auszulegen.

§ 3
Einsprüche gegen das Wählerverzeichnis

(1) Jeder Beschäftigte kann beim Wahlvorstand schriftlich binnen sechs Arbeitstagen seit Auslegung des Wählerverzeichnisses Einspruch gegen seine Richtigkeit oder wegen Unvollständigkeit einlegen.

(2) Über den Einspruch entscheidet der Wahlvorstand unverzüglich. Die Entscheidung ist dem Beschäftigten, der den Einspruch eingelegt hat, unverzüglich, spätestens jedoch einen Arbeitstag vor Beginn der Stimmabgabe schriftlich mitzuteilen. Ist der Einspruch begründet, so hat der Wahlvorstand das Wählerverzeichnis zu berichtigen.

(3) Nach Ablauf der Einspruchsfrist ist das Wählerverzeichnis nur bei Schreibfehlern, offenbaren Unrichtigkeiten, zur Erledigung rechtzeitig eingelegter Einsprüche, bei Eintritt oder Ausscheiden eines Beschäftigten und bei Änderung der Gruppenzugehörigkeit bis zum Abschluß der Stimmangabe zu berichtigen oder zu ergänzen.

§ 4
Vorabstimmungen

Vorabstimmungen über
1. eine von § 17 ThürPersVG abweichende Verteilung der Mitglieder des Personalrats auf die Gruppen (§ 18 Abs. 1 ThürPersVG) oder
2. die Durchführung gemeinsamer Wahl (§ 19 Abs. 2 ThürPersVG) oder
3. die Geltung von Nebenstellen oder Teilen einer Dienststelle als selbständige Dienststelle (§ 6 Abs. 3 und 4 ThürPersVG)

werden nur berücksichtigt, wenn ihr Ergebnis dem Wahlvorstand binnen acht Arbeitstagen seit der Bekanntgabe nach § 1 Abs. 3 vorliegt und dem Wahlvorstand glaubhaft gemacht wird, daß das Ergebnis unter Leitung eines aus mindestens drei Wahlberechtigten bestehenden Abstimmungsvorstandes in geheimen und in den Fällen der Nummern 1 und 2 nach Gruppen getrennten Abstimmungen zustande gekommen ist. Dem Abstimmungsvorstand muß ein Mitglied jeder in der Dienststelle, in den Fällen des Satzes 1 Nr. 3 der Nebenstelle oder des Teils der Dienststelle vertretenen Gruppe angehören.

§ 5
Ermittlung der Zahl der zu wählenden Personalratsmitglieder, Verteilung der Sitze auf die Gruppen

(1) Der Wahlvorstand ermittelt die Zahl der zu wählenden Mitglieder des Personalrats (§§ 16 und 17 Absatz 4 ThürPersVG). Ist eine von § 17 ThürPersVG abweichende Verteilung der Mitglieder des Personalrats auf

Wahlordnung

die Gruppen (§ 18 Abs. 1 ThürPersVG) nicht beschlossen worden, so errechnet der Wahlvorstand die Verteilung der Personalratssitze auf die Gruppen (§ 17 Abs. 1 bis 5 ThürPersVG) nach dem Verfahren nach Hare-Niemeyer (Absätze 2 bis 4).

(2) Die Zahlen der den einzelnen Gruppen zuzurechnenden in der Regel Beschäftigten (§ 2 Abs. 1) werden durch die Gesamtzahl der in der Regel Beschäftigten geteilt und mit der Zahl der zu wählenden Mitglieder des Personalrats multipliziert. Jede Gruppe erhält zunächst so viele Sitze, wie sich für sie ganze Zahlen ergeben. Sind danach noch Sitze zu vergeben, werden sie in der Reihenfolge der höchsten Zahlenbruchteile die sich bei der Berechnung nach Satz 1 ergeben, auf die Gruppen verteilt. Zahlenbruchteile sind auf zwei Dezimalstellen zu berechnen, die dritte Dezimalzahl bleibt unberücksichtigt. Ist bei gleichen Zahlenbruchteilen nur noch ein Sitz oder sind bei drei gleichen Zahlenbruchteilen nur noch zwei Sitze zu verteilen, entscheidet das vom Vorsitzenden des Wahlvorstandes zu ziehende Los.

(3) Entfallen bei der Verteilung der Sitze nach Absatz 2 auf eine Gruppe weniger Sitze, als ihr nach § 17 Abs. 3 des Gesetzes mindestens zustehen, so erhält sie die in § 17 Abs. 3 ThürPersVG vorgeschriebene Zahl von Sitzen. Die Zahl der Sitze der übrigen Gruppen vermindert sich entsprechend. Dabei werden die jeweils zuletzt zugeteilten Sitze gekürzt. Ist bei gleichen Zahlenbruchteilen oder Zahlen nur noch ein Sitz zu kürzen, entscheidet das vom Vorsitzenden des Wahlvorstandes zu ziehende Los, welche Gruppe den Sitz abzugeben hat; für den Fall, daß bei drei gleichen Zahlenbruchteilen nur noch zwei Sitze zu verteilen sind, welcher gekürzt wird. Sitze, die einer Gruppe nach den Bestimmungen des Thüringer Personalvertretungsgesetzes mindestens zustehen, können ihr nicht entzogen werden.

(4) Haben in einer Dienststelle alle Gruppen die gleiche Anzahl von Angehörigen, so erübrigt sich die Errechnung der Sitze nach den Absätzen 2 und 3; in diesen Fällen entscheidet das Los, wem die höhere Zahl von Sitzen zufällt.

§ 6
Wahlausschreiben

(1) Nach Ablauf der in § 4 bestimmten Frist und spätestens sechs Wochen vor dem letzten Tag der Stimmabgabe erläßt der Wahlvorstand ein Wahlausschreiben. Es ist von sämtlichen Mitgliedern des Wahlvorstandes zu unterschreiben.

(2) Das Wahlausschreiben muß enthalten:

1. Ort und Tag seines Erlasses,
2. die Zahl der zu wählenden Mitglieder des Personalrats, getrennt nach Beamten, Angestellten und Arbeitern,
3. Angaben darüber, ob die Beamten, Angestellten und Arbeiter ihre

Wahlordnung

Vertreter in getrennten Wahlgängen wählen (Gruppenwahl) oder vor Erlaß des Wahlausschreibens gemeinsame Wahl beschlossen worden ist,

4. die Angabe, wo und wann das Wählerverzeichnis, das Thüringer Personalvertretungsgesetz und diese Wahlordnung zur Einsicht ausliegen,

5. den Hinweis, daß nur Beschäftigte wählen können, die in das Wählerverzeichnis eingetragen sind,

6. den Hinweis, daß Einsprüche gegen das Wählerverzeichnis nur binnen sechs Arbeitstagen seit seiner Auslegung schriftlich beim Wahlvorstand eingelegt werden können, der letzte Tag der Einspruchsfrist ist anzugeben,

7. die Mindestzahl von Wahlberechtigten, von denen ein Wahlvorschlag unterzeichnet sein muß, und den Hinweis, daß jeder Beschäftigte für die Wahl des Personalrats nur auf einem Wahlvorschlag benannt werden kann,

8. den Hinweis, daß der Wahlvorschlag einer in der Dienststelle vertretenen Gewerkschaft von zwei Beauftragten unterzeichnet sein muß (§ 19 Abs. 8 ThürPersVG),

9. die Aufforderung, Wahlvorschläge binnen 18 Kalendertagen nach dem Erlaß des Wahlausschreibens beim Wahlvorstand einzureichen, der letzte Tag der Einreichungsfrist ist anzugeben,

10. den Hinweis, daß nur fristgerecht eingereichte Wahlvorschläge berücksichtigt werden und daß nur gewählt werden kann, wer in einen solchen Wahlvorschlag aufgenommen ist,

11. den Ort, an dem die Wahlvorschläge bekanntgegeben werden,

12. den Ort und die Zeit der Stimmabgabe,

13. einen Hinweis auf die Möglichkeit der schriftlichen Stimmabgabe, gegebenenfalls auf die Anordnung der schriftlichen Stimmabgabe nach § 19,

14. den Ort und die Zeit der Stimmenauszählung und der Sitzung des Wahlvorstandes, in der das Wahlergebnis abschließend festgestellt wird,

15. den Ort, an dem Einsprüche, Wahlvorschläge und andere Erklärungen gegenüber dem Wahlvorstand abzugeben sind.

(3) Der Wahlvorstand hat das Wahlausschreiben oder eine Abschrift vom Tage des Erlasses bis zum Abschluß der Stimmabgabe auszuhängen.

(4) Offenbare Unrichtigkeiten des Wahlausschreibens können vom Wahlvorstand jederzeit berichtigt werden.

(5) Mit Erlaß des Wahlausschreibens ist die Wahl eingeleitet.

Wahlordnung

§ 7
Wahlvorschläge, Einreichungsfrist

(1) Zur Wahl des Personalrats können die Wahlberechtigten und die in der Dienststelle vertretenen Gewerkschaften, Wahlvorschläge machen.

(2) Die Wahlvorschläge sind binnen 18 Kalendertagen nach dem Erlaß des Wahlausschreibens beim Wahlvorstand einzureichen. Bei Gruppenwahl sind für die einzelnen Gruppen getrennte Wahlvorschläge einzureichen.

§ 8
Inhalt der Wahlvorschläge

(1) Jeder Wahlvorschlag soll mindestens doppelt soviel Bewerber enthalten wie

1. bei Gruppenwahl Gruppenvertreter,
2. bei gemeinsamer Wahl Personalratsmitglieder zu wählen sind.

(2) Die Namen der einzelnen Bewerber sind auf dem Wahlvorschlag untereinander aufzuführen und mit fortlaufenden Nummern zu versehen. Außer dem Familiennamen sind der Vorname, das Geburtsdatum, die Amts- oder Funktionsbezeichnung, die Gruppenzugehörigkeit und, soweit Sicherheitsbedürfnisse nicht entgegenstehen, die Beschäftigungsstelle anzugeben. Bei gemeinsamer Wahl sind in dem Wahlvorschlag die Bewerber jeweils nach Gruppen zusammenzufassen. Der Wahlvorschlag darf keine Änderungen enthalten; gegebenenfalls ist ein neuer Wahlvorschlag zu fertigen und zu unterzeichnen.

(3) Jeder Wahlvorschlag der Wahlberechtigten muß nach § 19 Abs. 4, 5 und 6 ThürPersVG

1. bei Gruppenwahl von mindestens einem Zwanzigstel der wahlberechtigten Gruppenangehörigen,
2. bei gemeinsamer Wahl von mindestens einem Zwanzigstel der Wahlberechtigten, jedoch mindestens von drei Wahlberechtigten,
3. bei gemeinsamer Wahl, wenn gruppenfremde Wahlberechtigte vorgeschlagen werden, von mindestens einem Zehntel der wahlberechtigten der Gruppe, von der sie vorgeschlagen sind,

unterzeichnet sein. Bruchteile eines Zehntels oder Zwanzigstels werden auf ein volles Zehntel oder Zwanzigstel aufgerundet. In jedem Falle genügen bei Gruppenwahl die Unterschriften von 50 wahlberechtigten Gruppenangehörigen, bei gemeinsamer Wahl die Unterschriften von 50 Wahlberechtigten. Macht eine in der Dienststelle vertretene Gewerkschaft einen Wahlvorschlag, so muß dieser von zwei in der Dienststelle beschäftigten Beauftragten, die einer der in der Dienststelle vertretenen Gewerkschaften angehören, unterzeichnet sein. Hat der Wahlvorstand Zweifel, ob eine Beauftragung durch eine in der Dienststelle vertretene Gewerkschaft

Wahlordnung

tatsächlich vorliegt, kann er verlangen, daß die Gewerkschaft den Auftrag bestätigt; dies soll schriftlich erfolgen. Entsprechendes gilt bei Zweifeln, ob ein Beauftragter einer in der Dienststelle vertretenen Gewerkschaft als Mitglied angehört.

(4) Aus dem Wahlvorschlag der Beschäftigten soll zu ersehen sein, welcher Wahlberechtigte zur Vertretung des Vorschlages gegenüber dem Wahlvorstand und zur Entgegennahme von Erklärungen und Entscheidungen des Wahlvorstandes berechtigt ist (Listenvertreter). Fehlt eine Angabe hierüber, gilt der Unterzeichner als berechtigt, der an erster Stelle steht. In den Fällen des Absatz 3 Satz 4 kann die Gewerkschaft einen der von ihr beauftragten Vorschlagsberechtigten oder einen anderen in der Dienststelle Wahlberechtigten, der Mitglied der Gewerkschaft ist, als Listenvertreter benennen.

(5) Der Wahlvorschlag soll mit einem Kennwort versehen werden.

§ 9
Sonstige Erfordernisse

(1) Jeder Bewerber kann für die Wahl des Personalrates nur auf einem Wahlvorschlag vorgeschlagen werden.

(2) Dem Wahlvorschlag ist die schriftliche Zustimmung der in ihm aufgeführten Bewerber zur Aufnahme in den Wahlvorschlag beizufügen; die Zustimmung kann nicht widerrufen werden.

(3) Jeder Wahlberechtigte kann seine Unterschrift zur Wahl des Personalrates rechtswirksam nur für einen Wahlvorschlag abgeben. Jede in der Dienststelle vertretene Gewerkschaft kann bei gemeinsamer Wahl nur einen, bei Gruppenwahl für jede Gruppe nur einen Wahlvorschlag abgeben.

(4) Eine Verbindung von Wahlvorschlägen ist unzulässig.

§ 10
Behandlung der Wahlvorschläge durch den Wahlvorstand, ungültige Wahlvorschläge

(1) Der Wahlvorstand vermerkt auf den Wahlvorschlägen den Tag und die Uhrzeit des Eingangs. Im Falle des Abs. 5 ist auch der Zeitpunkt des Eingangs des berichtigten Wahlvorschlages zu vermerken.

(2) Wahlvorschläge, die ungültig sind, insbesondere, weil die Bewerber nicht in erkennbarer Reihenfolge aufgeführt sind,

weil sie bei der Einreichung nicht die erforderliche Anzahl von Unterschriften aufweisen,

weil sie nicht fristgerecht eingereicht worden sind

oder

weil sie Änderungen enthalten (§ 8 Abs. 2 Satz 4),

Wahlordnung

gibt der Wahlvorstand unverzüglich nach Eingang unter Angabe der Gründe zurück. Die Zurückziehung von Unterschriften nach Einreichung des Wahlvorschlages beeinträchtigt dessen Gültigkeit nicht; Abs. 4 bleibt unberührt.

(3) Der Wahlvorstand hat einen Bewerber, der mit seiner schriftlichen Zustimmung auf mehreren Wahlvorschlägen benannt ist, schriftlich aufzufordern, binnen drei Arbeitstagen sei dem Zugang zu erklären, auf welchem Wahlvorschlag er benannt bleiben will. Gibt der Bewerber diese Erklärung nicht fristgerecht ab, so wird er von sämtlichen Wahlvorschlägen gestrichen.

(4) Der Wahlvorstand hat einen Wahlberechtigten (§ 8 Abs. 3), der mehrere Wahlvorschläge unterzeichnet hat, schriftlich aufzufordern, binnen drei Arbeitstagen seit dem Zugang der Aufforderung zu erklären, welche Unterschrift er aufrechterhält. Gibt der Wahlberechtigte diese Erklärung nicht fristgerecht ab, so gilt seine Unterschrift auf keinem Wahlvorschlag. Entsprechendes gilt auch für Wahlvorschläge der Gewerkschaften, die mit § 9 Abs. 3 Satz 2 nicht im Einklang stehen.

(5) Wahlvorschläge die

1. den Erfordernissen des § 8 Abs. 2 Satz 1 bis 3 nicht entsprechen,
2. ohne die schriftliche Zustimmung der Bewerber eingereicht sind,
3. infolge von Streichungen gemäß Abs. 4 nicht mehr die erforderliche Anzahl von Unterschriften aufweisen

hat der Wahlvorstand mit der Aufforderung zurückzugeben, die Mängel binnen drei Arbeitstagen seit dem Zugang der Aufforderung zu beseitigen. Werden die Mängel nicht fristgemäß beseitigt, sind diese Wahlvorschläge ungültig, fehlen nur für einzelne Bewerber die nach § 8 Abs. 2 erforderlichen Angaben oder die schriftliche Zustimmungserklärung, so sind sie aus den Wahlvorschlägen zu streichen.

§ 11
Nachfrist für die Einreichung von Wahlvorschlägen

(1) Ist nach Ablauf der Fristen nach § 7 Abs. 2 und § 10 Abs. 5 Satz 1 Nr. 1 und 2 bei Gruppenwahl nicht für jede Gruppe ein gültiger Wahlvorschlag, bei gemeinsamer Wahl überhaupt kein gültiger Wahlvorschlag eingegangen, so gibt der Wahlvorstand dies sofort durch Aushang an den gleichen Stellen, an denen das Wahlausschreiben ausgehängt ist, bekannt. Gleichzeitig fordert er zur Einreichung von Wahlvorschlägen innerhalb einer Nachfrist von sechs Arbeitstagen auf.

(2) Im Falle der Gruppenwahl weist der Wahlvorstand in der Bekanntmachung darauf hin, daß eine Gruppe keine Vertreter in den Personalrat wählen kann, wenn auch innerhalb der Nachfrist für sie kein gültiger Wahlvorschlag eingeht. Im Falle gemeinsamer Wahl weist der Wahlvorstand darauf hin, daß der Personalrat nicht gewählt werden kann, wenn auch innerhalb der Nachfrist kein gültiger Wahlvorschlag eingeht.

Wahlordnung

(3) Gehen auch innerhalb der Nachfrist gültige Wahlvorschläge nicht ein, so gibt der Wahlvorstand sofort bekannt

1. bei Gruppenwahl, für welche Gruppe oder für welche Gruppen keine Vertreter gewählt werden können;

2. bei gemeinsamer Wahl, daß diese Wahl nicht stattfinden kann.

§ 12
Bezeichnung der Wahlvorschläge

(1) Nach Ablauf der Fristen nach § 7 Abs. 2, § 10 Abs. 5 und § 11 Abs. 1 ermittelt der Wahlvorstand durch das Los die Reihenfolge der Wahlvorschläge auf dem Stimmzettel. Finden Wahlen für Personalvertretungen mit mehreren Stufen gleichzeitig statt, ist für Wahlvorschläge mit demselben Kennwort für die Wahlen auf allen Stufen die Losentscheidung auf der obersten Stufe maßgebend. Für Wahlvorschläge, die an der Losentscheidung auf der obersten Stufe nicht beteiligt sind, werden die folgenden Plätze auf dem Stimmzettel ausgelost. Die Listenvertreter (§ 8 Abs. 4) sind zu der Losentscheidung rechtzeitig einzuladen.

(2) Der Wahlvorstand bezeichnet die Wahlvorschläge mit den Familien- und Vornamen der in dem Wahlvorschlag an erster und zweiter Stelle benannten Bewerber, bei gemeinsamer Wahl mit den Familien- und Vornamen der für die Gruppen an erster Stelle benannten Bewerber. Bei Wahlvorschlägen, die mit einem Kennwort versehen sind, ist auch das Kennwort anzugeben.

§ 13
Bekanntmachung der Wahlvorschläge

(1) Unverzüglich nach Ablauf der Fristen nach § 7 Abs. 21 § 10 Abs. 5 und § 11 Abs. 1, spätestens jedoch fünf Arbeitstage vor Beginn der Stimmabgabe, gibt der Wahlvorstand die als gültig anerkannten Wahlvorschläge durch Aushang bis zum Abschluß der Stimmabgabe an den gleichen Stellen wie das Wahlausschreiben bekannt.

(2) Die Namen der Unterzeichner der Wahlvorschläge werden nicht bekanntgemacht.

§ 14
Sitzungsniederschriften

Der Wahlvorstand fertigt über jede Sitzung, in der er einen Beschluß gefaßt hat, eine Niederschrift, die mindestens den Wortlaut des Beschlusses enthält. Sie ist von sämtlichen Mitgliedern des Wahlvorstandes zu unterzeichnen.

Wahlordnung

§ 15
Ausübung des Wahlrechts, Stimmzettel, ungültige Stimmabgabe

(1) Wählen kann nur, wer in das Wählerverzeichnis eingetragen ist.

(2) Das Wahlrecht wird durch Abgabe eines Stimmzettels in einem Wahlumschlag ausgeübt. Bei Gruppenwahl müssen die Stimmzettel für jede Gruppe getrennt, bei gemeinsamer Wahl alle Stimmzettel dieselbe Größe, Farbe, Beschaffenheit und Beschriftung haben. Dasselbe gilt für die Wahlumschläge.

(3) Ist nach den Grundsätzen der Verhältniswahl zu wählen (§ 25 Abs. 1), so kann die Stimme nur für den gesamten Wahlvorschlag (Vorschlagsliste) abgegeben werden. Ist nach den Grundsätzen der Personenwahl zu wählen (§ 28 Abs. 1, § 30 Abs. 1) so wird die Stimme für die zu wählenden einzelnen Bewerber abgegeben.

(4) Ungültig sind Stimmzettel,

1. die nicht in einem Wahlumschlag abgegeben sind,

2. die nicht den Erfordernissen des Abs. 2 Satz 2 entsprechen,

3. aus denen sich der Wille des Wählers nicht zweifelsfrei ergibt,

4. die ein besonderes Merkmal, einen Zusatz oder einen Vorbehalt enthalten.

(5) Mehrere in einem Wahlumschlag für eine Wahl enthaltene Stimmzettel, die gleich lauten, werden als eine Stimme gezählt.

(6) Hat der Wähler einen Stimmzettel verschrieben, diesen oder seinen Wahlumschlag versehentlich unbrauchbar gemacht, so ist ihm auf Verlangen gegen Rückgabe der unbrauchbaren Wahlunterlagen ein neuer Stimmzettel und gegebenenfalls ein neuer Wahlumschlag auszuhändigen. Der Wahlvorstand hat die zurückgegebenen Unterlagen unverzüglich in Gegenwart des Wählers zu vernichten.

§ 16
Wahlhandlung

(1) Findet Gruppenwahl statt, so ist die Stimmabgabe nach Gruppen getrennt durchzuführen.

(2) Vor Ausgabe eines Stimmzettels und eines Wahlumschlages durch den Wahlvorstand an den Wähler ist festzustellen, ob der Wähler im Wählerverzeichnis eingetragen ist. Die Stimmabgabe ist im Wählerverzeichnis zu vermerken.

(3) Der Wahlvorstand trifft Vorkehrungen, daß der Wahlberechtigte den Stimmzettel im Wahlraum unbeobachtet kennzeichnen und in den Wahlumschlag legen kann.

(4) Für die Aufnahme der Wahlumschläge sind verschlossene Wahlurnen zu verwenden.

Wahlordnung

(5) Ein Wähler, der durch körperliches Gebrechen an der Stimmabgabe behindert ist, bestimmt eine Person seines Vertrauens, deren er sich bei der Stimmabgabe bedienen will und gibt diese dem Wahlvorstand bekannt. Wahlbewerber, Mitglieder des Wahlvorstandes und Wahlhelfer dürfen nicht zur Hilfeleistung herangezogen werden.

(6) Solange der Wahlraum zur Stimmabgabe geöffnet ist, müssen mindestens zwei Mitglieder des Wahlvorstandes oder ein Mitglied und ein nach § 1 Satz 2 bestellter Wahlhelfer im Wahlraum anwesend sein.

(7) Wird die Wahlhandlung unterbrochen oder wird das Wahlergebnis nicht unmittelbar nach Abschluß der Stimmabgabe festgestellt, so hat der Wahlvorstand für die Zwischenzeit die Wahlurne so aufzubewahren, daß der Einwurf oder die Entnahme von Stimmzetteln ohne Beschädigung des Verschlusses unmöglich ist.

§ 17
Schriftliche Stimmabgabe

(1) Einem Wahlberechtigten der im Zeitpunkt der Wahl verhindert ist, seine Stimme persönlich abzugeben, hat der Wahlvorstand auf sein Verlangen

1. die Wahlvorschläge,
2. den Stimmzettel und einen Wahlumschlag,
3. eine vorgedruckte, vom Wähler abzugebende Erklärung, in der dieser gegenüber dem Wahlvorstand versichert, daß er den Stimmzettel persönlich gekennzeichnet hat,
4. einen größeren Freiumschlag, der die Anschrift des Wahlvorstandes und als Absender den Namen und die Anschrift des Wahlberechtigten sowie den Vermerk »Schriftliche Stimmangabe« trägt sowie
5. einen Abdruck des Wahlausschreibens

auszuhändigen oder zu übersenden. Der Wahlvorstand soll dem Wähler ferner ein Merkblatt über die Art und Weise der schriftlichen Stimmabgabe (Abs. 2) aushändigen oder übersenden. Der Wahlvorstand hat die Aushändigung oder Übersendung im Wählerverzeichnis zu vermerken.

(2) Der Wähler oder die mit der Stimmabgabe beauftragte Person (§ 16 Abs. 5) gibt die Stimme in der Weise ab, daß er

1. den Stimmzettel unbeobachtet persönlich kennzeichnet und in den Wahlumschlag legt,
2. die vorgedruckte Erklärung unter Angabe des Ortes und des Datums unterschreibt und
3. den Wahlumschlag, in den der Stimmzettel gelegt ist, und hiervon getrennt die unterschriebene Erklärung (Abs. 1 Satz 1 Nr. 3) in dem Freiumschlag verschließt und diesen so rechtzeitig an den Wahlvorstand absendet oder übergibt, daß er vor Abschluß der Stimmabgabe vorliegt.

§ 18
Behandlung der schriftlich abgegebenen Stimmen

(1) Unmittelbar vor Abschluß der Stimmabgabe öffnet der Wahlvorstand in öffentlicher Sitzung die bis zu diesem Zeitpunkt eingegangenen Freiumschläge und entnimmt ihnen die Wahlumschläge und die vorgedruckten Erklärungen (§ 17 Abs. 1 Satz 1 Nr. 3). Ist die schriftliche Stimmabgabe ordnungsgemäß erfolgt (§ 17 Abs. 2), so legt der Wahlvorstand den Wahlumschlag nach Vermerk der Stimmabgabe im Wählerverzeichnis ungeöffnet in die Wahlurne.

(2) Verspätet eingehende Briefumschläge hat der Wahlvorstand mit einem Vermerk über den Zeitpunkt des Eingangs ungeöffnet zu den Wahlunterlagen zu nehmen. Die Briefumschläge sind einen Monat nach Bekanntgabe des Wahlergebnisses ungeöffnet zu vernichten, sofern die Wahl nicht angefochten wurde.

§ 19
Stimmabgabe bei Nebenstellen und Teilen von Dienststellen

(1) Für die Beschäftigten von

1. nachgeordneten Stellen einer Dienststelle, die nicht nach § 6 Abs. 2 Satz 1 Halbsatz 2 ThürPersVG selbständig sind, oder
2. Nebenstellen oder Teilen einer Dienststelle, die räumlich weit von dieser entfernt liegen und nicht als selbständige Dienststelle nach § 6 Abs. 3 und 4 ThürPersVG gelten,

kann der Wahlvorstand die Stimmabgabe in diesen Stellen durchführen oder die schriftliche Stimmabgabe anordnen. Wird die schriftliche Stimmabgabe angeordnet, so hat der Wahlvorstand den Wahlberechtigten die in § 17 Abs. 1 bezeichneten Unterlagen zu übersenden.

§ 20
Feststellung des Wahlergebnisses

(1) Unverzüglich nach Abschluß der Wahl nimmt der Wahlvorstand öffentlich die Auszählung der Stimmen vor und stellt das Ergebnis fest.

(2) Nach Öffnung der Wahlurne entnimmt der Wahlvorstand die Stimmzettel den Wahlumschlägen und prüft ihre Gültigkeit.

(3) Der Wahlvorstand zählt

1. im Falle der Verhältniswahl die auf jede Vorschlagsliste,
2. im Falle der Personenwahl die auf jeden einzelnen Bewerber entfallenen gültigen Stimmzettel zusammen.

(4) Stimmzettel, über deren Gültigkeit oder Ungültigkeit der Wahlvorstand beschließt, weil sie zu Zweifeln Anlaß geben, sind mit fortlaufender Nummer zu versehen und von den übrigen Stimmzetteln gesondert bei den Wahlunterlagen aufzubewahren.

Wahlordnung

§ 21
Wahlniederschrift

(1) Über das Wahlergebnis fertigt der Wahlvorstand eine Niederschrift, die von sämtlichen Mitgliedern des Wahlvorstandes zu unterzeichnen ist.

Die Niederschrift muß enthalten:

1. bei Gruppenwahl die Summe der von jeder Gruppe abgegebenen Stimmen, bei gemeinsamer Wahl die Summe aller abgegebenen Stimmen,

2. bei Gruppenwahl die Summe der von jeder Gruppe abgegebenen gültigen Stimmen, bei gemeinsamer Wahl die Summe aller abgegebenen gültigen Stimmen,

3. die Zahl der für jede Gruppe abgegebenen ungültigen Stimmen, bei gemeinsamer Wahl die Summe aller abgegebenen ungültigen Stimmen,

4. die für die Gültigkeit oder Ungültigkeit zweifelhafter Stimmen maßgebenden Gründe,

5. im Falle der Verhältniswahl die Zahl der auf jede Vorschlagsliste entfallenden gültigen Stimmen sowie die Errechnung der für die einzelnen Vorschlagslisten maßgebenden Zahlen und Zahlenbruchteile, im Falle der Personenwahl die Zahl der auf jeden Bewerber entfallenden gültigen Stimmen,

6. die Namen der gewählten Bewerber und Ersatzmitglieder.

(2) Besondere Vorkommnisse sind in der Niederschrift zu vermerken.

§ 22
Benachrichtigung der gewählten Bewerber

Der Wahlvorstand benachrichtigt die als Personalratsmitglieder Gewählten unverzüglich gegen Empfangsbestätigung, erforderlichenfalls durch eingeschriebenen Brief, von ihrer Wahl. Erklärt ein Gewählter nicht innerhalb von drei Arbeitstagen nach Zugang der Benachrichtigung dem Wahlvorstand gegenüber, daß er die Wahl ablehne, so gilt die Wahl als angenommen.

§ 23
Bekanntmachung des Wahlergebnisses

Der Wahlvorstand gibt das Wahlergebnis und die Namen der als Personalratsmitglieder gewählten Bewerber durch zweiwöchigen Aushang an den Stellen bekannt, an denen das Wahlausschreiben bekanntgemacht worden ist.

Wahlordnung

§ 24
Aufbewahrung der Wahlunterlagen

Die Wahlunterlagen (Niederschriften, Bekanntmachungen, Stimmzettel, Freiumschläge für die schriftliche Stimmabgabe) werden vom Personalrat mindestens bis zur Durchführung der nächsten Personalratswahl aufbewahrt.

Zweiter Abschnitt
Besondere Bestimmungen für das Wahlverfahren bei Vorliegen mehrerer Wahlvorschläge (Verhältniswahl)

§ 25
Voraussetzung für Verhältniswahl, Stimmzettel, Stimmabgabe

(1) Nach den Grundsätzen der Verhältniswahl (Listenwahl) ist zu wählen, wenn

1. bei Gruppenwahl für die betreffende Gruppe mehrere gültige Wahlvorschläge,
2. bei gemeinsamer Wahl mehrere gültige Wahlvorschläge eingegangen sind.

In diesen Fällen kann jeder Wähler seine Stimme nur für den gesamten Wahlvorschlag (Vorschlagsliste) abgeben.

(2) Auf dem Stimmzettel sind die Vorschlagslisten in der nach § 12 Abs. 1 ermittelten Reihenfolge unter Angabe von Familienname, Vorname, Amts- oder Funktionsbezeichnung und Gruppenzugehörigkeit der an erster und zweiter Stelle benannten Bewerber, bei gemeinsamer Wahl der für die Gruppen an erster Stelle benannten Bewerber untereinander aufzuführen, bei Listen die mit einem Kennwort versehen sind, ist auch das Kennwort anzugeben.

(3) Der Wähler hat auf dem Stimmzettel die Vorschlagsliste anzukreuzen, für die er seine Stimme abgeben will.

§ 26
Ermittlung der gewählten Gruppenvertreter bei Gruppenwahl

(1) Bei Gruppenwahl werden die Summen der auf die einzelnen Vorschlagslisten jeder Gruppe entfallenden Stimmen mit der Zahl der dieser Gruppe zustehenden Sitze multipliziert und durch die Gesamtzahl der auf alle Vorschlagslisten der Gruppe entfallenden dividiert. Jede Vorschlagsliste erhält zunächst so viele Sitze, wie sich für sie ganze Zahlen ergeben.

Wahlordnung

Sind danach noch Sitze zu vergeben, werden sie in der Reihenfolge der höchsten Zahlenbruchteile, die sich bei der Berechnung nach Satz 1 ergeben, auf die Wahlvorschläge verteilt. § 5 Abs. 2 Satz 4 und 5 gilt entsprechend.

(2) Enthält eine Vorschlagsliste weniger Bewerber als ihr nach Abs. 1 Sitze zustehen würden, so fallen die überschüssigen Sitze den übrigen Vorschlagslisten in der Reihenfolge der nächsten Zahlen und Zahlenbruchteile zu.

(3) Innerhalb der Vorschlagslisten sind die Sitze auf die Bewerber in der Reihenfolge ihrer Benennung (§ 8 Abs. 2) zu verteilen.

§ 27
Ermittlung der gewählten Gruppenvertreter bei gemeinsamer Wahl

(1) Bei gemeinsamer Wahl werden die jeder Gruppe zustehenden Sitze getrennt, jedoch unter Verwendung eines einheitlichen Quotienten ermittelt. Der Quotient, der sich aus der Division der Summe der auf die jeweilige Vorschlagsliste entfallenden Stimmen durch die Gesamtzahl der auf alle Vorschlagslisten entfallenden Stimmen ergibt, wird mit der Zahl der in der jeweiligen Gruppe zu vergebenden Sitze multipliziert. In der jeweiligen Gruppe erhält jede Vorschlagsliste zunächst so viele Sitze, wie sich für sie ganze Zahlen ergeben. Sind danach noch Sitze zu vergeben, werden sie in der Reihenfolge der höchsten Zahlenbruchteile, die sich bei der Berechnung nach Satz 2 ergeben, auf die Vorschlagslisten verteilt. § 5 Abs. 2 Satz 3 und 4 gilt entsprechend.

(2) Enthält eine Vorschlagsliste weniger Bewerber einer Gruppe, als dieser nach den Abs. 1 Sitze zustehen würde, so fallen die restlichen Sitze dieser Gruppe den Bewerbern derselben Gruppe auf den übrigen Vorschlagslisten entsprechend den bei der Berechnung nach Abs. 1 ermittelten Zahlen und Zahlenbruchteilen zu.

(3) Innerhalb der Vorschlagslisten werden die den einzelnen Gruppen zustehenden Sitze auf die Bewerber der entsprechenden Gruppe in der Reihenfolge ihrer Benennung verteilt.

Dritter Abschnitt
Wahlverfahren bei Vorliegen eines Wahlvorschlages (Personenwahl)

§ 28
Voraussetzung für Personenwahl, Stimmzettel, Stimmabgabe

(1) Nach den Grundsätzen der Personenwahl ist zu wählen, wenn
1. bei Gruppenwahl für die betreffende Gruppe nur ein gültiger Wahlvorschlag,

2. bei gemeinsamer Wahl nur ein gültiger Wahlvorschlag eingegangen ist.

In diesen Fällen kann jeder Wähler nur solche Bewerber wählen, die in dem Wahlvorschlag aufgeführt sind.

(2) Auf den Stimmzetteln werden die Bewerber aus dem Wahlvorschlag in unveränderter Reihenfolge unter Angabe von Familienname, Vorname, Amts- oder Funktionsbezeichnung und Gruppenzugehörigkeit übernommen. Der Wähler hat auf dem Stimmzettel die Namen der Bewerber anzukreuzen, für die er seine Stimme abgeben will. Der Wähler darf

1. bei Gruppenwahl nicht mehr Namen ankreuzen, als für die betreffende Gruppe Vertreter zu wählen sind,
2. bei gemeinsamer Wahl nicht mehr Namen ankreuzen, als Personalratsmitglieder zu wählen sind.

§ 29
Ermittlung der gewählten Bewerber

(1) Bei Gruppenwahl sind die Bewerber in der Reihenfolge der jeweils höchsten auf sie entfallenden Stimmenzahlen gewählt.

(2) Bei gemeinsamer Wahl werden die den einzelnen Gruppen zustehenden Sitze mit den Bewerbern dieser Gruppen in der Reihenfolge der jeweils höchsten auf sie entfallenden Stimmenzahlen besetzt.

(3) Bei gleicher Stimmenzahl entscheidet das Los.

Vierter Abschnitt
Besondere Bestimmungen für die Wahl eines Personalratsmitgliedes oder eines Gruppenvertreters (Personenwahl)

§ 30
Voraussetzung für Personenwahl, Stimmzettel, Stimmabgabe, Wahlergebnis

(1) Nach den Grundsätzen der Personenwahl ist zu wählen, wenn

1. bei Gruppenwahl nur ein Vertreter,
2. bei gemeinsamer Wahl nur ein Personalratsmitglied zu wählen ist.

(2) Auf die Stimmzettel werden die Bewerber aus den Wahlvorschlägen in alphabetischer Reihenfolge unter Angabe von Familienname, Vorname, Amts- oder Funktionsbezeichnung übernommen.

(3) Der Wähler hat auf dem Stimmzettel den Namen des Bewerbers anzukreuzen, für den er seine Stimme abgeben will.

(4) Gewählt ist der Bewerber, der die meisten Stimmen erhalten hat. Bei gleicher Stimmenzahl entscheidet das Los.

Wahlordnung

Fünfter Abschnitt

Wahl des Bezirkspersonalrats

§ 31
Entsprechende Anwendung der Bestimmungen über die Wahl des Personalrats

Für die Wahl des Bezirkspersonalrats gelten die §§ 1 bis 30 entsprechend, soweit sich aus den §§ 32 bis 40 nichts anderes ergibt.

§ 32
Leitung der Wahl

(1) Der Bezirkswahlvorstand leitet die Wahl des Bezirkspersonalrats. Die Durchführung der Wahl in den einzelnen Dienststellen übernehmen die örtlichen Wahlvorstände im Auftrag und nach Richtlinien des Bezirkswahlvorstandes.

(2) Der örtliche Wahlvorstand gibt die Namen der Mitglieder und der Ersatzmitglieder des Bezirkswahlvorstandes und die dienstliche Anschrift seines Vorsitzenden in der Dienststelle durch Aushang bis zum Abschluß der Stimmabgabe bekannt.

§ 33
Feststellung der Beschäftigungszahl, Wählerverzeichnis

(1) Die örtlichen Wahlvorstände stellen die Zahl der in den Dienststellen in der Regel Beschäftigten und ihre Verteilung auf die Gruppen fest und teilen diese Zahlen unverzüglich schriftlich dem Bezirkswahlvorstand mit.

(2) Die Aufstellung der Wählerverzeichnisse und die Behandlung von Einsprüchen ist Aufgabe der örtlichen Wahlvorstände. Sie teilen dem Bezirkswahlvorstand die Zahl der Wahlberechtigten, getrennt nach den Gruppen der Beamten, Angestellten und Arbeiter, unverzüglich schriftlich mit.

§ 34
Ermittlung der Zahl der zu wählenden Bezirkspersonalratsmitglieder, Verteilung der Sitze auf die Gruppen

(1) Der Bezirkswahlvorstand ermittelt die Zahl der zu wählenden Mitglieder des Bezirkspersonalrates und die Verteilung der Sitze auf die Gruppen.

(2) Ist eine abweichende Verteilung der Mitglieder des Bezirkspersonalrates auf die Gruppen nicht beschlossen worden und entfallen bei der

Wahlordnung

Verteilung der Sitze nach § 5 Abs. 2 auf eine Gruppe weniger Sitze, als ihr nach § 53 Abs. 6 ThürPersVG mindestens zustehen, so erhält sie die in § 53 Abs. 6 ThürPersVG vorgeschriebene Zahl von Sitzen.

§ 35
Gleichzeitige Wahl

Die Wahl des Bezirkspersonalrats soll gleichzeitig mit der Wahl der Personalräte in demselben Bezirk stattfinden.

§ 36
Wahlausschreiben

(1) Der Bezirkswahlvorstand erläßt das Wahlausschreiben.

(2) Der örtliche Wahlvorstand gibt das Wahlausschreiben oder eine Abschrift in der Dienststelle durch Aushang bis zum Abschluß der Stimmabgabe bekannt.

(3) Für den Inhalt des Wahlausschreibens gilt § 6 Abs. 2 Nr. 1 bis 3, 5, 7, 9 und 10 und Abs. 4 entsprechend.

(4) Der örtliche Wahlvorstand ergänzt das Wahlausschreiben durch die folgenden Angaben:

1. die Angabe, wo und wann das für die örtliche Dienststelle aufgestellte Wählerverzeichnis, das Thüringer Personalvertretungsgesetz und diese Wahlordnung zur Einsicht ausliegen,

2. den Hinweis, daß Einsprüche gegen das Wählerverzeichnis nur binnen sechs Arbeitstagen seit seiner Auslegung schriftlich beim örtlichen Wahlvorstand eingelegt werden können, der letzte Tag der Einspruchsfrist ist anzugeben,

3. den Ort, an dem die Wahlvorschläge bekanntgegeben werden,

4. den Ort und die Zeit der Stimmabgabe,

5. einen Hinweis auf die Möglichkeit der schriftlichen Stimmabgabe,

6. den Ort und die Zeit der Stimmenauszählung,

7. den Ort, an dem Einsprüche und andere Erklärungen gegenüber dem Vorstand abzugeben sind.

(5) Der örtliche Wahlvorstand vermerkt auf dem Wahlausschreiben den ersten und den letzten Tag des Aushanges.

(6) Offenbare Unrichtigkeiten des Wahlausschreibens können vom Wahlvorstand jederzeit berichtigt werden.

(7) Mit Erlaß des Wahlausschreibens ist die Wahl eingeleitet.

Wahlordnung

§ 37
Bekanntmachung des Wahlvorstandes

Bekanntmachungen nach den §§ 11 und 13 sind in gleicher Weise wie das Wahlausschreiben in den Dienststellen auszuhängen.

§ 38
Sitzungsniederschriften

(1) Der Bezirkswahlvorstand fertigt über jede Sitzung, in der er einen Beschluß gefaßt hat, eine Niederschrift, die mindestens den Wortlaut des Beschlusses enthält. Sie ist von sämtlichen Mitgliedern des Wahlvorstandes zu unterzeichnen.

(2) Die Niederschrift über die Sitzungen, in denen über Einsprüche gegen das Wählerverzeichnis entschieden ist, fertigt der örtliche Wahlvorstand.

§ 39
Stimmabgabe, Stimmzettel

(1) Findet die Wahl des Bezirkspersonalrats zugleich mit der Wahl der Personalräte statt, so kann für die Stimmabgabe zu beiden Wahlen derselbe Umschlag verwendet werden. Für die Wahl des Bezirkspersonalrats sind Stimmzettel von anderer Farbe als für die Wahl des Personalrats zu verwenden.

(2) Sind in einer Gruppe einer Dienststelle weniger als fünf Wahlberechtigte vorhanden, kann der Bezirkswahlvorstand die Stimmabgabe in diesen Gruppen durchführen und die schriftliche Stimmabgabe anordnen.

§ 40
Feststellung und Bekanntmachung des Wahlergebnisses

(1) Die örtlichen Wahlvorstände zählen die auf die einzelnen Vorschlagslisten oder, wenn Personenwahl stattgefunden hat, die auf die einzelnen Bewerber entfallenen Stimmen. Sie fertigen eine Wahlniederschrift gemäß § 21.

(2) Die Niederschrift ist unverzüglich nach Feststellung des Wahlergebnisses dem Bezirkswahlvorstand zu übersenden. Die bei der Dienststelle entstandenen Unterlagen für die Wahl des Bezirkspersonalrats (§ 24) werden zusammen mit einer Abschrift der Niederschrift vom Personalrat aufbewahrt.

(3) Der Bezirkswahlvorstand zählt unverzüglich die auf jede Vorschlagsliste oder, wenn Personenwahl stattgefunden hat, die auf jeden einzelnen Bewerber entfallenen Stimmen zusammen und stellt das Ergebnis der Wahl fest.

(4) Sobald die Namen der als Mitglieder des Bezirkspersonalrats gewählten Bewerber feststehen, teilt sie der Bezirkswahlvorstand den örtlichen

Wahlvorständen mit. Die örtlichen Wahlvorstände geben sie durch zweiwöchigen Aushang in der gleichen Weise wie das Wahlausschreiben bekannt.

Sechster Abschnitt
Wahl des Hauptpersonalrats

§ 41
Entsprechende Anwendung der Bestimmungen über die Wahl des Bezirkspersonalrats

Für die Wahl des Hauptpersonalrats gelten die §§ 31 bis 40 entsprechend, soweit sich aus den §§ 42 und 43 nichts anderes ergibt.

§ 42
Leitung der Wahl

Der Hauptwahlvorstand leitet die Wahl des Hauptpersonalrats.

§ 43
Durchführung der Wahl nach Bezirken

(1) Der Hauptwahlvorstand kann die bei den Behörden der Mittelstufe bestehenden oder auf sein Ersuchen bestellten örtlichen Wahlvorstände beauftragen,

1. die von den örtlichen Wahlvorständen im Bereich der Behörde der Mittelstufe festzustellenden Zahlen der in der Regel Beschäftigten und ihre Verteilung auf die Gruppen zusammenzustellen,
2. die Zahl der im Bereich der Behörde der Mittelstufe Wahlberechtigten, getrennt nach den Gruppen der Beamten, Angestellten und Arbeiter, festzustellen,
3. die bei den Dienststellen im Bereich der Behörden der Mittelstufe festgestellten Wahlergebnisse zusammenzustellen,
4. Bekanntmachungen des Hauptwahlvorstandes an die übrigen örtlichen Wahlvorstände im Bereich der Mittelstufe weiterzuleiten.

Die Wahlvorstände bei den Behörden der Mittelstufe unterrichten in diesen Fällen die übrigen örtlichen Wahlvorstände der Dienststellen im Bereich der Behörde der Mittelstufe darüber, daß die in den Nummern 1 bis 3 genannten Angaben an sie einzusenden sind.

(2) Die Wahlvorstände bei den Behörden der Mittelstufe fertigen über die Zusammenstellung der Wahlergebnisse (Abs. 1 Satz 1 Nr. 3) eine Niederschrift.

Wahlordnung

(3) Die Wahlvorstände bei den Behörden der Mittelstufe übersenden dem Hauptwahlvorstand unverzüglich die in Absatz 1 Satz 1 Nr. 1, 2 genannten Zusammenstellungen und die Niederschrift über die Zusammenstellung der Wahlergebnisse (Absatz 2).

(4) Die Absätze 1 bis 3 gelten entsprechend, für die den obersten Dienstbehörden unmittelbar nachgeordneten Behörden, die nicht Mittelbehörde sind.

Siebter Abschnitt
Wahl des Gesamtpersonalrats

§ 44
Entsprechende Anwendung der Bestimmungen über die Wahl des Personalrats

Für die Wahl des Gesamtpersonalrats gelten die §§ 31 bis 40 entsprechend.

Achter Abschnitt
Wahl der Jugend- und Auszubildendenvertreter

§ 45
Vorbereitung und Durchführung der Wahl der Jugend- und Auszubildendenvertretung

(1) Für die Vorbereitung und Durchführung der Wahl der Jugend- und Auszubildendenvertretung gelten die §§ 1 bis 3, 6 bis 25, 28 und 30 entsprechend mit der Abweichung, daß sich die Zahl der zu wählenden Jugend- und Auszubildendenvertreter ausschließlich aus § 59 Abs. 1 ThürPersVG ergibt und daß die Bestimmungen über die Gruppenwahl (§ 19 Abs. 2 ThürPersVG), über den Minderheitenschutz (§ 17 Abs. 3 und 4 ThürPersVG) und über die Zusammenfassung der Bewerber in den Wahlvorschlägen nach Gruppen (§ 8 Abs. 2 Satz 3) keine Anwendung finden.

(2) Sind mehrere Jugend- und Auszubildendenvertreter zu wählen und ist die Wahl aufgrund mehrerer Vorschlagslisten durchgeführt worden, werden die Summen der auf die einzelnen Vorschlagslisten entfallenden Stimmen mit der Zahl der zu wählenden Jugendvertreter und durch die Gesamtzahl der auf alle Vorschlagslisten entfallenden Stimmen dividiert.

Jede Vorschlagsliste erhält zunächst so viele Sitze, wie sich für sie ganze Zahlen ergeben. Sind danach noch Sitze zu vergeben, werden sie in der Reihenfolge der höchsten Zahlenbruchteile, die sich bei der Berechnung nach Satz 1 ergeben, auf die Vorschlagslisten verteilt. § 5 Abs. 2 Satz 4 und 5 und § 26 Abs. 3 und 4 gelten entsprechend.

(3) Sind mehrere Jugend- und Auszubildendenvertreter zu wählen und ist die Wahl aufgrund eines Wahlvorschlags durchgeführt worden, so sind die Bewerber in der Reihenfolge der jeweils höchsten auf sie entfallenen Stimmenzahlen gewählt; bei Stimmengleichheit entscheidet das Los.

§ 46
Wahl der Jugend- und Auszubildendenstufenvertretungen

(1) Für die Wahl der Jugend- und Auszubildendenstufenvertretungen nach § 64 ThürPersVG (Bezirks-Jugend- und Auszubildendenvertretung, Haupt-Jugend- und Auszubildendenvertretung) gelten die §§ 32 bis 40, 42, 43 und 45 entsprechend. Für in § 57 des Gesetzes genannte Beschäftigte in nachgeordneten Dienststellen mit in der Regel weniger als fünf solchen Beschäftigten führt der Bezirks- oder Hauptwahlvorstand die Wahl der Jugend- und Auszubildenden-Stufenvertretungen durch, in den genannten nachgeordneten Dienststellen werden keine Wahlvorstände bestellt; der Bezirks- oder Hauptwahlvorstand kann die schriftliche Stimmabgabe anordnen. In diesem Fall hat der Bezirks- oder Hauptwahlvorstand den Wahlberechtigten in § 57 ThürPersVG genannten Beschäftigten die in § 17 Abs. 1 bezeichneten Unterlagen zu übersenden.

(2) Für die Wahl der Gesamt-Jugend- und Auszubildendenvertretung nach § 65 ThürPersVG gelten Absatz 1 und § 45 entsprechend.

Neunter Abschnitt
Wahl von Vertrauenspersonen der Polizeivollzugsbeamten in Ausbildung

§ 47
Durchführung der Wahl

(1) Für die nach § 90 Abs. 2 Halbsatz 2 und Nr. 1. Buchstabe c ThürPersVG vorzunehmende Wahl der Vertrauensperson und ihrer Stellvertreter verteilt der Wahlvorstand unbeschriebene Stimmzettel von gleicher Farbe und Größe. Jeder Wähler schreibt den Namen eines Kandidaten auf seinen Stimmzettel, faltet diesen so, daß der Name verdeckt wird, und übergibt ihn dem Wahlvorstand. Dieser legt den Stimmzettel in Gegenwart des Wählers ungeöffnet in einen dafür bestimmten Behälter und hält den Namen des Wählers in einer Liste fest. Der Wahlvorstand trifft Vor-

Wahlordnung

kehrungen, daß die Wähler ihre Stimmzettel unbeobachtet beschreiben können. Hat der Wahlvorstand festgestellt, daß die Wahlhandlung beendet ist, zählt er unverzüglich und ohne Unterbrechung öffentlich die Stimmzettel aus und stellt das Ergebnis fest.

(2) Zum Vertrauensmann gewählt ist der Kandidat, der die meisten Stimmen erhalten hat. Der Kandidat mit der zweithöchsten Stimmenzahl ist zum ersten Stellvertreter, der mit der dritthöchsten Stimmenzahl zum zweiten Stellvertreter gewählt. Bei gleicher Stimmenzahl entscheidet das Los.

Zehnter Abschnitt
Schlußbestimmungen

§ 48
Berechnung von Fristen

Für die Berechnung der in dieser Verordnung festgelegten Fristen finden die §§ 186 bis 193 des Bürgerlichen Gesetzbuches entsprechende Anwendung. Arbeitstage im Sinne dieser Wahlordnung sind die Wochentage Montag bis Freitag mit Ausnahme der gesetzlichen Feiertage.

§ 49
Inkrafttreten

Diese Verordnung tritt am Tage nach ihrer Verkündung in Kraft.

Anhang II

Auszug aus der Thüringer Gemeinde- und Landkreisordnung (Thüringer Kommunalordnung – ThürKO –) Vom 16. August 1993

§ 22
Gemeindeorgane

(3) Der Gemeinderat beschließt über die Aufgaben des eigenen Wirkungskreises der Gemeinde, soweit er nicht die Beschlußfassung einem beschließenden Ausschuß übertragen hat (§ 26 Abs. 1) oder der Bürgermeister zuständig ist. Der Gemeinderat überwacht die Ausführung seiner Beschlüsse. Über den Vollzug der Beschlüsse hat der Bürgermeister dem Gemeinderat und den Ausschüssen regelmäßig zu berichten. Der Gemeinderat hat das Recht und auf Verlangen eines Viertels seiner Mitglieder die Pflicht, vom Bürgermeister in diesen Angelegenheiten Auskunft zu fordern und Akteneinsicht durch von ihm damit beauftragte Ausschüsse oder bestimmte Gemeinderatsmitglieder zu nehmen.

§ 29
Aufgaben des Bürgermeisters

(1) Der Bürgermeister leitet die Gemeindeverwaltung und vollzieht die Beschlüsse des Gemeinderats und der Ausschüsse.

(2) Der Bürgermeister erledigt in eigener Zuständigkeit

1. die laufenden Angelegenheiten des eigenen Wirkungskreises der Gemeinde, die für die Gemeinde keine grundsätzliche Bedeutung haben und keine erheblichen Verpflichtungen erwarten lassen, und

2. die Angelegenheiten des übertragenen Wirkungskreises der Gemeinde (§ 3).

(3) Der Bürgermeister ist oberste Dienstbehörde der Beamten der Gemeinde. Er ist Vorgesetzter und Dienstvorgesetzter der Gemeindebediensteten. Der Bürgermeister bedarf für folgende Personalentscheidungen der Zustimmung des Gemeinderats oder des zuständigen Ausschusses:

1. die Ernennung, Abordnung, Versetzung, Versetzung in den Ruhestand und Entlassung der Beamten des gehobenen und höheren Dienstes; in kreisfreien Städten gilt dies nicht für die Beamten des gehobenen Dienstes und der ersten beiden Ämter des höheren Dienstes,

Thüringer Kommunalordnung

2. die Einstellung, Höhergruppierung und Entlassung der Angestellten, deren Vergütungsgruppe mit der Besoldungsgruppe der Beamten nach Nummer 1 vergleichbar ist; in kreisfreien Städten gilt dies nicht für die Angestellten, deren Vergütungsgruppe mit der Besoldungsgruppe der Beamten des gehobenen Dienstes und der ersten beiden Ämter des höheren Dienstes vergleichbar ist.

(4) Der Gemeinderat kann dem Bürgermeister im Einzelfall durch Beschluß mit dessen Zustimmung oder allgemein durch die Hauptsatzung weitere Angelegenheiten zur selbständigen Erledigung übertragen; das gilt nicht für Angelegenheiten, die nach § 26 Abs. 2 nicht auf beschließende Ausschüsse übertragen werden können. Der Gemeinderat kann dem Bürgermeister übertragene Angelegenheiten im Einzelfall nicht wieder an sich ziehen; das Recht des Gemeinderats, die Übertragung allgemein zu widerrufen, bleibt unberührt.

§ 32
Vertretung des Bürgermeisters, Beigeordnete

(1) Jede Gemeinde muß einen Beigeordneten haben; er ist Stellvertreter des Bürgermeisters bei dessen Verhinderung und führt in den kreisfreien Städten und den großen kreisangehörigen Städten die Amtsbezeichnung Bürgermeister. Die Hauptsatzung kann nach Maßgabe des Absatzes 2 weitere Beigeordnete vorsehen und die Reihenfolge der Stellvertretung des Bürgermeisters regeln. Die hauptamtlichen Beigeordneten gehen den ehrenamtlichen Beigeordneten in der Reihenfolge der Stellvertretung vor.

§ 48
Organe der Verwaltungsgemeinschaft

(1) Die Verwaltungsgemeinschaft wird durch die Gemeinschaftsversammlung verwaltet, soweit nicht der Gemeinschaftsvorsitzende zuständig ist. Der Gemeinschaftsvorsitzende erledigt in eigener Zuständigkeit die Aufgaben, die der Verwaltungsgemeinschaft durch Vorschriften außerhalb dieses Gesetzes übertragen werden sowie die Aufgaben der Verwaltungsgemeinschaft nach § 47 Abs. 1 und die laufenden Angelegenheiten nach § 47 Abs. 2 und 3. Ihm obliegt die Zuständigkeit in Personalangelegenheiten der Verwaltungsgemeinschaft; § 29 Abs. 3 gilt entsprechend.

§ 101
Kreisorgane

(3) Der Kreistag beschließt über die Aufgaben des eigenen Wirkungskreises des Landkreises, soweit er nicht die Beschlußfassung einem beschließenden Ausschuß übertragen hat (§ 105) oder der Landrat zuständig ist. Der Kreistag überwacht die Ausführung seiner Beschlüsse. Über den

Thüringer Kommunalordnung

Vollzug der Beschlüsse hat der Landrat dem Kreistag und den Ausschüssen regelmäßig zu berichten. Der Kreistag hat das Recht und auf Verlangen eines Viertels seiner Mitglieder die Pflicht, vom Landrat in diesen Angelegenheiten Auskunft zu fordern und Akteneinsicht durch von ihm damit beauftragte Ausschüsse oder bestimmte Kreistagsmitglieder zu nehmen.

§ 107
Aufgaben des Landrats

(1) Der Landrat leitet das Landratsamt und vollzieht die Beschlüsse des Kreistags und der Ausschüsse.

(2) Der Landrat erledigt in eigener Zuständigkeit

1. die laufenden Angelegenheiten des eigenen Wirkungskreises des Landkreises, die für den Landkreis keine grundsätzliche Bedeutung haben und keine erheblichen Verpflichtungen erwarten lassen und

2. die Angelegenheiten des übertragenen Wirkungskreises des Landkreises (§ 88).

Die Bestimmungen des § 29 Abs. 3 für kreisfreie Städte gelten entsprechend.

(3) Der Kreistag kann dem Landrat im Einzelfall durch Beschluß mit dessen Zustimmung oder allgemein durch die Hauptsatzung weitere Angelegenheiten zur selbständigen Erledigung übertragen; das gilt nicht für Angelegenheiten, die nach § 105 Abs. 2 Satz 2 in Verbindung mit § 26 Abs. 2 nicht auf beschließende Ausschüsse übertragen werden können. Der Kreistag kann dem Landrat übertragene Angelegenheiten im Einzelfall nicht wieder an sich ziehen; das Recht des Kreistags, die Übertragung allgemein zu widerrufen, bleibt unberührt.

§ 110
Vertretung des Landrats, Beigeordnete

(1) Jeder Landkreis muß einen Beigeordneten haben; er ist Stellvertreter des Landrats bei dessen Verhinderung. Die Hauptsatzung kann bis zu drei Beigeordnete vorsehen und die Reihenfolge der Stellvertretung des Landrats regeln. § 32 Abs. 1 Satz 3 gilt entsprechend.

Anhang III

Auszug aus der vorläufigen Kommunalordnung für das Land Thüringen – VKO Vom 24. Juli 1992

§ 21
Gemeindevertretung

(1) Die Gemeindevertretung ist die Vertretung der Bürger und das oberste Willens- und Beschlußorgan der Gemeinde. Sie führt in der kreisangehörigen und der kreisfreien Stadt die Bezeichnung Stadtverordnetenversammlung.

(2) Die Gemeindevertretung ist im Rahmen der Gesetze für alle Angelegenheiten der Gemeinde zuständig, soweit nicht dem Bürgermeister durch Gesetz oder Beschluß der Gemeindevertretung bestimmte Angelegenheiten übertragen sind. Die Gemeindevertretung überwacht die Ausführung ihrer Beschlüsse und sorgt beim Auftreten von Mißständen in der Gemeindeverwaltung für deren Beseitigung durch den Bürgermeister.

(3) Die Gemeindevertretung beschließt ausschließlich über
a) die Richtlinien, nach denen die Verwaltung geführt werden soll,
b) die Bildung und Zusammensetzung der Ausschüsse,
c) die Grundsätze für Personalentscheidungen sowie über die Ernennung, Anstellung und Entlassung leitender Bediensteter der Gemeindeverwaltung nach Maßgabe der Hauptsatzung,
d) die Verleihung des Ehrenbürgerrechts und anderer Ehrenbezeichnungen,
e) die Erklärung des Einvernehmens nach § 12 Abs. 2,
f) den Erlaß, die Änderung und Aufhebung von Satzungen,
g) die Festlegung und Einhaltung von Schutz- bzw. Vorbehaltsgebieten zur Erhaltung von Landschaften und Gebieten mit besonders wertvollem Artenbestand von Flora und Fauna im Gemeindegebiet,
h) den Haushaltsplan, die Haushaltssatzung und den Stellenplan, die Zustimmung zu über- und außerplanmäßigen Ausgaben, die Entgegennahme der Jahresrechnung und die Entlastung des Bürgermeisters für die Haushaltsdurchführung,
i) die Festsetzung allgemein geltender öffentlicher Abgaben und privatrechtlicher Entgelte,

Vorläufige Kommunalordnung

j) die Verfügung über Gemeindevermögen, Veräußerung oder Belastung von Grundstücken, Schenkungen und Darlehen der Gemeinde, ausgenommen einfache Geschäfte laufender Verwaltung,

k) die Errichtung, Übernahme, wesentliche Erweiterung beziehungsweise Einschränkung oder Auflösung kommunaler Betriebe und Einrichtungen, die Beteiligung an privatrechtlichen Unternehmen sowie die Umwandlung der Rechtsform kommunaler Betriebe und Einrichtungen,

l) die Aufnahme von Krediten, Übernahme von Bürgschaften, Abschluß von Gewährverträgen, Bestellung sonstiger Sicherheiten sowie wirtschaftlich gleichzuachtender Rechtsgeschäfte,

m) die Umwandlung des Zwecks, die Zusammenlegung und Aufhebung von Stiftungen sowie die Verwendung des Stiftungsvermögens,

n) die Mitgliedschaft in kommunalen Verbänden und Vereinigungen sowie die Aufnahme partnerschaftlicher Beziehungen zu anderen Gemeinden,

o) die Geschäftsordnung der Gemeindevertretung,

p) die Aufstellung, Änderung und Aufhebung von Flächennutzungsplänen im Sinne der Gemeindeentwicklung,

q) die Bestellung von Vertretern der Gemeinde in Eigengesellschaften und anderen wirtschaftlichen Unternehmen, an denen die Gemeinde beteiligt ist,

r) die Übernahme neuer Aufgaben, für die keine gesetzliche Verpflichtung besteht,

s) Angelegenheiten, über die kraft Gesetzes die Gemeindevertretung entscheidet.

§ 27
Bürgermeister

(1) Der Bürgermeister ist Vorsitzender des Hauptausschusses der Gemeindevertretung und Leiter der Gemeindeverwaltung. Er vertritt die Gemeinde. In kreisfreien Städten und in Großen kreisangehörigen Städten trägt der Bürgermeister die Bezeichnung Oberbürgermeister. In kleineren Gemeinden kann der Bürgermeister ehrenamtlich tätig sein. Näheres regelt die Hauptsatzung.

(2) Der Bürgermeister wird von der Gemeindevertretung entsprechend ihrer Amtsperiode in geheimer Wahl gewählt. Die Wahl bedarf der Mehrheit aller Mitglieder der Gemeindevertretung. Wird diese Mehrheit nicht erreicht, wird über dieselben Bewerber erneut abgestimmt. Erhält auch dann niemand die erforderliche Mehrheit, so findet eine Stichwahl zwischen zwei Bewerbern mit den meisten Stimmen statt, bei der gewählt ist, wer die meisten Stimmen erhält. Bei Stimmengleichheit in der Stichwahl entscheidet das Los.

Vorläufige Kommunalordnung

(3) Der Bürgermeister hat die Beschlüsse der Gemeindevertretung vorzubereiten und deren Durchführung zu gewährleisten. Er ist der Gemeindevertretung gegenüber rechenschaftspflichtig. Der Bürgermeister erledigt in eigener Zuständigkeit die laufenden Angelegenheiten, die für die Gemeinde keine grundsätzliche Bedeutung haben und keine erheblichen Verpflichtungen erwarten lassen. Er ist befugt, an Stelle der Gemeindevertretung oder eines beschließenden Ausschusses dringliche Anordnungen zu treffen und unaufschiebbare Geschäfte zu besorgen. Hiervon hat er der Gemeindevertretung oder dem zuständigen Ausschuß in der nächsten Sitzung Kenntnis zu geben.

(4) Als Leiter der Gemeindeverwaltung obliegt dem Bürgermeister die Verantwortung für die sachgerechte Erledigung der Aufgaben und den ordnungsgemäßen Gang der Verwaltung. Er regelt die innere Organisation der Gemeindeverwaltung und die Geschäftsverteilung. Er bestätigt die Geschäftsverteilungspläne und Arbeitsordnungen. Der Bürgermeister ist Dienstvorgesetzter der Gemeindebediensteten.

§ 31 c
Organe der Verwaltungsgemeinschaft

(4) Der Gemeinschaftsvorsitzende führt die Dienstaufsicht über die Dienstkräfte der Verwaltungsgemeinschaft und ist Dienstvorgesetzter ihrer Beamten. Oberste Dienstbehörde ist die Gemeinschaftsversammlung.

§ 85
Kreistag

(1) Der Kreistag ist die Vertretung der Bürger und das oberste Willens- und Beschlußorgan des Landkreises.

§ 91
Landrat

(1) Der Landrat ist Leiter der Kreisverwaltung und Vorsitzender des Kreisausschusses. Es ist gesetzlicher Vertreter des Landkreises.

(2) Der Landrat wird vom Kreistag entsprechend der Wahlperiode des Kreistags in geheimer Wahl gewählt. Die Wahl bedarf der Mehrheit aller Mitglieder des Kreistags. Wird diese Mehrheit nicht erreicht, wird über denselben Bewerber erneut abgestimmt. Erhält auch dann niemand die erforderliche Mehrheit, so findet eine Stichwahl zwischen den zwei Bewerbern mit den meisten Stimmen statt, bei der der gewählt ist, wer die meisten Stimmen erhält. Bei Stimmengleichheit in der Stichwahl entscheidet das Los.

(3) Der Landrat hat alle Angelegenheiten vorzubereiten, die der Kreistag zu entscheiden hat. Dies gilt nicht, wenn der Kreistag ohne Vorbereitung entscheiden will oder die Vorbereitung einem seiner Ausschüsse obliegt.

Vorläufige Kommunalordnung

Der Landrat ist für die Ausführung der Beschlüsse und Entscheidungen des Kreistags verantwortlich und diesem gegenüber rechenschaftspflichtig. Der Landrat entscheidet über Selbstverwaltungsangelegenheiten des Landkreises, für die der Kreistag nicht ausschließlich zuständig ist oder für die der Kreistag sich die Entscheidung nicht ausdrücklich vorbehalten hat.

(4) Der Landrat erledigt in eigener Zuständigkeit die Geschäfte der laufenden Verwaltung, die für den Landkreis keine grundsätzliche Bedeutung haben und keine erheblichen Verpflichtungen erwarten lassen, regelt den Geschäftsgang und verteilt die Geschäfte auf die Beigeordneten, soweit hierüber nicht Beschlüsse des Kreistags vorliegen. Er ist befugt, an Stelle des Kreistags oder eines beschließenden Ausschusses dringliche Anordnungen zu treffen und unaufschiebbare Geschäfte zu besorgen. Hiervon hat er dem Kreistag oder dem zuständigen Ausschuß in der nächsten Sitzung Kenntnis zu geben. Der Landrat nimmt in eigener Zuständigkeit die ihm durch Gesetz als untere staatliche Verwaltungsbehörde übertragenen Aufgaben wahr.

(5) Der Landrat ist Dienstvorgesetzter der Kreisbediensteten.

(6) Verletzt ein Beschluß des Kreistags das Recht, so hat der Landrat dem Beschluß zu widersprechen. Der Landrat kann dem Beschluß widersprechen, wenn der Beschluß das Wohl des Kreises gefährdet. Der Widerspruch muß binnen zwei Wochen schriftlich eingelegt und begründet werden. Er hat aufschiebende Wirkung und führt zur erneuten und diesmal endgültigen Entscheidung des Kreistags.

Anhang IV

Auszug aus dem Gesetz über die kommunale Gemeinschaftsarbeit Vom 11. Juni 1992

§ 33
Zuständigkeit des Verbandsvorsitzenden

(1) Der Verbandsvorsitzende vertritt den Zweckverband nach außen. Er bereitet die Beratungsgegenstände der Verbandsversammlung vor und führt in ihr den Vorsitz.

(2) Der Verbandsvorsitzende vollzieht ferner die Beschlüsse der Verbandsversammlung und erledigt in eigener Zuständigkeit alle Angelegenheiten, die nach der Vorläufigen Kommunalordnung kraft Gesetzes dem Bürgermeister zukommen.

(3) Durch besonderen Beschluß der Verbandsversammlung können dem Verbandsvorsitzenden unbeschadet des § 31 Abs. 2 weitere Angelegenheiten zur selbständigen Erledigung übertragen werden.

(4) Der Verbandsvorsitzende kann einzelne seiner Befugnisse seinen Stellvertretern und in Angelegenheiten der laufenden Verwaltung Dienstkräften des Zweckverbands oder mit Zustimmung des Verbandsmitglieds dessen vertretungsberechtigtem Organ oder dessen Dienstkräften übertragen.

(5) Der Verbandsvorsitzende führt die Dienstaufsicht über die Dienstkräfte des Zweckverbandes. Er ist Dienstvorgesetzter der Beamten.

§ 35
Geschäftsstelle und Geschäftsleiter

(2) Die Geschäftsstelle wird durch den Verbandsvorsitzenden geführt, soweit kein Geschäftsleiter bestellt ist. Durch Beschluß der Verbandsversammlung können dem Geschäftsleiter Zuständigkeiten des Verbandsvorsitzenden nach § 33 Abs. 2 übertragen werden. Durch gesonderten Beschluß der Verbandsversammlung können dem Geschäftsleiter ferner unbeschadet des § 31 Abs. 2 weitere Angelegenheiten zur selbständigen Erledigung übertragen werden. Soweit die Verbandsversammlung dem Geschäftsleiter Aufgaben übertragen hat, ist er zur Vertretung des Zweckverbands nach außen berechtigt. Der Geschäftsleiter nimmt an den Sitzungen der Verbandsversammlung beratend teil.

Anhang V
Auszug aus dem Gesetz zur vorläufigen Regelung des Beamtenrechts des Landes Thüringen (Beamtenrechtliches Vorschaltgesetz – BeamtvorschaltG) Vom 17. Juli 1992

§ 2
Oberste Dienstbehörde, Dienstvorgesetzter

(1) Oberste Dienstbehörde ist:
1. für die Beamten des Landes die oberste Landesbehörde des Geschäftsbereichs, in dem sie ein Amt bekleiden;
2. für die Beamten der Gemeinden die Gemeindevertretung, vertreten durch den Gemeindevorsteher, und für die Beamten der Landkreise der Kreistag, vertreten durch den Vorsitzenden des Kreistags, und
3. für die Beamten der sonstigen der Aufsicht des Landes unterstehenden Körperschaften, Anstalten und Stiftungen des öffentlichen Rechts das nach Gesetz oder Satzung zuständige Organ.

(2) Dienstvorgesetzter ist:
1. für die Beamten des Landes der Leiter der obersten Dienstbehörde, soweit nichts anderes bestimmt ist;
2. für die Beamten der Gemeinden und Landkreise die durch die Kommunalverfassung vom 17. Mai 1990 (GVBl. I Nr. 28 S. 255) bestimmte Stelle und
3. für die Beamten der sonstigen der Aufsicht des Landes unterstehenden Körperschaften, Anstalten und Stiftungen des öffentlichen Rechts die durch Gesetz oder Satzung bestimmte Stelle.

(3) Der Präsident des Landtags ist oberste Dienstbehörde und Dienstvorgesetzter der Beamten des Landtags.

Anhang VI
Auszug aus dem Gesetz zur Errichtung der Universität Erfurt und zur Aufhebung der Medizinischen Hochschule Erfurt
Vom 23. Dezember 1993

§ 132 a
Aufhebung der Medizinischen Hochschule Erfurt

(8) Bis zu den regelmäßigen Wahlen nach dem Thüringer Personalvertretungsgesetz (ThürPersVG) vom 29. Juli 1993 (GVBl. S. 399), längstens jedoch bis zum 31. Oktober 1994, findet das Thüringer Personalvertretungsgesetz mit folgenden Maßgaben Anwendung:

1. Diejenigen Mitglieder des am 31. Dezember 1993 bestehenden Personalrats der Medizinischen Hochschule Erfurt, die ab dem 1. Januar 1994 Beschäftigte des Klinikums der Friedrich-Schiller-Universität Jena sind, bilden für den Bereich Erfurt des Klinikums der Friedrich-Schiller-Universität Jena die zuständige Personalvertretung. Die Personalvertretung für den Bereich Erfurt des Klinikums Jena besteht aus sieben Mitgliedern. Soweit ihr nach Satz 1 weniger als sieben Mitglieder angehören, treten Ersatzmitglieder des am 31. Dezember 1993 bestehenden Personalrats, die ab dem 1. Januar 1994 Beschäftigte des Klinikums der Friedrich-Schiller-Universität Jena sind, in entsprechender Anzahl hinzu. § 27 Abs. 2 Nr. 1 bis 3 ThürPersVG findet keine Anwendung. Die Zuständigkeit der beim Klinikum der Friedrich-Schiller-Universität Jena gemäß § 95 Abs. 1 ThürPersVG bestehenden Personalvertretung bleibt auf deren bisherigen Geschäftsbereich beschränkt. Personalvertretungsrechtliche Angelegenheiten, die Einrichtungen des Klinikums Jena in den Bereichen Jena und Erfurt betreffen, werden von den in den Sätzen 1 und 5 genannten Personalvertretungen gemeinsam beraten und beschlossen.

2. Diejenigen Mitglieder des am 31. Dezember 1993 bestehenden Personalrats der Medizinischen Hochschule Erfurt, die ab dem 1. Januar 1994 Beschäftigte des ausgegliederten Krankenhauses Erfurt sind, bilden dessen Personalrat. Der Personalrat des Krankenhauses Erfurt besteht aus 15 Mitgliedern. Soweit ihm nach Satz 1 weniger als 15 Mitglieder angehören, treten Ersatzmitglieder des am 31. Dezember 1993 bestehenden Personalrats, die ab dem 1. Januar 1994 Beschäftigte des Krankenhauses Erfurt sind, in entsprechender Anzahl hinzu. § 27 Abs. 2 Nr. 1 bis 3 ThürPersVG findet keine Anwendung.

Anhang VII

Auszug aus dem Thüringer Verwaltungsverfahrensgesetz (ThürVwVfG)

§ 20
Ausgeschlossene Personen

(1) In einem Verwaltungsverfahren darf für eine Behörde nicht tätig werden:

1. wer selbst Beteiligter ist;
2. wer Angehöriger eines Beteiligten ist;
3. wer einen Beteiligten kraft des Gesetzes oder Vollmacht allgemein oder in diesem Verwaltungsverfahren vertritt;
4. wer Angehöriger einer Person ist, die einen Beteiligten in diesem Verfahren vertritt;
5. wer bei einem Beteiligten gegen Entgelt beschäftigt ist oder bei ihm als Mitglied des Vorstandes, des Aufsichtsrates oder eines gleichartigen Organs tätig ist; dies gilt nicht für den, dessen Anstellungskörperschaft Beteiligte ist;
6. wer außerhalb seiner amtlichen Eigenschaften in der Angelegenheit ein Gutachten abgegeben hat oder sonst tätig geworden ist.

Dem Beteiligten steht gleich, wer durch die Tätigkeit oder durch die Entscheidung einen unmittelbaren Vorteil oder Nachteil erlangen kann. Dies gilt nicht, wenn der Vorteil oder Nachteil nur darauf beruht, daß jemand einer Berufs- oder Bevölkerungsgruppe angehört, deren gemeinsame Interessen durch die Angelegenheit berührt werden.

(2) Absatz 1 gilt nicht für Wahlen zu einer ehrenamtlichen Tätigkeit und für die Abberufung von ehrenamtlich Tätigen.

(3) Wer nach Absatz 1 ausgeschlossen ist, darf bei Gefahr im Verzug unaufschiebbare Maßnahmen treffen.

(4) Hält sich ein Mitglied eines Ausschusses (§ 88) für ausgeschlossen oder bestehen Zweifel, ob die Voraussetzungen des Absatzes 1 gegeben sind, ist dies dem Vorsitzenden des Ausschusses mitzuteilen. Der Ausschuß entscheidet über den Ausschluß. Der Betroffene darf an dieser Entscheidung nicht mitwirken. Das ausgeschlossene Mitglied darf bei der weiteren Beratung und Beschlußfassung nicht zugegen sein.

Thüringer Verwaltungsverfahrensgesetz

(5) Angehörige im Sinne des Absatzes 1 Nr. 2 und 4 sind:

1. der Verlobte,
2. der Ehegatte,
3. Verwandte und Verschwägerte gerader Linie,
4. Geschwister,
5. Kinder der Geschwister,
6. Ehegatten der Geschwister und Geschwister der Ehegatten,
7. Geschwister der Eltern,
8. Personen, die durch ein auf längere Dauer angelegtes Pflegeverhältnis mit häuslicher Gemeinschaft wie Eltern und Kind miteinander verbunden sind (Pflegeeltern und Pflegekinder).

Angehörige sind die in Satz 1 aufgeführten Personen auch dann, wenn:

1. in den Fällen der Nummern 2, 3 und 6 die die Beziehung begründende Ehe nicht mehr berührt;
2. in den Fällen der Nummer 3 bis 7 die Verwandtschaft oder Schwägerschaft als Kind erloschen ist;
3. im Falle der Nummer 8 die häusliche Gemeinschaft nicht mehr besteht, sofern die Personen weiterhin wie Eltern und Kind miteinander verbunden sind.

Anhang VIII
Auszug aus dem Thüringer Gesetz über Maßnahmen zur kommunalen Gebietsreform (Thüringer Maßnahmengesetz – ThürMaßnG –) Vom 3. Januar 1994

§ 10
Personalvertretungen

(1) Werden Dienststellen im Sinne des § 6 des Thüringer Personalvertretungsgesetzes in eine andere Dienststelle eingegliedert oder zu einer neuen Dienststelle zusammengeschlossen, so führen die bestehenden Personalvertretungen die Geschäfte bis zum Zeitpunkt der Konstituierung der im Zeitraum des § 96 Abs. 1 Satz 1 des Thüringer Personalvertretungsgesetzes gewählten Personalvertretungen gemeinsam weiter. Die Aufgaben des Vorsitzenden werden von Sitzung zu Sitzung abwechselnd von den Vorsitzenden der bisherigen Personalvertretungen wahrgenommen.

(2) Werden Dienststellen im Sinne des § 6 des Thüringer Personalvertretungsgesetzes teilweise in andere Dienststellen eingegliedert so führen die von der Maßnahme betroffenen Mitglieder der bisherigen Personalvertretung die Geschäfte bis zum Zeitpunkt der Konstituierung der im Zeitraum des § 96 Abs. 1 Satz des Thüringer Personalvertretungsgesetzes gewählten Personalvertretungen gemeinsam weiter. Sie wählen unverzüglich einen Vorsitzenden und die stellvertretenden Vorsitzenden. Ist eine anteilige oder verhältnismäßige Aufteilung des Personals (§ 6) auf mehrere neugebildete Dienststellen bis zum Zeitpunkt der ersten regelmäßigen Personalratswahlen nach § 96 Abs. 1 Satz des Thüringer Personalvertretungsgesetzes nicht abgeschlossen, so findet § 96 des Thüringer Personalvertretungsgesetzes keine Anwendung. Die ersten regelmäßigen Personalratswahlen finden nach Ablauf von zwei Monaten nach der Einigung über die anteilige oder verhältnismäßige Übernahme des Personals oder nach der Entscheidung des Landesverwaltungsamtes (§ 6 Abs. 2 Satz 1) statt. Die nach Satz 1 gebildeten Personalvertretungen bleiben bis zur Konstituierung der nach Satz 4 gewählten Personalvertretungen im Amt.

Stichwortregister

Abberufung **74**, 80 ff.
- Betriebsärztinnen und -ärzte u.a. **74**, 80 ff.

Abbruch des Mitbestimmungsverfahrens **69**, 3; **69**, 23

Abfallbeauftragte **74**, 88

Ablichtung **41**, 7
- Teil der Niederschrift **41**, 7

ABM s. *Arbeitsbeschaffungsmaßnahme*

Abmahnung **74**, 99
- Mitbestimmung **74**, 99

Abordnung **74**, 23; **75**, 14
- Mitbestimmung **74**, 23; **75**, 14
- Personalratsmitglied **47**, 1
- Wahlberechtigung **13**, 7

Abrufdienst **74**, 51
- Mitbestimmung **74**, 51

Abschrift **41**, 7
- siehe Ablichtung **41**, 7

Abstammung **67**, 8
- Ungleichbehandlung wegen **67**, 8

Abstimmung **37**, 2
- geheime **37**, 2
- offene **37**, 2

Abstimmungsvorstand **19**, 7
- Vorabstimmung **19**, 7

Akademische Mitarbeiter **88**, 4
- Antrag **88**, 4
- Befristung Antrag **88**, 5
- Beteiligung **88**, 8
- Gesamtsitze **88**, 6
- Gruppe **88**, 3

Akkord **74**, 60 ff.
- Mitbestimmung **74**, 60 ff.

Aktive Mitbestimmung **vor §§ 66 ff.**, 11

Alkoholiker **68**, 9
- als schutzbedürftige Personen **68**, 9

Alkoholverbot **74**, 100
- Mitbestimmung **74**, 100

Alleinerziehende **68**, 9
- als schutzbedürftige Personen **68**, 9

Allgemeine Aufgaben **68**, 1
- Katalog der Pflichtaufgaben **68**, 1
- Untätigkeit der Dienststellenleitung **68**, 1

Ältere Personen **68**, 12
- als schutzbedürftige Personen **68**, 12

Altersgrenze **74**, 26; **75**, 19
- Mitbestimmung **74**, 26; **75**, 19

Altersversorgung **74**, 66
- Mitbestimmung **74**, 66

Amt **75**, 7
- Begriff **75**, 7

Amt, Übertragung eines anderen **75**, 7
- Mitbestimmung **75**, 7 Amtbezeichnung, Änderung **75**, 7
- Mitbestimmung **75**, 7

Amtszeit **83**, 5
- Streitigkeiten **83**, 5

Änderung von Arbeitsverfahren und Arbeitsablauf **77**, 6

Änderungskündigung **78**, 5

Anhörung **vor §§ 66 ff.**, 7
Anhörung von Beschäftigten **69**, 21
– vor Beschlußfassung **69**, 21
Anhörungsfrist **78**, 19
– außerordentliche Kündigung **78**, 19
Anhörungsrecht **78**, 16; **vor §§ 66 ff.**, 8; **77**, 1 f.
– Beendigung während der Probezeit **78**, 16
– fristlose Kündigung oder Entlassung **78**, 16
Anstellung **75**, 6
– Mitbestimmung **75**, 6
Antragsrecht **vor §§ 66 ff.**, 11
– allgemeines **vor §§ 66 ff.**, 11
– Anrufung der nächsthöheren Dienststelle **68**, 2
– Begründungspflicht der Dienststellenleitung **68**, 2
– der Personalvertretung **68**, 5
– *s. auch Initiativrecht*
– und Untätigkeit der Dienststellenleitung **70**, 13
– Zuständigkeit der Personalvertretung **68**, 3
Arbeitnehmer **74**, 1 ff.
– Personelle Einzelmaßnahmen **74**, 1 ff.
Arbeitnehmerüberlassung **74**, 11
– Mitbestimmung bei Einstellung **74**, 11
– Zustimmungsverweigerung **74**, 9
Arbeitsablauf **77**, 6
– Anhörung **77**, 6
– Begriff **75**, 35
– Mitbestimmung **75**, 31
Arbeitsbedingungen **74**, 119
– Dienstvereinbarungen **74**, 119
Arbeitsbereitschaft **74**, 51
– Mitbestimmung **74**, 51
Arbeitsbeschaffungsmaßnahme **74**, 11
– Mitbestimmung bei Einstellung **74**, 11

Arbeitsentgelt **74**, 118
– Dienstvereinbarung **74**, 118
– Mitbestimmung **74**, 57
Arbeitserlaubnis **74**, 9
Arbeitsgericht **83**, 1
Arbeitskampf *s. auch Streik*
Arbeitskampfverbot **66**, 6
– und Personalratsmitglied **66**, 6
Arbeitsleistung **75**, 30
– Hebung der **75**, 30
Arbeitsmethoden **77**, 6
– Anhörung **75**, 6
– Begriff **75**, 35
– Mitbestimmung **75**, 34
Arbeitspensum **75**, 31
– Mitbestimmung **75**, 31
Arbeitsplatzbefragung **74**, 77
– Mitbestimmung **74**, 77
Arbeitsplatzbewertung **74**, 102 ff.
– Mitbestimmung **74**, 102 ff.
Arbeitsplatzgestaltung **74**, 101
– Mitbestimmung **74**, 101
Arbeitsschutz **81**, 3
– Begriff **81**, 3
– Mitbestimmung **74**, 89
– Pflichten der Dienststelle **81**, 7
– Überwachungspflicht **68**, 6
– Verschwiegenheitspflicht **81**, 5
– Vorbeugung **81**, 6
– zuständige Behörden **81**, 2
Arbeitsschutzauflagen **81**, 9
– Mitteilungspflicht **81**, 9
Arbeitstage **69**, 11
– Begriff **69**, 11
Arbeitsunfälle **81**, 12
– Meldepflicht **81**, 12
– Mitbestimmung **74**, 89
Arbeitsverfahren **77**, 6
– Anhörung **77**, 6
– Begriff **75**, 35
Arbeitszeit **74**, 49
– Beginn und Ende **74**, 49
– Gesetzes- und Tarifvorbehalt **74**, 56
– Kurzfristige Festsetzung **74**, 116

– Mitbestimmung **74**, 49 ff.
– Verteilung **74**, 52
Arbeitszeit, gleitende **74**, 52
– Mitbestimmung **74**, 52
Arbeitszeitsysteme **74**, 52
– Mitbestimmung **74**, 52
Arbeitszeitermäßigung **74**, 25
– Mitbestimmung **74**, 25
Arbeitszeitermäßigung, Antrag auf **75**, 23
– Mitbestimmung **75**, 23
Auflösung des Personalrats **83**, 3
– Streitigkeiten **83**, 3
Auflösung einer Dienststelle **75**, 54
Aufwandsentschädigung **71**, 15 ff.
– Einigungsstellenmitglieder **71**, 15 ff.
AÜG *s. Arbeitnehmerüberlassung*
Ausführungsbestimmungen **75**, 51
– Verwaltungsanordnung **75**, 51
Auskünfte **66**, 8
Auslagen **71**, 17
– Einigungsstelle **71**, 17
Ausländische Beschäftigte **68**, 15; **68**, 14
– Eingliederung **68**, 15
– Förderung des Verständnisses **68**, 16
– Ungleichbehandlung **67**, 10
Ausschluß der Mitbestimmung **76**, 1
– personelle Angelegenheiten **76**, 1
Ausschluß von Personalratsmitgliedern **83**, 3
– Streitigkeiten **83**, 3
Ausschreibung von Dienstposten **74**, 95; **66**, 7
– Mitbestimmung **74**, 95
Außenstehende Stellen **66**, 8
– Datenschutzbeauftragte **66**, 8
– Gewerkschaften **66**, 8
– Schweigepflicht **66**, 9
– Vertreter des Arbeitgeberverbands **66**, 8

Außerordentliche Kündigung **78**, 17
– Arbeitnehmerinnen und Arbeitnehmer **78**, 17
– Umdeutung **78**, 20
– Unwirksamkeit **78**, 22
Außerordentliche Kündigung von Personalratsmitgliedern **83**, 3
– Streitigkeiten **83**, 3
Außertarifliche Leistungen **67**, 2
– Einblicksrecht in Listen **67**, 2
Äußerungsfrist *s. Frist*
Aussiedler **68**, 9
– als schutzbedürftige Personen **68**, 9
Auswahlfehler **78**, 8
– Widerspruchsgrund bei ordentlicher Kündigung **78**, 8
Auswahlrichtlinien **75**, 40
– Begriff **75**, 40
– Mitbestimmung **75**, 34 ff.
– Widerspruchsgrund bei ordentlicher Kündigung **78**9

Beamtinnen und Beamte auf Probe **75**, 21
– Entlassung **75**, 21
– fristlose Entlassung **78**, 21
Beamtinnen und Beamte auf Widerruf **75**, 21
– Entlassung **75**, 21
– fristlose Entlassung **78**, 21
Bcamtinnen und Beamte auf Zeit **76**, 2
– Mitbestimmung **76**, 2
Beauftragte für biologische Sicherheit **74**, 85
– Mitbestimmung **74**, 85
Beförderungslehrgänge **75**, 7
– Auswahl der Teilnehmenden **75**, 7
Befristet Beschäftigte **68**, 9
– als schutzbedürftige Personen **68**, 9
Befristetes Arbeitsverhältnis **74**, 11
– Mitbestimmung bei Einstellung **74**, 11

Befristung **74**, 19
- Mitbestimmung **74**, 19
Behinderte **68**, 9
- als schutzbedürftige Personen **68**, 9
Bekleidungsvorschriften **74**, 98
- Mitbestimmung **74**, 98
Benachteiligung **67**, 3
- Verbot der **67**, 3
Benachteiligungsverbot **71**, 6
- Einigungsstellenmitglieder **71**, 6
Beratungsrechte **vor §§ 66 ff.**, 7
Berufsausbildung **74**, 73
- Gesetzes- und Tarifvorbehalt **74**, 73
- Mitbestimmung **74**, 69 ff.
Berufsbildung **74**, 70
- Mitbestimmung **74, 70**
Beschäftigte 68, 7
- Anregungen und Beschwerden **68**, 7
Beschlußverfahren **83**, 11; **83**, 2
- Antrag **83**, 11
- Antragsbefugnis **83**, 12
- Beendigung **83**, 16
- einstweilige Verfügung **83**, 18
- Gegenstandswert **83**, 22
- Kostenentscheidung **83**, 22
- objektives Verfahren **83**, 14
- Rechtsmittel **83**, 23
- Rechtsschutzbedürfnis **83**, 13
- Untersuchungsgrundsatz **83**, 15
- Zwangsvollstreckung **83**, 17
Beschwerden **68**, 7
- von Beschäftigten **68**, 7
Beschwerderecht **68**, 7
Besoldungsgruppe **75**, 8
- Übertragung einer höher oder niedriger bewerteten Tätigkeit **75**, 8
Besoldungsgruppe A 16 und höher **76**, 1
- Mitbestimmung **76**, 1

Bestellung **74**, 80 ff.
- Betriebsärztinnen und -ärzte u.a. **74**, 80 ff.
Beteiligung **vor §§ 66 ff.**, 7, 8
- Anhörungsrecht **vor §§ 66 ff.**, 7, 8
- Antragsrecht **vor §§ 66 ff.**, 11
- auf Antrag **vor §§ 66 ff.**, 4
- bei Kabinettsentscheidung **82**, 5
- Beratungsrechte **vor §§ 66 ff.**, 7
- Erörterungsrecht **vor §§ 66 ff.**, 7, 10
- Hinzuziehungsrecht **vor §§ 66 ff.**, 7
- in der Mittelbehörde **82**, 9
- Informationsrecht **vor §§ 66 ff.**, 7, 9
- Initiativrecht **vor §§ 66 ff.**, 11
- Mitbestimmung **vor §§ 66 ff.**, 3
 - nicht ordnungsgemäße **78**, 23
- Oberbegriff **vor §§ 66 ff.**, 2
- örtliche Personalvertretung **82**, 2 ff.
- personelle Angelegenheiten **vor §§ 66 ff.**, 4
- Stufenvertretung **82**, 7
- Teilnahmerechte **vor §§ 66 ff.**, 7
- Unterrichtungspflicht **vor §§ 66 ff.**, 9
Beteiligungsrechte **vor §§ 66 ff.**, 15; **vor §§ 66 ff.**, 1
- Konkurrenz **vor §§ 66 ff.**, 15
- und allgemeine Aufgaben **68**, 1
Betriebliche Angelegenheiten **74**, 43 ff.
- Mitbestimmung **74**, 43 ff.
Betriebs- und Geschäftsgeheimnis **68**, 26
- und Informationsrecht **68**, 26
Betriebsärztinnen und -ärzte **74**, 83
- Begriff **74**, 83
- Mitbestimmung **74**, 80 ff.; **75**, 48
Betriebsbeauftragte **74**, 85 ff.
- Mitbestimmung **74**, 85 ff.
Betriebsfrieden **66**, 5

- Störung **66**, 5
Betriebskindergarten **74**, 66
- Mitbestimmung **74**, 66
Beurlaubung **74**, 25
- Mitbestimmung **74**, 25
Beurteilungs- und Ermessensspielraum **76**, 3
- Eignungsbeurteilung **76**, 3
Beurteilungsrichtlinien **74**, 78 f.; **75**, 28
- Mitbestimmung **74**, 78 f.; **75**, 28
Beurteilungsspielraum **74**, 7
- Einstellung von Arbeitnehmern **74**, 7
Bevorzugung **67**, 3
- Verbot der **67**, 3
Bewerbungsunterlagen **68**, 32
- Vorlage **68**, 32
Bewertungskommission **74**, 105
- Mitbestimmung **74**, 105
Bildschirmarbeitsplätze **75**, 31
- Einführung **75**, 31
Bildungsurlaub **74**, 58 f.
- Mitbestimmung **74**, 58 f.
Billigkeit **67**, 2
Bruttolohn- und Gehaltslisten **68**, 6, 31
- Einblick **68**, 6, 31
Bundesdatenschutzgesetz **74**, 114
- Informationsrecht und Überwachungspflicht **74**, 114

Darlehen **74**, 31
Datenschutz **74**, 113
- Beteiligung **74**, 113
- Überwachungspflicht **80**, 1 ff.
- und Informationsrecht **68**, 26
Datenschutzbeauftragte **80**, 3
- Vorlage des Berichts der **80**, 3
Datenverarbeitung **74**, 112
- Mitbestimmung **74**, 112
Dienstaufsichtsbeschwerde **69**, 7; **73**, 3
- bei mangelhafter Beteiligung **69**, 7
- und Friedenspflicht **66**, 5

Dienstbereitschaft **74**, 51
- Mitbestimmung **74**, 51
Dienstbezüge **74**, 57
- Mitbestimmung **74**, 57
Dienstland **74**, 41 f.
- Mitbestimmung **74**, 41 f.
Dienstleistungsabend **74**, 49
- Mitbestimmung **74**, 49
Dienstliche Beurteilungen **68**, 34
- Kenntnisnahme des Personalrats **68**, 34
Dienstordnungsverfahren **75**, 20
- Mitbestimmung **75**, 20
Dienstpläne **74**, 49
- Mitbestimmung **74**, 49
Dienstplanung **74**, 116
- Einschränkung der Mitbestimmung **74**, 116
Dienstposten **74**, 95
- Absehen von der Ausschreibung **74**, 95
Dienstpostenbewertung **74**, 102 ff.
- Mitbestimmung **74**, 102 ff.
Diensträume **77**, 5
- Neu,- Um- und Erweiterungsbau **77**, 5
Dienststelle **75**, 54
- Auflösung, Einschränkung, Verlegung oder Zusammenlegung **75**, 54
- zentrale **82**, 20 ff.
Dienststellenleitung **69**, 28 f.
- bei einstufigem Verwaltungsaufbau **69**, 28 f.
Dienstunfall **74**, 89
- Mitbestimmung **74**, 89
- Untersuchungspflicht **81**, 13
Dienstvereinbarung **72**, 3; **74**, 118; **72**, 1 ff.
- Arbeitsentgelt **72**, 3; **74**, 118
- ergänzende **74**, 121
- Formvorschriften **72**, 5
- Geltungsbereich **72**, 6
- Gesetzes- und Tarifvorrang **72**, 2; **74**, 117

- Mitbestimmung in betrieblichen Angelegenheiten **74**, 42
- sonstige Arbeitsbedingungen **74**, 119
- Urlaubsplan **74**, 58
- Initiative zum Abschluß einer **72**, 4
- Initiativrecht **70**, 5
- Kündigung **72**, 7
- Kündigungsfrist **72**, 7
- Nachwirkung **72**, 8
- Streitigkeiten **83**, 7
- Zulässigkeit **72**, 1

Dienstwohnung **74**, 40
- Kündigung **74**, 40
- Mitbestimmung **74**, 35 ff.
- Nutzungsbedingungen **74**, 39
- Zuweisung **74**, 38

Direktionsrecht **73**, 1

Diskriminierung **67**, 2 ff.
- Verbot der **67**, 2 ff.

Dringlichkeit **69**, 18
- Fristverkürzung bei der Mitbestimmung **69**, 18

EDV-Anlage **74**, 108
- Mitbestimmung **74**, 108

Ehrenamtliche Richterinnen und Richter **84**, 2

Eignungsbeurteilung **76**, 3
- Mitbestimmung **76**, 3

Eingliederung **74**, 4
- Mitbestimmung **74**, 4

Eingreifen in den Dienstbetrieb **73**, 3
- Personalrat **73**, 3

Eingruppierung **74**, 12
- Arbeitnehmer **74**, 12
- nicht ordnungsgemäße Beteiligung **69**, 5

Einigungsstelle **71**, 15 ff.; **71**, 1 ff.; **71**
- Aufwandsentschädigung **71**, 15 ff.
- Auslagenersatz **71**, 17

- Beisitzerinnen und Beisitzer **71**, 2
- Beschluß **71**, 11
- Bildung **71**, 1 ff.
- Empfehlungsrecht **71**, 8
- gerichtliche Überprüfung des Beschlusses **71**, 14
- Haushaltsgesetz **71**, 9
- Letztentscheidung **71**, 8
- Mitglieder **71**, 2
- oberste Dienstbehörde **71**, 1
- Personelle Einzelmaßnahmen **74**, 3
- Säumnis der Beisitzerinnen und Beisitzer **71**, 12
- unparteiisches Mitglied **71**, 3
- Verfahren **71**, 7
- Zusammensetzung **71**, 2
- Zustellung des Beschlusses **71**, 13
- Abstimmungsverfahren **71**, 11

Einigungsstellenmitglieder **71**, 6
- Benachteiligungsverbot **71**, 6
- Entgeltschutz **71**, 5
- Honorar **71**, 16
- Verschwiegenheitspflicht **71**, 6
- Zusammensetzung **71**, 2

Einigungsvertrag **78**, 4
- Kündigung **78**, 4

Einschränkung einer Dienststelle **75**, 54

Einstellung **74**, 4
- Arbeitnehmer **74**, 4
- Beurteilungs- und Ermessensspielraum **74**, 7
- Mitbestimmung **75**, 6
- nicht ordnungsgemäße Beteiligung **69**, 5
- Vorlage von Bewerberunterlagen **68**, 32
- Zustimmungsverweigerungsgründe **74**, 7 ff.

Einstweilige Verfügung **83**, 18
- Beschlußverfahren **83**, 18
- Rückgängigmachung **69**, 33

- verfahrensrechtlichen Inhalts **83**, 20
- zur Entbindung von der Weiterbeschäftigungspflicht **78**, 15

Einzelanweisungen **74**, 97
- Mitbestimmung **74**, 97

Empfehlung der Einigungsstelle **69**, 32

Entlassung **75**, 21
- Beamtinnen und Beamte auf Probe und Widerruf **75**, 21
- Mitbestimmung **75**, 21

Entlohnungsgrundsätze **74**, 62
- Begriff **74**, 62
- Mitbestimmung **74**, 60 ff.

Entlohnungsmethode **74,** 63
- Begriff **74**, 63
- Mitbestimmung **74**, 60 ff.

Ergänzende Dienstvereinbarung **74**, 121
- Tarifvertrag **74**, 121

Erholungsurlaub **74**, 58 f.
- Mitbestimmung **74**, 58 f.

Ermessensspielraum **74**, 7
- Einstellung von Arbeitnehmern **74**, 7

Ernennung **75**, 6
- Mitbestimmung **75**, 6

Erörterung **69**, 12; **vor §§ 66 ff.**, 10; **vor §§ 66 ff.**, 7
- eingehende **69**, 12
- Verzicht auf **69**, 13

Ersatzansprüche **75**, 42 ff.
- Mitbestimmung **75**, 42 ff.

Essenszuschuß **74**, 66
- Mitbestimmung **74**, 66

Fachkräfte für Arbeitssicherheit **74**, 84
- Mitbestimmung **74**, 84

Fachsenate für Personalvertretungsrecht **84**, 1

Fahrgeldzuschuß **74**, 66
- Mitbestimmung **74**, 66

Fallgruppe **74**, 14
- Mitbestimmung **74**, 14

Ferienheime **74**, 66
- Mitbestimmung **74**, 66

Formelle Arbeitsbedingungen **74**, 120
- Begriff **74**, 120

Formelle und materielle Arbeitsbedingungen **74**, 119
- Dienstvereinbarung **74**, 119
- Gesetzes- und Tarifvorbehalt **74**, 47

Fortbildung **75**, 33
- allgemeine Fragen **75**, 33
- Mitbestimmung **74**, 71; **75**, 33

Fortbildungsveranstaltungen **75**, 26
- Gesetzesvorrang **75**, 26
- Mitbestimmung **74f**, 74; **75**, 26

Fotokopiergerät **74**, 109
- Mitbestimmung **74**, 109

Frauen **68**, 9
- als schutzbedürftige Personen **68**, 9

Frauenförderpläne **67**, 4; **68**, 18

Freie Mitarbeiter **68**, 9
- als schutzbedürftige Personen **68**, 9

Fremdunternehmen **67**, 1
- Überwachungspflicht **67**, 1

Friedenspflicht **66**, 5
- Dienstaufsichtsbeschwerde **66**, 5

Frist **70**, 4
- Initiativrecht **70**, 4
- Mitbestimmung **69**, 11 ff.

Frist zur Stellungnahme **68**, 29, 30
- bei nicht ordnungsgemäßer Unterrichtung **68**, 29, 30

Fristlose Entlassung **78**, 17
- Beamtinnen und Beamte **78**, 17
- Mängel bei der Anhörung **78**, 23

Fristlose Kündigung **78**, 17
- Arbeitnehmerinnen und Arbeitnehmer **78**, 17

Fristverkürzung **69**, 18
- Mitbestimmung **69**, 18

Fristverlängerung **69**, 12
- Mitbestimmung **69**, 12

Gegendarstellung **78**, 18
– außerordentliche Kündigung **78**, 18
Gentechnik *s. Beauftragte für biologische Sicherheit*
Geringfügig Beschäftigte **67**, 6
– mittelbare Diskriminierung **67**, 6
Gesamtpersonalrat **68**, 3
– Antragsrecht **68**, 3
– Befugnisse **82**, 19
– Stellungnahme an Stufenvertretung **82**, 12
– Zuständigkeit **82**, 18
Geschäftsführung der Personalvertretungen **83**, 6
– Streitigkeiten **83**, 6
Geschäftsverteilungsplan **77**, 6
– als Änderung des Arbeitsablaufs **77**, 6
– Mitbestimmung **75**, 37
Gesetzes- und Tarifvorbehalt **74**, 57
– Arbeitsentgelt und Dienstbezüge **74**, 57
– Arbeitszeit **74**, 56
– Berufsausbildung **74**, 73
– Mitbestimmung in betrieblichen Angelegenheiten **74**, 44 ff.
– Sozialplan **74**, 92
– Dienstvereinbarung **74**, 117
– personelle Angelegenheiten der Beamtinnen und Beamten **75**, 1
Gewerkschaften **67**, 13
– Betätigung für **67**, 13
Gewerkschaftliche Betätigung **67**, 17
– Mitglieder von Organen der Personalvertretung **67**, 17
Gewerkschaftliche Betätigung oder Einstellung **67**, 13
– Ungleichbehandlung wegen **67**, 13
Gewerkschaftsbeauftragte **66**, 2
– Teilnahme am Monatsgespräch **66**, 2
Gewerkschaftssekretär **83**, 10

– Prozeßvertretung **83**, 10
Gewerkschaftsvertreter **66**, 8
– außenstehende Stellen **66**, 8
Gleichbehandlung **67**, 1
– Beschäftigte **67**, 1
– von Mann und Frau **68**, 17
Gleichberechtigungsgebot **67**, 5
Gleichberechtigungsgrundsatz **67**, 4; **68**, 17
– frauenfördernde Maßnahmen **67**, 4
– Frauenförderpläne **67**, 4
– mittelbare Diskriminierung **67**, 6
– positive Diskriminierung **67**, 4
– sexuelle Belästigung am Arbeitsplatz **67**, 7
Grundrechte **vor §§ 66 ff.**, 1
– und Beteiligung **vor §§ 66 ff.**, 1
Grundverhältnis **69**, 6
Hauptpersonalrat **82**, 23
– gemeinsamer Ausschuß **82**, 23
Haushalt **70**, 5
– Initiativrecht **70**, 5
Haushaltsgesetz **71**, 9
– Einigungsstelle **71**, 9
Haushaltsvoranschlag **77**, 3
– Anhörung **77**, 3
Haushaltsvorbehalt **74**, 93
– Sozialplan **74**, 93
Hebung der Arbeitsleistung **75**, 29
– Mitbestimmung **75**, 29
Herkunft **67**, 11
– Ungleichbehandlung wegen **67**, 11
Hinausschieben des Eintritts in den Ruhestand **75**, 19
– Mitbestimmung **75**, 19
Hinzuziehungspflicht **81**, 7
– Arbeitsschutz **81**, 7
Hinzuziehungsrecht **vor §§ 66 ff.**, 7
Hoheitliche Tätigkeit **75**, 1 ff.
– Mitbestimmung bei Angestellten mit **75**, 1 ff.
Höher- oder niedriger bewertete Tätigkeit *s. Übertragung einer*

433

Höhergruppierung **74**, 18
- Mitbestimmung **74**, 18
Homosexuelle **68**, 9
- als schutzbedürftige Personen **68**, 9

Immissionsschutzbeauftragte **74**, 88
Informationelle Selbstbestimmung **74**, 112
- und Datenverarbeitung **74**, 112
Informationsanspruch **68**, 24
- der Personalvertretung **68**, 24
Informationspflicht **66**, 4
- im Monatsgespräch **66**, 4
Informationsrecht **vor §§ 66 ff.**, 7, 9
Informationsrecht des Personalrats **68**, 28
- generelles **68**, 28
Initiativantrag **70**, 8 ff.
Initiativrecht **74**, 110; **vor §§ 66 ff.**, 12; **70**, 1 ff.
- Abschaffung von Überwachungseinrichtungen **74**, 110
- aktive Mitbestimmung **vor §§ 66 ff.**, 12
- Anordnung von Mehrarbeit und Überstunden **vor §§ 66 ff.**, 12
- Antragsrecht **vor §§ 66 ff.**, 11
- Beurteilungsrichtlinien **74**, 79
- Dienstvereinbarungen **70**, 5
- eingeschränktes **vor §§ 66 ff.**, 11; **70**, 7
- Einzelmaßnahmen **70**, 2
- erzwingbares **70**, 6
- förmliches **vor §§ 66 ff.**, 11
- Haushalt **70**, 5
- personelle Einzelmaßnahmen **vor §§ 66 ff.**, 13
- Runderlaß **70**, 3
- *s. auch Antragsrecht*
- Teilnehmerauswahl bei Fortbildungsveranstaltungen **74**, 74; **75**, 26
- uneingeschränktes **vor §§ 66 ff.**, 11

- Verfahren **70**, 4

Jugend- und Auszubildendenvertretung **66**, 2
- Teilnahme am Monatsgespräch **66**, 2
- Zusammenarbeit und Förderung **68**, 23
Jugendliche **68**, 9
- als schutzbedürftige Personen **68**, 9
- Förderung der Belange von **68**, 23
Juristische Personen des öffentlichen Rechts **69**, 28 f.
- Mitbestimmungsverfahren **69**, 28 f.

Kabinettsentscheidung **82**, 5
- Zuständigkeit der Personalvertretung **82**, 5
Kantine **74**, 66
- Mitbestimmung **74**, 66
KGST-Gutachten **74**, 104
- Mitbestimmung **74**, 104
Kinderbetreuungseinrichtung **68**, 19
Kinderkrippe *s. Kinderbetreuungseinrichtung*
Kommunen **69**, 30
- »Stufenverfahren« **69**, 30
- Mitbestimmungsverfahren **69**, 28
Konkurrenz von Beteiligungsrechten **vor §§ 66 ff.**, 15
Kontoführungsgebühren **74**, 57
- Mitbestimmung **74**, 57
Kostenentscheidung **83**, 22
- Verwaltungsgericht **83**, 22
Krankengespräche **74**, 98
- Mitbestimmung **74**, 98
Krankmelden **74**, 98
- Mitbestimmung **74**, 98
Kündigung **72**, 7
- Dienstvereinbarungen **72**, 7
Kündigung in der Probezeit **78**, 5

Kündigung nach dem Einigungsvertrag **78**, 4
Kündigung von Dienstwohnungen **74**, 40
– Mitbestimmung **74**, 40
Kündigung, außerordentliche **vor §§ 66 ff.**, 6
– Personalratsmitglieder **vor §§ 66 ff.**, 6
Kündigungsfrist **72**, 7
– Dienstvereinbarungen **72**, 7
Kündigungsgrund **78**, 3
– Mitteilung **78**, 3
Kündigungsschutzklage **78**, 14
Kurzarbeit **74**, 53
– Mitbestimmung **74**, 53

Landkreis **69**, 28
– Mitbestimmungsverfahren **69**, 28
Langzeitarbeitslose **68**, 9
– als schutzbedürftige Personen **68**, 9
Laufbahn **75**, 7
– Begriff **75**, 7
Laufbahngruppe, Wechsel **75**, 7
– Mitbestimmung **75**, 7
Laufbahnwechsel **75**, 7
– Mitbestimmung **75**, 7
Leiharbeitnehmer **74**, 49
– Mitbestimmung bei Arbeitszeit **74**, 49
– *s. Arbeitnehmerüberlassung*
Leistungskontrolle **74**, 106 ff.
– Mitbestimmung **74**, 116 ff.
Leistungszulagen **74**, 65
– Mitbestimmung **74**, 65
Letztentscheidung **74**, 3
– personelle Einzelmaßnahmen **74**, 3
Letztentscheidung der Einigungsstelle **69**, 32
Lohn **74**, 64
– Begriff **74**, 64
– Mitbestimmung **74**, 60 ff.
Lohn- und Gehaltslisten **67**, 2

– Vorlage **67**, 2
Lohngestaltung **74**, 61
– Begriff **74**, 61
– Mitbestimmung **74**, 60 ff.

Maßnahme **69**, 2
Materielle Arbeitsbedingungen **74**, 119
– Begriff **74**, 119
– *s. Formelle und materielle Arbeitsbedingungen*
Mehrarbeit **vor §§ 66 ff.**, 12
– Initiativrecht **vor §§ 66 ff.**, 12
– Mitbestimmung **74**, 54 ff.
Mietvertrag **74**, 39
– Dienstwohnung **74**, 39
Mißbilligung **74**, 99
– Mitbestimmung **74**, 99
Mißbrauch **69**, 23
– Mitbestimmungsrecht **69**, 23
Mitbestimmung **74**, 23; **75**, 14; **vor §§ 66 ff.**, 3
– Abordnung **74**, 23; **75**, 14
– Absehen von der Ausschreibung von Dienstposten **74**, 95
– allgemeine Fragen der Fortbildung **75**, 33
– Änderung der Amtsbezeichnung **75**, 7
– Anstellung von Beamtinnen und Beamten **75**, 6
– Arbeitsentgelte **74**, 57
– Arbeitsschutz **74**, 89
– Arbeitszeit **74**, 49 ff.
– Arbeitszeitermäßigung **74**, 25; **75**, 23
– auf Antrag **vor §§ 66 ff.**, 3; **75**, 24
– Auswahlrichtlinien **75**, 34 ff.
– Beförderung **75**, 7
– bei dreistufigem Verwaltungsaufbau **69**, 25
– bei einstufigem Verwaltungsaufbau **69**, 28 ff.
– bei Qualifikationsentscheidung **76**, 3

435

- bei zweistufigem Verwaltungsaufbau **69**, 26
- Berufsausbildung **74**, 69 ff.
- Betriebliche Angelegenheiten **74**, 43 ff.
- Betriebsärztinnen und -ärzte **74**, 80 ff.
- Betriebsbeauftragte **74**, 85 ff.
- Beurlaubung **74**, 25
- Beurteilungsrichtlinien **74**, 78 f.; **75**, 28
- Darlehen **74**, 30 ff.
- Dienstbezüge **74**, 57
- Dienstordnungsverfahren **75**, 20
- Dienstwohnung **74**, 35 ff.
- Durchführung der Maßnahme nach Zustimmung **73**, 1
- Einführung grundlegend neuer Arbeitsmethoden **75**, 29 ff.
- eingeschränkte **vor §§ 66 ff.**, 3; **75**, 1 ff.
- Einstellung von Beamtinnen und Beamten **75**, 6
- Entlassung von Beamtinnen und Beamten auf Probe und Widerruf **75**, 21
- Entscheidung durch die Einigungsstelle **69**, 32
- Erleichterung des Arbeitsablaufs **75**, 29
- Ernennung von Beamtinnen und Beamten **75**, 6
- Erörterung **69**, 12
- Ersatzansprüche **75**, 42 ff.
- Fortbildungsveranstaltungen **75**, 26
- Frist **69**, 11 ff.
- Fristverkürzung **69**, 18
- Fristverlängerung **69**, 17
- Hebung der Arbeitsleistung **75**, 29
- Hinausschieben des Eintritts in den Ruhestand **75**, 19
- Höhergruppierung **74**, 18 ff.
- Laufbahnwechsel **75**, 7

- Letztentscheidung **74**, 3
- Lohn **74**, 60 ff.
- Nebentätigkeit **74**, 28; **75**, 17
- ordentliche Kündigung **78**, 1 ff.
- Ordnung in der Dienststelle **74**, 96 ff.
- passive **vor §§ 66 ff.**, 3
- Pausen **74**, 49 ff.
- Personalfragebogen **74**, 75 ff.; **75**, 27
- personelle Angelegenheiten **vor §§ 66 ff.**, 4
- personelle Angelegenheiten der Beamtinnen und Beamten **75**, 1 ff.
- personelle Einzelmaßnahmen von Arbeitnehmern **74**, 1 ff.
- Rückgruppierung **74**, 18 ff.
- soziale Angelegenheiten **74**, 29 ff.
- soziale Zuwendungen **74**, 30
- Sozialeinrichtungen **74**, 66 ff.
- Sozialplan **74**, 91 ff.
- Technische Einrichtungen **74**, 106 ff.
- Teilnehmerauswahl bei Fortbildungsveranstaltungen **74**, 74
- Teilzeitbeschäftigung, Antrag auf **75**, 23
- Übertragung einer höher oder niedriger bewerteten Tätigkeit **74**, 16 ff.
- Übertragung eines anderen Amts **75**, 7
- Umorganisation der Dienststelle **75**, 54
- Umsetzung **74**, 22; **75**, 13
- unechte **vor §§ 66 ff.**, 3
- Unterrichtung **69**, 9
- Unterstützungen **74**, 30 ff.
- Urlaub **74**, 58 f.
- Urlaub ohne Dienstbezüge **75**, 23
- Urlaubsplan **74**, 58 f.
- Verfahren **69**, 1 ff.

- Verfahren bei der Stufenvertretung **69**, 25 ff.
- Verlängerung eines befristeten Arbeitsvertrages **74**, 19
- Versetzung **75**, 12
- Vertrauensärztinnen und -ärzte **74**, 80 ff.
- Verwaltungsanordnung **75**, 49 ff.
- Verzicht **74**, 2
- Versetzung **74**, 21
- Vetorecht **vor §§ 66 ff.**, 3
- volle **vor §§ 66 ff.**, 3
- Vorlage bei der übergeordneten Stelle **69**, 22
- Vorschlagwesen **74**, 90
- vorzeitige Versetzung in den Ruhestand **75**, 22
- Wechsel der Laufbahngruppe **75**, 7
- Weiterbeschäftigung über Altersgrenze **74**, 26
- Wohnungswahl **74**, 27; **75**, 16
- Zuschüsse **74**, 30 ff.
- Zustimmungsverweigerung **69**, 20
- Zuweisung **74**, 23; **75**, 14
- Zuweisung von Dienst- und Pachtland **74**, 41 f.
- Betriebsärztinnen und -ärzte **75**, 48
- Datenverarbeitung **74**, 112
- Teilzeitbeschäftigung **74**, 25
- Vertrauensärztinnen und -ärzte **75**, 48

Mitbestimmung auf Antrag **75**, 47
- Geltendmachung von Ersatzansprüchen **75**, 47
- Hinweispflicht der Dienststelle **76**, 2
- Personelle Angelegenheiten **76**, 2

Mitbestimmung der dritten Art **vor §§ 66 ff.**, 3
Mitbestimmungsrecht **75**, 3; **69**, 1 ff.
- Verzicht **75**, 3

Mitbestimmungsverfahren **69**, 23
- Abbruch **69**, 23
- Schriftformerfordernis **69**, 31
- Vorläufige Regelungen **69**, 35 ff.

Mitdirektionsrecht **73**, 1
Mitteilungspflicht **81**, 9
- Arbeitsschutzanordnungen **81**, 9

Mittelbare Diskriminierung **67**, 6
Mittelbehörde **82**, 9
- Zuständigkeit der Personalvertretung **82**, 9

Monatsgespräch **66**, 3; **66**, 1
- Hinzuziehung von Zeugen **66**, 3
- vertrauensvolle Zusammenarbeit **66**, 3
- allgemeine Aufgaben **68**, 1
- Informationspflicht **66**, 4
- sachkundige Beschäftigte **66**, 10
- Teilnehmer **66**, 2, 3

Mütter **68**, 9
- als schutzbedürftige Personen **68**, 9

Nachwirkungen von Dienstvereinbarungen **72**, 8
Nationalität **67**, 10
- Ungleichbehandlung wegen **67**, 10

Nebenamt s. *Nebentätigkeit*
Nebenbeschäftigung s. *Nebentätigkeit*
Nebentätigkeit **74**, 28; **75**, 17
- Mitbestimmung **74**, 28; **75**, 17

Neutralitätspflicht **66**, 6
Nicht ordnungsgemäße Beteiligung **69**, 7
- Dienstaufsichtsbeschwerde **69**, 7
- Eingruppierung **69**, 5
- Einstellung **69**, 5; **74**, 6
- Entlassung von Beamtinnen und Beamten auf Probe und Widerruf **75**, 21
- Folgen **69**, 4 ff.
- Geltendmachung von Ersatzansprüchen trotz **75**, 46

- Mitteilung über Festhalten an der Kündigung **78**, 13
- personelle Angelegenheiten der Beamtinnen und Beamten **75**, 1 ff.
- Rückgängigmachungsanspruch **69**, 8
- Rücknahmepflicht **69**, 7
- Unterrichtung **69**, 10
- Unwirksamkeit der ordentlichen Kündigung **78**, 22 ff.
- Verwaltungsakte **69**, 6
- Zurückbehaltungsrecht **74**, 110

Niederschrift **81**, 11
- Arbeitsschutz **81**, 11

Normalarbeitszeit **74**, 52
- Mitbestimmung bei Rückkehr **74**, 52

Normenkontrollverfahren **83**, 24
Notdienstvereinbarung **66**, 6

Oberste Dienstbehörde **69**, 28 f.
- bei einstufigem Verwaltungsaufbau **69**, 28 f.
- Einigungsstelle **71**, 1

Objektivität und Neutralität der Amtsführung **67**, 14
Öffentlichkeit **66**, 9
- Einschaltung der **66**, 9

Ordentliche Kündigung **78**, 1 ff.
- (unechte) Mitbestimmung **78**, 1 ff.
- Personalratsmitglieder **78**, 2
- Unterrichtung **78**, 3
- Unwirksamkeit **78**, 22 ff.
- Widerspruchsgründe **78**, 6

Ordnung in der Dienststelle **74**, 96 ff.
- Mitbestimmung **74**, 96 ff.

Ordnungsstrafen **74**, 99
- Mitbestimmung **74**, 99

Pachtland **74**, 41 f.
- Mitbestimmung **74**, 41 f.

Parkplatzbenutzung **74**, 98
- Mitbestimmung **74**, 98

Parteipolitische Betätigung **67**, 15
- Verbot der **67**, 15

Partizipation **vor §§ 66 ff.**, 2
Pausen **74**, 50
- Mitbestimmung **74**, 50

Pausenräume **74**, 66
- Mitbestimmung **74**, 66

Personalakte **68**, 33
- Einblicksrecht **68**, 33

Personalanforderungen **77**, 3
- Anhörung **77**, 3

Personalfragebogen **74**, 77
- Begriff **74**, 77
- Mitbestimmung **74**, 75 ff.; **75**, 27

Personalinformationssysteme **74**, 109
- Mitbestimmung **74**, 109

Personalplanung **77**, 4
- Anhörung **77**, 4

Personalrat **73**, 1
- Mitdirektionsrecht **73**, 1
- Nichtbildung in neugebildeter Dienststelle **82**, 24
- Pflichtaufgaben **68**, 1
- Selbstinformationsrecht **68**, 28
- Speicherung von Beschäftigungsdaten **80**, 2
- Zusammenarbeit mit der Jugend- und Auszubildendenvertretung **68**, 23

Personalratsmitglied **67**, 17
- und gewerkschaftliche Betätigung **67**, 17

Personalvertretung **68**, 5
- Antragsrecht **68**, 5
- Zuständigkeitsverteilung **82**, 1 ff.

Personelle Angelegenheiten **76**, 1
- Ausschluß der Mitbestimmung **76**, 1
- Beteiligung auf Antrag **vor §§ 66 ff.**, 4
- Mitbestimmung nur auf Antrag **76**, 2
- *s. auch Personelle Einzelmaßnahmen*

– und Initiativantrag **70**, 10
Personelle Angelegenheiten der Beamtinnen und Beamten **75**, 1
– Mitbestimmung **75**, 1
– Verwaltungsakt **75**, 3
– Zustimmungsverweigerungsgründe **75**, 5
Personelle Einzelmaßnahmen **74**, 1 ff.
– Arbeitnehmer **74**, 1 ff.
– Information der Beschäftigten **68**, 35
– Initiativrecht **vor §§ 66 ff.**, 13; **70**, 2
Personenbezogene Dateien **74**, 113
– Mitbestimmung bei der Nutzung **74**, 113
Personenbezogene Daten **74**, 113
– Mitbestimmung bei der Nutzung **74**, 113
Persönlichkeitsrecht **74**, 112
– und Datenverarbeitung **74**, 112
Pflichtaufgaben **68**, 1
– Personalrat **68**, 1
Pflichtverstoß der Personalvertretung **68**, 4
– allgemeine Aufgaben **68**, 4
Politische Betätigung oder Einstellung **67**, 12
– Ungleichbehandlung wegen **67**, 12
Prämien **74**, 60 ff.
– Mitbestimmung **74**, 60 ff.
Presse **66**, 9
– Einschaltung der **66**, 9
Privatgespräche **74**, 98
– Mitbestimmung **74**, 98
Probemaßnahme **75**, 32
– Rationalisierung **75**, 32
Probezeit **78**, 17
– Beendigung des Arbeitsverhältnisses **78**, 17
– ordentliche Kündigung **78**, 5
Prozeßvertretung **83**, 10
– Verwaltungsgericht **83**, 10

Prüfung **79**, 1 ff.
– Teilnahmerecht **79**, 1 ff.
Prüfungsbedingungen **79**, 3
– Gestaltung **79**, 3
Prüfungsergebnis **79**, 4
– Beratung **79**, 4

Qualifikationsentscheidung **76**, 3
– Mitbestimmung **76**, 3
– Zustimmungsverweigerung **76**, 4
Quartalsgespräch s. *Vierteljahresgespräch*
Quotenregelungen **67**, 5
– Zulässigkeit **67**, 5
Quotenregelungen **67**, 4

Radiohören **74**, 98
– Mitbestimmung **74**, 98
Rationalisierungsmaßnahme **74**, 91
– Sozialplan **74**, 91
– Mitbestimmung **75**, 29
Rauchverbot **74**, 98
– Mitbestimmung **74**, 98
Recht **67**, 2
Rechtsmittel **83**, 23
– Beschlußverfahren **83**, 23
Rechtsrat **66**, 8
Rechtsstellung der Personalvertretungen **83**, 6
– Streitigkeiten **83**, 6
Rechtswidrigkeit der Maßnahme **69**, 4 ff.
rechtzeitig **68**, 25
– Begriff **68**, 25
Regelungsbedürftiger Sachverhalt **70**, 8
– Initiativantrag **70**, 8
Religion **67**, 9
– Ungleichbehandlung wegen **67**, 9
Residenzpflicht **74**, 27; **75**, 16
– Mitbestimmung **74**, 27; **75**, 16
Richtlinien über die personelle Auswahl s. *Auswahlrichtlinien*
Rückforderungsansprüche **75**, 44
– Beamtinnen und Beamte **75**, 44

Rückgängigmachungsanspruch **69**, 8; **83**, 21
- bei mangelhafter Beteiligung **69**, 8
- des Personalrats **69**, 33

Rückgruppierung **74**, 18
- Mitbestimmung **74**, 18

Rücknahmeanspruch **69**, 8
- bei mangelhafter Beteiligung **69**, 8

Rücknahmeanspruch **69**, 7
- bei mangelhafter Beteiligung **69**, 7

Ruhestand **75**, 19
- Hinausschieben **75**, 19
- Vorzeitige Versetzung in **75**, 22

Runderlaß **70**, 3
- Initiativrecht **70**, 3

Sachkundige Beschäftigte **66**, 10
- Monatsgespräch **66**, 10
- Personalratssitzung **66**, 11

Sachverständige **66**, 10
- Monatsgespräch **66**, 10
- Stellenbewertung **74**, 102 ff.
- Technische Einrichtung **74**, 109

Schadensersatzansprüche **75**, 42
- Mitbestimmung **75**, 42

Schichtarbeit **74**, 49
- Mitbestimmung **74**, 49

Schutz **8**, 5
- berufliche Entwicklung **8**, 5
- berufliche Fortbildung **8**, 5
- der Wahl **24**, 1
- der Wahlbewerber **24**, 5
- der Wahlvorstandsmitglieder **24**, 5
- Ersatzmitglied **9**, 9; **47**, 6
- Jugend- und Auszubildendenvertretungen **8**, 1; **62**, 6
- Personalratsmitglied **47**, 1
- Personalvertretungen **8**, 1
- Sachverständige **8**, 1
- Vertrauensperson **90**, 25
- Wahl **60**, 8
- Wahlbewerber, -bewerberinnen **8**, 1; **47**, 5
- Wahlhelfer **8**, 1
- Wahlvorstand **8**, 1
- Wahlvorstandsmitglied **47**, 5

Schutzbedürftige Person **68**, 13; **68**, 9
- Förderung der beruflichen Entwicklung **68**, 13
- Fortbildung **74**, 74

Schwangere **68**, 9
- als schutzbedürftige Person **68**, 9

Schwangerschaft **74**, 77
- Personalfragebogen **74**, 77

Schweigen **69**, 19
- Mitbestimmung **69**, 19

Schweigen des Personalrats **vor §§ 66 ff.**, 6

Schweigepflichtverletzung **10**, 12
- Beispiele **10**, 12
- Kündigung, außerordentliche **10**, 13
- Pflichtverletzung, grobe **10**, 13

Schweigespflicht **10**, 10
- andere Pflichten **10**, 10
- Ausnahmen **10**, 3
- Ausübung personalvertretungsrechtlicher Aufgaben **10**, 2
- Beschäftigte **10**, 16
- Bezeichnung als vertraulich **10**» 14
- Bürokraft **35**, 3; **44**, 11
- Datenschutz **10**, 11
- Dienststellenleitung, eigene **10**, 5
- Geltungsbereich **10**, 1
- geringes Gewicht der Angelegenheit **10**, 16
- Gewerkschaftsbeauftragter **10**, 6
- Offenkundigkeit **10**, 15
- Personalversammlung **10**, 8
- personalvertretungsrechtliche Organe **10**, 4
- *s. auch unter außenstehende Stellen*
- Verschlußsachen **93**, 2

- Willenbildung Personalvertretung **10**, 5
- zeitliche Beschränkung **10**, 9
- Gewerkschaftsbeauftragte **36**, 3

Schwerbehinderte **68**, 22
- berufliche Förderung **68**, 22
- Eingliederung **68**, 11
- Eingliederung und berufliche Entwicklung **68**, 8
- Einstellung von **74**, 9
- Förderung **68**, 10

Schwerbehindertenvertretung **41**, 7
- Ablichtung der Niederschrift **41**, 7
- Aussetzung eines Beschlusses **39**, 1
- Sitzungsteilnahme **34**, 5; **40**, 1
- Teilnahme am Monatsgespräch **66**, 2
- Teilnahme an der Sprechstunde **43**, 5

Selbstinformationsrecht des Personalrats **68**, 29

Sexuelle Belästigung am Arbeitsplatz **67**, 7; **68**, 21

Sicherheitsbeauftragte **74**, 87
- Begriff **74**, 87
- Mitbestimmung **74**, 80
- Rechte des Personalrats **81**, 8, 9
- Teilnahme des Personalrats an Besprechungen **81**, 10

Sitzung **35**, 2
- Arbeitszeit **35**, 2
- auswärtige **44**, 7
- Beratung **38**, 2
- Durchführung **35**, 2
- Einberufung **34**, 5
- Einladung **34**, 5
- Festlegung der Tagesordnung **34**, 4
- Jugend- und Auszubildendenvertretung **61**, 11
- konstituierende **34**, 1
- Kultusministerium **92**, 2
- Leitung **34**, 10
- Nichtöffentlichkeit **35**, 1
- Niederschrift **35**, 3; **41**, 1
- Personalrat **92**, 2
- Personalvertretung **34**, 3
- Sachverständige **36**, 7
- Sondersitzung **39**, 6
- Teilnahme der Dienststellenleitung **34**, 9
- Teilnahme von Beschäftigten **37**, 8
- Teilnehmer **34**, 5
- Vorstand **33**, 4

Sitzverteilung **18**, 1
- abweichende **18**, 1
- Änderung der **17**, 3
- Losentscheid **17**, 4
- System Hare-Niemeyer **17**, 4

Sondersitzung **39**, 6

Sonderurlaub **74**, 58 f.
- Mitbestimmung **74**, 58 f.

Sonstige Körperschaft **6**, 14
- Dienststelle **6**, 14
- Dienststellenleitung **7**, 5
- Mitbestimmungsverfahren **55**, 3
- oberste Dienstbehörde **7**, 13

Sozialangelegenheiten **51**, 2
- Personalversammlung **51**, 2

Soziale Angelegenheiten **74**, 29 ff.
- Mitbestimmung **74**, 29 ff.

Sozialeinrichtung **74**, 66
- Begriff **74**, 66
- Mitbestimmung **74**, 66 ff.

Sozialplan **74**, 92
- Gesetzes- und Tarifvorbehalt **74**, 92
- Haushaltvorbehalt **74**, 93
- Mitbestimmung **74**, 91 ff.
- Rationalisierungsmaßnahme **74**, 91
- Zustimmungsverweigerung **74**, 94

Sozialstaatsgedanke **vor §§ 66 ff.**, 1
- und Beteiligung **vor §§ 66 ff.**, 1

Sozialstaatsprinzip **1**, 12

- Grundrechte der Beschäftigten **1**, 12

Sozialversicherungsträger **7**, 5
- Dienststellenleitung **7**, 5
- Mitbestimmungsverfahren **69**, 29

Sparkasse **6**, 14
- Dienststelle **6**, 14
- Geltungsbereich des Gesetzes **1**, 8
- Mitbestimmungsverfahren **69**, 29

Sparkassenverband **1**, 7
- Geltungsbereich des Gesetzes **1**, 7

Sozialschulung **46**, 6

Spitzenorganisation **75**, 53

Sprechstunde **43**, 1
- Arbeitszeit **43**, 1
- gemeinsame **43**, 4
- getrennte **43**, 4
- Jugend- und Auszubildendenvertretung **43**, 1
- Kosten **43**, 2
- Personalvertretung **43**, 1
- Vertrauensperson **90**, 20

Stasi-Akten **74**, 115
- personenbezogene Daten **74**, 115

Statuswechsel **74**, 11
- Mitbestimmung **74**, 11

Stellenausschreibung **68**, 20
- geschlechtsneutrale **68**, 20

Stellenbewertung **74**, 102 ff.
- Mitbestimmung **74**, 102 ff.
- Übertragung einer höher oder niedriger bewerteten Tätigkeit **75**, 9

Stellenplan **12**, 2
- Regelstärke **12**, 2
- Übertragung einer höher oder niedriger bewerteten Tätigkeit **75**, 9

Stellungnahme **82**, 12
- Gesamtpersonalrat **82**, 12
- im Beteiligungsverfahren **82**, 13

- im Monatsgespräch **66**, 3
- örtlicher Personalrat **82**, 10

Stellungnahme des Personalrats **78**, 13
- bei Mitbestimmung zur Kündigung **78**, 13

Stellungnahmefrist *s. Frist*

Stellvertreter **60**, 12
- Jugend- und Auszubildendenvertretung **60**, 12
- Vertrauensperson **90**, 14, 15
- Vorstand **33**, 3
- Vorstandsmitglied **33**, 2

Stiftung **1**, 9
- Geltungsbereich des Gesetzes **1**, 9
- *s. auch sonstige Körperschaft, Anstalt, Stiftung*

Stimmenauszählung **23**, 5
- Niederschrift **23**, 5
- Öffentlichkeit **23**, 5

Strafgefangene **68**, 9
- als schutzbedürftige Personen **68**, 9

Strahlenschutzbeauftragte **74**, 86
- Mitbestimmung **74**, 86

Streik **75**, 9; **66**, 6
- Einsatz von Beamtinnen und Beamten **75**, 9
- Funktionsfähigkeit des Personalrats **66**, 6

Streitigkeiten **83**, 8
- Jugend- und Auszubildendenvertretung **83**, 8
- Personalvertretungsangelegenheiten **83**, 3 ff.

Student **88**, 2
- Geltungsbereich des Gesetzes **88**, 2

Stufenverfahren **69**, 22

Stufenvertretung **68**, 3
- Antragsrecht **68**, 3
- Befugnisse **82**, 19
- Bestellung örtlicher Wahlvorstand **53**, 9

- Bestellung Wahlvorstand **53**, 7
- Bildung **53**, 1
- entsprechende Anwendung von Vorschriften **54**, 1
- Freistellung **45**, 11; **53**, 10, 11, 12
- Gruppensitze **53**, 13
- konstituierende Sitzung **54**, 4
- Maßnahmen der Berufsbildung **54**, 2
- Mittelbehörde **53**, 2
- Personalversammlung **48**, 10
- Sonderregelungen **53**, 6
- **Stellungnahme des örtlichen Personalrats 82**, 10
- Über- oder Unterordnungsverhältnis **54**, 3
- und örtlicher Personalrat **82**, 1 ff.
- Verfassungsschutz **85**, 4
- Wahl **53**, 7, 8
- Wählbarkeit der Dienststellenleitung **14**, 9
- Zuständigkeit **82**, 7

Stützungsvorschriften **90**, 14
- Vertrauensperson **90**, 14

Suchtkranke **68**, 9
- als schutzbedürftige Personen **68**, 9

Tagesordnung **34**, 10
- Antrag der Dienststellenleitung **34**, 10
- Antrag zur **34**, 7
- Ergänzung **34**, 6
- Erweiterung **34**, 6
- Festlegung **34**, 4
- konstituierende Sitzung **34**, 1
- Sitzung **34**, 4

Tarifangelegenheiten **51**, 2
- Personalversammlung **51**, 2

Tarifvertrag **68**, 6
- Überwachungspflicht **68, 6**
- **Unabdingbarkeit des Gesetzes 3**, 1, 2

Tätigkeit **75**, 8
- Übertragung einer höher oder niedriger bewerteten **75**, 8

Tätigkeitsbericht **63**, 8
- Jugend- und Auszubildendenversammlung **63**, 8
- *s. Personalversammlung*

Technische Einrichtung **74**, 107
- Begriff **74**, 107
- Mitbestimmung **74**, 106 ff.

Teil einer Dienstreise **6**, 6
- Verselbständigung **6**, 6

Teilfreistellung **45**, 20

Teilnahmerecht **81**, 10
- Besprechungen mit den Sicherheitsbeauftragten **81**, 10

Teilnehmergebühren **46**, 14
- Schulung **46**, 14

Teilnehmerinnen und Teilnehmer an Fortbildungsveranstaltungen **74**, 74

Teilversammlung *s. Personalversammlung*

Teilzeitarbeit **68**, 20
- Förderung **68**, 20

Teilzeitbeschäftigte **68**, 9
- als schutzbedürftige Personen **68**, 9
- Diskriminierung **67**, 4
- Mitbestimmung bei Arbeitszeit **74**, 49
- mittelbare Diskriminierung **67**, 6

Teilzeitbeschäftigung **74**, 25
- Mitbestimmung **74**, 25
- Mitbestimmung bei Umwandlung in Vollzeitbeschäftigung **74**, 11
- Schulung **46**, 12

Teilzeitbeschäftigung, Antrag auf **75**, 23
- Mitbestimmung **75**, 23

Teilnahmerecht **79**, 1
- Prüfungen **79**, 1

Telefaxgerät **74**, 101; **75**, 37
- Mitbestimmung **74**, 101; **75**, 37

Telefon **44**, 14
- Amtsleitung **44**, 14
- Personalratsarbeit **44**, 13

Telefonkosten **44**, 13
Theater **16**, 4
– Größe des Personalrats **16**, 4
– weitere Gruppen **17**, 2
Theater und Orchester **89**, 3
– Beteiligung **89**, 3
– Dienststelle **6**, 20; **89**, 11
– Dienststellenleitung **7**, 9; **89**, 10
– Gesamtsitze **89**, 2
– Künstlerisch Beschäftigte **89**, 1
Thüringer Justizministerium *s. Justiz*
Thüringer Kultusministerium *s. Kultusministerium*
Thüringer Ministerium für Landwirtschaft und Forsten *s. Landwirtschaft und Forsten*
Torkontrolle **74**, 98
– Mitbestimmung **74**, 98

Überarbeit **74**, 54 ff.
– Mitbestimmung **74**, 54 ff.
Übergangspersonalrat **27**, 8
– Klinikum der Universität Jena **27**, 8
– Medizinische Hochschule Erfurt **27**, 8
Überlassung **41**, 6
– Niederschrift **41**, 6
Übernahmerecht **9**, 4
– Berufsausbildungsverhältnis **9**, 4
Überstunden **vor §§ 66 ff.**, 12
– Initiativrecht **vor §§ 66 ff.**, 12
– Mitbestimmung **74**, 54 ff.
Übertragung einer höher oder niedriger bewerteten Tätigkeit **74**, 16; **75**, 9
– Mitbestimmung **74**, 16; **75**, 9
Überwachungseinrichtung **74**, 106 ff.
– Mitbestimmung **74**, 106 ff.
Überwachungsfunktion **61**, 3
– Jugend- und Auszubildendenvertretung **61**, 3
Überwachungspflicht **80**, 1 ff.
– Datenschutz **80**, 1 ff.
– für Gleichbehandlung **80**, 1
Überwachungspflicht **68**, 6
Überzahlung **75**, 42
– Mitbestimmung bei Ersatzanspruch **75**, 42
Umdeutung **78**, 20
– außerordentliche Kündigung **78**, 20
umfassend **68**, 26
– Begriff **68**, 26
Umgruppierung **75**, 39
– Begriff **75**, 39
Umorganisation **29**, 2
– der Dienststelle **29**, 2
– geringe Veränderung **32**, 8
– Mitbestimmung der Personalvertretung **32**, 3
– Übergangspersonalrat **32**, 1
– wechselnder Wohnsitz **32**, 6
Umschulung **74**, 71
– Mitbestimmung **74**, 71
– Mitbestimmung **74**, 22; **75**, 10
– Mitgliedschaft im Personalrat **29**, 5
– Personalratsmitglied **47**, 1
Umweltbeauftragte **74**, 88
Umweltschutz **81**, 4
Unabdingbarkeit **3**, 3
– Dienstvereinbarung **3**, 3
– Tarifvertrag **3**, 1
Unaufschiebbarkeit **69**, 36 ff.
– vorläufige Regelungen **69**, 36 ff.
Unechte Mitbestimmung **vor §§ 66 ff.**, 3
Unfallfürsorge **11**, 1
– Arbeitsunfall **11**, 1
– Dienstunfall **11**, 1
– Sachschäden **11**, 3
Unfallverhütungsvorschriften **81**, 3
Ungleichbehandlung **67**, 3
– Verbot der **67**, 3
Ungültigkeit **25**, 7
– der Wahl **25**, 7
Universität Erfurt *s. Medizinische Hochschule Erfurt*

Universität Jena *s. Klinikum der*
Untätigkeit der Dienststellenleitung **70**, 8
- Initiativantrag **70**, 8
- und Pflichtaufgaben des Personalrats **68**, 1
Unterbringungskosten **46**, 14
- Schulung **46**, 14
Unterlagen **41**, 11
- Aufbewahrung **41**, 11
- Vorlage **61**, 9; **68**, 24; **68**, 30
Unterlassungsanspruch **83**, 18
- Beschlußverfahren **83**, 18
- Gleichberechtigte Zusammenarbeit **2**, 2
- *s. Rückgängigmachungsanspruch*
Unterrichtung **69**, 9
- Mitbestimmung **69**, 9
- nicht ordnungsgemäße **69**, 10
- Zeitpunkt bei der Einstellung **74**, 5
Unterrichtungspflicht **68**, 24; **vor §§ 66 ff.**, 9
- der Dienststellenleitung **68**, 24
- vertrauensvolle Zusammenarbeit **68**, 27
Unterstützungen **74**, 31
Unterstützungsrichtlinien **74**, 32
- Mitbestimmung **74**, 32
Unwirksamkeit **26**, 3
- Beschluß der Personalvertretung **26**, 3
Unwirksamkeit der Kündigung **78**, 22 ff.
Urlaub **74**, 58 f.
- Mitbestimmung **74**, 58 f.
Urlaub ohne Dienstbezüge, Antrag auf **75**, 23
- Mitbestimmung **75**, 23
Urlaubsplan **74**, 58 f.
- Mitbestimmung **74**, 58 f.
Urlaubssperre **74**, 58
- Mitbestimmung **74**, 58

Verbesserungsvorschläge **74**, 90

- Mitbestimmung **74**, 90
- *s. Vorschlagswesen*
Vereinigungsfreiheit **67**, 16
- Wahrung der **67**, 16
Verfahren **83**, 9
- vor dem Verwaltungsgericht **83**, 9
Verfassungsschutz **85**, 3
- Arbeitgebervereinigung **85**, 3
- Einigungsstelle **85**, 4
- Geltungsbereich des Gesetzes **85**, 1
- Gewerkschaft **85**, 3
- Personalversammlung **85**, 2
- Stufenvertretung **85**, 4
- Verschlußsache **85**, 4
Verhalten der Beschäftigten **74**, 96 ff.
- Mitbestimmung **74**, 96 ff.
Verhalten in der Dienststelle **74**, 98
- Mitbestimmung **74**, 98
Verhaltenskontrolle **74**, 106 ff.
- Mitbestimmung **74**, 106 ff.
Verhältniswahl **31**, 5
- Ersatzmitglied **31**, 5
- Freistellung **45**, 15
- Listenwahl **19**, 9
Verhandlung **41**, 1
- Niederschrift **41**, 1
Verhandlungsniederschrift *s. Niederschrift*
Verhandlungsrecht **61**, 1
- Jugend- und Auszubildendenvertretung **61**, 1
Verhinderung **37**, 4
- Mitteilung über **37**, 4
- Personalratsmitglied **28**, 2
- rechtliche Gründe **31**, 2
- tatsächliche Gründe **31**, 2
Verlängerung eines befristeten Arbeitsvertrages **74**, 19
- Mitbestimmung **74**, 19
Verlegung von Dienststellen **75**, 54
Verlust **29**, 6
- der Wählbarkeit **29**, 6

- der Wahlberechtigung **29**, 6
Verpflegungskosten **46**, 14
- Schulung **46**, 14
Versagungskatalog **vor §§ 66 ff.**, 5
- Zustimmungsverweigerung **vor §§ 66 ff.**, 5
Verschlußsache **93**, 2
- Ausschuß **93**, 2
- Beteiligung **93**, 1
- Bildung der Einigungsstelle **93**, 5
- Informationsrecht **93**, 8
- Jugend- und Auszubildendenvertretung **93**, 7
- Mitbestimmungsverfahren **93**, 1
- Schweigepflicht **93**, 2
- Verfassungsschutz **85**, 4
Verschwiegenheit **71**, 6
- Einigungsstellenmitglieder **71**, 6
- gegenüber Arbeitsschutzbehörden **81**, 5
- s. *Schweigepflicht*
Verselbständigung **6**, 8
- Aufgabenbereich und Organisation eigenständig **6**, 8
- Beschluß der Beschäftigten **6**, 10
- Dezernat bzw. Amt **6**, 15
- Einrichtung, kommunale **6**, 15
- Gemeinde **6**, 15
- Gültigkeit der **6**, 10
- Kultusministerium **92**, 1
- Nebenstelle, Außenstelle, Teil einer Dienststelle **6**, 6
- oberstes Organ **6**, 16
- Polizei **90**, 3
- räumlich weite Entfernung **6**, 7
- Sonderregelung **6**, 9
- Wahlvorstand **96**, 2
Versetzung **75**, 11
- Mitbestimmung **75**, 11
- Mitgliedschaft im Personalrat **29**, 5
- Personalratsmitglied **47**, 1
Versetzung in den Ruhestand **75**, 22
- Mitbestimmung **75**, 22

Vertrauensärztinnen und -ärzte **74**, 82
- Begriff **74**, 82
- Mitbestimmung **74**, 80 ff.; **75**, 48
Vertrauensmann **34**, 5; **40**, 2
- Sitzungsteilnahme **34**, 5; **40**, 2
- Teilnahme an der Sprechstunde **43**, 5
- Zivildienst **34**, 5
Vertrauensperson **90**, 16
- Amtszeit **90**, 16
- Anhörungsrecht **90**, 18
- Anspruch auf Niederschrift **41**, 8
- Antrag zur Tagesordnung **34**, 7
- Aufgabe **90**, 18
- Beteiligung **92**, 14
- Beteiligungsrecht **87**, 6
- Dienststellenleitung **90**, 24
- Freistellung **90**, 22
- Kosten **90**, 21
- Lehramtsanwärter **92**, 13
- Personalrat **87**, 6; **90**, 19; **92**, 13, 14
- Polizeivollzugsbeamte in Ausbildung **90**, 9
- Rechtsreferendare **87**, 5
- Schulungs-, Bildungsveranstaltungen **90**, 23
- Schutz **90**, 25
- Sprechstunden **90**, 20
- Stellvertreter **90**, 14, 15
- Stützvorschriften **90**, 14
Vertrauensvolle Zusammenarbeit **2**, 6
- Auflösungs-, Ausschlußverfahren **2**, 6
- Disziplinarverfahren **2**, 6
- Gebot der **2**, 1
- Gericht **2**, 4
- gescheiterte Verhandlung **2**, 4
- Gesetzesverstoß **2**, 4
- Monatsgespräch **66**, 1 ff.
- Unterrichtungspflicht **68**, 27
- Verletzung des Gebots **2**, 6
- formelle Fehler **2**, 4

Vertreter des Dienststellenleiters *s. Dienststellenleitung*
Verwaltung **1**, 4
– Geltungsbereich des Gesetzes **1**, 4
Verwaltungsakt **75**, 3
– personelle Angelegenheiten der Beamtinnen und Beamten **75**, 3
Verwaltungsakte **69**, 6
– Anfechtbarkeit **69**, 6
Verwaltungsanordnungen **75**, 50
– Begriff **75**, 50
– Mitbestimmung bei der Vorbereitung **75**, 49 ff.
Verwaltungsgemeinschaft **6**, 13
– Dienststelle **6**, 13
– Dienststellenleitung **7**, 4
– Geltungsbereich des Gesetzes **1**, 4
– Gesamtpersonalrat **55**, 4
– Mitbestimmungsverfahren **55**, 3
– oberste Dienstbehörde **7**, 12
– *s. auch kommunaler Bereich*
– Verselbständigung **6**, 15
Verwaltungsgericht **28**, 7; **83**, 1
– Amtszeit der Personalvertretung **28**, 7
– Auflösungsantrag **28**, 1
– Ausschlußantrag **28**, 1
– Bestellung des Wahlvorstands **28**, 7
– Ersetzung der Zustimmung **30**, 3; **47**, 12
– Kosten **44**, 3
– Prozeßvertretung **83**, 10
– Rechtskraft des Beschlusses **28**, 7
– Verfahren **83**, 9
– Wahlanfechtung **25**, 1
– Wahlvorstandsbestellung **27**, 9
– Zuständigkeit **83**, 3 ff.
Verzicht **74**, 2
– auf Mitbestimmungsrecht **74**, 2
Versetzung **74**, 21
– Mitbestimmung **74**, 21

Vetorecht **vor §§ 66 ff.**, 3
Vorabstimmung **18**, 2
– abweichende Sitzverteilung **18**, 2
– gemeinsame Wahl **19**, 7
Vorbereitungsdienst **14**, 11
– Angestellte und Arbeiter im **14**, 11
– Schutz des Personalratsmitglieds **47**, 21
– Wählbarkeit **14**, 10
– Wahlberechtigung **13**, 15
Vorentscheidungen **2**, 3
– Informationsrecht **2**, 3
Vorermittlungsverfahren **75**, 20
Vorgesetzter **45**, 4
– Unterrichtung über Arbeitsversäumnis **45**, 4
Vorlage **69**, 22
– übergeordnete Dienstbehörde **69**, 22
Vorläufige Regelungen **69**, 35 ff.
– Mitbestimmungsverfahren **69**, 35 ff.
Vorschlagwesen **74**, 90
– Mitbestimmung **74**, 90
Vorsitz **32**, 6
– abwechselnder **32**, 6
– Amtsenthebung **33**, 7
– Aufgaben **33**, 10
– Befugnisse **33**, 10
– Einberufung der Sitzung **34**, 5
– Einladung **34**, 5
– Freistellung **45**, 14
– Jugend- und Auszubildendenvertretung **60**, 12
– Rücktritt **33**, 7
– Tagesordnung **34**, 4
Vorstand **33**, 2
– Abberufung **33**, 2
– Arbeitsverteilungsplan **33**, 4
– Aufgaben **33**, 3
– des Personalrats **33**, 1, 3
– Freistellung **45**, 14
– Losentscheid **60**, 12
– Minderheitenschutz **33**, 12

- Sitzungen **33**, 4
- Sitzungsniederschrift **41**, 3
- Stellvertretung **33**, 5
- Verhinderung eines Mitglieds **33**, 8
- Vertretung der Gruppen **33**, 2
- Wechsel der Gewerkschaft **33**, 14
- weitere Mitglieder **33**, 6

Vorstandsmitglieder *s. Vorstand*

Wahl **18**, 2
- abweichende Sitzverteilung **18**, 2
- allgemeine Grundsätze **19**, 1
- Anfechtung der **25**, 1
- Auszählung **90**, 15
- Einleitung **20**, 1; **23**, 1
- erste regelmäßige **96**, 1
- freie **19**, 4
- Geheimhaltung **19**, 2
- gemeinsame **19**, 6
- Gesamtpersonalrat **55**, 1
- gleiche **19**, 4
- Gruppenwahl **19**, 5
- Kosten **24**, 7; **44**, 3
- Mehrheitswahl **19**, 11
- Neuwahl **27**, 2
- Nichtigkeit **25**, 4
- Schulungskosten **24**, 10
- Schutz **24**, 1; **60**, 8
- Schutz der **24**, 5
- Streitigkeiten **83**, 5
- Stufenvertretung **53**, 7, 8
- Ungültigkeit **25**, 7
- unmittelbare **19**, 3
- Verbot der Beeinflussung **24**, 3
- Verbot der Behinderung **24**, 2
- Verfahren **19**, 1
- Verhältniswahl **19**, 9
- Vertrauensperson **87**, 5; **90**, 10
- Vorsitzender **33**, 5
- Vorstand **33**, 1
- Wählbarkeit **14**, 1
- Wahlbehinderung **90**, 11
- Wahlberechtigung **13**, 1
- Wahlhelfer **23**, 4
- Wahlkampf **24**, 4
- Wahlvorschlag **19**, 12
- Wiederholungswahl **16**, 2
- Zeitraum **27**, 1

Wahlanfechtung **60**, 8
- Jugend- und Auszubildendenvertretung **60**, 8
- Streitigkeiten **83**, 3
- Wirkung **25**, 3

Wahlausschreiben **23**, 1
- Aushang **23**, 1

Wählbarkeit **58**, 8
- Alter **58**, 8
- Arbeitszeit **14**, 5
- Aufstiegsbeamte **14**, 10
- ausländische Beschäftigte **58**, 7
- Beamte im Vorbereitungsdienst u.a. **58**, 9
- Dienststellenleiter, -in **58**, 6
- Dienststellenleitung **14**, 6
- Dienststellenorganisation **15**, 1
- Entzug durch Richterspruch **14**, 4
- Interessenkollision **14**, 13
- Jugend- und Auszubildendenvertretung **58**, 4
- Landwirtschaft und Forsten **86**, 3
- Lehramtsanwärter **92**, 13
- Mitgliedschaft in Gemeindeparlament **14**, 12
- Polizeivollzugsbeamte in Ausbildung **90**, 12
- Probezeit **14**, 10
- strafrechtliche Verurteilung **58**, 5
- Streitigkeiten **83**, 4
- und Personalangelegenheit **14**, 6
- Verlust **29**, 6
- Zugehörigkeit zur Dienststelle **14**, 2

Wählbarkeitsvoraussetzung **15**, 3
- Entfallen der **15**, 3

Wahlbeeinflussung **24**, 3
Wahlbehinderung **24**, 2
Wahlberechtigung **13**, 7; **58**, 2
- Abordnung **13**, 7; **58**, 2
- Aus- und Fortbildung **13**, 10
- Ausländische Beschäftigte **13**, 6

- Befristung **13**, 12
- Beurlaubung **13**, 11; **58**, 2
- Dienststellenleitung **13**, 3
- Disziplinarmaßnahme **13**, 4
- Freistellung **13**, 10
- Grundwehrdienst **13**, 2
- Jugend- und Auszubildendenvertretung **58**, 1
- Kündigung **13**, 4
- Landwirtschaft und Forsten **86**, 3
- Lebensalter **13**, 1
- Lehramtsanwärter **13**, 17; **92**, 13
- Leiharbeitnehmer **13**, 14
- Pflegschaft **13**, 5
- Polizeivollzugsbeamte in Ausbildung **90**, 12
- Rechtsreferendare **13**, 17
- Streitigkeiten **83**, 4
- Verlust **29**, 6
- Vorbereitungsdienst **13**, 15
- Wehrübung **13**, 2
- Zivildienst **13**, 2
- Zuweisung **13**, 9
- Zuweisung zu einer Dienststelle **58**, 2

Wahlbewerber **18**, 3
- gruppenfremde Kandidatur **18**, 3
- Schutz **14**, 5; **47**, 5
- Verzicht auf Mitgliedschaft **29**, 3
- Wählbarkeitsvoraussetzung **15**, 3

Wahleinleitung *s. Wahl*
Wahlergebnis **25**, 2
- Beeinflussung **25**, 2

Wahlgrundsätze **19**, 1
Wahlhelfer **23**, 4
- Schutz **23**, 4

Wahlkampf **24**, 4
Wahlkosten **24**, 7
- Haushaltsmittel **24**, 11
- Lohnausfallprinzip **24**, 9
- Reisekosten **24**, 9
- Schulung **24**, 10

Wahlniederschrift **23**, 5
Wahlordnung **94**, 1
- Ermächtigung zum Erlaß einer W. **94**, 1

Wahlrecht **87**, 4
- Rechtsreferendare **87**, 4

Wahlschutz **24**, 1
Wahlverfahren *s. Wahl*
Wahlvorschlag **33**, 13
- Bezeichnung **33**, 13
- Dienststellenleitung **19**, 12
- gemeinsame Wahl **19**, 14
- Gewerkschaft **19**, 13
- gruppenfremde Kandidatur **19**, 15
- Interessenausrichtung **33**, 13
- Polizeivollzugsbeamte in Ausbildung **90**, 13
- wahlberechtigte Beschäftigte **19**, 12

Wahlvorstand **27**, 9
- als Personalvertretung **27**, 9
- als Personalvertretung **28**, 7
- Antrag auf Bestellung **22**, 2
- Antrag auf Ersetzung des **23**, 2
- Aufgaben **60**, 6
- Bestellung bei Stufenvertretung **53**, 7
- Bestellung bei Umorganisation **32**, 4
- Bestellung des **96**, 2
- Bestellung durch Dienststellenleitung **22**, 1, 2
- Bestellung durch Personalrat **20**, 1
- Bestellung durch Personalversammlung **25**, 7
- Bestellung durch Verwaltungsgericht **27**, 9
- Bestellung durch Verwaltungsgericht **28**, 7
- Ersatzmitglied **20**, 2; **24**, 12
- Ersatzpersonalrat **25**, 7
- Geschlechterrepräsentation **20**, 3
- Gewerkschaft **20**, 4; **60**, 5
- Größe **60**, 3

- Jugend- und Auszubildendenvertretung **60**, 1, 2, 3, 4
- konstituierende Sitzung, Einladung **34**, 1
- Schutz der Mitglieder des **24**, 5
- Sitzung **20**, 4
- Stimmenauszählung **23**, 5
- Verselbständigung **96**, 2
- Vorabstimmung **18**, 2
- Vorsitz **20**, 2
- Wahl durch Personalvertretung **21**, 1
- Wahlausschreiben **23**, 1
- Wahlhelfer **23**, 4
- Wiederholungswahl der Gruppenvertretung **25**, 9
- Wiederholungswahl des Personalrats **25**, 7
- Vertrauensperson **90**, 10

Wahlvorstandsmitglied **24**, 9
- Freizeitausgleich **24**, 9
- Schulung **24**, 10
- Schutz **47**, 5

Wahlzeitraum **27**, 1
Waldarbeiter **86**, 2
- Landwirtschaft und Forsten **86**, 2

Wechsel **18**, 5
- der Gruppenzugehörigkeit **18**, 5

Wehrpflichtige **68**, 9
- als schutzbedürftige Personen **68**, 9

Wehrübungen **13**, 2
- Wahlberechtigung **13**, 2

Weisungsrecht **73**, 3
- Personalrat **73**, 3

Weiterbeschäftigung Auszubildender **83**, 3
- Streitigkeiten **83**, 3

Weiterbeschäftigung über Altersgrenze **74**, 26
- Mitbestimmung **74**, 26

Weiterbeschäftigungsanspruch **78**, 14
- nach Widerspruch des Personalrats **78**, 14

Weiterbeschäftigungsanspruch Auszubildender **9**, 12
- Auflösungsantrag **9**, 12
- Berufsausbildungsverhältnis **9**, 7
- Beteiligte Verwaltungsgerichtsverfahren **9**, 14
- Dienststelle **9**, 8
- Feststellungsantrag **9**, 11
- s. *Weiterbeschäftigungsanspruch Auszubildender*
- Verwaltungsgericht **9**, 10
- Zeitpunkt **9**, 7
- Zumutbarkeit Arbeitgeber **9**, 13

Weiterbeschäftigungsmöglichkeit **78**, 10
- auf freiem Arbeitsplatz **78**, 10
- nach Umschulung oder Fortbildung **78**, 11
- unter geänderten Vertragsbedingungen **78**, 12
- Widerspruchsgrund bei ordentlicher Kündigung **78**, 10 ff.

Werkvertrag **74**, 11
- Mitbestimmung bei Einstellung **74**, 11

Widerspruchsgründe **78**, 6
- ordentliche Kündigung **78**, 6

Wiederholungswahl **16**, 2
Wissenschaftlich Tätige **90**, 3
- Beteiligung **90**, 3
- Mitbestimmungsverfahren **91**, 1
- Mitwirkung **90**, 4

Wochenarbeitszeit s. *Arbeitszeit*
Wohnung **74**, 36
- Begriff **74**, 36

Wohnungswahl **74**, 27; **75**, 16
- Mitbestimmung **74**, 27; **75**, 16

Zeitraum **27**, 1
- der Wahl **27**, 1

Zeitschrift s. *Fachzeitschrift*
Zentrale Dienststellen **82**, 20 ff.
- Befugnisse **82**, 20 ff.

Zeugen **66**, 3
- Hinzuziehung zum Monatsgespräch **66**, 3

Zivildienst **34**, 7
- Vertrauensmann **34**, 7
- Wahlberechtigung **13**, 2

Zivildienstleistende **67**, 1
- Überwachungspflicht **67**, 1

Zivildienstvertrauensmann *s. Vertrauensmann*

Zugangskontrolle **74**, 109
- Mitbestimmung **74**, 109

Zugangsrecht **2**, 7, 8, 9, 10
- Gewerkschaften **2**, 7, 8, 9, 10
- Unterrichtung Dienststellenleiter **2**, 9
- Verweigerung **2**, 9

Zuordnung zu einer Fallgruppe *s. Fallgruppe*

Zurückbehaltungsrecht *s. nicht ordnungsgemäße Beteiligung*

Zusammenarbeit **2**, 5
- Arbeitgebervereinigungen **2**, 5
- Gewerkschaften **2**, 5
- vertrauensvolle **66**, 1

Zusammenlegung von Dienststellen **75**, 54

Zusammensetzung der Personalvertretung **83**, 5
- Streitigkeiten **83**, 5

Zusatzausbildung **57**, 7
- Jugend- und Auszubildendenvertretung **57**, 7

Zuschüsse **74**, 31

Zuständigkeit **82**, 2 ff.
- örtliche Personalvertretung **82**, 2 ff.
- örtlicher Personalrat/Gesamtpersonalrat **82**, 18
- Personalvertretung **82**, 1 ff.
- Personalausgleich bei Mittelbehörde **82**, 2
- Stufenvertretung **82**, 7

Zuständigkeit der Personalvertretung **68**, 3
- Antragsrecht **68**, 3
- Streitigkeiten **83**, 6

Zustimmung **47**, 12
- Antrag auf Ersetzung **47**, 12
- Aufsplitten der Zustimmung **69**, 2
- ausdrückliche **vor §§ 66 ff.**, 6
- durch Schweigen **vor §§ 66 ff.**, 6
- durch verspätete Ablehnung **69**, 19
- durch verspätete Zustimmungsverweigerung **vor §§ 66 ff.**, 6
- Ersetzung durch Verwaltungsgericht **30**, 3
- Kündigung eines Personalratsmitglieds **47**, 8

Zustimmung durch Schweigen **69**, 19
- Mitbestimmung **69**, 19

Zustimmungsfunktion **69**, 19
- Mitbestimmung **69**, 19

Zustimmungsverweigerung **75**, 23
- Arbeitszeitverringerung oder Urlaub ohne Dienstbezüge **75**, 23
- Aufsplitten der **74**, 15
- ausdrückliche **vor §§ 66 ff.**, 6
- Aussetzen der beabsichtigten Maßnahme **69**, 3
- Einstellung von Arbeitnehmern **74**, 7 ff.
- Entlassung von Beamtinnen und Beamten auf Probe und Widerruf **75**, 21
- gesplittete bei Einstellung und Eingruppierung **69**, 2
- mehrere Beteiligungtatbestände **vor §§ 66 ff.**, 14
- Mitbestimmung **69**, 20
- Nebentätigkeitsgenehmigung **75**, 17
- offensichtlich unbeachtliche **69**, 3
- personelle Angelegenheiten der Beamtinnen und Beamten **75**, 2
- Sozialplan **74**, 94
- Übertragung einer höher oder

niedriger bewerteten Tätigkeit **75**, 10
- Versagungskatalog **vor §§ 66 ff.**, 5

Zustimmungsverweigerungsgründe **74**, 8
- Einstellung von Arbeitnehmern **74**, 8
- personelle Angelegenheiten der Beamtinnen und Beamten **75**, 5

Zustimmungsverweigerungskatalog **75**, 2
- personelle Angelegenheiten der Beamtinnen und Beamten **75**, 2

Zuweisung **74**, 23
- Mitbestimmung **74**, 23
- Mitbestimmung **75**, 14

- Personalsratsmitglied **47**, 1
- Wahlberechtigung **13**, 9

Zuweisung von Dienst- und Pachtland **74**, 41 f.
- Mitbestimmung **74**, 1 f.

Zuweisung von Wohnungen **74**, 38
- Mitbestimmung **74**, 38

Zweckverband **6**, 14
- Dienststelle **6**, 14
- Dienststellenleitung **7**, 5
- Geltungsbereich des Gesetzes **1**, 7
- Mitbestimmungsverfahren **69**, 28
- oberste Dienstbehörde **7**, 12
- und Verwaltungsakte **69**, 34

Personalvertretungsrecht

Lothar Altvater u. a.
**BPersVG –
Bundespersonalvertretungsgesetz
mit Wahlordnung und
ergänzenden Vorschriften –
Kommentar für die Praxis**
Dritte, überarbeitete und
erweiterte Auflage

Lothar Altvater u. a.
**Bundespersonalvertretungsgesetz –
Basiskommentar**
Mit Erläuterungen des
PersVG-DDR, des Soldaten-
beteiligungsgesetzes und weiterer
Vorschriften

Hans-Jürgen Arndt u. a.
**LPVG BW –
Landespersonalvertretungsgesetz
Baden-Württemberg –
Kommentar für die Praxis**

Rudolf Aufhauser u. a.
**BayPVG – Bayerisches
Personalvertretungsgesetz –
Kommentar für die Praxis**

Dazu ist erschienen:
Aktueller Nachtrag 1990

Rudolf Aufhauser u. a.
**Bayerisches
Personalvertretungsgesetz –
Basiskommentar**

Gerd Ayasse u. a.
**Mitarbeitervertretungsordnung
(MVO) in Diakonischen
Einrichtungen – Basiskommentar**

Dietmar Besgen/Manfred Jüngst
**Die Beteiligung des Personalrats
bei Kündigungen**
2., überarbeitete Auflage
(Schriftenreihe: Der Personalrat,
Band 1)

Jòzef Bioly u. a.
**Mitarbeitervertretungsgesetz –
Kommentar**
Kirchengesetz für die Evangelische
Kirche von Westfalen, die
Evangelisch-Lippische Landes-
kirche und die Diakonischen
Einrichtungen

Detlev Bruse u. a.
**BAT und BAT-Ost
Bundes-Angestelltentarifvertrag
Kommentar für die Praxis**
Zweite, überarbeitete Auflage

Michael Eberhard u. a.
**Sächsisches
Personalvertretungsgesetz –
Basiskommentar mit Wahlord-
nung**

Helmut Fangmann u. a.
**Handbuch für Post und
Telekommunikation –
Poststrukturrecht –
Basiskommentar**
Zweite, vollständig
überarbeitete Auflage

Michael Felser u. a.
**Personalvertretungsgesetz
Sachsen-Anhalt –
Basiskommentar**

Bund-Verlag

Personalvertretungsrecht

Michael Felser u. a.
**Landespersonalvertretungsgesetz Rheinland-Pfalz –
Basiskommentar mit Wahlordnung**

Gerd Ferdinand
Das Tarifrecht der Arbeiter bei der Deutschen Bundespost
Textsammlung der einzelnen tariflichen Bestimmungen mit Erläuterungen zur praktischen Anwendung
Unter Mitarbeit von Horst Feldbusch, Erwin Gilbert, Sigrid Hildebrand, Günter Klein, Gerd Tausendfreund
(Reihe: Handbücher zum Tarifrecht, Band 1)

Detlef Fricke u. a.
Nds. PersVG – Niedersächsisches Personalvertretungsgesetz – Kommentar für die Praxis mit Wahlordnung

Claas-Hinrich Germelmann/
Gerhard Binkert
Personalvertretungsgesetz Berlin – Kommentar für die Praxis

Wolfgang Hamer
**Personalvertretungsgesetz Brandenburg
Basiskommentar**

Heinz Köhler/Günter Ratz
BDO – Bundesdisziplinarordnung und materielles Disziplinarrecht – Kommentar für die Praxis
Zweite, neu bearbeitete und ergänzte Auflage

Klaus Orth/
Horst Welkoborsky
LPVG NW – Landespersonalvertretungsgesetz Nordrhein-Westfalen – Kommentar für die Praxis
Fünfte, erweiterte Auflage mit kommentierter Wahlordnung

Giovanni Sabottig
Entscheidungen des Bundesverwaltungsgerichts zum Personalvertretungsrecht
Entscheidungssammlung in Leitsätzen und Stichworten
(Schriftenreihe: Der Personalrat, Band 4)

Franz J. Wolf/Bernd Bajohr
Vergütungsordnung des BAT
Bund/Länder/Gemeinden (einschließlich BAT-Ost)
– Leitfaden für die Praxis –

Franz J. Wolf u. a.
Mitarbeitervertretungsgesetz – Kommentar
Kirchengesetz für die Evangelische Kirche im Rheinland und die Diakonischen Einrichtungen

Franz J. Wolf
Handlexikon zum Eingruppierungsrecht
Entscheidungssammlung
Zweite, überarbeitete Auflage
(Schriftenreihe: Der Personalrat, Band 2)

Bund-Verlag